目次

CONTENTS

- 2 　　総論
- 7 　　有識者　マーケット＆プレイヤー市場動向
- 29 　第1章　各種売上高から見た日本のベスト300ホテル
- 109 　第2章　全国61都市ホテル客室稼働率
- 135 　第3章　2018年日本のホテルチェーングループ一覧
- 209 　第4章　全国ホテルオープン情報

概観

競争激化は必至。運営者の実力が試される時代へ

安易なホテル開発は自他双方の首を絞める

着実に増加する訪日外国人や、積極的な国の観光振興に対する施策など、旅行・ホテル業界を取り巻く外的環境は明らかに追い風だ。しかし一方で、それを受けた既存事業者の積極的な展開、そして異業種からの新規参入、さらには民泊の台頭など、内部での逆風は想像以上であり、そしてその勢いは増している。そのような中で、今後のホテルマーケットはどのように変化をしていくのか。

週刊ホテルレストラン　岩本 大輝

国内需要、訪日外国人需要ともに宿泊需要自体は底堅いのは間違いない

今後の国内の宿泊需要を考えるにあたり、国内、国外（訪日外国人旅行者、インバウンド）それぞれの市場に分けて考えたい。

まずは図1をご覧いただきたい。これは日本国内における日本人及び訪日外国人の延べ宿泊者数の年次推移を示している。

ご覧頂いてお分かりいただけるように、国内需要に関して、多少の増減はあるもののここ数年は安定して推移していることが分かる。一方で、訪日外国人旅行者の述べ宿泊者数はというと、訪日外国人旅行者の増加を背景に増加し続けていることが分かる。

国内需要を考えると、アベノミクスによる経済成長の中企業活動も活発化しつつあり、企業需要は増える傾向にあると言えよう。また、レジャー需要においても人口動態を見ると国内においては比較的余暇時間があり、経済的にも余裕のあるシニア層のマーケットも安定しており、今後も国内の需要は底堅いと見られる。

訪日外国人の増加は一時的なトレンドではない

安定した国内需要の上に増加する訪日外国人が需要を押し上げているという日本の市場において、足下で伸び続けるインバウンドが大きな鍵となるわけであるが、今後もその伸びは期待できるのであろうか。

結論から言えば、今後もインバウンド旅行者は増加し続けると考えられる。このインバウンド旅行者の増加は、よく言われるような2020年の東京五輪の開催決定とは直接的な関係は薄く、以下の構造的な要因による増加であると考えられるからである。

①海外旅行の増加は世界的な傾向
②その中でアジアの割合は増加傾向

図2はUNWTOによる世界の海外旅行者の実績と今後の見通しである。ご覧いただければお分かりになる通り、世界で海外旅行者は2012年に10億人を超え、その後も年率5％弱の伸び率を維持している。さらにUNWTOはこの数字が

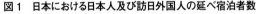

図1　日本における日本人及び訪日外国人の延べ宿泊者数

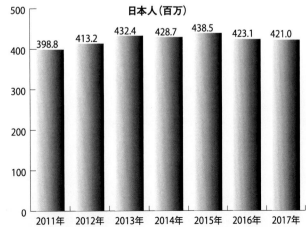

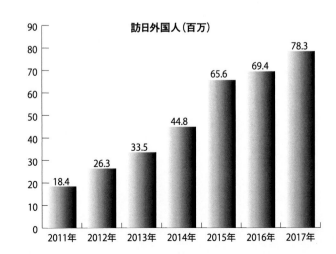

図2 UNWTOによる1950年〜2030年の実績と見通し

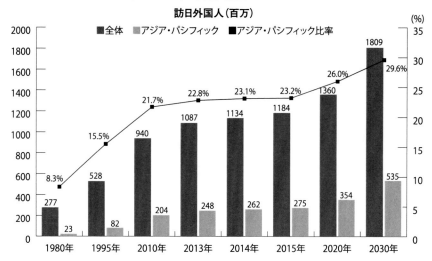

図3 2014年〜2017年のエリアごとのRevPAR対前年比（弊社独自調査）

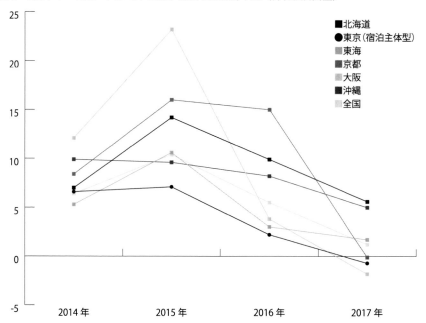

2020年には13億8000万人、2030年には18億900万人になると予想をしている。

また同時に、UNWTOはその中におけるアジア人の比率はアジア諸国の経済成長と共に増加していくとしている。彼らが旅行を考えた場合、コストや移動距離を鑑みれば欧米よりもアジアを選びやすいのは明らかである。2015年はそこに急激な円安、ビザの緩和などが重なりインバウンド旅行者が急増したが、今後もよほどの円高や震災等のイベントリスクがない限りこの状況が変わるとは考えづらいと見ている。

国内需要、訪日外国人需要の留意点

これらを見ると、安定した国内市場の上に増加し続ける訪日外国人旅行者需要が重なって今後の国内宿泊市場は増加基調で行くかと思われるが、以下の点は注意しておきたい。

①国内市場の増減は天候や休日の日の並びという不確定要素に左右される

②近年のホテル価格の上昇が出張需要や旅行需要の歯止めになりつつあるなど国内の需要に対してはネガティブな影響を与えている

③訪日外国人は増加傾向にあるものの、国内宿泊需要はそれと比例して伸びてはいない＝ホテル・旅館以外の宿泊への著しい移行の傾向が見られる

①、②に関しては、日本では近年「インバウンド」という言葉が一般的になったように訪日外国人旅行者ばかりに目が行きがちだが、図1から分かるように国内の宿泊需要の実に84.3％が国内の需要によるものである。訪日外国人は増加をしているが、一方でその割合は現時点で大きくはなく、足下の宿泊需要に与える影響は大きくはない。この大きなボリュームを占める国内の需要はさまざまな要因で変化をしやすく、これが直接国内宿泊需要に影響を与える。

2016年が好例と言えよう。訪日外国人は増加し宿泊需要は12.8％ 890万泊増加したものの、国内需要が3.3％ 1448万人減少した結果、国内の総宿泊需要は963万人の減少となった。

そして、③のように訪日外国人需要にも不安要素はある。2016年11月にAirbnbが公表した情報によると、2016年10月末時点でAirbnbを利用した訪日外国人旅行者が300万人を超えたという。2016年10月末時点での訪日外国人旅行者が2011万3000人であったから、訪日外国人旅行者の実に約15％がAirbnbを利用して宿泊したこととなる。当然、民泊はAirbnbだけではない。中国の民泊仲介サイト途家（Tujia）や自在客（Zizaike）で販売された数を含めるとさらに増えることとなる。実際、2016年から2017年にかけ訪日外国人は19.3％増加したものの、訪日外国人によるホテルや旅館、簡易宿所への宿

概観

図4 新・増設ホテル計画確認軒数の推移（2006年6月〜2017年12月）

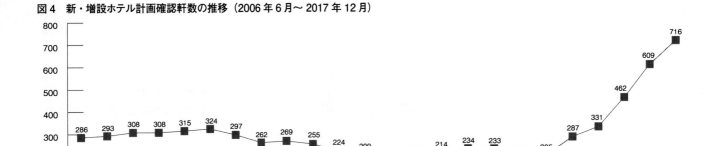

図5 新・増設ホテル計画確認客室数の推移（2006年6月〜2017年12月）

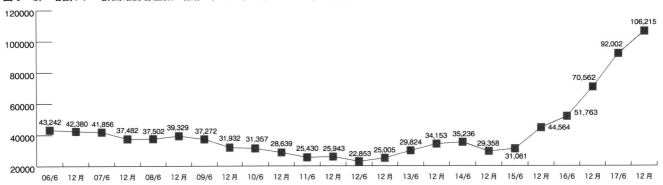

泊は12.8％しか増加していない（訪日外国人の平均滞在日数は微増にもかかわらず）。

国内市場の内訳が見えない現状は中長期的にはリスクに

　また、国内需要においては総数は把握されているもののその内訳が不明瞭な点も今後の市場を短・中・長期で予想しようとする場合、悩ましい点である。
　国内市場は一体どれだけを企業の出張が占め、シニア層のレジャーが占めるのか。近年一般的に言われている国内需要をシニア層が一定のボリュームを支えているというのは見方としては正しそうだが、その裏付けはない。そして、もしそれが事実であれば今は良くても、例えば彼らが「後期高齢者」というレッテルを貼られる年となった場合、同様に旅行をするマインドは維持されるのかは不明だ。そうなれば国内の需要に与える影響

は少なくない。ホテル事業を考える場合そういった、情報が解明されていないリスクも念頭に置くべきであろう。

**すでに足下では過当競争の様相
そしてやってくるホテル開業ラッシュ**

　さて、マーケットの概要のあとは実際の足下のホテルパフォーマンス、そして今年含む今後の開業計画について見てみたい。
　図3は弊社調査によるエリアごとの2014年〜2017年のRevPARの対前年比を表したものだ。ご覧いただいてお分かりになるように、すでに東京、大阪、京都では対前年割れを起こしている。その理由については前述のとおりである。
　一方でホテル供給の勢いは止まらない。図4〜7は弊社独自調査によるエリア、年度ごとのホテル開業計画（軒数・客室数）の推移、そして年別のホテル開発軒数および客室数の推移である。

ご覧いただければお分かりになるように、ここ数年でホテル開発案件が急増しているとともに、東京や大阪など、すでに足下のマーケットに厳しさが見え始めているエリアに開業が集中している。今後これらのエリアにおけるホテル間の競争激化は必至である。

**誰もが儲かる時代は終わりを迎え、
選ばれる理由を持つホテルが勝ち残る**

　そして、その中でも特に厳しさを極めるのが宿泊主体型のホテルだ。以前のような需要過多でただ部屋さえあれば売れるという時代はもうやってこない。ゲストには民泊や簡易宿所といったさまざまな選択肢があり、選ばれる理由を持たないホテルは選ばれない競争環境になっていく。
　後に続く識者の皆様のコメントにも見られるが、以前であれば東京や大阪、京都であれば多少立地が悪くてもホテ

ル建築を進めようという勢いが市場にはあったが、現状は未だに圧倒的に高い人気を誇る京都ですらも立地を選ばなくてはならないという状況となっているという。

そのような環境の中で、立地や価格、ハードやソフト、サービスなどの商品力において、選ばれる理由を持つホテルでなければ勝ち残れない時代になるとも言えよう。ホテルを建てれば儲かる。作れば売れるという時代はすでに終わっている。

本当の強みを持つオペレーターが真価を発揮する時代に

競争が激化する時代において、真価を発揮するのがオペレーターの能力だ。大手外資系オペレーターであれば同ブランドのロイヤルティ顧客と、そのネットワークを活用した世界中の送客力が期待できるように、強みを持ったオペレーターを活用することで同じエリアやスペックのホテルであってもホテルのパフォーマンスは変わってくる。一方で気をつけなくてはならないのが、そのホテルオペレーターが明確な強みを持てているかという点である。

世界的な傾向として、ホテルオペレーターの強みはロイヤルティ顧客の数などに集約されつつあり、それは結果としてマリオットのスターウッド買収に見られるようなホテルオペレーター同士のM&Aの活発化につながっている。それだけグローバルオペレーター間の競争も激しくなっているということである。

ところが、日本は世界と比較して小規模なチェーンが多い。これはそもそもそのチェーンがホテルオペレーターではなくオーナーに紐づいたホテルチェーンであり、オペレーターとしての強みを磨く必要がなかったためである。つまり、日本国内には多数のホテルチェーンが存在するが、オペレーターとしての明確な強みを持つチェーンは非常に少ないのである。ましてやロイヤルティプログラムの会員数で言えば大手グローバルチェーンの足下にも及ばない。そのような競争環境の中で、明確な強みを持つオペレーターをパートナーに選ぶことはホテルビジネス成功のための重要な要件と言える。

ホテル市場は健全に成熟のステージへ

日本はこれまでアジア最東端の島国として、その需要のほぼすべてを国内に依存するという、世界的に見れば稀有なマーケットであった。それが故に世界各国と比較して独特の特徴を持つマーケットでもあった。

ところが、近年になって宿泊需要は徐々に国際化し、世界的な市場とも徐々に近づきつつある。つまり、マーケットが成熟しはじめているということである。

そのように成熟した市場の中で、オーナーサイドでもオペレーターサイドでも優勝劣敗の構図は明確となっていく。それぞれの立場で、適切なパートナー、アドバイザーを見つけ、ホテルビジネスに取り組んでいくことがより重要な時代になっていると言えよう。

図6 地区別・年別のホテル新・増設計画（ホテル軒数）

	北海道	東北	関東	東京	甲信越・北陸	東海・中部	近畿	中国	四国	九州	沖縄	全国
2017年	1	1	2	2	1	3	1	2	1	1	1	16
2018年	15	12	38	91	21	38	81	11	8	21	18	354
2019年	13	1	9	44	6	12	36	6	0	12	11	150
2020年	5	1	12	11	3	6	18	2	2	2	7	69
2021年〜	0	0	2	5	0	0	6	0	0	5	2	20
未定（非公開含む）	8	5	9	15	6	11	18	6	0	16	13	107
小計	42	20	72	168	37	70	160	27	11	57	52	716

図7 地区別・年別のホテル新・増設計画（ホテル客室数）

	北海道	東北	関東	東京	甲信越・北陸	東海・中部	近畿	中国	四国	九州	沖縄	全国
2017年	341	107	88	620	260	348	296	3	180	101	8	2,352
2018年	2,353	2,194	5,690	9,970	2,719	5,218	11,895	1,950	1,085	3,064	2,214	48,352
2019年	2,922	300	3,593	6,759	946	2,132	7,652	846	0	2,150	1,798	29,098
2020年	1,385	210	1,614	3,324	340	1,225	3,675	250	400	0	1,270	13,693
2021年〜	0	0	0	600	0	0	1,645	0	0	312	439	2,996
未定（非公開含む）	140	242	589	1,987	80	1,321	1,836	98	0	446	2,985	9,724
小計	7,141	3,053	11,574	23,260	4,345	10,244	26,990	3,147	1,665	6,073	8,714	106,215

MEMO

今後のホテルマーケット

識者およびオペレーターが見据える

マーケットは急激に変化をし、その先行きは不透明である。底堅い国内需要の上に訪日外国人旅行者が乗るかたちで宿泊需要は増加している一方で、止まらないホテルの新規供給、さらに民泊など新たな脅威の台頭。今後のホテルマーケットはどのようになっていくのか。マーケット識者、投資家、オペレーターなど、各視点から今後のマーケットの読みについて語っていただいた。

CONTENTS
- ●ジョーンズ ラング ラサール㈱
  取締役 執行役員 ホテルズ＆ホスピタリティ事業部長　沢柳 知彦 氏
- ●CBRE㈱
  ディレクター　土屋 潔 氏
- ●バンガード・パートナーズ㈱
  代表取締役　檜山 宗孝 氏
- ●みずほ総合研究所㈱
  調査本部 経済調査部 主任エコノミスト　宮嶋 貴之 氏
- ●㈱東京スター銀行
  法人金融部門 ホスピタリティファイナンス部 部長　岸田 豊彦 氏
- ●ジャパン・ホテル・リート・アドバイザーズ㈱
  代表取締役社長　古川 尚志 氏
- ●フォートレス・インベストメント・グループ・ジャパン合同会社
  マネージングディレクター
  ㈱マイステイズ・ホテル・マネジメント
  代表取締役会長
  山本 俊祐 氏
- ●日本ハイアット㈱
  代表取締役　坂村 政彦 氏
- ●星野リゾート
  代表　星野 佳路 氏
- ●ホスピタリティマネジメント㈱
  代表取締役社長　菅野 潔 氏

有識者 マーケット＆プレイヤー市場動向

これまでREIT中心であったホテル投資に多様なプレーヤーが参入してくる

2017年から2018年にかけておきる、日本ホテル投資市場の潮目の変化

ジョーンズ ラング ラサール㈱
取締役 執行役員 ホテルズ&ホスピタリティ事業部長　沢柳 知彦 氏

日本におけるホテルの投資アドバイザリー企業の代表的な企業であるジョーンズ ラング ラサール㈱。同社には国内外から多数のホテル案件の相談が寄せられる。幅広い投資家、事業会社の動向を把握する同社取締役 執行役員 ホテルズ&ホスピタリティ事業部長の沢柳 知彦氏は現状および今後のホテル投資市場をどう見るのか。

民泊に流れていた需要が戻ってくる可能性も

民泊合法化のインパクトについてですが、今年6月に施行される住宅宿泊事業法、通称民泊新法によって民泊の数は減少していくと見ており、その結果、東京や大阪、京都などで見られた宿泊需要の民泊への流出が減少し、その分ホテルに戻ってくるのではないかと見ています。

民泊新法で「合法」基準が明確となり、多くの既存民泊施設はその基準に合わせた合法の民泊として営業を継続することになるでしょう。一方で、個人資本経営の一部は違法民泊を継続するところもあるでしょうが、摘発リスクの増加と罰金金額の引き上げという事態に晒されます。そのような中、年間貸出日数上限を180日間としたことで機関投資家や大手資本による民泊投資は成立しづらく、結果として民泊の純増は考えにくく、これまで民泊で受け入れていた需要の一部がホテルに

戻ってくるというのが小職の見立てです。

ただし、地方自治体がどの程度真剣に違法民泊を取り締まることができるかどうかが現段階では不明なため、違法経営摘発の経済的リスク上昇による違法民泊の減少、という流れが果たして起きるのか、まだよくわかりません。民泊指導・取り締まりチームを拡充するための予算取りができる自治体とそうでない自治体では結果が異なってきます。多くの自治体では、取り締まり体制を強化する予算を講じることが難しく、結果として積極的な取り締まりは行なわれず、民泊苦情ホットラインを設置し、その苦情に対して後発的に対応していく、という形になるのではないかと考えます。

ホテルパフォーマンスの成長鈍化とさらなる競争激化、開発コスト高騰はホテル新規供給を減速させる

一方ホテルの新規供給の点では、最近はホテルパフォーマンスの伸びは鈍化し、また、供給は依然多く競争環境が厳しいこと、オペレーター側も強気になれず高い賃料提示ができないこと、さらには、震災復興関連と東京オリンピック関連の工事需要が高まることで建築費が高騰し、結果として開発投資リターンが低くなっていることから、今後の新規ホテル開発数は減少していくでしょう。

そういった状況の中で、先にお話をしたように民泊に流れていた宿泊需要の一部がホテルに戻ってくると考えれば、ホテルパフォーマンスは再び盛り返す可能

性はあるのではないか、と見ています。

ホテル側がマーケットを不安視し過ぎということも考えられるのでは

最近は東京や大阪のビジネスホテルのRevPARはADRが減少することで下がる傾向があります。ところが、稼働率自体は東京も大阪も80%後半から90%前半と依然として極めて高い水準を維持しています。ホテルオペレーターの中には、高い稼働率を維持するために新規供給や民泊などの影響に対してやや過剰に反応して客室単価を下げているケースもあると推察しています。同じくRevPARが下がるとしても、稼働率をある程度犠牲にしてADRを維持するというアプローチも可能なはずです。海外のマーケットではこのような高稼働率でADRが減少傾向を見せることはあまり多くないように思われます。東京や大阪では、これまで都心所在ホテルが満室になることで周辺エリアに需要が流出していたという構図を考えると、都心での新規供給の影響はまず周辺エリアのホテルに出るはずで、都心部はパフォーマンスを比較的維持しやすいのではないでしょうか。

今後のホテル開発は、主要都市以外は「エリア」「テーマ」で選ばれていく

今後のホテル開発の場所という観点では、引き続き東京や大阪、京都の3大都市、さらには札幌や金沢、名古屋、広島、福岡、沖縄エリアなど主要都市に

そのトレンドの継続性リスクを勘案する必要があります。例えば由布院のように、街を挙げて大規模開発をさせず街の雰囲気を守っていこうとする取り組みがあることでコンテンツを守り、ひいてはFITに支持され続ける鍵になると考えます。

これまでREIT中心であったホテル投資に多様なプレーヤーが参入してくる

　政府が観光立国を標榜し、実際に訪日外国人が順調に増えている日本のホテルマーケットは国内外の投資家や事業会社から見て依然魅力的に映っています。2016年まではJ-REITや中国投資家による不動産・ホテル投資が目立っていました。ところが、J-REITは昨年株価を下げ、以前ほどの勢いはなくなってきました。また、中国投資家も、昨年中国政府が海外不動産投資（ホテルを含む）を「好ましくない」投資カテゴリーとして指定をしたため、日本への新規投資が止まってしまいました。その反面、これまで投資機会が少なかった日本の事業会社や、オーナーオペレーター、（中国を除く）アジア系海外投資家が積極的に入札に参入するようになってきており、この傾向は2018年以降も続くでしょう。

　日本の投資に注目が集まるもう一つの要因は、海外でテロが起こる中、日本は比較的安全な国であると考えられていること、そして東京オリンピック以後も訪日外国人が増加し続けるという成長ストーリーが描けるという点でもあります。また、アジアの投資家からすれば、自国から日本に行く人が増えているため、昔日本がハワイに対してそうであったように、日本への投資を検討しやすい環境にあります。

ホテル売買件数は2018年以降増加していく

　昨年のホテル売買に関しては、2016年のRevPAR成長率を前提として高く売りたい売り手の目線と、RevPARの上昇が鈍化する中で低成長を想定する買い手の目線との間でギャップがあり、件数は伸び悩みました。2018年からは、売り手もホテルマーケットの現状を理解したうえでの価格付けを行なうことから、より売買が成立しやすいのではないかと見ています。

おいてはマスをターゲットとしたホテル開発として今後も注目度は高いでしょう。

　その他となると、「都市」ではなく「エリア」「テーマ」で選ばれていくことになるでしょう。例えば日本の訪日外国人の大半を占める中国を例に見てみても、2012年はレジャーでやってきた訪日中国人の7割が初めて日本を訪れる人でした。ところが、2017年はそれが5割後半になっています。つまり、訪日二回目以上の人が増え、そういった人たちは団体旅行ではなくFIT（個人旅行客）として、東京や大阪ではなく地方に行き始めています。

　その中で、先に申し上げた主要地方都市はそのマスを十分取り込めますが、そのほかは、例えば長野にスノーモンキーを見に行きたいとか、箱根大涌谷で温泉卵を食べたいなどという、ある特定の何かを見たい、食べたいというデスティネーションの分散化がおきると見ています。一方で、そのような特定コンテンツに依存したエリアでのホテル開発において

有識者　マーケット＆プレイヤー市場動向

日本は世界からの注目度も高い
供給増による競争激化は必至
具体的な差別化要素が鍵となる

CBRE㈱
ディレクター　土屋 潔 氏

CBRE は日本各地に拠点を持ち、その情報網から公表されているデータ以外にも独自のマーケットデータや供給情報などを持ってホテル業に興味を持つ国内外の投資家やデベロッパー、事業会社にアドバイスを行なうなどしている。同社でホテル部門を統括する土屋 潔氏は今後のホテルマーケットをどう見るのか。

ホテル需要は今後も伸び続ける
競争激化のエリアでは優勝劣敗が明確に

まずはホテルの需要に関しては、国内の需要は安定しており、また、訪日外国人旅行者は東京五輪に関係なく今後も着実に伸び続けると考えており、全体的に需要に関してはポジティブであると見ています。

一方、それを踏まえた供給に関してはエリアごとに状況が異なっており、それによってホテルパフォーマンスの現状、そして今後についてはエリアにより異なる、ということになるかと思います。

東京や大阪、京都に関しては、2017年から今後 3 年間での新規供給が多く見込まれています。その結果、全般的なホテルパフォーマンスについては東京・大阪においてはすでに調整期に入っており、今後は京都においても成長は続いているものの、その成長度合いは鈍化するので

はないかと見ています。京都を含む今後に関しては 2018 年 1 月に発表しました弊社のレポートでも言及をしておりますので、ご確認いただければと思います。

ただし、マーケット全体という観点では成長に翳りが見られる、もしくは今後見られるであろうということですが、細かに見ていけばホテルによって優勝劣敗が明確になるということでもあり、いかにホテルとして競争力を身につけるか、というのが鍵となるでしょう。

今後の開発は訪日外国人旅行者を
取り込めるエリアであるかどうかが鍵

ホテルの新規開発においては、三大マーケットである東京、大阪、京都以外のエリアでの開発が目立ちはじめています。札幌や金沢、名古屋、広島、福岡、沖縄など、安定的な国内需要をベースにしつつも訪日外国人旅行者の増加が見込める地域で開発が見られます。ただし、全国的に適地の土地価格、建築費が高騰していることもあり、当然要求される収入もしくは賃料も増加しており、それらも含めて利回りに合うホテルができるかというのがポイントになってきています。

一方、訪日外国人旅行者の取り込みが見込めないエリアにおいては先行きがまだ不透明であり、一方で先ほども申し上げたとおり建築費はエリアによって若干のばらつきはあるものの上昇していることもあり、今後のホテル開発についての可能性は個々に見ていく必要があると

いうのが現状です。

民泊はホテルパフォーマンスに
影響を与えているものの、
民泊新法の施行でその影響は限定的になるのでは

民泊は、データが公表をされておらず明確な現状の把握が難しいのですが、少なくとも東京の一部エリア、大阪のミナミ、そして京都においてはすでに相当の影響を与えていると肌感覚で感じています。

今後については、今年 6 月に民泊新法が施行されますが、民泊新法により民泊が大幅に増えるということはないのではないかと見ています。民泊を利用する宿泊者層は一定の範囲に収まっているでしょうし、また、民泊と競合するのは宿泊主体型のホテルであり、影響はすでに受けているので、民泊新法施行後に影響が拡大することはなく、限定的と見ています。

アジアでも日本がホットスポットに。
引き続き国内外投資家の
日本のホテルに対する注目度は高い

日本国内のホテル案件に対する投資家の意欲は、引き続き旺盛です。

特に、昨年までは REIT による取得が多かったのですが、REIT の株価低迷を受けて REIT も以前ほどの勢いに翳りが見られます。その結果、ホテル売買の案件において国内の事業会社や海外投資家にもチャンスが回ってきているという構図です。

10　HOTERES｜ホテルデータブック 2018

アジア、世界という視点で見れば、東京や大阪はパフォーマンスの伸びが鈍化しているものの、札幌や名古屋、京都、広島、福岡、那覇といったエリアは依然マーケットの伸びは力強いものがあり、これほどまでに全般的にポジティブなエリアというのはなかなかありません。その点からしても、日本に対する注目度は高いと感じています。昨年、HICAP（編集部注：Hotel Investment Conference Asia Pacificの略。アジア太平洋エリアにおけるホテル投資家が一同に集うホテルカンファレンス）参加のため香港に行きましたが、以前は注目されていなかった日本が今では最も注目を浴びているエリアとなっています。関係者の方からは「どこも注目するエリアは日本、日本、日本と、日本ばかりだな」と言われる状態です。

ホテル市場での競争は激化も
セグメントを細かに見ればチャンスはある

マクロで見れば主要都市を中心にホテルの新規供給は増加していますが、それをさらにセグメントごとにより細かに見ていく必要があると感じています。多くのエリアで、供給されたほとんどのホテルは宿泊主体型です。例えば、大阪では近年開業した、もしくはこれから開業するホテルは1軒を除きほかはすべて宿泊主体型ホテルでした。そういうマーケットの中では、アッパークラスのホテルであれば可能性があるはずです。また、日本ではまだ数が少ない中長期滞在のゲストをターゲットにしたサービスアパートメントやエクステンディットステイのセグメントは十分な可能性がありますし、これから話が出てくるのではないかと見ています。

先に申し上げた大量に供給されている宿泊主体型ホテルにおいては、既存もしくは新規の宿泊主体型ホテル同士の競争はもちろん、先にお話をした民泊との競争もあり、どのような差別化要素を持って選ばれるホテルになるのかは重要です。ただつくれば良い、というものではありません。

その点、最近はライフスタイル型のホテルや、デザインに特徴をもたせたホテルが登場していますね。今後は、例えば感度の高い顧客や訪日外国人旅行者をターゲットとしたホテルであるとか、何らかの差別化要素は鍵となると見ています。

訪日外国人の需要によって
今後も日本のホテル需要は伸びていく

冒頭にも少しお話をしましたが、日本のホテル需要は、大災害や近隣諸国との大きな国際問題が発生しない限りは今後も確実に伸び続けるでしょう。よく東京五輪が訪日外国人旅行者急増の要因という声が聞かれますが、東京五輪があったから訪日外国人旅行者が増えているのではなく、アジア経済が成長し中間所得層以上の人の数が増加することによって、アジア諸国において海外旅行をする人が増えている結果にほかなりません。東京五輪前後で非常に短期的な需要の変化はあるでしょうが、中長期的に見て訪日外国人が増加していくトレンドに変化はないと見ています。

一方でホテル間の競争が激しくなる中、良いロケーションを確保することは重要ですが、もしロケーションで少し難しい場合であっても、先に申し上げたようにいかに差別化要素を持ったホテルになれるのか。これが今後のホテル運営の鍵になると言えるでしょう。

有識者 マーケット＆プレイヤー市場動向

民泊、新規供給などマーケットは激戦

マーケットのニーズに合わせた
個性あるホテルが競争力を持てる

バンガード・パートナーズ㈱
代表取締役 檜山 宗孝 氏

小規模ながらも質の高いサービスでホテル業界の投資・開発アドバイザーとして大きな存在感を示すバンガード・パートナーズ㈱。小回りの効くフットワークの軽さと幅広い情報網を持つ同社には大小様々なホテル案件の相談が寄せられる。マーケットの細かな動きも把握する同社代表取締役 檜山 宗孝氏は現状のマーケット、今後のホテル開発戦線をどう分析するのか。

土地代や建築費は高騰も
地方都市にはまだ可能性がある

まずはホテルマーケットについてですが、札幌や福岡、那覇など、第二主要都市は引き続き好調のようです。一方、東京や大阪は、前半は軟調だったようですが、後半になって盛り返してきたという情報もあります。

ただし、開発の観点ではまだ賃料が高騰しているという印象です。ホテルパフォーマンス自体は天井を打って調整期に入っていますが、土地を持っている人からすると、まだホテル業界が活況に見えるようで、土地を売る側と買う側の目線は合わない状況です。その結果、ホテル開発をしようにも開発を行う側が期待する賃料が高すぎてなかなか手を挙げるオペレーターがおらず、採算が合わないため、開発が進まないという案件が散見されはじめたという印象です。これは、額

の大小はあれ全国的な傾向とも言えます。

札幌や福岡、那覇では開発の案件もありますが、東京や大阪と比較すると圧倒的に少ないという印象です。リーマンショック以降開発があまり進んでいなかった地域でもあり、まだマーケットには余裕がある場所であると見ています。

レジャー需要にフォーカスをした
ホテルが強い

より細かに見ると、札幌では急速にアジア系インバウンドが増加しており、これらのニーズに対応するためにもツインやトリプルルームなどのある程度広めの客室を持つホテルの競争力が高いように思えます。なお、広めの客室を持つ札幌市内のシティホテルのほとんどは老朽化しており、改装に着手できていないホテルは競争力が落ちているため、今後のホテル開発においては前述のインバウンド需要にマッチした商品設計が必要に思われます。

また、好調な京都などでも感じる傾向として、全体的には良くてもシングル主体のホテルは稼働率が下がっている傾向にあります。逆に、ツインやトリプルを持つホテルの方が堅調です。採算性だけを考えた収益効率ベースのホテルではうまくいかない、これはどのエリアにおいても共通のことと言えるでしょう。

簡易宿所は苦戦

近年の大きな変化として、ホステルや

カプセルホテルといった簡易宿所の供給が増えてきました。これらは参入障壁が低く、誰もが参入してきた結果、優勝劣敗が明確になってきていると感じます。今後、ホテル供給が増え、ホテルの宿泊単価と簡易宿所の宿泊単価の差が縮小してくる場合、簡易宿所の価格優位性が落ちることも懸念され、簡易宿所によっては苦戦を強いられることになりそうです。

最近はアジアからの訪日外国人旅行者が増えていますが、彼らが簡易宿所に泊まるかというと、それはまだまだ少ないように思います。

民泊は脅威。
民泊新法も実効性に疑問符

民泊はホテルにとって明らかに脅威であると見ています。宿泊需要全体の15％を占めるほどになっており、特に、中国人など大人数で日本にやってきて泊まるとなると、民泊が選ばれているようです。ホテルがハード的にその需要を取り込めないのが一因としてあるでしょう。今後、そういったニーズに応える部屋があってもよいのではとも考えられます。

都市部ではかなりのボリュームで民泊が市場に出ていることを考えると、民泊新法がどの程度実効性を持つかによってホテル市場は大きな影響を受けるでしょう。ただし、いわゆるヤミ民泊、違法民泊はびこっており、例えば現在京都でも通報の仕組みはあるが、効果的に機能しているとは言えず、どこまで規制の力を持つかは不明です。

投資家のホテルへの意欲は依然強い

　投資家のホテル投資への意欲は引き続き高いと感じています。オフィスは供給過剰になることが予想され、賃貸マンションも建築費などの高騰によって割高で、アセットの中で成長戦略を描きやすいのがホテルであると思います。ですので、ホテルをこれまで投資したことがないようなプレイヤーがホテル投資に参入をしてくる、という流れは、国内外の資金に関係なく現れている傾向と考えられます。

　また、最近の特徴としては以前強かったREITが株価の低下もあって以前ほど勢いがなく、そこに私募ファンドやデベロッパーが入り込んでいる、という状況もあります。

先行きは不透明も供給の勢いは強い。明らかに間違った方向の開発も散見

　ホテルの供給過剰が懸念をされていますが、引き続き供給側の勢いは強いと感じます。
　ホテルを開発するデベロッパー側から見ると、足下のオフィス、マンション開発が厳しい中、ホテルはまだまだ収益性の高いアセットとして認識されており、また高騰する土地価格にも追随していきやすいため、増加するペースは落ちるもののこれからもホテル開発は数多く実行されると思われます。また、運営を行うオペレーターとしてもまだまだ出店意欲は旺盛であり、賃貸借で出店する際の家賃も高止まりしています。

　開発案件においては建築確認取得時に完成物件を購入する投資家と土地建物売買契約を締結し、竣工後に当該投資家へ土地建物を引き渡すフォワードコミット案件が増えています。デベロッパーが開発をし、ファンドやREITがそれを購入するという構図です。

　また、最近はホテル開発とは縁遠かったマンションデベロッパーが、土地代の高騰などでマンション開発が出来なくなりホテル開発に参入をしている、という事例も見られます。これは大手だけでなく中小も参入をしており、懸念点としては、一部のデベロッパーがホテルのことをあまり分からずにホテルを開発しており、現状厳しくなっているホテルマーケットの競争をさらにあおるようなホテルが引き続き誕生しているのは、こういった開発が一因とも言えるのではないかと思います。

　さらに言えば、大阪などでは地元企業がホテルは儲かると聞き、明らかにホテル立地ではないところにホテルを建築し、運営もオペレーターに任せずデベロッパーがホテル賃借人/オペレーターとなり、リースバックでホテルを売却しようとしている事例もあるなど、明らかに間違った方向のホテル開発も起こっています。

マクロでは厳しくもミクロでは可能性も

　売買においては売り手と買い手の目線が合わず、この傾向は2018年も続くのではと見ています

　ホテルに関しては、供給の勢いが依然強く、個性あるプロダクトをつくれるかというのが鍵になるでしょう。金太郎飴のようなホテルでは飽きられてしまいます。

　マーケットはマクロで見れば都市部は供給過剰感がありますが、より細かに見れば可能性のあるエリアも確実にあります。そういったマーケットをいかに狙えるかが、今後の勝敗の鍵となると言えるでしょう。

有識者　マーケット＆プレイヤー市場動向

ホテル市場はマクロで見ればポジティブ
民泊はネガティブな影響ばかりではない。
将来を見据えた取り組みが鍵となる

みずほ総合研究所㈱
調査本部　経済調査部　主任エコノミスト　宮嶋 貴之 氏

マクロデータをもとにホテルの需要と供給の分析を行ない、「2020年のホテル客室不足の試算」などホテル業界の今後を予測するさまざまなレポートを公表しているみずほ総合研究所㈱。需給の状況が短期で変化を見せる中、同社のレポートもそれに応じて変化を見せている。同社調査本部 経済調査部 主任エコノミストの宮嶋 貴之氏は今後のホテル市場、そして民泊の影響をどう分析するのか。

ホテル市場はマクロで見ればポジティブ
東京五輪後も楽観視

今後のホテル市場についてですが、私は 2018 年以降のホテル市場をポジティブに見ています。国内需要は大きな期待をしづらいですが、訪日外国人旅行者はシェアが小さいとは言え伸び率は高く、今後も増加し続けていくでしょう。

東京五輪後も同様に楽観的に見ています。というのも、過去の夏季オリンピック開催地のインバウンド客数の推移を見ても、リーマンショックのあった時期だけは落ち込みましたが、その後はどこもトレンドでみれば上昇しています。

東京五輪の開催によって日本、東京の知名度・ブランド力は上がる、つまり五

輪は最大の見本市とも言えます。これがきっかけとなって日本に興味を持ち、初めて日本を訪れてくださる方もいるかもしれません。また、東京五輪開催に向け、交通から多言語対応まで幅広い領域で観光インフラの整備が進んでいますし、再開発も活発に行われています。また、魅力的な商業施設も増加しており、これらは結果として国内はもちろん海外の旅行者を惹きつける魅力にもなります。

大きなシェアを占める国内需要は少子高齢化、人口減少の中で伸び率は期待できませんが、「キッズウィーク」などをきっかけに、働き方・休み方改革が進んでいけば底堅く推移するでしょう。訪日外国人旅行者が増加し続けることで、宿泊需要全体は増加していきます。もちろん細かにエリアを見ていけば温度差はあるでしょうが、総合的にはポジティブな環境であると見ています。

需給バランスは東京・大阪は逼迫と分析
民泊新法の影響は現時点で未知数

需給バランスについては、主要エリアで言うと東京や大阪、京都は需要が逼迫をしており、少しでも需要が上振れれば瞬間的には供給をオーバーするという状況です。一方、東北エリアなどは供給が上回っています。

しかし、実際は都道府県ベースよりも

さらに細かに見る必要があるでしょう。例えば千葉でも、舞浜のエリアと県東では状況が異なるからです。結論として、エリアによってかなり状況は異なります。

今年 6 月からは民泊新法が施行されますが、現時点でどのような影響が出るのかを予測するのは難しい状況です。営業日数の上限 180 日というのは、既存の事業者からすれば、ある意味規制の強化ですから、民泊を専門としている事業者は撤退を検討するかもしれません。一方で、民泊が合法化することで別荘を民泊として貸し出そうとか、そういった動きも出てくるかもしれません。撤退する人、参入する人、これが最終的にどのような数字になるかまだ先行きは見えませんが、今後統計も出てくると思いますので、そこに注目をしたいと思います。

民泊はホテル業界に対してネガティブな
影響ばかりではないのではないか

民泊新法の施行は、これまで法律が未整備であった民泊が法律で認められるということになりますから、ホテル業界にとっては競争相手が増えることになります。特に低価格帯のホテル業界の方にとっては脅威であると思いますが、一方で、私のようなマクロの視点から見る人間からすれば宿泊の受け皿が多様化することは良いことであると考えます。先

補完の旅行スタイルも出てくるかもしれません。民泊の合法化はネガティブな要素ばかりではないと考えています。

マーケットが好調な時期に
将来を見据えた取り組みを

新規供給や民泊などマーケット間での競争が激しくなる中ではありますが、基本的にホテル業界を取り巻く環境は現状ポジティブであると見ています。その中で必要なのは、将来的なリスクへの備えです。

例えば、今後従業員不足がより深刻化していくであろうことは見えています。それを見据え、既存従業員のリテンション、もしくは採用の強化、ICTの活用などが重要になってくるのではないでしょうか。

足下のマーケットが良い時期に、将来を見据えた投資、取り組みは必要であると言えます。未来を見据えたこれからの取り組みが、各社の将来に大きな影響を与えるのは明らかでしょう。

2020年のホテル客室不足は最大0.4万室に縮小

みずほ総合研究所㈱
2017年9月22日公表

みずほ総合研究所㈱が2017年9月22日、同社が継続して行なってきた2020年のホテル客室不足の試算の最新レポートを公表した。それによると、2020年に訪日外国人旅行者数を4000万人とする政府目標は射程距離圏内であることを確認。一方で、2020年のホテル客室不足に関しては新規ホテルオープン計画の増加や民泊、クルーズ船を利用する外国人旅行者の急増を受け、従来の予測ほど逼迫しない可能性が高まったと公表した。

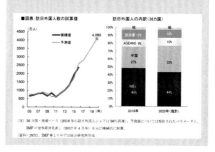

に申し上げたような需要が急増する時期の受け皿になることはもちろん、宿泊業における従業員不足の問題や、宿泊をされる方のニーズが多様化する中で、供給の多様化は結果として観光地としての魅力向上にもつながるからです。

ここからはあくまで私見ですが、民泊が正式に認められることで競争は激しくなる可能性があります。しかし、競争によってよりよいサービスや生産性向上につながることは期待されます。また、先に申し上げたような需要が供給をオーバーする時には以前であれば宿泊ができない、ということになりましたが、民泊の登場によって宿泊が可能となれば、日本、そしてそのデスティネーションを体験していただけることになります。そこから次にはホテルへの宿泊に、というケースもあるでしょうし、一回の旅行で最初は民泊、次はホテルに泊まるといったような相互

有識者 マーケット＆プレイヤー市場動向

中国を中心とした投資家が日本の観光マッピングを変えるかもしれない

㈱東京スター銀行

法人金融部門　ホスピタリティファイナンス部　部長　岸田 豊彦 氏

ノンリコースローンを中心に 2012 年以降幅広いホテル案件への融資を行なってきた東京スター銀行。同社法人金融部門 ホスピタリティファイナンス部 部長 岸田 豊彦氏によると、近年のホテル投資の盛り上がりを受け、同社にも年々寄せられる相談案件は増えているという。大手が関わらないホテル投資案件の相談も数多く受ける岸田氏から見ると、今後の国内ホテル投資市場は、これまでの大方の見方とは違った動きを見せているようだ。今後の日本のホテル市場のポテンシャル、そして今後のホテル投資市場の動きを岸田氏はどう見るのか。

ホテルに興味を持つプレイヤーのバラエティーが広がってきた

東京スター銀行は 2012 年より専門部隊としてホスピタリティファイナンス部を設立しました。東日本大震災以降ホテル価格が大きく落ち込んでいた中で、その後ホテル価格は上昇していくであろうことを見据え、観光業やホテル業という領域でビジネスを展開していくべきであると考えたためです。弊行の融資の中心は投資家のホテル売買に対して行なっています。

過去にはホテルに投資しようとする投資家が限られていましたが、2016 年ごろからプレイヤーのバラエティーが広がり、弊行に寄せられるご相談も年々増加傾向にあります。

特に、最近は中国の方を中心に多くの方からご相談をいただくようになっています。中国の方にとっては、自国から毎年日本に多くの人が旅行に出かけているのを目にしており、今後の増加にも確信を持っているようです。その視点からすると日本にはまだまだホテルが足りない、特に4～5スターのホテルが不足しているという印象が強いようです。その観点から、日本の4～5スターに投資を検討するケースが増えてきています。

宿泊主体型のホテルの伸びしろ
ライフスタイル型ホテルの可能性

2～3スターのホテル、宿泊主体型、さらにはホステルなど簡易宿所のセグメントにおいては、民泊の影響を受けてエリアによって ADR の伸びが観察されなくなってきます。その中では、オペレーターによるパフォーマンスの差が明らかに見られ始めました。私どもが融資をする場合、どの案件においても精査はしますが、特にこれらのスペックのホテルの場合、立地はどこか、オペレーターの運営能力のいかんなど、詳細に分析を行ないます。

そのような中で、海外ではすでに多数の事例がありますが、ライフスタイル型のホテルが日本にも少しずつ誕生し始め

ています。弊行では米国大都市においてシンジケーション型でライフスタイル型のホテルにも融資を開始していますが、このセグメントではよりオペレーターによってパフォーマンスが左右されると感じています。

海外ではライフスタイル型のホテルにおいても4スター以上のスペックで運営をしているホテルが多くありますが、私は個人的にそこの領域に可能性があると感じています。

これまで大手ばかりが行なってきた
4～5スターのホテル開発を
新興系投資家が行なうようになる

先ほど、中国系の投資家の方が積極的に日本のホテルへの投資を考えている、そして、4～5スターのホテルが不足していると感じている、というお話をさせていただきました。そういった投資家の方が日本において、これから4～5スタート（ラグジュアリー含む）を開発するということが現実になってくると見ています。

彼らはすでに中国やシンガポール等においてホテル開発投資の実績を持ち、そのプロジェクトを成功させています。その実績をベースに今後日本でも同様のことを始めようとしています。来年あたり、こういったプロジェクトが皆さまの目にも入るようになるのではないかと見ています。私は最近仕事で中国にも多く行きますが、投資家の方の日本への強い投資意欲を感じています。

東京五輪はマーケットの転換期になるか？

　よく、2020年の東京五輪以降のマーケットに関して質問をいただきます。2020年の東京五輪は確かに一つの節目と言えるでしょう。それに伴いホテル投資へのお金が動きやすい環境にあるのも事実です。
　しかし、日本の観光マーケットは東京五輪後も継続して大きくなっていくと私は見ています。日本は観光業界を外貨獲得のための一つの主要な領域と見ており、国策として観光へのアクションも継続して行なわれていくでしょう。それらも後押しし、日本の観光マーケットはまだまだ大きくなっていく領域であると私は考えています。

国内異業種からの参入の動きも増加していく

　私たちのところには、投資家の方以外に、異業種の方が自社の強みを武器にホテル業に参入をしようというご相談もいただいています。例えば、外食企業がレストランと融合したホテルをつくりたいといった、従来のホテルとは違ったアプローチのホテルです。
　こういった案件は今後も増えていくと見ています。日本のホテルは海外と比較しても均一化の傾向があるので、もっと多様化してもよいのではと私は考えています。

日本人がホテルを考えないようなエリアも投資対象になっている

　先ほど弊行に寄せられる相談は年々増えていますということをお話ししました。エリアは北海道から沖縄の離島まで。今後は地方空港に大きな可能性があると感じています。受け入れるインフラもあり、そして、日本の交通網は世界随一ですから、今後は地方はもっと可能性があると言えるでしょう。
　また、例えば東北エリアなど、日本の方がホテル開発・投資を考えないエリアも中国の投資家にとっては対象になっているようです。大手のデベロッパーや日本に拠点を持つグローバルな投資会社などは、日本の主要都市を中心にホテルを検討されますが、中国の投資家はそういったエリアをあえて避ける傾向があると感じています。それよりも、中華系インバウンド客にポテンシャルのあるエリアはどこかを考えながら、例えば奥飛騨とか、北陸の温泉エリアであるとか、さらには東北の一部エリアまで検討することもあるようです。
　彼らが皆言うのは、送客に自信を持っていることです。一般的に人気のあるエリアであるかは関係なく、他の会社がやらないようなエリアでも、自分たちならやれるという考えがあるようです。彼らにとって、既存のマーケットリサーチは関係ありません。全く考え方が違うのです。
　これまでは、日本では大手によるホテル開発が中心でしたが、今後は中国の投資家などが手掛ける案件が増え、日本の観光マッピングを変えるかもしれないと私は感じています。
　弊行はこれまで、ホステル型から、旅館、ビジネス、フルサービス、リゾート、ライフスタイル、ファイブスターまで、幅広くホテル案件に関わってきました。そして、リスクをとりながら数多くの案件を手掛けてきた分、ホテルに関する知見が集積されています。現在は、融資のみならず、オーナーとオペレーターのマッチング、送客支援アドバイスも行なっています。その強みを武器に、今後も積極的にホテル案件にはかかわっていきたいと考えています。

有識者 マーケット＆プレイヤー市場動向

全国の主要マーケットで44軒のホテルを運用
老舗ホテルREITの強みを武器にさらなる成長を目指す

ジャパン・ホテル・リート・アドバイザーズ㈱
代表取締役社長 古川 尚志 氏

現在国内に44物件の資産を保有する日本最大手のホテルREIT「ジャパン・ホテル・リート投資法人」の資産運用を行なうジャパン・ホテル・リート・アドバイザーズ㈱。日本全国、宿泊特化型からフルサービスホテル、リゾートホテルなど幅広いホテルの資産運用を手掛ける同社は、今後のホテルマーケットをどのように分析し、今後のビジョンを描くのか。同社代表取締役社長の古川 尚志氏に聞いた。

ホテルのパフォーマンスは
地方主要都市の多くで高成長が継続
東京、大阪は中長期的な
上昇トレンドの中で踊り場に

REIT運用は長期投資ですので、私たちは、マーケットを中長期的な観点から考察し判断しています。その視点から言うと宿泊の需要は2012年以降増加し続けており、マクロではポジティブな環境にあると言えるでしょう。

一方で、訪日外国人のリピーター増加により訪問先が都市部から地方へ分散し、また東京や大阪における客室の新規供給や、統計に表れない新規供給と言える民泊の影響などがあり、マーケットに

よってホテルのパフォーマンスに差が生まれています。地方主要都市の多くで高成長が継続している一方で、地方に先んじて成長が始まった東京や大阪で、2016年後半から伸びの鈍化が見られます。

東京や大阪で見られるこれらの影響も、訪日外国人がさらに増加する中で徐々に薄れていくと考えています。中長期的には需要の増加が供給の増加を大きく上回ると予想されるからです。東京や大阪では2017年に苦しんだホテルもあったと思いますが、それらのホテルにも今後どこかで上昇傾向に転じるタイミングが来ると見ています。

2017年は成田と奈良でホテルを取得

私たちは、レジャー宿泊需要が中長期に期待できるマーケットで競争力のあるホテルを取得することを物件取得の基本方針としています。

昨年はヒルトン成田、インターナショナルガーデンホテル成田及びホテル日航奈良の3ホテルを取得しました。成田の2軒のホテルの利用者は、主に成田空港を利用する国内外の旅行者とエアラインクルーです。成田自体が訪問先ではありませんので間接的なレジャー宿泊需要です。日本最大の表玄関である成田空港の需要は今後もさらに伸びていくと予想しています。訪日外国人は今後も中長期に増えると見ていますので、成田の宿泊需要も中長期的に成長が期待できると考

えての取得です。

奈良は、日本を代表する観光地でありながら、観光や宿泊に関る産業が出遅れており、他の主要都市に比べて訪日外国人の数もまだまだ少ないです。今後大きく成長する可能性があるマーケットと考え、奈良で最大のフルサービスホテルを取得しましたが、取得後のパフォーマンスは非常に好調です。

競争力のあるホテルを積極的に取得
複雑な大型物件こそ自社の強みが生きる

今後の取得に関しては、マーケットと物件を慎重に選別しながら、伸びるマーケットに立地する競争力のあるホテルを積極的に取得していきたいと考えています。

客室料金の低い宿泊特化型のホテルは新規供給の影響を受けやすく、また民泊とも直接的な競合になるケースが多いので、立地や客室の広さなどホテルのスペックを緻密に分析する必要があるでしょう。

また、物件の取得において私たちに優位性があるのは特徴のあるフルサービス型ホテルです。

私たちは相当数のフルサービス型ホテルを所有しており、アセットマネジャーとして知見を積み上げてきました。マーケットやホテルの精査、分析、評価、取得ストラクチャーの構築など、様々な面で強みがあると考えています。物件取得競争は激しくなっていますので、分かりやすい物件ほど買主候補も多く売買価格が高

また、ホテルオペレーターの方々と協力し、GOPの大幅な向上を実現させた例もあります。一例ですが、札幌にある2軒のホテルは、現在はどちらも同じ外資系ホテルオペレーターが運用を手がけています。2軒のうち一方のホテルにおいては、取得に際してホテルオペレーターの変更を行ないました。ホテルオペレーターを共通化することで、相互送客などによる売り上げの向上と、オペレーション業務の集約や共同購買などによるコスト削減により、GOPを大きく向上させることが可能になりました。

このように、追加投資を含むアセットマネジメント戦略の実行を通して、オーナーとオペレーターが協力してホテル収益を向上させることができる。これが私たちの強みです。

今後は新規開発案件の取得も視野に

現在は新規開発ホテルの取得も視野に入れています。ホテルを直接開発することはできませんので、ホテルの開発を手がけられる方からの取得の可能性を検討しています。

新規開発ホテルは運営実績がないため評価が難しいのですが、私たちは日本全国で44のホテルの資産運用を行なっており、ホテルマーケットの理解に関して優位性があると自負しています。そのため、運営実績のない新規開発ホテルについても豊富なデータや情報に基づく的確な投資判断が可能になります。

アジアでは時価総額で最大のホテルREITに

先ほど申し上げましたとおり、私たちは成長が期待できるマーケットで競争力の高いホテル物件を今後も積極的に取得していきたいと考えています。ジャパン・ホテル・リート投資法人は時価総額が3000億円を超え、アジアにおいては最大の時価総額を持つホテルREITになっています。しかし、グローバルな観点からはさらに成長することに意味があると考えています。今後も魅力的な物件を取得し、ポートフォリオの質を高めながら規模の拡大を図り、グローバルなインデックスに組み込まれるチャンスがいずれ来ることを期待して業務に取り組んでいます。

くなる傾向があります。大型で、複雑な物件には誰もが簡単には手を出せませんので、そのような案件においてこそ私たちの強みが生かせると考えています。

ホテルオペレーターと協働しながらホテルパフォーマンスの向上を実現してきた

もう一つの私たちの強みと言えるのが、ホテルオペレーターの方々と協力しながらホテルの収益性向上を実現するアセットマネジャーとしてのノウハウです。私たちはこれまでに多くのホテルで収益向上を図る施策を実施してきました。

実績が多いのは追加投資によるRevPARの最大化です。国内旅行者の宿泊需要は安定していますので、訪日外国人のマーケットをいかに取り込んでいくかが収益向上のポイントです。そのために一室当たりの収容人数を増やす客室改装など、RevPARの最大化を目指した追加投資に取り組んできました。

有識者　マーケット＆プレイヤー市場動向

マーケットをミクロで見るとチャンスは多い
現在80軒。投資・運営が
グループである強みを武器に
今後もさらに投資・運営を行なっていく

フォートレス・インベストメント・グループ・ジャパン合同会社　マネージングディレクター
㈱マイステイズ・ホテル・マネジメント　代表取締役会長
山本 俊祐 氏

現在国内で80軒のホテルを展開する㈱マイステイズ・ホテル・マネジメント。投資企業であるフォートレス・インベストメント・グループ・ジャパン合同会社（以下「フォートレス」）が投資したホテルの運営企業としてここ数年最も成長をしたホテル企業の一つだ。フォートレスでホテルへの投資を行ないながら、㈱マイステイズ・ホテル・マネジメントでは代表取締役会長として運営にもかかわる山本 俊祐氏は、マーケットの現状、そして今後をどう見据えるのか。

地方ホテルの好調が顕著に
都市部ホテルの足踏みを地方ホテルが補う

　マクロのホテルマーケットデータでは一部大都市のホテルの成長が鈍化し、地方主要都市のホテルは依然力強い成長を見せているという状況ですが、マイステイズ・ホテル・マネジメントが運営するホテルの様子を見ると、より面白い結果が出ています。
　例えば、宇都宮のホテルは現在絶好調で、一部エリアの足踏みを打ち消すくらいの好調ぶりです。同様に都市部でもサブマーケットによっては好調なエリアがある

など、マクロでは見えない実態があります。
　同様に、マクロでは新規供給が多く見える都市でも、細かに見ていけば良い立地はあります。私たちは全国で80のホテルを運営し、マーケットデータはリアルタイムで持っていますし、同時に、マイステイズ・ホテル・マネジメントを通じたホテル運営のノウハウも持っています。それらを武器に、今後もホテル投資は継続して行なっていきたいと考えています。

民泊新法の施行は
ホテルにとってプラスにはたらく

　民泊新法の施行はホテルオペレーター、投資家にとってプラスにはたらくと考えています。何がホワイトで、何がブラックなのかが明確になることで、当然一部は頭打ちとなり、淘汰が始まるでしょう。
　そもそも、民泊の本来の役割は特徴のある滞在を提供することでした。ところが、今ある民泊の多くはその役割ではなく、ホテルと同じことをしている。そうなれば、安心や、利便性の高い立地など、ホテルの方が優位である点も多く、大きな脅威とは考えていません。

訪日外国人旅行者が順調に増加する
北海道、沖縄に注目している

　エリアとしては、最近は北海道に大きな成長性を感じており、ここ数年積極的に取

得をしています。訪日外国人旅行者の伸び率も高く、一方で観光資源も豊富にあります。タイプとしては訪日外国人旅行者の需要を取り込めるような、シングル主体でなくダブル以上の比率が高いホテルを狙っています。
　また、沖縄も同様に訪日外国人旅行者が増加しており、沖縄県への観光客数が初めてハワイを超える勢いで伸びているというデータもあります。沖縄では現在私たちは石垣島にホテルを所有し、マイステイズ・ホテル・マネジメントが運営し、ちょうど大規模な増築工事を進めているところですが、今後も沖縄には注目をしています。

ホテルに投資をする投資家の
バラエティーが広がってきた

　ここ最近感じる変化として、ホテルという資産クラスに投資をする投資家のバラエティーが広がったと感じています。以前はオポチュニティーファンドが資産価値の下がったホテルを取得し、バリューアップした上でREITをはじめとするコア系の投資家に売却をする、というモデルが主流でした。また、日本マーケットでは、固定賃料を好む安全志向の投資家も昔から多く存在します。ところが、最近は買い手の幅が広がり、検討する家賃モデルも固定プラス変動やフル変動を好む国内の投資家が増え、アジアからの新規参入者も増えていますので、今後もホテル投資は活発になっていくと思われます。

**人材不足を見据えた投資は
結果として充分なリターンを生み出している**

　マイステイズ・ホテル・マネジメントでは数年前から将来的には人材不足が深刻化していくことを見据え、休日を増やしたり福利厚生を充実させたりするといった労働環境の改善や、研修の充実による成長環境の提供、さらにはベースアップ含む賃金の改善に積極的に投資をしてきました。

　その結果が、今まさにしっかりとリターンとして出ています。社員の離職も低く、だからこそ、これだけ続く新規出店でも人材の心配はありません。

　また、成長する会社だからこそ、スタッフにキャリアアップのポジションを提供できている、というポジティブなサイクルも生まれています。

**フォートレスがソフトバンクグループに。
「アリババ」のセールで
1日約9000室売るなど
ホテルにも変化が。**

　ところで、フォートレスがソフトバンクグループに加わることになりましたが、それによってホテルも少しずつ変化が生まれています。

　例えば、一部のマイステイズグループのホテルではソフトバンクロボティクス㈱と協力し合い、フロントにペッパーを設置しコンシェルジュ業務を担わせるなど、新しいテクノロジーの活用方法に取り組んでおります。

　また、中国では同じくソフトバンクの出資先であるアリババが11月11日に「独身の日」セールを行なうことは日本でも有名になっていますが、そこにも参画をし、1日で約9000室を販売し、日本のホテル企業としては唯一 "Most Popular Store" の賞を受賞しました。インターナショナルチェーンなどと並ぶという、私も驚くような結果となりました。

**現在80軒。すでに6軒は決定。
今後も継続して投資は行なっていく**

　マイステイズ・ホテル・マネジメントは現在国内で80軒のホテルを運営していますが、この先も北海道、成田、関西、九州に6軒の開業が決定しています。フォートレスとしては今後も投資家目線で面白いと思えるホテルには積極的に投資をしていきたいと考えています。

　また、マイステイズ・ホテル・マネジメントはこれまでフォートレスが取得したホテルの運営が中心でしたが、第三者オーナーのホテル運営にも力を入れていきます。

　私たちはグループとして、既存ホテルの買収はもちろん、新規開発、さらには耐震補強、大規模改修、増築なども行なうことができます。一方で運営も、北海道から沖縄まで、宿泊主体からフルサービス、リゾートまで幅広く行なうことができるという強みがあります。これらを強みに、今後も積極的なホテル投資、運営をしていきたいと考えています。

　まずは、国内で全国をカバーする総合ホテルチェーンというのが当面の目標です。海外への展開は、現時点で積極的には考えていません。国内でのブランド認知を上げること、そして会員のお客さまへのサービス充実などに取り組んでいきます。

ホテルデータブック2018 | HOTERES　21

有識者 マーケット＆プレイヤー市場動向

テーラーメイドの、個性あるホテルづくりが
日本における確固たる
ブランドを築き上げた

日本ハイアット㈱
代表取締役 坂村 政彦 氏

現在国内において7軒という、インターナショナルチェーンの中でも群を抜く開業計画の公表をしているハイアット。セレクトサービスからライフスタイル型まで、幅広いブランド展開を今後計画するハイアットが、日本の市場をどう見据えるのか。新たに代表取締役として就任をした坂村 政彦氏に聞いた。

**ハイエンドトラベラー、そして
アジアの旅行者が増えるトレンドは
ハイアットにとってポジティブ**

2018年以降のホテルマーケットの読みですが、私たちハイアットとしてはポジティブであると見ています。

その理由は二つあります。一つ目は、ホテルに単に宿泊をすることを求めるのではなく、料飲施設含めた滞在経験を大切にするようなハイエンドトラベラーは今後も継続して増え続けると見ていること。そして、二つ目は、アジア各国から日本へやってくる人数が増え、今後も継続した増加が見込める中で、私たちハイアットのホテルに滞在するお客さまの数もそれに合わせて増えているからです。

今、国内では民泊がホテル市場に影響を与えるのではということが懸念され

ていますが、シェアを奪われているセグメントの多くは宿泊主体型であり、ハイエンドトラベラーのマーケットにはほとんど影響が見られません。また、ハイアット独自の調査によると、人々のウェルネスへの関心は年々高まっており、最近は二桁の勢いで増えているという調査結果も出ています。それらからも、ハイアットの展開するホテルが民泊とは競合しないと考えています。

また、フルサービスだけでなく、今後開業を控えるセレクトサービスのホテルにおいても、ハイエンドトラベラーの需要は確実にあり、ハイアットが展開するさまざまなブランドそれぞれにとってポジティブな環境であると見ています。

また、今後のマーケットを占う上で今後の訪日外国人旅行者の数は重要な要素ですが、足下でも非常に高い伸び率を維持しており、同時に、今後も外貨獲得の手段の一つとして国策として観光振興に力を入れていくということを踏まえると、東京五輪等関係なく継続して伸びていくものと見ています。

**ハイアットはこれまでもテーラーメイドの
ホテルづくりを行なってきた。
それが市場での差別化要素となる**

日本にもすでにさまざまなインターナ

ショナルチェーンが進出していますが、ハイアットはインターナショナルチェーンの中では比較的小規模なホテルチェーンです。それは、開発するホテル一つひとつに対してその土地ごとの滞在体験が得られるように、手間と時間をかけ、テーラーメイドでホテルをつくり上げてきたからです。結果として、ハイアットのホテルはそれぞれ一つひとつが個性を持っています。軒数も重要でありながらも、ただ数だけを追い求めるのではなく、明確な意図、目的意識を持って一つひとつのホテルを大切につくり上げてきましたので、今後もそれを継続していきます。それが結果として、ハイアットが日本では多くのお客さまに支持され、ホテルプロジェクトを数多く抱えられているように、同じインターナショナルチェーンの中でも明確な差別化要素となると考えているからです。

**訪日外国人の需要は依然強い。
ゲストのニーズは"モノ"から"経験"へ**

すでに訪日外国人旅行者の増加についてはお話をさせていただきましたが、国内のハイアットブランドのホテルにおいては東京ではもともと外国人比率が高く大きな変化は見られませんが、地方のホテルでも外国人比率が上昇しており、特にその中でもアジアの人たちの増加は

くは宿泊主体型のホテルと競合をしていること、また、宿泊需要も着実に増加しており、その結果影響を感じないという状態なのかもしれません。

ただし、一言で「民泊」と言っても、単に宿泊だけ、安さだけのニーズを狙った民泊と、例えば京都の古民家での宿泊のように経験を売る民泊ではマーケットが違います。さらに、日本では民泊はまだAirbnbなどが中心ですが、海外に目を向ければ滞在経験重視、高級価格帯などさまざまな民泊のサービスが溢れており、多様化しています。それらを踏まえると、安住してはいられないと考えています。

**今後7軒の開業を公表。
個性あるホテルづくりへの取り組みが
評価をされてきたのではないか**

ハイアットとしては現時点で国内に今後7軒のホテルプロジェクトを公表しております。

北海道から沖縄まで、リゾートから都市部でのホテルまで、また、タイプもセレクトサービスからライフスタイルまで幅広いエリア、タイプでホテルプロジェクトを公表している分、多くの方に、ハイアットの積極的な姿勢をお感じいただけ、同時に興味をお持ちいただけたように感じています。

中には私たちハイアットをご指名でご相談をいただけるような案件もありますが、一方で、ほかのインターナショナルチェーン含めたコンペティション案件も数多くあり、ハイアットが日本で築き上げてきたブランドに自信を持ちながらも、そこにあぐらをかいてはいけないという気持ちの、両方を感じております。

しかし、これまでハイアットが国内でつくり上げてきたホテルのクオリティーの高さが、明らかに現在公表をしていないものを含めた現在のホテルプロジェクトにつながっていることは肌感覚を持って強く感じており、これまで取り組んできたハイアットらしい個性あるホテルづくりという点では妥協をせず、大切にしていきたいと考えています。

顕著に感じています。

また、もう一つの変化としては、中国などアジアのお客さまを中心に、求めているものが"モノ"から"経験"に変化をしているということです。この変化はハイアットがブランドを問わず取り組んできた「最上の体験を提供する」という目標に合致するものであり、今後も各ホテルはそのブランドや立地にふさわしい経験を提供することにさらに注力していか

なくてはならないと感じております。

**民泊の影響は現時点では感じない。
"経験"ベースの民泊は
今後脅威となる可能性も**

先ほども少しお話をしましたが、現状では民泊の影響というのを直接的に感じてはいません。民泊自体も増えているのでしょうが、先にお話をした通りその多

有識者 マーケット＆プレイヤー市場動向

デフレ、供給過剰の環境の方が オペレーターとしての実力を 発揮できる

星野リゾート
代表　星野 佳路 氏

オペレーターとしての実績を引っ提げ、海外への進出、そして都市観光ホテルへの進出、など常に新しい取り組みで注目を集める星野リゾート。特に、今年は都市観光ホテル「OMO（おも）」ブランドの開業を控え、どのようなホテルを世に生み出すかが注目される。ホテル市場にも参入をする同社代表の星野 佳路氏は、日本のホテルマーケットをどう見るのか。

**リゾート運営企業として、
デフレ、供給過多の環境の方が
実力を発揮できる**

　近年ホテルマーケットの変化が激しく、特に最近は供給過剰などマーケットの先行きを不安視する声もありますが、私たちはマーケットの短期的なアップダウンというのを意識していません。そもそも日本はバブル崩壊以後ずっとデフレで供給過多の時代が続いていました。その中で競争力を持ったリゾート運営企業として星野リゾートは経営してまいりましたので、その点に変化はありません。

　ホテルやリゾートの運営企業ということは、その運営のプロフェッショナルということですから、マーケットがデフレ、供給過多になった中でこそ力を発揮するもの

ではないでしょうか。もし私たちがデフレ、供給過多の環境でダメであれば最初からリゾートを運営することをしていないかと思います。短期的な視点で方針を変えるべきではない、というのが私の考えです。

　先ほどもお話をさせていただいたように、私たち星野リゾートはバブル崩壊後の長いデフレ、供給過多の中でビジネスを展開してきましたので、むしろ供給過多というのはチャンスだと思っています。良いときは皆良いので実力差は分かりませんが、マーケットが厳しいときにフェアシェア以上がとれるのが運営企業の強みであるはずです。

　オーナーが運営を外部に委託するということは、それはオーナーにとってはコストを伴うわけです。そのコストに見合うことができるかがポイントであり、厳しい時期こそ、オーナーの期待に応えるチャンスでもあるのです。

**出張はしなくていい時代が来る。
だから私は年間60日スキーができる。
一方、レジャー需要は伸び続ける**

　今後のマーケットを考える時、私は、出張はしなくていい時代が来ると考えています。ITテクノロジーを活用したテレビ会議などの仕組みが充実し、進化しています。星野リゾートでもテレビ会議システムで全リゾートをつないでいます。だからこそ、私は今でも年間60日スキーができるのです。

　世界では中間層が増加しており、海外旅行に行きたいというニーズは劇的に増えています。中長期的に見れば、旅行は出張族中心から都市観光中心に移っていくと見ています。

「OMO」は出張需要を一切捨てる

　それにもかかわらず、日本のホテルは観光旅行にフォーカスをしていません。それが、私たちが都市観光ホテルに進出する理由です。OMOでは、出張需要を一切捨て、完全に観光旅行にフォーカスしたホテルをつくります。

　具体的にどのようなことをやっていくか、というのは、現地にいる、現場の発想力を生かして楽しんでやってもらうのが星野リゾートのスタイルですので、完全に観光旅行にフォーカスするというコンセプトまでは私が決め、後は任せています。最初から完成形にはならないでしょう。毎日の運営で日々違う仮説を持ちながら取り組んでいき、1年、2年もすればOMOを代表するようなコンテンツができているのではないかと思っています。

　東京の「星野リゾート OMO5 大塚（ほしのりぞーと おもふぁいぶ おおつか）」にも立候補でメンバーが集っています。竹富島で人事を担当していたスタッフだったり、総支配人の磯川はプライベートでは子供が三人いるお母さんです。そういうメンバーで、どのようなホテルをつくってくれるか、楽しみですね。

「周りを失うことを恐れるな」
マーケティングを考えるとき、
何かを"捨てる"ことが必要

　マーケティングを考えるとき、何かを「捨てる」という発想が必要です。日本のホテルの場合、「出張需要を捨てる」と決断することができなかった。私は経営者として、今回「出張需要を捨てていい」と決めました。私は確信をしていますが、もちろん、リスクもあります。しかし、そういうのを対オーナー含めて調整するのは私の仕事です。

　過去には、「界」ブランドでも同様のことをやりました。当時の温泉旅館には、温泉を楽しむゲストのほか、周遊観光のゲストも来ていた中で、温泉保養客にフォーカスしたサービスに取り組みました。リゾナーレも12歳以下の子連れファミリーをターゲットとし、成功につながりました。

　私はいつも「周りを失うことを恐れるな」と言っています。ターゲットをコアにしぼると、普通は周りを失うことを恐れる。しかし、結果としてはフォーカスしたところが魅力的であれば、周りのマーケットから見て魅力的になるのです。強いセグメントを持つこと、特化することは結果魅力につながります。周りを失うことを恐れ、中途半端になると、結果、魅力を失うのです。

ライフスタイルブランドは
下り坂という印象

　最近ではデザインなどに特徴を持たせたブティックホテル、ライフスタイル型のホテルが一つのトレンドとして日本でも注目をされていますが、世界の潮流から見ると下り坂、という印象です。

　ニューヨークなどで開催される投資家が集まるイベントなどにも参加をしていますが、私はブティックホテルでは差別化はできないと思っています。実は明確なブティックホテルという定義がない中で、街にはブティックホテルが溢れ、フェイドアウェイしている感があります。

　ブティックホテル、というだけで独自のポジションを得るのは難しいと考えています。それよりも、マーケティングはセグメンテーションありきですので、セグメントを明確にした結果、サービスやデザインが決まってくると考えます。

世界主要都市で"旅館"をやりたい

　星のや東京が、一昨年開催されたホテル投資カンファレンス（HICAP）において最優秀賞「Reggie Shiu Development of the Year」を受賞しました。また、昨年米国の富裕層向け著名旅行誌『コンデ・ナスト・トラベラー』のリーダーズチョイスアワードで、日本のベストホテルランキングでザ・リッツ・カールトン京都に次ぐ第二位を獲得しました。多くの方に「星のや」が注目をされていると感じます。数多くの投資家と話をしますが、彼らは常に新しいものを求めています。そこに、"旅館"のチャンスがあると思っています。"旅館"をホテルの一つのカテゴリーとして確立させ、「珍しいから」ではなく、「快適だから、旅館に泊まりたい」と選ばれ、最終的に、ニューヨークなど世界の主要都市で「星のや」を実現させたい。これは、私の目標です。

有識者　マーケット＆プレイヤー市場動向

競争激化の中、人が強い施設は強い
人材育成と業務効率化が最重要課題!!

ホスピタリティマネジメント㈱
代表取締役社長　菅野 潔 氏

日本全国、あらゆる形態の宿泊施設の幅広いコンサルティングを手掛けるホスピタリティマネジメント㈱。小規模地方都市なども回ってさまざまな施設のサポートを行なう同社の代表取締役社長 菅野 潔氏はマーケットの現状と今後をどう見ているのか。

訪日外国人旅行者の増加は、まだ地方都市には影響が及んでいない

私たちホスピタリティマネジメント㈱はホテル業界出身者が集まったコンサルタント企業として、エリアでは北海道から沖縄まで、施設はラグジュアリーホテルからシティホテル、リゾートホテル、宿泊特化型ホテル、旅館など、そして、コンサルティング領域としては事業再生、収益改善、新規開業支援、顧客満足度改善、マーケット調査、経営分析、ホスピタリティー研修まで、幅広く手掛けているコンサルティング企業です。

弊社は日本全国の施設様とお取引をさせていただいている関係で、私はさまざまな場所に行く機会があります。その視点では東京や大阪、京都、といった観光主要都市、さらには北海道、金沢、名古屋、広島、福岡など、地方都市も訪日外国人旅行者の増加を受け、観光市場として活性化していることは明らかです。

一方、私は中小規模の地方都市も行きますが、例えば関西地域や九州地域の某都市などは、統計上は明らかに訪日外国人が増えている事にはなっているが、地域の宿泊稼働全体を押し上げる効果には至ってないのが実情です。やや手前味噌な話ではありますが、弊社がお手伝いをさせていただいていることもあり、各ホテルの業績は確実に上昇しています。しかし、主要都市で見られるような訪日外国人の増加による宿泊を中心とした大幅な業績良化というのはまだ手応えをもって感じるほどではないというのが現状です。

地方都市は供給の変化もほとんどない

一方、供給面に話を移しますと、こちらも同様に、中小都市においては主要都市に見られるような積極的なホテル開発がほとんど見られず、供給市場に大きな変化がありません。

地方の各ホテルの現状は、宿泊主体型は総じて元気、フルサービスのグランドホテル型のホテルも宿泊は好調だけれども宴会は横ばい、レストランは減少傾向、婚礼は苦戦という印象です。ホテルのある地元にはあまり関係のない宿泊主体型ホテルが好調というのもややもの寂しさを感じます。本来の地域密着型ホテル（コミュニティホテル）を活性化させることの重要性を感じています。

地方で民泊の影響を感じることは少ない

一方で、街を歩く外国人は見かける

民泊が急増していることは周知のとおりです。しかし一部の観光地や大都市を除き直接的に宿泊需要にインパクトを与えているとは現時点では感じられません。実際、私たちがお手伝いをさせていただいている中小都市の各ホテルの宿泊者に占める外国人比率もそう大きく変化をしていません。

しかし、例えば地域によっては外国人宿泊者がほとんど増えていないにもかかわらず、明らかに街を歩く外国人が増えているのを感じます。彼らが他の都市に宿泊をして周辺観光地に日帰りで来ているのか、それとも通過点として訪れているのかは分かりませんが、地方の中小都市においては外国人旅行者は見かけるけれども、宿泊需要の変化としては感じない、というのが現状の印象です。

しかしながら、今年6月以降の民泊の動向は気になるところです。

施設に投資をしても、人には投資をしないという現状

地方都市のグランドホテルタイプにおいては総じて老朽化の傾向があり、ホテル経営者は次の設備投資に悩みを抱えています。投資額は小さくなく、それをどのタイミングで、どこに投資すれば良いのかなど、先行きへの不安は小さくありません。

そこで私が感じるのは、ホテル経営

を与えることは強く感じています。ハード面だけが良くても、最終的にそこで働く人や仕組みが良くなければ、ゲストは離れていってしまうものです。

中途半端な経験者より、未経験でもプロのマネジメントが活躍する

　最近は人材不足が強く叫ばれていますが、私たちがさまざまな施設をお手伝いさせていただく中で、ポジションによっては必ずしもホテル経験が必要ではないのではないか、と感じることがあります。

　あるホテルの事例をご紹介したいと思います。私たちがコンサルティングに入ったあるホテルでは総支配人はホテル経験者。それなりに経験がある分、各スタッフにも自身の経験をもとに指導を行ないます。ところが、最終的には自身の限定的な経験の押しつけが強く、次第にスタッフもやる気を失ってしまい、それにともなって業績も悪化していったという事例がありました。

　一方、ある別のホテルの総支配人は異業種出身。ホテルの業務のことは何も分かりません。彼は、その分スタッフの話をよく聞く。そして、スタッフを信用し、任せる。結果、スタッフたちがみるみるやる気を出し、新しい総支配人となってからそのホテルはスタッフがいきいきと働き、業績も良いホテルとなりました。私自身も同様の経験をしたことがあります。異業種である親会社から派遣されてきた総支配人がとても人心を把握するのがうまく業績が向上したことです。

　もちろんホテルの種類にもよりますが、そういった事例があるのも事実です。また最近ではホテル経験者以外を積極的に採用し成功している新たなホテルの経営・運営スタイルが出てきはじめています。

　最近私が意識をしているのは「脱・固定観念」です。「ホテルだからこうでなくてはならない」といった発想では、マーケットが変化している中で置いて行かれてしまいます。固定観念を持たず、フラットにマーケットの変化を見て、そこに合わせていくこと。そして、何よりも大切なのは、人です。人が強いホテルは強い。今後、人への投資をするホテルが増えることを願っています。

者の多くは設備投資（ハードウエア）には比較的積極的なのに対し、人への投資（ヒューマンウエア）は非常に消極的な姿勢への違和感です。人材不足は都市部も地方も同じ。そのような中で、優秀な人材の確保、現在働いてくれているスタッフの維持は重要なテーマです。

　離職の原因として給与などの待遇面も大切ですが、むしろチームワーク・コミュニケーションなどの職場環境はさらに重要です。スタッフが辞めたらコストをかけて採用を行ない、再度戦力になるための教育をするのか。それとも、今いるスタッフに投資をし、長く働ける環境を作るための努力をするのか。後者が得策なのは言うまでもありません。もちろん、人に対する投資のみではなく業務改善や効率化に対する投資（ソフトウエア）も重要となってきます。

　実際、私たちがお手伝いをさせていただいているホテルでも、そこで働く人材が事業再生や業績向上に大きな影響

MEMO

第1章

各種売上高から見た 日本のベスト300ホテル

「週刊ホテルレストラン」編集部の独自調査として、ホテルの総売上高、客室売上高、料飲売上高、宴会売上高、その他売上高、客室・定員稼働率を各ホテルにアンケートを実施し、3年度分をまとめた。部門別売上高や稼働率などの主要営業数値を網羅し、収入面の指標にスポットを当てることで、日本のホテル業界の経営動向を展望する内容となっている。

ランキング表の見方

① 調査方法：ホテル情報総合検索システム HITS に掲載されたホテル約 2800 軒にアンケート用紙を郵送。回収したアンケート結果を基本とし、随時電話サーベイを実施。

② 調査実施時期：2015 ～ 2017 年の 8 月中旬～ 9 月中旬

③ 回答数：年により変動、約 420 ホテル

④ 調査対象：企業単位ではなく、事業所（ホテル）単位

⑤ 調査対象年度：2014 ～ 2016 年度決算

⑥ 売上高の種類：原則として以下の定義に沿って回答を要請

◇ 総売上高＝事業所としてのホテル全体の売上高

◇ 総客室売上高＝客室のみの売上高を記載。サービス料、ルームサービス代、ミニバー料金、電話代、有料テレビ代、パック料金内の食事代（朝・昼・夕食）などは含まない

◇ 総料飲売上高＝ホテル内のレストラン・バーなど料飲施設での料理・飲料売上高を記載。ルームサービス代、パック料金内の食事代、ミニバー料金などは含むが、サービス料、宴会場（婚礼を含む）での料理・飲料売上高は含まない

◇ 総宴会売上高＝宴会場（婚礼を含む）での料理・飲料売上高を記載。サービス料、客室料、引出物代、装花代など、料理・飲料以外の諸収入は含まない。宴会売上高を料飲売上高に合算しているホテルは表内では★を記載

◇ その他売上高＝サービス料（客室・料飲・宴会）、電話代、有料テレビ代、クリーニング代（以上、客室）、室料、料理・飲料以外の諸収入（以上、宴会）、テナント賃貸料などが相当

⑦ ホテルの加盟団体：ホ＝日本ホテル協会、シ＝全日本シティホテル連盟、その他・非加盟＝──を表示

⑧ 主要指標の算出方法：原則として以下の定義に沿って算出

◇ 総客室稼働率＝年間販売客室数÷期中の総販売可能客室数× 100

◇ 総定員稼働率＝年間宿泊客数÷年間宿泊定員数× 100

◇ 総 1 日 1 室当たりの客室売上高 [Rev PAR] ＝年間客室売上高÷期中の総販売可能客室数

◇ 総 1 日 1 室当たりの実質客室単価 [ADR] ＝年間客室売上高÷（期中の総販売可能客室数×客室稼働率）

※表記単位未満は原則切り捨て
※──は設定なし。NA は回答なし

ホテルデータブック 2018 | HOTERES 29

第1章　総売上高ランキング 2014

順位	ホテル名	地域名	加盟団体	決算月	客室数	総売上高 (百万円)	
1	帝国ホテル 東京	東京都千代田区	ホ	2015 年 3 月	931	41,020	
2	ホテルニューオータニ	東京都千代田区	ホ	2015 年 3 月	1479	31,629	
3	京王プラザホテル	東京都新宿区	ホ	2015 年 3 月	1437	22,365	
4	リーガロイヤルホテル（大阪）	大阪府大阪市	ホ	2015 年 3 月	972	21,915	
5	パレスホテル東京	東京都千代田区	ホ	2014 年 12 月	290	21,278	
6	ホテルオークラ東京	東京都港区	ホ	2015 年 3 月	796	20,328	
7	東京ディズニーランドホテル	千葉県浦安市	ホ	2015 年 3 月	706	16,674	
8	東京ディズニーシー・ホテルミラコスタ	千葉県浦安市	ホ	2015 年 3 月	502	16,080	
9	名古屋マリオットアソシアホテル	愛知県名古屋市	ホ	2015 年 3 月	774	15,085	
10	ディズニーアンバサダーホテル	千葉県浦安市	ホ	2015 年 3 月	504	14,466	
11	東京ドームホテル	東京都文京区	ホ	2015 年 1 月	1006	13,272	
12	横浜ロイヤルパークホテル	神奈川県横浜市	ホ	2015 年 3 月	603	11,464	
13	ホテルグランパシフィック LE DAIBA	東京都港区	ホ	2015 年 3 月	884	11,361	
14	ホテルグランヴィア京都	京都府京都市	ホ	2015 年 3 月	535	11,049	
15	帝国ホテル 大阪	大阪府大阪市	ホ	2015 年 3 月	381	10,968	
16	ロイヤルパークホテル	東京都中央区	ホ	2015 年 3 月	416	9,918	
17	横浜ベイシェラトン ホテル＆タワーズ	神奈川県横浜市	ホ	2015 年 3 月	398	9,364	
18	大阪新阪急ホテル	大阪府大阪市	ホ	2015 年 3 月	922	9,358	
19	神戸ポートピアホテル	兵庫県神戸市	ホ	2015 年 3 月	744	9,171	
20	セルリアンタワー東急ホテル	東京都渋谷区	ホ	2015 年 3 月	411	9,148	
21	ホテルメトロポリタン	東京都豊島区	ホ	2015 年 3 月	807	8,950	
22	城山観光ホテル	鹿児島県鹿児島市	ホ	2015 年 3 月	365	8,708	
23	京都ホテルオークラ	京都府京都市	ホ	2014 年 12 月	322	8,661	
24	横浜ベイホテル東急	神奈川県横浜市	－	2015 年 3 月	480	8,371	
25	サンルートプラザ東京	千葉県浦安市	－	2015 年 3 月	696	8,151	
26	ホテルグランヴィア大阪	大阪府大阪市	ホ	2015 年 3 月	716	7,862	
27	ホテルニューオータニ大阪	大阪府大阪市	ホ	2015 年 3 月	525	7,796	
28	オリエンタルホテル東京ベイ	千葉県浦安市	ホ	2014 年 12 月	503	7,210	
29	ザ・ブセナテラス	沖縄県名護市	－	2015 年 3 月	410	7,147	
30	ホテルオークラ東京ベイ	千葉県浦安市	ホ	2015 年 2 月	427	6,907	
31	ホテルオークラ神戸	兵庫県神戸市	ホ	2015 年 3 月	475	6,770	
32	名古屋東急ホテル	愛知県名古屋市	ホ	2015 年 3 月	564	6,742	
33	リーガロイヤルホテル広島	広島県広島市	ホ	2015 年 3 月	488	6,662	
34	ホテル日航福岡	福岡県福岡市	ホ	2015 年 3 月	360	6,375	
35	ホテルメトロポリタン エドモント	東京都千代田区	ホ	2015 年 3 月	665	5,961	
36	ウェスティンナゴヤキャッスル	愛知県名古屋市	ホ	2015 年 3 月	195	5,959	
37	リーガロイヤルホテル京都	京都府京都市	ホ	2015 年 3 月	482	5,932	
38	ルネッサンス リゾート オキナワ	沖縄県国頭郡	－	2014 年 11 月	377	5,846	
39	ホテル阪急インターナショナル	大阪府大阪市	ホ	2015 年 3 月	168	5,775	
40	ホテルオークラ福岡	福岡県福岡市	ホ	2015 年 3 月	264	5,700	
41	第一ホテル東京	東京都港区	ホ	2015 年 3 月	278	5,582	
42	ホテル日航アリビラ	沖縄県中頭郡	－	2014 年 12 月	396	5,491	
43	ホテルニューオータニ幕張	千葉県千葉市	－	2015 年 3 月	418	5,360	
44	神戸メリケンパーク オリエンタルホテル	兵庫県神戸市	－	2014 年 12 月	319	5,222	
45	ホテルメトロポリタン仙台	宮城県仙台市	ホ	2015 年 3 月	295	5,213	
46	ホテルニューグランド	神奈川県横浜市	ホ	2014 年 11 月	240	4,918	
47	ホテルグランヴィア岡山	岡山県岡山市	－	2015 年 3 月	328	4,822	
48	アワーズイン阪急	東京都品川区	シ	2015 年 3 月	1388	4,741	
49	パーム＆ファウンテンテラスホテル	千葉県浦安市	－	2015 年 3 月	702	4,680	
50	京王プラザホテル札幌	北海道札幌市	ホ	2015 年 3 月	507	4,670	

総売上高ベスト 300 ホテル（1～50 位）

客室売上高 （百万円）	料飲売上高 （百万円）	宴会売上高 （百万円）	その他売上高 （百万円）	延べ床面積 （㎡）	1㎡当たりの 総売上高（円）	客室稼働率 （%）	定員稼働率 （%）
8,507	6,327	12,017	14,169	240,250	170,739	81.7	na
8,231	6,360	10,220	6,817	291,041	108,675	65.7	na
8,468	4,447	3,407	6,043	175,043	127,769	85.9	78.4
3,816	4,725	7,745	5,628	174,734	125,419	83.9	na
3,873	2,614	6,167	8,622	140,302	151,659	78.9	56.4
4,999	6,810	6,960	1,559	123,847	164,138	77.4	na
na	na	na	na	89,000	187,348	95.0	na
na	na	na	na	46,000	349,565	95.0	na
4,699	3,730	2,368	4,288	90,000	167,611	88.4	60.3
na	na	na	na	47,000	307,787	95.0	na
na	na	na	na	105,856	125,378	na	na
3,564	2,950	1,843	3,107	79,239	144,676	88.8	76.8
4,403	2,026	1,635	3,297	123,775	91,788	84.4	na
3,914	2,683	1,799	2,653	70,700	156,280	91.5	na
1,799	1,756	5,709	1,704	74,200	147,817	83.4	na
2,621	1,728	1,490	4,079	56,917	174,254	90.4	65.3
2,133	2,664	1,353	3,213	69,865	134,030	92.1	76.7
3,274	3,442	812	1,830	43,865	213,336	93.3	95.4
2,238	1,726	1,703	3,504	117,794	77,856	78.2	77.2
3,522	1,149	1,234	3,241	59,000	155,051	84.5	73.6
3,394	2,096	1,399	2,061	59,504	150,410	82.5	84.6
1,777	2,431	1,749	2,750	76,532	113,782	79.3	73.0
2,187	2,279	2,227	1,968	58,208	148,794	89.6	na
3,088	2,057	928	2,298	62,100	134,799	90.0	81.7
5,414	1,249	1,448	39	43,060	189,294	94.2	na
3,248	1,929	1,099	1,586	32,862	239,243	93.7	96.6
1,923	1,529	1,715	2,629	74,810	104,211	77.1	64.4
na	na	na	na	44,833	160,819	98.1	na
na	na	na	na	41,000	174,317	66.0	na
3,947	1,069	579	1,312	42,156	163,844	93.7	70.7
2,149	1,505	2,604	512	75,736	89,389	78.1	na
2,310	865	2,848	719	59,953	112,455	88.3	82.7
1,492	1,227	1,565	2,378	67,442	98,781	76.1	66.3
1,629	1,037	1,446	2,263	44,124	144,479	82.0	73.1
2,405	871	1,146	1,539	43,970	135,570	82.3	na
578	1,397	2,859	1,125	34,954	170,481	69.6	55.7
2,161	1,421	2,011	339	43,033	137,848	90.5	na
3,229	1,619	—	998	38,879	150,364	79.6	na
1,066	1,086	1,422	2,201	96,600	59,783	90.3	71.2
1,465	1,273	2,773	189	35,392	161,053	84.9	67.6
1,898	980	908	1,794	44,282	126,056	88.5	na
na	na	na	na	38,025	144,405	80.0	na
1,449	1,234	1,274	1,402	61,470	87,197	72.7	60.8
na	na	na	na	32,664	159,870	80.6	na
1,152	885	1,640	1,536	30,710	169,749	87.3	74.8
923	1,122	918	1,954	31,428	156,485	76.9	na
1,201	831	1,059	1,723	42,097	114,545	87.5	77.8
2,949	160	—	1,632	33,960	139,605	94.7	90.6
na	na	na	na	38,000	123,158	85.0	na
1,589	849	969	na	60,866	76,726	86.2	na

第1章 総売上高ランキング 2014

順位	ホテル名	地域名	加盟団体	決算月	客室数	総売上高 (百万円)
51	ホテルグランヴィア広島	広島県広島市	―	2015 年 3 月	403	4,530
52	ホテルグランドパレス	東京都千代田区	ホ	2014 年 12 月	464	4,423
53	東京ベイコート倶楽部ホテル＆スパリゾート	東京都江東区	―	2015 年 3 月	292	4,388
54	渋谷エクセルホテル東急	東京都渋谷区	―	2015 年 3 月	408	4,299
55	浦安ブライトンホテル東京ベイ	千葉県浦安市	―	2015 年 3 月	189	4,070
56	エクシブ有馬離宮	兵庫県神戸市	―	2015 年 3 月	175	4,065
57	富士屋ホテル	神奈川県足柄下郡	ホ	2015 年 3 月	146	4,055
58	リーガロイヤルホテル小倉	福岡県北九州市	―	2015 年 3 月	295	4,049
59	秋田キャッスルホテル	秋田県秋田市	ホ	2015 年 3 月	150	4,041
60	定山渓ビューホテル	北海道札幌市	―	2015 年 3 月	646	3,987
61	JR タワーホテル日航札幌	北海道札幌市	―	2015 年 3 月	350	3,935
62	京都ブライトンホテル	京都府京都市	―	2015 年 3 月	182	3,930
63	ホテルオークラ JR ハウステンボス	長崎県佐世保市	―	2015 年 3 月	320	3,930
64	ホテル日航熊本	熊本県熊本市	―	2015 年 3 月	191	3,882
65	エクシブ京都 八瀬離宮	京都府京都市	―	2015 年 3 月	210	3,814
66	オキナワマリオットリゾート＆スパ	沖縄県名護市	ホ	2014 年 12 月	361	3,810
67	大阪第一ホテル	大阪府大阪市	ホ	2015 年 3 月	460	3,797
68	リーガロイヤルホテル東京	東京都新宿区	ホ	2015 年 3 月	126	3,761
69	琵琶湖ホテル	滋賀県大津市	―	2015 年 3 月	171	3,713
70	オークラアクトシティホテル浜松	静岡県浜松市	―	2015 年 3 月	322	3,643
71	エクシブ箱根離宮	神奈川県足柄下郡	―	2015 年 3 月	187	3,587
72	パレスホテル大宮	埼玉県さいたま市	ホ	2014 年 12 月	204	3,578
73	宮崎観光ホテル	宮崎県宮崎市	―	2015 年 3 月	348	3,559
74	熊本ホテルキャッスル	熊本県熊本市	―	2015 年 3 月	179	3,541
75	ホテルサンルートプラザ新宿	東京都渋谷区	―	2015 年 3 月	624	3,469
76	高山グリーンホテル	岐阜県高山市	ホ	2015 年 3 月	207	3,422
77	小田急ホテルセンチュリーサザンタワー	東京都渋谷区	―	2015 年 3 月	375	3,380
78	湯本富士屋ホテル	神奈川県足柄下郡	ホ	2015 年 3 月	149	3,357
79	キャッスルプラザ	愛知県名古屋市	ホ	2015 年 3 月	236	3,300
80	ホテルエミオン東京ベイ	千葉県浦安市	―	2015 年 3 月	379	3,285
81	宝塚ホテル	兵庫県宝塚市	ホ	2015 年 3 月	129	3,228
82	千里阪急ホテル	大阪府豊中市	ホ	2015 年 3 月	203	3,113
83	ホテルセンチュリー静岡	静岡県静岡市	―	2015 年 3 月	206	3,027
84	京都東急ホテル	京都府京都市	―	2015 年 3 月	430	2,962
85	ホテル阪神	大阪府大阪市	ホ	2015 年 3 月	289	2,947
86	ホテルアソシア静岡	静岡県静岡市	ホ	2015 年 3 月	250	2,936
87	ホテルサンルート有明	東京都江東区	―	2015 年 3 月	790	2,917
88	ホテルメトロポリタン丸の内	東京都千代田区	ホ	2015 年 3 月	343	2,884
89	宮古島東急ホテル＆リゾーツ	沖縄県宮古島市	―	2015 年 3 月	248	2,880
90	ホテル東日本 宇都宮	栃木県宇都宮市	―	2014 年 10 月	115	2,864
91	京都センチュリーホテル	京都府京都市	ホ	2015 年 3 月	222	2,857
92	ロイヤルオークホテル スパ＆ガーデンズ	滋賀県大津市	ホ	2015 年 3 月	169	2,830
93	ローズホテル横浜	神奈川県横浜市	ホ	2015 年 3 月	184	2,813
94	洞爺サンパレス リゾート＆スパ	北海道有珠郡	ホ	2015 年 3 月	451	2,774
95	羽田エクセルホテル東急	東京都大田区	―	2015 年 3 月	386	2,773
96	パレスホテル立川	東京都立川市	ホ	2014 年 12 月	238	2,745
97	東京ドームホテル札幌	北海道札幌市	ホ	2015 年 1 月	285	2,702
98	京王プラザホテル八王子	東京都八王子市	ホ	2015 年 3 月	200	2,697
99	ホテル日航関西空港	大阪府泉佐野市	―	2015 年 3 月	576	2,696
100	奈良ホテル	奈良県奈良市	ホ	2015 年 3 月	127	2,651

総売上高ベスト300ホテル（51～100位）

客室売上高 （百万円）	料飲売上高 （百万円）	宴会売上高 （百万円）	その他売上高 （百万円）	延べ床面積 （㎡）	1㎡当たりの 総売上高（円）	客室稼働率 （%）	定員稼働率 （%）
1,437	921	920	1,252	33,524	135,127	90.2	89.0
1,511	936	1,042	934	48,427	91,333	78.6	66.5
1,560	2,400	−	426	63,073	69,570	53.2	38.5
2,565	820	271	643	21,493	200,019	91.3	83.5
na	na	na	na	33,026	123,236	85.0	na
1,171	2,336	−	557	44,266	91,831	92.1	67.7
918	1,393	995	750	22,937	176,789	79.2	81.6
771	929	922	1,427	58,532	69,176	75.0	51.3
289	504	1,289	1,959	32,482	124,407	64.0	51.0
na	na	na	na	24,780	158,596	58.5	32.0
1,926	1,134	430	445	21,000	187,381	83.5	67.0
na	na	na	na	24,779	158,602	80.0	na
1,765	957	666	497	33,095	118,749	77.7	62.7
700	774	1,060	1,348	22,352	173,676	83.7	72.7
1,060	2,304	−	449	39,256	97,157	85.3	49.5
2,244	960	181	342	38,796	98,206	86.1	59.3
1,780	371	169	1,477	41,190	92,183	95.5	89.9
781	933	1,774	273	37,327	100,758	83.1	84.7
768	865	944	1,136	21,802	170,305	86.0	90.1
928	1,038	1,489	188	38,300	95,117	78.9	72.2
1,106	2,119	−	360	42,138	85,125	89.3	63.8
777	896	1,180	725	17,843	200,527	88.6	72.9
767	763	1,362	667	42,651	83,445	70.8	47.2
385	638	1,152	1,366	17,754	199,448	63.0	53.7
2,825	380	153	112	19,498	177,916	91.4	79.2
843	829	673	1,077	34,352	99,616	70.6	48.3
2,142	555	202	480	22,614	149,465	92.2	78.2
900	925	855	677	30,861	108,778	89.5	79.9
671	624	1,017	988	28,476	115,887	93.7	83.8
2,566	418	na	301	28,400	115,669	88.2	70.5
426	550	631	1,621	33,521	96,298	88.7	78.3
646	521	821	1,125	27,299	114,033	89.4	na
613	772	1,528	na	30,338	99,776	79.5	53.3
1,734	481	669	79	30,812	96,131	83.7	77.7
1,051	561	403	932	44,013	66,957	96.7	na
649	641	665	981	25,074	117,093	83.2	62.3
2,348	384	85	100	25,769	113,198	86.0	87.8
2,111	414	−	359	12,548	229,837	91.5	96.1
1,800	730	50	300	na	na	69.0	50.0
215	520	1,037	1,092	28,123	101,838	64.3	55.7
953	759	536	609	19,952	143,194	93.1	87.0
508	649	1,357	168	43,291	65,372	65.0	63.9
778	648	1,250	137	16,674	168,706	84.0	72.3
2,405	111	21	237	45,705	60,694	79.2	34.3
2,013	450	−	310	16,300	170,123	94.6	79.6
608	707	922	508	25,799	106,399	79.3	59.6
729	473	514	986	27,369	98,724	79.8	78.6
700	743	689	564	30,128	89,518	92.0	81.3
1,848	580	−	268	38,000	70,947	88.7	71.0
778	729	418	725	12,532	211,538	80.9	78.0

ホテルデータブック 2018｜HOTERES *33*

第1章 総売上高ランキング 2014

順位	ホテル名	地域名	加盟団体	決算月	客室数	総売上高(百万円)	
101	仙台国際ホテル	宮城県仙台市	一	2015 年 3 月	234	2,632	
102	ホテル ザ・マンハッタン	千葉県千葉市	ホ	2015 年 3 月	130	2,624	
103	ホテルエミシア札幌	北海道札幌市	一	2014 年 12 月	511	2,574	
104	エクシブ琵琶湖	滋賀県米原市	一	2015 年 3 月	268	2,573	
105	ホテルリステル猪苗代ウイングタワー	福島県耶麻郡	一	2015 年 5 月	370	2,475	
106	ホテル端鳳	宮城県仙台市	一	2015 年 3 月	118	2,474	
107	ステーションホテル小倉	福岡県北九州市	一	2015 年 3 月	294	2,417	
108	ホテル日航プリンセス京都	京都府京都市	一	2015 年 3 月	216	2,396	
109	エクシブ浜名湖	静岡県浜松市	一	2015 年 3 月	193	2,384	
110	カフーリゾート フチャク コンド ホテル	沖縄県国頭郡	一	2014 年 12 月	209	2,377	
111	ルネッサンス リゾート ナルト	徳島県鳴門市	一	2015 年 4 月	208	2,372	
112	ホテル日航姫路	兵庫県姫路市	シ	2015 年 3 月	257	2,340	
113	ホテルオークラ新潟	新潟県新潟市	ホ	2015 年 3 月	265	2,331	
114	ホテルブエナビスタ	長野県松本市	ホ	2015 年 3 月	200	2,330	
115	甲府富士屋ホテル	山梨県甲府市	ホ	2015 年 3 月	103	2,281	
116	アルカディア市ケ谷（私学会館）	東京都千代田区	一	2015 年 3 月	87	2,271	
117	ハイランドリゾート ホテル＆スパ	山梨県富士吉田市	ホ	2015 年 3 月	165	2,224	
118	オリエンタルホテル広島	広島県広島市	一	2014 年 12 月	227	2,223	
119	山の上ホテル	東京都千代田区	ホ	2014 年 11 月	35	2,219	
120	ソラリア西鉄ホテル	福岡県福岡市	一	2015 年 3 月	173	2,215	
121	名鉄犬山ホテル	愛知県犬山市	ホ	2015 年 3 月	125	2,209	
122	名鉄グランドホテル	愛知県名古屋市	ホ	2015 年 3 月	241	2,172	
123	ウェスティンホテル淡路	兵庫県淡路市	ホ	2015 年 3 月	201	2,159	
124	なんばオリエンタルホテル	大阪府大阪市	一	2014 年 12 月	257	2,149	
125	ホテルメトロポリタン盛岡 NEW WING	岩手県盛岡市	ホ	2015 年 3 月	121	2,122	
126	ホテル ラ・スイート神戸ハーバーランド	兵庫県神戸市	一	2015 年 3 月	70	2,100	
127	ホテルメトロポリタン山形	山形県山形市	ホ	2015 年 3 月	116	2,076	
128	エクシブ山中湖	山梨県南都留郡	一	2015 年 3 月	252	2,065	
129	はいむるぶし	沖縄県八重山郡	一	2015 年 3 月	138	2,064	
130	ひだホテルプラザ	岐阜県高山市	ホ	2014 年 12 月	225	2,061	
131	ホテルアソシア高山リゾート	岐阜県高山市	一	2015 年 3 月	290	2,060	
132	ニューオータニイン東京	東京都品川区	一	2015 年 3 月	412	2,053	
133	仙台ロイヤルパークホテル	宮城県仙台市	ホ	2015 年 3 月	110	2,043	
134	ホテルメトロポリタン長野	長野県長野市	ホ	2015 年 3 月	235	1,960	
135	ニューオータニイン札幌	北海道札幌市	一	2015 年 3 月	340	1,941	
136	シティプラザ大阪	大阪府大阪市	一	2015 年 3 月	199	1,928	
137	ホテル竹園芦屋	兵庫県芦屋市	一	2015 年 1 月	51	1,913	
138	ザ・ナハテラス	沖縄県那覇市	一	2015 年 3 月	145	1,910	
139	エクシブ蓼科	長野県茅野市	一	2015 年 3 月	230	1,859	
140	ホテルアソシア豊橋	愛知県豊橋市	ホ	2015 年 3 月	222	1,849	
141	アルモニーアンブラッセ大阪	大阪府大阪市	一	2015 年 3 月	38	1,810	
142	晴海グランドホテル	東京都中央区	一	2015 年 3 月	212	1,783	
143	総合リゾートホテル ラフォーレ修善寺	静岡県伊豆市	一	2015 年 3 月	312	1,767	
144	京王プラザホテル多摩	東京都多摩市	ホ	2015 年 3 月	248	1,748	
145	ニューオータニイン横浜	神奈川県横浜市	一	2015 年 3 月	240	1,678	
146	ホテルラングウッド	東京都荒川区	一	2015 年 3 月	126	1,676	
147	エクシブ鳥羽アネックス	三重県鳥羽市	一	2015 年 3 月	198	1,644	
148	ホテルコスモスクエア 国際交流センター	大阪府大阪市	一	2015 年 3 月	320	1,643	
149	ホテル青森	青森県青森市	ホ	2015 年 3 月	155	1,622	
150	エクシブ初島クラブ	静岡県熱海市	一	2015 年 3 月	200	1,621	

総売上高ベスト300ホテル（101〜150位）

客室売上高 （百万円）	料飲売上高 （百万円）	宴会売上高 （百万円）	その他売上高 （百万円）	延べ床面積 （㎡）	1㎡当たりの 総売上高（円）	客室稼働率 （%）	定員稼働率 （%）
521	374	1,478	259	24,863	105,861	74.4	69.1
641	648	601	734	22,657	115,815	81.9	73.3
1,210	152	718	360	40,000	64,350	72.2	na
550	1,713	na	309	36,351	70,782	50.1	31.3
537	1,101	☆	837	35,014	70,686	38.1	na
1,700	256	☆	518	32,072	77,139	88.6	56.0
699	409	1,229	80	27,800	86,942	79.2	63.7
1,185	702	445	64	21,773	110,045	71.2	64.6
573	1,514	na	295	41,144	57,943	59.6	35.3
na	na	na	na	10,963	216,820	81.0	na
867	870	383	252	22,611	104,905	66.2	44.2
615	492	867	366	23,596	99,169	80.4	72.1
511	581	533	706	27,461	84,884	64.6	51.9
509	484	524	813	23,869	97,616	82.6	63.1
437	472	596	70	34,579	65,965	71.0	60.0
221	300	965	785	17,547	129,424	85.4	64.7
835	737	416	236	19,609	113,417	61.3	41.3
na	na	na	na	13,752	161,647	78.1	na
285	1,363	420	151	5,223	424,852	65.0	48.0
618	340	566	691	14,562	152,108	88.7	81.1
452	646	599	512	18,000	122,722	73.1	70.4
730	565	555	322	13,715	158,367	91.0	89.5
805	738	408	206	29,200	73,938	71.0	42.0
na	na	na	na	19,364	110,980	90.9	na
317	289	791	725	16,927	125,362	70.4	63.5
880	545	536	139	10,736	195,604	89.0	71.8
280	260	677	859	11,278	184,075	80.4	63.2
482	1,250	—	332	37,641	54,860	47.5	24.1
1,065	574	0	425	8,700	237,241	79.0	47.0
650	☆	914	497	26,624	77,411	65.5	42.4
722	485	228	625	30,730	67,035	60.6	54.6
1,294	239	224	296	15,583	131,746	92.4	94.0
357	418	1,224	44	24,064	84,899	65.0	53.8
540	197	570	653	26,367	74,336	78.7	67.6
773	315	543	310	18,025	107,684	80.1	69.2
593	249	923	161	31,236	61,723	75.0	88.2
167	580	☆	1,166	8,515	224,664	83.7	62.0
na	na	na	na	14,554	131,235	53.4	na
561	1,067	—	229	39,074	47,576	45.8	26.5
601	433	859	42	16,285	113,540	84.7	63.3
237	12	34	1,527	4,852	373,042	87.2	78.0
625	1	426	730	13,028	136,859	99.2	81.6
651	693	—	422	45,000	39,267	35.4	20.9
725	481	240	303	17,026	102,667	88.9	82.8
1,184	294	5	195	12,564	133,556	96.5	68.8
na	na	na	na	23,562	71,131	90.0	na
375	1,064	—	204	19,320	85,093	54.4	31.5
865	—	—	778	39,600	41,490	92.0	73.6
275	249	609	489	31,301	51,819	58.2	46.9
461	852	—	307	43,803	37,007	40.1	31.0

第1章　総売上高ランキング 2014

順位	ホテル名	地域名	加盟団体	決算月	客室数	総売上高 (百万円)
151	エクシブ軽井沢	長野県北佐久郡	―	2015 年 3 月	200	1,610
152	ホテルグランヴィア和歌山	和歌山県和歌山市	―	2015 年 3 月	155	1,525
153	からすま京都ホテル	京都府京都市	―	2014 年 12 月	242	1,522
154	ホテル森の風 鶯宿	岩手県岩手郡	―	2014 年 10 日	221	1,510
155	オークラ千葉ホテル	千葉県千葉市	―	2015 年 3 月	84	1,503
156	ホテル ラフォーレ新大阪	大阪府大阪市	―	2015 年 3 月	332	1,498
157	ニュー阿寒ホテル	北海道釧路市	―	2015 年 3 月	338	1,496
158	八戸プラザホテル	青森県八戸市	ホ	2015 年 5 月	59	1,495
159	ホテルオークラ札幌	北海道札幌市	ホ	2015 年 3 月	147	1,489
160	小田急 山のホテル	神奈川県足柄下郡	―	2015 年 3 月	89	1,470
161	秋保グランドホテル	宮城県仙台市	―	2015 年 3 月	140	1,454
162	名鉄トヨタホテル	愛知県豊田市	ホ	2015 年 3 月	99	1,448
163	フサキリゾートヴィレッジ	沖縄県石垣市	―	2014 年 12 月	195	1,313
164	ホテル東日本 盛岡	岩手県盛岡市	―	2014 年 10 月	185	1,308
165	エクシブ鳴門	徳島県鳴門市	―	2015 年 3 月	135	1,307
166	静岡グランドホテル中島屋	静岡県静岡市	ホ	2015 年 7 月	121	1,300
167	フルーツパーク富士屋ホテル	山梨県山梨市	―	2015 年 3 月	43	1,296
168	別府亀の井ホテル	大分県別府市	―	2015 年 3 月	322	1,275
169	リゾーピア箱根	神奈川県足柄下郡	―	2015 年 3 月	171	1,270
170	ザ・クレストホテル柏	千葉県柏市	―	2015 年 3 月	87	1,268
171	小田急ホテルセンチュリー相模大野	神奈川県相模原市	―	2015 年 3 月	120	1,246
172	オークラフロンティアホテル海老名	神奈川県海老名市	―	2015 年 3 月	74	1,243
173	上高地帝国ホテル (11 月中旬〜 4 月末はクローズ)	長野県松本市	ホ	2015 年 3 月	74	1,234
174	ホテルニューオウミ	滋賀県近江八幡市	ホ	2015 年 3 月	83	1,168
175	アートホテルズ大森	東京都品川区	―	2015 年 3 月	220	1,164
176	赤倉観光ホテル	新潟県妙高市	ホ	2015 年 5 月	60	1,156
176	ホテルトヨタキャッスル	愛知県豊田市	ホ	2015 年 3 月	151	1,156
178	ホテル日航ノースランド帯広	北海道帯広市	―	2015 年 3 月	171	1,139
179	セラヴィリゾート泉郷 ホテルアンビエント安曇野	長野県安曇市	―	2015 年 5 月	197	1,133
180	埼玉グランドホテル深谷	埼玉県深谷市	―	2014 年 12 月	58	1,110
181	土佐ロイヤルホテル	高知県安芸郡	―	2015 年 3 月	195	1,103
182	エルイン京都	京都府京都市	シ	2015 年 3 月	512	1,098
183	サンプラザシーズンズ	愛知県名古屋市	―	2015 年 4 月	62	1,094
184	北ビワコホテル・グラツィエ	滋賀県長浜市	ホ	2015 年 6 月	82	1,090
185	ホテルサンルート品川シーサイド	東京都品川区	シ	2015 年 3 月	300	1,084
186	ホテルトラスティ心斎橋	大阪府大阪市	―	2015 年 3 月	211	1,075
187	リーガロイヤルホテル新居浜	愛媛県新居浜市	―	2014 年 11 月	94	1,074
188	総合リゾートホテル ラフォーレ琵琶湖	滋賀県守山市	―	2015 年 3 月	272	1,066
189	エクシブ那須白河	福島県西白河郡	―	2015 年 3 月	58	1,053
190	ホテルサンルート東新宿	東京都新宿区	―	2015 年 3 月	311	1,047
191	コガノイベイホテル	和歌山県西牟婁郡	―	2015 年 3 月	172	1,042
192	富士レークホテル	山梨県南都留郡	―	2015 年 2 月	74	1,034
193	東京グランドホテル	東京都港区	―	2015 年 3 月	156	1,025
194	エクシブ白浜アネックス	和歌山県西牟婁郡	―	2015 年 3 月	144	1,023
195	ホテル「ホップイン」アミング	兵庫県尼崎市	―	2015 年 3 月	190	1,022
196	ホテルサンルート広島	広島県広島市	―	2015 年 3 月	283	1,016
197	セラヴィリゾート泉郷 ネオオリエンタルリゾート 八ヶ岳高原	山梨県北杜市	―	2015 年 5 月	232	1,012
198	クサツエストピアホテル	滋賀県草津市	―	2015 年 3 月	73	991
199	ブリティッシュヒルズ	福島県岩瀬郡	―	2015 年 3 月	114	978
200	富山マンテンホテル	富山県富山市	―	2014 年 9 月	295	970

総売上高ベスト300ホテル（151～200位）

客室売上高 （百万円）	料飲売上高 （百万円）	宴会売上高 （百万円）	その他売上高 （百万円）	延べ床面積 （㎡）	1㎡当たりの 総売上高（円）	客室稼働率 （%）	定員稼働率 （%）
349	1,014	—	246	21,398	75,241	48.5	26.2
370	444	409	302	13,834	110,236	77.1	64.1
711	288	477	46	na	na	87.4	na
553	808	4	145	29,367	51,418	48.1	25.5
194	205	1,067	37	18,328	82,006	79.2	na
1,063	248	—	186	18,800	79,681	79.3	53.6
1,331	—	—	164	34,051	43,934	58.8	2.2
41	73	925	456	10,747	139,109	33.9	26.1
550	333	458	148	15,725	94,690	85.9	na
482	699	☆	289	8,934	164,540	81.0	78.1
1,104	181	☆	169	19,438	74,802	76.3	46.3
243	324	497	384	21,855	66,255	75.1	61.9
815	399	4	95	7,568	173,494	84.4	57.3
244	253	395	416	17,720	73,815	58.1	48.6
347	713	—	247	21,941	59,569	53.6	31.7
270	470	470	90	9,770	133,060	77.0	68.0
232	326	547	93	11,055	117,232	81.3	69.8
676	439	102	58	19,733	64,613	72.2	45.3
450	735	—	84	13,334	95,245	59.2	31.6
233	105	826	104	10,370	122,276	83.9	55.4
301	254	490	201	82,090	15,178	78.9	66.3
192	386	643	21	10,565	117,653	85.0	79.8
435	574	—	225	4,906	251,529	81.5	na
164	351	373	280	25,273	46,215	72.9	63.9
763	204	109	88	9,166	126,991	92.9	89.9
491	558	60	52	7,551	153,092	72.3	72.7
432	260	428	36	10,672	108,321	76.7	61.4
309	178	434	218	16,075	70,855	69.1	55.5
272	609	—	252	21,037	53,857	50.6	41.7
74	91	535	410	8,556	129,729	66.2	62.2
347	301	221	235	29,092	37,914	56.5	39.2
997	39	—	61	10,777	101,884	83.9	83.3
181	105	282	524	17,211	63,564	76.6	59.4
141	294	366	289	12,082	90,217	59.0	39.0
891	120	58	16	9,211	117,685	87.9	83.4
817	169	—	88	9,506	113,086	94.1	91.4
250	234	530	60	17,942	59,860	72.8	65.1
365	436	—	264	34,000	31,353	34.3	22.6
180	748	—	124	25,534	41,239	60.8	34.0
1,001	33	—	13	6,742	155,295	91.2	85.1
429	421	105	87	21,310	48,897	46.4	33.9
503	432	☆	99	10,145	101,922	66.4	37.1
410	128	221	266	8,500	120,588	82.2	84.9
338	599	—	85	22,003	46,494	56.0	33.3
546	157	308	11	9,600	106,458	85.5	68.2
633	279	73	30	9,612	105,701	86.0	60.3
365	392	—	255	538,679	1,879	33.6	20.8
195	183	575	38	9,507	104,239	94.4	62.1
199	337	0	442	16,617	58,855	31.0	31.0
na	na	na	na	9,840	98,577	na	na

ホテルデータブック **2018** | HOTERES　*37*

第1章　総売上高ランキング 2014

順位	ホテル名	地域名	加盟団体	決算月	客室数	総売上高 (百万円)	
201	金沢マンテンホテル駅前	石川県金沢市	－	2014 年 9 月	509	965	
202	ホテルアソシア新横浜	神奈川県横浜市	－	2015 年 3 月	203	956	
203	リゾーピア熱海	静岡県熱海市	－	2015 年 3 月	206	948	
204	ホテルトラスティ大阪阿倍野	大阪府大阪市	－	2015 年 3 月	202	939	
205	セラヴィリゾート泉郷 アルティア鳥羽	三重県鳥羽市	－	2015 年 5 月	72	907	
206	ベストウェスタン レンブラントホテル鹿児島リゾート	鹿児島県鹿児島市	－	2015 年 3 月	198	895	
207	エクシブ伊豆	静岡県伊東市	－	2015 年 3 月	227	891	
208	富士ビューホテル	山梨県南都留郡	ホ	2015 年 3 月	79	865	
209	ホテルサンルートニュー札幌	北海道札幌市	－	2015 年 3 月	306	847	
210	赤坂陽光ホテル	東京都港区	シ	2015 年 6 月	240	842	
211	ホテル京阪天満橋	大阪府大阪市	－	2015 年 3 月	317	841	
212	セラヴィリゾート泉郷 ホテルアンビエント蓼科	長野県北佐久郡	－	2015 年 5 月	127	833	
213	ホテルサンルートソプラ神戸	兵庫県神戸市	－	2015 年 9 月	218	830	
214	ホテルヴィアイン秋葉原	東京都千代田区	－	2015 年 3 月	284	828	
215	ホテル川久	和歌山県西牟婁郡	－	2015 年 3 月	74	824	
216	ホテルサンルート新橋	東京都港区	－	2015 年 3 月	220	822	
217	旧軽井沢 ホテル音羽ノ森	長野県北佐久郡	－	2015 年 3 月	49	813	
218	ホテルリステル新宿	東京都新宿区	－	2015 年 5 月	262	805	
219	観音崎京急ホテル	神奈川県横須賀市	ホ	2015 年 3 月	60	800	
220	ホテルグランドシティ	東京都豊島区	シ	2015 年 3 月	265	790	
221	ホテル古賀の井	和歌山県西牟婁郡	－	2015 年 3 月	84	777	
222	ホテルトラスティ金沢香林坊	石川県金沢市	－	2015 年 3 月	207	756	
223	アグネス ホテル アンド アパートメンツ 東京	東京都新宿区	－	2015 年 3 月	56	752	
224	ホテルサンルート川崎	神奈川県川崎市	－	2015 年 3 月	278	746	
225	サンメンバーズ東京新宿	東京都新宿区	－	2015 年 3 月	181	744	
226	蓼科東急ホテル	長野県茅野市	－	2015 年 3 月	78	734	
227	梅田 OS ホテル	大阪府大阪市	－	2015 年 1 月	283	733	
228	ホテルトラスティ東京ベイサイド	東京都江東区	－	2015 年 3 月	200	727	
229	ホテルリステル浜名湖	静岡県引佐郡	－	2015 年 5 月	172	703	
230	ホテルサンルート高田馬場	東京都新宿区	－	2015 年 3 月	197	693	
231	シーサイドホテル芝弥生	東京都港区	－	2015 年 3 月	155	684	
231	名古屋駅前モンブランホテル	愛知県名古屋市	－	2015 年 1 月	277	684	
233	松山東急 REI ホテル	愛媛県松山市	－	2015 年 3 月	245	683	
234	チサン イン 名古屋	愛知県名古屋市	－	2014 年 12 月	375	679	
235	アートホテルズ浜松町	東京都港区	シ	2015 年 3 月	120	676	
236	ホテルブライトンシティ大阪北浜	大阪府大阪市	－	2015 年 3 月	234	650	
237	ホテル JAL シティ長野	長野県長野市	シ	2015 年 3 月	242	633	
238	セラヴィリゾート泉郷 浜名湖グランドホテルさざなみ館	静岡県浜松市	－	2015 年 5 月	40	631	
239	広島東急 REI ホテル	広島県広島市中	－	2014 年 12 月	239	628	
240	ホテルトラスティ名古屋	愛知県名古屋市	－	2015 年 3 月	250	623	
241	ホテルトラスティ名古屋栄	愛知県名古屋市	－	2015 年 3 月	204	615	
242	エクシブ淡路島	兵庫県洲本市	－	2015 年 3 月	109	602	
243	ホテルパコジュニア ススキノ	北海道札幌市	－	2015 年 5 月	218	601	
244	ホテルサンルートプラザ福島	福島県福島市	－	2015 年 3 月	253	598	
245	倉敷ロイヤルアートホテル	岡山県倉敷市	－	2015 年 3 月	71	593	
246	ホテルトラスティ神戸旧居留地	兵庫県神戸市	－	2015 年 3 月	141	592	
247	箱根ホテル	神奈川県足柄下郡	ホ	2015 年 3 月	49	588	
247	かどやホテル	東京都新宿区	－	2015 年 6 月	94	588	
249	磐田グランドホテル	静岡県磐田市	－	2015 年 3 月	100	578	
250	ロワジールホテル沖縄美ら海	沖縄県国頭郡	ホ	2014 年 12 月	94	576	

総売上高ベスト300ホテル（201〜250位）

客室売上高 （百万円）	料飲売上高 （百万円）	宴会売上高 （百万円）	その他売上高 （百万円）	延べ床面積 （㎡）	1㎡当たりの 総売上高（円）	客室稼働率 （%）	定員稼働率 （%）
na	na	na	na	13,204	73,084	na	na
775	74	0	107	10,892	87,725	85.8	58.5
340	563	－	44	11,295	83,931	49.8	21.9
726	188	－	25	na	na	94.9	72.4
207	543	－	157	6,659	136,207	86.7	56.2
319	165	376	35	13,274	67,425	70.9	60.0
262	552	－	76	15,612	57,071	34.3	19.7
320	357	112	75	10,110	85,559	69.2	na
618	121	64	45	11,958	70,831	82.6	66.6
706	100	17	19	5,123	164,357	87.1	68.9
678	138	－	25	7,713	109,037	95.2	na
218	409	－	206	15,515	53,690	53.4	45.3
635	92	50	53	7,297	113,745	94.5	87.5
828	－	－	－	4,608	179,688	94.3	83.0
273	448	☆	103	26,076	31,600	56.4	38.9
787	15	－	20	4,687	175,379	89.3	75.5
160	133	173	347	5,260	154,563	47.9	36.5
658	78	12	57	6,751	119,242	87.9	na
214	251	92	243	6,700	119,403	57.0	38.0
687	86	0	17	6,361	124,194	94.5	95.7
239	461	☆	77	19,320	40,217	71.4	36.2
542	180	－	33	7,378	102,461	84.3	60.1
246	117	149	240	4,997	150,490	84.9	61.7
710	16	－	20	6,687	111,560	89.4	79.7
532	190	－	20	6,024	123,506	95.0	73.0
285	293	42	114	2,932	250,447	48.1	32.2
720	－	－	12	9,369	78,237	91.3	93.9
601	101	－	24	na	na	84.3	63.1
226	314	－	163	9,473	74,211	63.5	na
578	95	10	10	7,149	96,937	90.1	90.0
345	138	171	30	7,220	94,737	85.7	78.1
663	－	－	21	7,149	95,678	92.1	na
525	118	－	40	na	na	85.2	78.6
610	54	－	15	7,927	85,657	85.1	83.2
512	101	0	63	4,908	137,734	94.2	82.7
na	na	na	na	7,447	87,283	80.0	na
456	49	95	33	11,579	54,668	75.8	na
131	368	－	132	5,504	114,644	82.1	43.8
487	41	－	100	9,746	64,437	76.3	71.8
520	68	－	34	6,534	95,347	86.5	79.2
501	77	－	36	5,732	107,292	90.4	86.5
179	380	－	41	17,699	34,013	41.1	21.9
447	74	－	79	7,423	80,965	81.0	70.8
389	74	93	41	10,375	57,639	77.9	58.2
233	189	74	97	5,683	104,346	71.5	58.5
456	121	－	15	4,477	132,231	95.8	82.6
214	308	20	46	6,567	89,539	60.6	59.5
403	181	☆	4	3,040	193,421	93.6	89.0
126	175	222	55	9,711	59,520	43.0	41.0
328	231	6	11	7,005	82,227	78.5	49.4

第1章　総売上高ランキング 2014

順位	ホテル名	地域名	加盟団体	決算月	客室数	総売上高 (百万円)	
251	セラヴィリゾート泉郷 清里高原ホテル	山梨県北杜市	－	2015 年 5 月	53	568	
252	ホテル アジア会館	東京都港区	－	2015 年 3 月	173	567	
252	スマイルホテル東京日本橋	東京都中央区	－	2014 年 12 月	171	567	
254	エクシブ鳥羽	三重県鳥羽市	－	2015 年 3 月	207	563	
255	高岡マンテンホテル駅前	富山県高岡市	－	2014 年 9 月	233	555	
255	セラヴィリゾート泉郷 ホテル アンビエント 伊豆高原	静岡県伊東市	－	2015 年 5 月	52	555	
257	衣浦グランドホテル	愛知県碧南市	ホ	2015 年 3 月	165	553	
258	ホテルブライトンシティ京都山科	京都府京都市	－	2015 年 3 月	100	550	
259	湯沢ニューオータニ	新潟県南魚沼郡	－	2015 年 3 月	83	543	
260	ホテルロイヤルヒル福知山	京都府福知山市	－	2015 年 3 月	70	539	
261	スマイルホテル京都	京都府京都市	－	2014 年 12 月	138	530	
262	R＆Bホテル大塚駅北口	東京都豊島区	－	2015 年 3 月	259	527	
263	ホテルサンルート新潟	新潟県新潟市	－	2015 年 3 月	231	526	
264	スマイルホテル仙台国分町	宮城県仙台市	－	2014 年 12 月	192	517	
265	名鉄イン名古屋金山	愛知県名古屋市	ホ	2015 年 3 月	235	508	
266	白浜シーサイドホテル	和歌山県西牟婁郡	－	2015 年 3 月	91	503	
267	ホテルアーバングレイス宇都宮	栃木県宇都宮市	－	2015 年 4 月	206	470	
268	サクラ・フルール青山	東京都渋谷区	シ	2015 年 3 月	133	452	
269	エクシブ白浜	和歌山県西牟婁郡	－	2015 年 3 月	104	449	
270	R＆Bホテル八王子	東京都八王子市	－	2015 年 3 月	203	438	
271	レゾネイトクラブくじゅう	大分県竹田市	－	2015 年 5 月	59	436	
272	R＆Bホテル京都駅八条口	京都府京都市	－	2015 年 3 月	224	434	
273	スマイルホテル函館	北海道函館市	－	2014 年 12 月	271	430	
274	R＆Bホテル新横浜駅前	神奈川県横浜市	－	2015 年 3 月	248	428	
275	八甲田ホテル	青森県青森市	ホ	2014 年 12 月	55	421	
276	倉敷ステーションホテル	岡山県倉敷市	－	2015 年 3 月	111	414	
277	R＆Bホテル上野広小路	東京都台東区	－	2015 年 3 月	187	410	
278	R＆Bホテル東京東陽町	東京都江東区	－	2015 年 3 月	203	407	
279	R＆Bホテル東日本橋	東京都中央区	－	2015 年 3 月	202	403	
280	R＆Bホテル梅田東	大阪府大阪市	－	2015 年 3 月	219	399	
281	ホテル機山館	東京都文京区	－	2015 年 4 月	125	396	
282	R＆Bホテル蒲田東口	東京都大田区	－	2015 年 3 月	181	390	
283	エクシブ軽井沢サンクチュアリ・ヴィラ	長野県北佐久郡	－	2015 年 3 月	40	387	
284	スマイルホテル 長野	長野県長野市	－	2014 年 12 月	184	380	
285	ホテルサンルート浅草	東京都台東区	－	2014 年 12 月	120	373	
286	ホテル鹿島ノ森	長野県北佐久郡	－	2015 年 3 月	50	371	
287	ホテルサンルート長野	長野県長野市	－	2015 年 3 月	150	363	
288	エクシブ山中湖サンクチュアリ・ヴィラ	山梨県南都留郡	－	2015 年 3 月	28	356	
289	ベルモントホテル	東京都台東区	－	2015 年 3 月	82	354	
290	ホテルエクセル岡山	岡山県岡山市	－	2015 年 1 月	89	353	
291	ホテルサンルート上田	長野県上田市	－	2015 年 3 月	118	349	
292	サンメンバーズ名古屋白川	愛知県名古屋市	－	2015 年 3 月	87	348	
293	魚津マンテンホテル駅前	富山県魚津市	－	2014 年 9 月	185	346	
294	R＆Bホテル札幌北 3 西 2	北海道札幌市	－	2015 年 3 月	227	344	
295	かごしまプラザホテル天文館	鹿児島県鹿児島市	－	2014 年 9 月	220	343	
296	ホテル大藏	鹿児島県鹿屋市	－	2014 年 10 月	155	340	
296	ホテルサンルート " ステラ " 上野	東京都台東区	－	2014 年 9 月	95	340	
298	セラヴィリゾート泉郷 鳥羽わんわんパラダイスホテル	三重県鳥羽市	－	2015 年 5 月	59	331	
299	函館グランドホテル	北海道函館市	－	2015 年 3 月	136	329	
300	リゾートピア別府	大分県別府市	－	2015 年 3 月	57	322	

総売上高ベスト 300 ホテル（251 ～ 300 位）

客室売上高 （百万円）	料飲売上高 （百万円）	宴会売上高 （百万円）	その他売上高 （百万円）	延べ床面積 （㎡）	1㎡当たりの 総売上高（円）	客室稼働率 （%）	定員稼働率 （%）
195	257	—	116	6,554	86,665	69.9	51.0
498	—	—	69	5,865	96,675	84.9	na
470	90	—	7	3,700	153,243	100.0	109.5
186	321	—	55	14,829	37,966	28.9	15.7
na	na	na	na	5,052	109,857	na	na
60	384	—	111	3,246	170,980	68.4	66.5
232	125	192	4	10,525	52,542	77.2	76.6
na	na	na	na	5,519	99,656	85.0	na
173	221	☆	148	8,580	63,287	45.7	24.8
142	49	291	55	7,738	69,656	75.6	67.6
499	25	—	6	4,900	108,163	100.1	111.3
515	—		11	4,901	107,529	89.3	na
374	72	35	45	8,255	63,719	79.9	55.2
400	106	—	11	5,300	97,547	91.3	81.4
502	—	—	6	5,980	84,945	88.8	91.2
454	—	—	49	3,843	130,898	69.4	37.3
377	3	54	36	na	na	85.3	78.0
438	7	3	4	3,713	121,736	89.7	73.8
95	325	—	29	10,714	41,908	25.4	15.6
424	—		14	4,585	95,529	na	na
152	209	—	75	5,136	84,891	46.0	30.0
422	-	—	11	3,709	117,013	86.3	na
378	24	—	28	9,300	46,237	84.3	57.1
418	-	—	10	4,249	100,730	83.2	na
194	192	4	31	6,214	67,750	33.6	31.7
192	222	—	—	5,467	75,686	75.8	65.1
397	—	—	12	3,048	134,514	91.9	na
396	—	—	10	3,407	119,460	na	na
392	—	—	11	3,551	113,489	85.3	na
382	—	—	16	4,175	95,569	85.5	na
261	64	21	499	na	na	61.2	50.7
380	—	—	9	2,832	137,712	92.5	na
155	224	—	8	4,135	93,591	47.5	29.7
326	—	—	54	7,800	48,718	91.2	83.1
363	—	—	10	3,384	110,225	92.6	84.7
200	125	☆	46	4,700	78,936	44.7	43.6
310	23	15	15	3,543	102,456	81.8	50.0
217	86	—	52	9,601	37,079	84.2	58.6
213	42	83	16	3,638	97,306	75.0	na
139	214	—	—	3,959	89,164	80.6	68.8
228	111	2	8	3,136	111,288	75.7	70.8
213	0	—	134	10,944	31,798	80.4	79.1
na	na	na	na	3,682	93,971	na	na
332	—	—	11	3,818	90,100	80.4	na
270	na	na	10	4,400	77,955	78.6	90.0
239	48	48	5	4,900	69,388	na	74.0
331	—	—	9	2,924	116,279	91.8	na
103	177	—	51	5,052	65,519	38.4	27.6
261	46	1	22	6,265	52,514	79.4	70.8
102	175	—	43	4,328	74399	54.5	25.8

第1章　ADR ランキング 2014

□1 日 1 室当たりの実質客室単価 [ADR] ベスト 300 ホテル（1 ～ 50 位）

順位	ホテル名	地域名	客室数	期中の総販売可能客室数 (室)	ADR (円)	客室売上高 (百万円)	客室稼働率 (%)
1	東京ディズニーシー・ホテルミラコスタ	千葉県浦安市	502	183,230	55,000	na	95.0
2	東京ディズニーランドホテル	千葉県浦安市	706	247,970	55,000	na	95.0
3	蓼科東急ホテル	長野県茅野市	78	58	53,656	285	48.1
4	ディズニーアンバサダーホテル	千葉県浦安市	504	183,960	50,000	na	95.0
5	ホテル瑞鳳	宮城県仙台市	118	42,834	44,795	1,700	88.6
6	ザ・ブセナテラス	沖縄県名護市	410	146,139	41,203	na	66.0
7	ホテル ラ・スイート神戸ハーバーランド	兵庫県神戸市	70	25,550	41,000	880	89.0
8	パレスホテル東京	東京都千代田区	290	105,850	40,227	3,873	78.9
9	上高地帝国ホテル（11月中旬～4月末はクローズ）	長野県松本市	74	14,652	36,495	435	81.5
10	赤倉観光ホテル	新潟県妙高市	60	21,600	31,442	491	72.3
11	帝国ホテル 東京	東京都千代田区	931	339,815	30,658	8,507	81.7
12	ホテル鹿島ノ森	長野県北佐久郡	50	14,850	30,245	200	44.7
13	ルネッサンスリゾートオキナワ	沖縄県国頭郡	377	137,605	29,472	3,229	79.6
14	富士レークホテル	山梨県南都留郡	74	26,122	29,066	503	66.4
15	八甲田ホテル	青森県青森市	55	20,075	28,760	194	33.6
16	秋保グランドホテル	宮城県仙台市	140	51,100	28,297	1,104	76.3
17	セルリアンタワー東急ホテル	東京都渋谷区	411	150,015	27,729	3,522	84.5
18	東京ベイコート倶楽部ホテル&スパリゾート	東京都江東区	292	106,580	27,526	1,560	53.2
19	ホテルオークラ東京ベイ	千葉県浦安市	427	155,855	27,022	3,947	93.7
20	はいむるぶし	沖縄県八重山郡	138	50,370	26,497	1,065	79.0
21	ホテルビューパレス	栃木県那須郡	42	15,330	25,678	98	55.0
22	エクシブ山中湖サンクチュアリ・ヴィラ	山梨県南都留郡	28	10,220	25,321	217	84.2
23	エクシブ軽井沢サンクチュアリ・ヴィラ・ムセオ	長野県北佐久郡	16	5,840	25,104	81	55.5
24	ホテル日航アリビラ	沖縄県中頭郡	396	144,540	25,082	na	80.0
25	浦安ブライトンホテル東京ベイ	千葉県浦安市	189	68,796	25,000	na	85.0
26	京都ブライトンホテル	京都府京都市	182	66,430	25,000	na	80.0
27	宮古島東急ホテル&リゾーツ	沖縄県宮古島市	248	90,520	25,000	1,800	69.0
28	小田急 山のホテル	神奈川県足柄下郡	89	24,920	23,871	482	81.0
29	アルモニーアンブラッセ大阪	大阪府大阪市	38	11,426	23,820	237	87.2
30	旧軽井沢 ホテル音羽ノ森	長野県北佐久郡	49 (内新館 11)	14,016	23,388	160	47.9
31	エクシブ鳴門サンクチュアリ・ヴィラ	徳島県鳴門市	22	8,030	23,330	57	30.7
32	第一ホテル東京	東京都港区	278	101,470	23,254	1,898	88.5
33	ハイランドリゾート ホテル&スパ	山梨県富士吉田市	165	60,101	22,650	835	61.3
34	エクシブ軽井沢サンクチュアリ・ヴィラ	長野県北佐久郡	40	14,600	22,414	155	47.5
35	ホテルオークラ東京	東京都港区	796	290,540	22,244	4,999	77.4
36	エクシブ鳴門サンクチュアリ・ヴィラドゥーエ	徳島県鳴門市	22	8,030	22,212	122	68.4
37	ホテルグランヴィア京都	京都府京都市	535	195,275	21,914	3,914	91.5
38	ザ・ナハテラス	沖縄県那覇市	145	52,918	21,333	na	53.4
39	ホテルエミオン東京ベイ	千葉県浦安市	379	137,956	20,794	2,566	88.2
40	京都ホテルオークラ	京都府京都市	322	117,530	20,765	2,187	89.6
41	奈良ホテル	奈良県奈良市	127	46,355	20,760	778	80.9
42	リーガロイヤルホテル東京	東京都新宿区	126	45,990	20,268	781	83.1
43	白浜シーサイドホテル	和歌山県西牟婁郡	91	33,215	20,204	454	69.4
44	ホテルニューオータニ	東京都千代田区	1479	539,835	20,061	8,231	65.7
45	パーム&ファウンテンテラスホテル	千葉県浦安市	702	255,528	20,000	na	85.0
46	エクシブ有馬離宮	兵庫県神戸市	175	63,875	19,910	1,171	92.1
47	サンルートプラザ東京	千葉県浦安市	696	254,040	19,611	5,414	94.2
48	横浜ベイホテル東急	神奈川県横浜市	480	175,200	19,529	3,088	90.0
49	富士屋ホテル	神奈川県足柄下郡	146	53,290	19,495	918	79.2
50	オリエンタルホテル東京ベイ	千葉県浦安市	503	183,595	19,306	na	98.1

❏1日1室当たりの実質客室単価 [ADR] ベスト300ホテル（51～100位）

順位	ホテル名	地域名	客室数	期中の総販売可能客室数（室）	ADR（円）	客室売上高（百万円）	客室稼働率（%）
51	ホテル阪急インターナショナル	大阪府大阪市	168	61,320	19,250	1,066	90.3
52	ロイヤルパークホテル	東京都中央区	416	152,201	19,059	2,621	90.4
53	フサキリゾートヴィレッジ	沖縄県石垣市	195	51,099	18,896	815	84.4
54	渋谷エクセルホテル東急	東京都渋谷区	408	148,920	18,865	2,565	91.3
55	ホテル日航プリンセス京都	京都府京都市	216	78,840	18,840	1,185	71.2
56	名古屋マリオットアソシアホテル	愛知県名古屋市	774	282,510	18,808	4,699	88.4
57	京王プラザホテル	東京都新宿区	1437	524,505	18,772	8,468	85.9
58	湯本富士屋ホテル	神奈川県足柄下郡	149	54,385	18,506	900	89.5
59	洞爺サンパレス リゾート＆スパ	北海道有珠郡	451	164,615	18,438	2,405	79.2
60	ホテルメトロポリタン丸の内	東京都千代田区	343	125,195	18,422	2,111	91.5
61	ニュー阿寒ホテル	北海道釧路市	338	123,370	18,328	1,331	58.8
62	JRタワーホテル日航札幌	北海道札幌市	350	105,514	18,259	1,926	83.5
63	横浜ロイヤルパークホテル	神奈川県横浜市	603	220,095	18,243	3,564	88.8
64	フルーツパーク富士屋ホテル	山梨県山梨市	43	15,695	18,172	232	81.3
65	エクシブ箱根離宮	神奈川県足柄下郡	187	68,255	18,162	1,106	89.3
66	ホテル川久	和歌山県西牟婁郡	74	27,010	17,921	273	56.4
67	ホテルオークラ JRハウステンボス	長崎県佐世保市	320	116,800	17,453	1,765	77.7
68	箱根ホテル	神奈川県足柄下郡	49	18,250	17,434	214	60.6
69	小田急ホテルセンチュリーサザンタワー	東京都渋谷区	375	133,257	17,426	2,142	92.2
70	ホテルアナガ	兵庫県南あわじ市	38	13,870	17,415	82	29.3
71	城山観光ホテル	鹿児島県鹿児島市	365	130,517	17,187	1,777	79.3
72	総合リゾートホテル ラフォーレ修善寺	静岡県伊豆市	312	113,256	16,668	651	35.4
73	山の上ホテル	東京都千代田区	35	19,975	16,500	285	65.0
74	ホテル ザ・マンハッタン	千葉県千葉市	130	47,450	16,489	641	81.9
75	セラヴィリゾート泉郷 高山わんわんパラダイスホテル	岐阜県高山市	41	14,801	16,384	107	44.3
76	エクシブ京都 八瀬離宮	京都府京都市	210	76,650	16,226	1,060	85.3
77	横浜ベイシェラトン ホテル＆タワーズ	神奈川県横浜市	398	145,270	15,936	2,133	92.1
78	エクシブ初島クラブ	静岡県熱海市	200	73,000	15,765	461	40.1
79	ホテルオークラ福岡	福岡県福岡市	264	96,360	15,716	1,465	84.9
80	レゾネイトクラブくじゅう	大分県竹田市	59	21,240	15,650	152	46.0
81	帝国ホテル 大阪	大阪府大阪市	381	139,065	15,514	1,799	83.4
82	ウェスティンホテル淡路	兵庫県淡路市	201	73,365	15,462	805	71.0
83	神戸メリケンパーク オリエンタルホテル	兵庫県神戸市	319	116,435	15,355	na	80.6
84	ルネッサンス リゾート ナルト	徳島県鳴門市	208	75,920	15,296	867	66.2
85	アグネス ホテル アンド アパートメンツ 東京	東京都新宿区	56	19,045	15,222	246	84.9
86	羽田エクセルホテル東急	東京都大田区	386	140,890	15,103	2,013	94.6
87	ホテル日航福岡	福岡県福岡市	360	131,400	14,992	1,629	82.9
88	観音崎京急ホテル	神奈川県横須賀市	60	21,840	14,920	214	57.0
89	ホテルニューグランド	神奈川県横浜市	240	80,515	14,913	923	76.9
90	セラヴィリゾート泉郷 清里高原ホテル	山梨県北杜市	53	18,762	14,836	195	69.9
91	エクシブ蓼科	長野県茅野市	230	83,950	14,610	561	45.8
92	エクシブ軽井沢パセオ	長野県北佐久郡	32	11,680	14,381	117	69.8
93	琵琶湖ホテル	滋賀県大津市	171	62,415	14,331	768	86.0
94	富士ビューホテル	山梨県南都留郡	79	28,835	14,168	320	69.2
95	甲府富士屋ホテル	山梨県甲府市	103	37,595	14,122	437	71.0
96	ホテル森の風 鶯宿	岩手県岩手郡	221	80,665	14,094	553	48.1
97	ホテルオークラ神戸	兵庫県神戸市	475	173,375	14,068	2,149	78.1
98	ニューオータニイン横浜	神奈川県横浜市	240	87,600	14,047	1,184	96.5
99	エクシブ那須白河	福島県西白河郡	58	21,170	14,024	180	60.8
100	高山グリーンホテル	岐阜県高山市	207	74,727	13,906	843	70.6

第1章　ADR ランキング 2014

❏1 日 1 室当たりの実質客室単価 [ADR] ベスト 300 ホテル（101 ～ 150 位）

順位	ホテル名	地域名	客室数	期中の総販売可能客室数(室)	ADR(円)	客室売上高(百万円)	客室稼働率(%)
101	ホテルメトロポリタン	東京都豊島区	807	296,053	13,898	3,394	82.5
102	エクシブ浜名湖	静岡県浜松市	193	70,445	13,669	573	59.6
103	ホテルサンルートプラザ新宿	東京都渋谷区	624	227,760	13,565	2,825	91.4
104	名鉄犬山ホテル	愛知県犬山市	125	45,625	13,546	452	73.1
105	湯沢ニューオータニ	新潟県南魚沼郡	83	28,250	13,411	173	45.7
106	ホテルグランヴィア大阪	大阪府大阪市	716	261,340	13,262	3,248	93.7
107	京都東急ホテル	京都府京都市	430	156,950	13,224	1,734	83.7
108	エクシブ鳴門	徳島県鳴門市	135	49,275	13,140	347	53.6
109	ホテルニューオータニ幕張	千葉県千葉市	418	152,570	13,080	1,449	72.7
110	セラヴィリゾート泉郷 ネオオリエンタルリゾート 八ヶ岳高原	山梨県北杜市	232	83,288	13,028	365	33.6
111	ホテルニューオータニ大阪	大阪府大阪市	525	191,625	13,024	1,923	77.1
112	ロイヤルオークホテル　スパ＆ガーデンズ	滋賀県大津市	169	60,089	12,987	508	65.0
113	なんばオリエンタルホテル	大阪府大阪市	257	93,805	12,902	na	90.9
114	セラヴィリゾート泉郷 八ヶ岳わんわんパラダイス	山梨県北杜市	38	13,756	12,901	89	50.3
115	京都センチュリーホテル	京都府京都市	222	81,030	12,631	953	93.1
116	セラヴィリゾート泉郷 鳥羽わんわんパラダイスホテル	三重県鳥羽市	59	21,299	12,582	103	38.4
117	かどやホテル	東京都新宿区	94	34,226	12,485	403	93.6
118	アートホテルズ浜松町	東京都港区	120	43,800	12,406	512	94.2
119	ホテルメトロポリタン仙台	宮城県仙台市	295	107,675	12,268	1,152	87.3
120	リゾーピア箱根	神奈川県足柄下郡	171	62,415	12,197	450	59.2
121	ホテルアソシア新横浜	神奈川県横浜市	203	74,095	12,184	775	85.8
122	ホテルメトロポリタン エドモント	東京都千代田区	665	242,725	12,035	2,405	82.3
123	ホテル日航熊本	熊本県熊本市	191	69,715	12,008	700	83.7
124	仙台ロイヤルパークホテル	宮城県仙台市	110	40,150	12,003	357	65.0
125	パレスホテル大宮	埼玉県さいたま市	204	74,460	11,784	777	88.6
126	ウェスティンナゴヤキャッスル	愛知県名古屋市	195	71,175	11,673	578	69.6
127	ソラリア西鉄ホテル	福岡県福岡市	173	60,204	11,576	618	88.7
128	エクシブ白浜アネックス	和歌山県西牟婁郡	144	52,560	11,494	338	56.0
129	大阪新阪急ホテル	大阪府大阪市	922	336,530	11,476	3,274	93.3
130	ホテルグランヴィア岡山	岡山県岡山市	328	119,720	11,470	1,201	87.5
131	ホテルグランドパレス	東京都千代田区	464	169,360	11,346	1,511	78.6
132	ホテルアソシア高山リゾート	岐阜県高山市	290	104,110	11,318	722	60.6
133	ホテルトラスティ心斎橋	大阪府大阪市	211	77,015	11,274	817	94.1
134	エクシブ琵琶湖	滋賀県米原市	268	97,820	11,235	550	50.1
135	名古屋東急ホテル	愛知県名古屋市	564	205,860	11,137	2,310	88.3
136	ホテル森の風　河内銀河高原	岩手県和賀郡	28	10,220	11,123	45	39.8
137	ホテル ラフォーレ新大阪	大阪府大阪市	332	120,848	11,101	1,063	79.3
138	大阪第一ホテル	大阪府大阪市	460	167,900	11,100	1,780	95.5
139	サンメンバーズひるがの	岐阜県郡上郡	36	13,140	11,096	71	49.2
140	ロワジールホテル沖縄美ら海	沖縄県国頭郡	94	34,028	11,088	328	78.5
141	エクシブ山中湖	山梨県南都留郡	252	91,980	11,054	482	47.5
142	リーガロイヤルホテル広島	広島県広島市	488	173,342	11,049	1,492	76.1
143	エクシブ淡路島	兵庫県洲本市	109	39,785	10,995	179	41.1
144	セラヴィリゾート泉郷 浜名湖グランドホテルさざなみ館	静岡県浜松市	40	14,480	10,981	131	82.1
145	ホテルサンルート新橋	東京都港区	220	80,300	10,978	787	89.3
146	シティプラザ大阪	大阪府大阪市	199	72,635	10,916	593	75.0
147	総合リゾートホテル ラフォーレ琵琶湖	滋賀県守山市	272	98,192	10,899	365	34.3
148	ホテルグランヴィア広島	広島県広島市	403	147,095	10,829	1,437	90.2
149	ホテル竹園芦屋	兵庫県芦屋市	51	18,615	10,738	167	83.7
150	調布クレストンホテル	東京都調布市	44	16,060	10,678	151	88.3

1日1室当たりの実質客室単価 [ADR] ベスト 300 ホテル（151 ～ 200 位）

順位	ホテル名	地域名	客室数	期中の総販売可能客室数(室)	ADR(円)	客室売上高(百万円)	客室稼働率(%)
151	神戸ポートピアホテル	兵庫県神戸市	744	271,560	10,677	2,238	78.2
152	ホテルリステル猪苗代ウイングタワー	福島県耶麻郡	370	133,940	10,523	537	38.1
153	上野 サットンプレイスホテル	東京都台東区	50	18,250	10,513	183	96.0
154	ひだホテルプラザ	岐阜県高山市	225	82,125	10,499	650	65.5
155	サンプラザシーズンズ	愛知県名古屋市	62	22,630	10,485	181	76.6
156	京王プラザホテル八王子	東京都八王子市	200	73,000	10,439	700	92.0
157	ホテルサンルート "ステラ" 上野	東京都台東区	95	34,675	10,420	331	91.8
158	ホテルトラスティ大阪阿倍野	大阪府大阪市	202	73,730	10,380	726	94.9
159	セラヴィリゾート泉郷 伊豆高原わんわんパラダイス	静岡県伊東市	53	19,239	10,367	90	45.3
160	アートホテルズ大森	東京都品川区	220	80,300	10,239	763	92.9
161	宝塚ホテル	兵庫県宝塚市	129	47,085	10,200	426	88.7
162	ホテルオークラ札幌	北海道札幌市	147	53,655	10,197	550	85.9
163	ホテルメトロポリタン盛岡 NEW WING	岩手県盛岡市	121	44,165	10,191	317	70.4
164	ホテルグランパシフィック LE DAIBA	東京都港区	884	322,660	16,179	4,403	84.4
165	ホテルかずさや	東京都中央区	71	25,789	10,114	169	64.9
166	オークラアクトシティホテル浜松	静岡県浜松市	322	117,530	10,013	928	78.9
167	ホテルブライトンシティ京都山科	京都府京都市	100	36,500	10,000	na	85.0
168	ホテルブライトンシティ大阪北浜	大阪府大阪市	234	85,410	10,000	na	80.0
169	ホテル阪神	大阪府大阪市	289	105,485	9,969	1,051	96.7
170	京王プラザホテル札幌	北海道札幌市	507	185,055	9,960	1,589	86.2
171	ホテル日航関西空港	大阪府泉佐野市	576	210,240	9,907	1,848	88.7
172	スマイルホテル京都	京都府京都市	138	50,370	9,896	499	100.1
173	ホテルセンチュリー静岡	静岡県静岡市	206	78,110	9,873	613	79.5
174	エクシブ軽井沢	長野県北佐久郡	200	73,000	9,861	349	48.5
175	エクシブ白浜	和歌山県西牟婁郡	104	37,960	9,856	95	25.4
176	ホテルトラスティ東京ベイサイド	東京都江東区	200	73,000	9,773	601	84.3
177	ニューオータニイン東京	東京都品川区	412	143,304	9,765	1,294	92.4
178	千里阪急ホテル	大阪府豊中市	203	73,800	9,763	646	89.4
179	新大阪ステーションホテル本館	大阪府大阪市	75	20,594	9,753	190	85.9
180	ホテルサンルート東新宿	東京都新宿区	311	113,515	9,671	1,001	91.2
181	リーガロイヤルホテル小倉	福岡県北九州市	295	107,675	9,552	771	75.0
182	エクシブ鳥羽アネックス	三重県鳥羽市	198	72,270	9,547	375	54.4
183	リゾーピア久美浜	京都府京丹後市	57	20,805	9,533	50	25.3
184	ホテルサンルート有明	東京都江東区	790	288,350	9,465	2,348	86.0
185	ホテル森の風　田沢湖	秋田県仙北市	76	15,759	9,384	68	44.2
186	ホテル機山館	東京都文京区	125	45,625	9,361	261	61.2
187	熊本ホテルキャッスル	熊本県熊本市	179	65,335	9,357	385	63.0
188	セラヴィリゾート泉郷 アルティア鳥羽	三重県鳥羽市	72	25,560	9,335	907	86.7
189	上野ターミナルホテル	東京都台東区	93	26,645	9,321	150	92.6
190	リーガロイヤルホテル新居浜	愛媛県新居浜市	94	34,310	9,313	250	72.8
191	ホテル アジア会館	東京都港区	173	63,145	9,283	498	84.9
192	ホテルサンルート品川シーサイド	東京都品川区	300	109,500	9,259	891	87.9
193	ホテルトラスティ神戸旧居留地	兵庫県神戸市	141	51,465	9,254	456	95.8
194	ホテル「ホップイン」アミング	兵庫県尼崎市	190	69,350	9,250	546	85.5
195	赤坂陽光ホテル	東京都港区	240	87,750	9,229	706	87.1
196	エクシブ伊豆	静岡県伊東市	227	82,855	9,224	262	34.3
197	名鉄グランドホテル	愛知県名古屋市	241	87,965	9,115	730	91.0
198	リゾーピア熱海	静岡県熱海市	206	75,190	9,098	340	49.8
199	ホテルトヨタキャッスル	愛知県豊田市	151	54,750	9,080	432	76.7
200	リゾーピア別府	大分県別府市	57	20,805	9,078	102	54.5

※ホテルグランパシフィック LE DAIBA の ADR は、正しくは 77 位でした。お詫びして訂正いたします。

ホテルデータブック 2018 | HOTERES　45

第1章 ADR ランキング 2014

❑1 日 1 室当たりの実質客室単価 [ADR] ベスト 300 ホテル（201 ～ 250 位）

順位	ホテル名	地域名	客室数	期中の総販売可能客室数（室）	ADR（円）	客室売上高（百万円）	客室稼働率（%）
201	ベルモントホテル	東京都台東区	82	29,930	9,025	213	75.0
202	ホテルエミシア札幌	北海道札幌市	511	186,515	9,011	1,210	72.2
203	京王プラザホテル多摩	東京都多摩市	248	90,520	9,010	725	88.9
204	ワークホテルアネックス天神の湯	大阪府高槻市	46	16,790	9,000	130	88.0
205	ホテルサンルート浅草	東京都台東区	120	43,800	8,954	363	92.6
206	名鉄トヨタホテル	愛知県豊田市	99	36,135	8,953	243	75.1
207	ホテルサンルート高田馬場	東京都新宿区	197	71,095	8,923	578	90.1
208	セラヴィリゾート泉郷 ホテルアンビエント蓼科	長野県北佐久郡	127	45,847	8,878	218	53.4
209	パレスホテル立川	東京都立川市	238	86,870	8,836	608	79.3
210	東京ドームホテル札幌	北海道札幌市	285	104,025	8,781	729	79.8
211	サンメンバーズ京都嵯峨	京都府京都市	67	24,455	8,780	112	52.5
212	小田急ホテルセンチュリー相模大野	神奈川県相模原市	120	43,680	8,738	301	78.9
213	ザ・クレストホテル柏	千葉県柏市	87	31,755	8,731	233	83.9
214	シティホテルロンスター	東京都新宿区	50	18,250	8,664	153	97.1
215	ホテルヴィアイン秋葉原	東京都千代田区	284	103,660	8,564	828	94.3
216	エクシブ鳥羽	三重県鳥羽市	207	75,555	8,533	186	28.9
217	オリエンタルホテル広島	広島県広島市	227	82,855	8,517	na	78.1
218	ホテルトラスティ金沢香林坊	石川県金沢市	207	75,555	8,513	542	84.3
219	ホテルアソシア静岡	静岡県静岡市	250	91,250	8,504	649	83.2
220	サンメンバーズ東京新宿	東京都新宿区	181	66,065	8,486	532	95.0
221	ホテルグランヴィア和歌山	和歌山県和歌山	155	56,575	8,486	370	77.1
222	ホテルコスモスクエア 国際交流センター	大阪府大阪市	320	116,480	8,458	865	92.0
223	ホテルブエナビスタ	長野県松本市	200	73,000	8,448	509	82.6
224	アルカディア市ケ谷（私学会館）	東京都千代田区	87	30,624	8,447	221	85.4
225	ホテルサンルートソプラ神戸	兵庫県神戸市	218	79,570	8,445	635	94.5
226	ホテルメトロポリタン長野	長野県長野市	235	83,423	8,380	540	78.7
227	サンメンバーズ名古屋白川	愛知県名古屋市	87	31,755	8,378	213	80.4
228	ホテル青森	青森県青森市	155	36,575	8,363	275	58.2
229	キャッスルプラザ	愛知県名古屋市	236	86,140	8,320	671	93.7
230	ホテルメトロポリタン山形	山形県山形市	116	42,340	8,269	280	80.4
231	土佐ロイヤルホテル	高知県安芸郡	195	69,615	8,223	347	56.5
232	ホテル アトラス	神奈川県横浜市	60	21,900	8,200	140	78.0
233	ホテルオークラ新潟	新潟県新潟市	265	96,725	8,176	511	64.6
234	晴海グランドホテル	東京都中央区	212	77,380	8,162	625	99.2
235	ホテル日航姫路	兵庫県姫路市	257	93,805	8,152	615	80.4
236	からすま京都ホテル	京都府京都市	242	88,330	8,142	711	87.4
237	ホテルサンオーク	埼玉県越谷市	62	22,630	8,134	171	93.2
238	東京グランドホテル	東京都港区	156	56,940	8,068	410	82.2
239	川崎ホテルパーク	神奈川県川崎市	63	22,995	8,061	170	85.0
240	磐田グランドホテル	静岡県磐田市	100	36,500	8,028	126	43.0
241	ホテルリステル新宿	東京都新宿区	262	93,369	8,017	658	87.9
242	秋田キャッスルホテル	秋田県秋田市	150	54,750	8,003	289	64.0
243	北ビワコホテル・グラツィエ	滋賀県長浜市	82	29,930	7,985	141	59.0
244	ホテル東日本　宇都宮	栃木県宇都宮市	115	41,975	7,983	215	64.3
245	オークラ千葉ホテル	千葉県千葉市	84	30,660	7,981	194	79.2
246	オークラフロンティアホテル海老名	神奈川県海老名市	74	27,010	7,927	192	85.0
247	ホテルサンルート川崎	神奈川県川崎市	278	101,470	7,829	710	89.4
248	ホテル古賀の井	和歌山県西牟婁郡	84	30,660	7,794	239	71.4
249	ニューオータニイン札幌	北海道札幌市	340	124,100	7,784	773	80.1
250	別府亀の井ホテル	大分県別府市	322	117,530	7,728	676	72.2

□1 日 1 室当たりの実質客室単価 [ADR] ベスト 300 ホテル (251 ～ 300 位)

順位	ホテル名	地域名	客室数	期中の総販売可能客室数 (室)	ADR (円)	客室売上高 (百万円)	客室稼働率 (%)
251	ホテルアンテルーム京都	京都府京都市	61	22,265	7,716	na	97.2
252	ホテルアソシア豊橋	愛知県豊橋市	222	81,030	7,656	601	84.7
253	名古屋駅前モンブランホテル	愛知県名古屋市	277	101,105	7,653	663	92.1
254	セラヴィリゾート泉郷 ホテルアンビエント安曇野	長野県安曇市	197	70,329	7,635	272	50.6
255	クサツエストピアホテル	滋賀県草津市	73	26,645	7,601	195	94.4
256	ホテルニューオウミ	滋賀県近江八幡市	83	29,797	7,546	164	72.9
257	スマイルホテル東京日本橋	東京都中央区	171	62,415	7,521	470	100.0
258	ホテルグランドシティ	東京都豊島区	265	63,367	7,513	687	94.5
259	岡山ビューホテル	岡山県岡山市	97	35,114	7,500	130	70.0
260	ホテルトラスティ名古屋栄	愛知県名古屋市	204	74,460	7,450	501	90.4
261	宮崎観光ホテル	宮崎県宮崎市	348	127,020	7,334	767	70.8
262	広島東急 REI ホテル	広島県広島市	239	87,235	7,316	487	76.3
263	ステーションホテル小倉	福岡県北九州市	294	107,310	7,227	699	79.2
264	シーサイドホテル芝弥生	東京都港区	155	56,575	7,204	345	85.7
265	ホテル日航ノースランド帯広	北海道帯広市	171	62,415	7,172	309	69.1
266	ホテルサンルート広島	広島県広島市	283	103,295	7,131	633	86.0
267	ホテルシティーフィールドかごはら	埼玉県熊谷市	62	22,630	7,094	118	73.5
268	仙台国際ホテル	宮城県仙台市	234	85,176	7,011	521	74.4
269	ホテルサンルート上田	長野県上田市	118	43,070	6,982	228	75.7
270	名鉄イン名古屋金山	愛知県名古屋市	235	85,775	6,965	502	88.8
271	ホテルパコジュニア ススキノ	北海道札幌市	218	79,570	6,938	447	81.0
272	ホテルサンルート長野	長野県長野市	150	54,750	6,922	310	81.8
273	松山東急 REI ホテル	愛媛県松山市	245	89,425	6,899	525	85.2
274	久米川ウィングホテル	東京都東村山市	53	18,179	6,872	88	72.6
275	コガノイベイホテル	和歌山県西牟婁郡	172	62,780	6,838	429	46.4
276	ホテル JAL シティ長野	長野県長野市	242	87,965	6,835	456	75.8
277	ホテルリステル浜名湖	静岡県引佐郡	172	52,268	6,809	226	63.5
278	ビジネスホテルウェルイン新宿	東京都新宿区	26	9,360	6,765	41	64.7
279	ホテルサンルートニュー札幌	北海道札幌市	306	111,690	6,699	618	82.6
280	ホテルサンルート長野東口	長野県長野市	119	43,435	6,647	240	83.1
281	函館グランドホテル	北海道函館市	136	49,640	6,611	261	79.4
282	ホテルトラスティ名古屋	愛知県名古屋市	250	91,250	6,597	520	86.5
283	大和第一ホテル	神奈川県大和市	82	29,930	6,550	144	73.8
284	静岡グランドホテル中島屋	静岡県静岡市	121	44,165	6,400	270	77.0
285	エルイン京都	京都府京都市	512	186,880	6,365	997	83.9
286	ホテルロイヤル盛岡	岩手県盛岡市	101	101	6,263	175	75.7
287	スマイルホテル仙台国分町	宮城県仙台市	192	70,080	6,238	400	91.3
288	セルメスイン日本橋	東京都中央区	44	16,060	6,226	100	91.7
289	ホテル東日本 盛岡	岩手県盛岡市	185	67,525	6,213	244	58.1
290	ホテル京阪天満橋	大阪府大阪市	317	106,362	6,155	678	95.2
291	アワーズイン阪急	東京都品川区	1388	506,620	6,145	2,949	94.7
292	クォードイン yokote	秋田県横手市	100	36,500	5,956	173	79.8
293	ホテルアーバングレイス宇都宮	栃木県宇都宮市	206	74,572	5,951	377	85.3
294	セントラルホテル武雄	佐賀県武雄市	120	43,800	5,873	220	85.8
295	サンメンバーズ名古屋錦	愛知県名古屋市	79	28,835	5,810	131	78.4
296	埼玉グランドホテル深谷	埼玉県深谷市	58	15,414	5,788	74	66.2
297	サンメンバーズ神戸	兵庫県神戸市	53	19,345	5,768	82	73.6
298	福岡フローラルイン西中洲、博多フローラルイン中洲	福岡県福岡市	150	54,750	5,716	273	87.3
299	八戸プラザホテル	青森県八戸市	59	21,535	5,611	41	33.9
300	ホテルリバーイン	新潟県長岡市	66	24,090	5,600	80	54.0

第1章　ホテルブライダルランキング 2014

❑ 婚礼部門の売上高ランキングベスト 100（1 ～ 25 位）

順位	昨年順位	ホテル名	地域名	婚礼宴会のできる会場数	一日に可能な婚礼宴会最大組数（組）	結婚式場数チャペル	結婚式場数神殿	
1	1	パレスホテル東京	東京都千代田区	6	12	1	1	
2	2	帝国ホテル 東京	東京都千代田区	15	25	2	1	
3	3	帝国ホテル 大阪	大阪府大阪市	12	24	2	1	
4	5	ホテルニューオータニ	東京都千代田区	21	36	4	1	
5	6	リーガロイヤルホテル	大阪府大阪市	20	25	2	1	
6	7	横浜ロイヤルパークホテル	神奈川県横浜市	10	20	1	1	
7	8	名古屋マリオットアソシアホテル	愛知県名古屋市	10	17	1	1	
8	9	城山観光ホテル	鹿児島県鹿児島市	12	24	1	1	
9	10	ホテルオークラ東京	東京都港区	5	10	1	0	
10	12	ホテルニューグランド	神奈川県横浜市	4	8	1	1	
11	14	ホテル阪急インターナショナル	大阪府大阪市	7	13	1	1	
12	17	アルモニーアンブラッセ大阪	大阪府大阪市	2	6	1	0	
12	15	ホテル日航福岡	福岡県福岡市	—	—	1	1	
14	16	ホテルグランパシフィック LE DAIBA	東京都港区	12	18	2	1	
15	13	ホテルオークラ福岡	福岡県福岡市	7	13	1	1	
16	18	ホテルメトロポリタン仙台	宮城県仙台市	16	—	1	1	
17	20	ホテルグランヴィア京都	京都府京都市	11	15	1	1	
18	31	ホテル日航熊本	熊本県熊本市	6	10	1	1	
19	25	リーガロイヤルホテル広島	広島県広島市	13	25	2	2	
20	23	京王プラザホテル	東京都新宿区	13	26	2	1	
20	30	横浜ベイシェラトン ホテル＆タワーズ	神奈川県横浜市	8	16	1	1	
22	22	ホテルメトロポリタン	東京都豊島区	9	15	1	1	
23	33	富士屋ホテル	神奈川県足柄下郡	9	6	4	2	
24	29	京都ホテルオークラ	京都府京都市	11	13	1	1	
25	27	ロイヤルオークホテル スパ＆ガーデンズ	滋賀県大津市	7	7	1	1	

Hotel Bridal Ranking
婚礼部門の売上高から見たベスト100

結婚式場数その他	婚礼部門の売上高（百万円）	婚礼組数（組）	1人当たりの総消費単価（円）	1組当たりの総消費単価（円）	1組当たりの平均列席人数（人）	売上高増減額（百万円）	売上高増減率（％）	婚礼組数増減件数（件）	婚礼組数増減率（％）	決算月
―	4,669	906	61,993	5,154,357	83	550	13.4	106	13.3	2014年12月
―	3,828	878	61,720	4,360,000	71	▲79	▲2.0	▲30	▲3.3	2015年3月
―	2,806	717	54,034	3,913,291	72	▲331	▲10.6	▲144	▲16.7	2015年3月
―	2,778	789	51,552	3,521,558	68	▲3	▲0.1	▲63	▲7.4	2015年3月
1	2,089	509	54,311	4,104,028	76	▲408	▲16.3	▲98	▲16.1	2015年3月
1	1,903	611	51,790	3,116,169	60.1	▲293	▲13.3	▲54	▲8.1	2015年3月
1	1,883	464	67,094	4,058,189	60	▲156	▲7.7	▲65	▲12.3	2015年3月
1	1,641	374	37,216	4,387,791	118	▲242	▲12.9	▲57	▲13.2	2015年3月
0	1,537	344	57,603	4,469,099	78	▲233	▲13.2	▲78	▲18.5	2015年3月
2	1,395	370	53,296	3,771,601	71	▲268	▲16.1	▲72	▲16.3	2014年11月
―	1,373	407	45,016	3,203,000	71.1	▲447	▲24.6	▲73	▲15.2	2015年3月
―	1,363	413	58,230	3,258,120	57	▲26	▲1.9	▲19	▲4.4	2015年3月
―	1,363	329	43,454	4,142,925	95	▲237	▲14.8	▲66	▲16.7	2015年3月
―	1,295	359	49,628	3,609,039	73	▲196	▲13.1	▲61	▲14.5	2015年3月
0	1,208	313	40,560	3,860,000	95.2	▲442	▲26.8	▲90	▲22.3	2015年3月
0	1,179	324	48,123	3,639,997	76	▲149	▲11.2	▲48	▲12.9	2015年3月
0	1,137	369	47,324	3,082,000	65	▲117	▲9.3	▲55	▲13.0	2015年3月
0	985	236	37,330	4,180,960	112	▲5	▲0.5	3	1.3	2015年3月
4	983	313	51,353	3,139,076	61	▲107	▲9.8	▲25	▲7.4	2015年3月
―	931	349	39,125	2,667,756	68	▲245	▲20.8	▲94	▲21.2	2015年3月
1	931	270	47,037	2,918,241	60	▲77	▲7.6	13	5.1	2015年3月
―	923	342	44,040	2,698,830	61.3	▲298	▲24.4	▲123	▲26.5	2015年3月
―	919	412	70,256	2,200,104	31	▲37	▲3.9	▲75	▲15.4	2015年3月
1	907	317	45,600	2,860,000	63	▲105	▲10.4	▲16	▲4.8	2014年12月
1	846	260	53,906	3,253,846	60.4	▲172	▲16.9	▲20	▲7.1	2015年3月

ホテルデータブック 2018 | HOTERES   49

第1章 ホテルブライダルランキング 2014

❏ 婚礼部門の売上高ランキングベスト 100（26 ～ 50 位）

順位	昨年順位	ホテル名	地域名	婚礼宴会のできる会場数	一日に可能な婚礼宴会最大組数（組）	結婚式場数チャペル	結婚式場数神殿	
26	24	ホテルオークラ神戸	兵庫県神戸市	8	14	1	1	
27	28	名古屋東急ホテル	愛知県名古屋市	9	15	1	1	
28	26	ウェスティンナゴヤキャッスル	愛知県名古屋市	7	12	1	1	
29	35	ホテルメトロポリタン山形	山形県山形市	4	8	1	1	
30	32	千里阪急ホテル	大阪府豊中市	6	10	2	1	
31	44	仙台ロイヤルパークホテル	宮城県仙台市	7	9	1	1	
32	41	ホテル ザ・マンハッタン	千葉県千葉市	4	7	1	1	
33	52	琵琶湖ホテル	滋賀県大津市	4	8			
34	48	リーガロイヤルホテル東京	東京都新宿区	7	10	1	0	
35	36	甲府富士屋ホテル	山梨県甲府市	5	8	1	1	
36	34	ホテルオークラ東京ベイ	千葉県浦安市	3	6	1	1	
37	46	八戸プラザホテル	青森県八戸市	7	14	1	2	
38	37	ホテルメトロポリタン エドモント	東京都千代田区	5	10	1	1	
39	45	パレスホテル大宮	埼玉県さいたま市	6	10	1	1	
40	42	リーガロイヤルホテル京都	京都府京都市	10	18	1	1	
41	55	仙台国際ホテル	宮城県仙台市	3	6	1	1	
42	38	ホテルメトロポリタン盛岡 NEW WING	岩手県盛岡市	5	10	2	1	
43	40	熊本ホテルキャッスル	熊本県熊本市	5	10	1	1	
44	43	ステーションホテル小倉	福岡県北九州市	6	12	1	1	
45	61	サンルートプラザ東京	千葉県浦安市	5	6	1	1	
46	―	ロイヤルパークホテル	東京都中央区	7	14			
47	57	ホテルセンチュリー静岡	静岡県静岡市	7	10	1	1	
48	62	京都センチュリーホテル	京都府京都市	4	6	1	1	
49	57	ホテルグランヴィア岡山	岡山県岡山市	6	10	1	1	
50	50	ホテルグランヴィア広島	広島県広島市	5	10	1	1	

Hotel Bridal Ranking
婚礼部門の売上高から見たベスト100

結婚式場数その他	婚礼部門の売上高(百万円)	婚礼組数(組)	1人当たりの総消費単価(円)	1組当たりの総消費単価(円)	1組当たりの平均列席人数(人)	売上高増減額(百万円)	売上高増減率(%)	婚礼組数増減件数(件)	婚礼組数増減率(%)	決算月
0	836	266	47,780	3,143,000	64	▲ 332	▲ 28.4	▲ 96	▲ 26.5	2015 年 3 月
1	830	270	51,119	3,072,000	60	▲ 183	▲ 18.1	▲ 58	▲ 17.7	2015 年 3 月
0	812	169	57,438	4,804,733	83.6	▲ 227	▲ 21.8	▲ 70	▲ 29.3	2015 年 3 月
—	791	205	45,114	3,859,629	86	▲ 27	▲ 3.3	▲ 8	▲ 3.8	2015 年 3 月
0	780	316	39,300	2,238,000	56.6	▲ 200	▲ 20.4	▲ 130	▲ 29.1	2015 年 3 月
0	769	260	52,848	2,958,647	54	62	8.8	▲ 9	▲ 3.3	2015 年 3 月
—	755	249	45,022	3,031,329	67	13	1.8	▲ 3	▲ 1.2	2015 年 3 月
—	723	244	51,871	2,962,364	57.1	102	16.4	▲ 3	▲ 1.2	2015 年 3 月
1	710	240	41,846	2,919,833	70	73	11.5	4	1.7	2015 年 3 月
—	705	203	36,746	3,367,000	92	▲ 99	▲ 12.3	▲ 24	▲ 10.6	2015 年 3 月
1	700	250	45,887	2,799,484	61	▲ 144	▲ 17.1	▲ 27	▲ 9.7	2015 年 2 月
—	686	223	22,015	3,076,698	139	▲ 31	▲ 4.3	▲ 18	▲ 7.5	2015 年 5 月
—	685	245	40,448	2,797,000	69	▲ 118	▲ 14.7	▲ 52	▲ 17.5	2015 年 3 月
—	683	275	42,193	2,485,421	58.9	▲ 15	▲ 2.1	▲ 39	▲ 12.4	2014 年 12 月
—	648	277	42,650	2,342,000	55	▲ 70	▲ 9.7	▲ 32	▲ 10.4	2015 年 3 月
1	630	155	48,970	4,064,516	83	29	4.8	1	0.6	2015 年 3 月
0	625	224	39,974	2,789,437	69.7	▲ 153	▲ 19.7	▲ 25	▲ 10.0	2015 年 3 月
—	613	—	31,300	—	—	▲ 132	▲ 17.7	—	—	2015 年 3 月
1	598	180	34,600	3,320,517	96	▲ 113	▲ 15.9	▲ 25	▲ 12.2	2015 年 3 月
2	583	262	41,744	2,227,064	53	72	14.1	37	16.4	2015 年 3 月
1	573	278	35,469	2,064,214	58	▲ 25	▲ 4.2	0	0	2015 年 3 月
1	548	217	41,456	2,028,000	61	▲ 25	▲ 4.4	15	7.4	2015 年 3 月
0	532	189	46,870	2,591,010	55.3	38	7.7	11	6.2	2015 年 3 月
1	530	183	54,841	2,899,363	53	▲ 43	▲ 7.5	3	1.7	2015 年 3 月
—	518	187	45,469	2,772,908	61	▲ 108	▲ 17.3	▲ 42	▲ 18.3	2015 年 3 月

ホテルデータブック 2018 | HOTERES

第1章　ホテルブライダルランキング 2014

❏ 婚礼部門の売上高ランキングベスト 100（51 〜 75 位）

順位	昨年順位	ホテル名	地域名	婚礼宴会のできる会場数	一日に可能な婚礼宴会最大組数（組）	結婚式場数チャペル	結婚式場数神殿	
51	64	第一ホテル東京	東京都港区	6	11	1	1	
51	56	リーガロイヤルホテル小倉	福岡県北九州市	11	22	1	1	
53	54	オークラ千葉ホテル	千葉県千葉市	5	10	1	1	
54	—	埼玉グランドホテル深谷	埼玉県深谷市	4	6	1	1	
55	—	ホテル ラ・スイート神戸ハーバーランド	兵庫県神戸市	1	1	1	—	
56	59	旧軽井沢 ホテル音羽ノ森	長野県北佐久郡	5	8	1	—	
56	67	フルーツパーク富士屋ホテル	山梨県山梨市	6	6	1	1	
58	79	パレスホテル立川	東京都立川市	5	10	1	1	
59	65	山の上ホテル	東京都千代田区	3	6	1	—	
60	71	宝塚ホテル	兵庫県宝塚市	6	8	1	1	
61	69	ホテルアソシア豊橋	愛知県豊橋市	4	7	1	1	
62	63	ホテルオークラ JR ハウステンボス	長崎県佐世保市	2	4	1	1	
63	75	宮崎観光ホテル	宮崎県宮崎市	7	13	1	1	
64	78	ホテル青森	青森県青森市	6	6	1	1	
65	73	奈良ホテル	奈良県奈良市	5	5	1	1	
66	87	ロワジールホテル　那覇	沖縄県那覇市	3	6	1	1	
67	60	ホテル阪神	大阪府大阪市	4	8	1	1	
68	74	ホテル日航姫路	兵庫県姫路市	4	6	1	1	
69	72	ホテルメトロポリタン長野	長野県長野市	7	7	1	1	
70	79	JR タワーホテル日航札幌	北海道札幌市	1	2	0	0	
70	68	ホテルアソシア静岡	静岡県静岡市	5	8	2	1	
72	70	北ビワコホテル・グラツィエ	滋賀県長浜市	4	8	2	1	
73	77	ホテルブエナビスタ	長野県松本市	5	8	1	1	
74	66	東京ドームホテル札幌	北海道札幌市	3	6	1	1	
75	95	キャッスルプラザ	愛知県名古屋市	8	10	1	1	

Hotel Bridal Ranking
婚礼部門の売上高から見たベスト100

結婚式場数 その他	婚礼部門の 売上高 （百万円）	婚礼組数 （組）	1人当たりの 総消費単価 （円）	1組当たりの 総消費単価 （円）	1組当たりの 平均列席人数 （人）	売上高 増減額 （百万円）	売上高 増減率 （%）	婚礼組数 増減件数 （件）	婚礼組数 増減率 （%）	決算月
1	505	151	45,170	3,330,000	74	41	8.8	9	6.3	2015 年 3 月
1	505	142	36,097	3,560,850	99	▲ 77	▲ 13.2	▲ 54	▲ 27.6	2015 年 3 月
1	496	195	38,542	2,546,511	66	▲ 114	▲ 18.7	▲ 24	▲ 11.0	2015 年 3 月
—	448	190	38,026	3,510,000	72	7	1.6	9	5.0	2014 年 12 月
—	416	124	69,142	3,357,333	49	74	21.6	18	17.0	2015 年 3 月
—	408	240	57,023	1,700,000	30	▲ 130	▲ 24.2	▲ 73	▲ 23.3	2015 年 3 月
1	408	138	38,858	2,957,000	76	▲ 5	▲ 1.2	3	2.2	2015 年 3 月
—	404	196	38,887	2,061,224	53	95	30.7	32	19.5	2014 年 12 月
—	393	189	50,000	2,200,000	41	▲ 43	▲ 9.9	▲ 19	▲ 9.1	2014 年 11 月
2	384	153	44,730	2,089,000	46.7	▲ 13	▲ 3.3	▲ 28	▲ 15.5	2015 年 3 月
—	379	111	52,026	3,258,000	62	▲ 23	▲ 5.7	▲ 24	▲ 17.8	2015 年 3 月
—	374	108	28,725	3,462,000	121	▲ 119	▲ 24.1	▲ 33	▲ 23.4	2015 年 3 月
2	362	157	20,906	2,308,448	110	▲ 15	▲ 4.0	▲ 11	▲ 6.5	2015 年 3 月
—	359	128	22,072	2,805,601	127	47	15.1	39	43.8	2015 年 3 月
—	348	163	51,817	2,141,010	41	▲ 42	▲ 10.8	▲ 26	▲ 13.8	2015 年 3 月
—	338	117	13,195	2,892,373	219.2	81	31.5	33	39.3	2014 年 12 月
—	332	127	39,996	2,280,000	57	▲ 191	▲ 36.5	▲ 126	▲ 49.8	2015 年 3 月
—	329	121	48,668	2,717,388	56	▲ 58	▲ 15.0	▲ 33	▲ 21.4	2015 年 3 月
—	326	112	44,933	2,915,000	64.9	▲ 68	▲ 17.3	▲ 13	▲ 10.4	2015 年 3 月
0	318	116	30,923	2,742,802	88.7	9	2.9	6	5.5	2015 年 3 月
—	318	123	44,505	2,586,000	58	▲ 94	▲ 22.8	▲ 9	▲ 6.8	2015 年 3 月
—	305	118	41,598	2,584,745	62	▲ 96	▲ 23.9	▲ 41	▲ 25.8	2015 年 6 月
—	296	69	48,603	4,296,797	88	▲ 25	▲ 7.8	▲ 8	▲ 10.4	2015 年 3 月
—	289	139	22,925	2,082,000	90.8	▲ 139	▲ 32.5	▲ 72	▲ 34.1	2015 年 1 月
—	285	269	40,583	1,095,736	26	66	30.1	50	22.8	2015 年 3 月

ホテルデータブック **2018** | HOTERES *53*

第1章 ホテルブライダルランキング 2014

❑ 婚礼部門の売上高ランキングベスト 100（76 〜 100 位）

順位	昨年順位	ホテル名	地域名	婚礼宴会のできる会場数	一日に可能な婚礼宴会最大組数（組）	結婚式場数チャペル	結婚式場数神殿	
76	90	沖縄かりゆしビーチリゾートオーシャンスパ	沖縄県国頭郡	5	5	1	—	
77	81	ハイランドリゾート ホテル＆スパ	山梨県富士吉田市	2	3	1	0	
78	76	シティプラザ大阪	大阪府大阪市	5	10	1	1	
79	83	アグネス ホテル アンドアパートメンツ 東京	東京都新宿区	2	3	1	—	
80	103	ホテルエミシア札幌	北海道札幌市	5	7	1	1	
81	84	湯本富士屋ホテル	神奈川県足柄下郡	6	9	1	1	
82	92	ベストウェスタンレンブラントホテル鹿児島リゾート	鹿児島県鹿児島市	3	4	1	1	
83	85	リーガロイヤルホテル新居浜	愛媛県新居浜市	6	7	1	1	
84	94	ホテルオークラ新潟	新潟県新潟市	3	8	1	1	
85	92	ザ・クレストホテル柏	千葉県柏市	4	8	1	1	
86	100	ホテルオークラ札幌	北海道札幌市	3	6	1	0	
87	96	ローズホテル横浜	神奈川県横浜市	6	15	1	0	
88	—	ホテル日航ノースランド帯広	北海道帯広市	3	6	1	1	
89	88	オークラフロンティアホテル海老名	神奈川県海老名市	5	8	2	1	
90	99	ホテルアソシア高山リゾート	岐阜県高山市	3	3	1	1	
91	108	ホテル日航プリンセス京都	京都府京都市	3	4	1	0	
92	91	クサツエストピアホテル	滋賀県草津市	4	4	1	1	
93	100	ウェスティンホテル淡路	兵庫県淡路市	4	8	1	0	
94	106	高山グリーンホテル	岐阜県高山市	3	3	1	1	
95	—	蓼科東急ホテル	長野県茅野市	3	2	1	0	
96	104	ホテルグランヴィア和歌山	和歌山県和歌山市	5	5	1	1	
97	102	ホテルニューオウミ	滋賀県近江八幡市	8	5	2	1	
98	—	カフーリゾート フチャク コンド ホテル	沖縄県国頭郡	4	3	1	0	
99	109	日光金谷ホテル	栃木県日光市	3	2	1	3	
100	105	名鉄犬山ホテル	愛知県犬山市	5	5	1	1	

Hotel Bridal Ranking
婚礼部門の売上高から見たベスト100

結婚式場数 その他	婚礼部門の売上高 (百万円)	婚礼組数 (組)	1人当たりの総消費単価 (円)	1組当たりの総消費単価 (円)	1組当たりの平均列席人数 (人)	売上高増減額 (百万円)	売上高増減率 (%)	婚礼組数増減件数 (件)	婚礼組数増減率 (%)	決算月
―	281	134	15,747	2,100,000	133	31	12.4	12	9.8	2015年3月
―	275	86	28,184	3,197,674	113	▲32	▲10.4	▲10	▲10.4	2015年3月
0	271	125	32,762	2,168,567	66.2	▲78	▲22.3	▲10	▲7.4	2015年3月
―	246	89	51,704	2,768,208	53.5	▲24	▲8.9	▲10	▲10.1	2015年3月
―	241	132	26,115	1,826,868	70	80	49.7	36	37.5	2014年12月
1	228	76	48,053	2,876,000	60	▲35	▲13.3	▲35	▲31.5	2015年3月
―	227	96	25,226	2,368,645	94	▲13	▲5.4	▲13	▲11.9	2015年3月
0	207	68	39,974	3,050,353	76	▲53	▲20.4	▲16	▲19.0	2015年3月
―	201	66	49,352	3,039,351	61	▲30	▲13.0	▲14	▲17.5	2015年3月
―	195	89	46,254	2,031,000	44	▲45	▲18.8	▲24	▲21.2	2015年3月
―	191	106	26,566	1,811,000	68.1	▲7	▲3.5	8	8.2	2015年3月
0	189	102	37,523	1,853,712	49	▲29	▲13.3	▲23	▲18.4	2015年3月
―	186	103	―	―	128	15	8.8	8	8.4	2015年3月
1	184	116	37,019	1,352,144	36	▲69	▲27.3	▲21	▲15.3	2015年3月
―	171	43	52,842	3,979,111	75	▲29	▲14.5	▲8	▲15.7	2015年3月
1	167	84	34,959	1,997,671	57	57	51.8	30	55.6	2015年3月
―	163	77	48,140	2,119,000	44	▲80	▲32.9	▲34	▲30.6	2015年3月
―	143	70	59,906	2,163,278	35	▲55	▲27.8	▲21	▲23.1	2015年3月
―	137	46	46,371	3,010,109	65	15	12.3	4	9.5	2015年3月
1	136	66	50,053	2,066,890	41.9	19	16.2	3	4.8	2015年3月
―	134	56	51,479	2,392,865	46	▲25	▲15.7	▲9	▲13.8	2015年3月
―	122	58	48,932	2,110,012	43	▲45	▲26.9	▲33	▲36.3	2015年3月
3	118	276	―	―	―	23	24.2	23	9.1	2014年12月
―	113	62	32,636	1,838,145	56	11	10.8	▲6	▲8.8	2014年11月
1	103	88	38,007	1,170,454	30.7	▲46	▲30.9	▲31	▲26.1	2015年3月

第1章　総売上高ランキング 2015

順位	ホテル名	地域名	加盟団体	決算月	客室数	総売上高 (百万円)	
1	帝国ホテル 東京	東京都千代田区	ホ	2016 年 3 月	931	42,779	
2	ホテルニューオータニ	東京都千代田区	ホ	2016 年 3 月	1479	33,880	
3	京王プラザホテル	東京都新宿区	ホ	2016 年 3 月	1437	23,776	
4	リーガロイヤルホテル	大阪府大阪市	ホ	2016 年 3 月	984	23,683	
5	パレスホテル東京	東京都千代田区	ホ	2015 年 12 月	290	23,316	
6	東京ディズニーランドホテル	千葉県浦安市	—	2016 年 3 月	706	17,933	
7	東京ディズニーシー・ホテルミラコスタ	千葉県浦安市	ホ	2016 年 3 月	502	16,540	
8	名古屋マリオットアソシアホテル	愛知県名古屋市	—	2016 年 3 月	774	15,397	
9	ホテルオークラ東京	東京都港区	ホ	2016 年 3 月	381	15,233	
10	ディズニーアンバサダーホテル	千葉県浦安市	—	2016 年 3 月	504	14,433	
11	東京ドームホテル	東京都文京区	—	2016 年 1 月	1006	13,880	
12	グランドニッコー東京 台場	東京都港区	—	2016 年 3 月	884	12,232	
13	横浜ロイヤルパークホテル	神奈川県横浜市	ホ	2016 年 3 月	603	11,978	
14	ホテルグランヴィア京都	京都府京都市	ホ	2016 年 3 月	535	11,460	
15	帝国ホテル 大阪	大阪府大阪市	ホ	2016 年 3 月	381	11,236	
16	大阪新阪急ホテル	大阪府大阪市	—	2016 年 3 月	943	10,382	
17	ロイヤルパークホテル	東京都中央区	—	2016 年 3 月	419	10,091	
18	横浜ベイシェラトン ホテル&タワーズ	神奈川県横浜市	ホ	2016 年 3 月	398	9,755	
19	ホテルメトロポリタン	東京都豊島区	—	2016 年 3 月	807	9,724	
20	セルリアンタワー東急ホテル	東京都渋谷区	ホ	2016 年 3 月	411	9,582	
21	神戸ポートピアホテル	兵庫県神戸市	ホ	2016 年 3 月	744	9,528	
22	京都ホテルオークラ	京都府京都市	—	2015 年 12 月	322	9,047	
23	城山観光ホテル	鹿児島県鹿児島市	—	2016 年 3 月	365	8,805	
24	横浜ベイホテル東急	神奈川県横浜市	—	2016 年 3 月	480	8,721	
25	ホテルグランヴィア大阪	大阪府大阪市	ホ	2016 年 3 月	716	8,576	
26	ザ・ブセナテラス	沖縄県名護市	—	2016 年 3 月	410	7,446	
27	オリエンタルホテル東京ベイ	千葉県浦安市	—	2015 年 12 月	503	7,322	
28	名古屋東急ホテル	愛知県名古屋市	ホ	2016 年 3 月	564	7,092	
29	ホテルオークラ東京ベイ	千葉県浦安市	ホ	2016 年 2 月	427	7,021	
30	リーガロイヤルホテル広島	広島県広島市	ホ	2016 年 3 月	488	6,954	
31	ホテル日航福岡	福岡県福岡市	ホ	2016 年 3 月	360	6,796	
32	名古屋観光ホテル	愛知県名古屋市	ホ	2016 年 3 月	369	6,605	
33	ホテルメトロポリタン エドモント	東京都千代田区	ホ	2016 年 3 月	668	6,301	
34	ルネッサンスリゾートオキナワ	沖縄県国頭郡	—	2015 年 11 月	377	6,185	
35	ホテル阪急インターナショナル	大阪府大阪市	ホ	2016 年 3 月	168	6,017	
36	ウェスティンナゴヤキャッスル	愛知県名古屋市	—	2016 年 3 月	195	6,003	
37	ホテル日航アリビラ	沖縄県中頭郡	—	2015 年 12 月	396	5,948	
38	第一ホテル東京	東京都港区	—	2016 年 3 月	278	5,942	
39	ホテルオークラ福岡	福岡県福岡市	—	2016 年 3 月	246	5,908	
40	ホテルニューオータニ幕張	千葉県千葉市	—	2016 年 3 月	418	5,639	
41	ホテルニューグランド	神奈川県横浜市	ホ	2015 年 11 月	240	5,464	
42	リーガロイヤルホテル京都	京都府京都市	—	2016 年 3 月	489	5,289	
43	神戸メリケンパーク オリエンタルホテル	兵庫県神戸市	—	2015 年 12 月	319	5,252	
44	ホテルメトロポリタン仙台	宮城県仙台市	ホ	2016 年 3 月	295	4,976	
45	京王プラザホテル札幌	北海道札幌市	ホ	2016 年 3 月	499	4,949	
46	アワーズイン阪急	東京都品川区	シ	2016 年 3 月	1388	4,921	
47	ホテルグランヴィア岡山	岡山県岡山市	—	2016 年 3 月	328	4,887	
48	ロイヤルパークホテル ザ 汐留	東京都港区	ホ	2016 年 3 月	490	4,775	
49	ホテルグランドパレス	東京都千代田区	ホ	2015 年 12 月	464	4,754	
50	渋谷エクセルホテル東急	東京都渋谷区	—	2016 年 3 月	408	4,601	

※1　2016 年 2 月 1 日よりリニューアル期間のため、306 日換算。365 日換算の場合は 74.9%

総売上高ベスト 300 ホテル（1 ～ 50 位）

客室売上高 （百万円）	料飲売上高 （百万円）	宴会売上高 （百万円）	その他売上高 （百万円）	延べ床面積 （㎡）	1㎡当たりの 総売上高（円）	客室稼働率 （%）	定員稼働率 （%）
8,993	6,434	13,221	14,131	240,250	178,060	76.8	na
9,338	6,660	10,742	7,138	291,041	116,410	67.2	na
9,503	4,523	3,541	6,210	175,043	135,829	85.8	69.3
4,773	4,789	7,862	6,256	174,734	135,537	83.0	na
4,538	3,020	6,798	8,960	140,302	166,184	83.9	62.4
na	na	na	na	89,000	201,494	95.0	na
na	na	na	na	46,000	359,565	90.0	na
5,090	3,539	2,367	4,401	90,000	171,078	89.1	61.4
3,822	5,200	4,941	1,270	60,061	253,624	83.9	na
na	na	na	na	47,000	307,085	90.0	na
na	na	na	na	105,856	131,122	na	na
5,089	2,132	1,643	3,368	123,775	98,824	87.7	na
3,841	2,934	1,931	3,272	79,239	151,163	87.4	76.7
4,187	2,808	1,777	2,686	70,700	162,093	91.6	84.2
2,182	1,822	5,467	1,767	74,200	151,429	84.7	na
4,256	3,559	773	1,794	43,865	236,681	96.6	101.5
2,766	1,658	1,474	4,193	56,917	177,293	89.8	66.3
na	na	na	na	69,865	139,626	92.1	77.4
3,757	2,192	1,497	2,277	59,504	163,418	83.5	87.3
3,936	1,178	1,260	3,208	59,000	162,407	87.4	77.4
2,604	1,819	1,760	3,345	117,794	80,887	82.4	na
2,318	3,026	2,861	842	58,208	155,425	90.8	na
1,844	2,553	1,681	2,728	76,532	115,050	78.9	72.6
3,380	2,082	954	2,305	62,100	140,435	92.3	84.9
3,781	2,014	1,139	1,640	32,862	260,970	94.0	99.2
na	na	na	na	41,000	181,610	61.0	na
na	na	na	na	44,833	163,317	98.1	na
2,611	896	2,850	735	59,953	118,293	89.0	85.5
3,968	1,054	648	1,351	42,156	166,548	92.7	70.1
1,720	1,347	1,592	2,295	67,442	103,111	80.0	70.8
1,963	1,127	1,383	2,323	44,124	154,020	85.8	78.7
1,480	1,052	3,858	213	47,920	137,835	80.1	61.7
2,697	889	1,155	1,560	43,970	143,302	81.4	na
3,559	1,596	—	1,030	38,879	159,083	81.9	na
1,355	1,186	1,335	2,141	31,087	193,554	93.1	77.4
698	1,401	3,585	319	34,954	171,740	75.9	61.6
na	na	na	na	38,025	156,423	83.6	na
2,125	1,092	927	1,798	44,282	134,185	88.2	na
1,640	1,216	2,868	184	35,392	166,930	88.4	72.7
1,603	1,322	1,290	1,423	61,470	91,736	72.6	60.2
1,127	1,169	978	2,189	31,428	173,858	83.9	83.5
2,094	1,192	1,736	267	43,033	122,906	89.4 ※1	na
na	na	na	na	32,664	160,789	80.0	na
1,355	899	1,693	1,029	30,710	162,032	87.1	44.9
1,743	867	1,034	1,305	60,866	81,310	81.5	na
3,046	160	—	1,715	64,311	76,519	96.6	91.9
1,279	854	1,084	1,668	42,097	116,089	90.6	83.4
3,361	453	151	810	31,041	153,829	85.8	56.1
1,711	961	1,133	949	48,427	98,168	80.7	69.9
2,784	868	281	668	21,493	214,070	91.0	85.7

ホテルデータブック 2018 | HOTERES　57

第1章　総売上高ランキング 2015

順位	ホテル名	地域名	加盟団体	決算月	客室数	総売上高 (百万円)	
51	東京ベイコート倶楽部ホテル＆スパリゾート	東京都江東区	―	2016年3月	292	4,555	
52	定山渓ビューホテル	北海道札幌市	―	2016年3月	646	4,520	
53	ホテルオークラJRハウステンボス	長崎県佐世保市	―	2016年3月	320	4,494	
54	京都ブライトンホテル	京都府京都市	―	2016年3月	182	4,340	
55	リーガロイヤルホテル小倉	福岡県北九州市	―	2016年3月	295	4,211	
56	大阪第一ホテル	大阪府大阪市	―	2016年3月	460	4,185	
57	JRタワーホテル日航札幌	北海道札幌市	―	2016年3月	350	4,106	
58	エクシブ有馬離宮	兵庫県神戸市	―	2016年3月	175	4,083	
59	オークラアクトシティホテル浜松	静岡県浜松市	―	2016年3月	322	4,049	
60	ホテルサンルートプラザ新宿	東京都渋谷区	―	2016年3月	624	4,012	
61	リーガロイヤルホテル東京	東京都新宿区	ホ	2016年3月	126	3,925	
62	浦安ブライトンホテル東京ベイ	千葉県浦安市	―	2016年3月	189	3,920	
63	琵琶湖ホテル	滋賀県大津市	―	2016年3月	171	3,855	
64	秋田キャッスルホテル	秋田県秋田市	ホ	2016年3月	150	3,844	
65	エクシブ京都 八瀬離宮	京都府京都市	―	2016年3月	210	3,842	
66	小田急ホテルセンチュリーサザンタワー	東京都渋谷区	―	2016年3月	375	3,805	
67	宮崎観光ホテル	宮崎県宮崎市	ホ	2016年3月	348	3,697	
68	熊本ホテルキャッスル	熊本県熊本市	―	2016年3月	179	3,608	
69	ホテル日航関西空港	大阪府泉佐野市	―	2016年3月	576	3,553	
70	高山グリーンホテル	岐阜県高山市	ホ	2016年3月	207	3,518	
71	ホテル阪神	大阪府大阪市	―	2016年3月	289	3,516	
72	パレスホテル大宮	埼玉県さいたま市	ホ	2015年12月	204	3,497	
73	キャッスルプラザ	愛知県名古屋市	―	2016年3月	236	3,438	
74	洞爺サンパレス リゾート&スパ	北海道有珠郡	―	2016年3月	451	3,370	
75	ホテルエミオン東京ベイ	千葉県浦安市	―	2016年3月	379	3,360	
76	ホテルサンルート有明	東京都江東区	―	2016年3月	790	3,343	
77	千里阪急ホテル	大阪府豊中市	ホ	2016年3月	203	3,203	
78	エクシブ箱根離宮	神奈川県足柄下郡	―	2016年3月	187	3,200	
79	宝塚ホテル	兵庫県宝塚市	ホ	2016年3月	129	3,119	
80	富士屋ホテル	神奈川県足柄下郡	ホ	2016年3月	146	3,097	
81	ホテルセンチュリー静岡	静岡県静岡市	―	2016年3月	206	3,049	
82	京都センチュリーホテル	京都府京都市	―	2016年3月	219	2,986	
83	ホテルメトロポリタン丸の内	東京都千代田区	ホ	2016年3月	343	2,976	
84	奈良ホテル	奈良県奈良市	ホ	2016年3月	127	2,949	
85	東京ドームホテル札幌	北海道札幌市	―	2016年1月	285	2,845	
86	京王プラザホテル八王子	東京都八王子市	ホ	2016年3月	200	2,841	
87	ローズホテル横浜	神奈川県横浜市	―	2016年3月	184	2,841	
88	羽田エクセルホテル東急	東京都大田区	シ	2016年3月	386	2,808	
89	パレスホテル立川	東京都立川市	ホ	2015年12月	238	2,759	
90	ホテルアソシア静岡	静岡県静岡市	ホ	2016年3月	250	2,724	
91	ルネッサンス リゾート ナルト	徳島県鳴門市	―	2016年4月	208	2,676	
92	ホテル日航プリンセス京都	京都府京都市	―	2016年3月	216	2,647	
93	仙台国際ホテル	宮城県仙台市	―	2016年3月	234	2,643	
94	ホテル瑞鳳	宮城県仙台市	―	2016年3月	117	2,623	
95	ホテルエミシア札幌	北海道札幌市	―	2015年12月	512	2,597	
96	エクシブ琵琶湖	滋賀県米原市	―	2016年3月	268	2,590	
97	ホテルリステル猪苗代ウイングタワー	福島県耶麻郡	―	2016年5月	370	2,565	
98	なんばオリエンタルホテル	大阪府大阪市	―	2015年12月	257	2,530	
99	ステーションホテル小倉	福岡県北九州市	―	2016年3月	294	2,526	
100	ウェスティンホテル淡路	兵庫県淡路市	ホ	2016年3月	201	2,395	

総売上高ベスト300ホテル（51〜100位）

客室売上高 (百万円)	料飲売上高 (百万円)	宴会売上高 (百万円)	その他売上高 (百万円)	延べ床面積 (㎡)	1㎡当たりの 総売上高 (円)	客室稼働率 (%)	定員稼働率 (%)
1,685	2,460	—	409	63,073	72,217	59.5	42.8
4,112	—	—	408	80,076	56,446	65.8	35.6
2,248	983	703	515	33,095	135,791	81.6	65.2
na	na	na	na	24,780	175,142	90.0	na
870	1,000	889	1,452	58,532	71,944	79.6	56.5
2,149	370	166	1,500	41,190	101,602	97.1	95.5
2,084	1,144	415	463	21,000	195,524	84.3	69.1
1,170	2,357	—	544	44,266	92,238	91.5	65.8
1,041	1,050	1,726	232	38,300	105,718	83.8	70.6
3,309	378	152	116	19,498	205,765	94.3	122.0
865	916	1,797	348	37,327	105,152	85.7	89.7
na	na	na	na	33,026	118,694	85.0	na
860	945	955	1,095	21,802	176,819	88.2	65.4
305	506	1,260	1,773	32,482	118,342	67.3	53.3
1,072	2,328	—	442	39,256	97,870	86.3	49.8
2,451	607	219	528	22,614	168,259	93.7	83.4
837	788	1,365	707	42,651	86,680	71.9	62.7
426	680	1,104	1,398	17,754	203,222	67.1	58.8
2,539	670	☆	343	38,000	93,500	87.2	73.3
905	897	642	1,074	34,352	102,410	78.9	51.6
1,353	605	429	1,129	25,283	139,064	97.5	na
805	885	1,099	706	17,483	200,023	88.2	72.9
716	524	1,170	1,028	28,476	120,733	94.3	85.7
3,156	—	—	214	45,705	73,734	87.1	49.4
2,679	424	—	257	28,400	118,310	86.7	68.6
2,757	389	85	112	25,769	129,730	90.3	94.5
799	534	790	1,080	27,299	117,330	91.1	na
971	1,880	—	343	42,138	75,941	79.0	55.3
470	563	548	1,538	33,521	93,046	84.3	74.1
772	1,112	601	612	22,937	135,022	66.4	68.3
625	825	1,487	—	30,338	100,501	80.2	55.2
1,198	813	932	43	19,952	149,659	94.5	88.2
2,168	420	—	388	12,548	237,169	86.8	89.7
915	824	447	762	12,565	234,700	89.3	87.0
849	480	525	991	27,369	103,948	81.9	80.1
771	750	708	611	30,128	94,298	91.1	67.3
918	695	1,168	60	16,674	170,385	86.8	83.4
2,026	461	—	321	16,300	172,270	94.0	81.0
644	694	910	511	25,799	106,942	81.8	62.6
684	594	596	850	25,074	108,638	83.9	63.2
936	971	371	398	22,611	118,349	73.7	53.0
1,421	725	418	83	21,773	121,573	79.2	73.1
565	361	1,449	268	24,863	106,303	78.3	73.0
1,867	232	—	524	32,072	81,785	94.7	58.4
1,336	374	757	130	42,000	61,833	81.6	na
562	1,745	—	283	36,351	71,250	51.2	31.8
616	1,148	—	801	35,014	73,256	45.5	na
na	na	na	na	19,364	130,653	89.7	na
721	430	1,292	83	27,800	90,863	79.6	68.0
856	737	492	310	29,200	82,021	73.4	42.6

第1章　総売上高ランキング 2015

順位	ホテル名	地域名	加盟団体	決算月	客室数	総売上高(百万円)	
101	ホテルブエナビスタ	長野県松本市	ホ	2016 年 3 月	190	2,366	
102	エクシブ浜名湖	静岡県浜松市	—	2016 年 3 月	193	2,349	
103	名鉄犬山ホテル	愛知県犬山市	—	2016 年 3 月	125	2,339	
104	ホテルオークラ新潟	新潟県新潟市	ホ	2016 年 3 月	265	2,338	
105	ハイランドリゾート ホテル&スパ	山梨県富士吉田市	ホ	2016 年 3 月	161	2,312	
106	アルカディア市ケ谷(私学会館)	東京都千代田区	—	2016 年 3 月	87	2,284	
107	ホテルコンコルド浜松	静岡県浜松市	ホ	2016 年 3 月	226	2,266	
108	ニューオータニイン東京	東京都品川区	—	2016 年 3 月	412	2,254	
109	名鉄グランドホテル	愛知県名古屋市	ホ	2016 年 3 月	241	2,245	
110	ひだホテルプラザ	岐阜県高山市	—	2015 年 12 月	225	2,207	
111	ホテル ラ・スイート神戸ハーバーランド	兵庫県神戸市	—	2016 年 3 月	70	2,200	
112	ソラリア西鉄ホテル	福岡県福岡市	—	2016 年 3 月	173	2,197	
113	ホテルメトロポリタン長野	長野県長野市	ホ	2016 年 3 月	235	2,196	
114	甲府富士屋ホテル	山梨県甲府市	—	2016 年 3 月	103	2,185	
115	ホテルアソシア高山リゾート	岐阜県高山市	—	2016 年 3 月	290	2,168	
116	ニューオータニイン札幌	北海道札幌市	—	2016 年 3 月	340	2,133	
117	ホテルメトロポリタン盛岡NEW WING	岩手県盛岡市	ホ	2016 年 3 月	121	2,111	
118	ホテルメトロポリタン山形	山形県山形市	ホ	2016 年 3 月	116	2,111	
119	ホテル竹園芦屋	兵庫県芦屋市	—	2016 年 1 月	51	2,075	
120	山の上ホテル	東京都千代田区	—	2015 年 11 月	35	2,043	
121	総合リゾートホテル ラフォーレ修善寺	静岡県伊豆市	—	2016 年 3 月	312	2,009	
122	ロイヤルパークホテル ザ 羽田	東京都大田区	シ	2016 年 3 月	313	1,999	
123	エクシブ山中湖	山梨県南都留郡	—	2016 年 3 月	252	1,989	
124	仙台ロイヤルパークホテル	宮城県仙台市	ホ	2016 年 3 月	110	1,973	
125	シティプラザ大阪	大阪府大阪市	—	2016 年 3 月	199	1,926	
126	ザ・ナハテラス	沖縄県那覇市	—	2016 年 3 月	145	1,906	
127	エクシブ蓼科	長野県茅野市	—	2016 年 3 月	230	1,879	
128	ホテルアソシア豊橋	愛知県豊橋市	ホ	2016 年 3 月	222	1,864	
129	晴海グランドホテル	東京都中央区	—	2016 年 3 月	212	1,851	
130	京王プラザホテル多摩	東京都多摩市	ホ	2016 年 3 月	248	1,850	
131	ニューオータニイン横浜	神奈川県横浜市	—	2016 年 3 月	240	1,818	
132	ホテルコスモスクエア 国際交流センター	大阪府大阪市	—	2016 年 3 月	320	1,763	
133	ニュー阿寒ホテル	北海道釧路市	—	2016 年 3 月	338	1,697	
134	アルモニーアンブラッセ大阪	大阪府大阪市	—	2016 年 3 月	38	1,691	
135	ホテルオークラ札幌	北海道札幌市	—	2016 年 3 月	147	1,658	
136	からすま京都ホテル	京都府京都市	—	2015 年 12 月	242	1,643	
137	エクシブ軽井沢	長野県北佐久郡	—	2016 年 3 月	200	1,635	
138	ホテル青森	青森県青森市	ホ	2016 年 3 月	155	1,629	
139	ルークプラザホテル	長崎県長崎市	—	2015 年 8 月	87	1,620	
140	ホテル マハイナ ウェルネスリゾートオキナワ	沖縄県国頭郡	—	2015 年 9 月	263	1,615	
141	エクシブ初島クラブ	静岡県熱海市	—	2016 年 3 月	200	1,610	
142	エクシブ鳥羽アネックス	三重県鳥羽市	—	2016 年 3 月	198	1,606	
143	オークラ千葉ホテル	千葉県千葉市	—	2016 年 3 月	84	1,587	
144	金沢ニューグランドホテル	石川県金沢市	—	2016 年 3 月	115	1,514	
145	秋保グランドホテル	宮城県仙台市	—	2016 年 3 月	140	1,503	
146	ホテルグランヴィア和歌山	和歌山県和歌山市	—	2016 年 3 月	155	1,487	
147	玄海ロイヤルホテル	福岡県宗像市	—	2016 年 3 月	291	1,484	
148	名鉄トヨタホテル	愛知県豊田市	ホ	2016 年 3 月	99	1,475	
149	八戸プラザホテル	青森県八戸市	—	2016 年 5 月	59	1,444	
150	小田急 山のホテル	神奈川県足柄下郡	—	2016 年 3 月	89	1,433	

総売上高ベスト300ホテル（101〜150位）

客室売上高 （百万円）	料飲売上高 （百万円）	宴会売上高 （百万円）	その他売上高 （百万円）	延べ床面積 （㎡）	1㎡当たりの 総売上高（円）	客室稼働率 （%）	定員稼働率 （%）
519	503	523	821	23,869	99,124	79.5	75.8
563	1,493	—	283	41,144	57,092	58.3	34.3
499	683	611	546	18,000	129,944	77.0	75.0
554	595	529	660	27,461	85,139	67.5	54.7
904	794	367	247	19,609	117,905	63.8	50.6
234	300	962	788	17,547	130,165	87.8	67.3
320	466	740	740	21,487	105,457	78.5	80.3
1,441	243	145	425	15,583	144,645	93.4	95.1
786	565	573	321	13,715	163,689	90.1	78.0
740	—	954	513	26,624	82,895	71.8	45.3
900	574	564	162	10,736	204,918	90.0	82.9
711	342	515	629	14,562	150,872	90.9	85.6
734	224	567	671	26,366	83,289	83.9	69.4
428	465	593	56	34,579	63,189	68.7	56.3
842	502	218	606	30,730	70,550	63.9	56.7
906	336	550	321	18,025	118,336	80.2	69.9
329	295	794	692	16,927	124,712	72.7	64.4
277	258	703	873	11,278	187,179	75.3	61.5
183	638	☆	1,254	8,515	243,690	89.9	65.2
197	1,290	533	22	5,223	391,155	78.0	56.0
794	692	—	444	45,000	44,644	41.4	23.4
1,591	221	—	187	11,643	171,697	89.7	71.7
469	1,199	—	321	37,641	52,841	45.8	22.9
385	439	1,109	38	24,064	81,990	64.3	53.2
664	222	856	184	31,236	61,659	77.0	91.1
—	—	—	—	14,554	130,961	56.0	na
553	1,109	—	217	39,074	48,088	46.5	26.5
559	396	679	230	16,285	114,461	83.9	64.0
640	1	458	752	13,028	142,079	99.2	81.1
796	510	237	306	17,026	108,657	89.7	80.8
1,298	302	6	211	12,564	144,704	97.5	75.2
938	—	—	825	39,600	44,520	92.6	75.7
1,554	—	—	143	34,051	49,837	64.3	34.0
284	11	38	5	4,852	348,516	82.5	74.8
681	342	490	146	15,725	105,437	90.3	na
762	312	521	48	8,182	200,807	87.3	na
352	1,028	—	244	21,398	76,409	49.3	25.4
290	237	622	480	31,301	52,043	61.4	47.5
360	1,155	170	50	na	na	65.5	na
984	409	6	216	22,036	73,291	75.1	49.4
453	854	—	302	43,803	36,755	33.5	30.6
334	1,021	—	200	19,320	83,126	55.6	32.3
222	215	1,112	38	18,328	86,589	87.5	na
512	385	542	74	23,763	63,712	72.0	74.0
1,341	—	—	163	19,438	77,321	80.6	48.7
433	371	409	274	13,834	107,489	82.0	71.1
468	680	☆	93	32,694	45,391	57.1	44.3
250	323	525	377	21,855	67,490	75.2	62.4
40	78	964	362	10,747	134,363	35.5	27.1
487	667	☆	279	8,934	160,398	66.8	51.3

| 第1章 | 総売上高ランキング 2015 |

順位	ホテル名	地域名	加盟団体	決算月	客室数	総売上高 (百万円)	
151	セラヴィリゾート泉郷 ホテルアンビエント安曇野	長野県安曇市	―	2016年5月	245	1,432	
152	ホテル千秋閣	岩手県花巻市	―	2016年3月	182	1,392	
153	赤倉観光ホテル	新潟県妙高市	―	2016年5月	60	1,306	
154	エクシブ鳴門	徳島県鳴門市	―	2016年3月	135	1,302	
155	ロイヤルパークホテル ザ 京都	京都府京都市	―	2016年3月	172	1,268	
156	ホテル紅葉館	岩手県花巻市	―	2016年3月	138	1,267	
157	静岡グランドホテル中島屋	静岡県静岡市	ホ	2016年7月	105	1,260	
158	総合リゾートホテル ラフォーレ琵琶湖	滋賀県守山市	―	2016年3月	272	1,259	
159	上高地帝国ホテル(11月中旬～4月末はクローズ)	長野県松本市	―	2016年3月	74	1,246	
160	エルイン京都	京都府京都市	シ	2016年3月	512	1,233	
161	金沢マンテンホテル駅前	石川県金沢市	―	2015年9月	509	1,232	
162	ザ・クレストホテル柏	千葉県柏市	―	2016年3月	87	1,230	
163	オークラフロンティアホテル海老名	神奈川県海老名市	―	2016年3月	74	1,218	
164	土佐ロイヤルホテル	高知県安芸郡	―	2016年3月	195	1,201	
165	ホテルサンルート品川シーサイド	東京都品川区	―	2016年3月	300	1,194	
166	ホテルトヨタキャッスル	愛知県豊田市	―	2016年3月	151	1,189	
167	ホテルトラスティ心斎橋	大阪府大阪市	―	2016年3月	211	1,185	
168	フルーツパーク富士屋ホテル	山梨県山梨市	―	2016年3月	43	1,178	
169	白浜古賀の井リゾート&スパ	和歌山県西牟婁郡	―	2016年3月	172	1,153	
170	ホテル日航ノースランド帯広	北海道帯広市	―	2016年3月	171	1,149	
171	小田急ホテルセンチュリー相模大野	神奈川県相模原市	―	2016年3月	120	1,138	
172	ホテルニューオウミ	滋賀県近江八幡市	―	2016年3月	83	1,131	
173	ホテル川久	和歌山県西牟婁郡	―	2016年3月	85	1,129	
174	リーガロイヤルホテル新居浜	愛媛県新居浜市	―	2015年11月	94	1,124	
175	ホテルサンルート東新宿	東京都新宿区	―	2016年3月	311	1,116	
176	ホテルメトロポリタン盛岡	岩手県盛岡市	ホ	2016年3月	191	1,107	
177	エクシブ那須白河	福島県西白河郡	―	2016年3月	58	1,107	
178	ホテル「ホップイン」アミング	兵庫県尼崎市	―	2016年3月	190	1,105	
179	ホテルサンルート広島	広島県広島市	―	2016年3月	283	1,102	
180	エクシブ白浜アネックス	和歌山県西牟婁郡	―	2016年3月	144	1,090	
181	南の美ら花ホテルミヤヒラ	沖縄県石垣市	―	2015年12月	158	1,089	
182	ブリティッシュヒルズ	福島県岩瀬郡	ホ	2016年3月	118	1,087	
183	ホテルトラスティ大阪阿倍野	大阪府大阪市	―	2016年3月	202	1,083	
184	富山マンテンホテル	富山県富山市	―	2015年9月	295	1,081	
185	セラヴィリゾート泉郷 ホテルアンビエント蓼科	長野県北佐久郡	―	2016年5月	174	1,080	
186	ホテルメトロポリタン秋田	秋田県秋田市	ホ	2016年3月	115	1,079	
187	セラヴィリゾート泉郷 ネオオリエンタルリゾート 八ヶ岳高原	山梨県北杜市	―	2016年5月	232	1,053	
188	ホテルアソシア新横浜	神奈川県横浜市	―	2016年3月	203	1,027	
189	リゾーピア熱海	静岡県熱海市	―	2016年3月	205	1,023	
190	クサツエストピアホテル	滋賀県草津市	―	2016年3月	73	996	
191	ホテルトラスティ金沢香林坊	石川県金沢市	―	2016年3月	207	977	
192	ホテル花巻	岩手県花巻市	―	2016年3月	102	953	
193	ホテルサンルートニュー札幌	北海道札幌市	―	2016年3月	306	952	
194	東京グランドホテル	東京都港区	―	2016年3月	156	950	
195	ホテルブライトンシティ大阪北浜	大阪府大阪市	―	2016年3月	234	940	
196	リゾーピア箱根	神奈川県足柄下郡	―	2016年3月	171	920	
197	セラヴィリゾート泉郷 アルティア鳥羽	三重県鳥羽市	―	2016年5月	72	916	
198	富士ビューホテル	山梨県南都留郡	ホ	2016年3月	79	911	
199	ホテルリステル新宿	東京都新宿区	―	2016年5月	262	906	
200	国際ホテル松山	愛媛県松山市	―	2016年1月	78	900	

総売上高ベスト300ホテル（151〜200位）

客室売上高 （百万円）	料飲売上高 （百万円）	宴会売上高 （百万円）	その他売上高 （百万円）	延べ床面積 （㎡）	1㎡当たりの 総売上高（円）	客室稼働率 （％）	定員稼働率 （％）
433	670	☆	329	21,037	68,071	51.7	36.3
437	484	258	212	25,318	54,981	57.8	36.5
562	634	69	41	7,551	172,957	80.4	81.9
348	705	—	247	21,941	59,341	53.0	31.3
936	169	—	163	7,512	168,808	92.2	79.0
424	508	165	160	18,185	69,673	75.6	54.9
250	475	485	50	9,770	128,966	76.0	60.0
478	447	—	278	34,000	37,029	41.1	27.2
461	569	—	216	4,906	253,975	83.3	na
1,126	42	—	29	10,777	114,410	89.8	89.2
na	na	na	na	13,204	93,305	na	na
230	102	796	100	10,370	118,611	82.7	57.1
196	353	649	19	10,565	115,286	84.5	77.9
364	412	84	343	29,092	41,283	60.8	42.2
1,000	123	54	16	9,211	129,628	87.9	59.1
402	248	293	246	10,672	111,413	78.8	66.5
915	187	—	82	9,506	124,658	94.2	93.0
253	337	495	93	11,055	106,558	82.5	70.8
1,103	—	—	50	21,310	54,106	53.2	38.5
323	170	448	208	16,075	71,477	75.1	60.0
242	252	459	136	82,090	13,863	76.2	62.0
187	310	351	283	25,273	44,751	78.6	67.3
1,066	—	—	63	26,076	43,297	64.0	47.2
270	245	548	61	17,942	62,646	75.4	69.5
1,072	33	—	12	6,742	165,530	89.8	115.3
421	247	246	191	9,361	118,257	81.1	82.0
196	783	—	127	25,534	43,354	62.5	35.2
619	174	302	10	9,600	115,104	90.0	76.8
722	280	72	29	9,612	114,648	83.6	88.1
360	640	—	89	22,003	49,539	58.6	34.6
419	368	—	302	5,488	198,433	68.9	65.9
892	115	—	80	16,617	65,415	41.0	41.0
845	212	—	25	5,554	195,000	56.7	75.1
na	na	na	na	9,840	109,858	na	na
312	527	☆	241	15,515	69,610	56.1	39.0
282	—	477	320	21,998	49,050	82.2	74.1
370	425	☆	258	538,679	1,955	38.2	22.4
823	96	—	108	10,892	94,289	85.1	58.3
375	593	☆	54	11,295	90,571	49.8	21.8
188	141	362	305	9,507	104,765	93.7	52.6
739	205	—	33	7,378	132,413	90.3	66.6
226	332	202	132	16,571	57,510	68.1	43.7
719	126	64	43	11,958	79,612	84.0	84.7
384	122	204	240	8,500	111,765	79.7	82.4
na	na	na	na	7,447	126,225	90.0	na
349	510	—	61	13,334	68,997	43.0	21.1
210	552	☆	154	6,659	137,558	90.8	58.0
367	338	136	69	10,110	90,109	73.3	na
751	94	—	61	6,751	134,202	87.9	na
120	150	250	380	5,990	150,250	77.1	58.4

ホテルデータブック 2018 | HOTERES 63

第1章　総売上高ランキング 2015

順位	ホテル名	地域名	加盟団体	決算月	客室数	総売上高 (百万円)	
201	旧軽井沢 ホテル音羽ノ森	長野県北佐久郡	一	2016年3月	49	893	
202	ホテルサンルート新橋	東京都港区	一	2016年3月	220	889	
203	ベストウェスタン　レンブラントホテル鹿児島リゾート	鹿児島県鹿児島市	一	2016年3月	198	887	
204	エクシブ伊豆	静岡県伊東市	一	2016年3月	227	875	
205	ホテルトラスティ東京ベイサイド	東京都江東区	一	2016年3月	200	871	
206	ロイヤルパークホテル ザ 福岡	福岡県福岡市	一	2016年3月	174	863	
207	ホテルサンルートソプラ神戸	兵庫県神戸市	一	2015年9月	218	852	
208	ロイヤルパークホテル ザ 名古屋	愛知県名古屋市	シ	2016年3月	153	833	
209	サンメンバーズ東京新宿	東京都新宿区	一	2016年3月	181	823	
210	ホテル京阪天満橋	大阪府大阪市	一	2016年3月	315	817	
211	ザ・セレクトン福島	福島県福島市	一	2015年10月	121	810	
212	セラヴィリゾート泉郷 ホテル アンビエント 伊豆高原	静岡県伊東市	一	2016年5月	134	807	
213	観音崎京急ホテル	神奈川県横須賀市	ホ	2016年3月	60	795	
214	ホテルサンルート川崎	神奈川県川崎市	一	2016年3月	278	786	
215	ホテルゆがふいんおきなわ	沖縄県名護市	一	2015年9月	125	751	
216	新大阪サニーストンホテル	大阪府大阪市	一	2016年6月	232	744	
217	アグネス ホテル アンド アパートメンツ 東京	東京都新宿区	一	2016年3月	56	740	
218	ホテルリステル浜名湖	静岡県引佐郡	一	2016年5月	172	730	
219	ホテルサンルート高田馬場	東京都新宿区	一	2016年3月	197	729	
220	チサン イン 名古屋	愛知県名古屋市	一	2016年3月	375	725	
221	名古屋駅前モンブランホテル	愛知県名古屋市	一	2016年1月	277	712	
222	ホテルJALシティ長野	長野県長野市	一	2016年3月	242	699	
223	松山東急REIホテル	愛媛県松山市	一	2016年3月	245	698	
224	プレミアホテル−CABIN−札幌	北海道札幌市	一	2016年6月	218	693	
225	ホテルトラスティ名古屋	愛知県名古屋市	一	2016年3月	250	692	
226	ホテルJALシティ松山	愛媛県松山市	一	2016年3月	161	687	
227	ホテルトラスティ神戸旧居留地	兵庫県神戸市	一	2016年3月	141	675	
228	ホテルトラスティ名古屋栄	愛知県名古屋市	一	2016年3月	204	673	
229	ホテルサンルートプラザ福島	福島県福島市	一	2016年3月	253	637	
230	ホテルブライトンシティ京都山科	京都府京都市	一	2016年3月	100	630	
231	エクシブ淡路島	兵庫県洲本市	一	2016年3月	109	624	
232	かどやホテル	東京都新宿区	一	2016年9月	94	622	
233	倉敷ロイヤルアートホテル	岡山県倉敷市	一	2016年3月	71	620	
234	磐田グランドホテル	静岡県磐田市	ホ	2016年3月	100	619	
235	箱根ホテル	神奈川県足柄下郡	ホ	2016年3月	49	618	
236	高岡マンテンホテル駅前	富山県高岡市	一	2015年9月	233	617	
237	セラヴィリゾート泉郷 浜名湖グランドホテルさざなみ館	静岡県浜松市	一	2016年5月	40	616	
238	セラヴィリゾート泉郷 清里高原ホテル	山梨県北杜市	一	2016年5月	53	613	
239	ホテルグランドシティ	東京都豊島区	一	2016年3月	247	581	
240	R&Bホテル大塚駅北口	東京都豊島区	一	2016年3月	259	573	
241	ホテルリバージュアケボノ	福井県福井市	シ	2016年2月	142	555	
242	名鉄イン名古屋金山	愛知県名古屋市	一	2016年3月	235	552	
243	ホテルサンルート新潟	新潟県新潟市	一	2016年3月	231	545	
244	ホテルエース盛岡	岩手県盛岡市	一	2016年3月	275	512	
245	R&Bホテル八王子	東京都八王子市	一	2016年3月	257	504	
246	サクラ・フルール青山	東京都渋谷区	シ	2016年3月	133	502	
247	R&Bホテル京都駅八条口	京都府京都市	一	2016年3月	224	502	
248	R&Bホテル梅田東	大阪府大阪市	一	2016年3月	219	483	
249	金沢彩の庭ホテル	石川県金沢市	一	2016年9月	64	476	
250	R&Bホテル新横浜駅前	神奈川県横浜市	一	2016年3月	248	475	

総売上高ベスト300ホテル（201〜250位）

客室売上高 (百万円)	料飲売上高 (百万円)	宴会売上高 (百万円)	その他売上高 (百万円)	延べ床面積 (㎡)	1㎡当たりの 総売上高 (円)	客室稼働率 (%)	定員稼働率 (%)
188	140	193	372	5,260	169,772	54.7	39.7
854	15	—	20	4,687	189,674	86.5	99.4
343	175	338	31	13,274	66,822	71.9	61.5
253	545	—	76	15,612	56,047	33.5	18.8
729	115	—	26	na	na	90.3	69.7
665	94	—	104	8,630	100,000	88.9	67.0
670	84	50	48	7,297	116,760	95.4	88.1
633	115	—	85	5,729	154,125	95.6	79.7
595	209	—	18	6,024	136,620	95.1	75.3
778	129	☆	27	7,713	105,925	95.0	61.2
178	140	486	6	10,400	77,885	63.0	52.1
226	410	☆	171	3,246	248,614	60.1	37.8
222	254	81	238	6,700	118,657	61.5	40.3
751	16	—	19	6,687	117,541	88.4	81.3
291	108	214	138	9,353	80,296	81.7	48.1
624	43	—	77	4,684	158,826	93.0	103.0
268	127	122	223	4,997	148,089	80.9	60.1
235	325	—	170	9,473	77,061	68.1	—
612	95	9	11	7,149	101,972	88.9	88.6
641	62	—	23	7,927	91,464	83.9	82.2
691	—	—	21	7,149	99,594	94.2	na
517	52	97	32	11,579	60,368	74.5	na
539	122	—	16	9,228	75,639	82.0	78.0
542	75	—	76	7,423	93,353	84.3	76.4
592	73	—	27	6,534	105,908	89.5	83.0
342	136	197	12	8,863	77,513	78.2	67.0
532	126	—	16	4,477	150,771	95.7	82.8
558	80	—	34	5,732	117,411	92.3	90.8
423	76	96	40	10,375	61,398	74.5	59.2
na	na	na	na	5,519	114,151	90.0	na
190	337	—	45	17,699	35,256	42.0	22.5
422	200	—	9	3,040	204,605	95.2	90.1
243	199	67	111	5,683	109,097	74.7	63.0
159	188	225	47	9,711	63,742	62.0	56.0
195	297	14	80	6,567	94,107	66.2	63.7
na	na	na	na	5,052	122,130	na	na
129	360	☆	127	5,504	111,919	81.3	42.3
213	283	☆	117	6,554	93,531	71.6	52.5
508	66	—	7	6,343	91,597	66.3	73.8
563	—	—	10	4,901	116,915	88.7	na
376	125	54	—	5,060	109,684	76.9	53.7
546	—	—	6	5,980	92,303	91.1	95.3
385	76	36	48	8,255	66,021	78.1	72.2
339	90	53	30	4,998	102,441	67.2	69.5
492	—	—	12	4,585	109,924	85.0	na
479	20	—	3	3,342	150,225	87.1	75.7
492	—	—	9	3,709	135,346	89.7	na
470	—	—	12	4,175	115,689	89.9	na
468	4	—	5	4,900	97,204	80.3	60.0
464	—	—	11	4,249	111,791	84.9	na

第1章　総売上高ランキング 2015

順位	ホテル名	地域名	加盟団体	決算月	客室数	総売上高(百万円)	
251	八甲田ホテル	青森県青森市	ホ	2015年12月	55	472	
252	ホテルギンモンド京都	京都府京都市	—	2016年3月	139	470	
253	エクシブ鳥羽	三重県鳥羽市	—	2016年3月	207	456	
254	エクシブ白浜	和歌山県西牟婁郡	—	2016年3月	104	454	
255	R&Bホテル上野広小路	東京都台東区	—	2016年3月	187	450	
256	R&Bホテル東京東陽町	東京都江東区	—	2016年3月	203	448	
257	R&Bホテル東日本橋	東京都中央区	—	2016年3月	202	443	
258	ホテルエクセル岡山	岡山県岡山市	—	2016年1月	89	433	
259	レゾネイトクラブくじゅう	大分県竹田市	—	2016年5月	60	422	
260	チサングランド長野	長野県長野市	シ	2015年12月	136	422	
261	R&Bホテル蒲田東口	東京都大田区	—	2016年3月	181	422	
262	ホテル鹿島ノ森	長野県北佐久郡	—	2016年3月	50	412	
263	雲仙観光ホテル	長崎県雲仙市	ホ	2016年9月	39	410	
264	R&Bホテル札幌北3西2	北海道札幌市	—	2016年3月	227	402	
265	R&Bホテル金沢駅西口	石川県金沢市	—	2016年3月	232	391	
266	エクシブ軽井沢サンクチュアリ・ヴィラ	長野県北佐久郡	—	2016年3月	40	389	
267	ホテルサンルート長野	長野県長野市	—	2016年3月	150	385	
268	ベルモントホテル	東京都台東区	—	2016年3月	82	374	
269	ホテルサンルート上田	長野県上田市	—	2016年3月	118	366	
270	セラヴィリゾート泉郷 鳥羽わんわんパラダイスホテル	三重県鳥羽市	—	2016年5月	59	366	
271	ホテルサンルート浅草	東京都台東区	—	2015年12月	120	355	
272	R&Bホテル名古屋栄東	愛知県名古屋市	—	2016年3月	206	351	
273	セラヴィリゾート泉郷 伊豆高原わんわんパラダイス	静岡県伊東市	—	2016年5月	53	351	
274	エクシブ山中湖サンクチュアリ・ヴィラ	山梨県南都留郡	—	2016年3月	28	350	
275	魚津マンテンホテル駅前	富山県魚津市	—	2015年9月	185	350	
276	ホテル大藏	鹿児島県鹿屋市	—	2015年10月	156	348	
277	R&Bホテル神戸元町	兵庫県神戸市	—	2016年3月	175	346	
278	セラヴィリゾート泉郷 高山わんわんパラダイスホテル	岐阜県高山市	—	2016年5月	41	346	
279	かごしまプラザホテル天文館	鹿児島県鹿児島市	—	2015年9月	220	337	
280	R&Bホテル名古屋錦	愛知県名古屋市	—	2016年3月	205	336	
281	R&Bホテル熊谷駅前	埼玉県熊谷市	—	2016年3月	191	319	
282	サンメンバーズ名古屋白川	愛知県名古屋市	—	2016年3月	87	316	
283	R&Bホテル仙台広瀬通駅前	宮城県仙台市	—	2016年3月	202	313	
284	ホテルビューパレス	栃木県那須郡	—	2016年4月	42	308	
285	お茶の水セントヒルズホテル	東京都文京区	シ	2016年7月	150	306	
286	敦賀マンテンホテル駅前	福井県敦賀市	—	2015年9月	143	305	
287	R&Bホテル博多駅前	福岡県福岡市	—	2016年3月	167	301	
288	ロイヤルメイフラワー仙台	宮城県仙台市	—	2015年8月	186	300	
289	上野ターミナルホテル	東京都台東区	—	2016年3月	73	298	
290	ホテルサンルート長野東口	長野県長野市	—	2016年3月	119	297	
291	サンメンバーズ京都嵯峨	京都府京都市	—	2016年3月	67	284	
292	R&Bホテル盛岡駅前	岩手県盛岡市	—	2016年3月	215	277	
293	ホテルロイヤル盛岡	岩手県盛岡市	—	2016年3月	101	275	
294	リゾーピア別府	大分県別府市	—	2016年3月	57	268	
295	セラヴィリゾート泉郷 八ヶ岳わんわんパラダイス	山梨県北杜市	—	2016年5月	38	267	
296	R&Bホテル熊本下通	熊本県熊本市	—	2016年3月	223	255	
297	新大阪ステーションホテル本館	大阪府大阪市	—	2016年7月	75	250	
298	唐津第一ホテル	佐賀県唐津市	—	2015年9月	126	222	
299	サンメンバーズひるがの	岐阜県郡上郡	—	2016年3月	36	221	
300	エクシブ鳴門サンクチュアリ・ヴィラドゥーエ	徳島県鳴門市	—	2016年3月	22	221	

総売上高ベスト 300 ホテル（251 〜 300 位）

客室売上高 （百万円）	料飲売上高 （百万円）	宴会売上高 （百万円）	その他売上高 （百万円）	延べ床面積 （㎡）	1㎡当たりの 総売上高（円）	客室稼働率 （%）	定員稼働率 （%）
221	211	7	33	6,214	75,958	37.4	35.5
454	—	—	16	4,998	94,038	96.8	na
161	273	—	52	14,829	30,751	30.3	17.0
99	335	—	29	10,714	42,374	25.7	15.1
439	—	—	10	3,048	147,638	92.2	na
438	—	—	10	3,407	131,494	86.9	na
431	—	—	11	3,551	124,754	84.0	na
146	287	—	—	3,959	109,371	82.1	70.3
156	193	—	73	5,136	82,165	39.5	29.5
300	103	☆	19	6,159	68,519	80.2	51.4
412	—	—	9	2,832	149,011	91.3	na
230	133	—	49	4,700	87,660	51.9	50.7
134	173	63	40	4,907	83,558	43.6	35.0
392	—	—	9	3,818	105,291	84.0	na
374	—	—	16	3,945	99,113	85.3	na
157	224	—	7	4,135	94,075	45.5	28.8
336	36	—	12	3,543	108,665	80.0	76.9
231	52	90	—	3,638	102,804	77.0	na
249	107	1	9	3,136	116,709	79.6	75.0
114	195	☆	57	5,052	72,447	41.8	29.9
346	—	—	8	3,384	104,905	93.1	82.0
339	—	—	11	3,240	108,333	84.5	na
94	193	☆	64	5,961	58,883	50.0	37.9
221	77	—	51	9,601	36,455	83.8	57.8
na	na	na	na	3,682	95,057	na	na
246	48	48	5	4,900	71,020	74.8	na
339	—	—	7	3,223	107,353	88.4	na
128	156	☆	62	2,752	125,727	50.4	43.0
271	—	—	—	4,400	76,591	75.3	86.8
324	—	—	12	3,561	94,356	81.7	na
307	—	—	12	3,177	100,409	84.6	na
190	—	—	125	10,944	28,874	85.6	87.8
301	—	—	11	3,291	95,108	83.2	na
116	173	—	19	6,327	48,680	55.6	36.7
289	5	—	12	3,452	88,644	55.3	49.3
na	na	na	na	2,964	102,901	na	na
290	—	—	11	2,955	101,861	88.6	na
na	na	na	na	4,400	68,182	75.0	68.0
158	135	—	4	1,980	150,505	72.1	na
265	23	—	9	3,603	82,431	84.2	80.3
132	138	—	13	3,335	85,157	58.8	44.3
264	—	—	12	3,773	73,416	71.6	na
180	—	95	—	1,036	265,444	76.5	60.6
83	147	—	37	4,328	61,922	52.5	27.5
98	119	☆	50	na	na	52.9	27.3
245	—	—	9	3,375	75,556	70.2	na
231	18	—	—	1,290	193,798	87.7	na
216	—	—	6	2,414	91,964	na	na
74	131	—	16	4,235	52,184	49.3	33.3
122	96	—	3	6,351	34,798	67.9	43.0

第1章 ADR ランキング 2015

❏ 1 日 1 室当たりの実質客室単価 [ADR] ベスト 300 ホテル（1 ～ 50 位）

順位	ホテル名	地域名	客室数	期中の総販売可能客室数（室）	ADR（円）	客室売上高（百万円）	客室稼働率（%）
1	東京ディズニーランドホテル	千葉県浦安市	706	258,396	60,000	na	95.0
2	東京ディズニーシー・ホテルミラコスタ	千葉県浦安市	502	183,732	60,000	na	90.0
3	ホテル川久	和歌山県西牟婁郡	85	31,025	53,683	1,066	64.0
4	ディズニーアンバサダーホテル	千葉県浦安市	504	184,464	50,000	na	90.0
5	ザ・ブセナテラス	沖縄県名護市	410	149,650	47,500	na	61.0
6	ホテル瑞鳳	宮城県仙台市	117	40,314	46,319	1,867	94.7
7	パレスホテル東京	東京都千代田区	290	105,850	44,852	4,538	83.9
8	ホテル ラ・スイート神戸ハーバーランド	兵庫県神戸市	70	25,550	44,000	900	90.0
9	上高地帝国ホテル(11月中旬～4月末はクローズ)	長野県松本市	74	14,652	37,847	461	83.3
10	帝国ホテル 東京	東京都千代田区	931	340,746	34,357	8,993	76.8
11	秋保グランドホテル	宮城県仙台市	140	50,316	33,060	1,341	80.6
12	白浜古賀の井リゾート&スパ	和歌山県西牟婁郡	172	62,780	33,032	1,103	53.2
13	赤倉観光ホテル	新潟県妙高市	60	21,600	32,362	562	80.4
14	ルネッサンスリゾートオキナワ	沖縄県国頭郡	377	137,605	31,571	3,559	81.9
15	セルリアンタワー東急ホテル	東京都渋谷区	411	150,426	29,929	3,936	87.4
16	ホテルビューパレス	栃木県那須郡	42	8,551	29,718	116	55.6
17	ホテル鹿島ノ森	長野県北佐久郡	50	14,950	29,588	230	51.9
18	八甲田ホテル	青森県青森市	55	20,075	29,430	221	37.4
19	アルモニーアンブラッセ大阪	大阪府大阪市	38	12,299	28,081	284	82.5
20	ホテルオークラ東京ベイ	千葉県浦安市	427	156,282	27,389	3,968	92.7
21	ホテル日航アリビラ	沖縄県中頭郡	396	144,540	26,651	na	83.6
22	東京ベイコート倶楽部ホテル&スパリゾート	東京都江東区	292	106,872	26,508	1,685	59.5
23	定山渓ビューホテル	北海道札幌市	646	236,436	26,430	4,112	65.8
24	エクシブ山中湖サンクチュアリ・ヴィラ	山梨県南都留郡	28	10,248	25,830	221	83.8
25	ホテルオークラ東京	東京都港区	381	178,486	25,694	3,822	83.9
26	金沢彩の庭ホテル	石川県金沢市	64	23,296	25,051	468	80.3
27	京都ブライトンホテル	京都府京都市	182	66,430	25,000	na	90.0
28	浦安ブライトンホテル東京ベイ	千葉県浦安市	189	68,985	25,000	na	85.0
29	エクシブ軽井沢サンクチュアリ・ヴィラ・ムセオ	長野県北佐久郡	16	5855	24,629	79	55.4
30	ハイランドリゾート ホテル&スパ	山梨県富士吉田市	161	58,443	24,224	904	63.8
31	旧軽井沢 ホテル音羽ノ森	長野県北佐久郡	49	14,196	24,214	188	54.7
32	エクシブ鳴門サンクチュアリ・ヴィラ	徳島県鳴門市	22	8052	23,722	57	30.1
33	第一ホテル東京	東京都港区	278	101,192	23,680	2,125	88.2
34	小田急 山のホテル	神奈川県足柄下郡	89	30,794	23,673	487	66.8
35	ホテル阪急インターナショナル	大阪府大阪市	168	61,488	23,664	1,355	93.1
36	ザ・ナハテラス	沖縄県那覇市	145	52,925	23,576	na	56.0
37	ホテルグランヴィア京都	京都府京都市	535	195,810	23,349	4,187	91.6
38	エクシブ軽井沢サンクチュアリ・ヴィラ	長野県北佐久郡	40	14,640	23,055	157	45.5
39	エクシブ鳴門サンクチュアリ・ヴィラドゥーエ	徳島県鳴門市	22	8,052	22,339	122	67.9
40	ホテルニューオータニ	東京都千代田区	1479	539,835	22,240	9,338	67.2
41	奈良ホテル	奈良県奈良市	127	46,482	22,052	915	89.3
42	洞爺サンパレス リゾート&スパ	北海道有珠郡	451	164,615	22,014	3,156	87.1
43	ホテルエミオン東京ベイ	千葉県浦安市	379	137,956	21,972	2,679	86.7
44	ロイヤルパークホテル ザ 汐留	東京都港区	490	178,386	21,962	3,361	85.8
45	リーガロイヤルホテル東京	東京都新宿区	126	46,116	21,790	865	85.7
46	京都ホテルオークラ	京都府京都市	322	117,530	21,730	2,318	90.8
47	ホテルオークラJRハウステンボス	長崎県佐世保市	320	117,120	21,154	2,248	81.6
48	京王プラザホテル	東京都新宿区	1437	525,942	21,035	9,503	85.8
49	横浜ベイホテル東急	神奈川県横浜市	480	175,680	20,843	3,380	92.3
50	渋谷エクセルホテル東急	東京都渋谷区	408	148,920	20,496	2,784	91.0

❏ 1 日 1 室当たりの実質客室単価 [ADR] ベスト 300 ホテル（51 ～ 100 位）

順位	ホテル名	地域名	客室数	期中の総販売可能客室数 (室)	ADR (円)	客室売上高 (百万円)	客室稼働率 (%)
51	ホテル日航プリンセス京都	京都府京都市	216	79,056	20,346	1,421	79.2
52	ロイヤルパークホテル	東京都中央区	419	152,935	20,222	2,766	89.8
53	名古屋マリオットアソシアホテル	愛知県名古屋市	774	283,284	20,175	5,090	89.1
54	オリエンタルホテル東京ベイ	千葉県浦安市	503	183,595	20,027	na	98.1
55	エクシブ有馬離宮	兵庫県神戸市	175	64,050	19,950	1,170	91.5
56	横浜ロイヤルパークホテル	神奈川県横浜市	603	220,095	19,922	3,841	87.4
57	ホテルメトロポリタン丸の内	東京都千代田区	343	125,538	19,911	2,168	86.8
58	雲仙観光ホテル	長崎県雲仙市	39	13,962	19,526	134	43.6
59	JRタワーホテル日航札幌	北海道札幌市	350	128,100	19,522	2,084	84.3
60	ニュー阿寒ホテル	北海道釧路市	338	123,708	19,522	1,554	64.3
61	フルーツパーク富士屋ホテル	山梨県山梨市	43	15,695	19,483	253	82.5
62	富士屋ホテル	神奈川県足柄下郡	146	53,436	19,349	772	66.4
63	小田急ホテルセンチュリーサザンタワー	東京都渋谷区	375	137,250	19,055	2,451	93.7
64	エクシブ鳥羽別邸	三重県鳥羽市	121	605	18,737	8	78.5
65	帝国ホテル 大阪	大阪府大阪市	381	139,446	18,474	2,182	84.7
66	山の上ホテル	東京都千代田区	35	12,390	18,327	197	78.0
67	レゾネイトクラブくじゅう	大分県竹田市	60	21,600	18,147	156	39.5
68	エクシブ箱根離宮	神奈川県足柄下郡	187	68,442	17,959	971	79.0
69	グランドニッコー東京 台場	東京都港区	884	322,660	17,934	5,089	87.7
70	城山観光ホテル	鹿児島県鹿児島市	365	130,972	17,853	1,844	78.9
71	横浜ベイシェラトン ホテル＆タワーズ	神奈川県横浜市	398	145,668	17,832	na	92.1
72	京都センチュリーホテル	京都府京都市	219	63,503	17,677	1,198	94.5
73	ホテル日航福岡	福岡県福岡市	360	131,760	17,371	1,963	85.8
74	神戸メリケンパーク オリエンタルホテル	兵庫県神戸市	319	116,435	17,361	na	80.0
75	セラヴィリゾート泉郷 高山わんわんパラダイスホテル	岐阜県高山市	41	14,801	17,145	128	50.4
76	総合リゾートホテル ラフォーレ修善寺	静岡県伊豆市	312	112,944	16,965	794	41.4
77	なんばオリエンタルホテル	大阪府大阪市	257	93,805	16,949	na	89.7
78	ホテルオークラ福岡	福岡県福岡市	246	96,360	16,922	1,640	88.4
79	ルネッサンス リゾート ナルト	徳島県鳴門市	208	75,920	16,799	936	73.7
80	アグネス ホテル アンド アパートメンツ 東京	東京都新宿区	56	20,496	16,280	268	80.9
81	エクシブ京都 八瀬離宮	京都府京都市	210	76,860	16,152	1,072	86.3
82	ロイヤルパークホテル ザ 京都	京都府京都市	172	62,952	16,130	936	92.2
83	羽田エクセルホテル東急	東京都大田区	386	141,276	15,900	2,026	94.0
84	ルークプラザホテル	長崎県長崎市	87	31,755	15,876	360	65.5
85	ウェスティンホテル淡路	兵庫県淡路市	201	73,566	15,849	856	73.4
86	セラヴィリゾート泉郷 清里高原ホテル	山梨県北杜市	53	18,974	15,676	213	71.6
87	エクシブ初島クラブ	静岡県熱海市	200	73,200	15,598	453	33.5
88	琵琶湖ホテル	滋賀県大津市	171	62,415	15,583	860	88.2
89	ロイヤルパークホテル ザ 羽田	東京都大田区	313	114,558	15,476	1,591	89.7
90	富士ビューホテル	山梨県南都留郡	79	28,914	15,438	367	73.3
91	ホテルサンルートプラザ新宿	東京都渋谷区	624	227,760	15,364	3,309	94.3
92	ホテルグランヴィア大阪	大阪府大阪市	716	262,056	15,355	3,781	94.0
93	ホテルニューグランド	神奈川県横浜市	240	87,600	15,340	1,127	83.9
94	オーベルジュ オーパ・ヴィラージュ	千葉県館山市	26	9412	15,300	84	58.2
95	ホテルメトロポリタン	東京都豊島区	807	295,362	15,231	3,757	83.5
96	ニューオータニイン横浜	神奈川県横浜市	240	87,840	15,200	1,298	97.5
97	高山グリーンホテル	岐阜県高山市	207	75,141	14,984	905	78.9
98	箱根ホテル	神奈川県足柄下郡	49	18,056	14,797	195	66.2
99	エクシブ那須白河	福島県西白河郡	58	21,228	14,788	196	62.5
100	観音崎京急ホテル	神奈川県横須賀市	60	21,900	14,455	222	61.5

第1章 ADR ランキング 2015

❏1 日 1 室当たりの実質客室単価 [ADR] ベスト 300 ホテル（101 ～ 150 位）

順位	ホテル名	地域名	客室数	期中の総販売可能客室数 (室)	ADR (円)	客室売上高 (百万円)	客室稼働率 (%)
101	ホテルニューオータニ幕張	千葉県千葉市	418	152,988	14,438	1,603	72.6
102	甲府富士屋ホテル	山梨県甲府市	103	37,698	14,307	428	68.7
103	エクシブ蓼科	長野県茅野市	230	84,180	14,128	553	46.5
104	リゾーピア箱根	神奈川県足柄下郡	171	52,585	13,945	349	43.0
105	ホテル日航関西空港	大阪府泉佐野市	576	210,816	13,813	2,539	87.2
106	エクシブ浜名湖	静岡県浜松市	193	70,638	13,672	563	58.3
107	名鉄犬山ホテル	愛知県犬山市	125	45,750	13,669	499	77.0
108	セラヴィリゾート泉郷 八ヶ岳わんわんパラダイス	山梨県北杜市	38	13,604	13,663	98	52.9
109	ホテル マハイナ ウェルネスリゾートオキナワ	沖縄県国頭郡	263	95,995	13,659	984	75.1
110	ローズホテル横浜	神奈川県横浜市	184	67,160	13,652	918	86.8
111	ホテルメトロポリタン エドモント	東京都千代田区	668	243,393	13,620	2,697	81.4
112	エクシブ軽井沢パセオ	長野県北佐久郡	32	11712	13,455	115	73.7
113	エクシブ鳴門	徳島県鳴門市	135	49,410	13,302	348	53.0
114	ホテル阪神	大阪府大阪市	289	105,774	13,130	1,353	97.5
115	仙台ロイヤルパークホテル	宮城県仙台市	110	40,150	13,069	385	64.3
116	大阪新阪急ホテル	大阪府大阪市	943	337,452	13,062	4,256	96.6
117	ホテルアソシア新横浜	神奈川県横浜市	203	74,298	13,024	823	85.1
118	ウェスティンナゴヤキャッスル	愛知県名古屋市	195	71,175	12,899	698	75.9
119	ソラリア西鉄ホテル	福岡県福岡市	173	60,550	12,879	711	90.9
120	かどやホテル	東京都新宿区	94	34,395	12,836	422	95.2
121	セラヴィリゾート泉郷 鳥羽わんわんパラダイスホテル	三重県鳥羽市	59	21,358	12,812	114	41.8
122	大阪第一ホテル	大阪府大阪市	460	168,360	12,765	2,149	97.1
123	ホテルアソシア高山リゾート	岐阜県高山市	290	104,400	12,616	842	63.9
124	ホテルメトロポリタン仙台	宮城県仙台市	295	107,970	12,593	1,355	87.1
125	ホテルトラスティ心斎橋	大阪府大阪市	211	77,226	12,583	915	94.2
126	ホテルグランドパレス	東京都千代田区	464	169,360	12,520	1,711	80.7
127	名古屋東急ホテル	愛知県名古屋市	564	205,860	12,512	2,611	89.0
128	倉敷ロイヤルアートホテル	岡山県倉敷市	71	25,986	12,511	243	74.7
129	名古屋観光ホテル	愛知県名古屋市	369	135,054	12,394	1,480	80.1
130	ホテルサンルート新橋	東京都港区	220	80,300	12,264	854	86.5
131	パレスホテル大宮	埼玉県さいたま市	204	74,460	12,255	805	88.2
132	ホテルオークラ札幌	北海道札幌市	147	48,601	12,130	681	90.3
133	リーガロイヤルホテル広島	広島県広島市	488	178,426	12,055	1,720	80.0
134	ホテルトラスティ大阪阿倍野	大阪府大阪市	202	73,932	11,834	845	56.7
135	ロイヤルパークホテル ザ 名古屋	愛知県名古屋市	153	55,998	11,833	633	95.6
136	宝塚ホテル	兵庫県宝塚市	129	47,214	11,820	470	84.3
137	千里阪急ホテル	大阪府豊中市	203	73,800	11,813	799	91.1
138	ホテルグランヴィア岡山	岡山県岡山市	328	120,048	11,758	1,279	90.6
139	ロイヤルパークホテル ザ 福岡	福岡県福岡市	174	63,684	11,751	665	88.9
140	神戸ポートピアホテル	兵庫県神戸市	744	271,560	11,735	2,604	82.4
141	エクシブ白浜アネックス	和歌山県西牟婁郡	144	52,704	11,678	360	58.6
142	京王プラザホテル札幌	北海道札幌市	499	182,135	11,642	1,743	81.5
143	セラヴィリゾート泉郷 ネオオリエンタルリゾート 八ヶ岳高原	山梨県北杜市	232	83,288	11,613	370	38.2
144	シティプラザ大阪	大阪府大阪市	199	72,834	11,576	664	77.0
145	京王プラザホテル八王子	東京都八王子市	200	73,200	11,568	771	91.1
146	ホテル千秋閣	岩手県花巻市	182	65,156	11,423	437	57.8
147	サンメンバーズひるがの	岐阜県郡上郡	36	13,176	11,407	74	49.3
148	エクシブ淡路島	兵庫県洲本市	109	39,894	11,392	190	42.0
149	総合リゾートホテル ラフォーレ琵琶湖	滋賀県守山市	272	98,464	11,365	478	41.1
150	サクラ・フルール青山	東京都渋谷区	133	48,432	11,313	479	87.1

❏1 日 1 室当たりの実質客室単価 [ADR] ベスト 300 ホテル（151 ～ 200 位）

順位	ホテル名	地域名	客室数	期中の総販売可能客室数(室)	ADR(円)	客室売上高(百万円)	客室稼働率(%)
151	ホテル花巻	岩手県花巻市	102	36,108	11,268	226	68.1
152	エクシブ琵琶湖	滋賀県米原市	268	93,088	11,193	562	51.2
153	リーガロイヤルホテル小倉	福岡県北九州市	295	107,970	11,149	870	79.6
154	ホテル紅葉館	岩手県花巻市	138	49,680	11,127	424	75.6
155	エクシブ山中湖	山梨県南都留郡	252	92,232	11,102	469	45.8
156	ホテルトラスティ東京ベイサイド	東京都江東区	200	73,200	11,038	729	90.3
157	セラヴィリゾート泉郷 浜名湖グランドホテルさざなみ館	静岡県浜松市	40	14,480	10,956	129	81.3
158	ホテル竹園芦屋	兵庫県芦屋市	51	18,615	10,932	183	89.9
159	ホテルトラスティ金沢香林坊	石川県金沢市	207	75,762	10,803	739	90.3
160	ニューオータニイン東京	東京都品川区	412	143,306	10,760	1,441	93.4
161	ホテルトラスティ神戸旧居留地	兵庫県神戸市	141	51,606	10,738	532	95.7
162	ひだホテルプラザ	岐阜県高山市	225	82,125	10,633	740	71.8
163	リゾーピア別府	大分県別府市	57	15,048	10,623	83	52.5
164	ホテルサンルート有明	東京都江東区	790	288,350	10,562	2,757	90.3
165	オークラアクトシティホテル浜松	静岡県浜松市	322	117,530	10,545	1,041	83.8
166	上野 サットンプレイスホテル	東京都台東区	50	18250	10,500	178	93.0
167	ホテルかずさや	東京都中央区	72	25,765	10,404	182	67.9
168	ホテルサンルート品川シーサイド	東京都品川区	300	109,500	10,317	1,000	87.9
169	新大阪ステーションホテル本館	大阪府大阪市	75	27,375	10,300	231	87.7
170	ホテルセンチュリー静岡	静岡県静岡市	206	76,124	10,246	625	80.2
171	ホテルメトロポリタン盛岡NEW WING	岩手県盛岡市	121	44,286	10,233	329	72.7
172	エクシブ白浜	和歌山県西牟婁郡	104	33,064	10,176	99	25.7
173	ホテルメトロポリタン長野	長野県長野市	235	86,010	10,171	734	83.9
174	ホテルリステル猪苗代ウイングタワー	福島県耶麻郡	370	135,050	10,080	616	45.5
175	エクシブ軽井沢	長野県北佐久郡	200	73,200	10,034	352	49.3
176	ホテルブライトンシティ大阪北浜	大阪府大阪市	234	85,410	10,000	na	90.0
177	ホテルブライトンシティ京都山科	京都府京都市	100	36,500	10,000	na	90.0
178	リゾーピア熱海	静岡県熱海市	205	75,395	9,981	375	49.8
179	東京ドームホテル札幌	北海道札幌市	285	104,025	9,959	849	81.9
180	ホテル「ホップイン」アミング	兵庫県尼崎市	190	69,174	9,946	619	90.0
181	名鉄グランドホテル	愛知県名古屋市	241	88,206	9,883	786	90.1
182	ホテルサンルート東新宿	東京都新宿区	311	113,515	9,863	1,072	89.8
183	ホテルゆがふいんBISE	沖縄県国頭郡	52	18980	9,800	146	73.0
184	リーガロイヤルホテル新居浜	愛媛県新居浜市	94	34,404	9,782	270	75.4
185	京王プラザホテル多摩	東京都多摩市	248	90,768	9,776	796	89.7
186	セラヴィリゾート泉郷 伊豆高原わんわんパラダイス	静岡県伊東市	53	19,292	9,745	94	50.0
187	熊本ホテルキャッスル	熊本県熊本市	179	65,514	9,678	426	67.1
188	リゾーピア久美浜	京都府京丹後市	57	20862	9,579	55	27.9
189	ホテルサンルート高田馬場	東京都新宿区	197	71,905	9,555	612	88.9
190	セラヴィリゾート泉郷 ホテルアンビエント安曇野	長野県安曇市	245	87,710	9,538	433	51.7
191	エクシブ鳥羽アネックス	三重県鳥羽市	198	72,458	9,531	334	55.6
192	ベルモントホテル	東京都台東区	82	29,930	9,480	231	77.0
193	ホテルリバージュアケボノ	福井県福井市	142	51,830	9,434	376	76.9
194	お茶の水セントヒルズホテル	東京都文京区	150	54,750	9,431	289	55.3
195	サンメンバーズ東京新宿	東京都新宿区	181	66,245	9,354	595	95.1
196	ホテルグランヴィア和歌山	和歌山県和歌山市	155	56,575	9,319	433	82.0
197	ホテルトヨタキャッスル	愛知県豊田市	151	55,266	9,296	402	78.8
198	ホテルギンモンド京都	京都府京都市	139	50,874	9,234	454	96.8
199	ホテルブエナビスタ	長野県松本市	190	73,180	9,186	519	79.5
200	名鉄トヨタホテル	愛知県豊田市	99	36,234	9,163	250	75.2

第1章 ADR ランキング 2015

❏1 日 1 室当たりの実質客室単価 [ADR] ベスト 300 ホテル（201 〜 250 位）

順位	ホテル名	地域名	客室数	期中の総販売可能客室数(室)	ADR (円)	客室売上高 (百万円)	客室稼働率 (%)
201	サンメンバーズ京都嵯峨	京都府京都市	67	24,522	9,163	132	58.8
202	大阪富士屋ホテル	大阪府大阪市	180	65700	9,159	558	92.7
203	小田急ホテルセンチュリー相模大野	神奈川県相模原市	120	34,920	9,130	242	76.2
204	ニューオータニイン札幌	北海道札幌市	340	124,100	9,105	906	80.2
205	エクシブ伊豆	静岡県伊東市	227	83,082	9,104	253	33.5
206	ホテルサンルート浅草	東京都台東区	120	41,160	9,089	346	93.1
207	パレスホテル立川	東京都立川市	238	86,870	9,069	644	81.8
208	金沢ニューグランドホテル	石川県金沢市	115	78,475	9,062	512	72.0
209	エクシブ鳥羽	三重県鳥羽市	207	58,738	9,058	161	30.3
210	セラヴィリゾート泉郷 アルティア鳥羽	三重県鳥羽市	72	25,632	9,029	210	90.8
211	サンメンバーズ名古屋白川	愛知県名古屋市	87	24,882	8,982	190	85.6
212	ホテルアソシア静岡	静岡県静岡市	250	91,500	8,940	684	83.9
213	上野ターミナルホテル	東京都台東区	73	26,645	8,855	158	72.1
214	セラヴィリゾート泉郷 ホテルアンビエント蓼科	長野県北佐久郡	174	62,734	8,849	312	56.1
215	ホテルサンルートソプラ神戸	兵庫県神戸市	218	79,788	8,804	670	95.4
216	ホテル アトラス	神奈川県横浜市	60	21900	8,800	145	75.0
217	キャッスルプラザ	愛知県名古屋市	236	86,140	8,793	716	94.3
218	シティホテルロンスター	東京都新宿区	50	18300	8,785	150	93.3
219	ホテルエミシア札幌	北海道札幌市	512	187,392	8,774	1,336	81.6
220	ザ・クレストホテル柏	千葉県柏市	87	31,842	8,750	230	82.7
221	ホテルリステル新宿	東京都新宿区	262	95,630	8,727	751	87.9
222	からすま京都ホテル	京都府京都市	242	88,330	8,714	762	87.3
223	晴海グランドホテル	東京都中央区	212	74,333	8,690	640	99.2
224	アルカディア市ケ谷(私学会館)	東京都千代田区	87	30,711	8,682	234	87.8
225	ホテルコスモスクエア 国際交流センター	大阪府大阪市	320	116,896	8,668	938	92.6
226	玄海ロイヤルホテル	福岡県宗像市	291	106,215	8,621	468	57.1
227	ホテルメトロポリタン山形	山形県山形市	116	42,456	8,589	277	75.3
228	東京グランドホテル	東京都港区	156	55,068	8,464	384	79.7
229	ホテルオークラ新潟	新潟県新潟市	265	96,990	8,459	554	67.5
230	川崎ホテルパーク	神奈川県川崎市	63	22995	8,410	167	83.8
231	ホテルサンルート川崎	神奈川県川崎市	278	101,470	8,342	751	88.4
232	ホテルサンルート広島	広島県広島市	283	103,295	8,339	722	83.6
233	ホテル青森	青森県青森市	155	56,575	8,334	290	61.4
234	オークラ千葉ホテル	千葉県千葉市	84	30,660	8,254	222	87.5
235	クサツエストピアホテル	滋賀県草津市	73	26,718	8,236	188	93.7
236	ホテルアソシア豊橋	愛知県豊橋市	222	81,252	8,207	559	83.9
237	ホテルグランドシティ	東京都豊島区	247	93,601	8,177	508	66.3
238	オークラフロンティアホテル海老名	神奈川県海老名市	74	27,010	8,171	196	84.5
239	チサングランド長野	長野県長野市	136	49,640	8,164	300	80.2
240	ホテルメトロポリタン秋田	秋田県秋田市	115	41,975	8,160	282	82.2
241	ホテルトラスティ名古屋栄	愛知県名古屋市	204	74,664	8,100	558	92.3
242	秋田キャッスルホテル	秋田県秋田市	150	54,750	8,073	305	67.3
243	プレミアホテル－CABIN－札幌	北海道札幌市	218	79,788	8,041	542	84.3
244	新大阪サニーストンホテル	大阪府大阪市	232	84,680	7,975	624	93.0
245	宮崎観光ホテル	宮崎県宮崎市	348	127,020	7,889	837	71.9
246	名古屋駅前モンブランホテル	愛知県名古屋市	277	101,105	7,833	691	94.2
247	ホテルニューオウミ	滋賀県近江八幡市	83	30,295	7,828	187	78.6
248	ホテルゆがふいんおきなわ	沖縄県名護市	125	45,625	7,801	291	81.7
249	ホテルサンルート熊本	熊本県熊本市	69	25185	7,750	142	72.6
250	セラヴィリゾート泉郷 ホテル アンビエント 伊豆高原	静岡県伊東市	134	48,776	7,723	226	60.1

❏1 日 1 室当たりの実質客室単価 [ADR] ベスト 300 ホテル（251 ～ 300 位）

順位	ホテル名	地域名	客室数	期中の総販売可能客室数(室)	ADR (円)	客室売上高 (百万円)	客室稼働率 (%)
251	ホテルサンルート長野	長野県長野市	150	54,750	7,660	336	80.0
252	ホテルサンルートニュー札幌	北海道札幌市	306	111,690	7,646	719	84.0
253	ホテル京阪天満橋	大阪府大阪市	315	114,975	7,500	778	95.0
254	セルメスイン日本橋	東京都中央区	44	16104	7,475	112	92.8
255	ホテルメトロポリタン盛岡	岩手県盛岡市	191	69,906	7,474	421	81.1
256	ステーションホテル小倉	福岡県北九州市	294	107,604	7,422	721	79.6
257	名鉄イン名古屋金山	愛知県名古屋市	235	86,010	7,404	546	91.1
258	松山東急REIホテル	愛媛県松山市	245	89,670	7,400	539	82.0
259	仙台国際ホテル	宮城県仙台市	234	85,410	7,292	565	78.3
260	ホテルトラスティ名古屋	愛知県名古屋市	250	91,500	7,232	592	89.5
261	ホテルサンルート長野東口	長野県長野市	119	43,435	7,232	265	84.2
262	ホテルサンルート上田	長野県上田市	118	43,070	7,231	249	79.6
263	ホテルJALシティ長野	長野県長野市	242	88,206	7,155	517	74.5
264	R＆Bホテル上野広小路	東京都台東区	187	68,442	6,968	439	92.2
265	磐田グランドホテル	静岡県磐田市	100	59,292	6,934	159	62.0
266	R＆Bホテル東日本橋	東京都中央区	202	73,932	6,924	431	84.0
267	ホテル日航ノースランド帯広	北海道帯広市	171	62,586	6,878	323	75.1
268	土佐ロイヤルホテル	高知県安芸郡	195	71,316	6,850	364	60.8
269	ビジネスホテルウェルイン新宿	東京都新宿区	26	9334	6,825	44	68.7
270	R＆Bホテル蒲田東口	東京都大田区	181	66,246	6,815	412	91.3
271	R＆Bホテル東京東陽町	東京都江東区	203	74,298	6,789	438	86.9
272	ホテルJALシティ松山	愛媛県松山市	161	58,926	6,751	342	78.2
273	ホテルリステル浜名湖	静岡県引佐郡	172	62,780	6,731	235	68.1
274	大和第一ホテル	神奈川県大和市	82	29930	6,710	147	74.1
275	久米川ウィングホテル	東京都東村山市	53	19027	6,708	97	76.0
276	エルイン京都	京都府京都市	512	187,392	6,697	1,126	89.8
277	R＆Bホテル大塚駅北口	東京都豊島区	259	94,794	6,695	563	88.7
278	R＆Bホテル京都駅八条口	京都府京都市	224	81,984	6,692	492	89.7
279	サンメンバーズ名古屋錦	愛知県名古屋市	79	28914	6,566	158	83.3
280	R＆Bホテル梅田東	大阪府大阪市	219	80,154	6,536	470	89.9
281	静岡グランドホテル中島屋	静岡県静岡市	105	38,325	6,480	250	76.0
282	サンメンバーズ神戸	兵庫県神戸市	53	19393	6,388	99	80.6
283	ホテルロイヤル盛岡	岩手県盛岡市	101	36,966	6,375	180	76.5
284	アワーズイン阪急	東京都品川区	1388	508,008	6,207	3,046	96.6
285	R＆Bホテル八王子	東京都八王子市	257	94,062	6,156	492	85.0
286	ブリティッシュヒルズ	福島県岩瀬郡	118	43,070	6,155	892	41.0
287	ホテルサンルートプラザ福島	福島県福島市	253	92,345	6,140	423	74.5
288	クォードイン yokote	秋田県横手市	100	36500	6,103	177	79.7
289	R＆Bホテル新横浜駅前	神奈川県横浜市	248	90,768	6,021	464	84.9
290	R＆Bホテル神戸元町	兵庫県神戸市	175	64,050	5,993	339	88.4
291	ベストウェスタン レンブラントホテル鹿児島リゾート	鹿児島県鹿児島市	198	72,468	5,873	343	71.9
292	ホテルサンルート新潟	新潟県新潟市	231	84,315	5,832	385	78.1
293	国際ホテル松山	愛媛県松山市	78	27,375	5,674	120	77.1
294	ザ・セレクトン福島	福島県福島市	121	44,165	5,656	178	63.0
295	サンメンバーズ大阪梅田	大阪府大阪市	69	25254	5,645	106	74.7
296	R＆Bホテル札幌北3西2	北海道札幌市	227	83,082	5,624	392	84.0
297	ホテル大藏	鹿児島県鹿屋市	156	56,628	5,609	246	74.8
298	ホテルリバーイン	新潟県長岡市	66	24090	5,600	90	57.0
299	ホテルエース盛岡	岩手県盛岡市	275	87,726	5,541	339	67.2
300	南の美ら花ホテルミヤヒラ	沖縄県石垣市	158	57,670	5,521	419	68.9

第1章　ホテルブライダルランキング 2015

❑ 婚礼部門の売上高ランキングベスト 100（1 ～ 25 位）

順位	昨年順位	ホテル名	地域名	婚礼宴会のできる会場数	一日に可能な婚礼宴会最大組数（組）	結婚式場数チャペル	結婚式場数神殿	
1	1	パレスホテル東京	東京都千代田区	6	11	1	1	
2	2	帝国ホテル 東京	東京都千代田区	15	25	2	1	
3	4	ホテルニューオータニ	東京都千代田区	21	36	4	1	
4	3	帝国ホテル 大阪	大阪府大阪市	12	24	2	1	
5	5	リーガロイヤルホテル	大阪府大阪市	20	25	2	1	
6	6	横浜ロイヤルパークホテル	神奈川県横浜市	10	20	1	1	
7	7	名古屋マリオットアソシアホテル	愛知県名古屋市	10	—	1	1	
8	—	名古屋観光ホテル	愛知県名古屋市	9	16	1	1	
9	10	ホテルニューグランド	神奈川県横浜市	4	8	1	1	
10	8	城山観光ホテル	鹿児島県鹿児島市	12	24	1	1	
11	9	ホテルオークラ東京	東京都港区	5	10	1	0	
12	15	ホテルオークラ福岡	福岡県福岡市	7	13	1	1	
13	12	ホテル日航福岡	福岡県福岡市	—	—	—	—	
14	11	ホテル阪急インターナショナル	大阪府大阪市	7	13	1	1	
15	12	アルモニーアンブラッセ大阪	大阪府大阪市	2	6	1	0	
16	—	ルークプラザホテル	長崎県長崎市	5	10	1	1	
17	17	ホテルグランヴィア京都	京都府京都市	5	15	1	1	
18	14	グランドニッコー東京 台場	東京都港区	12	18	2	1	
19	22	ホテルメトロポリタン	東京都豊島区	12	15	1	1	
20	19	リーガロイヤルホテル広島	広島県広島市	13	—	2	1	
21	20	京王プラザホテル	東京都新宿区	13	26	2	1	
22	24	京都ホテルオークラ	京都府京都市	11	13	1	1	
23	16	ホテルメトロポリタン仙台	宮城県仙台市	—	—	1	1	
24	36	ホテルオークラ東京ベイ	千葉県浦安市	3	6	1	1	
25	28	ウェスティンナゴヤキャッスル	愛知県名古屋市	7	12	1	1	

Hotel Bridal Ranking
婚礼部門の売上高から見たベスト100

結婚式場数 その他	婚礼部門の 売上高 (百万円)	婚礼組数 (組)	1人当たりの 総消費単価 (円)	1組当たりの 総消費単価 (円)	1組当たりの 平均列席人数 (人)	売上高 増減額 (百万円)	売上高 増減率 (%)	婚礼組数 増減件数 (件)	婚礼組数 増減率 (%)	決算月
―	4,873	904	64,358	5,390,149	84	204	4.4	▲ 2	▲ 0.2	2015年12月
―	4,030	889	66,175	4,534,000	69	202	5.3	11	1.3	2016年3月
―	2,649	738	55,116	3,590,577	65	▲ 129	▲ 4.6	▲ 51	▲ 6.5	2016年3月
―	2,448	651	53,731	3,760,508	70	▲ 358	▲ 12.8	▲ 66	▲ 9.2	2016年3月
1	2,296	545	54,906	4,211,953	77	207	9.9	36	7.1	2016年3月
―	2,210	641	54,975	3,449,121	62.7	307	16.1	30	4.9	2016年3月
1	1,840	453	67,570	3,955,374	60	▲ 43	▲ 2.3	▲ 11	▲ 2.4	2016年3月
1	1,652	457	59,159	3,614,880	61.1	668	67.9	179	64.4	2016年3月
2	1,449	382	53,662	3,793,454	71	54	3.9	12	3.2	2015年11月
1	1,445	356	35,795	4,060,144	113	▲ 196	▲ 11.9	▲ 18	▲ 4.8	2016年3月
0	1,403	298	58,678	4,707,426	80	▲ 134	▲ 8.7	▲ 46	▲ 13.4	2016年3月
0	1,319	333	41,347	3,961,000	95.8	111	9.2	20	6.4	2016年3月
―	1,272	308	45,113	4,132,357	92	▲ 91	▲ 6.7	▲ 21	▲ 6.4	2016年3月
―	1,268	347	46,781	3,323,000	71	▲ 105	▲ 7.6	▲ 60	▲ 14.7	2016年3月
0	1,240	381	63,097	3,250,000	51	▲ 106	▲ 7.9	▲ 32	▲ 7.7	2016年3月
―	1,170	300	33,900	3,900,000	115	20	1.7	10	3.4	2016年8月
1	1,108	360	49,653	3,079,000	62	▲ 29	▲ 2.6	▲ 9	▲ 2.4	2016年3月
―	1,082	300	51,485	3,605,823	70	▲ 213	▲ 16.4	▲ 59	▲ 16.4	2016年3月
―	1,054	413	44,528	2,553,000	57.3	131	14.2	71	20.8	2016年3月
1	914	316	50,775	2,892,890	57	▲ 69	▲ 7.0	3	1.0	2016年3月
―	905	322	42,335	2,812,538	66	▲ 26	▲ 2.8	▲ 27	▲ 7.7	2016年3月
1	872	334	44,720	2,610,800	58	▲ 35	▲ 3.9	17	5.4	2015年12月
0	845	250	51,579	3,381,000	66	▲ 334	▲ 28.3	▲ 74	▲ 22.8	2016年3月
1	820	371	43,226	2,210,000	51	120	17.1	121	48.4	2016年2月
0	813	152	61,980	5,098,726	82.3	1	0.1	▲ 17	▲ 10.1	2016年3月

第1章 ホテルブライダルランキング 2015

❑ 婚礼部門の売上高ランキングベスト 100（26 ～ 50 位）

順位	昨年順位	ホテル名	地域名	婚礼宴会のできる会場数	一日に可能な婚礼宴会最大組数（組）	結婚式場数チャペル	結婚式場数神殿	
26	27	名古屋東急ホテル	愛知県名古屋市	9	15	1	1	
27	29	ホテルメトロポリタン山形	山形県山形市	4	9	1	1	
28	―	神戸ポートピアホテル	兵庫県神戸市	19	14	2	2	
29	31	仙台ロイヤルパークホテル	宮城県仙台市	7	9	1	1	
30	30	千里阪急ホテル	大阪府豊中市	6	10	2	1	
31	34	リーガロイヤルホテル東京	東京都新宿区	7	10	1	0	
32	38	ホテルメトロポリタン エドモント	東京都千代田区	5	10	1	1	
33	44	ステーションホテル小倉	福岡県北九州市	4	8	1	1	
34	33	琵琶湖ホテル	滋賀県大津市	7	7	1	1	
34	35	甲府富士屋ホテル	山梨県甲府市	5	8	1	1	
36	37	八戸プラザホテル	青森県八戸市	7	14	1	2	
37	42	ホテルメトロポリタン盛岡NEW WING	岩手県盛岡市	5	10	2	1	
38	46	ロイヤルパークホテル	東京都中央区	7	13	1	1	
39	49	ホテルグランヴィア岡山	岡山県岡山市	6	10	1	1	
40	23	富士屋ホテル	神奈川県足柄下郡	9	8	2	1	
41	39	パレスホテル大宮	埼玉県さいたま市	6	10	1	1	
42	53	オークラ千葉ホテル	千葉県千葉市	5	10	1	1	
43	43	熊本ホテルキャッスル	熊本県熊本市	5	10	1	1	
44	41	仙台国際ホテル	宮城県仙台市	4	8	1	1	
45	51	リーガロイヤルホテル小倉	福岡県北九州市	9	18	1	1	
46	47	ホテルセンチュリー静岡	静岡県静岡市	7	12	2	1	
47	40	リーガロイヤルホテル京都	京都府京都市	9	18	1	1	
48	―	ホテルコンコルド浜松	静岡県浜松市	6	9	1	1	
49	56	旧軽井沢 ホテル音羽ノ森	長野県北佐久郡	5	8	1	―	
50	51	第一ホテル東京	東京都港区	5	10	1	1	

Hotel Bridal Ranking
婚礼部門の売上高から見たベスト100

結婚式場数 その他	婚礼部門の 売上高 （百万円）	婚礼組数 （組）	1人当たりの 総消費単価 （円）	1組当たりの 総消費単価 （円）	1組当たりの 平均列席人数 （人）	売上高 増減額 （百万円）	売上高 増減率 （％）	婚礼組数 増減件数 （件）	婚礼組数 増減率 （％）	決算月
1	781	252	52,389	3,053,000	58	▲49	▲5.9	▲18	▲6.7	2016年3月
—	760	197	45,287	3,840,000	84	▲31	▲3.9	▲8	▲3.9	2016年3月
—	728	326	40,000	2,230,000	56	33	4.7	25	8.3	2016年3月
0	725	238	55,425	3,049,049	55	▲44	▲5.7	▲22	▲8.5	2016年3月
0	710	270	47,400	2,633,000	55.5	▲70	▲9.0	▲46	▲14.6	2016年3月
1	704	249	40,123	2,827,309	70	▲6	▲0.8	9	3.8	2016年3月
—	680	250	41,499	2,721,000	66	▲5	▲0.7	5	2.0	2016年3月
—	646	191	36,922	3,382,198	91	48	8.0	11	6.1	2016年3月
0	642	220	54,007	2,919,568	54.1	▲81	▲11.2	▲24	▲9.8	2016年3月
—	642	191	37,983	3,360,377	88	▲63	▲8.9	▲12	▲5.9	2016年3月
—	620	212	22,281	2,926,000	131	▲66	▲9.6	▲11	▲4.9	2016年5月
0	604	224	42,814	2,697,882	63	▲21	▲3.4	0	0	2016年3月
1	599	272	35,290	2,200,723	62	26	4.5	▲6	▲2.2	2016年3月
1	595	181	53,502	3,287,292	61	65	12.3	▲2	▲1.1	2016年3月
2	568	269	76,100	2,113,000	27	▲351	▲38.2	▲143	▲34.7	2016年3月
—	562	237	42,819	2,373,698	55.4	▲121	▲17.7	▲38	▲13.8	2015年12月
1	550	229	39,165	2,405,127	61	54	10.9	34	17.4	2016年3月
—	547	—	30,919	—	—	▲66	▲10.8	—	—	2016年3月
0	537	153	45,711	3,514,777	77	▲93	▲14.8	▲2	▲1.3	2016年3月
1	510	158	34,908	3,229,894	93	5	1.0	16	11.3	2016年3月
—	508	205	42,920	2,541,000	59	▲40	▲7.3	▲12	▲5.5	2016年3月
—	494	210	43,358	2,350,000	54	▲154	▲23.8	▲67	▲24.2	2016年3月
—	486	196	44,160	2,490,000	57	▲10	▲2.0	14	7.7	2016年3月
—	460	266	59,539	1,729,323	29	52	12.7	26	10.8	2016年3月
1	459	144	46,920	3,210,000	68	▲46	▲9.1	▲7	▲4.6	2016年3月

第1章 ホテルブライダルランキング 2015

❏ 婚礼部門の売上高ランキングベスト 100（51 〜 75 位）

順位	昨年順位	ホテル名	地域名	婚礼宴会のできる会場数	一日に可能な婚礼宴会最大組数（組）	結婚式場数チャペル	結婚式場数神殿	
51	55	ホテル ラ・スイート神戸ハーバーランド	兵庫県神戸市	1	1	1	—	
52	48	京都センチュリーホテル	京都府京都市	7	—	1	1	
53	62	ホテルオークラJRハウステンボス	長崎県佐世保市	3	5	1	1	
54	67	ホテル阪神	大阪府大阪市	4	8	1	1	
55	64	ホテル青森	青森県青森市	6	10	1	1	
56	60	宝塚ホテル	兵庫県宝塚市	4	4	1	1	
57	56	フルーツパーク富士屋ホテル	山梨県山梨市	6	6	1	1	
58	59	山の上ホテル	東京都千代田区	3	7	1	0	
59	58	パレスホテル立川	東京都立川市	5	10	1	1	
59	63	宮崎観光ホテル	宮崎県宮崎市	5	10	1	1	
61	65	奈良ホテル	奈良県奈良市	6	5	1	1	
62	70	JRタワーホテル日航札幌	北海道札幌市	1	—	0	0	
63	—	ホテルメトロポリタン秋田	秋田県秋田市	3	6	1	1	
64	69	ホテルメトロポリタン長野	長野県長野市	6	8	1	1	
65	74	東京ドームホテル札幌	北海道札幌市	3	6	1	1	
66	75	キャッスルプラザ	愛知県名古屋市	8	10	1	1	
67	70	ホテルアソシア静岡	静岡県静岡市	5	8	2	1	
68	73	ホテルブエナビスタ	長野県松本市	5	8	1	1	
69	61	ホテルアソシア豊橋	愛知県豊橋市	4	8	1	1	
70	77	ハイランドリゾート ホテル＆スパ	山梨県富士吉田市	2	3	1	0	
71	83	リーガロイヤルホテル新居浜	愛媛県新居浜市	5	7	1	1	
72	—	花巻温泉	岩手県花巻市	13	16	1	3	
73	86	ホテルオークラ札幌	北海道札幌市	3	6	1	0	
74	81	湯本富士屋ホテル	神奈川県足柄下郡	6	9	1	1	
75	78	シティプラザ大阪	大阪府大阪市	5	8	1	1	

Hotel Bridal Ranking

婚礼部門の売上高から見たベスト100

結婚式場数 その他	婚礼部門の 売上高 (百万円)	婚礼組数 (組)	1人当たりの 総消費単価 (円)	1組当たりの 総消費単価 (円)	1組当たりの 平均列席人数 (人)	売上高 増減額 (百万円)	売上高 増減率 (%)	婚礼組数 増減件数 (件)	婚礼組数 増減率 (%)	決算月
―	458	117	69,384	3,917,910	57	42	10.1	▲7	▲5.6	2016年4月
―	454	148	49,460	2,794,000	56.4	▲78	▲14.7	▲41	▲21.7	2016年3月
―	439	154	29,572	2,851,987	96	65	17.4	46	42.6	2016年3月
―	430	153	41,443	2,400,000	58	98	29.5	26	20.5	2016年3月
―	388	128	22,285	3,036,745	136	29	8.1	0	0	2016年3月
2	371	141	47,110	2,074,489	44	▲13	▲3.4	▲12	▲7.8	2016年3月
1	367	133	39,849	2,762,000	69	▲41	▲10.0	▲5	▲3.6	2016年3月
―	360	172	51,000	2,200,000	40	▲33	▲8.4	▲17	▲9.0	2015年11月
―	347	179	40,670	1,938,547	48	▲57	▲14.1	▲17	▲8.7	2015年12月
―	347	149	22,209	2,314,000	104	▲15	▲4.1	▲8	▲5.1	2016年3月
―	346	157	51,768	2,204,275	43	▲2	▲0.6	▲6	▲3.7	2016年3月
0	309	104	31,250	2,971,154	95.1	▲9	▲2.8	▲12	▲10.3	2016年3月
0	306	99	38,508	3,090,000	80	▲31	▲9.2	▲4	▲3.9	2016年3月
―	292	110	46,711	2,662,000	56.9	▲34	▲10.4	▲2	▲1.8	2016年3月
―	287	146	22,629	1,964,110	86.8	▲2	▲0.7	7	5.0	2016年1月
―	280	151	30,250	1,258,887	41	▲5	▲1.8	▲118	▲43.9	2016年3月
―	275	105	45,607	2,627,000	57	▲43	▲13.5	▲18	▲14.6	2016年3月
―	267	64	48,347	4,170,000	89	▲29	▲9.8	▲5	▲7.2	2016年3月
―	263	95	52,316	2,777,000	53.1	▲98	▲27.1	▲16	▲14.4	2016年3月
―	245	79	27,481	3,101,265	112	▲30	▲10.9	▲7	▲8.1	2016年3月
―	221	73	40,330	3,037,000	75	14	6.8	5	7.4	2016年3月
4	214	118	37,163	1,815,669	49	88	69.8	40	51.3	2016年3月
0	206	108	26,335	1,909,000	72.4	15	7.9	2	1.9	2016年3月
1	202	75	47,854	2,561,000	54	▲26	▲11.4	▲1	▲1.3	2016年3月
―	198	93	29,137	2,132,006	73.1	▲73	▲26.9	▲32	▲25.6	2016年3月

ホテルデータブック **2018** | HOTERES *79*

第 1 章　ホテルブライダルランキング 2015

❑ 婚礼部門の売上高ランキングベスト 100（76 〜 100 位）

順位	昨年順位	ホテル名	地域名	婚礼宴会のできる会場数	一日に可能な婚礼宴会最大組数（組）	結婚式場数チャペル	結婚式場数神殿	
76	85	ザ・クレストホテル柏	千葉県柏市	4	8	1	1	
76	79	アグネス ホテル アンド アパートメンツ 東京	東京都新宿区	2	3	1	—	
78	93	ウェスティンホテル淡路	兵庫県淡路市	5	10	1	0	
79	82	ベストウェスタンレンブラントホテル鹿児島リゾート	鹿児島県鹿児島市	2	4	1	1	
79	89	オークラフロンティアホテル海老名	神奈川県海老名市	5	8	3	1	
81	88	ホテル日航ノースランド帯広	北海道帯広市	4	8	1	1	
82	96	ホテルグランヴィア和歌山	和歌山県和歌山市	5	8	1	1	
83	80	ホテルエミシア札幌	北海道札幌市	4	8	1	1	
84	90	ホテルアソシア高山リゾート	岐阜県高山市	3	2	—	1	
85	87	ローズホテル横浜	神奈川県横浜市	6	12	1	0	
86	91	ホテル日航プリンセス京都	京都府京都市	3	4	1	0	
86	97	ホテルニューオウミ	滋賀県近江八幡市	5	10	1	1	
88	94	高山グリーンホテル	岐阜県高山市	3	—	1	1	
89	100	名鉄犬山ホテル	愛知県犬山市	5	5	1	1	
90	—	ホテル日航八重山	沖縄県石垣市	1	2	0	1	
91	84	ホテルオークラ新潟	新潟県新潟市	3	8	1	1	
92	102	ルネッサンス リゾート ナルト	徳島県鳴門市	6	10	1	1	
93	107	小田急 山のホテル	神奈川県足柄下郡	1	2	1	—	
94	108	ひだホテルプラザ	岐阜県高山市	4	4	1	1	
95	—	雲仙観光ホテル	長崎県雲仙市	—	—	—	—	
96	—	国際ホテル松山	愛媛県松山市	2	2	1	1	
97	104	観音崎京急ホテル	神奈川県横須賀市	2	3	1	—	
98	106	赤倉観光ホテル	新潟県妙高市	1	1	2	0	
99	109	シティホテル美濃加茂	岐阜県美濃加茂市	3	2	1	1	
100	111	富士ビューホテル	山梨県南都留郡	3	2	—	—	

Hotel Bridal Ranking
婚礼部門の売上高から見たベスト100

結婚式場数その他	婚礼部門の売上高(百万円)	婚礼組数(組)	1人当たりの総消費単価(円)	1組当たりの総消費単価(円)	1組当たりの平均列席人数(人)	売上高増減額(百万円)	売上高増減率(%)	婚礼組数増減件数(件)	婚礼組数増減率(%)	決算月
―	195	96	47,628	1,933,000	41	0	0	7	7.9	2016年3月
―	195	66	53,087	2,968,872	55.9	▲ 51	▲ 20.7	▲ 23	▲ 25.8	2016年3月
3	189	94	60,125	2,215,000	33	46	32.2	24	34.3	2016年3月
―	175	70	28,436	2,502,408	88	▲ 52	▲ 22.9	▲ 26	▲ 27.1	2016年3月
―	175	112	37,720	1,499,696	39	▲ 9	▲ 4.9	▲ 4	▲ 3.4	2016年3月
0	170	107	―	―	111	▲ 16	▲ 8.6	4	3.9	2016年3月
―	166	64	53,874	2,593,531	48	32	23.9	8	14.3	2016年3月
―	160	109	27,633	1,471,187	53	▲ 81	▲ 33.6	▲ 23	▲ 17.4	2015年12月
―	144	46	50,403	3,124,989	62	▲ 27	▲ 15.8	3	7.0	2016年3月
0	142	75	33,967	1,899,427	55	▲ 47	▲ 24.9	▲ 27	▲ 26.5	2016年3月
1	123	56	39,289	2,209,293	56	▲ 44	▲ 26.3	▲ 28	▲ 33.3	2016年3月
―	123	70	46,380	1,757,142	37	1	0.8	12	20.7	2016年3月
―	113	34	48,125	3,309,270	69	▲ 24	▲ 17.5	▲ 12	▲ 26.1	2016年3月
1	109	82	38,299	1,329,268	34.7	6	5.8	▲ 6	▲ 6.8	2016年3月
1	106	32	13,351	3,685,357	276	▲ 17	▲ 13.8	▲ 7	▲ 17.9	2015年12月
―	96	32	49,567	3,007,171	61	▲ 105	▲ 52.2	▲ 34	▲ 51.5	2016年3月
―	87	74	24,201	1,174,735	49	1	1.2	5	7.2	2016年4月
1	68	34	52,439	2,162,320	41	15	28.3	9	36.0	2016年3月
―	65	20	50,053	3,273,468	65	17	35.4	4	25.0	2015年12月
―	56	22	36,000	2,500,000	70	▲ 7	▲ 11.1	▲ 8	▲ 26.7	2016年9月
―	50	26	24,688	1,935,164	78.4	▲ 4	▲ 7.4	▲ 3	▲ 10.3	2016年1月
1	49	43	32,824	1,140,465	34	▲ 9	▲ 15.5	▲ 6	▲ 12.2	2016年3月
0	47	17	47,527	2,764,705	48	▲ 7	▲ 13.0	▲ 2	▲ 10.5	2016年5月
3	37	30	35,000	1,200,000	36	▲ 8	▲ 17.8	▲ 3	▲ 9.1	2015年11月
―	34	31	36,792	1,100,194	30	5	17.2	15	93.8	2016年3月

ホテルデータブック **2018** | H**OTE**RES *81*

第1章 総売上高ランキング 2016

順位	ホテル名	地域名	加盟団体	決算月	客室数	総売上高(百万円)	
1	帝国ホテル 東京	東京都千代田区	ホ	2017年3月	931	43,225	
2	ホテルニューオータニ	東京都千代田区	ホ	2017年3月	1479	34,126	
3	パレスホテル東京	東京都千代田区	ホ	2016年12月	290	24,600	
4	京王プラザホテル	東京都新宿区	ホ	2017年3月	1438	23,803	
5	リーガロイヤルホテル	大阪府大阪市	ホ	2017年3月	984	23,609	
6	東京ディズニーシー・ホテルミラコスタ	千葉県浦安市	ホ	2017年3月	502	18,890	
7	東京ディズニーランドホテル	千葉県浦安市		2017年3月	706	17,871	
8	名古屋マリオットアソシアホテル	愛知県名古屋市	ホ	2017年3月	774	15,261	
9	東京ドームホテル	東京都文京区		2017年1月	1006	14,049	
10	ディズニーアンバサダーホテル	千葉県浦安市		2017年3月	504	13,863	
11	横浜ロイヤルパークホテル	神奈川県横浜市	ホ	2017年3月	603	12,081	
12	ホテルオークラ東京	東京都港区	ホ、シ	2017年3月	381	11,540	
13	ホテルグランヴィア京都	京都府京都市	ホ	2017年3月	537	11,381	
14	帝国ホテル 大阪	大阪府大阪市	ホ	2017年3月	381	10,994	
15	ホテルメトロポリタン	東京都豊島区	ホ	2017年3月	807	10,286	
16	大阪新阪急ホテル	大阪府大阪市		2017年3月	961	10,161	
17	セルリアンタワー東急ホテル	東京都渋谷区	ホ	2017年3月	411	9,981	
18	神戸ポートピアホテル	兵庫県神戸市		2017年3月	744	9,055	
19	京都ホテルオークラ	京都府京都市		2016年12月	322	8,977	
20	横浜ベイホテル東急	神奈川県横浜市		2017年3月	480	8,723	
21	城山観光ホテル	鹿児島県鹿児島市		2017年3月	365	8,546	
22	ホテルグランヴィア大阪	大阪府大阪市		2017年3月	716	8,531	
23	ザ・ブセナテラス	沖縄県名護市		2017年3月	410	7,583	
24	オリエンタルホテル東京ベイ	千葉県浦安市		2016年12月	503	7,271	
25	ホテル日航福岡	福岡県福岡市	ホ	2017年3月	360	7,068	
26	リーガロイヤルホテル広島	広島県広島市	ホ	2017年3月	488	7,012	
27	名古屋東急ホテル	愛知県名古屋市		2017年3月	564	6,999	
28	ホテルオークラ東京ベイ	千葉県浦安市		2017年2月	427	6,653	
29	ホテルメトロポリタン エドモント	東京都千代田区	ホ	2017年3月	668	6,485	
30	ルネッサンスリゾートオキナワ	沖縄県国頭郡		2016年11月	377	6,228	
31	名古屋観光ホテル	愛知県名古屋市	ホ	2017年3月	369	6,196	
32	ホテル日航アリビラ	沖縄県中頭郡		2016年12月	396	6,155	
33	ウェスティンナゴヤキャッスル	愛知県名古屋市		2017年3月	195	6,125	
34	ホテル阪急インターナショナル	大阪府大阪市	ホ	2017年3月	168	5,973	
35	ホテルニューオータニ幕張	千葉県千葉市		2017年3月	418	5,949	
36	第一ホテル東京	東京都港区		2017年3月	278	5,896	
37	ホテルオークラ福岡	福岡県福岡市		2017年3月	264	5,880	
38	東京ディズニーセレブレーションホテル	千葉県浦安市		2017年3月	702	5,780	
39	神戸メリケンパーク オリエンタルホテル	兵庫県神戸市		2016年12月	319	5,361	
40	アワーズイン阪急	東京都品川区	シ	2017年3月	1388	5,239	
41	京王プラザホテル札幌	北海道札幌市	ホ	2017年3月	495	5,148	
42	ロイヤルパークホテル ザ 汐留	東京都港区	ホ	2017年3月	490	5,058	
43	ホテルグランヴィア岡山	岡山県岡山市		2017年3月	328	4,951	
44	ホテルメトロポリタン仙台	宮城県仙台市	ホ	2017年3月	295	4,927	
45	ホテルグランドパレス	東京都千代田区	ホ	2016年12月	464	4,735	
46	渋谷エクセルホテル東急	東京都渋谷区		2017年3月	408	4,704	
47	定山渓ビューホテル	北海道札幌市		2017年3月	646	4,501	
48	ホテルニューグランド	神奈川県横浜市	ホ	2016年11月	240	4,484	
49	ホテル イースト21東京	東京都江東区	ホ	2017年3月	381	4,454	
50	東京ベイコート倶楽部 ホテル&スパリゾート	東京都江東区		2017年3月	292	4,443	

総売上高ベスト 300 ホテル（1～50 位）

客室売上高 (百万円)	料飲売上高 (百万円)	宴会売上高 (百万円)	その他売上高 (百万円)	延べ床面積 (㎡)	1㎡当たりの 総売上高 (円)	客室稼働率 (%)	定員稼働率 (%)
9,512	6,302	12,838	14,573	240,250	179,917	76.6	na
9,527	6,916	10,423	7,258	291,041	117,255	66.9	na
4,974	3,220	7,130	9,274	140,302	175,336	83.2	63.8
9,501	4,392	3,580	6,330	175,043	135,984	79.9	63.7
5,012	4,831	7,845	5,920	175,043	134,875	82.4	na
na	na	na	na	46,000	410,652	95.0	na
na	na	na	na	89,000	200,798	95.0	na
na	na	na	na	90,000	169,567	82.5	56.2
na	na	na	na	105,856	132,718	89.1	na
na	na	na	na	47,000	294,957	85.0	na
3,865	2,812	2,018	3,385	79,239	152,463	88.6	78.1
3,018	4,054	3,409	1,059	60,061	192,137	84.0	na
4,113	2,715	1,803	2,748	70,700	160,976	90.2	81.9
2,278	1,759	5,203	1,754	74,200	148,167	82.5	na
3,826	2,116	1,579	2,765	60,450	170,157	83.2	53.8
3,974	3,766	735	1,686	43,865	231,643	94.6	na
3,959	1,184	1,421	3,417	59,000	169,169	86.2	74.8
2,468	1,869	1,739	2,979	117,794	76,871	73.6	na
2,435	2,847	2,938	757	58,208	154,223	89.3	na
3,378	2,038	992	2,315	62,100	140,467	90.9	84.6
1,780	2,497	1,661	2,607	76,532	111,666	71.8	65.5
3,769	2,043	1,124	1,595	32,862	259,601	92.2	93.7
na	na	na	na	41,000	184,951	63.0	na
na	na	na	na	44,833	162,179	96.8	na
na	na	na	na	44,124	160,185	na	na
1,907	1,310	1,546	2,249	64,343	108,978	82.8	64.8
2,720	912	2,714	653	59,953	116,741	88.1	84.7
3,811	968	587	1,287	42,156	157,819	89.5	68.0
2,753	865	1,243	1,624	43,970	147,487	80.1	95.1
3,602	1,608	—	1,018	38,879	160,189	79.9	na
1,509	874	3,605	206	47,920	129,300	71.4	54.8
na	na	na	na	38,025	161,867	85.3	na
719	1,349	3,771	286	34,954	175,230	75.6	61.2
1,343	1,183	1,279	2,168	31,087	192,138	93.8	82.2
1,678	1,369	1,392	1,504	61,470	96,779	72.3	60.9
2,037	1,116	963	1,780	44,282	133,147	89.7	na
1,645	1,270	2,791	174	35,392	166,139	82.1	63.8
na	na	na	na	34,000	170,000	65.0	na
na	na	na	na	32,664	164,126	79.1	na
3,367	177	—	1,695	64,311	81,464	93.8	87.9
1,865	896	1,062	1,325	60,866	84,579	82.1	na
3,642	502	124	790	31,041	162,946	94.0	63.6
1,335	853	1,095	1,662	42,097	117,609	90.7	85.2
1,367	910	1,670	980	30,710	160,436	85.6	44.2
1,706	942	1,140	947	48,247	98,141	75.0	64.5
2,853	866	291	693	21,493	218,862	88.0	81.2
4,019	—	—	350	76,966	58,480	65.9	42.0
986	939	809	1,748	31,428	142,675	78.7	na
1,889	834	1,583	148	33,513	132,904	85.1	66.2
1,558	2,471	—	413	63,073	70,442	57.1	41.0

第1章 総売上高ランキング 2016

順位	ホテル名	地域名	加盟団体	決算月	客室数	総売上高 (百万円)	
51	ホテルオークラJRハウステンボス	長崎県佐世保市		2017年3月	320	4,300	
52	JRタワーホテル日航札幌	北海道札幌市		2017年3月	350	4,278	
53	京都ブライトンホテル	京都府京都市		2017年3月	182	4,230	
54	リーガロイヤルホテル小倉	福岡県北九州市		2017年3月	295	4,166	
55	ホテルサンルートプラザ新宿	東京都渋谷区		2017年3月	624	4,104	
56	ホテル日航熊本	熊本県熊本市		2017年3月	191	4,019	
57	琵琶湖ホテル	滋賀県大津市		2017年3月	171	3,951	
58	浦安ブライトンホテル東京ベイ	千葉県浦安市		2017年3月	189	3,930	
59	エクシブ有馬離宮	兵庫県神戸市		2017年3月	175	3,929	
60	オークラアクトシティホテル浜松	静岡県浜松市		2017年3月	322	3,916	
61	大阪第一ホテル	大阪府大阪市	ホ	2017年3月	460	3,913	
62	秋田キャッスルホテル	秋田県秋田市	ホ	2017年3月	150	3,883	
63	京都東急ホテル	京都府京都市		2017年3月	408	3,841	
64	リーガロイヤルホテル京都	京都府京都市		2017年3月	489	3,813	
65	リーガロイヤルホテル東京	東京都新宿区	ホ	2017年3月	126	3,754	
66	小田急ホテルセンチュリーサザンタワー	東京都渋谷区		2017年3月	375	3,739	
67	エクシブ京都 八瀬離宮	京都府京都市		2017年3月	210	3,646	
68	ホテル日航関西空港	大阪府泉佐野市		2017年3月	576	3,615	
69	宮崎観光ホテル	宮崎県宮崎市		2017年3月	348	3,614	
70	西鉄グランドホテル	福岡県福岡市		2017年3月	280	3,612	
71	高山グリーンホテル	岐阜県高山市	ホ	2017年3月	207	3,604	
72	洞爺サンパレス リゾート&スパ	北海道有珠郡		2017年3月	451	3,573	
73	パレスホテル大宮	埼玉県さいたま市	ホ	2016年12月	204	3,560	
74	京都センチュリーホテル	京都府京都市		2017年3月	219	3,538	
75	ホテルエミオン東京ベイ	千葉県浦安市		2017年3月	379	3,479	
76	富士屋ホテル	神奈川県足柄下郡	ホ	2017年3月	146	3,478	
77	ホテル阪神	大阪府大阪市	ホ	2017年3月	289	3,451	
78	エクシブ箱根離宮	神奈川県足柄下郡		2017年3月	187	3,431	
79	ホテルサンルート有明	東京都江東区		2017年3月	790	3,416	
80	宝塚ホテル	兵庫県宝塚市	ホ	2017年3月	129	3,303	
81	千里阪急ホテル	大阪府豊中市		2017年3月	203	3,210	
82	キャッスルプラザ	愛知県名古屋市		2017年3月	236	3,179	
83	ホテルメトロポリタン丸の内	東京都千代田区	ホ	2017年3月	343	3,151	
84	ホテルセンチュリー静岡	静岡県静岡市		2017年3月	206	3,093	
85	羽田エクセルホテル東急	東京都大田区	シ	2017年3月	386	2,895	
86	なんばオリエンタルホテル	大阪府大阪市		2017年8月	258	2,877	
87	奈良ホテル	奈良県奈良市	ホ	2017年3月	127	2,861	
88	熊本ホテルキャッスル	熊本県熊本市		2017年3月	179	2,860	
89	ルネッサンス リゾート ナルト	徳島県鳴門市		2017年4月	208	2,825	
90	京王プラザホテル八王子	東京都八王子市	ホ	2017年3月	200	2,824	
91	ローズホテル横浜	神奈川県横浜市		2017年3月	184	2,804	
92	成田ビューホテル	千葉県成田市	ホ	2017年4月	489	2,799	
93	都市センターホテル	東京都千代田区		2017年3月	327	2,764	
94	パレスホテル立川	東京都立川市	ホ	2016年12月	238	2,685	
95	ホテルアソシア静岡	静岡県静岡市	ホ	2017年3月	250	2,644	
96	ホテル日航プリンセス京都	京都府京都市		2017年3月	216	2,599	
97	仙台国際ホテル	宮城県仙台市		2017年3月	234	2,596	
98	ホテル瑞鳳	宮城県仙台市		2017年3月	117	2,581	
99	NASPAニューオータニ	新潟県南魚沼郡		2017年3月	220	2,572	
100	はいむるぶし	沖縄県八重山郡		2017年3月	148	2,536	

総売上高ベスト300ホテル（51〜100位）

客室売上高 （百万円）	料飲売上高 （百万円）	宴会売上高 （百万円）	その他売上高 （百万円）	延べ床面積 （㎡）	1㎡当たりの 総売上高（円）	客室稼働率 （％）	定員稼働率 （％）
2,209	897	706	485	33,095	129,929	73.1	74.4
2,261	1,162	381	474	21,000	203,714	83.7	66.8
na	na	na	na	24,780	170,703	90.0	na
881	824	1,130	1,331	58,532	71,175	78.6	40.0
3,373	375	164	192	19,498	210,483	94.5	121.6
732	970	1,939	378	22,352	179,805	84.1	56.3
924	914	992	1,121	21,802	181,222	83.6	61.9
na	na	na	na	33,026	118,997	85.0	na
1,061	2,311	—	555	44,266	88,759	86.8	62.6
1,041	1,064	1,591	220	38,300	102,245	82.1	61.1
2,007	314	157	1,435	41,190	94,999	95.8	87.1
296	489	1,170	1,918	32,482	119,543	65.9	50.8
2,344	1,489	756	8	30,813	124,655	81.9	74.3
1,291	795	784	943	43,033	88,606	85.0	na
890	888	1,631	345	37,327	100,571	84.7	85.8
2,430	570	220	519	22,614	165,340	92.0	82.1
986	2,197	—	461	39,256	92,878	82.5	46.6
2,617	654	—	344	38,000	95,132	88.3	74.3
826	758	1,341	689	42,651	84,734	69.6	51.8
1,088	691	806	1,027	26,562	135,984	88.0	79.9
950	916	629	1,109	34,352	104,914	78.7	53.2
3,313	na	na	260	45,705	78,175	83.4	51.1
807	850	1,196	705	17,483	203,626	86.1	71.3
1,625	929	948	34	19,952	177,326	93.2	88.6
2,765	460	—	254	28,400	122,500	88.8	69.6
905	1,264	632	677	22,937	151,633	78.4	80.0
1,312	634	401	1,104	25,283	136,493	97.7	na
1,006	2,080	—	343	42,138	81,423	84.0	59.6
2,804	425	91	96	25,769	132,562	91.6	95.8
478	546	539	1,740	33,521	98,535	85.2	na
776	533	819	1,082	27,299	117,587	91.6	na
691	365	1,133	990	28,476	111,638	91.5	81.2
2,293	418	☆	440	12,548	251,116	87.1	87.4
640	830	1,510	113	30,338	101,951	81.8	57.8
2,094	465	—	336	16,300	177,607	94.0	77.0
na	na	na	na	19,364	148,572	94.1	na
906	796	456	702	12,565	227,696	85.7	82.8
252	520	988	1,100	17,754	161,090	66.0	52.7
1,006	1,031	366	422	22,611	124,939	76.8	53.9
746	745	720	613	30,128	93,733	90.3	60.2
912	681	1,158	53	16,674	168,166	85.0	78.2
977	659	959	204	35,369	79,137	86.8	74.6
1,096	362	1,285	20	12,985	212,861	86.9	na
627	656	905	497	25,799	104,074	76.7	58.7
na	na	na	na	25,074	105,448	81.6	61.8
1,499	685	391	74	21,773	119,368	77.3	71.2
545	362	1,431	258	24,863	104,413	76.0	71.5
1,854	159	☆	568	32,072	80,475	96.9	58.2
666	838	651	417	26,873	95,709	44.0	29.6
1,479	617	8	432	8,000	317,000	80.7	50.0

ホテルデータブック 2018 HOTERES

第1章　総売上高ランキング 2016

順位	ホテル名	地域名	加盟団体	決算月	客室数	総売上高 (百万円)	
101	エクシブ琵琶湖	滋賀県米原市		2017 年 3 月	268	2,468	
102	ホテルサンルート大阪なんば	大阪府大阪市		2017 年 3 月	698	2,405	
103	ステーションホテル小倉	福岡県北九州市		2017 年 3 月	294	2,371	
104	ウェスティンホテル淡路	兵庫県淡路市	ホ	2017 年 3 月	201	2,350	
105	ハイランドリゾート ホテル&スパ	山梨県富士吉田市	ホ	2017 年 3 月	161	2,348	
106	エクシブ浜名湖	静岡県浜松市		2017 年 3 月	193	2,315	
107	ホテルブエナビスタ	長野県松本市	ホ	2017 年 3 月	190	2,294	
108	ひだホテルプラザ	岐阜県高山市		2016 年 12 月	225	2,289	
109	ホテルオークラ新潟	新潟県新潟市	ホ	2017 年 3 月	265	2,280	
110	ニューオータニイン東京	東京都品川区		2017 年 3 月	427	2,265	
111	名鉄グランドホテル	愛知県名古屋市		2017 年 3 月	241	2,263	
112	ホテルアソシア高山リゾート	岐阜県高山市		2017 年 3 月	290	2,257	
113	オリエンタルホテル広島	広島県広島市		2017 年 8 月	227	2,240	
114	名鉄犬山ホテル	愛知県犬山市		2017 年 3 月	125	2,237	
115	ホテルコンコルド浜松	静岡県浜松市	ホ	2017 年 3 月	226	2,218	
116	ホテルメトロポリタン長野	長野県長野市	ホ	2017 年 3 月	235	2,206	
117	ニューオータニイン札幌	北海道札幌市		2017 年 3 月	340	2,200	
118	ホテル ラ・スイート神戸ハーバーランド	兵庫県神戸市		2017 年 4 月	70	2,200	
119	山の上ホテル	東京都千代田区	ホ	2016 年 11 月	35	2,150	
120	ホテルメトロポリタン山形	山形県山形市		2017 年 3 月	116	2,117	
121	京都タワーホテル	京都府京都市		2017 年 3 月	162	2,113	
122	ロイヤルパークホテル ザ 羽田	東京都大田区	シ	2017 年 3 月	313	2,110	
123	エクシブ鳥羽別邸	三重県鳥羽市		2017 年 3 月	121	2,101	
124	ホテル竹園芦屋	兵庫県芦屋市		2017 年 1 月	51	2,100	
125	ホテルメトロポリタン盛岡NEW WING	岩手県盛岡市	ホ	2017 年 3 月	121	2,021	
126	エクシブ山中湖	山梨県南都留郡		2017 年 3 月	252	1,989	
127	晴海グランドホテル	東京都中央区		2017 年 3 月	212	1,970	
128	アルカディア市ケ谷(私学会館)	東京都千代田区		2017 年 3 月	87	1,969	
129	丸ノ内ホテル	東京都千代田区		2017 年 3 月	205	1,963	
130	甲府富士屋ホテル	山梨県甲府市		2017 年 3 月	103	1,929	
131	仙台ロイヤルパークホテル	宮城県仙台市	ホ	2017 年 3 月	110	1,924	
132	シティプラザ大阪	大阪府大阪市		2017 年 3 月	200	1,890	
133	ホテルアソシア豊橋	愛知県豊橋市	ホ	2017 年 3 月	222	1,839	
134	ホテル マハイナ ウェルネスリゾートオキナワ	沖縄県国頭郡		2016 年 9 月	264	1,832	
135	ザ・ナハテラス	沖縄県那覇市		2017 年 3 月	145	1,826	
136	京王プラザホテル多摩	東京都多摩市	ホ	2017 年 3 月	248	1,820	
137	エクシブ蓼科	長野県茅野市		2017 年 3 月	230	1,803	
138	ホテルコスモスクエア 国際交流センター	大阪府大阪市		2017 年 3 月	320	1,797	
139	ニュー阿寒ホテル	北海道釧路市		2017 年 3 月	338	1,757	
140	アルモニーアンブラッセ大阪	大阪府大阪市		2017 年 3 月	38	1,746	
141	ホテルヒューイット甲子園	兵庫県西宮市		2017 年 3 月	212	1,739	
142	小田急 山のホテル	神奈川県足柄下郡		2017 年 3 月	89	1,721	
143	ルークプラザホテル	長崎県長崎市		2017 年 8 月	87	1,700	
144	ホテルオークラ札幌	北海道札幌市	ホ	2017 年 3 月	147	1,694	
145	ニューオータニイン横浜プレミアム	神奈川県横浜市		2017 年 3 月	240	1,692	
146	からすま京都ホテル	京都府京都市		2016 年 12 月	238	1,691	
147	白浜古賀の井リゾート&スパ	和歌山県西牟婁郡		2017 年 3 月	172	1,647	
148	軽井沢倶楽部 ホテル軽井沢1130	群馬県吾妻郡		2017 年 6 月	238	1,638	
149	エクシブ軽井沢	長野県北佐久郡		2017 年 3 月	200	1,582	
150	エクシブ初島クラブ	静岡県熱海市		2017 年 3 月	200	1,580	

総売上高ベスト 300 ホテル（101 ～ 150 位）

客室売上高 （百万円）	料飲売上高 （百万円）	宴会売上高 （百万円）	その他売上高 （百万円）	延べ床面積 （㎡）	1㎡当たりの 総売上高（円）	客室稼働率 （%）	定員稼働率 （%）
510	1,667	—	290	36,351	67,894	48.0	29.5
2,185	167	—	52	19,999	120,256	80.5	100.5
689	424	1,183	75	27,800	85,288	70.2	59.4
812	693	556	290	29,200	80,479	68.2	38.9
921	795	382	249	19,609	119,741	63.1	69.9
528	1,482	—	304	41,144	56,266	57.0	32.9
534	492	494	774	23,869	96,108	74.1	48.6
822	—	982	485	26,624	85,975	74.4	47.8
561	559	499	661	27,461	83,027	67.1	54.6
1,465	249	116	435	15,583	145,351	92.0	97.0
776	571	577	339	13,715	165,002	90.9	90.9
na	na	na	na	30,730	73,446	64.1	56.4
na	na	na	na	13,752	162,883	81.5	na
483	653	600	501	18,000	124,278	74.2	69.3
327	425	731	735	21,487	103,223	77.7	73.0
709	246	1,007	244	26,366	83,668	83.6	69.2
975	348	392	485	18,025	122,053	82.5	70.0
950	580	500	170	8,802	249,943	88.5	78.0
179	na	na	na	5,223	411,641	73.0	55.9
294	259	704	860	11,278	187,711	77.3	60.0
1,017	579	517	0	26,255	80,480	95.2	76.8
1,682	231	—	197	11,643	181,231	88.4	68.7
733	1,162	—	205	22,921	91,663	88.5	68.1
180	616	☆	1,304	8,515	246,626	82.4	58.2
318	297	760	646	16,927	119,395	71.7	63.2
456	1,196	—	336	37,641	52,841	44.2	22.4
697	1	493	779	13,028	151,213	99.9	85.2
188	257	853	671	17,547	112,213	86.5	65.3
1,619	260	—	84	16,563	118,519	79.5	52.1
386	452	536	27	34,579	55,785	57.9	49.0
376	437	1,076	35	24,064	79,953	61.8	53.0
663	218	830	179	31,236	60,506	76.6	88.4
na	na	na	na	16,285	112,926	79.4	59.4
1,172	420	4	236	22,036	83,138	82.2	58.0
na	na	na	na	14,554	125,464	52.9	na
771	505	236	308	17,026	106,895	86.2	76.3
523	1,081	—	198	39,074	46,143	44.7	25.0
906	374	108	409	39,600	45,379	90.5	71.3
1,512	62	☆	183	34,051	51,599	65.3	34.8
268	109	40	0	4,852	359,852	81.9	73.7
602	418	558	161	31,383	55,412	86.2	71.4
596	803	☆	322	8,934	192,635	77.0	73.9
400	1,160	170	50	na	na	73.8	na
745	334	461	151	15,725	107,727	94.2	68.5
1,191	283	7	211	12,564	134,675	93.5	71.9
835	273	533	50	8,182	206,673	85.8	na
na	na	na	na	21,310	77,288	75.9	56.0
823	690	☆	125	33,345	49,123	67.7	64.3
333	995	—	253	21,398	73,932	45.7	24.5
433	858	—	288	43,803	36,071	38.3	29.5

ホテルデータブック **2018** | HOTERES　*87*

第1章 総売上高ランキング 2016

順位	ホテル名	地域名	加盟団体	決算月	客室数	総売上高 (百万円)	
151	ホテル青森	青森県青森市		2017 年 3 月	155	1,529	
152	オークラ千葉ホテル	千葉県千葉市		2017 年 3 月	84	1,515	
153	エクシブ鳥羽アネックス	三重県鳥羽市		2017 年 3 月	198	1,494	
154	秋保グランドホテル	宮城県仙台市		2017 年 3 月	140	1,492	
155	名鉄トヨタホテル	愛知県豊田市	ホ	2017 年 3 月	99	1,481	
156	花巻温泉　ホテル千秋閣	岩手県花巻市		2017 年 3 月	184	1,465	
157	セラヴィリゾート泉郷 ホテルアンビエント安曇野	長野県安曇市		2017 年 5 月	244	1,451	
158	金沢ニューグランドホテル	石川県金沢市	ホ	2017 年 2 月	215	1,413	
159	赤倉観光ホテル	新潟県妙高市		2017 年 5 月	79	1,412	
160	金沢マンテンホテル駅前	石川県金沢市		2016 年 9 月	509	1,408	
161	ホテルグランヴィア和歌山	和歌山県和歌山市		2017 年 3 月	155	1,398	
162	ロイヤルパークホテル ザ 京都	京都市京都市		2017 年 3 月	172	1,361	
163	ホテル川久	和歌山県西牟婁郡		2017 年 3 月	85	1,324	
164	八戸プラザホテル	青森県八戸市		2017 年 5 月	59	1,317	
165	花巻温泉 ホテル紅葉館	岩手県花巻市		2017 年 3 月	138	1,279	
166	エクシブ鳴門	徳島県鳴門市		2017 年 3 月	135	1,259	
167	上高地帝国ホテル(11月中旬〜4月末はクローズ)	長野県松本市		2017 年 3 月	74	1,256	
168	ホテル名古屋ガーデンパレス	愛知県名古屋市		2017 年 3 月	178	1,232	
169	エルイン京都	京都府京都市		2017 年 3 月	512	1,225	
170	リゾーピア箱根	神奈川県足柄下郡		2017 年 3 月	171	1,223	
171	土佐ロイヤルホテル	高知県安芸郡		2017 年 3 月	195	1,211	
172	ホテルトヨタキャッスル	愛知県豊田市		2017 年 3 月	151	1,197	
173	ザ・クレストホテル柏	千葉県柏市		2017 年 3 月	87	1,194	
174	ホテルサンルート品川シーサイド	東京都品川区		2017 年 3 月	300	1,191	
175	南の美ら花ホテルミヤヒラ	沖縄県石垣市		2016年 12 月	158	1,184	
176	ホテルサンルート広島	広島県広島市		2017 年 3 月	283	1,178	
177	セラヴィリゾート泉郷 ホテルアンビエント蓼科	長野県北佐久郡		2017 年 5 月	172	1,176	
178	小田急ホテルセンチュリー相模大野	神奈川県相模原市		2017 年 3 月	120	1,174	
179	オークラフロンティアホテル海老名	神奈川県海老名市		2017 年 3 月	74	1,164	
180	フルーツパーク富士屋ホテル	山梨県山梨市	ホ	2017 年 3 月	43	1,163	
181	奥道後 壱湯の守	愛媛県松山市		2017 年 3 月	240	1,150	
182	ホテルトラスティ心斎橋	大阪府大阪市		2017 年 3 月	211	1,144	
183	ホテル「ホップイン」アミング	兵庫県尼崎市		2017 年 3 月	190	1,142	
184	ホテルメトロポリタン盛岡	岩手県盛岡市		2017 年 3 月	191	1,119	
185	富士レークホテル	山梨県南都留郡		2017 年 2 月	74	1,113	
186	エクシブ那須白河	福島県西白河郡		2017 年 3 月	58	1,113	
187	富山マンテンホテル	富山県富山市		2016 年 9 月	295	1,109	
188	リーガロイヤルホテル新居浜	愛媛県新居浜市		2017 年 11 月	94	1,105	
189	ホテルニューオウミ	滋賀県近江八幡市		2017 年 3 月	83	1,093	
190	ホテル日航ノースランド帯広	北海道帯広市		2017 年 3 月	171	1,088	
191	ホテルアソシア新横浜	神奈川県横浜市		2017 年 3 月	203	1,060	
192	中島屋グランドホテル	静岡県静岡市	ホ	2017 年 7 月	105	1,050	
193	ホテルトラスティ大阪阿倍野	大阪府大阪市		2017 年 3 月	202	1,049	
194	神戸三宮東急REIホテル	兵庫県神戸市		2017 年 3 月	235	1,048	
195	リゾーピア熱海	静岡県熱海市		2017 年 3 月	206	1,030	
196	セラヴィリゾート泉郷 ネオオリエンタルリゾート 八ヶ岳高原	山梨県北杜市		2017 年 5 月	226	1,030	
197	ホテルサンルート東新宿	東京都新宿区		2017 年 3 月	311	1,023	
198	広島エアポートホテル／フォレストヒルズガーデン	広島県三原市		2017 年 3 月	169	1,019	
199	ウィシュトンホテル・ユーカリ	千葉県佐倉市		2016年 12 月	205	1,008	
200	二子玉川エクセルホテル東急	東京都世田谷区	シ	2017 年 3 月	106	1,008	

総売上高ベスト300ホテル（151～200位）

客室売上高 （百万円）	料飲売上高 （百万円）	宴会売上高 （百万円）	その他売上高 （百万円）	延べ床面積 （㎡）	1㎡当たりの 総売上高（円）	客室稼働率 （%）	定員稼働率 （%）
290	231	574	434	31,301	48,848	61.0	47.5
219	220	1,053	44	18,328	82,660	85.8	na
273	1,001	—	219	19,320	77,329	39.6	23.2
1,352	—	—	140	19,438	76,755	83.8	50.0
252	316	543	370	21,855	67,765	73.5	60.9
478	548	211	228	25,318	57,864	64.2	40.1
433	702	☆	277	21,037	68,974	54.3	37.9
491	396	521	405	23,763	59,462	70.0	68.0
646	644	80	42	9,821	143,774	75.2	76.6
na	na	na	na	13,204	106,634	na	na
409	348	405	236	13,834	101,055	78.1	69.6
1,026	166	☆	169	7,512	181,189	92.3	74.2
1,155	58	☆	111	26,076	50,775	67.4	54.9
43	77	885	312	10,747	122,546	40.7	28.6
459	486	139	195	18,185	70,333	73.8	53.2
327	711	—	219	21,941	57,381	52.1	30.6
462	579	—	215	4,906	256,013	82.8	na
312	484	392	44	18,088	68,110	78.8	76.8
1,135	37	☆	53	10,778	113,659	86.5	86.0
454	696	—	72	13,334	91,720	51.4	27.8
395	487	☆	329	29,092	41,626	63.5	43.6
407	272	310	208	10,672	112,163	75.4	61.9
232	102	762	96	10,370	115,140	81.7	57.0
999	117	58	17	9,211	129,302	90.1	87.7
482	390	—	312	5,488	215,743	76.2	72.4
807	282	65	25	9,612	122,555	79.5	85.2
311	608	☆	222	15,515	75,798	64.0	43.7
326	253	416	177	82,090	14,301	82.9	74.2
199	335	610	18	10,565	110,175	82.3	79.5
254	324	494	91	11,055	105,201	80.9	68.3
na	na	na	na	19,645	58,539	60.7	60.4
887	175	—	82	9,506	120,345	91.2	89.7
631	179	323	9	9,600	118,958	90.9	na
426	296	213	184	9,361	119,539	81.3	83.1
560	456	0	97	10,145	109,709	70.1	39.7
192	798	—	122	25,534	43,589	62.9	34.8
na	na	na	na	9,840	112,703	na	na
270	230	555	50	17,942	61,587	74.9	68.9
174	262	375	282	25,273	43,248	71.6	64.3
344	158	387	199	16,075	67,683	78.9	63.7
na	na	na	na	10,892	97,319	82.2	na
150	410	465	25	9,770	107,472	71.0	56.0
804	221	—	23	5,554	188,878	94.9	76.6
757	120	153	18	9,045	115,861	86.6	72.2
382	599	—	48	11,295	91,191	47.5	21.0
370	421	☆	212	538,679	1,912	38.7	22.6
984	31	—	8	6,742	151,735	85.4	107.6
405	198	360	56	9,329	109,233	77.1	na
349	213	429	17	6,599	152,750	71.2	68.9
572	422	☆	14	4,950	203,625	90.1	61.0

第1章 総売上高ランキング 2016

順位	ホテル名	地域名	加盟団体	決算月	客室数	総売上高 (百万円)	
201	クサツエストピアホテル	滋賀県草津市		2017年3月	73	1,000	
202	ホテルブライトンシティ大阪北浜	大阪府大阪市		2017年3月	234	1,000	
203	ホテルトラスティ金沢香林坊	石川県金沢市		2017年3月	207	999	
204	エクシブ白浜アネックス	和歌山県西牟婁郡		2017年3月	144	983	
205	ホテル日航立川 東京	東京都立川市		2017年3月	100	974	
206	ホテルサンルートニュー札幌	北海道札幌市		2017年3月	306	967	
207	ホテル京阪天満橋	大阪府大阪市		2017年3月	315	964	
208	東京グランドホテル	東京都港区		2017年3月	156	954	
209	国際ホテル松山	愛媛県松山市		2016年12月	78	932	
210	ホテルトラスティ東京ベイサイド	東京都江東区		2017年3月	200	928	
211	ホテルサンルート新橋	東京都港区		2017年3月	220	917	
212	エクシブ鳥羽	三重県鳥羽市		2017年3月	207	913	
213	富士ビューホテル	山梨県南都留郡		2017年3月	79	912	
214	セラヴィリゾート泉郷 ホテルアルティア鳥羽	三重県鳥羽市		2017年5月	72	904	
215	ロイヤルパークホテル ザ 福岡	福岡県福岡市		2017年3月	174	902	
216	ベストウェスタン レンブラントホテル鹿児島リゾート	鹿児島県鹿児島市		2017年3月	198	890	
217	旧軽井沢 ホテル音羽ノ森	長野県北佐久郡		2017年3月	49	869	
218	エクシブ伊豆	静岡県伊東市		2017年3月	227	867	
219	ホテルグランドシティ	東京都豊島区		2017年3月	247	857	
220	サンメンバーズ東京新宿	東京都新宿区		2017年3月	181	840	
221	花巻温泉 ホテル花巻	岩手県花巻市		2017年3月	102	820	
222	セラヴィリゾート泉郷 ホテルアンビエント伊豆高原	静岡県伊東市		2017年5月	134	814	
223	ホテルサンルートソプラ神戸	兵庫県神戸市		2016年9月	218	813	
224	チサン イン 名古屋	愛知県名古屋市		2016年12月	375	801	
225	ロイヤルパークホテル ザ 名古屋	愛知県名古屋市	シ	2017年3月	153	795	
226	ホテルゆがふいんおきなわ	沖縄県名護市		2016年9月	121	792	
227	花巻温泉 佳松園	岩手県花巻市		2017年3月	50	778	
228	ホテルサンライト新宿	東京都新宿区		2017年3月	197	764	
229	観音崎京急ホテル	神奈川県横須賀市	ホ	2017年3月	60	763	
230	名古屋駅前モンブランホテル	愛知県名古屋市		2017年1月	277	753	
231	ホテルサンルート高田馬場	東京都新宿区		2017年3月	197	751	
232	両国ビューホテル	東京都墨田区		2017年4月	150	750	
233	松山東急REIホテル	愛媛県松山市		2017年3月	245	715	
234	プレミアホテル−CABIN−札幌	北海道札幌市		2017年5月	218	707	
235	新大阪サニーストンホテル	大阪府大阪市		2017年6月	232	696	
236	ホテルサンルート川崎	神奈川県川崎市		2017年3月	278	689	
237	ホテルトラスティ名古屋栄	愛知県名古屋市		2017年3月	204	682	
238	箱根ホテル	神奈川県足柄下郡	ホ	2017年3月	49	673	
239	ホテルトラスティ神戸旧居留地	兵庫県神戸市		2017年3月	141	670	
240	衣浦グランドホテル	愛知県碧南市	ホ	2017年3月	166	660	
241	ホテルトラスティ名古屋	愛知県名古屋市		2017年3月	250	652	
242	ホテルブライトンシティ京都山科	京都府京都市		2017年3月	100	640	
243	高岡マンテンホテル駅前	富山県高岡市		2016年9月	233	637	
244	ホテルJALシティ長野	長野県長野市		2017年3月	242	635	
245	セラヴィリゾート泉郷 浜名湖グランドホテルさざなみ館	静岡県浜松市		2017年5月	40	614	
246	かどやホテル	東京都新宿区		2017年6月	94	612	
247	磐田グランドホテル	静岡県磐田市	ホ	2017年3月	100	600	
248	セラヴィリゾート泉郷 清里高原ホテル	山梨県北杜市		2017年5月	53	597	
249	ホテルサンルートプラザ福島	福島県福島市		2017年3月	257	584	
250	エクシブ淡路島	兵庫県洲本市		2017年3月	109	582	

総売上高ベスト 300 ホテル（201 ～ 250 位）

客室売上高 (百万円)	料飲売上高 (百万円)	宴会売上高 (百万円)	その他売上高 (百万円)	延べ床面積 (㎡)	1㎡当たりの 総売上高 (円)	客室稼働率 (%)	定員稼働率 (%)
187	152	365	296	9,507	105,186	94.1	53.3
na	na	na	na	7,447	134,282	90.0	na
738	228	—	33	7,378	135,394	88.1	64.4
315	584	—	83	22,003	44,676	53.1	31.3
332	490	10	78	14,778	65,909	na	na
754	115	59	39	11,958	80,866	76.8	78.6
920	141	—	27	7,713	124,984	96.4	75.9
403	114	201	236	8,500	112,235	80.3	80.2
120	166	267	379	5,990	155,593	81.5	64.3
772	129	—	25	na	na	90.4	69.4
880	20	—	17	4,687	195,648	92.4	105.7
234	603	—	76	14,829	61,569	34.7	18.7
423	315	115	60	10,110	90,208	79.4	89.8
210	559	0	135	6,659	135,756	92.7	59.3
725	73	—	104	8,630	104,519	88.0	68.2
326	173	362	28	13,274	67,048	73.2	60.8
181	125	146	417	5,260	165,209	54.3	43.3
239	552	—	76	15,612	55,534	33.1	18.4
743	103	—	11	6,343	135,110	95.7	91.8
604	217	—	17	6,024	139,442	95.6	76.2
260	273	160	127	16,571	49,484	58.6	37.5
226	403	0	137	3,246	250,770	61.2	38.3
635	83	50	45	7,297	111,416	90.8	83.5
709	63	—	29	7,927	101,052	84.6	80.5
616	97	—	82	5,729	138,768	92.0	70.2
328	105	211	148	9,353	84,679	84.7	51.8
289	305	85	99	11,180	69,589	55.8	34.2
630	53	—	81	4,657	164,054	97.0	94.5
215	234	86	228	6,700	113,881	58.8	38.3
710	na	na	43	7,194	104,671	93.8	na
636	94	9	12	7,149	105,050	92.5	91.5
544	137	66	1	7,504	99,943	84.7	60.3
561	133	—	17	9,228	77,482	80.0	80.0
558	78	—	71	7,423	95,239	86.2	78.1
575	44	—	77	4,684	148,579	89.0	86.0
660	15	—	14	6,687	103,036	76.7	70.0
560	88	—	33	5,732	118,981	92.0	91.3
228	335	15	95	6,567	102,482	76.9	75.6
520	132	—	16	4,477	149,654	93.4	82.3
313	140	189	18	10,525	62,708	84.2	80.7
561	70	—	21	6,534	99,786	92.2	84.6
na	na	na	na	5,519	115,963	95.0	na
na	na	na	na	5,052	126,089	na	na
472	49	86	28	11,579	54,841	70.7	na
129	350	—	113	5,504	111,555	83.2	42.6
410	195	—	7	3,040	201,316	95.3	90.1
151	188	217	44	9,711	61,786	60.0	53.0
213	275	—	93	6,554	91,089	68.3	49.5
379	75	92	38	10,375	56,289	67.9	54.3
168	370	—	43	17,699	32,883	38.1	19.9

ホテルデータブック 2018 | HOTERES 91

第1章 総売上高ランキング 2016

順位	ホテル名	地域名	加盟団体	決算月	客室数	総売上高 (百万円)
251	立川ワシントンホテル	東京都立川市		2016年12月	170	576
252	ホテルサンルート新潟	新潟県新潟市		2017年3月	231	571
253	ホテルエース盛岡	岩手県盛岡市		2017年3月	275	555
254	名鉄イン名古屋金山	愛知県名古屋市		2017年3月	235	552
255	ホテルリバージュアケボノ	福井県福井市		2017年2月	142	551
256	京都タワーホテル アネックス	京都府京都市		2017年3月	126	525
257	ホテルギンモンド京都	京都府京都市		2017年3月	139	515
258	サクラ・フルール青山	東京都渋谷区	シ	2017年3月	133	503
259	金沢彩の庭ホテル	石川県金沢市		2016年9月	64	502
260	sankala hotel & spa 屋久島	鹿児島県熊毛郡		2016年12月	29	489
261	八甲田ホテル	青森県青森市		2016年12月	55	482
262	ホテルサーブ渋谷	東京都目黒区	シ	2017年3月	133	462
263	ホテルエクセル岡山	岡山県岡山市		2017年1月	89	462
264	クインテッサホテル佐世保	長崎県佐世保市		2016年12月	162	460
265	レゾネイトクラブくじゅう	大分県竹田市		2017年5月	60	450
266	エクシブ白浜	和歌山県西牟婁郡		2017年3月	104	426
267	ホテル鹿島ノ森	長野県北佐久郡		2017年3月	50	422
268	チサングランド長野	長野県長野市		2016年12月	136	422
269	セラヴィリゾート泉郷 鳥羽わんわんパラダイスホテル	三重県鳥羽市		2017年5月	57	391
270	ホテルサンルート長野	長野県長野市		2017年3月	150	384
271	セラヴィリゾート泉郷 伊豆高原わんわんパラダイス	静岡県伊東市		2017年5月	53	382
272	エクシブ軽井沢サンクチュアリ・ヴィラ	長野県北佐久郡		2017年3月	40	382
273	リゾーピア別府	大分県別府市		2017年3月	57	379
274	ベルモントホテル	東京都台東区		2017年3月	82	378
275	魚津マンテンホテル駅前	富山県魚津市		2016年9月	185	360
276	ホテルサンルート上田	長野県上田市		2017年3月	118	356
277	セラヴィリゾート泉郷 高山わんわんパラダイスホテル	岐阜県高山市		2017年5月	41	348
278	ホテルサンルート"ステラ"上野	東京都台東区		2016年9月	95	347
279	かごしまプラザホテル天文館	鹿児島県鹿児島市		2016年9月	220	340
280	ホテルトラスティ名古屋 白川	愛知県名古屋市		2017年3月	105	332
281	京都ガーデンホテル	京都府京都市	シ	2017年7月	129	330
282	エクシブ山中湖サンクチュアリ・ヴィラ	山梨県南都留郡		2017年3月	28	328
283	ホテルナガノアベニュー	長野県長野市	シ	2017年3月	205	326
284	セントラルホテル	東京都千代田区		2017年6月	124	322
285	雲仙観光ホテル	長崎県雲仙市	ホ	2016年9月	39	317
286	四万十の宿	高知県四万十市		2017年3月	30	313
287	敦賀マンテンホテル駅前	福井県敦賀市		2016年9月	143	311
288	ホテルメッツ田端	東京都北区	ホ	2017年3月	98	302
289	ロイヤルメイフラワー仙台	宮城県仙台市		2016年9月	186	300
290	ホテルサンルート長野東口	長野県長野市		2017年3月	119	296
291	上野ターミナルホテル	東京都台東区		2017年3月	73	292
292	セラヴィリゾート泉郷 八ヶ岳わんわんパラダイス	山梨県北杜市		2017年5月	39	266
293	ホテルロイヤル盛岡	岩手県盛岡市		2017年3月	101	262
294	サンメンバーズ京都嵯峨	京都府京都市		2017年3月	67	257
295	唐津第一ホテル	佐賀県唐津市		2017年7月	126	236
296	サンメンバーズひるがの	岐阜県郡上郡		2017年3月	36	228
297	セラヴィリゾート泉郷 松阪わんわんパラダイス 森のホテルスメール	三重県松阪市		2017年5月	21	227
298	唐津第一ホテル・リベール	佐賀県唐津市		2016年9月	154	223
299	ホテルゆがふいんBISE	沖縄県国頭郡		2016年9月	52	220
300	クォードイン yokote	秋田県横手市		2017年6月	100	205

総売上高ベスト300ホテル（251〜300位）

客室売上高 （百万円）	料飲売上高 （百万円）	宴会売上高 （百万円）	その他売上高 （百万円）	延べ床面積 （㎡）	1㎡当たりの 総売上高（円）	客室稼働率 （%）	定員稼働率 （%）
407	63	—	106	6,040	95,364	87.9	89.0
416	75	35	44	8,255	69,170	83.3	76.1
376	93	54	32	4,998	111,044	73.0	73.5
546	na	na	6	5,980	92,303	91.0	94.9
379	115	57	—	5,060	108,893	74.3	53.3
471	54	—	—	3,723	141,000	90.1	75.9
499	—		16	4,998	103,041	94.6	na
475	25	—	3	3,342	150,524	83.5	78.4
495	3	—	5	4,900	102,449	79.1	59.7
237	136	—	116	30,455	16,056	44.4	30.0
222	248	8	28	6,214	77,567	38.5	36.6
380	70	—	12	2,777	166,395	84.9	44.5
155	307	—	—	3,959	116,696	85.4	72.1
443	—	—	17	7,848	58,617	81.1	43.0
156	220	—	74	5,136	87,617	45.3	34.5
87	310	—	28	10,714	39,761	23.2	14.2
242	140	—	40	4,700	89,787	55.0	53.3
300	103	—	19	6,159	68,519	75.0	46.3
114	205	—	57	5,052	77,395	46.3	32.1
338	35	—	11	3,543	108,383	77.3	73.9
93	217	—	60	5,761	66,308	55.3	41.8
148	228	—	6	4,135	92,382	43.9	27.1
132	204	—	42	4,328	87,569	49.7	27.7
224	64	89	—	3,638	103,903	75.4	na
na	na	na	na	3,682	97,773	na	na
248	98	1	9	3,136	113,520	76.8	75.0
127	158	—	55	2,752	126,453	52.8	45.2
340	na	na	na	2,924	118,673	93.0	88.2
272	na	na	na	4,400	77,273	72.7	84.2
217	0	☆	115	10,944	30,336	83.5	61.7
322	7	1	0	1,784	184,991	86.9	81.9
209	77	—	40	9,601	34,163	81.9	56.6
317	2	—	7	5,580	58,423	68.8	64.6
300	—	—	22	3,300	97,576	96.0	93.5
107	132	52	26	4,907	64,605	28.8	27.0
118	119	☆	75	3,319	94,306	83.5	86.1
na	na	na	na	2,964	104,926	na	na
272	24	☆	6	2,993	100,905	87.8	na
na	na	na	na	4,400	68,182	75.0	68.0
264	23	—	9	3,544	83,524	81.8	77.1
154	133	—	4	1,980	147,475	73.3	na
98	111	—	37	na	na	49.1	25.7
190	—	72	—	1,036	252,896	75.2	61.3
112	128	—	16	3,335	77,061	53.2	39.5
228	—	—	8	2,414	97,763	na	na
75	135	—	17	4,235	53,837	47.8	32.0
73	110	—	37	na	na	55.3	13.9
198	na	na	25	4,090	54,523	na	na
150	35	0	10	4,189	52,513	80.0	52.2
184	—	—	21	2,741	74,792	81.2	78.2

第1章 ADR ランキング 2016

□1日1室当たりの実質客室単価 [ADR] ベスト 300 ホテル（1〜50 位）

順位	ホテル名	地域名	客室数	期中の総販売可能客室数（室）	ADR（円）	客室売上高（百万円）	客室稼働率（%）
1	東京ディズニーシー・ホテルミラコスタ	千葉県浦安市舞浜	502	183,732	65,000	na	95.0
2	東京ディズニーランドホテル	千葉県浦安市	706	258,396	60,000	na	95.0
3	風のテラスKUKUNA	山梨県南都留郡	65	23,400	60,000	88	80.0
4	ホテル川久	和歌山県西牟婁郡	85	31,025	55,474	1,155	67.4
5	sankala hotel & spa 屋久島	鹿児島県熊毛郡	29	28,536	52,967	237	44.4
6	ディズニーアンバサダーホテル	千葉県浦安市	504	na	50,000	na	85.0
7	パレスホテル東京	東京都千代田区	290	105,850	49,643	4,974	83.2
8	ザ・ブセナテラス	沖縄県名護市	410	149,650	46,220	na	63.0
9	ホテル瑞鳳	宮城県仙台市	117	42,705	45,938	1,854	96.9
10	ホテル ラ・スイート神戸ハーバーランド	兵庫県神戸市	70	25,550	45,718	950	88.5
11	赤倉観光ホテル	新潟県妙高市	79	21,207	40,509	646	75.2
12	上高地帝国ホテル(11月中旬〜4月末はクローズ)	長野県松本市	74	14,652	38,132	462	82.8
13	帝国ホテル 東京	東京都千代田区	931	339,815	36,528	9,512	76.6
14	はいむるぶし	沖縄県八重山郡	148	53,576	33,937	1,479	80.7
15	秋保グランドホテル	宮城県仙台市	140	49,329	32,722	1,352	83.8
16	ルネッサンスリゾートオキナワ	沖縄県国頭郡	377	75,920	32,673	3,602	79.9
17	八甲田ホテル	青森県青森市	55	20,075	32,366	222	38.5
18	富士レークホテル	山梨県南都留郡	74	25,974	30,768	560	70.1
19	セルリアンタワー東急ホテル	東京都渋谷区	411	150,015	30,610	3,959	86.2
20	京都ブライトンホテル	京都府京都市	182	66,430	30,000	na	90.0
21	東京ディズニーセレブレーションホテル	千葉県浦安市	702	na	30,000	na	65.0
22	白浜古賀の井リゾート&スパ	和歌山県西牟婁郡	172	62,780	29,507	na	75.9
23	ホテル鹿島ノ森	長野県北佐久郡	50	14,650	28,819	242	55.0
24	花巻温泉 佳松園	岩手県花巻市	50	10,185	28,423	289	55.8
25	ホテル日航アリビラ	沖縄県中頭郡	396	144,540	27,513	na	85.3
26	ホテルオークラ東京ベイ	千葉県浦安市	427	155,855	27,246	3,811	89.5
27	金沢彩の庭ホテル	石川県金沢市	64	23,296	26,840	495	79.1
28	ホテルオークラ東京	東京都港区	381	139,035	25,842	3,018	84.0
29	東京ベイコート倶楽部 ホテル&スパリゾート	東京都江東区	292	106,580	25,610	1,558	57.1
30	アルモニーアンブラッセ大阪	大阪府大阪市	38	12,839	25,076	268	81.9
31	エクシブ山中湖サンクチュアリ・ヴィラ	山梨県南都留郡	28	10,220	25,006	209	81.9
32	浦安ブライトンホテル東京ベイ	千葉県浦安市	189	68,796	25,000	na	85.0
33	ハイランドリゾート ホテル&スパ	山梨県富士吉田市	161	58,765	24,858	921	63.1
34	エクシブ軽井沢サンクチュアリ・ヴィラ・ムセオ	長野県北佐久郡	16	5,840	24,451	76	53.3
35	丸ノ内ホテル	東京都千代田区	205	74,825	24,196	1,619	79.5
36	洞爺サンパレス リゾート&スパ	北海道有珠郡	451	164,615	24,132	3,313	83.4
37	雲仙観光ホテル	長崎県雲仙市	39	13,806	24,121	107	28.8
38	小田急 山のホテル	神奈川県足柄下郡	89	32,485	23,815	596	77.0
39	旧軽井沢 ホテル音羽ノ森	長野県北佐久郡	49	14,191	23,495	181	54.3
40	ホテル阪急インターナショナル	大阪府大阪市	168	61,320	23,348	1,343	93.8
41	ホテルグランヴィア京都	京都府京都市	537	195,275	23,346	4,113	90.2
42	ホテルオークラJRハウステンボス	長崎県佐世保市	320	116,800	23,286	2,209	73.1
43	京都ホテルオークラ	京都府京都市	322	117,530	23,216	2,435	89.3
44	エクシブ軽井沢サンクチュアリ・ヴィラ	長野県北佐久郡	40	14,600	23,122	148	43.9
45	ホテルニューオータニ	東京都千代田区	1479	539,835	22,861	9,527	66.9
46	奈良ホテル	奈良県奈良市	127	46,355	22,809	906	85.7
47	リーガロイヤルホテル東京	東京都新宿区	126	45,990	22,728	890	84.7
48	ザ・ナハテラス	沖縄県那覇市	145	52,925	22,709	na	52.9
49	京王プラザホテル	東京都新宿区	1438	524,870	22,666	9,501	79.9
50	エクシブ鳴門サンクチュアリ・ヴィラ	徳島県鳴門市	22	8,030	22,560	52	29.0

□1日1室当たりの実質客室単価 [ADR] ベスト 300 ホテル (51〜100 位)

順位	ホテル名	地域名	客室数	期中の総販売 可能客室数 (室)	ADR (円)	客室売上高 (百万円)	客室稼働率 (%)
51	第一ホテル東京	東京都港区	278	101,192	22,371	2,037	89.7
52	セラヴィリゾート泉郷 松阪わんわんパラダイス 森のホテルスメール	三重県松阪市	21	7,581	22,278	73	55.3
53	ホテルエミオン東京ベイ	千葉県浦安市	379	137,956	22,212	2,765	88.8
54	渋谷エクセルホテル東急	東京都渋谷区	408	148,920	21,776	2,853	88.0
55	ロイヤルパークホテル ザ 汐留	東京都港区	490	178,850	21,660	3,642	94.0
56	JRタワーホテル日航札幌	北海道札幌市	350	105,675	21,403	2,261	83.7
57	横浜ベイホテル東急	神奈川県横浜市	480	175,200	21,336	3,378	90.9
58	ホテル日航プリンセス京都	京都府京都市	216	78,840	21,306	1,499	77.3
59	奥道後 壱湯の守	愛媛県松山市	240	87,600	21,262	na	60.7
60	エクシブ鳴門サンクチュアリ・ヴィラドゥーエ	徳島県鳴門市	22	8,030	21,093	109	64.5
61	ホテルメトロポリタン丸の内	東京都千代田区	343	125,195	21,021	2,293	87.1
62	エクシブ湯河原離宮	神奈川県足柄下郡	187	187	20,901	2	54.5
63	オリエンタルホテル東京ベイ	千葉県浦安市	503	183,595	20,449	na	96.8
64	フルーツパーク富士屋ホテル	山梨県山梨市	43	15,695	19,977	254	80.9
65	なんばオリエンタルホテル	大阪府大阪市	258	94,170	19,918	na	94.1
66	帝国ホテル 大阪	大阪府大阪市	381	139,065	19,850	2,278	82.5
67	横浜ロイヤルパークホテル	神奈川県横浜市	603	220,095	19,818	3,865	88.6
68	京都センチュリーホテル	京都府京都市	219	79,935	19,472	1,625	93.2
69	富士屋ホテル	神奈川県足柄下郡	146	53,290	19,304	905	78.4
70	小田急ホテルセンチュリーサザンタワー	東京都渋谷区	375	136,875	19,287	2,430	92.0
71	エクシブ有馬離宮	兵庫県神戸市	175	63,875	19,153	1,061	86.8
72	城山観光ホテル	鹿児島県鹿児島市	365	130,576	18,995	1,780	71.8
73	NASPAニューオータニ	新潟県南魚沼郡	220	80,300	18,829	666	44.0
74	ニュー阿寒ホテル	北海道釧路市	338	123,370	18,806	1,512	65.3
75	エクシブ鳥羽別邸	三重県鳥羽市	121	44,165	18,756	733	88.5
76	ホテルオークラ福岡	福岡県福岡市	264	96,360	18,391	1,645	82.1
77	琵琶湖ホテル	滋賀県大津市	171	61,029	17,718	924	83.6
78	山の上ホテル	東京都千代田区	35	12,530	17,709	179	73.0
79	ロイヤルパークホテル ザ 京都	京都府京都市	172	62,780	17,700	1,026	92.3
80	神戸メリケンパーク オリエンタルホテル	兵庫県神戸市	319	116,435	17,691	na	79.1
81	エクシブ箱根離宮	神奈川県足柄下郡	187	68,255	17,556	1,006	84.0
82	定山渓ビューホテル	北海道札幌市	646	235,790	17,547	4,019	65.9
83	ルネッサンス リゾート ナルト	徳島県鳴門市	208	75,920	17,247	1,006	76.8
84	ロイヤルパークホテル ザ 羽田	東京都大田区	313	114,245	16,654	1,682	88.4
85	富士ビューホテル	山梨県南都留郡	79	28,835	16,582	423	79.4
86	箱根ホテル	神奈川県足柄下郡	49	17,885	16,568	228	76.9
87	オーベルジュ オーパ・ヴィラージュ	千葉県館山市	26	9,386	16,465	78	50.2
88	セラヴィリゾート泉郷 高山わんわんパラダイスホテル	岐阜県高山市	41	14,719	16,437	127	52.8
89	ホテルニューグランド	神奈川県横浜市	240	76,698	16,349	986	78.7
90	京都東急ホテル	京都府京都市	408	155,146	16,323	2,344	81.9
91	セラヴィリゾート泉郷 清里高原ホテル	山梨県北杜市	53	19,186	16,241	213	68.3
92	ウェスティンホテル淡路	兵庫県淡路市	201	73,365	16,229	812	68.2
93	高山グリーンホテル	岐阜県高山市	207	74,934	16,113	950	78.7
94	京都タワーホテル	京都府京都市	162	59,130	16,080	1,017	95.2
95	羽田エクセルホテル東急	東京都大田区	386	140,890	16,000	2,094	94.0
96	ホテルサンルートプラザ新宿	東京都渋谷区	624	227,760	15,675	3,373	94.5
97	ホテルグランヴィア大阪	大阪府大阪市	716	261,340	15,645	3,769	92.2
98	エクシブ京都 八瀬離宮	京都府京都市	210	76,650	15,607	986	82.5
99	エクシブ初島クラブ	静岡県熱海市	200	73,000	15,509	433	38.3
100	レゾネイトクラブくじゅう	大分県竹田市	60	21,000	15,408	156	45.3

第1章 ADR ランキング 2016

❏ 1 日 1 室当たりの実質客室単価 [ADR] ベスト 300 ホテル（101 ～ 150 位）

順位	ホテル名	地域名	客室数	期中の総販売可能客室数（室）	ADR（円）	客室売上高（百万円）	客室稼働率（%）
101	ホテルメトロポリタン	東京都豊島区	807	294,555	15,370	3,826	83.2
102	甲府富士屋ホテル	山梨県甲府市	103	37,595	15,273	386	57.9
103	ルークプラザホテル	長崎県長崎市	87	31,755	15,258	400	73.8
104	ホテルニューオータニ幕張	千葉県千葉市	418	152,570	15,214	1,678	72.3
105	ホテル マハイナ ウェルネスリゾートオキナワ	沖縄県国頭郡	264	96,360	15,090	1,172	82.2
106	二子玉川エクセルホテル東急	東京都世田谷区	106	38,690	14,620	572	90.1
107	ニューオータニイン横浜プレミアム	神奈川県横浜市	240	87,360	14,600	1,191	93.5
108	エクシブ那須白河	福島県西白河郡	58	21,170	14,470	192	62.9
109	観音崎京急ホテル	神奈川県横須賀市	60	21,660	14,243	215	58.8
110	リーガロイヤルホテル広島	広島県広島市	488	178,120	14,230	1,907	82.8
111	セラヴィリゾート泉郷 八ヶ岳わんわんパラダイス	山梨県北杜市	39	14,079	14,228	98	49.1
112	名古屋観光ホテル	愛知県名古屋市	369	134,685	14,191	1,509	71.4
113	リゾーピア箱根	神奈川県足柄下郡	171	62,415	14,172	454	51.4
114	ローズホテル横浜	神奈川県横浜市	184	67,160	14,128	912	85.0
115	ホテル日航関西空港	大阪府泉佐野市	576	210,240	14,102	2,617	88.3
116	ホテルメトロポリタン エドモント	東京都千代田区	668	243,820	14,096	2,753	80.1
117	名鉄犬山ホテル	愛知県犬山市	125	45,625	14,068	483	74.2
118	軽井沢倶楽部 ホテル軽井沢1130	群馬県吾妻郡	238	86,870	13,993	823	67.7
119	エクシブ蓼科	長野県茅野市	230	83,950	13,956	523	44.7
120	ホテル イースト21東京	東京都江東区	381	139,065	13,694	1,189	85.1
121	四万十の宿	高知県四万十市	30	10,770	13,575	118	83.5
122	ホテルグランドパレス	東京都千代田区	464	169,360	13,394	1,706	75.0
123	仙台ロイヤルパークホテル	宮城県仙台市	110	40,150	13,384	376	61.8
124	ウェスティンナゴヤキャッスル	愛知県名古屋市	195	71,175	13,354	719	75.6
125	エクシブ軽井沢パセオ	長野県北佐久郡	32	11,680	13,289	116	74.9
126	名古屋東急ホテル	愛知県名古屋市	564	205,860	13,241	2,720	88.1
127	エクシブ浜名湖	静岡県浜松市	193	70,445	13,154	528	57.0
128	ホテルメトロポリタン仙台	宮城県仙台市	295	107,675	13,030	1,367	85.6
129	京都タワーホテル アネックス	京都府京都市	126	32,086	12,994	471	90.1
130	ロイヤルパークホテル ザ 福岡	福岡県福岡市	174	63,510	12,971	725	88.0
131	ホテルオークラ札幌	北海道札幌市	147	53,655	12,832	745	94.2
132	リゾーピア別府	大分県別府市	57	20,805	12,808	132	49.7
133	エクシブ鳴門	徳島県鳴門市	135	49,275	12,769	327	52.1
134	ホテル阪神	大阪府大阪市	289	105,485	12,736	1,312	97.7
135	ホテルトラスティ心斎橋	大阪府大阪市	211	77,015	12,636	887	91.2
136	パレスホテル大宮	埼玉県さいたま市	204	74,664	12,561	807	86.1
137	かどやホテル	東京都新宿区	94	34,314	12,561	410	95.3
138	神戸ポートピアホテル	兵庫県神戸市	744	271,560	12,480	2,468	73.6
139	大阪第一ホテル	大阪府大阪市	460	167,900	12,478	2,007	95.8
140	京王プラザホテル札幌	北海道札幌市	495	180,675	12,474	1,865	82.1
141	ホテル日航熊本	熊本県熊本市	191	69,715	12,451	732	84.1
142	花巻温泉 ホテル紅葉館	岩手県花巻市	138	37,182	12,353	459	73.8
143	ホテルグランヴィア岡山	岡山県岡山市	328	119,720	12,296	1,335	90.7
144	ホテルギンモンド京都	京都府京都市	139	50,735	12,178	499	94.6
145	大阪新阪急ホテル	大阪府大阪市	961	350,765	12,111	3,974	94.6
146	西鉄グランドホテル	福岡県福岡市	280	102,200	12,109	1,088	88.0
147	セラヴィリゾート泉郷 鳥羽わんわんパラダイスホテル	三重県鳥羽市	57	20,520	12,034	114	46.3
148	ロイヤルパークホテル ザ 名古屋	愛知県名古屋市	153	55,845	11,955	616	92.0
149	サンメンバーズひるがの	岐阜県郡上郡	36	13,140	11,944	75	47.8
150	宝塚ホテル	兵庫県宝塚市	129	47,214	11,937	478	85.2

❏1日1室当たりの実質客室単価 [ADR] ベスト300ホテル（151〜200位）

順位	ホテル名	地域名	客室数	期中の総販売可能客室数（室）	ADR（円）	客室売上高（百万円）	客室稼働率（%）
151	花巻温泉 ホテル花巻	岩手県花巻市	102	35,496	11,913	260	58.6
152	ホテルサンルート新橋	東京都港区	220	80,300	11,859	880	92.4
153	セラヴィリゾート泉郷 ネオオリエンタルリゾート 八ヶ岳高原	山梨県北杜市	226	80,908	11,798	370	38.7
154	両国ビューホテル	東京都墨田区	150	54,750	11,748	544	84.7
155	サクラ・フルール青山	東京都渋谷区	133	48,545	11,725	475	83.5
156	ホテルトラスティ東京ベイサイド	東京都江東区	200	73,000	11,713	772	90.4
157	シティプラザ大阪	大阪府大阪市	200	72,635	11,509	663	76.6
158	ホテルトラスティ大阪阿倍野	大阪府大阪市	202	73,730	11,493	804	94.9
159	リーガロイヤルホテル小倉	福岡県北九州市	295	107,675	11,471	881	78.6
160	千里阪急ホテル	大阪府豊中市	203	74,095	11,447	776	91.6
161	京王プラザホテル八王子	東京都八王子市	200	73,000	11,322	746	90.3
162	エクシブ白浜アネックス	和歌山県西牟婁	144	52,560	11,292	315	53.1
163	花巻温泉　ホテル千秋閣	岩手県花巻市	184	42,416	11,281	478	64.2
164	エクシブ山中湖	山梨県南都留郡	252	91,980	11,223	456	44.2
165	エクシブ淡路島	兵庫県洲本市	109	39,785	11,135	168	38.1
166	ホテル　ファミリーオ　みなかみ	群馬県利根郡	30	10,950	11,120	60	49.1
167	ホテルトラスティ金沢香林坊	石川県金沢市	207	75,555	11,095	738	88.1
168	ひだホテルプラザ	岐阜県高山市	225	82,125	11,008	822	74.4
169	ニューオータニイン東京	東京都品川区	427	145,224	10,963	1,465	92.0
170	リゾーピア久美浜	京都府京丹後市	57	20,805	10,892	57	25.5
171	エクシブ琵琶湖	滋賀県米原市	268	97,820	10,882	510	48.0
172	ホテルトラスティ神戸旧居留地	兵庫県神戸市	141	51,465	10,834	520	93.4
173	オークラアクトシティホテル浜松	静岡県浜松市	322	117,208	10,800	1,041	82.1
174	セラヴィリゾート泉郷 浜名湖グランドホテルさざなみ館	静岡県浜松市	40	14,440	10,744	129	83.2
175	リゾーピア熱海	静岡県熱海市	206	75,190	10,698	382	47.5
176	ホテル日航立川 東京	東京都立川市	100	36,500	10,671	332	na
177	ホテルサンルート大阪なんば	大阪府大阪市	698	254,770	10,656	2,185	80.5
178	ホテルサンルート有明	東京都江東区	790	288,350	10,616	2,804	91.6
179	ホテルサンルート"ステラ"上野	東京都台東区	95	34,580	10,589	340	93.0
180	都市センターホテル	東京都千代田区	327	119,355	10,579	1,096	86.9
181	ホテルセンチュリー静岡	静岡県静岡市	206	74,778	10,459	640	81.8
182	ホテルブエナビスタ	長野県松本市	190	69,350	10,410	534	74.1
183	上野 サットンプレイスホテル	東京都台東区	50	18,250	10,274	180	96.0
184	大阪富士屋ホテル	大阪府大阪市	180	65,700	10,265	629	93.3
185	ホテルゆがふいんBISE	沖縄県国頭郡	52	18,980	10,260	150	80.0
186	神戸三宮東急REIホテル	兵庫県神戸市	235	82,035	10,203	757	86.6
187	ホテルサンルート東新宿	東京都新宿区	311	113,515	10,155	984	85.4
188	ホテルサンルート品川シーサイド	東京都品川区	300	109,500	10,128	999	90.1
189	ホテル「ホップイン」アミング	兵庫県尼崎市	190	69,350	10,065	631	90.9
190	ホテルメトロポリタン盛岡NEW WING	岩手県盛岡市	121	44,165	10,046	318	71.7
191	エクシブ軽井沢	長野県北佐久郡	200	73,000	10,001	333	45.7
192	ホテルブライトンシティ京都山科	京都府京都市	100	36,500	10,000	na	95.0
193	ホテルブライトンシティ大阪北浜	大阪府大阪市	234	85,410	10,000	na	90.0
194	ホテルかずさや	東京都中央区	71	25,986	9,953	163	66.9
195	エクシブ白浜	和歌山県西牟婁郡	104	37,960	9,930	87	23.2
196	からすま京都ホテル	京都府京都市	238	86,870	9,909	835	85.8
197	京王プラザホテル多摩	東京都多摩市	248	90,520	9,890	771	86.2
198	ホテルメトロポリタン長野	長野県長野市	235	85,775	9,879	709	83.6
199	ホテルトヨタキャッスル	愛知県豊田市	151	55,115	9,857	407	75.4
200	ホテルリバージュアケボノ	福井県福井市	142	51,830	9,842	379	74.3

第1章 ADR ランキング 2016

❏1日1室当たりの実質客室単価 [ADR] ベスト 300 ホテル（201 〜 250 位）

順位	ホテル名	地域名	客室数	期中の総販売可能客室数（室）	ADR（円）	客室売上高（百万円）	客室稼働率（%）
201	ホテルサンルート広島	広島県広島市	283	103,295	9,816	807	79.5
202	リーガロイヤルホテル新居浜	愛媛県新居浜市	94	34,310	9,797	270	74.9
203	名鉄グランドホテル	愛知県名古屋市	241	87,965	9,697	776	90.9
204	ホテル竹園芦屋	兵庫県芦屋市	51	18,615	9,669	180	82.4
205	オリエンタルホテル広島	広島県広島市	227	82,855	9,599	na	81.5
206	サンメンバーズ東京新宿	東京都新宿区	181	66,065	9,576	604	95.6
207	エクシブ鳥羽アネックス	三重県鳥羽市	198	72,270	9,557	273	39.6
208	ホテルサンルート高田馬場	東京都新宿区	197	71,905	9,551	636	92.5
209	ニューオータニイン札幌	北海道札幌市	340	124,100	9,516	975	82.5
210	名鉄トヨタホテル	愛知県豊田市	99	36,234	9,495	252	73.5
211	パレスホテル立川	東京都立川市	238	86,870	9,388	627	76.7
212	金沢ニューグランドホテル	石川県金沢市	215	34,675	9,330	491	70.0
213	ホテルグランヴィア和歌山	和歌山県和歌山市	155	56,575	9,264	409	78.1
214	熊本ホテルキャッスル	熊本県熊本市	179	35,493	9,250	252	66.0
215	晴海グランドホテル	東京都中央区	212	75,454	9,224	697	99.9
216	ホテルサーブ渋谷	東京都目黒区	133	48,352	9,200	380	84.9
217	クインテッサホテル佐世保	長崎県佐世保市	162	59,292	9,195	443	81.1
218	セラヴィリゾート泉郷 ホテルアンビエント安曇野	長野県安曇市	244	87,887	9,065	433	54.3
219	ホテルサンライト新宿	東京都新宿区	197	71,905	9,043	630	97.0
220	小田急ホテルセンチュリー相模大野	神奈川県相模原市	120	43,680	9,003	326	82.9
221	土佐ロイヤルホテル	高知県安芸郡	195	71,014	8,986	395	63.5
222	ホテルメトロポリタン山形	山形県山形市	116	2,370	8,974	294	77.3
223	エクシブ鳥羽	三重県鳥羽市	207	75,555	8,953	234	34.7
224	ザ・クレストホテル柏	千葉県柏市	87	31,755	8,941	232	81.7
225	セラヴィリゾート泉郷 伊豆高原わんわんパラダイス	静岡県伊東市	53	19,133	8,879	93	55.3
226	上野ターミナルホテル	東京都台東区	73	26,645	8,841	154	73.3
227	東京グランドホテル	東京都港区	156	56,940	8,837	403	80.3
228	セラヴィリゾート泉郷 ホテルアルティア鳥羽	三重県鳥羽市	72	25,704	8,823	210	92.7
229	ホテルサンルートソプラ神戸	兵庫県神戸市	218	79,570	8,783	635	90.8
230	ホテルサンルートニュー札幌	北海道札幌市	306	111,690	8,782	754	76.8
231	キャッスルプラザ	愛知県名古屋市	236	86,140	8,770	691	91.5
232	エクシブ伊豆	静岡県伊東市	227	82,855	8,742	239	33.1
233	ホテルサンルート熊本	熊本県熊本市	69	25,254	8,738	174	72.6
234	チサングランド長野	長野県長野市	136	49,640	8,698	300	75.0
235	ホテルトラスティ名古屋 白川	愛知県名古屋市	105	29,925	8,695	217	83.5
236	ホテルメッツ田端	東京都北区	98	35,770	8,676	272	87.8
237	サンメンバーズ京都嵯峨	京都府京都市	67	24,455	8,667	112	53.2
238	ホテル アトラス	神奈川県横浜市	60	21,900	8,650	141	77.0
239	ホテルオークラ新潟	新潟県新潟市	265	96,725	8,638	561	67.1
240	シティホテルロンスター	東京都新宿区	50	18,250	8,632	150	95.3
241	アルカディア市ケ谷（私学会館）	東京都千代田区	87	25,317	8,612	188	86.5
242	ホテルグランドシティ	東京都豊島区	247	90,155	8,604	743	95.7
243	ホテルコスモスクエア 国際交流センター	大阪府大阪市	320	116,480	8,604	906	90.5
244	オークラフロンティアホテル海老名	神奈川県海老名市	74	27,010	8,545	199	82.3
245	ホテルサンルート川崎	神奈川県川崎市	278	101,470	8,481	660	76.7
246	リーガ中之島イン	大阪府大阪市	335	120,600	8,427	836	81.2
247	ホテル青森	青森県青森市	155	56,575	8,400	290	61.0
248	ホテルゆがふいんおきなわ	沖縄県名護市	121	44,165	8,361	328	84.7
249	オークラ千葉ホテル	千葉県千葉市	84	30,660	8,348	219	85.8
250	ホテル京阪天満橋	大阪府大阪市	315	114,975	8,300	920	96.4

❏1日1室当たりの実質客室単価 [ADR] ベスト 300 ホテル（251～300 位）

順位	ホテル名	地域名	客室数	期中の総販売可能客室数（室）	ADR（円）	客室売上高（百万円）	客室稼働率（%）
251	秋田キャッスルホテル	秋田県秋田市	150	54,385	8,260	296	65.9
252	プレミアホテル－CABIN－札幌	北海道札幌市	218	79,570	8,179	558	86.2
253	ホテルトラスティ名古屋栄	愛知県名古屋市	204	74,460	8,177	560	92.0
254	ステーションホテル小倉	福岡県北九州市	294	107,310	8,083	689	70.2
255	名古屋駅前モンブランホテル	愛知県名古屋市	277	101,105	8,067	710	93.8
256	宮崎観光ホテル	宮崎県宮崎市	348	127,020	8,062	826	69.6
257	ホテルサンルート長野	長野県長野市	150	54,750	7,993	338	77.3
258	京都ガーデンホテル	京都府京都市	129	47,085	7,986	322	86.9
259	セラヴィリゾート泉郷 ホテルアンビエント蓼科	長野県北佐久郡	172	61,457	7,918	311	64.0
260	セラヴィリゾート泉郷 ホテルアンビエント伊豆高原	静岡県伊東市	134	48,642	7,605	226	61.2
261	松山東急REIホテル	愛媛県松山市	245	89,425	7,600	561	80.0
262	広島エアポートホテル／フォレストヒルズガーデン	広島県三原市	169	61,685	7,587	405	77.1
263	新大阪サニーストンホテル	大阪府大阪市	232	84,680	7,568	575	89.0
264	ホテルサンルート上田	長野県上田市	118	43,070	7,500	248	76.8
265	ホテルメトロポリタン盛岡	岩手県盛岡市	191	69,715	7,484	426	81.3
266	ホテルマツモトよろづや	長野県松本市	45	16,470	7,468	120	97.4
267	立川ワシントンホテル	東京都立川市	170	62,050	7,459	407	87.9
268	クサツエストピアホテル	滋賀県草津市	73	26,645	7,458	187	94.1
269	ホテルサンルート長野東口	長野県長野市	119	43,435	7,438	264	81.8
270	名鉄イン名古屋金山	愛知県名古屋市	235	85,775	7,433	546	91.0
271	セルメスイン日本橋	東京都中央区	44	16,060	7,382	105	89.9
272	ホテルトラスティ名古屋	愛知県名古屋市	250	83,500	7,294	561	92.2
273	仙台国際ホテル	宮城県仙台市	234	85,410	7,267	545	76.0
274	アワーズイン阪急	東京都品川区	1388	506,620	7,088	3,367	93.8
275	エルイン京都	京都府京都市	512	186,880	7,025	1,135	86.5
276	ホテルJALシティ長野	長野県長野市	242	87,965	6,907	472	70.7
277	セントラルホテル	東京都千代田区	124	45,384	6,902	300	96.0
278	サンメンバーズ名古屋錦	愛知県名古屋市	79	28,835	6,842	165	83.9
279	ホテルロイヤル盛岡	岩手県盛岡市	101	36,865	6,820	190	75.2
280	久米川ウィングホテル	東京都東村山市	53	19,027	6,660	93	73.4
281	中島屋グランドホテル	静岡県静岡市	105	28,875	6,660	150	71.0
282	大和第一ホテル	神奈川県大和市	82	29,930	6,620	147	73.6
283	ウィシュトンホテル・ユーカリ	千葉県佐倉市	205	75,030	6,467	349	71.2
284	サンメンバーズ神戸	兵庫県神戸市	53	19,345	6,366	92	74.9
285	成田ビューホテル	千葉県成田市	489	178,485	6,306	977	86.8
286	クォードイン　yokote	秋田県横手市	100	36,500	6,210	184	81.2
287	衣浦グランドホテル	愛知県碧南市	166	60,590	6,178	313	84.2
288	ホテルナガノアベニュー	長野県長野市	205	74,825	6,157	317	68.8
289	ホテルニューオウミ	滋賀県近江八幡市	83	28,476	6,106	174	71.6
290	チサン イン 名古屋	愛知県名古屋市	375	136,875	6,059	709	84.6
291	ホテルサンルートプラザ福島	福島県福島市	257	92,581	6,048	379	67.9
292	磐田グランドホテル	静岡県磐田市	100	36,500	6,023	151	60.0
293	マリンホテル新館	福岡県福岡市	90	32,400	5,986	160	87.0
294	ホテルサンルート新潟	新潟県新潟市	231	84,315	5,928	416	83.3
295	グランドホテル神奈中・平塚	神奈川県平塚市	164	59,860	5,925	na	72.9
296	豊鉄ターミナルホテル	愛知県豊橋市	99	36,036	5,868	164	78.2
297	南の美ら花ホテルミヤヒラ	沖縄県石垣市	158	27,816	5,772	482	76.2
298	国際ホテル松山	愛媛県松山市	78	27,816	5,758	120	81.5
299	ホテルリバーイン	新潟県長岡市	66	24,090	5,700	100	59.0
300	ホテルエース盛岡	岩手県盛岡市	275	100,375	5,597	376	73.0

第1章 ホテルブライダルランキング 2016

□ 婚礼部門の売上高ランキングベスト 100（1 ～ 25 位）

順位	昨年順位	ホテル名	地域名	婚礼部門責任者名	婚礼宴会のできる会場数	一日に可能な婚礼宴会最大組数（組）	結婚式場数チャペル	結婚式場数神殿	
1	1	パレスホテル東京	東京都千代田区	富田 謙二	6	11	1	1	
2	2	帝国ホテル 東京	東京都千代田区	丸山 真	15	25	2	1	
3	3	ホテルニューオータニ	東京都千代田区	松岡 英明	21	36	4	1	
4	5	リーガロイヤルホテル	大阪府大阪市	加賀宇 睦弘	20	25	2	1	
5	6	横浜ロイヤルパークホテル	神奈川県横浜市	五反 光則	10	20	1	1	
6	4	帝国ホテル 大阪	大阪府大阪市	鈴木 稔樹	12	24	2	1	
7	10	城山観光ホテル	鹿児島県鹿児島市	森山 理香	12	24	1	1	
8	8	名古屋観光ホテル	愛知県名古屋市	円福寺 祥夫	9	16	1	1	
9	14	ホテル阪急インターナショナル	大阪府大阪市	高萩 敏之	7	13	1	1	
10	17	ホテルグランヴィア京都	京都府京都市	林 勝利	11	14	1	1	
11	12	ホテルオークラ福岡	福岡県福岡市	浦田 直樹	7	13	1	1	
12	15	アルモニーアンブラッセ大阪	大阪府大阪市	山田 茂雄	2	6	1	0	
13	16	ルークプラザホテル	長崎県長崎市	―	7	11	1	1	
14	19	ホテルメトロポリタン	東京都豊島区	山口 眞哉	9	14	1	1	
15	9	ホテルニューグランド	神奈川県横浜市	木曽 博文	4	8	1	1	
16	22	京都ホテルオークラ	京都府京都市	山中 晋介	11	13	1	1	
17	21	京王プラザホテル	東京都新宿区	森 孝彦	13	26	2	1	
18	23	ホテルメトロポリタン仙台	宮城県仙台市	山岸 浩太郎	7	10	1	1	
19	―	ホテル日航熊本	熊本県熊本市	天方 裕二	6	10	1	1	
20	25	ウェスティンナゴヤキャッスル	愛知県名古屋市	加藤 俊雄	7	12	1	1	
21	20	リーガロイヤルホテル広島	広島県広島市	古川 博文	13	0	2	1	
22	11	ホテルオークラ東京	東京都港区	佐藤 浩美	5	10	1	0	
23	32	ホテルメトロポリタン エドモント	東京都千代田区	小林 正明	5	10	1	1	
24	30	千里阪急ホテル	大阪府豊中市	河端 崇	6	9	2	1	
25	24	ホテルオークラ東京ベイ	千葉県浦安市	猪谷 禎行	3	6	1	1	

Hotel Bridal Ranking
婚礼部門の売上高から見たベスト100

結婚式場数 その他	婚礼部門の 売上高 (百万円)	婚礼組数 (組)	1人当たりの 総消費単価 (円)	1組当たりの 総消費単価 (円)	1組当たりの 平均列席人数 (人)	売上高 増減額 (百万円)	売上高 増減率 (%)	婚礼組数 増減件数 (件)	婚礼組数 増減率 (%)	決算月
―	5,426	919	71,540	5,904,243	82	553	11.3	15	1.7	2016年12月
―	3,717	822	64,642	4,522,481	70	▲ 313	▲ 7.8	▲ 67	▲ 7.5	2017年3月
1	2,633	732	56,336	3,597,900	63	▲ 16	▲ 0.6	▲ 6	▲ 0.8	2017年3月
1	2,523	644	53,612	3,917,701	73	227	9.9	99	18.2	2017年3月
―	2,272	657	54,896	3,458,506	63	62	2.8	16	2.5	2017年3月
―	2,092	558	53,950	3,749,938	70	▲ 356	▲ 14.5	▲ 93	▲ 14.3	2017年3月
1	1,544	349	36,942	4,424,813	120	99	6.9	▲ 7	▲ 2.0	2017年3月
1	1,480	424	58,866	3,491,271	59	▲ 172	▲ 10.4	▲ 33	▲ 7.2	2017年3月
―	1,349	368	46,772	3,421,000	73	81	6.4	21	6.1	2017年3月
1	1,266	412	51,434	3,073,000	60	158	14.3	52	14.4	2017年3月
0	1,265	294	44,474	4,305,000	97	▲ 54	▲ 4.1	▲ 39	▲ 11.7	2017年3月
0	1,242	408	54,880	3,043,000	55	2	0.2	27	7.1	2017年3月
―	1,149	275	35,100	4,180,000	119	▲ 21	▲ 1.8	▲ 25	▲ 8.3	2017年8月
―	1,128	443	46,665	2,547,000	55	74	7.0	30	7.3	2017年3月
2	1,059	278	53,840	3,810,657	71	▲ 390	▲ 26.9	▲ 104	▲ 27.2	2016年11月
1	967	335	45,186	2,886,567	64	95	10.9	1	0.3	2016年12月
―	945	357	45,203	2,647,620	59	40	4.4	35	10.9	2017年3月
0	913	268	53,304	3,409,000	64	68	8.0	18	7.2	2017年3月
―	849	202	37,338	4,207,385	113	78	10.1	18	9.8	2017年3月
0	831	160	62,923	4,895,024	78	18	2.2	8	5.3	2017年3月
3	818	325	50,461	2,520,000	50	▲ 96	▲ 10.5	9	2.8	2017年3月
0	815	192	63,690	4,242,604	67	▲ 588	▲ 41.9	▲ 106	▲ 35.6	2017年3月
0	768	271	41,888	2,833,366	68	88	12.9	21	8.4	2017年3月
0	756	288	45,220	2,354,000	58	46	6.5	18	6.7	2017年3月
1	720	339	44,591	2,120,000	48	▲ 100	▲ 12.2	▲ 32	▲ 8.6	2017年2月

第1章 ホテルブライダルランキング 2016

❏ 婚礼部門の売上高ランキングベスト 100（26 ～ 50 位）

順位	昨年順位	ホテル名	地域名	婚礼部門責任者名	婚礼宴会のできる会場数	一日に可能な婚礼宴会最大組数（組）	結婚式場数チャペル	結婚式場数神殿	
26	28	神戸ポートピアホテル	兵庫県神戸市	本田 年男	15	15	2	2	
27	29	仙台ロイヤルパークホテル	宮城県仙台市	相原 了	7	9	1	1	
28	27	ホテルメトロポリタン山形	山形県山形市	武内 裕文	4	8	1	1	
29	34	琵琶湖ホテル	滋賀県大津市	土井 洋一	7	7	1	1	
30	41	パレスホテル大宮	埼玉県さいたま市	佐野 義克	5	10	1	1	
31	—	西鉄グランドホテル	福岡県福岡市	野中 重伸	4	7	1	1	
32	39	ホテルグランヴィア岡山	岡山県岡山市	西川 尚文	6	10	1	1	
33	40	富士屋ホテル	神奈川県足柄下郡	飯田 慶	6	8	4	4	
34	31	リーガロイヤルホテル東京	東京都新宿区	守谷 紘一	7	12	1	0	
35	37	ホテルメトロポリタン盛岡NEW WING	岩手県盛岡市	井出 達哉	5	10	2	1	
35	36	八戸プラザホテル	青森県八戸市	下舘 啓永	7	14	1	2	
37	34	甲府富士屋ホテル	山梨県甲府市	山下 正晃	5	8	1	1	
38	33	ステーションホテル小倉	福岡県北九州市	片岡 秀城	4	8	1	1	
39	46	ホテルセンチュリー静岡	静岡県静岡市	高橋 顕	7	12	2	1	
40	42	オークラ千葉ホテル	千葉県千葉市	岩澤 覚	5	10	1	1	
41	50	第一ホテル東京	東京都港区	平山 典子	5	10	1	1	
42	43	熊本ホテルキャッスル	熊本県熊本市	三角 聖也	4	8	1	1	
43	44	仙台国際ホテル	宮城県仙台市	大沼 孝至	4	8	1	1	
43	52	京都センチュリーホテル	京都府京都市	櫻井 美和	4	6	1	1	
45	53	ホテルオークラJRハウステンボス	長崎県佐世保市	—	2	6	1	1	
46	51	ホテル ラ・スイート神戸ハーバーランド	兵庫県神戸市	宮井 政佳	1	1	1	—	
47	54	ホテル阪神	大阪府大阪市	福田 有城	4	8	1	1	
48	47	リーガロイヤルホテル京都	京都府京都市	稲波 隆二	10	13	1	1	
49	48	ホテルコンコルド浜松	静岡県浜松市	中野 晴寿	6	9	1	1	
50	49	旧軽井沢 ホテル音羽ノ森	長野県北佐久郡	加藤 義昭	5	7	1	0	

Hotel Bridal Ranking
婚礼部門の売上高から見たベスト100

結婚式場数 その他	婚礼部門の売上高 (百万円)	婚礼組数 (組)	1人当たりの総消費単価 (円)	1組当たりの総消費単価 (円)	1組当たりの平均列席人数 (人)	売上高増減額 (百万円)	売上高増減率 (%)	婚礼組数増減件数 (件)	婚礼組数増減率 (%)	決算月
2	719	224	44,000	2,500,000	56	▲9	▲1.2	▲102	▲31.3	2017年3月
0	718	249	56,191	2,883,329	51	▲7	▲1.0	11	4.6	2017年3月
—	686	179	46,790	3,833,000	82	▲74	▲9.7	▲18	▲9.1	2017年3月
0	655	231	52,295	2,839,529	54	13	2.0	11	5.0	2017年3月
—	650	225	49,917	2,891,174	58	88	15.7	▲12	▲5.1	2016年12月
—	602	186	36,897	3,240,000	88	122	25.4	37	24.8	2017年3月
1	554	187	49,703	2,964,077	60	▲41	▲6.9	6	3.3	2017年3月
—	543	253	75,041	2,146,245	29	▲25	▲4.4	▲16	▲5.9	2017年3月
1	542	204	41,992	2,659,514	63	▲162	▲23.0	▲45	▲18.1	2017年3月
0	530	216	39,691	2,453,704	62	▲74	▲12.3	▲8	▲3.6	2017年3月
—	530	178	22,836	2,968,709	130	▲90	▲14.5	▲34	▲16.0	2017年5月
—	526	167	36,273	3,150,967	87	▲116	▲18.1	▲24	▲12.6	2017年3月
—	501	131	39,532	3,822,511	97	▲145	▲22.4	▲60	▲31.4	2017年3月
—	496	171	45,120	2,903,000	64	▲12	▲2.4	▲34	▲16.6	2017年3月
1	486	185	43,730	2,631,577	60	▲64	▲11.6	▲44	▲19.2	2017年3月
1	485	144	47,821	3,152,000	70	26	5.7	0	0	2017年3月
—	470	—	30,500	—	—	▲77	▲14.1	—	—	2017年3月
0	461	144	47,884	3,543,000	67	▲76	▲14.2	▲9	▲5.9	2017年3月
0	461	154	49,920	2,758,000	55	7	1.5	6	4.1	2017年3月
1	444	156	30,015	2,847,775	94	5	1.1	2	1.3	2017年3月
—	430	113	72,045	3,967,940	55	▲28	▲6.1	▲4	▲3.4	2017年4月
—	425	151	40,531	2,297,000	57	▲5	▲1.2	▲2	▲1.3	2017年3月
—	423	160	44,187	2,644,000	60	▲71	▲14.4	▲50	▲23.8	2017年3月
—	417	154	48,306	2,709,000	55	▲69	▲14.2	▲42	▲21.4	2017年3月
0	399	252	58,668	1,583,333	27	▲61	▲13.3	▲14	▲5.3	2017年3月

ホテルデータブック 2018 | HOTERES 103

第1章 ホテルブライダルランキング 2016

❏ 婚礼部門の売上高ランキングベスト 100（51 ～ 75 位）

順位	昨年順位	ホテル名	地域名	婚礼部門責任者名	婚礼宴会のできる会場数	一日に可能な婚礼宴会最大組数（組）	結婚式場数チャペル	結婚式場数神殿	
51	61	奈良ホテル	奈良県奈良市	福田 順	6	5	1	1	
52	―	成田ビューホテル	千葉県成田市	飯島 清人	4	8	2	1	
53	57	フルーツパーク富士屋ホテル	山梨県山梨市	赤池 勝	6	6	1	1	
54	45	リーガロイヤルホテル小倉	福岡県北九州市	江口 智	6	12	1	1	
55	59	宮崎観光ホテル	宮崎県宮崎市	菅 一彰	5	10	1	1	
56	64	ホテルメトロポリタン長野	長野県長野市	佐藤 敏光	6	8	1	1	
57	59	パレスホテル立川	東京都立川市	中村 房子	5	10	1	1	
58	56	宝塚ホテル	兵庫県宝塚市	蘆田 恵美	4	4	1	1	
59	72	花巻温泉	岩手県花巻市	阿部 英子	15	25	1	2	
60	55	ホテル青森	青森県青森市	山本 東	6	6	1	1	
61	70	ハイランドリゾート ホテル＆スパ	山梨県富士吉田市	米沢 敬三	2	3	1	0	
62	62	JRタワーホテル日航札幌	北海道札幌市	佐藤 克司	1	2	0	0	
63	―	金沢国際ホテル	石川県金沢市	研野 哲也	4	6	1	1	
64	79	ベストウェスタン レンブラントホテル鹿児島リゾート	鹿児島県鹿児島市	今川 純一	2	4	1	1	
64	78	ウェスティンホテル淡路	兵庫県淡路市	鵜尾 学	5	10	1	0	
66	―	ホテル日航立川 東京	東京都立川市	塩原 永介	4	4	1	0	
67	71	リーガロイヤルホテル新居浜	愛媛県新居浜市	橋川 昌弘	6	8	1	1	
68	75	シティプラザ大阪	大阪府大阪市	寺口 若菜	5	6	1	0	
69	66	キャッスルプラザ	愛知県名古屋市	竹内 智江	8	10	1	1	
70	―	広島エアポートホテル／フォレストヒルズガーデン	広島県三原市	森澤 友博	2	3	1	1	
71	74	湯本富士屋ホテル	神奈川県足柄下郡	伊藤 真司	6	9	1	1	
72	68	ホテルブエナビスタ	長野県松本市	重山 敬太郎	5	8	1	1	
73	―	ホテル名古屋ガーデンパレス	愛知県名古屋市	上村 陽介	9	12	1	1	
74	―	京都東急ホテル	京都府京都市	清水 通年	5	6	1	1	
75	76	ザ・クレストホテル柏	千葉県柏市	田伏 奈緒美	7	8	1	1	

Hotel Bridal Ranking
婚礼部門の売上高から見たベスト100

結婚式場数 その他	婚礼部門の 売上高 (百万円)	婚礼組数 (組)	1人当たりの 総消費単価 (円)	1組当たりの 総消費単価 (円)	1組当たりの 平均列席人数 (人)	売上高 増減額 (百万円)	売上高 増減率 (%)	婚礼組数 増減件数 (件)	婚礼組数 増減率 (%)	決算月
―	398	185	56,606	2,152,233	38	52	15.0	28	17.8	2017年3月
―	391	188	36,699	2,080,000	56	▲ 75	▲ 16.1	▲ 28	▲ 13.0	2017年4月
1	387	140	40,067	2,764,000	69	20	5.4	7	5.3	2017年3月
1	349	117	38,791	2,987,914	77	▲ 161	▲ 31.6	▲ 41	▲ 25.9	2017年3月
―	337	141	23,700	2,262,060	117	▲ 10	▲ 2.9	▲ 8	▲ 5.4	2017年3月
―	326	126	45,483	2,590,356	57	34	11.6	16	14.5	2017年3月
―	322	162	38,581	1,987,654	52	▲ 25	▲ 7.2	▲ 17	▲ 9.5	2016年12月
2	288	111	47,975	1,998,108	40	▲ 83	▲ 22.4	▲ 30	▲ 21.3	2017年3月
1	272	154	38,675	1,764,980	46	58	27.1	36	30.5	2017年3月
―	270	79	22,520	3,421,947	151	▲ 118	▲ 30.4	▲ 49	▲ 38.3	2017年3月
1	261	73	29,672	3,575,342	120	16	6.5	▲ 6	▲ 7.6	2017年3月
1	237	95	29,436	2,496,779	85	▲ 72	▲ 23.3	▲ 9	▲ 8.7	2017年3月
0	236	128	40,972	1,843,760	45	36	18.0	24	23.1	2016年9月
―	231	99	28,517	2,338,399	82	56	32.0	29	41.4	2017年3月
3	231	101	65,190	2,481,078	38	42	22.2	7	7.4	2017年3月
0	225	68	61,574	3,313,206	54	―				2017年3月
0	222	64	41,060	3,480,000	81	1	0.5	▲ 9	▲ 12.3	2016年11月
―	202	103	29,409	1,964,668	67	4	2.0	10	10.8	2017年3月
―	198	91	26,703	1,295,857	48	▲ 82	▲ 29.3	▲ 60	▲ 39.7	2017年3月
1	195	87	51,996	2,241,000	43	45	30.0	16	22.5	2017年3月
1	183	72	49,994	2,414,000	49	▲ 19	▲ 9.4	▲ 3	▲ 4.0	2017年3月
―	177	47	46,481	3,764,000	81	▲ 90	▲ 33.7	▲ 17	▲ 26.6	2017年3月
―	163	133	27,711	1,230,000	44	▲ 94	▲ 36.6	▲ 53	▲ 28.5	2017年3月
1	158	70	40,600	2,267,228	56	1	0.6	▲ 2	▲ 2.8	2017年3月
―	156	92	48,024	1,695,456	35	▲ 39	▲ 20.0	▲ 4	▲ 4.2	2017年3月

第1章　ホテルブライダルランキング 2016

❑ 婚礼部門の売上高ランキングベスト 100（76 〜 100 位）

順位	昨年順位	ホテル名	地域名	婚礼部門責任者名	婚礼宴会のできる会場数	一日に可能な婚礼宴会最大組数（組）	結婚式場数チャペル	結婚式場数神殿	
76	86	ホテルニューオウミ	滋賀県近江八幡市	山崎 裕治	5	5	1	1	
77	85	ローズホテル横浜	神奈川県横浜市	斉藤 きよみ	5	10	1	0	
78	79	オークラフロンティアホテル海老名	神奈川県海老名市	堀谷 良輔	5	8	2	1	
79	91	ホテルオークラ新潟	新潟県新潟市	桜井 健一	3	8	1	1	
80	81	ホテル日航ノースランド帯広	北海道帯広市	鈴木 優	3	6	1	1	
81	82	ホテルグランヴィア和歌山	和歌山県和歌山市	小川 悦雄	4	8	1	0	
82	—	ホテルゆがふいんおきなわ	沖縄県名護市	—	1	2	1	1	
83	—	ホテル イースト21東京	東京都江東区	髙柳 征弘	3	6	1	1	
84	86	ホテル日航プリンセス京都	京都府京都市	桂 幸世	3	4	1	0	
85	89	名鉄犬山ホテル	愛知県犬山市	山内 真	5	5	1	1	
86	93	小田急 山のホテル	神奈川県足柄下郡	田中 徳重	1	2	1	—	
87	88	高山グリーンホテル	岐阜県高山市	大洞 成靖	3	—	1	1	
88	98	赤倉観光ホテル	新潟県妙高市	後藤 幸泰	2	1	1	0	
89	92	ルネッサンス リゾート ナルト	徳島県鳴門市	高橋 裕二	4	7	1	1	
90	—	NASPAニューオータニ	新潟県南魚沼郡	荒木 淳二	4	2	1	1	
91	97	観音崎京急ホテル	神奈川県横須賀市	渡部 崇	2	3	2	—	
92	95	雲仙観光ホテル	長崎県雲仙市	門田 圭司	2	2	—	—	
92	96	国際ホテル松山	愛媛県松山市	末松 了一	2	4	1	1	
94	—	ウィシュトンホテル・ユーカリ	千葉県佐倉市	平澤 宏安	8	—	1	1	
95	99	シティホテル美濃加茂	岐阜県美濃加茂市	氏家 佳信	3	2	1	1	
96	103	ホテルグランヴィア大阪	大阪府大阪市	寒川 素行	4	1	0	0	
97	100	富士ビューホテル	山梨県南都留郡	原田 幸二	3	2	0	0	
98	108	名鉄グランドホテル	愛知県名古屋市	岩田 昭二	7	7	1	0	
99	104	小田急ホテルセンチュリー相模大野	神奈川県相模原市	市原 康晴	5	10	1	0	
100	102	箱根ホテル	神奈川県足柄下郡	橋本 繁	2	1	0	0	

Hotel Bridal Ranking
婚礼部門の売上高から見たベスト100

結婚式場数 その他	婚礼部門の売上高 (百万円)	婚礼組数 (組)	1人当たりの総消費単価 (円)	1組当たりの総消費単価 (円)	1組当たりの平均列席人数 (人)	売上高増減額 (百万円)	売上高増減率 (%)	婚礼組数増減件数 (件)	婚礼組数増減率 (%)	決算月
—	146	63	53,834	2,317,460	43	23	18.7	▲ 7	▲ 10.0	2017年3月
0	141	73	31,140	1,932,315	62	▲ 1	▲ 0.7	▲ 2	▲ 2.7	2017年3月
—	139	57	39,602	1,998,892	50	▲ 36	▲ 20.6	▲ 55	▲ 49.1	2017年3月
—	131	44	49,450	2,986,925	61	35	36.5	12	37.5	2017年3月
0	129	73	14,077	1,760,000	125	▲ 41	▲ 24.1	▲ 34	▲ 31.8	2017年3月
0	104	40	57,912	2,600,248	50	▲ 62	▲ 37.3	▲ 24	▲ 37.5	2017年3月
—	91	36	9,661	2,341,145	242	▲ 27	▲ 22.9	▲ 5	▲ 12.2	2016年9月
1	90	57	38,757	1,587,660	41	▲ 109	▲ 54.8	▲ 28	▲ 32.9	2017年3月
1	82	39	38,903	2,078,829	53	▲ 41	▲ 33.3	▲ 17	▲ 30.4	2017年3月
1	80	70	37,157	1,142,857	31	▲ 29	▲ 26.6	▲ 12	▲ 14.6	2017年3月
1	75	39	60,205	1,931,201	32	7	10.3	5	14.7	2017年3月
—	73	24	46,080	3,062,409	66	▲ 40	▲ 35.4	▲ 10	▲ 29.4	2017年3月
0	65	26	66,718	2,500,000	45	18	38.3	9	52.9	2017年5月
2	57	58	24,259	984,587	40	▲ 30	▲ 34.5	▲ 16	▲ 21.6	2017年4月
2	48	19	38,803	2,520,000	65	▲ 17	▲ 26.2	▲ 18	▲ 48.6	2017年3月
—	47	50	34,054	938,537	28	▲ 2	▲ 4.1	7	16.3	2017年3月
—	45	16	29,833	2,776,000	93	▲ 11	▲ 19.6	▲ 6	▲ 27.3	2016年9月
—	45	23	26,265	1,944,773	74	▲ 5	▲ 10.0	▲ 3	▲ 11.5	2016年12月
—	43	47	58,904	914,893	60	—	—	—	—	2016年12月
3	38	32	33,000	1,190,000	36	1	2.7	2	6.7	2016年11月
0	36	32	24,272	1,125,000	46	8	28.6	▲ 8	▲ 20.0	2017年3月
—	34	33	32,685	1,034,030	32	0	0	2	6.5	2017年3月
0	22	16	31,554	1,416,000	45	12	120.0	2	14.3	2017年3月
4	20	40	12,430	506,225	40	▲ 5	▲ 20.0	▲ 9	▲ 18.4	2017年3月
1	14	14	80,938	1,018,000	13	▲ 18	▲ 56.3	▲ 10	▲ 41.7	2017年3月

MEMO

第2章

全国61都市ホテル客室稼働率

全国のホテルを対象に弊社独自で調査を行ない、集計したもの小誌「週刊ホテルレストラン」にて毎月末に掲載している稼働率調査。今回は2015～2017年の3年間のデータを集計し、まとめた。

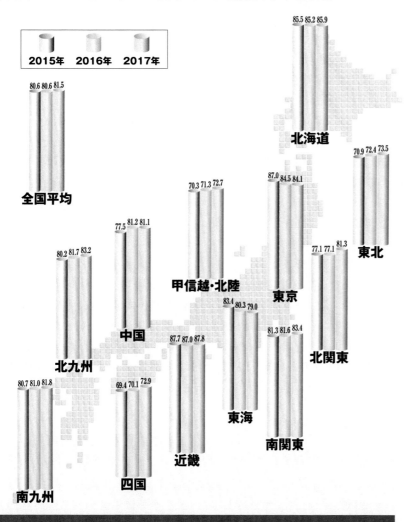

CONTENTS
■ 地域別　客室・定員ベッド（稼働率）
　・2015年年間稼働率
　・2016年年間稼働率
　・2017年年間稼働率

第2章　年間稼働率2015

全国61都市の2015年「年間稼働率」

□平均客室稼働率は80.6%
□平均定員稼働率は73.1%

はじめに

　客室・定員稼働率の推移は次ページ以降をご参照いただきたい。ただし、2016年2月に再集計したときのものを表としている。なお、調査ホテルの取りやめ、改修工事になどにより、調査ホテル軒数は246軒。

大阪のRevPARが2ケタ増

　本調査に合わせて、各ホテルのADRを聞くと、全国的に増加している傾向が分かった。全国のADRは前年対比8.0ポイント増で、RevPARは同10.4ポイント増であった（表1）。東京（フルサービス型）のADRは同11.8ポイント増で、RevPARは同11.5ポイント増。東京（宿泊主体型）のADRは同6.2ポイント増で、RevPARは同7.1ポイント増。近畿は同14.1ポイント増で、RevPARは同16.9ポイント増であった。

　大阪・京都を含む近畿圏の伸長は目を見張るものがある。この主な要因は「訪日外国人客」である。米国トラベル誌で世界一の観光都市に選ばれた京都や、日本屈指のテーマパークUSJのある大阪、ヨーロッパ圏からのゲストに人気の高野山（和歌山）など、訪日外国人客にとって、日本ならではの魅力的な観光地が集積しているからである。また、アジア圏からの訪日するゲストにとって、羽田より関西空港の方が近いという点も見逃せない。

北陸新幹線の開業で、需要増す金沢

　2015年に注目を集めたのが、3月に開業した北陸新幹線。東京－金沢駅間を約2時間28分で結び、首都圏からの乗車時間が大幅に短縮された。これにより、金沢駅周辺のホテル需要に変化が見られた。北陸新幹線開業後の客室稼働率は急上昇。弊社調べでは、甲信越・北陸地域では稼働率が前年対比9.2ポイント増、ADRは同14.9ポイント増、RevPARに関しては同24.2ポイント増という大幅増であった。その中心が金沢であったことは明らかである。

表1　全国客室3指標対前年月比　　　　　　　　　　　　　　　　　　単位：ポイント

		1月	2月	3月	4月	5月	6月	7月	8月	9月	10月	11月	12月	通年
全国	稼働率	4.3	4.9	2.4	4.1	2.8	3.1	3.1	1.5	2.6	1.2	▲0.6	0.8	2.5
	ADR	4.9	6.1	3.2	7.7	9.6	9.2	9.2	8.7	15.3	10.7	5.8	8.1	8.0
	RevPAR	9.5	11.2	5.7	7.7	12.6	10.3	12.6	10.3	18.3	12.0	5.2	9.0	10.4
東京（フルサービス型）	稼働率	3.7	0.1	▲0.3	0.1	1.4	0.9	▲2.1	▲2.4	▲0.6	0.1	▲1.1	▲1.9	▲0.2
	ADR	6.8	9.9	7.5	10.2	11.8	11.7	13.9	14.1	14.8	12.7	12.8	15.1	11.8
	RevPAR	10.7	10.0	7.2	10.2	13.4	12.6	11.5	11.4	14.1	12.8	11.5	12.9	11.5
東京（宿泊主体型）	稼働率	▲0.8	▲2.2	▲0.3	0.3	1.6	3.1	3.1	0.5	4.0	▲0.1	▲0.4	1.0	0.8
	ADR	5.8	4.8	4.0	5.3	7.1	4.6	6.6	6.0	9.0	8.5	6.0	7.2	6.2
	RevPAR	4.9	2.5	3.7	5.3	8.9	7.9	9.9	6.5	13.4	8.4	5.5	8.3	7.1
近畿	稼働率	1.1	5.3	0.3	0.9	2.5	4.9	4.4	3.2	3.2	3.3	▲0.3	1.4	2.5
	ADR	5.0	11.6	9.5	12.5	13.7	13.8	18.6	20.0	23.0	18.9	8.2	13.9	14.1
	RevPAR	6.2	17.5	9.8	12.5	16.6	19.4	23.8	23.8	26.9	22.8	7.9	15.5	16.9
甲信越・北陸	稼働率	13.3	9.6	8.7	10.5	12.2	12.1	12.8	6.2	3.4	7.1	7.2	7.7	9.2
	ADR	▲12.3	2.6	5.3	26.4	24.6	15.3	14.1	12.2	31.2	24.6	17.9	16.4	14.9
	RevPAR	▲0.7	12.5	14.4	26.4	39.8	29.3	28.6	19.1	35.7	33.4	26.4	25.4	24.2

■地域別 客室・定員ベッド（稼働率）…2015年1月～12月

地域	ホテル数		1月 稼動率(%)	1月 対前年比(ポイント)	2月 稼動率(%)	2月 対前年比(ポイント)	3月 稼動率(%)	3月 対前年比(ポイント)	4月 稼動率(%)	4月 対前年比(ポイント)	5月 稼動率(%)	5月 対前年比(ポイント)	6月 稼動率(%)	6月 対前年比(ポイント)	7月 稼動率(%)	7月 対前年比(ポイント)
北海道	18	客室	77.9	4.0	89.5	2.9	80.7	2.9	73.2	3.7	85.7	3.1	90.7	2.9	94.9	1.7
		ベッド	66.6	4.4	79.1	5.8	67.7	1.8	60.3	4.4	75.4	4.7	76.1	3.4	86.4	3.6
東北	30	客室	56.6	▲0.6	64.4	0.3	69.0	0.5	68.1	3.3	70.1	1.1	72.9	0.5	76.5	1.8
		ベッド	49.7	0.5	55.5	0.6	60.1	0.0	59.0	2.2	63.5	1.6	62.6	1.1	66.9	2.5
北関東	12	客室	70.5	7.8	75.2	3.7	80.0	2.3	74.2	3.6	76.5	4.5	72.9	2.0	75.5	1.0
		ベッド	62.8	7.8	64.1	4.5	73.2	3.4	66.2	4.6	70.6	7.4	64.3	4.3	66.8	1.5
東京	34	客室	76.7	0.4	88.0	▲0.5	89.5	0.2	90.3	1.3	85.9	1.7	84.4	1.8	89.6	2.2
		ベッド	67.3	0.8	76.8	1.8	80.1	0.2	82.5	2.1	78.8	3.3	74.1	1.8	82.1	3.7
南関東	22	客室	73.5	4.1	83.0	5.2	88.1	3.0	86.9	5.2	80.6	0.6	74.4	▲1.0	77.2	▲2.4
		ベッド	68.6	6.7	74.7	5.6	84.9	5.2	79.9	6.4	75.9	2.2	67.0	▲0.6	71.6	▲1.2
甲信越・北陸	17	客室	52.1	3.9	60.4	5.6	67.3	6.8	71.8	9.4	75.9	7.7	68.1	6.5	71.1	7.4
		ベッド	43.0	3.4	49.6	4.4	56.9	5.6	61.7	7.9	67.9	7.5	56.4	5.8	60.1	6.2
東海	14	客室	73.3	8.1	82.9	9.5	84.3	3.3	86.5	5.2	82.7	3.6	82.9	5.8	85.2	7.5
		ベッド	61.3	5.9	69.5	8.5	72.8	2.3	74.5	4.5	75.2	7.5	69.9	7.1	73.1	5.6
近畿	42	客室	73.1	1.0	83.7	4.3	90.3	1.8	91.0	2.0	88.3	3.2	85.1	3.4	88.9	4.6
		ベッド	67.3	1.5	77.7	6.6	89.0	3.8	88.0	3.9	85.3	5.5	77.7	4.3	85.0	6.7
中国	12	客室	60.5	2.4	71.4	1.8	78.1	▲0.7	78.1	2.2	78.4	1.8	74.8	4.2	78.0	2.6
		ベッド	53.8	0.1	60.4	▲1.1	69.3	▲5.9	69.1	▲0.9	71.9	▲1.1	63.4	1.3	68.5	0.0
四国	9	客室	55.6	▲3.6	69.9	2.2	73.1	▲1.2	69.5	4.1	70.6	0.1	66.3	3.0	69.3	▲3.1
		ベッド	47.6	▲2.6	59.6	2.4	65.8	0.4	60.1	4.0	63.3	0.2	55.6	4.1	58.8	▲2.2
北九州	13	客室	75.1	4.6	83.7	3.6	83.4	2.8	77.4	1.6	77.3	1.1	71.3	▲4.6	76.9	▲1.3
		ベッド	69.2	1.9	78.6	6.2	80.4	3.8	72.4	2.8	68.2	▲2.8	64.3	▲3.3	70.9	▲1.3
南九州	23	客室	72.1	2.4	86.8	3.2	83.5	2.7	80.5	5.3	76.7	5.8	77.1	2.8	83.5	3.0
		ベッド	63.3	0.5	73.1	0.1	78.4	1.3	72.0	3.8	70.4	5.4	68.8	3.1	78.5	1.9
全地域平均	246	客室	69.2	2.4	79.4	3.1	82.0	1.9	80.9	3.6	80.3	2.8	78.4	2.2	82.4	2.4
		ベッド	61.3	2.3	69.8	3.8	75.2	2.1	73.0	3.7	73.9	3.7	68.7	2.7	74.9	3.0

地域	ホテル数		8月 稼動率(%)	8月 対前年比(ポイント)	9月 稼動率(%)	9月 対前年比(ポイント)	10月 稼動率(%)	10月 対前年比(ポイント)	11月 稼動率(%)	11月 対前年比(ポイント)	12月 稼動率(%)	12月 対前年比(ポイント)	15年	14年	対前年比(ポイント)
北海道	18	客室	92.4	▲0.3	91.3	▲0.3	88.6	▲0.1	78.1	▲2.2	82.4	1.8	85.5	83.8	1.7
		ベッド	89.6	0.8	79.4	1.5	74.8	1.1	63.4	▲0.7	71.8	▲0.4	74.2	71.7	2.5
東北	30	客室	81.0	1.4	77.9	1.9	80.7	▲0.1	72.2	▲1.1	61.8	▲0.1	70.9	70.2	0.7
		ベッド	78.2	1.2	69.5	2.9	70.9	1.6	62.2	▲1.8	54.0	▲0.8	62.7	61.7	1.0
北関東	12	客室	81.7	1.0	79.5	4.0	82.8	2.4	80.4	0.4	76.4	0.2	77.1	74.4	2.7
		ベッド	79.8	0.6	71.9	5.0	72.5	4.3	69.4	1.9	66.5	▲2.7	69.0	65.4	3.6
東京	34	客室	86.6	1.0	86.1	2.1	91.2	▲0.2	90.0	0.0	86.1	0.1	87.0	86.2	0.8
		ベッド	83.3	1.4	76.5	3.8	80.7	2.1	78.6	1.0	80.3	2.5	78.4	76.4	2.0
南関東	22	客室	85.8	▲3.2	78.3	▲2.5	82.4	▲2.7	84.7	▲1.0	80.6	0.0	81.3	80.9	0.4
		ベッド	86.4	▲1.4	72.5	▲0.7	74.9	▲1.3	77.0	▲1.0	76.4	0.8	75.8	74.1	1.7
甲信越・北陸	17	客室	81.1	2.3	76.1	4.0	79.9	6.4	77.0	4.5	62.5	4.1	70.3	64.6	5.7
		ベッド	78.9	3.3	65.9	6.4	67.9	5.9	65.7	3.8	53.9	5.4	60.7	55.2	5.5
東海	14	客室	87.1	7.1	84.0	4.6	85.5	0.8	85.7	▲0.9	80.8	5.0	83.4	78.4	5.0
		ベッド	77.8	4.5	71.1	5.0	70.8	0.5	71.0	▲2.4	70.6	2.3	71.5	67.2	4.3
近畿	42	客室	93.6	2.6	89.1	1.1	91.6	1.3	91.0	▲1.5	86.3	0.3	87.7	85.7	2.0
		ベッド	95.9	4.1	84.9	3.0	85.8	1.3	86.3	▲0.9	82.9	0.0	83.8	80.5	3.3
中国	12	客室	85.2	1.4	81.9	2.6	86.1	3.9	85.1	▲1.0	72.0	1.9	77.5	75.5	2.0
		ベッド	81.2	0.4	73.4	4.2	76.4	6.9	79.3	3.6	64.0	1.6	69.2	68.5	0.7
四国	9	客室	75.6	▲5.6	73.9	2.1	74.0	▲0.4	74.2	▲3.1	60.9	▲3.8	69.4	70.2	▲0.8
		ベッド	72.7	▲6.2	64.8	4.7	61.8	0.2	63.1	▲3.7	51.6	▲3.7	60.4	60.6	▲0.2
北九州	13	客室	83.3	2.3	83.5	5.2	85.2	2.4	84.8	▲0.2	80.0	▲0.9	80.2	78.8	1.4
		ベッド	85.2	2.2	78.8	7.9	77.6	3.0	77.8	▲0.1	76.3	▲4.2	75.0	73.6	1.4
南九州	23	客室	86.2	1.8	86.1	3.3	84.0	4.1	80.0	0.7	71.4	▲0.9	80.7	77.8	2.9
		ベッド	89.3	1.8	80.8	4.5	75.1	2.6	71.1	▲0.1	65.4	▲0.8	73.9	71.8	2.1
全地域平均	246	客室	86.2	1.2	83.4	2.0	85.6	1.2	83.0	▲0.5	76.7	0.6	80.6	78.7	1.9
		ベッド	85.0	1.6	75.6	3.6	76.0	2.1	73.6	▲0.1	70.1	0.4	73.1	70.7	2.4

※ホテル数、客室数は2015年12月時点、期間中に変動あり

第2章　年間稼働率 2015

地域	対象都市	対象ホテル ホテル数	対象ホテル 客室数	1月 稼動率(%)	1月 対前年比(ポイント)	2月 稼動率(%)	2月 対前年比(ポイント)	3月 稼動率(%)	3月 対前年比(ポイント)	4月 稼動率(%)	4月 対前年比(ポイント)	5月 稼動率(%)	5月 対前年比(ポイント)	6月 稼動率(%)	6月 対前年比(ポイント)
北海道	旭川	2	393	78.0	9.7	92.7	9.9	70.7	11.7	46.3	▲ 5.1	69.5	▲ 0.3	85.5	2.8
北海道	札幌	11	2926	83.1	5.3	94.0	3.3	85.2	4.3	77.0	5.3	88.7	2.8	92.2	2.3
北海道	帯広	2	168	58.5	▲ 9.8	74.4	1.6	69.0	▲ 0.9	62.1	7.7	75.7	12.0	86.6	11.3
北海道	函館	3	627	71.6	4.3	81.0	▲ 2.2	78.5	▲ 5.4	84.5	1.2	91.9	0.5	91.7	▲ 0.5
東北	青森	3	522	51.6	▲ 8.2	59.7	▲ 0.3	65.1	0.9	73.5	4.2	78.1	▲ 0.2	79.5	3.7
東北	弘前	1	50	21.5	▲ 2.7	42.1	17.8	28.2	14.0	47.2	19.1	38.0	▲ 0.1	34.7	9.4
東北	秋田	4	581	53.1	▲ 2.0	57.6	0.2	62.6	▲ 2.7	62.0	0.4	68.4	0.7	70.3	0.0
東北	盛岡	7	1085	55.1	1.6	60.7	1.5	62.1	1.4	60.2	0.5	63.8	▲ 3.0	65.6	▲ 1.3
東北	仙台	5	1038	65.2	▲ 1.1	79.6	1.6	82.3	▲ 0.9	79.9	1.7	81.2	0.6	82.5	1.6
東北	山形	3	469	55.8	8.3	59.1	▲ 5.9	66.3	▲ 4.5	59.4	10.0	59.5	3.4	69.1	0.4
東北	酒田	2	191	44.4	▲ 7.6	47.1	0.3	65.0	1.4	63.0	7.1	68.4	7.7	66.4	▲ 2.9
東北	福島	3	396	69.2	1.1	78.1	▲ 1.5	86.3	4.1	82.6	2.3	78.8	4.4	84.9	0.6
東北	郡山	2	250	66.9	▲ 0.3	76.1	▲ 2.9	80.3	0.4	77.5	1.7	76.6	4.9	82.8	0.9
北関東	宇都宮	3	299	76.8	20.7	78.4	13.8	82.4	12.7	84.3	15.2	82.6	11.4	80.8	7.2
北関東	高崎	2	249	68.4	4.3	68.6	▲ 5.8	78.7	1.2	72.5	0.6	75.4	▲ 2.7	75.1	▲ 0.4
北関東	前橋	1	47	15.3	▲ 4.9	15.3	▲ 19.7	31.4	▲ 4.8	26.0	5.8	26.2	▲ 2.4	23.0	▲ 2.0
北関東	水戸	4	327	75.0	3.8	82.8	5.1	84.6	▲ 1.5	74.8	▲ 1.2	78.5	3.6	76.2	2.2
北関東	吾妻郡	1	162	72.1	0.6	92.3	15.3	90.4	▲ 1.9	78.1	▲ 3.4	87.9	5.0	65.6	▲ 4.9
北関東	熊谷	1	138	91.6	11.8	91.0	▲ 1.7	95.1	▲ 0.7	89.4	▲ 1.5	92.0	8.2	88.6	1.2
東京	東京	34	14143	76.7	0.4	88.0	▲ 0.5	89.5	0.2	90.3	1.3	85.9	1.7	84.4	1.8
南関東	成田	2	982	81.5	3.4	91.6	5.7	90.5	5.9	90.9	4.6	90.1	5.8	84.3	0.6
南関東	千葉	2	356	80.5	23.4	88.8	8.9	92.6	6.1	91.3	9.0	88.8	7.8	86.5	7.9
南関東	幕張	3	752	65.9	▲ 3.8	88.1	7.0	90.0	0.9	84.1	9.5	82.4	9.2	80.2	13.0
南関東	浦安	2	1124	89.6	0.2	94.8	1.2	96.4	1.8	93.9	4.6	92.8	2.8	90.8	▲ 1.0
南関東	川崎	1	184	73.9	▲ 3.9	82.6	▲ 5.2	87.2	▲ 0.1	86.9	▲ 0.1	83.1	0.5	78.2	▲ 2.9
南関東	横浜	5	1412	73.6	4.4	88.6	5.7	88.7	2.1	88.0	4.2	85.8	3.1	85.0	6.8
南関東	箱根	5	549	66.2	1.9	64.6	4.5	81.8	2.1	82.0	4.9	61.2	▲ 16.2	40.5	▲ 25.0
南関東	藤沢	1	160	79.8	6.0	92.9	17.0	93.6	6.8	90.5	▲ 1.6	88.6	2.7	93.2	3.4
南関東	平塚	1	164	62.5	12.3	70.2	0.2	75.5	8.4	80.2	5.6	77.1	16.6	73.8	14.2
甲信越・北陸	長野	2	236	63.8	0.5	72.3	3.3	66.3	6.2	78.5	15.3	89.3	18.8	64.4	▲ 0.8
甲信越・北陸	軽井沢	1	233	41.3	15.1	43.3	26.5	53.1	16.8	77.4	41.4	87.3	38.1	70.3	19.0
甲信越・北陸	新潟	3	442	53.2	1.8	60.2	2.0	64.8	▲ 1.2	60.0	4.1	68.5	1.5	65.1	▲ 3.3
甲信越・北陸	福井	4	391	48.1	10.5	55.9	9.2	62.0	7.9	57.8	2.0	60.5	6.1	56.8	5.8
甲信越・北陸	富山	2	274	55.5	9.8	60.3	8.0	68.5	9.3	79.9	15.3	82.0	6.9	75.8	10.6
甲信越・北陸	金沢	5	891	50.8	▲ 3.4	63.0	0.7	75.7	8.0	83.0	7.3	82.6	2.6	77.0	11.9
東海	浜松	4	1002	65.1	9.8	78.9	19.4	82.4	11.6	83.9	9.3	80.5	8.9	78.7	14.0
東海	名古屋	9	3127	78.4	6.9	86.9	5.1	87.6	0.6	89.1	3.7	84.8	2.2	85.3	2.4
東海	岐阜	1	144	59.8	11.4	62.8	9.1	62.0	▲ 6.2	73.2	2.0	72.7	▲ 4.7	78.4	4.0
近畿	京都	13	4023	75.6	0.0	88.9	1.4	95.2	0.2	97.0	▲ 0.9	95.1	0.1	92.2	3.5
近畿	奈良	3	349	59.3	4.6	73.4	4.1	89.2	5.2	93.0	3.9	88.9	4.1	81.6	7.6
近畿	大阪	15	6540	81.3	1.9	89.4	4.5	93.1	3.4	92.6	1.7	88.7	2.6	89.1	3.2
近畿	神戸	4	1454	64.2	4.5	76.7	15.9	83.8	8.2	85.5	13.1	84.3	10.4	78.3	6.2
近畿	姫路	2	459	47.3	▲ 0.8	54.3	0.8	62.6	▲ 4.1	70.0	0.2	69.5	10.7	62.8	▲ 1.7
近畿	三重	2	189	56.8	▲ 16.5	64.0	▲ 1.6	74.5	▲ 14.2	64.2	▲ 4.9	62.5	2.3	55.0	▲ 2.2
近畿	滋賀	3	442	74.8	4.5	85.4	7.7	93.4	2.3	93.4	4.4	90.6	4.7	82.3	2.6
中国	岡山	1	79	17.3	▲ 0.2	29.3	13.7	41.8	15.4	46.5	17.5	35.8	3.6	29.2	3.6
中国	倉敷	2	301	50.2	▲ 0.5	67.2	8.4	79.7	2.2	72.4	7.3	73.9	0.8	72.0	1.4
中国	広島	9	2360	67.6	3.4	77.1	▲ 0.9	81.8	▲ 3.1	82.9	▲ 0.5	84.2	1.9	80.5	4.9
四国	高松	1	101	66.9	1.8	72.4	▲ 9.0	79.5	1.7	79.5	8.7	74.6	▲ 1.4	75.8	1.6
四国	松山	5	616	54.1	▲ 7.6	70.4	3.1	73.4	▲ 3.4	70.0	3.8	70.3	▲ 1.0	66.4	1.3
四国	高知	2	503	55.5	3.8	75.9	12.8	72.6	3.2	63.9	▲ 0.6	70.4	0.1	60.8	1.9
四国	徳島	1	56	52.0	▲ 4.1	53.1	▲ 11.8	66.4	▲ 2.2	68.3	10.2	68.4	7.0	66.7	14.9
北九州	北九州	1	84	56.7	5.2	65.6	5.6	56.0	▲ 15.9	51.0	▲ 5.9	48.9	▲ 2.2	44.3	▲ 8.7
北九州	福岡	7	1528	79.9	3.4	88.0	3.7	86.9	3.0	84.7	5.2	83.9	3.8	74.9	▲ 7.7
北九州	佐世保	1	154	81.3	6.6	85.1	0.1	91.2	1.4	83.1	1.6	88.9	6.9	83.0	6.2
北九州	長崎	1	200	85.3	12.3	91.5	2.3	93.2	11.7	63.3	▲ 16.1	75.1	▲ 12.6	75.0	▲ 4.3
北九州	大分	3	413	64.5	4.1	76.8	4.4	78.5	5.9	72.1	1.8	68.0	▲ 1.8	67.0	0.6
南九州	熊本	4	379	71.8	4.5	81.0	0.9	81.5	4.9	78.4	9.9	80.1	4.7	76.4	2.0
南九州	宮崎	1	348	61.8	▲ 0.3	90.7	7.0	74.2	▲ 0.4	63.5	▲ 2.4	73.1	▲ 2.9	64.5	0.0
南九州	鹿児島	3	763	74.5	▲ 4.0	84.4	▲ 0.5	83.1	▲ 2.2	74.2	▲ 4.6	82.3	▲ 0.3	76.7	2.6
南九州	沖縄	15	3288	72.4	3.4	88.6	4.4	84.7	3.2	83.5	6.7	75.0	7.9	78.2	3.2
	全都市平均	246	61113	69.2	2.4	79.4	3.1	82.0	1.9	80.9	3.6	80.3	2.8	78.4	2.2

※ホテル数、客室数は 2015 年 12 月時点、期間中に変動あり

■全国61都市の 客室 稼働率 …2015年1〜12月

7月 稼動率(%)	7月 対前年比(ポイント)	8月 稼動率(%)	8月 対前年比(ポイント)	9月 稼動率(%)	9月 対前年比(ポイント)	10月 稼動率(%)	10月 対前年比(ポイント)	11月 稼動率(%)	11月 対前年比(ポイント)	12月 稼動率(%)	12月 対前年比(ポイント)	平均客室稼働率 15年	平均客室稼働率 14年	平均客室稼働率 対前年比(ポイント)	対象都市	地域
96.5	0.4	89.6	▲3.0	88.9	0.1	76.4	▲3.8	53.4	▲8.1	55.2	▲9.7	75.2	74.8	0.4	旭川	北海道
95.5	1.2	93.5	1.0	92.6	0.8	91.8	2.2	81.9	▲1.1	90.5	3.7	88.8	86.2	2.6	札幌	
90.5	4.1	89.9	▲4.0	84.0	▲6.7	78.5	▲7.7	73.6	▲6.3	66.2	7.6	75.8	75.0	0.8	帯広	
94.7	2.6	92.1	▲1.1	93.3	0.1	91.8	▲1.3	83.8	0.7	81.2	▲1.9	86.3	86.6	▲0.3	函館	
85.8	1.5	90.0	3.4	86.0	0.8	88.9	2.9	75.4	1.2	59.6	▲2.5	74.4	73.8	0.6	青森	東北
36.5	11.3	56.3	17.1	41.0	14.6	48.2	6.1	33.8	4.3	28.8	▲0.3	38.0	28.8	9.2	弘前	
75.6	1.4	81.7	8.8	75.6	4.0	79.5	2.1	74.5	0.6	63.6	5.2	68.7	67.2	1.5	秋田	
72.7	2.7	78.1	▲3.0	71.5	▲3.1	78.7	▲3.4	68.9	1.6	52.4	▲3.2	65.8	66.7	▲0.9	盛岡	
84.7	1.4	91.2	2.3	87.9	2.1	85.8	▲0.1	82.8	1.6	76.8	0.9	81.7	81.0	0.7	仙台	
67.2	3.6	75.9	3.2	75.1	8.3	75.6	▲0.3	63.7	4.7	60.8	9.0	65.6	62.3	3.3	山形	
71.5	0.9	74.5	▲4.2	74.8	5.8	72.9	3.5	63.7	▲0.8	51.2	1.7	63.6	62.5	1.1	酒田	
85.2	▲2.5	80.8	▲4.3	84.2	▲1.0	86.6	▲1.2	80.6	▲6.2	72.8	▲6.4	80.8	81.7	▲0.9	福島	
83.1	1.2	78.3	1.6	83.2	▲0.1	88.2	▲1.6	75.7	▲8.4	69.5	▲4.1	78.2	78.9	▲0.7	郡山	
83.4	6.0	89.0	5.7	85.7	6.8	91.2	3.5	89.6	4.8	86.6	7.8	84.2	74.6	9.6	宇都宮	北関東
76.2	▲2.3	80.0	▲1.9	77.4	1.1	76.8	▲3.6	78.3	2.8	74.8	1.4	71.3	76.3	▲5.0	高崎	
34.5	3.5	23.8	▲8.7	29.4	1.5	34.0	14.6	35.3	6.6	25.0	▲7.1	26.6	28.1	▲1.5	前橋	
76.2	▲0.8	85.8	1.0	80.7	6.4	85.7	0.7	82.3	▲1.6	79.4	▲2.6	80.2	78.9	1.3	水戸	
69.3	▲10.9	92.1	1.2	92.5	▲4.4	94.4	6.4	88.2	4.2	73.9	1.1	83.1	82.4	0.7	吾妻郡	
94.1	8.3	94.8	2.4	97.3	3.1	95.6	1.5	86.0	▲9.3	91.3	1.5	92.2	90.4	1.8	熊谷	
89.6	2.2	86.6	1.0	86.1	2.1	91.2	▲0.2	90.0	0.0	86.1	0.1	87.0	86.2	0.8	東京	東京
91.3	▲1.2	89.3	▲1.6	72.9	▲12.4	75.9	▲13.7	84.8	▲0.5	80.2	▲2.8	85.3	85.8	▲0.5	成田	南関東
87.1	2.6	88.9	0.0	84.8	5.0	90.3	▲2.3	86.9	0.6	89.0	▲0.3	88.0	82.2	5.8	千葉	
80.0	2.9	84.3	▲2.1	83.3	3.5	84.7	▲0.8	85.0	5.6	77.3	2.5	82.1	78.2	3.9	幕張	
93.0	▲2.2	95.0	0.4	98.0	1.9	98.0	3.0	96.1	▲0.8	94.7	▲1.5	94.4	93.6	0.8	浦安	
86.7	6.8	86.5	3.5	81.0	▲2.6	86.9	2.2	84.1	▲0.8	80.3	0.3	83.1	83.3	▲0.2	川崎	
86.3	6.8	91.5	5.4	86.8	6.0	87.9	2.3	87.2	▲0.8	85.0	0.5	86.2	82.3	3.9	横浜	
46.7	▲22.0	72.3	▲18.7	55.2	▲18.5	65.5	▲10.8	76.0	▲8.3	69.5	▲1.6	65.1	74.1	▲9.0	箱根	
91.2	1.6	96.7	1.4	92.4	0.0	94.0	8.0	93.4	8.4	93.2	10.3	91.6	86.3	5.3	藤沢	
73.1	8.8	86.8	0.4	78.3	10.2	81.3	▲0.8	79.2	1.3	68.4	▲2.1	75.5	69.3	6.2	平塚	
71.5	1.1	80.3	▲3.7	74.8	▲0.9	81.1	8.9	74.1	▲6.0	59.0	▲9.3	73.0	70.2	2.8	長野	甲信越・北陸
63.7	5.3	88.6	1.1	69.3	▲16.1	80.5	11.7	83.1	17.8	49.6	3.4	67.3	52.3	15.0	軽井沢	
69.8	1.7	81.9	▲2.0	73.9	3.1	77.2	▲2.1	76.5	6.9	62.1	2.0	67.8	66.6	1.2	新潟	
63.8	8.1	68.2	▲0.4	62.8	2.6	64.7	2.2	64.1	0.7	54.4	5.5	59.9	54.9	5.0	福井	
73.8	7.9	82.9	8.3	83.7	6.7	88.8	8.1	80.8	4.5	64.6	2.0	74.7	66.6	8.1	富山	
77.8	12.7	89.2	7.3	87.0	10.6	89.5	11.9	86.2	7.8	72.4	10.7	77.9	70.5	7.4	金沢	
81.2	12.6	86.4	7.5	77.3	8.9	78.5	1.7	79.4	0.3	71.3	13.9	78.6	68.8	9.8	浜松	東海
88.7	5.2	87.6	6.9	87.7	2.8	89.5	▲0.5	89.0	▲2.3	86.8	1.4	86.8	83.9	2.9	名古屋	
69.4	7.9	85.3	7.5	77.4	4.1	77.4	8.5	81.7	6.6	64.1	1.3	72.0	67.7	4.3	岐阜	
94.9	4.9	97.2	0.4	96.6	0.3	97.3	0.4	97.5	▲0.7	93.1	0.4	93.4	92.6	0.8	京都	近畿
83.8	13.9	93.4	12.7	89.3	4.9	91.5	6.8	93.3	▲2.3	73.4	▲4.2	84.2	79.1	5.1	奈良	
92.3	2.5	95.0	1.9	90.7	▲0.3	93.0	0.1	90.7	▲2.0	90.5	▲0.1	90.5	88.9	1.6	大阪	
85.0	7.3	91.0	3.4	79.2	▲0.1	85.8	4.7	84.0	▲0.9	80.6	2.4	81.5	75.3	6.2	神戸	
64.4	1.0	76.7	2.7	65.4	▲0.1	74.3	1.5	74.5	▲0.3	65.4	5.6	65.6	64.3	1.3	姫路	
63.2	▲2.1	83.1	5.4	73.2	13.5	73.1	3.9	72.9	▲4.3	64.3	1.6	67.2	68.8	▲1.6	三重	
90.1	8.4	93.3	2.9	88.2	2.8	91.5	▲1.2	94.5	▲1.6	84.7	▲1.2	88.5	85.5	3.0	滋賀	
39.6	7.7	41.9	2.1	46.1	9.4	52.4	▲0.3	58.5	▲4.7	32.3	▲2.6	39.2	33.8	5.4	岡山	中国
71.3	0.9	80.4	▲3.4	80.2	6.5	85.2	5.3	81.0	▲6.2	64.1	▲6.8	73.1	71.8	1.3	倉敷	
83.8	2.4	91.1	2.4	86.3	1.0	90.1	4.1	89.0	0.6	78.2	4.3	82.7	81.0	1.7	広島	
75.6	▲5.9	78.4	▲5.3	76.8	2.1	74.4	▲3.2	70.5	▲10.5	60.5	▲17.8	73.7	76.8	▲3.1	高松	四国
71.4	▲2.9	75.2	▲7.7	75.3	1.9	72.9	▲2.1	74.1	▲4.7	64.6	▲2.0	69.8	71.6	▲1.8	松山	
62.8	▲1.3	75.7	▲1.1	71.8	3.7	77.6	5.8	79.9	0.6	59.4	▲0.5	68.9	66.5	2.4	高知	
65.7	▲5.2	74.4	▲4.5	68.2	0.2	71.5	▲1.7	66.8	4.1	46.3	▲4.5	64.0	63.8	0.2	徳島	
55.5	1.1	54.1	▲10.5	49.6	▲17.2	45.4	▲15.5	53.1	▲13.4	47.5	▲17.2	52.3	60.2	▲7.9	北九州	北九州
81.9	▲3.6	89.9	3.2	89.8	6.5	92.5	3.1	91.1	▲0.4	86.0	0.8	85.8	84.2	1.6	福岡	
86.2	3.3	90.4	▲0.3	87.1	5.6	90.2	0.4	88.8	2.4	91.8	0.8	87.3	84.3	3.0	佐世保	
78.8	▲2.3	90.3	▲0.3	91.4	3.8	93.2	0.1	92.4	2.4	87.2	2.4	84.7	85.0	▲0.3	長崎	
68.7	2.1	75.2	6.0	76.2	9.8	77.2	8.2	76.9	2.9	70.2	3.2	72.6	68.7	3.9	大分	
76.8	3.4	82.1	▲1.1	84.2	3.5	82.4	▲2.1	80.5	▲6.6	73.2	▲3.6	79.0	77.3	1.7	熊本	南九州
65.1	3.5	74.1	4.2	65.3	▲0.3	76.8	1.0	78.5	▲0.1	69.1	2.3	71.4	70.4	1.0	宮崎	
82.1	3.6	84.1	▲1.1	82.1	7.4	87.6	3.8	87.5	▲3.1	82.0	2.4	81.7	81.4	0.3	鹿児島	
86.7	2.6	88.5	3.0	88.9	2.7	84.2	6.0	78.5	3.5	68.9	▲1.1	81.5	77.7	3.8	沖縄	
82.4	2.4	86.2	1.2	83.4	2.0	85.6	1.2	83.0	▲0.5	76.7	0.6	80.6	78.7	1.9	全都市平均	

第2章　年間稼働率 2015

地域	対象都市	対象ホテル ホテル数	対象ホテル ベッド数	1月 稼動率(%)	1月 対前年比(ポイント)	2月 稼動率(%)	2月 対前年比(ポイント)	3月 稼動率(%)	3月 対前年比(ポイント)	4月 稼動率(%)	4月 対前年比(ポイント)	5月 稼動率(%)	5月 対前年比(ポイント)	6月 稼動率(%)	6月 対前年比(ポイント)
北海道	旭川	2	798	53.0	6.7	63.1	8.9	47.6	5.5	33.2	▲0.5	57.1	3.2	65.6	5.7
北海道	札幌	11	5175	74.1	6.3	87.9	6.6	73.6	3.2	64.2	5.7	77.5	4.2	77.9	1.8
北海道	帯広	2	215	51.0	▲8.2	64.9	2.9	59.5	▲2.1	52.9	5.2	73.6	12.1	79.1	11.0
北海道	函館	3	1059	58.2	4.2	66.7	2.1	64.8	▲3.4	69.2	2.6	81.5	3.0	74.5	2.7
東北	青森	3	634	48.8	▲9.9	57.5	▲0.3	62.5	▲0.1	71.2	4.1	77.4	1.0	77.2	6.1
東北	弘前	1	80	16.6	▲4.9	36.7	18.6	19.8	8.5	39.4	16.1	32.9	▲0.8	26.2	5.8
東北	秋田	4	823	51.8	6.5	47.0	▲3.9	53.3	▲2.9	52.7	1.6	59.6	1.6	57.6	1.0
東北	盛岡	7	1371	49.5	1.8	54.7	1.7	56.1	0.5	54.1	▲0.3	59.8	▲2.1	57.6	▲0.7
東北	仙台	5	1580	56.9	▲0.1	69.0	3.9	73.4	▲0.5	70.5	3.5	74.3	1.9	72.0	1.2
東北	山形	3	643	47.4	8.1	52.2	▲2.7	58.4	▲1.7	50.2	8.3	52.8	2.5	56.8	▲1.0
東北	酒田	2	241	38.8	▲7.2	40.5	▲0.3	58.5	2.6	57.4	6.7	67.2	9.1	60.3	▲3.0
東北	福島	3	615	51.5	1.5	57.7	▲0.3	64.6	1.8	60.6	▲6.4	60.8	4.2	64.9	4.5
東北	郡山	2	317	57.9	▲1.1	65.4	▲1.5	69.0	0.8	63.9	▲2.2	68.4	3.6	70.1	▲1.0
北関東	宇都宮	3	422	66.8	21.9	58.3	6.8	74.8	14.9	75.4	16.8	75.7	12.8	69.6	5.8
北関東	高崎	2	301	66.6	1.4	64.2	▲3.9	76.4	2.5	68.7	0.6	75.0	0.3	69.8	1.5
北関東	前橋	1	80	13.1	▲3.8	10.1	▲20.5	30.0	▲2.0	21.0	5.4	24.0	▲0.2	17.8	▲2.0
北関東	水戸	4	430	62.1	3.3	69.9	7.1	73.8	▲1.6	64.1	0.1	70.1	5.3	64.0	3.0
北関東	吾妻郡	1	484	68.4	2.9	90.6	21.5	83.4	0.0	67.1	▲2.3	74.0	4.6	64.9	8.7
北関東	熊谷	1	183	89.8	12.6	85.6	11.9	93.0	▲0.6	86.4	0.8	91.6	24.1	84.9	13.0
東京	東京	34	26110	67.3	0.8	76.8	1.8	80.1	0.2	82.5	2.1	78.8	3.3	74.1	1.8
南関東	成田	2	1546	71.2	6.3	82.4	12.6	81.6	10.8	79.6	3.0	77.1	4.0	75.5	1.2
南関東	千葉	2	515	69.3	18.3	79.0	12.6	83.5	16.5	81.6	19.1	77.4	8.7	74.6	10.9
南関東	幕張	3	1498	58.3	▲1.2	80.8	10.5	86.7	6.1	71.0	7.5	71.2	5.6	65.1	9.5
南関東	浦安	2	3769	94.0	2.1	92.3	1.5	104.5	4.1	94.8	5.6	94.8	4.1	90.3	▲1.0
南関東	川崎	1	264	66.9	▲5.5	74.8	▲9.6	79.5	▲1.6	79.3	0.4	75.7	0.3	68.2	▲2.0
南関東	横浜	5	2657	67.0	3.9	74.6	2.7	84.0	0.9	79.3	3.2	81.8	4.4	75.7	8.0
南関東	箱根	5	1218	65.4	12.9	60.9	4.8	80.2	2.4	78.7	7.8	60.8	▲8.8	38.0	▲23.4
南関東	藤沢	1	200	85.5	8.7	95.2	19.8	105.0	5.5	96.0	0.7	101.7	4.4	99.6	2.6
南関東	平塚	1	224	50.3	9.7	57.6	2.3	63.0	13.8	67.7	7.2	67.3	14.8	62.4	13.5
甲信越・北陸	長野	2	403	48.9	10.6	55.5	4.3	50.6	5.4	67.5	15.8	75.9	20.4	47.5	▲1.1
甲信越・北陸	軽井沢	1	753	26.1	5.2	31.8	19.5	38.2	9.9	50.4	26.1	58.7	24.7	46.9	13.5
甲信越・北陸	新潟	3	644	47.5	▲0.1	52.1	0.0	57.8	▲1.7	51.7	1.2	63.1	▲1.3	55.8	▲5.0
甲信越・北陸	福井	4	581	39.3	8.4	44.0	7.1	49.2	5.6	46.5	1.9	51.5	6.5	44.3	5.0
甲信越・北陸	富山	2	379	43.9	7.0	48.0	5.9	54.1	5.0	72.3	15.6	77.6	8.2	65.2	10.0
甲信越・北陸	金沢	5	1545	44.0	▲3.1	54.5	1.3	69.7	9.2	75.6	6.9	78.8	4.8	67.6	11.7
東海	浜松	4	1724	53.0	8.0	65.3	17.8	72.6	11.3	73.0	9.6	79.6	20.3	66.6	17.9
東海	名古屋	9	4977	66.4	4.6	73.7	4.6	75.3	▲0.9	77.2	2.5	75.1	3.1	71.9	2.6
東海	岐阜	1	395	47.7	8.4	48.4	5.7	50.8	▲5.4	56.7	2.3	58.7	▲3.5	64.9	3.7
近畿	京都	13	7726	68.1	▲1.2	84.6	4.3	95.6	0.5	95.7	▲1.8	94.2	0.2	85.9	3.2
近畿	奈良	3	650	50.5	3.6	62.9	6.8	82.0	9.0	86.6	7.4	84.0	8.1	72.4	11.3
近畿	大阪	15	10294	78.6	4.6	85.7	8.3	96.5	8.1	93.5	6.0	87.9	6.9	82.2	4.6
近畿	神戸	4	2717	56.8	3.6	67.1	15.5	78.0	9.0	79.4	17.0	76.0	11.5	67.8	7.0
近畿	姫路	2	584	47.4	0.8	51.3	1.8	58.0	▲5.8	61.7	▲2.0	68.3	12.1	59.5	▲1.8
近畿	三重	2	411	49.3	▲15.5	54.1	▲1.9	66.3	▲13.9	53.3	▲4.8	54.0	4.6	48.6	1.7
近畿	滋賀	3	834	63.4	4.9	70.1	5.1	80.3	2.4	80.6	6.3	80.3	7.3	70.1	3.3
中国	岡山	1	112	16.4	0.1	24.3	10.1	35.5	9.7	44.2	18.1	33.6	3.2	24.1	2.2
中国	倉敷	2	494	47.1	▲4.3	57.5	7.9	72.5	▲0.1	66.3	6.0	69.9	0.6	62.9	0.4
中国	広島	9	3633	59.5	1.1	65.0	▲4.4	72.3	▲8.9	72.5	▲4.6	76.6	▲1.9	67.9	1.4
四国	高松	1	175	47.5	1.7	49.0	▲6.6	60.4	2.8	55.7	5.5	59.0	1.8	51.6	3.6
四国	松山	5	998	48.0	▲6.6	60.7	1.3	68.8	▲0.3	61.9	3.5	63.7	▲1.8	57.1	2.8
四国	高知	2	638	49.6	1.4	71.5	13.1	70.1	3.4	60.2	▲0.5	68.6	0.0	53.8	0.2
四国	徳島	1	89	42.2	5.4	40.4	▲4.5	47.5	▲5.0	54.9	13.2	55.5	9.4	55.3	18.5
北九州	北九州	1	124	42.8	4.3	48.4	4.1	44.3	▲10.6	38.0	▲4.6	33.1	▲5.4	32.2	▲6.5
北九州	福岡	7	2327	73.5	3.4	82.4	8.6	82.3	1.5	78.9	5.5	68.0	▲8.6	66.7	▲6.4
北九州	佐世保	1	204	77.5	9.5	82.3	6.3	95.8	5.5	78.0	6.3	88.3	14.3	74.4	11.1
北九州	長崎	1	216	87.6	▲15.2	93.1	0.3	94.3	11.8	64.0	▲14.7	77.5	3.3	72.5	▲5.5
北九州	大分	3	497	59.3	1.1	73.8	3.4	78.3	10.7	69.5	3.3	70.6	4.1	63.3	1.0
南九州	熊本	4	506	68.2	2.9	75.9	0.4	83.1	7.6	79.3	12.9	81.1	5.7	71.4	8.2
南九州	宮崎	1	700	44.2	▲0.6	60.6	▲2.2	54.9	▲2.3	45.1	▲5.0	55.7	▲0.7	50.8	7.1
南九州	鹿児島	3	1130	72.6	▲4.1	81.1	1.0	82.1	▲3.0	71.5	▲4.8	82.6	0.6	70.6	1.3
南九州	沖縄	15	8466	61.4	0.9	71.6	0.1	78.0	0.7	71.9	3.7	66.0	6.5	69.0	1.9
	全都市平均	246	108378	61.3	2.3	69.8	3.8	75.2	2.1	73.0	3.7	73.9	3.7	68.7	2.7

■全国61都市の 定員（ベッド）稼働率 …2015年1～12月

7月 稼動率(%)	7月 対前年比(ポイント)	8月 稼動率(%)	8月 対前年比(ポイント)	9月 稼動率(%)	9月 対前年比(ポイント)	10月 稼動率(%)	10月 対前年比(ポイント)	11月 稼動率(%)	11月 対前年比(ポイント)	12月 稼動率(%)	12月 対前年比(ポイント)	平均定員稼働率 15年	平均定員稼働率 14年	平均定員稼働率 対前年比(ポイント)	対象都市	地域
85.9	3.7	84.1	1.9	68.5	1.0	55.9	▲0.1	37.2	▲6.6	41.2	▲8.4	57.7	56.0	1.7	旭川	北海道
88.2	3.5	91.3	3.0	81.0	3.1	77.9	2.9	66.6	▲1.2	81.2	0.7	78.5	75.1	3.4	札幌	北海道
85.7	4.5	89.6	▲9.8	79.0	▲5.0	71.9	▲7.3	62.2	▲7.9	54.5	4.1	68.7	68.7	0.0	帯広	北海道
80.7	3.1	87.0	▲0.7	81.2	0.4	77.8	0.6	70.0	10.0	69.6	▲1.5	73.4	71.5	1.9	函館	北海道
81.9	2.6	96.8	5.0	85.3	0.7	86.7	3.8	72.0	2.9	55.3	▲1.9	72.7	71.6	1.1	青森	東北
29.4	8.3	52.5	15.0	32.8	12.6	39.7	3.9	26.1	3.9	22.3	▲0.1	31.2	24.0	7.2	弘前	東北
60.3	▲1.7	77.0	6.8	62.0	2.7	67.0	2.0	61.2	0.8	51.6	3.6	58.4	56.9	1.5	秋田	東北
66.2	4.0	74.1	▲6.1	65.7	▲1.7	70.3	▲0.4	61.5	▲1.1	48.2	▲4.8	59.8	60.6	▲0.8	盛岡	東北
76.5	3.0	91.1	3.0	81.5	5.5	76.3	0.8	73.7	▲1.6	72.1	0.2	73.9	72.2	1.7	仙台	東北
57.2	4.0	73.0	5.2	65.1	7.1	63.1	0.8	52.4	1.7	51.1	7.5	56.6	53.3	3.3	山形	東北
66.6	1.8	75.6	▲4.5	70.3	7.1	67.3	3.5	57.5	▲0.9	44.9	0.7	58.7	57.4	1.3	酒田	東北
62.6	▲0.9	67.8	▲0.8	64.6	0.7	64.7	0.1	60.3	▲13.1	55.1	▲4.6	61.3	62.4	▲1.1	福島	東北
76.6	5.5	74.0	2.1	74.8	3.6	83.1	6.7	64.1	▲7.6	59.8	▲4.2	68.9	68.7	0.2	郡山	東北
73.3	6.2	87.0	4.7	78.1	8.1	79.9	11.5	78.6	12.2	79.3	2.3	74.7	64.4	10.3	宇都宮	北関東
73.6	▲0.2	85.1	▲0.8	77.6	3.7	76.3	▲0.7	73.5	0.4	71.7	▲1.3	73.2	72.9	0.3	高崎	北関東
22.0	1.5	15.2	▲6.2	19.4	1.0	21.7	8.9	27.1	3.7	17.0	▲11.4	19.9	22.0	▲2.1	前橋	北関東
64.4	▲0.3	80.0	▲0.6	69.0	6.7	71.6	0.3	67.4	▲2.4	65.9	▲3.3	68.5	67.1	1.4	水戸	北関東
63.3	▲9.3	98.8	0.5	83.1	▲3.6	76.5	5.1	70.8	0.2	59.8	1.5	75.1	72.6	2.5	吾妻郡	北関東
91.6	8.6	92.8	3.1	94.8	4.2	92.8	3.1	82.2	▲9.3	76.3	▲13.5	88.5	83.7	4.8	熊谷	北関東
82.1	3.7	83.3	1.4	76.5	3.8	80.7	2.1	78.6	1.0	80.3	2.5	78.4	76.4	2.0	東京	東京
84.2	1.2	77.7	▲5.3	62.1	▲9.7	66.4	▲11.0	72.1	▲3.4	70.5	▲2.8	75.0	74.5	0.5	成田	南関東
77.0	0.0	83.8	2.5	76.0	9.8	79.4	3.5	76.7	5.3	81.9	5.4	78.4	69.0	9.4	千葉	南関東
71.0	2.5	82.9	1.7	73.1	7.2	71.0	4.2	71.0	7.7	69.3	▲0.6	72.6	67.6	5.0	幕張	南関東
94.5	▲0.9	107.7	▲2.3	94.0	3.2	97.2	3.4	92.9	▲1.7	93.9	▲1.5	95.9	94.5	1.4	浦安	南関東
78.8	6.4	82.1	2.3	74.1	0.0	78.0	3.5	73.1	▲0.6	75.1	▲0.8	75.5	76.1	▲0.6	川崎	南関東
80.0	10.0	92.5	8.7	80.5	7.7	80.1	3.0	78.0	▲0.7	81.1	2.1	79.6	75.1	4.5	横浜	南関東
43.8	▲17.9	73.1	▲13.7	52.5	▲18.2	59.8	▲12.9	73.0	▲10.3	67.7	0.6	62.8	69.3	▲6.5	箱根	南関東
105.2	4.9	126.0	▲1.5	105.6	▲1.5	100.5	8.1	100.9	4.9	104.3	12.2	102.1	96.4	5.7	藤沢	南関東
48.5	▲6.2	78.0	1.7	67.7	11.4	70.4	5.5	67.6	3.0	58.1	▲0.2	63.2	57.1	6.1	平塚	南関東
53.7	0.8	75.7	2.1	61.1	3.4	64.4	2.0	58.3	▲10.3	46.6	▲4.4	58.8	54.7	4.1	長野	甲信越・北陸
45.5	2.3	75.4	▲0.5	48.1	▲12.6	54.5	7.4	56.2	13.2	36.8	4.1	47.4	38.0	9.4	軽井沢	甲信越・北陸
57.9	▲4.5	79.8	▲5.0	61.2	▲1.6	66.7	▲1.4	62.0	▲0.2	54.8	0.2	59.2	60.8	▲1.6	新潟	甲信越・北陸
53.0	7.5	65.2	0.3	52.6	4.6	53.0	3.4	55.7	3.4	44.8	6.0	49.9	45.0	4.9	福井	甲信越・北陸
62.9	6.6	76.4	7.8	75.5	10.5	77.8	8.5	70.3	3.5	54.4	4.8	64.9	57.1	7.8	富山	甲信越・北陸
71.3	14.1	92.3	10.0	80.9	15.8	80.8	12.7	78.8	10.2	66.7	12.4	71.8	62.9	8.9	金沢	甲信越・北陸
68.2	3.5	71.3	0.6	64.4	10.0	64.3	4.9	63.8	▲1.8	60.0	2.2	66.8	58.2	8.6	浜松	東海
77.6	6.4	81.6	6.7	75.5	3.5	75.6	▲1.6	75.8	2.5	77.5	3.0	75.3	72.6	2.7	名古屋	東海
51.6	5.9	69.7	0.1	58.1	▲1.5	54.7	3.1	57.0	▲3.7	50.5	▲4.0	55.7	54.8	0.9	岐阜	東海
91.9	5.5	100.1	0.2	92.6	▲0.2	93.8	▲1.1	95.8	▲0.9	90.9	1.6	90.8	89.9	0.9	京都	近畿
78.8	19.5	87.3	12.6	80.8	8.2	82.7	6.7	83.2	0.0	67.1	▲2.3	76.5	69.0	7.5	奈良	近畿
91.9	7.1	101.9	5.0	90.0	3.2	88.4	▲0.8	87.9	▲2.4	90.2	▲1.0	89.6	85.4	4.2	大阪	近畿
78.0	9.5	94.6	8.5	73.9	3.8	78.6	9.9	76.9	2.8	76.9	4.3	75.3	66.8	8.5	神戸	近畿
56.9	▲5.1	73.3	2.6	63.5	2.3	69.1	4.7	70.5	3.6	56.3	▲1.9	61.3	60.4	0.9	姫路	近畿
56.9	▲0.9	80.9	4.5	63.9	14.7	61.7	3.2	60.9	▲4.1	55.0	▲1.3	58.7	59.9	▲1.2	三重	近畿
73.9	6.2	83.7	3.8	72.5	1.1	77.7	1.7	80.9	▲0.1	71.9	▲3.5	75.5	72.2	3.3	滋賀	近畿
33.7	6.2	40.2	1.8	40.7	10.1	45.7	1.7	67.5	13.9	28.5	▲2.9	36.2	30.0	6.2	岡山	中国
63.9	▲0.1	79.9	▲3.8	72.3	5.9	74.8	4.7	69.4	▲7.2	59.8	▲5.5	66.4	66.0	0.4	倉敷	中国
73.4	▲0.6	86.0	1.2	77.2	3.1	80.2	7.9	82.8	4.9	68.9	3.7	73.5	73.3	0.2	広島	中国
52.8	▲3.4	67.3	▲3.3	58.0	4.7	51.8	▲1.3	50.7	▲7.3	42.9	▲13.3	53.9	55.2	▲1.3	高松	四国
62.0	▲3.4	73.4	▲10.5	66.9	4.1	61.7	▲2.1	63.0	▲6.6	55.2	▲3.3	61.9	63.8	▲1.9	松山	四国
59.0	0.3	77.9	1.3	69.6	6.3	71.5	6.6	75.5	1.1	55.6	▲0.9	65.2	62.6	2.6	高知	四国
48.5	▲0.3	64.6	▲2.0	51.9	5.4	53.4	0.6	50.9	3.9	34.1	▲2.2	49.9	46.4	3.5	徳島	四国
42.5	1.8	44.3	▲7.4	39.2	▲11.1	34.2	▲11.1	42.2	▲9.0	36.4	▲12.5	39.8	45.5	▲5.7	北九州	北九州
74.0	▲4.7	89.7	1.3	82.0	5.9	81.4	1.8	81.4	1.1	80.3	▲8.0	78.4	78.5	▲0.1	福岡	北九州
82.7	10.0	95.8	3.8	87.9	15.8	85.8	5.0	85.0	4.0	96.4	3.5	85.8	77.9	7.9	佐世保	北九州
77.6	▲3.5	91.1	▲4.9	92.1	6.3	93.6	0.6	91.2	1.6	87.7	▲0.2	85.2	86.9	▲1.7	長崎	北九州
66.8	2.5	82.5	9.2	77.4	17.0	75.2	10.5	74.3	3.1	69.7	3.6	71.7	65.9	5.8	大分	北九州
75.3	2.8	87.8	5.1	84.3	6.2	79.8	▲0.5	78.5	▲6.6	66.5	▲9.4	77.6	74.7	2.9	熊本	南九州
51.6	4.5	70.6	8.5	52.2	1.8	52.2	▲1.6	58.9	1.4	54.7	3.7	54.3	53.1	1.2	宮崎	南九州
78.9	1.1	88.3	▲2.6	80.5	10.3	81.4	5.0	82.5	▲3.7	79.5	1.7	79.3	79.1	0.2	鹿児島	南九州
81.0	1.6	91.1	1.3	81.8	3.1	74.1	3.2	67.7	2.3	62.9	0.5	73.0	70.9	2.1	沖縄	南九州
74.9	3.0	85.0	1.6	75.6	3.6	76.0	2.1	73.6	▲0.1	70.1	0.4	73.1	70.7	2.4	全都市平均	

ホテルデータブック 2018 | HOTERES 115

第2章　2015年全国客室3指標対前年月比
※稼働率は「全国61都市ホテル客室稼働率」のものと集計ホテル数が異なるため、数値に差異あり

全国

	1月	2月	3月	4月	5月	6月	7月	8月	9月	10月	11月	12月	通年
稼働率	4.3	4.9	2.4	4.1	2.8	3.1	3.1	1.5	2.6	1.2	▲0.6	0.8	2.5
ADR	4.9	6.1	3.2	7.7	9.6	6.9	9.2	8.7	15.3	10.7	5.8	8.1	8.0
RevPAR	9.5	11.2	5.7	7.7	12.6	10.3	12.6	10.3	18.3	12.0	5.2	9.0	10.4

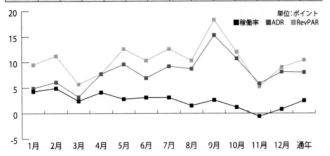

北海道

	1月	2月	3月	4月	5月	6月	7月	8月	9月	10月	11月	12月	通年
稼働率	3.9	1.1	4.1	3.1	▲0.7	1.3	1.0	▲0.7	0.6	▲0.6	▲7.2	▲1.9	0.3
ADR	8.2	11.0	8.4	13.6	19.2	17.3	25.4	11.8	12.4	16.9	9.3	15.0	14.0
RevPAR	12.5	12.3	12.8	13.6	18.4	18.9	26.7	10.9	13.2	16.3	1.5	12.8	14.2

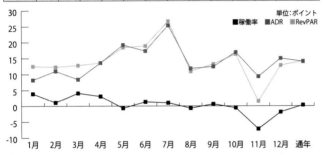

東北

	1月	2月	3月	4月	5月	6月	7月	8月	9月	10月	11月	12月	通年
稼働率	0.4	3.7	2.3	4.9	0.6	3.1	3.5	3.2	3.7	0.2	▲0.4	4.2	2.5
ADR	1.7	4.6	0.2	1.3	3.4	▲0.7	1.8	3.3	5.7	2.2	▲0.3	1.8	2.1
RevPAR	2.1	8.4	2.5	1.3	3.9	2.3	5.3	6.5	9.6	2.5	▲0.7	6.0	4.1

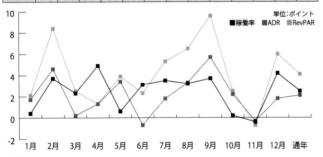

北関東

	1月	2月	3月	4月	5月	6月	7月	8月	9月	10月	11月	12月	通年
稼働率	21.0	14.3	6.9	5.9	10.9	4.8	4.3	2.4	5.5	1.5	0.0	▲0.8	6.4
ADR	▲2.4	▲0.8	▲0.9	▲0.6	1.7	3.8	0.8	▲1.3	4.7	2.1	5.2	2.8	1.3
RevPAR	18.1	13.3	6.0	▲0.6	12.8	8.8	5.1	1.1	10.4	3.7	5.2	2.0	7.2

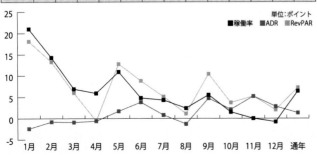

東京（フルサービス型）

	1月	2月	3月	4月	5月	6月	7月	8月	9月	10月	11月	12月	通年
稼働率	3.7	0.1	▲0.3	0.1	1.4	0.9	▲2.1	▲2.4	▲0.6	0.1	▲1.1	▲1.9	▲0.2
ADR	6.8	9.9	7.5	10.2	11.8	11.7	13.9	14.1	14.8	12.7	12.8	15.1	11.8
RevPAR	10.7	10.0	7.2	10.2	13.4	12.6	11.5	11.4	14.1	12.8	11.5	12.9	11.5

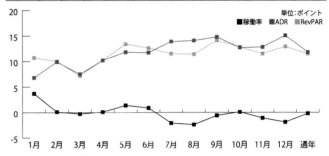

東京（宿泊主体型）

	1月	2月	3月	4月	5月	6月	7月	8月	9月	10月	11月	12月	通年
稼働率	▲0.8	▲2.2	▲0.3	0.3	1.6	3.1	3.1	0.5	4.0	▲0.1	▲0.4	1.0	0.8
ADR	5.8	4.8	4.0	5.3	7.1	4.6	6.6	6.0	9.0	8.5	6.0	7.2	6.2
RevPAR	4.9	2.5	3.7	5.3	8.9	7.9	9.9	6.5	13.4	8.4	5.5	8.3	7.1

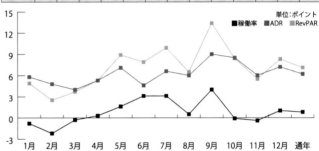

南関東

	1月	2月	3月	4月	5月	6月	7月	8月	9月	10月	11月	12月	通年
稼働率	5.9	5.5	0.8	5.2	▲0.3	▲1.6	▲2.8	▲2.8	▲3.4	▲4.0	▲3.6	▲1.0	▲0.2
ADR	8.2	3.5	▲1.3	5.4	9.1	2.6	0.3	0.3	11.2	4.7	▲1.7	3.8	3.8
RevPAR	14.5	9.1	▲0.5	5.4	8.8	0.9	▲2.6	▲2.5	7.5	0.5	▲5.3	2.8	3.2

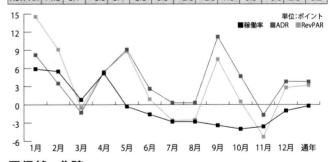

甲信越・北陸

	1月	2月	3月	4月	5月	6月	7月	8月	9月	10月	11月	12月	通年
稼働率	13.3	9.6	8.7	10.5	12.2	12.1	12.8	6.2	3.4	7.1	7.2	7.7	9.2
ADR	▲12.3	2.6	5.3	26.4	24.6	15.3	14.1	12.2	31.2	24.6	17.9	16.4	14.9
RevPAR	▲0.7	12.5	14.4	26.4	39.8	29.3	28.6	19.1	35.7	33.4	26.4	25.4	24.2

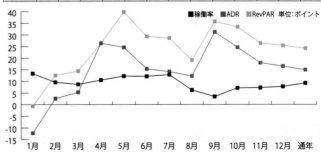

東海

	1月	2月	3月	4月	5月	6月	7月	8月	9月	10月	11月	12月	通年
稼働率	12.5	10.6	4.2	6.6	2.1	7.2	7.8	7.0	4.4	1.0	▲1.0	5.5	5.7
ADR	▲1.3	3.1	1.3	7.1	6.3	5.9	6.0	5.2	12.3	6.4	4.1	6.5	5.2
RevPAR	11.1	14.0	5.6	7.1	8.4	13.5	14.3	12.5	17.2	7.5	3.1	12.3	10.6

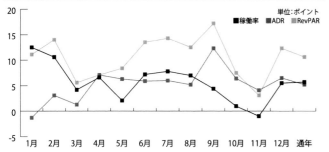

中国

	1月	2月	3月	4月	5月	6月	7月	8月	9月	10月	11月	12月	通年
稼働率	3.6	6.0	4.8	6.8	1.5	4.8	4.3	0.4	7.1	4.3	▲2.2	2.6	3.7
ADR	0.2	▲1.1	1.6	1.4	▲3.8	▲1.2	1.5	5.5	9.5	6.6	3.1	3.1	2.2
RevPAR	3.8	4.8	6.5	1.4	▲2.4	3.5	5.9	5.9	17.3	11.1	0.8	5.7	5.4

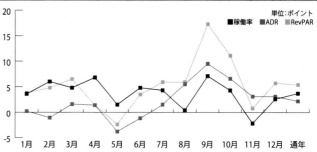

近畿（京都・大阪含む）

	1月	2月	3月	4月	5月	6月	7月	8月	9月	10月	11月	12月	通年
稼働率	1.1	5.3	0.3	0.9	2.5	4.9	4.4	3.2	3.2	3.3	▲0.3	1.4	2.5
ADR	5.0	11.6	9.5	12.5	13.7	13.8	18.6	20.0	23.0	18.9	8.2	13.9	14.1
RevPAR	6.2	17.5	9.8	12.5	16.6	19.4	23.8	23.8	26.9	22.8	7.9	15.5	16.9

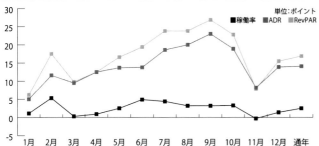

四国

	1月	2月	3月	4月	5月	6月	7月	8月	9月	10月	11月	12月	通年
稼働率	0.6	6.4	▲0.9	4.3	▲1.9	0.4	▲5.8	▲5.1	▲1.0	▲3.0	0.1	▲7.8	▲1.1
ADR	0.4	1.7	▲3.7	▲0.9	6.6	2.3	0.0	▲0.3	9.3	6.3	▲3.9	▲2.6	1.3
RevPAR	1.0	8.2	▲4.5	▲0.9	4.6	2.7	▲5.7	▲5.4	8.1	3.0	▲3.8	▲10.3	▲0.3

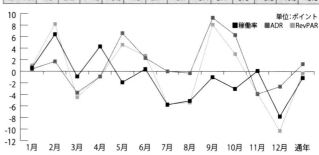

京都

	1月	2月	3月	4月	5月	6月	7月	8月	9月	10月	11月	12月	通年
稼働率	▲0.3	1.1	▲0.3	▲1.1	1.0	5.9	5.8	0.6	0.3	▲0.4	▲1.5	▲1.2	0.8
ADR	4.5	10.5	8.1	11.5	12.9	17.1	20.9	21.8	26.4	21.3	7.5	16.1	14.9
RevPAR	4.2	11.8	7.8	11.5	14.0	24.0	27.9	22.6	26.8	20.8	5.9	14.7	16.0

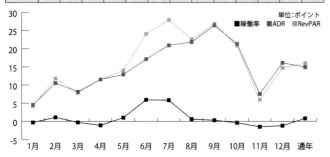

九州

	1月	2月	3月	4月	5月	6月	7月	8月	9月	10月	11月	12月	通年
稼働率	5.2	3.0	2.3	2.8	3.7	▲3.4	4.6	▲0.7	5.3	▲0.6	▲3.5	▲4.2	1.2
ADR	6.8	4.8	5.6	11.8	7.8	2.6	8.2	8.6	14.0	6.9	3.5	9.7	7.5
RevPAR	12.4	7.9	8.1	11.8	11.9	▲0.9	13.2	7.8	20.1	6.3	▲0.1	5.2	8.6

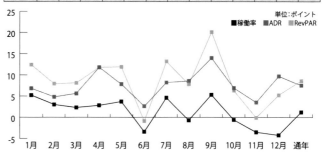

大阪

	1月	2月	3月	4月	5月	6月	7月	8月	9月	10月	11月	12月	通年
稼働率	2.7	5.3	3.4	1.1	2.4	4.4	2.5	2.0	5.0	5.1	2.2	3.3	3.3
ADR	11.5	18.3	17.4	19.2	18.1	19.8	24.9	25.8	24.8	22.3	12.9	17.8	19.4
RevPAR	14.5	24.5	21.4	19.2	20.9	25.1	28.0	28.3	31.1	28.5	15.4	21.7	23.2

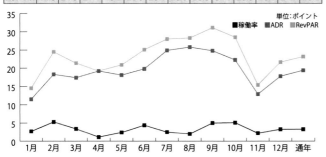

沖縄

	1月	2月	3月	4月	5月	6月	7月	8月	9月	10月	11月	12月	通年
稼働率	6.9	6.8	6.2	9.8	9.0	5.3	4.4	3.4	2.9	6.9	3.7	▲2.8	5.2
ADR	1.8	4.8	▲5.3	0.6	6.1	2.4	8.2	7.2	21.8	8.1	5.2	▲1.4	5.0
RevPAR	8.9	12.0	0.6	0.6	15.6	7.9	13.0	10.8	25.2	15.5	9.1	▲4.1	9.6

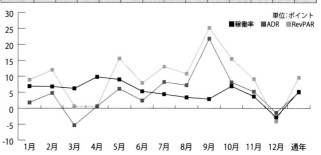

ホテルデータブック 2018 | HOTERES 117

第2章　年間稼働率 2016

全国61都市の2016年「年間稼働率」

□平均客室稼働率は80・6％
□平均定員稼働率は72・1％

はじめに

　客室・定員稼働率の推移は次ページ以降をご参照いただきたい。ただし、2017年2月に再集計したときのものを表としている。なお、調査ホテルの取りやめ、改修工事になどにより、調査ホテル軒数は242軒。

客室稼働率は前年値を維持

　稼働率において、対前年で増加することに苦戦した背景として、「ホテル施設数の増加」および「宿泊単価の増加に伴う国内需要の低下」が主な要因として挙げられる。

　ホテルの施設数は近年、開業案件が閉館の施設数を上回るほど増加傾向にある。訪日外客数の増加や宿泊単価の増加によりホテル業の機運が見出され、今までホテルの取り扱いがなかった他産業からのホテル業への進出も珍しくはなくなった。また、東京や大阪、京都など大都市圏では既存ホテルチェーンによる宿泊特化型ホテルの開業もさらに加速している。平日を中心に大都市では客室は高稼働で推移し、まだまだ供給が需要に追い付いていない状況であるが、ホテルの施設数の増加は自ホテルの客室の稼働に少なからず影響を与えているのである。

続く宿泊単価の増加

　宿泊単価の増加により、国内需要が減少傾向にある。それが顕著なのがサラリーマン需要である。出張規定が定められているため、規定を超えた価格では宿泊ができない、という問題が浮き彫りになっている。ほかにも、価格の値上がりに納得ができなかった場合、そのゲストからは忌避されてしまうのである。

　これらを要因として客室稼働の増加に苦戦をしているが、先に挙げた通り大都市では客室の供給が需要に追い付いておらず、平日を中心に稼動は高稼働で推移している。今まで以上に客室の売り上げを上げるためにも宿泊単価の増加は今後も続くと見られる。

　さらに各ホテルの戦略として、上記と並行して今後は客室ではなくベッドの稼働、つまりは定員稼働率をいかに上げるのかが焦点となっていくであろう。

京都では2ケタを超える RevPAR 伸長

　全国の RevPAR は 16 年 9 月時をのぞき、すべての月において対前年月比で増加となり、16 年 2・3・4 月時は 2 ケタを超える伸長であった。そのほとんどが ADR（平均客室単価）を起因としている。

　中でも最も RevPAR で伸長したのは「京都」の 15.0 ポイント増である。16 年の訪日外客数は 2403 万人であったが、京都は海外からの人気が依然として高く、今後も近畿圏内の宿泊需要を牽引していくと見られる。

■地域別 客室・定員ベッド（稼働率）…2016年1月～12月

地域	ホテル数		1月 稼動率(%)	対前年比(ポイント)	2月 稼動率(%)	対前年比(ポイント)	3月 稼動率(%)	対前年比(ポイント)	4月 稼動率(%)	対前年比(ポイント)	5月 稼動率(%)	対前年比(ポイント)	6月 稼動率(%)	対前年比(ポイント)	7月 稼動率(%)	対前年比(ポイント)
北海道	20	客室	80.0	1.7	89.2	1.2	81.0	2.0	75.0	1.4	82.5	▲2.6	89.8	▲0.7	92.9	▲1.3
		ベッド	70.4	3.4	78.8	1.5	69.0	2.7	62.1	2.2	72.7	▲1.4	76.2	1.2	84.5	0.5
東北	29	客室	60.5	3.7	66.6	1.9	72.7	3.2	72.0	3.5	69.1	▲1.5	75.3	1.9	76.0	▲0.9
		ベッド	52.0	2.2	56.2	0.5	64.4	4.0	62.9	3.6	61.6	▲2.2	63.8	0.9	66.2	▲1.0
北関東	11	客室	69.0	▲1.8	77.4	0.9	81.7	1.8	77.4	3.3	75.8	▲0.7	73.2	0.6	75.5	0.0
		ベッド	62.0	▲0.7	67.6	2.9	73.6	0.6	69.1	3.0	68.1	▲2.2	61.3	▲2.8	67.6	1.1
東京	33	客室	76.4	0.7	84.9	▲2.1	86.1	▲2.8	89.2	▲0.4	82.7	▲2.2	82.7	▲0.5	85.5	▲3.2
		ベッド	66.6	0.6	73.9	▲1.6	77.7	▲1.3	79.8	▲1.0	74.0	▲2.9	70.3	▲1.9	76.6	▲4.2
南関東	22	客室	70.6	▲2.6	81.0	▲2.1	85.3	▲2.7	85.0	▲1.6	81.5	1.3	77.5	3.3	80.9	3.7
		ベッド	63.2	▲2.5	72.2	▲1.1	78.9	▲3.0	77.0	▲0.6	74.5	0.9	67.8	3.0	73.3	4.4
甲信越・北陸	17	客室	55.5	3.4	66.7	6.4	72.2	5.0	74.1	2.3	73.8	▲2.1	68.1	0.0	71.2	0.1
		ベッド	47.4	4.4	56.4	6.8	63.0	6.1	64.4	2.7	64.9	▲3.0	56.2	0.0	61.2	1.0
東海	13	客室	72.9	0.9	81.0	▲1.0	85.2	1.5	85.4	▲0.5	77.9	▲4.2	79.4	▲2.6	82.1	▲2.2
		ベッド	61.3	2.1	67.4	▲0.3	73.8	2.3	73.9	0.8	64.6	▲9.4	64.8	▲3.3	69.8	▲1.6
近畿	39	客室	75.0	2.0	84.3	1.0	89.3	▲0.3	90.0	0.3	85.6	▲2.3	84.8	▲0.1	87.4	▲1.4
		ベッド	72.2	5.1	77.9	0.9	84.8	▲3.3	85.2	1.9	80.9	3.6	76.1	▲0.8	81.9	▲2.2
中国	12	客室	64.5	2.7	75.0	2.3	84.1	5.0	85.5	6.3	80.0	0.3	80.2	3.8	82.8	4.5
		ベッド	55.6	0.3	64.2	2.1	77.4	6.0	74.9	3.7	72.7	▲1.4	69.5	4.4	74.9	5.0
四国	9	客室	57.8	2.2	65.9	▲4.0	76.4	3.3	71.3	1.8	68.1	▲2.5	70.3	3.8	72.1	2.8
		ベッド	49.5	1.9	55.7	▲3.9	67.5	1.7	61.9	1.8	59.6	▲3.7	57.8	1.8	61.9	3.1
北九州	14	客室	76.0	1.9	84.7	1.6	85.8	3.2	74.9	▲2.5	77.1	0.0	78.3	7.0	81.4	4.5
		ベッド	70.1	2.9	77.4	1.4	79.9	2.1	70.3	▲3.2	70.1	▲2.1	68.8	6.2	74.3	5.3
南九州	23	客室	75.4	2.5	86.5	▲1.1	82.7	▲1.4	75.6	▲5.5	72.4	▲4.2	77.8	0.1	81.6	▲2.9
		ベッド	66.5	4.0	73.3	0.3	78.0	0.4	68.2	▲3.5	64.7	▲5.2	68.5	▲0.4	75.7	▲3.3
全地域平均	242	客室	70.7	1.6	79.7	0.4	82.5	0.8	80.9	0.2	78.2	▲1.9	79.3	1.0	82.0	▲0.3
		ベッド	62.9	2.2	69.8	0.7	75.0	0.8	72.5	0.2	70.4	▲3.0	68.3	0.4	73.8	▲0.3

地域	ホテル数		8月 稼動率(%)	対前年比(ポイント)	9月 稼動率(%)	対前年比(ポイント)	10月 稼動率(%)	対前年比(ポイント)	11月 稼動率(%)	対前年比(ポイント)	12月 稼動率(%)	対前年比(ポイント)	16年	15年	対前年比(ポイント)
北海道	20	客室	90.9	▲1.5	91.2	0.1	89.0	▲0.1	78.9	▲0.1	81.4	▲2.9	85.2	85.4	▲0.2
		ベッド	88.4	0.7	79.3	1.5	76.7	2.5	66.4	2.8	75.1	1.7	75.0	73.4	1.6
東北	29	客室	80.7	▲0.8	78.8	0.5	81.0	▲0.1	71.8	0.8	64.0	1.8	72.4	71.3	1.1
		ベッド	76.6	▲2.1	67.3	▲2.5	70.1	▲1.0	59.5	▲3.0	55.9	1.6	63.0	63.0	0.0
北関東	11	客室	80.2	▲1.5	78.8	▲0.9	80.5	▲3.2	79.9	▲0.1	75.2	▲1.0	77.1	77.3	▲0.2
		ベッド	76.2	▲2.7	67.3	▲4.2	69.9	▲2.4	67.5	▲2.8	65.4	▲0.6	68.0	68.9	▲0.9
東京	33	客室	81.8	▲4.2	84.6	▲0.5	88.8	▲1.8	87.4	▲0.7	84.4	▲0.4	84.5	86.1	▲1.6
		ベッド	77.3	▲4.7	72.2	▲2.5	76.6	▲2.5	73.6	▲2.9	76.1	▲2.1	74.6	76.8	▲2.2
南関東	22	客室	86.0	0.4	81.7	3.6	84.3	2.1	84.0	▲0.5	80.8	0.3	81.6	81.1	0.5
		ベッド	83.9	0.1	71.3	0.9	73.6	1.5	74.1	▲0.3	74.4	▲0.1	73.7	73.4	0.3
甲信越・北陸	17	客室	82.4	1.3	76.2	0.1	78.0	▲1.9	75.4	▲1.6	62.3	▲0.2	71.3	70.3	1.0
		ベッド	79.6	0.7	64.0	▲1.9	66.3	▲1.6	63.5	▲2.2	52.2	▲1.7	61.6	60.7	0.9
東海	13	客室	82.9	▲3.7	77.1	▲5.9	81.6	▲3.0	81.2	▲3.7	76.6	▲3.2	80.3	82.6	▲2.3
		ベッド	73.9	▲2.6	62.8	▲6.4	66.1	▲3.0	65.3	▲3.9	63.3	▲5.4	67.3	69.8	▲2.5
近畿	39	客室	91.3	▲2.1	87.8	▲1.2	90.2	▲1.3	91.8	1.0	86.5	0.4	87.0	87.4	▲0.4
		ベッド	90.4	▲4.4	79.4	▲4.3	83.2	▲0.6	84.2	▲0.5	82.0	0.4	81.5	82.8	▲1.3
中国	12	客室	90.0	4.2	84.9	2.1	86.8	0.2	86.0	0.3	74.7	1.3	81.2	78.5	2.7
		ベッド	89.4	3.6	77.7	4.3	80.9	3.1	80.5	2.3	70.8	5.5	74.0	70.8	3.2
四国	9	客室	76.3	0.7	71.1	▲2.8	75.1	1.1	77.6	3.4	59.5	▲1.4	70.1	69.4	0.7
		ベッド	71.7	▲1.0	60.7	▲4.1	63.8	2.0	65.4	2.3	51.0	▲0.6	60.5	60.4	0.1
北九州	14	客室	85.4	1.0	83.1	▲0.4	84.8	▲0.5	85.3	0.5	83.6	3.5	81.7	80.1	1.6
		ベッド	84.5	1.3	76.3	▲0.5	76.8	1.1	76.6	0.8	79.9	5.4	75.4	73.7	1.7
南九州	23	客室	89.2	2.1	88.6	1.6	85.3	1.0	80.9	0.4	76.2	3.1	81.0	81.4	▲0.4
		ベッド	91.8	2.3	82.4	1.2	75.3	0.4	70.9	0.2	72.2	5.7	74.0	73.8	0.2
全地域平均	242	客室	85.5	▲0.7	83.3	▲0.1	85.0	▲0.6	82.5	▲0.2	77.1	0.3	80.6	80.5	0.1
		ベッド	83.0	▲1.3	73.0	▲1.7	74.7	▲0.2	71.6	▲0.9	70.2	0.8	72.1	72.3	▲0.2

第2章　年間稼働率 2016

地域	対象都市	対象ホテル		1月		2月		3月		4月		5月		6月	
		ホテル数	客室数	稼動率(%)	対前年比(ポイント)	稼動率(%)	対前年比(ポイント)	稼動率(%)	対前年比(ポイント)	稼動率(%)	対前年比(ポイント)	稼動率(%)	対前年比(ポイント)	稼動率(%)	対前年比(ポイント)
北海道	旭川・千歳	2	266	77.3	▲5.9	87.4	▲8.1	65.4	▲12.3	53.7	▲4.7	78.4	2.1	88.8	▲1.9
	札　幌	13	3,591	84.5	2.4	91.2	0.7	83.1	2.2	76.6	1.4	81.8	▲4.5	88.8	▲2.0
	帯　広	2	168	64.1	5.6	82.6	8.2	77.2	8.2	65.4	3.3	75.0	▲0.7	89.7	3.1
	函　館	3	627	73.0	1.4	86.1	5.1	84.8	6.3	88.6	4.1	93.3	1.4	95.0	3.3
東北	青　森	3	522	60.5	8.9	67.5	7.8	65.5	0.4	73.9	0.4	73.5	▲4.6	80.7	1.2
	弘　前	1	50	25.9	4.4	43.4	1.3	23.5	▲4.7	48.0	0.8	32.6	▲5.4	46.3	11.6
	秋　田	4	581	59.4	6.3	67.4	9.7	74.9	11.8	68.4	6.4	69.1	0.3	72.2	1.5
	盛　岡	6	891	60.4	4.8	58.3	▲3.1	64.7	1.5	65.8	5.0	65.7	1.0	74.5	7.8
	仙　台	5	1,038	68.3	3.1	76.8	▲2.8	84.2	1.9	82.6	2.7	77.0	▲4.2	81.2	▲1.3
	山　形	3	469	59.2	3.4	70.0	10.9	75.4	9.1	64.2	4.8	60.8	1.3	68.9	▲0.2
	酒　田	2	191	48.8	4.4	48.6	1.5	60.4	▲4.6	66.9	3.9	66.9	▲1.5	69.4	3.0
	福　島	3	400	67.3	▲1.9	76.5	▲1.6	87.7	1.4	80.5	▲2.1	75.3	▲3.5	78.8	▲6.1
	郡　山	2	250	64.8	▲2.1	73.5	▲2.6	84.8	4.5	84.4	6.9	77.3	0.7	85.2	2.4
北関東	宇都宮	3	297	81.4	4.6	83.2	4.8	88.8	6.4	86.0	1.7	85.6	3.0	83.8	3.0
	高　崎	1	141	65.5	▲4.1	68.4	▲4.9	75.9	▲0.5	68.3	▲2.0	65.7	▲8.5	69.8	▲4.8
	前　橋	1	47	20.2	4.9	22.3	7.0	21.0	▲10.4	22.0	▲4.0	24.0	▲2.2	18.9	▲4.1
	水　戸	4	327	69.7	▲5.3	80.8	▲2.8	86.9	2.2	80.7	5.9	77.6	▲0.9	73.0	▲3.2
	吾妻郡	1	162	60.4	▲11.7	92.5	0.2	92.2	1.8	85.0	6.9	86.2	▲1.7	81.9	16.3
	熊　谷	1	138	90.5	▲1.1	95.3	4.3	95.6	0.5	94.9	5.5	90.1	▲1.9	91.0	2.4
東京	東　京	33	13,845	76.4	0.7	84.9	▲2.1	86.1	▲2.8	89.2	▲0.4	82.7	▲2.2	82.7	▲0.5
	成　田	2	982	83.3	1.8	88.9	▲2.7	92.1	1.6	94.3	3.4	87.7	▲2.4	88.2	3.9
南関東	千　葉	2	356	80.1	▲0.4	88.8	0.0	92.9	0.3	92.4	1.1	87.7	▲1.1	85.7	▲0.8
	幕　張	3	752	65.1	▲0.8	77.0	▲11.1	84.8	▲5.2	84.3	0.2	80.3	▲2.1	78.8	▲1.4
	浦　安	1	428	88.4	2.0	92.3	▲6.4	93.6	▲2.5	92.8	2.2	90.2	▲0.2	90.4	2.7
	川　崎	1	184	75.5	1.6	80.1	▲2.5	86.9	▲0.3	83.0	▲3.9	82.2	▲0.9	81.3	3.1
	横　浜	5	1,412	71.4	▲2.2	84.0	▲4.6	85.2	▲3.5	84.5	▲3.6	82.4	▲3.4	79.4	▲5.6
	箱　根	5	554	57.2	▲9.0	72.0	7.4	77.8	▲4.0	77.0	▲5.0	74.3	13.1	60.8	20.3
	藤　沢	1	160	87.6	7.8	94.7	1.8	94.3	0.7	90.4	▲0.1	89.8	1.2	92.0	▲1.2
	厚木・平塚	2	328	68.7	▲6.1	73.8	▲7.9	81.2	▲4.0	84.9	▲0.2	77.7	▲3.9	78.1	▲4.1
甲信越・北陸	長　野	2	236	60.5	▲3.3	63.6	▲8.7	63.6	▲2.7	76.0	▲2.5	73.6	▲15.7	69.0	4.6
	軽井沢	1	233	46.6	5.3	52.9	11.1	59.0	6.6	76.6	▲0.8	79.1	▲8.0	56.0	▲14.2
	新　潟	3	442	54.3	1.1	67.8	7.6	75.1	10.3	68.4	8.4	74.3	5.8	68.7	3.6
	福　井	4	391	49.8	1.7	56.2	0.3	66.5	4.5	62.1	4.3	58.6	▲1.9	57.9	1.1
	富　山	2	274	52.1	▲3.4	64.9	4.6	70.0	1.5	77.8	▲2.1	81.0	▲1.0	74.4	▲1.4
	金　沢	5	891	62.0	11.2	79.2	16.2	81.9	6.2	84.4	1.4	81.9	▲0.7	75.5	▲1.5
東海	浜　松	4	982	71.0	5.9	79.6	0.7	83.9	1.5	83.7	▲0.2	77.2	▲3.3	75.1	▲3.6
	名古屋	8	2,850	75.4	▲1.6	83.6	▲2.4	87.6	0.5	87.2	▲1.3	78.6	▲5.5	82.4	▲1.7
	岐　阜	1	144	61.3	1.5	65.9	3.1	71.1	9.1	78.4	5.2	74.4	1.7	73.4	▲5.0
近畿	京　都	11	3,266	80.2	4.9	92.2	4.3	95.4	1.9	96.3	▲0.9	94.8	▲0.3	94.9	2.8
	奈　良	3	349	59.0	▲0.3	71.0	▲2.4	88.9	▲0.3	92.5	▲0.5	84.7	▲4.2	83.9	2.3
	大　阪	15	6,412	81.6	0.7	87.4	▲1.8	90.8	▲2.0	90.7	▲1.8	84.3	▲4.1	86.7	▲2.3
	神　戸	3	979	64.1	▲0.7	76.4	▲0.2	83.9	▲0.9	81.1	▲4.3	83.9	▲1.2	76.4	▲2.1
	姫　路	2	459	50.7	3.4	59.9	5.6	66.3	3.7	73.8	3.8	63.7	▲5.8	56.3	▲6.5
	三　重	2	189	62.1	5.3	72.5	8.5	75.6	1.1	75.2	11.0	66.8	4.3	66.2	11.2
	滋　賀	3	442	74.5	▲0.3	84.9	▲0.8	90.1	▲3.3	90.5	▲2.9	87.9	▲2.7	78.5	▲3.8
中国	岡　山	1	79	29.9	12.6	30.3	1.0	45.4	3.6	54.8	8.3	42.6	6.8	37.5	8.3
	倉　敷	2	301	50.0	▲0.2	70.7	3.5	82.5	2.8	80.5	8.1	78.6	4.7	73.3	1.3
	広　島	9	2,270	71.6	2.3	80.9	2.1	88.7	5.6	90.0	5.7	84.4	▲1.5	86.4	3.7
四国	高　松	1	101	60.0	▲6.9	68.1	▲4.3	84.9	5.4	78.5	▲1.0	74.2	▲0.4	78.2	2.4
	松　山	5	616	59.6	5.5	66.6	▲3.8	76.2	2.8	70.4	0.4	67.8	▲2.5	69.2	2.4
	高　知	2	503	56.0	0.5	69.7	▲6.2	75.9	3.3	69.9	6.0	69.7	▲0.7	70.9	10.1
	徳　島	1	56	50.3	▲1.7	53.0	▲0.1	69.6	3.2	71.6	3.3	60.4	▲8.0	66.7	0.0
北九州	北九州	2	129	59.1	0.5	70.8	0.5	74.1	8.7	60.0	▲4.3	54.7	▲7.4	59.4	2.2
	福　岡	7	1,533	83.6	3.7	92.3	4.3	91.9	5.4	87.9	3.2	89.0	5.1	88.6	13.7
	佐世保	1	154	84.5	3.2	90.6	5.8	94.3	3.1	83.3	0.2	81.5	▲7.4	87.7	4.7
	長　崎	1	200	85.9	0.6	94.5	3.0	93.4	0.2	69.2	5.9	72.1	▲3.0	80.6	5.6
	大　分	3	413	63.6	▲0.9	70.9	▲5.9	73.9	▲4.6	53.4	▲18.7	64.4	▲3.6	62.7	▲4.3
南九州	熊　本	3	335	69.3	▲0.1	79.2	▲1.3	78.9	▲2.4	47.4	▲29.8	59.8	▲19.4	66.3	▲7.4
	宮　崎	1	348	65.0	3.2	88.0	▲2.7	75.8	1.6	63.5	0.0	65.8	▲7.3	64.2	▲0.3
	鹿児島	3	763	78.7	4.2	86.6	2.2	85.8	2.7	69.2	▲5.0	74.0	▲8.3	77.4	0.7
	沖　縄	16	3,600	76.5	2.5	87.8	▲1.6	83.3	▲2.2	82.7	▲1.5	74.9	▲0.4	80.8	1.4
全都市平均		242	59,097	70.7	1.6	79.7	0.4	82.5	0.8	80.9	0.2	78.2	▲1.9	79.3	1.0

※ホテル数、客室数は 2016 年 12 月時点、期間中に変動あり

■全国 61 都市の 客室 稼働率 …2016 年 1 ～ 12 月

7月 稼動率(%)	7月 対前年比(ポイント)	8月 稼動率(%)	8月 対前年比(ポイント)	9月 稼動率(%)	9月 対前年比(ポイント)	10月 稼動率(%)	10月 対前年比(ポイント)	11月 稼動率(%)	11月 対前年比(ポイント)	12月 稼動率(%)	12月 対前年比(ポイント)	平均客室稼働率 16年	平均客室稼働率 15年	対前年比(ポイント)	対象都市	地域
96.4	▲0.3	94.4	0.1	92.1	▲1.2	83.4	▲1.4	67.7	▲3.2	71.3	4.9	79.7	82.4	▲2.7	旭川・千歳	北海道
91.9	▲2.4	89.3	▲3.3	91.9	0.6	90.1	▲0.6	80.4	0.5	85.6	▲4.9	86.3	87.1	▲0.8	札 幌	
92.9	2.4	91.1	1.2	87.6	3.6	87.1	8.6	82.7	9.1	68.4	2.2	80.3	75.8	4.5	帯 広	
94.9	0.2	95.7	3.6	90.0	▲3.3	89.1	▲2.7	77.7	▲6.1	78.7	▲2.5	87.2	86.3	0.9	函 館	
78.7	▲7.1	87.9	▲2.1	87.1	1.1	87.0	▲1.9	72.2	▲3.2	60.9	1.3	74.6	74.4	0.2	青 森	東北
44.5	8.0	67.1	10.8	47.4	6.4	55.3	7.1	33.4	▲0.4	29.0	0.2	41.4	38.0	3.4	弘 前	
76.4	0.3	78.1	▲3.6	76.0	0.4	75.4	▲4.1	68.0	▲6.5	62.4	▲1.2	70.6	68.9	1.7	秋 田	
74.2	0.3	76.8	▲3.0	78.4	5.5	81.8	1.5	67.7	▲2.6	59.4	6.8	69.0	66.9	2.1	盛 岡	
82.3	▲2.4	88.1	▲3.1	87.2	▲0.7	85.5	▲0.3	83.3	0.5	78.3	1.5	81.2	81.7	▲0.5	仙 台	
67.2	0.0	79.1	3.2	75.3	0.2	82.8	7.2	65.6	1.9	61.5	0.7	69.2	65.6	3.6	山 形	
76.4	4.9	78.0	3.5	77.7	2.9	74.5	2.5	66.3	2.6	52.5	1.3	65.6	63.6	2.0	酒 田	
80.3	▲4.9	81.1	0.3	76.2	▲8.0	80.9	▲5.7	83.7	3.1	70.1	▲2.7	78.2	80.8	▲2.6	福 島	
83.2	0.1	78.7	0.4	78.9	▲4.3	85.7	▲2.5	78.8	3.1	73.3	3.8	79.1	78.2	0.9	郡 山	
83.3	▲0.1	91.5	2.5	88.1	2.4	92.3	1.1	90.2	0.6	87.8	1.2	86.8	84.2	2.6	宇都宮	北関東
70.3	▲7.5	76.9	2.2	81.1	3.3	81.7	1.8	81.5	1.1	78.4	7.6	73.6	75.0	▲1.4	高 崎	
26.0	▲8.5	21.1	▲2.7	22.1	▲7.3	24.0	▲10.0	28.8	1.7	24.0	▲1.0	22.9	25.9	▲3.0	前 橋	
77.8	1.6	83.5	▲3.1	77.5	▲3.2	83.1	▲2.6	80.7	▲1.6	80.0	0.6	79.3	80.3	▲1.0	水 戸	
82.3	13.0	87.1	▲5.0	95.6	3.1	85.5	▲8.9	84.9	▲3.3	60.2	▲13.7	82.8	83.1	▲0.3	吾妻郡	
91.2	▲2.9	89.2	▲5.6	93.1	▲4.2	84.8	▲10.8	89.8	3.8	81.2	▲10.1	90.6	92.2	▲1.6	熊 谷	
85.5	▲3.2	81.8	▲4.2	84.6	▲0.5	88.8	▲1.8	87.4	▲0.7	84.4	▲0.4	84.5	86.1	▲1.6	東 京	東京
91.0	▲0.3	91.4	2.1	84.8	11.9	85.0	8.1	76.2	▲8.6	75.3	▲4.9	86.5	85.4	1.1	成 田	
87.1	0.0	89.6	0.7	86.6	1.8	90.5	0.2	84.3	▲2.6	86.5	▲2.5	87.7	88.0	▲0.3	千 葉	
80.3	0.3	82.5	▲1.8	81.7	▲1.6	82.3	▲2.4	84.3	▲0.7	74.6	▲2.7	79.7	82.1	▲2.4	幕 張	南関東
87.4	▲2.5	92.8	2.3	92.6	▲5.8	92.1	▲5.2	94.4	▲1.4	91.6	▲1.0	91.6	92.9	▲1.3	浦 安	
79.7	▲7.0	77.8	▲8.7	78.6	▲2.4	83.6	▲3.3	81.3	▲2.8	81.7	1.4	81.0	83.1	▲2.1	川 崎	
80.9	▲5.4	82.5	▲9.0	81.6	▲5.2	84.2	▲3.7	86.3	▲0.9	86.2	1.2	82.4	86.2	▲3.8	横 浜	
69.7	23.0	85.2	12.9	73.9	18.7	79.1	13.6	83.1	7.1	75.3	5.8	73.8	65.1	8.7	箱 根	
89.7	▲1.5	91.2	▲5.5	92.9	0.5	92.0	▲2.0	90.8	▲2.6	87.2	▲6.0	91.1	91.6	▲0.5	藤 沢	
87.1	2.7	91.4	1.1	83.7	▲2.3	86.3	▲0.9	80.7	▲5.2	81.0	▲0.2	81.2	83.8	▲2.6	厚木・平塚	
75.4	3.9	82.4	2.1	72.1	▲2.7	79.5	▲1.6	72.0	▲2.1	59.5	0.5	70.6	73.0	▲2.4	長 野	甲信越・北陸
71.9	8.2	83.7	▲4.9	83.3	14.2	75.9	▲4.6	71.6	▲11.5	51.4	1.8	67.3	67.1	0.2	軽井沢	
81.4	11.6	87.5	5.6	84.2	10.3	84.8	7.6	79.3	2.8	72.3	10.2	74.8	67.8	7.0	新 潟	
59.4	▲4.4	73.4	5.2	60.3	▲2.5	63.7	▲1.0	61.6	▲2.5	50.5	▲3.9	60.0	59.9	0.1	福 井	
74.4	0.6	82.4	▲0.5	76.6	▲7.1	82.8	▲6.0	78.4	▲2.4	68.5	3.9	73.6	74.7	▲1.1	富 山	
71.6	▲6.2	86.1	▲3.1	84.3	▲2.7	83.3	▲6.2	85.0	▲1.2	66.7	▲5.7	78.5	77.9	0.6	金 沢	
83.0	1.8	89.5	3.1	74.8	▲2.5	77.1	▲1.4	75.2	▲4.2	71.3	0.0	78.5	78.6	▲0.1	浜 松	東海
83.5	▲4.3	80.5	▲6.3	80.1	▲6.4	85.0	▲3.6	85.8	▲2.3	80.8	▲5.2	82.5	85.9	▲3.4	名古屋	
68.0	▲1.4	75.3	▲10.0	62.0	▲15.4	72.7	▲4.7	68.9	▲12.8	64.3	0.2	69.6	72.0	▲2.4	岐 阜	
94.5	▲0.5	96.9	▲0.2	95.6	▲0.9	96.4	▲0.9	97.2	▲0.4	92.0	▲1.6	93.9	93.2	0.7	京 都	近畿
79.7	▲4.1	84.3	▲9.1	82.7	▲6.6	88.0	▲3.5	91.5	1.8	72.9	▲0.5	81.6	84.2	▲2.6	奈 良	
90.2	▲1.9	92.0	▲2.4	88.5	▲2.0	91.1	▲1.6	91.3	0.8	89.8	▲0.3	88.7	90.3	▲1.6	大 阪	
88.7	2.5	92.4	▲0.3	82.7	1.5	79.8	▲7.6	88.5	4.5	79.3	▲2.2	81.4	82.4	▲1.0	神 戸	
59.2	▲5.2	72.8	▲3.9	63.3	▲2.1	72.2	▲2.1	74.1	▲0.4	66.5	1.1	64.9	65.6	▲0.7	姫 路	
71.5	8.3	84.8	1.7	79.8	6.6	82.9	9.8	84.4	11.5	73.5	9.2	74.6	67.2	7.4	三 重	
83.5	▲6.6	89.3	▲4.0	87.4	▲0.8	92.6	1.1	95.0	0.5	92.8	8.1	87.3	88.5	▲1.2	滋 賀	
46.0	6.4	57.9	16.0	49.5	3.4	57.0	4.6	46.4	▲12.1	29.7	▲2.6	43.9	39.2	4.7	岡 山	中国
73.3	2.0	86.7	6.3	83.0	2.8	85.0	▲0.2	85.0	4.0	77.6	13.5	77.2	73.1	4.1	倉 敷	
89.0	4.8	94.3	2.4	89.3	1.8	90.4	▲0.3	90.6	0.9	79.0	▲1.0	86.2	84.0	2.2	広 島	
78.0	2.4	80.8	2.4	69.3	▲7.5	79.1	4.7	73.5	3.0	53.3	▲7.2	73.2	73.7	▲0.5	高 松	四国
70.2	▲1.2	75.0	▲0.2	69.5	▲5.8	73.1	0.2	74.8	0.7	59.5	▲5.1	69.3	69.9	▲0.6	松 山	
74.9	12.1	79.3	3.6	81.4	9.6	79.8	2.2	88.0	8.1	67.8	8.4	73.6	68.9	4.7	高 知	
70.1	4.4	72.7	▲1.7	60.2	▲8.0	71.8	0.3	75.0	8.2	49.7	3.4	64.3	64.0	0.3	徳 島	
64.7	▲1.6	70.5	▲2.2	61.1	▲5.4	64.9	▲1.1	64.7	▲4.8	62.8	▲2.2	63.9	65.3	▲1.4	北九州	北九州
90.2	8.3	91.8	1.9	89.4	▲0.4	91.0	▲1.5	92.7	1.7	90.7	4.7	89.9	85.8	4.1	福 岡	
87.2	1.0	95.1	4.7	87.2	0.1	91.2	1.0	91.0	2.2	94.5	2.7	89.0	87.3	1.7	佐世保	
82.8	4.0	85.8	▲4.5	84.6	▲6.8	86.8	▲6.4	79.6	▲12.8	76.3	▲10.9	82.6	84.7	▲2.1	長 崎	
69.6	0.9	76.9	1.7	81.4	5.2	81.0	3.8	82.0	5.1	79.4	9.2	71.6	72.6	▲1.0	大 分	
68.1	▲7.6	86.1	5.3	84.7	1.1	84.3	2.7	85.9	3.3	84.0	9.3	74.5	78.4	▲3.9	熊 本	南九州
61.8	▲3.3	71.8	▲2.3	74.9	9.6	74.0	▲2.8	74.4	▲4.1	72.6	3.5	71.0	71.4	▲0.4	宮 崎	
71.0	▲11.1	85.0	0.9	81.7	▲0.4	86.1	▲1.5	89.0	1.5	85.8	3.8	80.9	81.7	▲0.8	鹿児島	
87.4	▲0.4	91.6	1.9	91.5	1.6	86.6	2.5	78.9	0.0	73.2	1.9	82.9	82.5	0.4	沖 縄	
82.0	▲0.3	85.5	▲0.7	83.3	▲0.1	85.0	▲0.6	82.5	▲0.2	77.1	0.3	80.6	80.5	0.1	全都市平均	

ホテルデータブック 2018 | HOTERES

第2章　年間稼働率 2016

地域	対象都市	ホテル数	客室数	1月 稼働率(%)	1月 対前年比(ポイント)	2月 稼働率(%)	2月 対前年比(ポイント)	3月 稼働率(%)	3月 対前年比(ポイント)	4月 稼働率(%)	4月 対前年比(ポイント)	5月 稼働率(%)	5月 対前年比(ポイント)	6月 稼働率(%)	6月 対前年比(ポイント)
北海道	旭川・千歳	2	419	61.5	▲5.0	66.1	▲6.0	51.8	▲8.2	41.0	▲4.0	64.6	▲0.2	70.6	▲0.8
	札　幌	13	6,649	76.3	4.7	83.6	1.2	72.3	3.6	63.0	1.9	71.7	▲2.2	75.6	0.6
	帯　広	2	215	53.6	2.6	71.2	6.3	64.5	5.0	57.1	4.2	68.9	▲4.7	78.6	▲0.5
	函　館	3	1,059	61.7	3.5	71.8	5.1	68.9	4.1	75.4	6.2	84.7	3.2	81.2	6.7
東北	青　森	3	638	57.3	8.5	63.4	5.9	62.5	0.0	72.6	1.4	72.9	▲4.5	79.7	2.5
	弘　前	1	80	20.5	3.9	37.5	0.8	17.2	▲2.6	41.3	1.9	28.7	▲4.2	40.6	14.4
	秋　田	4	823	49.4	▲2.4	50.2	3.2	63.4	10.1	57.7	5.0	60.0	0.4	59.2	1.6
	盛　岡	6	1,131	53.0	3.0	50.5	▲4.9	58.7	1.7	62.0	7.3	61.3	0.6	64.2	5.8
	仙　台	5	1,869	60.6	3.7	66.8	▲2.2	76.7	3.3	69.3	▲1.2	65.9	▲8.4	66.3	▲5.7
	山　形	3	643	49.8	2.4	61.4	9.2	66.2	7.8	55.7	5.5	53.5	0.7	56.4	▲0.4
	酒　田	2	241	43.6	4.8	42.9	2.4	55.0	▲3.5	59.3	1.9	65.0	▲2.2	62.7	2.4
	福　島	3	599	50.7	▲0.8	57.3	▲0.4	67.2	2.6	61.2	0.6	58.2	▲2.6	59.3	▲5.6
	郡　山	2	317	54.5	▲3.4	62.1	▲3.3	81.5	12.5	73.2	9.3	68.6	0.2	72.1	2.0
北関東	宇都宮	3	412	72.0	5.2	74.1	15.8	80.5	5.7	79.6	4.2	81.0	5.3	72.1	2.5
	高　崎	1	161	65.3	▲4.5	66.8	▲4.4	76.4	▲0.5	69.6	▲0.7	68.6	▲8.2	67.1	▲5.9
	前　橋	1	71	16.9	3.8	13.8	3.7	16.4	▲13.6	16.0	▲5.0	20.0	▲4.0	15.0	▲2.8
	水　戸	4	430	57.7	▲4.4	66.2	▲3.7	74.3	0.5	71.3	7.2	67.8	▲2.3	59.7	▲4.3
	吾妻郡	1	484	65.1	▲3.3	85.9	▲4.7	86.4	3.0	70.7	3.6	70.9	▲3.1	63.7	▲1.2
	熊　谷	1	184	88.4	▲1.4	89.6	4.0	92.1	▲0.9	79.2	▲7.2	74.8	▲16.8	73.5	▲11.4
東京	東　京	33	25,853	66.6	0.6	73.9	▲1.6	77.7	▲1.3	79.8	▲1.0	74.0	▲2.9	70.3	▲1.9
南関東	成　田	2	1,546	70.7	▲0.5	79.5	▲2.9	84.7	3.2	90.0	10.4	79.6	2.5	78.0	2.5
	千　葉	2	515	72.0	2.7	78.4	▲0.6	77.4	▲6.1	83.7	2.1	78.7	1.3	73.7	▲0.9
	幕　張	3	1,498	56.2	▲2.1	68.0	▲12.8	79.3	▲7.4	73.5	2.5	71.0	▲0.2	64.2	▲0.9
	浦　安	1	1,463	67.5	0.6	67.6	▲4.1	76.9	▲2.4	71.3	3.9	67.5	▲0.8	65.8	1.1
	川　崎	1	264	68.9	2.0	72.4	▲2.4	80.8	1.3	76.8	▲2.5	73.3	▲2.4	70.4	2.2
	横　浜	5	2,653	65.0	▲2.0	75.0	0.4	81.1	▲2.9	76.7	▲2.6	77.7	▲4.1	70.2	▲5.5
	箱　根	5	1,218	55.7	▲9.7	69.1	8.2	76.1	▲4.1	73.7	▲5.0	71.5	10.7	59.1	21.1
	藤　沢	1	200	93.9	8.4	102.2	7.0	106.5	1.5	96.7	0.7	99.7	▲2.0	95.8	▲3.8
	厚木・平塚	2	524	51.8	▲2.3	53.4	▲10.2	61.2	▲2.2	65.1	▲4.1	61.9	▲7.6	58.9	▲5.3
甲信越・北陸	長　野	2	403	46.8	▲2.1	49.1	▲6.4	44.6	▲6.0	59.7	▲7.8	58.7	▲17.2	50.5	3.0
	軽井沢	1	753	34.3	8.2	36.7	4.9	41.9	3.7	47.0	▲3.4	43.9	▲14.8	35.7	▲11.2
	新　潟	3	644	49.8	2.3	57.0	4.9	66.3	8.5	59.9	8.2	67.0	3.9	58.1	2.3
	福　井	4	581	40.4	1.1	45.4	1.4	56.2	7.0	52.6	6.1	50.9	▲0.6	46.7	2.4
	富　山	2	379	44.5	0.6	53.7	5.7	62.1	8.0	72.7	0.4	75.0	▲2.6	64.1	▲1.1
	金　沢	5	1,545	55.8	11.8	72.7	18.2	78.4	8.7	78.6	3.0	77.5	▲1.3	65.9	▲1.7
東海	浜　松	4	1,724	58.8	5.8	67.1	1.8	74.8	2.2	72.8	▲0.2	60.8	▲18.8	61.5	▲5.1
	名古屋	8	4,654	64.3	0.5	70.0	▲1.4	75.7	2.1	76.2	1.1	67.4	▲5.7	67.3	▲2.0
	岐　阜	1	395	46.3	▲1.4	48.6	0.2	53.8	3.0	60.1	3.4	57.5	▲1.2	58.1	▲6.8
近畿	京　都	11	6,490	84.3	15.6	88.2	4.0	91.1	▲4.3	91.5	▲4.3	91.8	▲2.3	87.7	2.0
	奈　良	3	650	54.0	3.5	64.3	1.4	81.7	▲0.3	85.5	▲1.1	79.0	▲5.0	74.2	1.8
	大　阪	15	11,163	77.8	1.2	82.4	▲1.4	88.1	▲5.6	85.3	▲5.6	78.0	▲7.4	77.7	▲2.6
	神　戸	3	1,761	59.8	0.6	69.9	0.5	82.4	0.6	78.4	▲4.7	77.9	▲2.2	68.8	▲1.4
	姫　路	2	584	43.5	▲3.9	50.9	▲0.4	60.3	2.3	67.2	5.5	58.2	▲10.1	50.2	▲9.3
	三　重	2	411	53.2	3.9	59.4	5.3	70.5	4.2	90.3	37.0	76.2	22.2	55.9	7.3
	滋　賀	3	834	62.0	▲1.4	70.1	0.0	76.8	▲3.5	77.0	▲3.6	78.6	▲1.7	66.1	▲4.0
中国	岡　山	1	112	27.0	10.6	26.4	2.1	40.9	5.4	50.3	6.1	40.2	6.6	32.9	8.8
	倉　敷	2	494	46.7	▲0.4	61.7	4.2	75.5	3.0	73.6	7.3	72.0	2.1	64.7	1.8
	広　島	9	3,686	60.7	▲0.7	68.9	1.6	81.8	6.6	77.9	2.6	76.5	▲3.1	74.7	4.5
四国	高　松	1	175	41.9	▲5.6	48.5	▲0.5	65.0	4.6	59.1	3.4	56.8	▲2.2	52.4	0.8
	松　山	5	998	52.5	4.5	56.4	▲4.3	68.5	▲0.3	61.1	▲0.8	59.8	▲3.9	58.3	0.5
	高　知	2	638	51.9	2.3	65.6	▲5.9	74.1	4.0	67.2	7.0	67.4	▲1.2	64.7	10.9
	徳　島	1	89	37.6	▲4.6	39.5	▲0.9	51.8	4.3	58.3	3.4	46.1	▲9.4	46.9	▲8.4
北九州	北九州	2	214	40.8	▲0.9	44.7	▲0.5	49.0	5.1	60.2	▲3.0	36.6	▲2.4	37.5	1.3
	福　岡	7	2,336	78.0	4.5	85.3	2.9	86.0	3.7	79.8	0.9	81.6	2.2	79.5	12.8
	佐世保	1	204	82.1	4.6	95.3	13.0	97.4	1.6	83.1	5.1	79.3	▲9.0	79.8	5.4
	長　崎	1	216	84.7	▲2.9	96.9	3.8	94.0	▲0.3	70.3	6.3	74.1	▲3.4	79.4	6.9
	大　分	3	497	62.5	3.2	68.4	▲5.4	75.9	▲2.4	50.5	▲19.0	60.9	▲9.7	57.4	▲5.9
南九州	熊　本	3	461	65.8	1.5	76.2	1.8	79.0	▲3.0	46.8	▲29.5	50.3	▲27.8	51.1	▲15.1
	宮　崎	1	700	47.0	2.8	59.8	▲0.8	59.4	4.5	42.0	▲3.1	47.0	▲8.7	46.2	▲4.6
	鹿児島	3	1,130	75.1	2.5	82.3	1.2	84.8	2.7	68.2	▲3.3	71.7	▲10.9	70.9	0.3
	沖　縄	16	9,473	66.2	4.8	71.9	▲0.1	77.7	0.3	73.9	1.4	67.2	0.3	72.8	2.6
全都市平均		242	106,553	62.9	2.2	69.8	0.7	75.0	0.8	72.5	0.2	70.4	▲3.0	68.3	0.4

※ホテル数、客室数は 2016 年 12 月時点、期間中に変動あり

■全国61都市の 定員（ベッド）稼働率 …2016年1〜12月

7月 稼動率(%)	対前年比(ポイント)	8月 稼動率(%)	対前年比(ポイント)	9月 稼動率(%)	対前年比(ポイント)	10月 稼動率(%)	対前年比(ポイント)	11月 稼動率(%)	対前年比(ポイント)	12月 稼動率(%)	対前年比(ポイント)	平均客室稼働率 16年	15年	対前年比(ポイント)	対象都市	地域
82.9	▲1.4	83.7	▲1.8	71.7	▲2.0	67.6	2.3	52.3	▲1.5	58.1	5.6	64.3	66.2	▲1.9	旭川・千歳	北海道
83.8	▲0.7	86.7	▲1.2	80.0	2.5	78.1	3.0	68.8	5.0	81.4	1.0	76.8	75.2	1.6	札 幌	
88.1	2.4	92.2	2.6	78.7	▲0.3	76.8	4.9	69.0	6.8	57.8	3.3	71.4	68.7	2.7	帯 広	
86.1	5.4	96.1	9.1	81.7	0.5	76.7	▲1.1	63.7	▲6.3	70.2	0.6	76.5	73.4	3.1	函 館	
77.4	▲4.5	95.3	▲1.5	85.2	▲0.1	86.7	0.0	68.0	▲4.0	57.4	2.1	73.2	72.7	0.5	青 森	東北
36.9	7.5	63.3	10.8	38.3	5.5	44.5	4.8	25.5	▲0.6	36.2	13.9	35.9	31.2	4.7	弘 前	
63.9	3.6	74.4	▲2.6	63.6	1.6	64.0	▲3.0	55.6	▲5.6	51.7	0.1	59.4	58.4	1.0	秋 田	
68.4	1.2	77.0	1.3	69.0	2.1	72.3	0.7	59.8	▲2.9	55.3	6.8	62.6	60.7	1.9	盛 岡	
70.1	▲6.4	81.3	▲9.8	72.1	▲9.4	71.4	▲4.9	65.6	▲8.1	67.9	▲4.2	69.5	73.9	▲4.4	仙 台	
56.8	▲0.4	67.1	▲5.9	59.3	▲5.8	69.5	6.4	49.2	▲3.2	51.9	0.8	58.1	56.6	1.5	山 形	
71.6	5.0	79.7	4.1	71.5	1.2	69.5	2.2	59.7	2.2	45.6	0.7	60.5	58.7	1.8	酒 田	
59.8	▲2.8	66.0	▲1.8	57.9	▲6.7	62.6	▲2.1	61.7	1.4	53.1	▲2.0	59.6	61.3	▲1.7	福 島	
71.0	▲5.6	73.9	▲0.1	67.9	▲6.9	73.7	▲9.4	67.7	3.6	64.1	4.3	69.2	68.9	0.3	郡 山	
75.0	1.7	87.3	0.3	76.9	▲1.2	82.2	2.3	79.7	1.1	73.0	▲6.3	77.8	74.7	3.1	宇都宮	北関東
68.9	▲8.4	80.0	0.0	79.7	0.9	79.2	0.9	78.7	▲1.2	78.6	7.4	73.2	75.3	▲2.1	高 崎	
32.6	10.6	24.7	9.5	19.8	0.4	19.0	▲2.7	20.5	▲14.8	30.0	13.0	20.4	20.6	▲0.2	前 橋	
66.3	1.9	75.5	▲4.5	63.2	▲5.8	69.7	▲1.9	65.9	▲1.5	67.4	1.5	67.1	68.5	▲1.4	水 戸	
74.9	11.6	93.1	▲5.7	81.9	▲1.2	75.2	▲1.3	67.5	▲3.3	52.9	▲6.9	74.0	75.1	▲1.1	吾妻郡	
77.3	▲14.3	76.3	▲16.5	74.8	▲20.0	70.6	▲22.2	72.9	▲9.3	68.9	▲7.4	78.2	88.5	▲10.3	熊 谷	
76.6	▲4.2	77.3	▲4.7	72.2	▲2.5	76.6	▲2.5	73.6	▲2.9	76.1	▲2.1	74.6	76.8	▲2.2	東 京	東京
82.6	▲1.6	84.5	6.8	64.9	2.8	65.1	▲1.3	65.2	▲6.9	66.3	▲4.2	75.9	75.0	0.9	成 田	
78.5	1.5	82.7	▲1.1	75.1	▲0.9	79.3	▲0.1	72.0	▲4.7	77.7	▲4.2	77.4	78.4	▲1.0	千 葉	南関東
71.4	0.4	80.6	▲2.3	69.9	▲3.2	69.8	▲1.2	69.7	▲1.3	69.1	▲0.2	70.2	72.6	▲2.4	幕 張	
66.6	▲1.9	80.8	2.4	66.3	▲4.7	68.1	▲4.0	68.3	▲0.8	69.0	0.3	69.6	70.5	▲0.9	浦 安	
72.6	▲6.2	75.4	▲6.7	71.2	▲2.9	74.8	▲3.2	70.0	▲3.1	76.2	1.1	73.6	75.5	▲1.9	川 崎	
72.4	▲7.6	81.9	▲10.6	72.1	▲8.4	75.4	▲4.7	77.0	▲1.0	80.2	▲0.9	75.4	79.6	▲4.2	横 浜	
67.3	23.5	86.8	13.7	70.2	17.7	75.0	15.2	81.3	8.3	74.0	6.3	71.7	62.8	8.9	箱 根	
104.4	▲0.8	119.9	▲6.1	105.6	0.0	98.1	▲2.4	99.0	▲1.9	99.4	▲4.9	101.8	102.1	▲0.3	藤 沢	
67.6	12.7	75.0	▲3.4	62.6	▲6.7	63.7	▲2.3	58.6	▲5.9	63.5	▲3.8	61.9	65.4	▲3.5	厚木・平塚	
60.5	6.8	71.3	▲4.4	55.3	▲5.8	64.3	▲0.1	56.6	▲1.7	46.4	▲0.2	55.3	58.8	▲3.5	長 野	甲信越・北陸
52.2	6.7	70.1	▲5.3	54.4	6.3	50.9	▲3.6	46.4	▲9.8	36.5	▲0.3	45.8	47.4	▲1.6	軽井沢	
68.3	10.4	84.0	4.2	71.7	10.5	71.5	4.8	65.6	3.6	56.2	1.4	64.6	59.2	5.4	新 潟	
50.6	▲2.4	70.7	5.5	50.1	▲2.5	53.5	0.5	50.8	▲4.9	41.5	▲3.3	50.8	49.9	0.9	福 井	
65.3	1.1	77.4	1.0	65.4	▲10.1	72.4	▲5.4	67.0	▲3.3	57.6	3.2	64.8	65.0	▲0.2	富 山	
65.9	▲5.4	90.4	▲1.9	75.4	▲5.5	75.0	▲5.8	77.2	▲1.6	61.6	▲5.1	72.9	71.8	1.1	金 沢	
72.5	4.3	81.9	10.6	59.7	▲4.7	60.5	▲3.8	58.2	▲5.6	55.0	▲5.0	65.3	66.8	▲1.5	浜 松	東海
70.9	▲4.5	71.4	▲8.6	66.5	▲6.6	70.2	▲3.0	70.6	▲2.8	69.1	▲6.2	70.0	73.1	▲3.1	名古屋	
50.3	▲1.3	62.3	▲7.4	46.4	▲11.7	55.5	0.8	51.4	▲5.6	51.1	0.6	53.5	55.7	▲2.2	岐 阜	
90.5	▲1.3	95.8	▲3.9	89.1	▲2.8	90.8	▲2.5	91.8	▲3.7	87.6	▲2.7	90.0	90.5	▲0.5	京 都	近畿
73.2	▲5.6	81.2	▲6.1	72.1	▲8.7	80.4	▲2.3	82.9	▲0.3	65.4	▲1.7	74.5	76.5	▲2.0	奈 良	
85.4	▲4.1	92.6	▲6.5	80.8	▲6.4	83.7	0.3	84.0	▲0.2	86.6	▲1.0	83.5	86.8	▲3.3	大 阪	
81.7	1.6	94.8	▲2.9	74.6	▲1.8	79.3	▲2.8	79.2	0.8	76.0	▲3.0	76.9	78.1	▲1.2	神 戸	
53.0	▲3.9	69.8	▲3.5	56.7	▲6.8	64.0	▲5.1	67.6	▲2.9	61.6	5.3	58.6	61.3	▲2.7	姫 路	
62.5	5.6	84.9	4.0	67.1	3.2	70.1	8.4	70.6	9.7	66.5	11.5	68.9	58.7	10.2	三 重	
73.3	▲0.6	82.1	▲1.6	72.6	0.1	80.4	2.7	83.8	2.9	85.4	13.5	75.7	75.5	0.2	滋 賀	
40.6	6.9	56.5	16.3	43.0	2.3	48.4	2.7	41.3	▲26.2	27.1	▲1.4	39.6	36.2	3.4	岡 山	中国
65.6	1.7	83.9	4.0	73.6	1.3	74.7	▲0.1	71.4	2.0	68.3	8.5	69.3	66.4	2.9	倉 敷	
80.7	5.5	94.3	2.2	82.5	5.2	85.9	3.9	86.9	5.5	76.3	5.7	78.9	75.6	3.3	広 島	
57.8	5.0	68.5	1.2	49.9	▲8.1	57.0	5.2	51.0	0.3	37.4	▲5.5	53.8	53.9	▲0.1	高 松	四国
61.0	▲1.0	70.9	▲2.5	59.4	▲7.5	63.0	1.3	63.7	0.7	51.2	▲4.0	60.5	61.9	▲1.4	松 山	
70.7	11.7	82.0	4.1	77.5	7.9	74.0	2.5	81.4	5.9	64.5	8.9	70.1	65.2	4.9	高 知	
52.9	4.4	58.0	▲6.6	44.8	▲7.1	53.9	0.5	55.9	5.0	36.4	2.3	48.5	49.9	▲1.4	徳 島	
42.5	▲1.0	48.4	▲2.5	40.2	▲4.7	43.0	0.6	40.5	▲5.6	41.9	▲1.7	43.8	45.1	▲1.3	北九州	北九州
82.6	8.6	92.6	2.9	82.4	0.4	82.8	1.4	84.1	2.7	87.8	7.5	83.5	79.3	4.2	福 岡	
86.5	3.8	98.8	3.0	84.2	▲3.7	83.4	▲2.4	86.9	1.9	96.5	0.1	87.8	85.8	2.0	佐世保	
82.8	5.2	88.8	▲2.3	84.9	▲7.2	88.2	▲5.4	79.2	▲12.0	78.8	▲8.9	83.5	85.2	▲1.7	長 崎	
69.3	2.5	83.5	1.0	80.8	3.4	79.3	4.1	79.1	4.8	81.5	11.8	70.8	71.7	▲0.9	大 分	
54.1	▲18.6	85.0	▲1.8	78.7	▲1.8	74.4	▲4.6	77.9	▲0.4	79.2	14.9	68.2	75.2	▲7.0	熊 本	南九州
46.3	▲5.3	62.6	▲8.0	57.3	5.1	52.0	▲0.2	53.7	▲5.2	52.0	▲2.7	52.1	54.3	▲2.2	宮 崎	
69.6	▲9.3	91.1	2.8	79.1	▲1.4	77.8	▲3.6	83.3	0.8	85.5	6.0	78.3	79.3	▲1.0	鹿児島	
82.7	0.9	95.1	3.6	85.2	2.0	76.5	2.2	68.3	0.5	69.6	4.5	75.6	73.7	1.9	沖 縄	
73.8	▲0.3	83.0	▲1.3	73.0	▲1.7	74.7	▲0.9	71.6	▲0.9	70.2	0.8	72.1	72.3	▲0.2	全都市平均	

ホテルデータブック 2018 HOTERES 123

第2章　2016年全国客室3指標対前年月比

※稼働率は「全国61都市ホテル客室稼働率」のものと集計ホテル数が異なるため、数値に差異あり

全国

	1月	2月	3月	4月	5月	6月	7月	8月	9月	10月	11月	12月	通年
稼働率	1.4	0.8	1.0	0.2	▲1.7	0.5	▲0.1	▲0.5	0.5	▲0.2	0.6	1.2	0.3
ADR	5.6	9.9	10.1	10.8	1.9	7.7	7.1	3.0	▲1.1	3.0	0.7	2.9	5.1
RevPAR	7.1	10.7	11.2	11.1	0.1	8.3	7.0	2.6	▲0.7	2.7	1.3	4.1	5.5

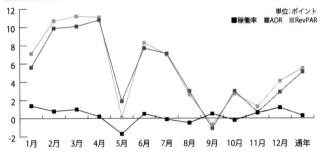

東京（フルサービス型）

	1月	2月	3月	4月	5月	6月	7月	8月	9月	10月	11月	12月	通年
稼働率	▲2.5	▲4.9	▲3.3	▲0.2	▲4.2	0.1	▲1.4	▲2.3	0.4	▲2.0	2.7	2.4	▲1.3
ADR	11.7	10.4	12.9	11.7	5.3	6.2	4.0	0.4	▲0.8	1.4	▲0.4	0.6	5.3
RevPAR	8.9	4.9	9.2	11.4	0.8	6.3	2.5	▲1.9	▲0.5	▲0.6	2.3	3.1	3.9

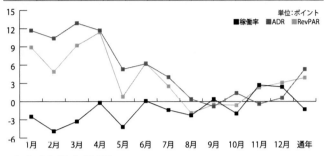

北海道

	1月	2月	3月	4月	5月	6月	7月	8月	9月	10月	11月	12月	通年
稼働率	0.7	2.4	0.0	▲1.4	▲1.2	▲0.3	▲0.4	0.1	1.8	1.6	3.1	▲3.7	0.2
ADR	10.2	12.4	11.4	15.7	10.0	13.3	10.6	2.4	5.1	6.8	9.5	8.1	9.6
RevPAR	11.0	15.1	11.4	14.1	8.7	12.9	10.2	2.5	6.9	8.5	12.9	4.1	9.9

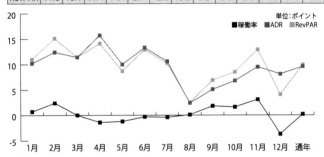

東京（宿泊主体型）

	1月	2月	3月	4月	5月	6月	7月	8月	9月	10月	11月	12月	通年
稼働率	3.5	▲1.3	▲0.3	▲0.1	▲3.6	▲2.7	▲5.7	▲3.3	▲1.2	▲1.4	▲1.8	▲2.6	▲1.7
ADR	5.2	6.1	8.1	7.8	3.6	5.3	3.8	2.2	0.3	0.8	1.1	3.9	4.0
RevPAR	8.8	4.7	7.8	7.7	▲0.2	2.4	▲2.1	▲1.2	▲0.9	▲0.6	▲0.7	1.2	2.2

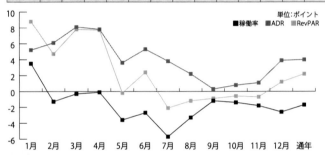

東北

	1月	2月	3月	4月	5月	6月	7月	8月	9月	10月	11月	12月	通年
稼働率	6.8	3.0	6.0	6.0	▲0.4	0.9	▲1.8	▲1.3	▲0.9	▲1.2	▲2.0	1.5	1.4
ADR	2.2	3.7	2.3	4.2	▲1.4	5.5	3.7	▲1.2	▲1.0	2.4	▲0.7	1.4	1.8
RevPAR	9.1	6.8	8.5	10.5	▲1.8	6.5	1.9	▲2.5	▲1.8	1.2	▲2.6	2.9	3.2

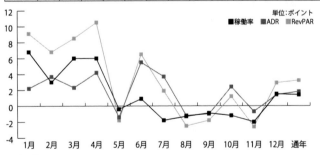

南関東

	1月	2月	3月	4月	5月	6月	7月	8月	9月	10月	11月	12月	通年
稼働率	▲6.2	▲3.0	▲4.6	3.4	2.5	4.3	6.1	▲1.7	3.3	2.6	1.4	1.8	0.3
ADR	▲4.5	2.5	6.0	7.5	▲6.1	3.1	5.9	3.8	▲6.1	0.3	▲2.3	1.7	1.0
RevPAR	▲10.4	▲0.6	1.2	3.8	▲3.7	7.5	12.3	2.0	▲3.0	2.9	▲0.9	3.6	1.2

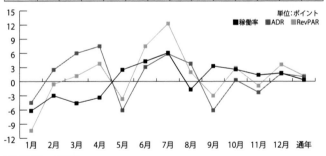

北関東

	1月	2月	3月	4月	5月	6月	7月	8月	9月	10月	11月	12月	通年
稼働率	▲2.7	▲0.1	2.0	5.3	▲1.4	▲1.4	▲2.5	3.1	▲3.7	▲4.9	▲1.0	▲3.3	▲1.4
ADR	▲1.2	2.5	5.6	6.5	▲2.1	1.2	3.4	8.7	▲0.7	7.3	▲0.5	3.4	2.8
RevPAR	▲3.9	2.3	7.7	12.1	▲3.4	▲0.2	0.8	5.3	▲4.4	2.1	▲1.5	0.0	1.4

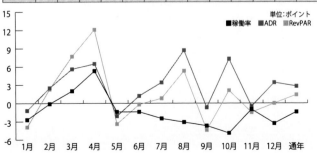

甲信越・北陸

	1月	2月	3月	4月	5月	6月	7月	8月	9月	10月	11月	12月	通年
稼働率	7.7	15.2	8.2	4.6	▲0.5	▲1.7	2.3	▲1.7	0.6	▲1.7	▲0.6	▲0.8	2.6
ADR	5.1	14.5	9.9	▲1.4	▲0.5	4.6	4.5	2.8	▲6.0	0.7	▲6.8	▲0.3	2.3
RevPAR	13.2	32.0	18.9	3.1	▲1.0	2.8	6.9	1.1	▲5.4	▲1.1	▲7.4	▲1.1	5.2

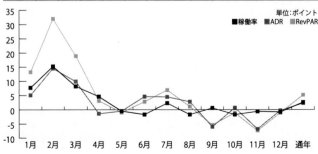

東海

	1月	2月	3月	4月	5月	6月	7月	8月	9月	10月	11月	12月	通年
稼働率	▲1.6	▲1.9	0.6	▲0.9	▲4.1	▲3.4	▲2.4	▲1.2	▲2.7	▲2.7	▲4.4	▲2.3	▲2.3
ADR	5.6	8.1	9.0	11.5	5.9	5.1	6.9	5.0	▲1.0	3.6	0.0	3.7	5.3
RevPAR	4.0	6.1	9.7	10.4	1.5	1.9	4.4	3.7	▲3.7	0.9	▲4.4	1.4	3.0

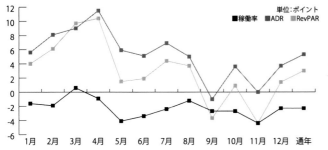

近畿（京都・大阪含む）

	1月	2月	3月	4月	5月	6月	7月	8月	9月	10月	11月	12月	通年
稼働率	1.0	1.1	▲0.1	▲0.8	▲2.4	▲0.5	▲0.8	▲1.5	▲0.3	▲0.2	2.0	1.3	▲0.1
ADR	11.8	17.6	16.1	17.2	5.7	10.1	10.5	0.5	▲1.1	3.5	2.7	2.6	8.1
RevPAR	12.9	18.9	16.0	16.3	3.1	9.6	9.6	▲1.1	▲1.4	3.3	4.7	3.9	8.0

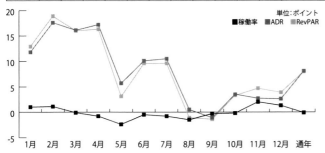

京都

	1月	2月	3月	4月	5月	6月	7月	8月	9月	10月	11月	12月	通年
稼働率	▲1.6	5.4	2.6	▲1.9	▲1.6	4.1	▲1.5	▲1.5	▲1.4	▲0.6	0.2	▲2.6	0.0
ADR	14.8	26.2	24.6	24.1	13.8	19.0	14.5	10.0	3.5	10.8	9.3	8.6	14.9
RevPAR	12.9	33.1	27.9	21.8	12.0	23.9	12.8	8.4	2.1	10.1	9.5	5.7	15.0

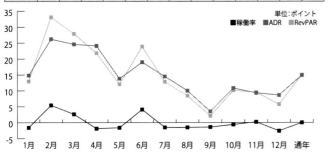

大阪

	1月	2月	3月	4月	5月	6月	7月	8月	9月	10月	11月	12月	通年
稼働率	1.4	▲1.9	▲1.9	▲1.4	▲3.9	▲3.2	▲2.0	▲1.6	▲2.7	▲2.3	0.4	▲0.3	▲1.6
ADR	16.1	18.8	14.4	13.7	3.1	7.9	5.3	▲4.8	▲4.2	▲2.4	▲1.9	▲0.2	5.5
RevPAR	17.7	16.5	12.2	12.1	▲0.9	4.5	3.2	▲6.3	▲6.8	▲4.7	▲1.5	▲0.5	3.8

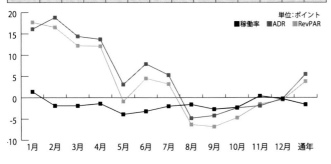

中国

	1月	2月	3月	4月	5月	6月	7月	8月	9月	10月	11月	12月	通年
稼働率	8.2	4.4	3.5	5.8	1.9	▲6.5	6.3	7.9	2.9	1.8	1.2	4.8	3.5
ADR	▲0.7	7.7	1.7	10.4	▲1.9	5.1	11.2	7.4	▲1.9	6.1	3.7	12.6	5.1
RevPAR	7.4	12.4	5.3	16.7	▲0.1	▲1.7	18.2	15.9	0.9	7.9	5.0	18.0	8.8

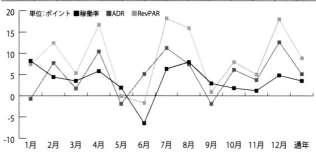

四国

	1月	2月	3月	4月	5月	6月	7月	8月	9月	10月	11月	12月	通年
稼働率	▲2.8	▲4.6	4.8	3.1	▲1.6	7.3	9.0	2.7	6.8	3.3	6.9	2.7	3.1
ADR	▲1.1	2.5	4.4	8.9	▲3.7	▲0.2	4.1	3.2	▲10.5	7.3	2.2	1.9	1.6
RevPAR	▲3.8	▲2.2	9.5	12.2	▲5.3	7.1	13.5	6.0	▲4.4	10.8	9.3	4.7	4.8

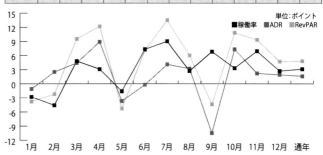

九州

	1月	2月	3月	4月	5月	6月	7月	8月	9月	10月	11月	12月	通年
稼働率	1.4	2.5	2.2	▲10.5	▲7.1	3.1	▲2.7	3.5	1.8	▲1.8	1.7	9.1	0.3
ADR	10.5	11.0	12.7	14.2	3.2	16.7	13.5	10.1	3.4	5.9	4.3	6.9	9.4
RevPAR	12.1	13.8	15.1	2.1	▲4.1	20.3	10.5	14.0	5.2	4.0	6.1	16.6	9.6

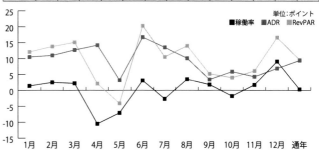

沖縄

	1月	2月	3月	4月	5月	6月	7月	8月	9月	10月	11月	12月	通年
稼働率	4.9	▲1.8	▲1.8	▲1.4	▲2.6	1.6	0.2	2.8	2.9	2.7	▲0.9	4.0	0.9
ADR	6.2	13.6	10.8	15.6	3.1	13.5	8.2	6.9	3.1	4.8	0.0	1.7	7.3
RevPAR	11.3	11.6	8.9	13.9	0.4	15.3	8.5	9.9	6.1	7.6	▲0.9	5.7	8.2

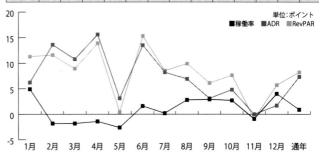

第2章　年間稼働率2017

全国60都市の2017年「年間稼働率」

□平均客室稼働率は81.5％
□平均定員稼働率は73.1％

はじめに

　客室・定員稼働率の推移は次ページ以降をご参照いただきたい。ただし、2018年2月に再集計したときのものを表としている。なお、調査ホテルの取りやめ、改修工事などにより、調査ホテル軒数は234軒。

2017年は稼働重視施策、ADR・RevPARは低迷傾向

　2017年は全国的に1～3月時に稼働が前年月比で低迷となったが、その他の月で盛り返し、年平均では伸長の結果となった。

　16年時は全国的にADRを上げることが焦点になっていたが、17年は連載・稼働率において各ホテルからのコメントから「稼働率を維持することはできたが、ADRを下げる結果に終わった」など稼動率に関する内容が多く、ADRよりも稼働重視へと移行した傾向にあった。

　上記の大まかな要因としては、16年時のADRを上げたことによる国内需要の低下、増加の一途をたどるホテル開発計画、民泊の台頭などを経て、17年は国内需要の取り込みを狙う動きが盛んであった。

　JNTOの発表にもあるが、17年の訪日外客数は前年比19.3％増の2869万1000人と大きな伸びが続いている。この後押しもあり、ホテル新規開業によるエリアでの供給が増加しても、全体では稼働は微増の結果となったのである。

「稼ぐ観光」北海道、躍進はまだまだ続く

　月別に見てみると、全国的に5月と11月のRevPARの伸長が目立つ。最も伸びた5月はGWの日並びの良さが稼動およびADRの上昇につながり、RevPARは5.7ポイント増となった。11月は各ホテルよりイベント増に連なるコメントが多く、稼働およびADRが増加となりRevPARは4.8ポイント増となった。

　都市別ではRevPARにおいて北海道の躍進が目立つ。「稼ぐ観光」が打ち出されている北海道では、17年2月より「北海道インバウンド加速化プロジェクト」が推進されており、2020年訪日外客数500万人を掲げている。

　弊誌調査では北海道はRevPARにおいて、15年は対前年比14.2ポイント増、16年9.9ポイント増、17年5.6ポイント増とADRの増加によりRevPARの増加が続き、18年もこの傾向が続いている。

　ホテル開発計画も盛んで、札幌や函館を中心に異業種からの参入も増している状況にある。インバウンド需要は単価を上げやすい傾向にあり、その注目を集める北海道は、今後も伸長していくと見られる。

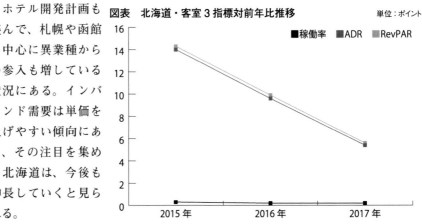

図表　北海道・客室3指標対前年比推移　単位：ポイント

■地域別 客室・定員ベッド（稼働率）…2017年1月～12月

地域	ホテル数		1月 稼動率(%)	1月 対前年比(ポイント)	2月 稼動率(%)	2月 対前年比(ポイント)	3月 稼動率(%)	3月 対前年比(ポイント)	4月 稼動率(%)	4月 対前年比(ポイント)	5月 稼動率(%)	5月 対前年比(ポイント)	6月 稼動率(%)	6月 対前年比(ポイント)	7月 稼動率(%)	7月 対前年比(ポイント)
北海道	20	客室	79.4	▲0.6	88.4	▲0.8	77.5	▲3.5	73.1	▲1.9	83.7	1.2	90.7	0.9	94.3	1.4
		ベッド	73.9	3.5	79.6	0.8	67.9	▲1.1	62.1	0.0	74.4	1.7	77.2	1.0	86.7	2.2
東北	28	客室	58.5	▲2.1	66.1	▲0.5	69.8	▲2.7	72.8	1.0	73.2	3.9	77.2	1.6	78.6	2.4
		ベッド	50.1	▲2.2	56.2	▲0.2	60.7	▲3.7	63.7	0.7	63.5	1.6	65.1	0.9	67.8	1.2
北関東	10	客室	71.4	▲2.5	81.3	▲1.8	83.1	▲4.7	79.0	▲3.9	82.5	1.6	78.7	0.1	77.4	▲3.1
		ベッド	60.2	▲6.4	68.4	▲4.5	75.2	▲4.2	70.7	▲3.7	74.9	2.0	66.5	0.6	68.0	▲3.1
東京	32	客室	74.7	▲1.1	84.1	▲0.4	87.0	1.3	90.3	1.5	82.4	0.3	81.2	▲1.0	84.3	▲0.7
		ベッド	65.4	▲0.9	70.6	▲3.2	76.6	▲0.7	81.4	1.8	75.6	2.0	69.3	▲0.7	75.6	▲0.7
南関東	20	客室	70.9	▲0.6	80.6	▲1.2	87.3	1.6	86.5	0.8	84.6	1.7	80.2	1.2	81.9	0.3
		ベッド	64.4	▲0.2	71.3	▲2.6	83.3	3.0	78.2	▲0.1	78.8	2.4	71.9	2.2	75.1	0.4
甲信越・北陸	17	客室	55.6	▲0.6	65.0	▲2.4	70.2	▲2.9	71.9	▲4.2	76.2	0.6	70.2	▲1.0	72.2	▲0.3
		ベッド	45.8	▲0.8	52.2	▲3.8	60.2	▲2.1	61.1	▲3.6	69.0	3.9	57.2	▲0.1	59.9	▲0.9
東海	13	客室	69.9	▲3.0	78.8	▲2.3	82.0	▲3.2	83.2	▲2.1	76.5	▲1.4	77.3	▲2.1	79.5	▲2.5
		ベッド	59.8	▲1.5	65.1	▲2.3	69.3	▲4.5	72.4	▲1.5	64.9	0.3	60.5	▲4.3	67.3	▲2.5
近畿	38	客室	77.8	2.9	85.5	1.4	90.3	1.1	90.7	0.6	87.2	1.5	84.9	0.1	86.8	▲0.6
		ベッド	72.2	0.4	77.2	▲0.2	85.6	1.2	84.9	▲0.2	81.7	0.9	76.2	0.4	81.0	▲0.5
中国	11	客室	66.8	0.7	74.2	▲0.9	84.2	▲0.3	82.8	▲2.5	81.7	1.1	81.9	1.1	80.1	▲2.6
		ベッド	63.8	6.1	69.3	4.4	82.9	5.0	80.8	5.2	81.2	7.4	75.7	5.2	77.6	2.3
四国	9	客室	58.5	0.7	68.1	2.2	77.1	0.7	72.3	1.0	73.7	5.6	68.7	▲1.6	70.0	▲2.1
		ベッド	49.0	▲0.5	57.0	1.3	67.5	0.0	62.2	0.3	64.5	4.9	56.8	▲1.0	58.4	▲3.5
北九州	13	客室	76.2	▲0.9	84.7	▲1.4	85.1	▲1.7	80.8	4.0	83.3	5.2	80.9	1.3	83.2	1.5
		ベッド	69.5	▲0.8	78.8	0.8	79.9	0.2	73.3	4.9	77.1	7.0	69.9	0.6	75.2	1.7
南九州	23	客室	75.0	▲0.4	86.8	0.3	85.3	2.6	81.3	5.8	77.7	5.3	80.8	3.0	83.0	1.4
		ベッド	68.1	1.6	73.5	0.2	80.7	2.7	73.9	5.7	73.0	8.3	72.3	3.8	78.7	3.0
全地域平均	234	客室	70.7	▲0.3	79.7	▲0.4	82.2	▲0.6	81.8	0.4	80.8	2.1	80.4	0.4	82.3	0.0
		ベッド	63.1	▲0.1	69.2	▲0.9	74.9	▲0.2	73.5	0.8	73.9	3.1	69.5	0.8	74.2	0.2

地域	ホテル数		8月 稼動率(%)	8月 対前年比(ポイント)	9月 稼動率(%)	9月 対前年比(ポイント)	10月 稼動率(%)	10月 対前年比(ポイント)	11月 稼動率(%)	11月 対前年比(ポイント)	12月 稼動率(%)	12月 対前年比(ポイント)	17年	16年	対前年比(ポイント)
北海道	20	客室	94.3	3.4	92.9	1.7	89.3	0.4	83.6	4.7	83.7	2.3	85.9	85.1	0.8
		ベッド	91.2	2.8	80.7	1.4	77.3	0.7	72.9	6.9	77.6	2.5	76.8	74.9	1.9
東北	28	客室	84.2	3.2	81.9	2.6	79.3	▲1.9	74.3	3.0	66.0	1.5	73.5	72.5	1.0
		ベッド	81.2	4.0	70.6	2.7	67.9	▲2.5	62.6	3.0	56.8	0.2	63.9	63.4	0.5
北関東	10	客室	87.4	1.2	83.0	▲1.4	86.2	▲0.7	86.8	1.9	78.8	▲1.5	81.3	82.5	▲1.2
		ベッド	84.7	3.4	73.2	1.2	74.3	▲0.8	74.1	1.9	69.9	1.0	71.7	72.7	▲1.0
東京	32	客室	82.6	1.4	82.5	▲1.4	88.3	0.1	89.3	2.3	82.9	▲1.0	84.1	84.0	0.1
		ベッド	78.6	2.0	69.7	▲2.1	76.3	0.6	76.2	3.0	76.3	0.0	74.3	74.2	0.1
南関東	20	客室	89.5	3.3	83.3	0.7	86.7	2.0	87.2	2.2	82.0	0.4	83.4	82.4	1.0
		ベッド	86.9	2.0	72.3	▲0.4	75.2	0.0	76.5	1.2	73.4	▲2.3	75.6	75.1	0.5
甲信越・北陸	17	客室	85.4	2.0	79.8	2.4	80.1	0.7	79.2	2.6	66.4	3.6	72.7	72.6	0.1
		ベッド	80.3	1.6	65.2	1.7	66.9	0.6	66.0	3.1	54.5	3.1	61.5	61.3	0.2
東海	13	客室	83.2	0.3	78.3	1.2	82.5	1.0	82.1	0.6	75.1	▲1.5	79.0	80.3	▲1.3
		ベッド	72.8	▲0.8	62.7	▲0.1	66.3	0.2	68.1	2.8	63.7	0.4	66.1	67.2	▲1.1
近畿	38	客室	92.5	1.0	88.8	1.0	90.7	0.5	92.9	1.1	85.0	▲1.5	87.8	87.0	0.8
		ベッド	93.1	2.8	80.0	1.0	83.7	0.9	85.4	1.5	80.1	▲1.6	81.8	81.2	0.6
中国	11	客室	87.0	▲2.9	83.5	▲1.5	86.4	▲0.7	87.3	1.7	76.9	2.0	81.1	81.5	▲0.4
		ベッド	91.5	1.5	80.6	2.0	82.8	0.3	83.2	2.0	74.7	2.5	78.7	75.0	3.7
四国	9	客室	76.6	0.3	77.9	6.8	80.7	5.6	83.4	5.8	67.4	7.9	72.9	70.1	3.7
		ベッド	71.5	▲0.2	67.5	6.8	69.7	5.9	70.9	5.5	57.2	6.2	62.7	60.5	2.2
北九州	13	客室	86.0	0.1	84.1	0.8	85.2	0.0	86.1	0.3	83.1	▲0.7	83.2	82.5	0.7
		ベッド	84.5	0.7	74.9	▲0.3	75.3	▲0.5	78.9	2.6	76.8	▲2.1	76.2	74.9	1.3
南九州	23	客室	86.7	▲2.5	85.5	▲3.1	82.9	▲2.4	84.1	3.2	73.0	▲3.2	81.8	81.0	0.8
		ベッド	90.2	▲1.6	78.5	▲3.9	74.6	▲0.7	74.2	3.3	67.6	▲4.6	75.4	74.0	1.4
全地域平均	234	客室	87.0	1.2	84.2	0.5	85.5	0.1	85.2	2.4	77.6	0.2	81.5	81.0	0.5
		ベッド	84.9	1.8	73.6	0.4	75.0	0.2	74.6	2.9	70.3	▲0.1	73.1	72.3	0.8

ホテルデータブック 2018

第2章　年間稼働率 2017

地域	対象都市	対象ホテル ホテル数	対象ホテル 客室数	1月 稼動率(%)	1月 対前年比(ポイント)	2月 稼動率(%)	2月 対前年比(ポイント)	3月 稼動率(%)	3月 対前年比(ポイント)	4月 稼動率(%)	4月 対前年比(ポイント)	5月 稼動率(%)	5月 対前年比(ポイント)	6月 稼動率(%)	6月 対前年比(ポイント)
北海道	旭川・千歳	2	266	79.1	1.8	87.2	▲0.2	66.6	1.2	54.4	0.7	74.8	▲3.6	90.9	2.1
北海道	札　幌	13	3,591	84.7	0.2	92.8	1.6	81.0	▲2.1	75.2	▲1.4	85.3	3.5	91.1	2.3
北海道	帯　広	2	168	64.2	0.1	82.6	0.0	76.9	▲0.3	69.3	3.9	75.3	0.3	89.9	0.2
北海道	函　館	3	627	67.0	▲6.0	74.0	▲12.1	69.8	▲15.0	78.7	▲9.9	88.3	▲5.0	89.5	▲5.5
東北	青　森	3	522	57.2	▲3.3	63.5	▲4.0	63.9	▲1.6	75.8	1.9	79.9	6.4	82.2	1.5
東北	弘　前	1	50	25.4	▲0.5	42.4	▲1.0	28.0	4.5	56.1	8.1	53.2	20.6	52.8	6.5
東北	秋　田	4	581	58.5	▲0.9	62.5	▲4.9	67.8	▲7.1	70.5	2.1	73.7	4.6	79.9	7.7
東北	盛　岡	6	891	54.8	▲5.6	57.8	▲0.5	64.0	▲0.7	68.4	2.6	68.8	3.1	70.8	▲3.7
東北	仙　台	5	1,038	64.5	▲3.8	78.7	1.9	82.0	▲2.2	80.6	▲2.0	80.9	3.9	82.7	1.5
東北	山　形	3	469	59.4	0.2	73.4	3.4	73.0	▲2.4	66.8	2.6	64.2	3.4	75.5	6.6
東北	酒　田	2	191	46.5	▲2.3	51.4	2.8	73.1	12.7	75.0	8.1	73.3	6.4	75.9	6.5
東北	福　島	2	143	74.3	3.0	81.8	1.1	77.7	▲14.4	80.7	▲1.7	78.5	▲1.7	83.8	▲1.0
東北	郡　山	2	250	68.3	3.5	71.1	▲2.4	74.3	▲10.5	74.5	▲9.9	74.1	▲3.2	79.6	▲6.0
北関東	宇都宮	3	297	77.6	▲3.8	78.9	▲5.1	73.0	▲15.8	81.0	▲5.0	81.8	▲3.8	78.4	▲5.4
北関東	高　崎	1	141	68.8	3.3	73.5	5.1	80.1	4.2	73.3	5.0	70.6	4.9	77.4	7.6
北関東	水　戸	4	327	66.1	▲3.6	84.3	3.5	88.1	1.2	78.2	▲2.5	84.3	6.7	77.2	4.2
北関東	吾妻郡	1	162	70.4	10.0	88.3	▲4.2	87.3	▲4.9	82.2	▲2.8	85.2	▲1.0	78.7	▲3.2
北関東	熊　谷	1	138	77.7	▲12.8	77.3	▲18.0	91.8	▲3.8	78.3	▲16.6	86.7	▲3.4	87.0	▲4.0
東京	東　京	32	13,633	74.7	▲1.1	84.1	▲0.4	87.0	1.3	90.1	1.5	82.4	0.3	81.2	▲1.0
南関東	成　田	2	982	80.4	▲2.9	87.4	▲1.5	86.2	▲5.9	93.5	▲0.8	87.7	0.0	88.6	0.4
南関東	千　葉	2	356	72.6	▲7.5	88.7	▲0.1	92.1	▲0.8	90.3	▲2.1	86.5	▲1.2	84.7	▲1.0
南関東	幕　張	3	752	63.3	▲1.8	76.9	▲0.1	81.3	▲3.5	81.7	▲2.6	81.0	0.1	74.3	▲4.5
南関東	浦　安	1	428	78.8	▲9.6	76.9	▲15.4	89.2	▲4.4	93.2	0.4	93.0	2.8	86.3	▲4.1
南関東	川　崎	1	184	70.5	▲5.0	81.9	1.8	85.0	▲1.9	83.5	0.5	78.1	▲4.1	81.2	▲0.1
南関東	横　浜	5	1,412	69.9	▲1.5	80.8	▲3.2	89.3	4.1	87.3	2.8	83.7	1.3	80.0	0.6
南関東	箱　根	4	458	71.0	8.7	76.1	▲1.3	87.7	6.9	84.5	4.1	88.8	8.1	77.3	10.1
南関東	藤　沢	1	160	79.6	▲8.0	91.7	▲3.0	93.8	▲0.5	91.7	1.3	89.2	▲0.6	95.0	3.0
南関東	平　塚	1	164	60.1	10.7	70.4	18.3	80.9	15.6	73.8	▲3.8	67.6	▲0.4	63.8	▲2.2
甲信越・北陸	長　野	3	426	51.1	▲8.1	60.6	▲2.1	58.0	▲9.7	68.9	▲10.5	73.5	▲2.4	62.9	▲8.4
甲信越・北陸	軽井沢	1	233	50.0	3.4	49.4	▲3.5	52.9	▲6.1	71.9	▲4.7	79.5	0.4	69.8	13.9
甲信越・北陸	新　潟	3	442	62.5	8.2	72.9	5.1	80.2	5.1	72.0	3.6	77.1	2.8	81.0	1.7
甲信越・北陸	福　井	3	311	47.3	▲4.3	54.7	▲3.9	58.4	▲10.2	52.5	▲12.8	60.6	▲1.1	55.5	▲3.2
甲信越・北陸	富　山	2	274	63.6	11.5	68.0	3.1	73.3	3.3	80.6	2.8	86.5	5.5	80.4	6.0
甲信越・北陸	金　沢	5	891	57.2	▲4.8	70.9	▲8.3	80.9	1.0	81.9	▲2.5	81.8	▲0.1	73.0	▲2.5
東海	浜　松	4	982	69.9	▲1.1	78.6	▲1.0	82.1	▲1.8	76.7	▲6.6	71.6	▲5.6	73.3	▲1.8
東海	名古屋	8	2,850	71.8	▲3.6	81.3	▲2.4	83.6	▲4.0	87.1	▲0.1	79.4	0.8	79.4	▲2.9
東海	岐　阜	1	144	54.6	▲6.7	60.5	▲5.4	68.9	▲2.2	78.1	▲0.3	73.1	▲1.3	75.6	2.2
近畿	京　都	11	3,266	83.5	3.3	91.3	▲0.8	95.8	0.4	97.4	1.1	95.9	1.1	93.8	▲1.1
近畿	奈　良	3	349	57.9	▲1.1	69.8	▲1.2	84.1	▲4.8	87.8	▲4.7	85.0	0.3	74.1	▲9.8
近畿	大　阪	14	6,028	81.6	▲0.2	89.4	2.1	90.9	0.3	93.3	2.4	87.5	3.0	87.9	1.0
近畿	神　戸	3	979	73.1	9.0	79.2	2.8	82.7	▲1.2	79.6	▲1.5	78.1	▲5.8	76.5	0.1
近畿	姫　路	2	459	57.3	6.6	62.4	2.5	74.7	8.4	72.8	▲1.0	70.7	7.0	66.9	10.6
近畿	三　重	2	189	72.0	9.9	75.5	3.0	86.2	10.6	68.6	▲6.6	60.3	▲6.5	54.9	▲11.3
近畿	滋　賀	3	442	80.9	6.4	90.4	5.5	93.5	3.4	94.5	4.0	94.3	6.4	89.2	10.7
中国	岡　山	1	79	21.8	▲8.1	32.1	1.8	49.8	4.4	45.8	▲9.0	45.1	2.5	44.7	7.2
中国	倉　敷	2	301	61.2	11.2	75.3	4.6	87.1	4.6	83.7	3.2	85.8	7.2	83.7	10.4
中国	広　島	8	2,162	73.8	▲0.9	79.2	▲2.6	87.8	▲2.1	87.2	▲3.1	85.9	0.6	86.1	▲1.9
四国	高　松	1	101	54.2	▲5.8	65.5	▲2.6	77.6	▲7.3	70.2	▲8.3	76.3	2.1	70.8	▲7.4
四国	松　山	5	616	58.9	▲0.7	68.1	1.5	75.8	▲0.4	70.4	0.0	72.9	5.1	67.6	▲1.6
四国	高　知	2	503	62.8	6.8	76.8	7.1	84.3	8.4	78.4	8.5	85.3	15.6	76.6	5.7
四国	徳　島	1	56	52.4	2.1	53.3	0.3	68.5	▲1.1	71.9	0.3	51.7	▲8.7	56.4	▲10.3
北九州	北九州	2	129	54.4	▲4.7	59.6	▲11.2	64.5	▲9.6	65.1	5.1	65.2	10.5	66.5	7.1
北九州	福　岡	7	1,533	84.6	1.0	92.8	0.5	90.3	▲1.6	88.2	0.3	89.8	0.8	87.6	▲1.0
北九州	佐世保	1	154	87.0	2.5	90.0	▲0.9	96.6	2.3	85.8	2.5	88.7	7.2	84.8	▲2.9
北九州	長　崎	1	200	72.5	▲13.4	83.7	▲10.8	89.6	▲3.8	83.9	14.7	85.0	12.9	83.7	3.1
北九州	大　分	2	297	65.3	0.8	78.9	5.5	79.0	4.8	66.8	11.3	75.1	10.7	68.4	4.5
南九州	熊　本	3	335	68.8	▲0.5	83.0	3.7	78.9	▲6.7	79.2	31.8	76.0	16.2	73.9	7.6
南九州	宮　崎	1	348	61.5	▲3.5	85.8	▲2.2	72.2	▲3.6	57.2	▲7.5	57.2	▲8.6	62.0	▲2.2
南九州	鹿児島	3	763	75.5	▲3.2	84.5	▲2.1	88.1	2.3	83.5	14.3	83.3	9.1	82.0	4.6
南九州	沖　縄	16	3,600	77.0	0.5	88.0	0.3	85.5	2.2	82.8	0.1	78.3	3.4	83.1	2.3
全都市平均		234	57,823	70.7	▲0.3	79.7	▲0.4	82.2	▲0.6	81.8	0.4	80.8	2.1	80.4	0.4

※ホテル数、客室数は2017年12月時点、期間中に変動あり

■全国61都市の 客室 稼働率 …2017年1〜12月

7月 稼動率(%)	7月 対前年比(ポイント)	8月 稼動率(%)	8月 対前年比(ポイント)	9月 稼動率(%)	9月 対前年比(ポイント)	10月 稼動率(%)	10月 対前年比(ポイント)	11月 稼動率(%)	11月 対前年比(ポイント)	12月 稼動率(%)	12月 対前年比(ポイント)	平均客室稼働率 16年	平均客室稼働率 15年	対前年比(ポイント)	対象都市	地域
96.2	▲0.2	93.9	▲0.5	89.1	▲3.0	83.8	0.4	76.0	8.3	75.5	4.2	80.6	79.7	0.9	旭川・千歳	北海道
94.4	2.5	94.3	5.0	93.3	1.4	90.0	▲0.1	86.3	5.9	89.4	3.8	88.2	86.3	1.9	札幌	
95.2	2.3	96.2	5.1	93.5	5.9	91.0	3.9	82.3	▲0.4	57.8	▲10.6	81.2	80.3	0.9	帯広	
92.3	▲2.6	93.2	▲2.5	93.0	3.0	88.9	0.4	78.0	0.3	81.5	2.8	82.9	87.2	▲4.3	函館	
82.6	3.9	90.6	2.7	90.2	3.1	88.5	1.5	75.9	3.7	64.2	3.3	76.2	74.6	1.6	青森	東北
54.5	10.0	69.7	2.6	62.2	14.8	64.3	9.0	49.8	16.4	39.9	10.9	49.9	41.4	8.5	弘前	
77.3	0.9	79.4	1.3	81.6	5.6	80.6	5.2	72.3	4.3	63.6	1.2	72.3	70.6	1.7	秋田	
73.7	▲0.5	82.3	5.5	81.2	2.8	76.9	▲4.9	72.1	4.4	61.7	2.3	69.4	69.0	0.4	盛岡	
83.9	1.6	91.8	3.7	85.5	▲1.7	83.2	▲2.3	82.8	1.9	77.0	▲1.3	81.1	81.0	0.1	仙台	
74.2	7.0	85.5	6.4	82.3	7.0	75.7	▲7.1	68.3	2.7	64.7	3.2	71.9	69.2	2.7	山形	
82.1	5.7	82.2	4.2	80.6	2.9	74.4	▲1.0	70.5	4.2	65.8	8.8	70.9	66.0	4.9	酒田	
88.9	3.6	83.3	▲2.8	78.1	▲3.1	80.4	▲4.1	81.3	▲6.9	73.2	▲2.9	80.2	82.7	▲2.5	福島	
81.1	▲2.1	78.6	▲0.1	77.1	▲1.8	77.4	▲6.5	79.1	0.3	67.3	▲6.0	75.2	78.9	▲3.7	郡山	
80.3	▲3.0	86.1	▲5.4	81.8	▲6.3	87.4	▲4.9	89.6	▲0.6	75.6	▲9.1	81.0	86.6	▲5.6	宇都宮	北関東
71.2	0.9	82.9	6.0	79.4	▲1.7	84.8	3.1	80.3	▲1.2	74.2	▲4.2	76.4	73.6	2.8	高崎	
78.1	0.3	88.2	4.7	81.3	3.8	84.1	1.0	85.0	4.6	79.7	▲0.3	81.2	79.3	1.9	水戸	
78.7	▲3.6	91.7	4.6	95.8	0.2	93.3	0.1	88.6	3.7	71.7	11.5	84.3	83.5	0.8	吾妻郡	
70.6	▲20.6	87.8	▲1.4	83.7	▲9.4	85.0	0.2	90.6	0.8	88.3	7.1	83.7	90.6	▲6.9	熊谷	
84.3	▲0.7	82.6	1.4	82.5	▲1.4	88.3	0.1	89.3	2.3	82.9	▲1.0	84.1	84.0	0.1	東京	東京
92.3	1.3	92.6	1.2	88.5	3.7	91.7	8.8	93.4	16.1	90.3	15.0	89.4	86.4	3.0	成田	南関東
84.9	▲2.2	84.1	▲5.5	86.7	0.1	88.8	▲1.7	84.7	0.5	84.9	▲1.6	85.8	87.7	▲1.9	千葉	
76.8	▲3.5	88.0	5.5	79.9	▲1.7	84.9	2.6	84.5	0.2	77.7	3.1	79.2	79.7	▲0.5	幕張	
90.6	3.2	96.8	4.0	94.4	1.8	93.6	1.5	96.3	1.9	95.8	4.2	90.4	91.6	▲1.2	浦安	
69.0	▲10.7	71.5	▲6.3	79.1	0.5	86.0	2.4	81.9	0.6	80.9	1.4	79.1	81.0	▲1.9	川崎	
81.3	0.4	91.6	9.1	82.1	0.5	86.1	1.9	85.4	▲0.9	81.0	▲5.2	83.2	82.4	0.8	横浜	
80.6	6.9	92.3	3.4	80.7	1.1	84.8	1.3	91.8	2.2	79.6	▲1.8	82.9	78.8	4.1	箱根	
91.9	2.2	94.0	2.8	94.1	1.2	94.5	2.5	94.0	3.2	86.6	▲0.6	91.3	91.1	0.2	藤沢	
72.7	▲6.4	82.2	▲3.4	73.8	▲0.9	73.4	▲4.7	68.5	1.3	69.2	1.5	71.4	69.2	2.2	平塚	
74.4	▲1.4	89.8	4.5	75.5	0.9	76.2	▲4.3	67.8	▲6.7	62.8	2.7	68.5	72.3	▲3.8	長野	甲信越・北陸
75.7	3.8	92.2	8.5	82.5	▲0.8	77.9	1.9	74.7	3.1	51.4	2.6	69.0	67.1	1.9	軽井沢	
80.9	▲0.5	89.0	1.5	83.4	▲0.8	84.1	▲0.7	82.7	3.4	76.5	4.2	78.5	75.7	2.8	新潟	
58.3	▲2.7	72.7	▲0.7	67.0	6.3	66.4	1.7	70.4	8.2	55.1	5.4	59.9	61.4	▲1.5	福井	
74.1	▲0.3	82.5	0.1	83.3	6.7	87.0	4.2	81.4	3.0	66.9	▲1.6	77.3	73.6	3.7	富山	
72.4	0.8	88.1	2.0	85.9	1.6	86.1	2.5	89.4	4.4	72.5	5.8	78.3	78.5	▲0.2	金沢	
81.3	▲1.2	88.3	▲1.2	78.2	3.2	81.1	4.0	80.0	3.9	71.4	0.1	77.7	78.5	▲0.8	浜松	東海
80.4	▲3.1	81.8	1.2	80.0	▲0.1	84.7	▲0.1	84.2	▲1.6	79.0	▲1.9	81.1	82.5	▲1.4	名古屋	
65.6	▲2.4	74.0	▲1.3	65.5	3.5	71.2	▲1.5	73.6	4.7	58.7	▲5.6	68.3	69.6	▲1.3	岐阜	
93.4	▲1.1	96.8	▲0.1	95.6	0.0	96.1	▲0.3	97.4	0.2	90.3	▲1.7	93.9	93.9	0.0	京都	近畿
69.6	▲10.1	83.1	▲1.2	75.4	▲7.3	81.2	▲6.8	90.8	▲0.7	63.7	▲9.2	76.9	81.6	▲4.7	奈良	
91.0	0.7	94.2	1.5	91.7	3.2	93.9	2.8	93.9	2.6	90.0	0.1	90.4	88.8	1.6	大阪	
85.2	▲3.5	92.6	0.2	83.6	0.9	79.4	▲0.4	80.4	▲8.1	70.6	▲8.7	80.1	81.4	▲1.3	神戸	
68.1	8.9	75.4	2.6	70.8	7.5	73.9	1.7	81.6	7.5	72.2	5.7	70.6	64.9	5.7	姫路	
60.5	▲11.0	85.1	0.3	72.1	▲7.7	78.6	▲4.3	85.2	0.8	74.5	1.0	72.8	74.6	▲1.8	三重	
91.7	8.2	94.2	4.9	92.9	5.5	95.5	2.9	89.9	3.9	93.8	1.0	92.5	87.3	5.2	滋賀	
40.8	▲5.2	51.1	▲6.8	42.3	▲7.2	63.0	6.0	51.8	5.4	36.2	6.5	43.7	43.9	▲0.2	岡山	中国
79.5	6.2	86.3	▲0.4	78.9	▲4.1	84.2	▲0.8	84.9	▲0.1	74.1	3.5	80.4	77.2	3.2	倉敷	
85.2	▲4.4	91.6	▲3.1	89.9	▲0.1	89.9	▲1.6	92.4	1.8	82.7	2.8	86.0	87.2	▲1.2	広島	
69.0	▲9.0	78.6	▲2.2	67.7	▲1.6	76.9	▲2.2	73.5	0.0	61.8	8.5	70.2	73.2	▲3.0	高松	四国
70.5	0.3	76.1	1.1	80.4	10.9	81.9	8.8	83.9	9.1	66.4	6.9	72.7	69.3	3.4	松山	
76.4	1.5	82.1	2.8	84.2	2.8	84.4	4.6	90.3	2.3	74.7	6.9	79.7	73.6	6.1	高知	
55.9	▲14.2	66.6	▲6.1	63.5	3.3	71.1	▲0.7	77.1	2.1	64.0	14.3	62.7	64.3	▲1.6	徳島	
74.5	9.8	78.9	8.4	73.7	12.6	72.8	7.9	73.6	8.9	77.4	14.6	68.9	63.9	5.0	北九州	北九州
91.4	1.2	91.0	▲0.8	89.0	▲0.4	91.1	0.1	91.0	▲1.7	89.5	▲1.2	89.7	89.9	▲0.2	福岡	
85.2	▲2.0	92.6	▲2.5	90.3	3.1	91.8	0.6	92.9	1.9	92.5	▲2.0	89.9	89.0	0.9	佐世保	
79.8	3.0	86.5	0.7	83.5	▲1.1	78.4	▲8.4	77.2	2.4	72.4	3.9	81.4	82.6	▲1.2	長崎	
63.9	2.0	72.4	▲3.7	74.9	7.1	77.1	4.1	82.2	1.4	66.7	12.0	72.6	72.0	0.6	大分	
76.1	8.0	79.2	▲6.9	78.0	▲6.7	77.0	4.6	83.9	2.0	71.1	▲12.9	77.1	74.8	2.3	熊本	南九州
63.6	1.8	67.8	▲4.0	61.1	▲13.8	71.6	▲2.4	77.0	2.6	68.5	▲4.1	67.1	71.1	▲4.0	宮崎	
80.2	9.2	83.7	▲1.3	82.5	0.8	85.8	▲0.3	90.6	1.6	84.4	▲1.4	83.7	80.9	2.8	鹿児島	
86.1	▲1.3	89.9	▲1.7	89.0	▲2.5	84.2	▲2.4	83.3	4.4	71.5	▲1.7	83.2	82.9	0.3	沖縄	
82.3	0.0	87.0	1.2	84.2	0.5	85.5	0.1	85.2	2.4	77.6	0.2	81.5	81.0	0.5	全都市平均	

第2章　年間稼働率 2017

地域	対象都市	対象ホテル		1月		2月		3月		4月		5月		6月	
		ホテル数	客室数	稼動率(%)	対前年比(ポイント)	稼動率(%)	対前年比(ポイント)	稼動率(%)	対前年比(ポイント)	稼動率(%)	対前年比(ポイント)	稼動率(%)	対前年比(ポイント)	稼動率(%)	対前年比(ポイント)
北海道	旭川・千歳	2	419	63.7	2.2	68.0	1.9	48.2	▲3.6	41.8	0.8	62.0	▲2.6	72.7	2.1
	札幌	13	6,649	82.0	5.7	87.1	3.5	73.3	1.0	64.7	1.7	76.3	4.6	78.3	2.7
	帯広	2	215	54.2	0.6	70.2	▲1.0	66.2	1.7	59.4	2.3	70.2	1.3	78.5	▲0.1
	函館	3	1,059	59.0	▲2.7	61.6	▲10.2	58.7	▲10.2	66.2	▲9.2	77.3	▲7.4	74.5	▲6.7
東北	青森	3	638	56.0	▲1.3	63.5	0.1	62.9	0.4	75.6	3.0	72.2	▲0.7	78.6	▲1.1
	弘前	1	80	18.6	▲1.9	30.5	▲7.0	21.2	4.0	45.3	4.0	44.7	16.0	38.9	▲1.7
	秋田	4	823	48.0	▲1.4	50.8	0.6	57.6	▲5.8	59.0	1.3	63.6	3.6	65.2	6.0
	盛岡	6	1,131	48.3	▲4.7	51.9	1.4	58.4	▲0.3	66.8	4.8	64.3	3.0	62.8	▲1.4
	仙台	5	1,869	53.6	▲7.0	61.5	▲5.3	69.1	▲7.6	63.9	▲5.4	67.1	1.2	66.0	▲0.3
	山形	3	643	51.1	1.3	65.5	4.1	61.9	▲4.3	56.5	0.8	57.0	3.5	64.5	8.1
	酒田	2	241	41.6	▲2.0	44.2	1.3	64.2	9.2	66.7	7.4	64.4	▲0.6	66.1	3.4
	福島	2	239	56.4	2.9	59.3	▲0.5	57.9	▲11.0	60.8	▲0.5	58.5	▲1.7	61.3	▲1.4
	郡山	2	317	58.4	3.9	63.0	0.9	66.9	▲14.6	65.3	▲7.9	63.0	▲5.6	66.2	▲5.5
北関東	宇都宮	3	412	60.2	▲11.8	62.1	▲12.0	67.1	▲13.4	73.9	▲5.7	78.7	▲2.3	68.7	▲3.4
	高崎	1	161	73.5	8.2	71.3	4.5	79.0	2.6	72.5	5.1	72.0	3.4	73.6	6.5
	水戸	4	430	54.8	▲2.9	69.0	2.8	78.2	3.9	69.1	▲2.2	74.1	6.3	63.1	3.4
	吾妻郡	1	484	65.5	0.4	87.7	1.8	82.2	▲4.2	70.3	▲0.4	70.4	▲0.5	61.2	▲2.5
	熊谷	1	184	63.8	▲24.6	62.4	▲27.2	76.5	▲15.6	66.0	▲13.2	74.3	▲0.5	71.2	▲2.3
東京	東京	32	25,429	65.4	▲0.9	70.6	▲3.2	76.6	▲0.7	81.4	1.8	75.6	2.0	69.3	▲0.7
南関東	成田	2	1,546	73.5	2.8	78.5	▲1.0	79.5	▲5.2	92.4	2.4	80.8	1.2	85.3	7.3
	千葉	2	515	63.7	▲8.3	77.1	▲1.3	83.9	6.5	80.3	▲3.4	76.8	▲1.9	73.5	▲2.0
	幕張	3	1,498	55.2	▲1.0	65.2	▲2.8	74.7	▲4.6	67.4	▲6.1	71.1	0.1	58.7	▲5.5
	浦安	1	1,463	59.9	▲7.6	53.8	▲13.8	71.0	▲5.9	69.0	▲2.3	70.7	3.2	65.7	▲0.1
	川崎	1	264	66.1	▲2.8	72.8	0.4	78.1	▲2.7	78.6	1.8	73.3	0.0	73.4	3.0
	横浜	5	2,653	63.6	▲1.4	70.5	▲4.5	82.4	1.3	77.1	0.4	77.3	▲0.4	70.2	0.0
	箱根	4	1,048	66.9	6.5	71.6	▲2.8	86.3	7.1	80.4	4.5	86.7	9.8	74.4	9.9
	藤沢	1	200	86.2	▲7.7	96.2	▲6.0	113.4	6.9	97.6	0.9	101.9	2.2	105.5	9.7
	平塚	1	224	49.5	7.9	57.6	13.8	95.0	38.5	63.1	▲4.0	68.5	7.0	51.9	▲5.6
甲信越・北陸	長野	3	785	37.4	▲2.5	43.4	▲2.1	40.2	▲4.0	48.8	▲8.7	52.9	▲2.6	44.6	▲3.4
	軽井沢	1	753	38.0	3.7	31.8	▲4.9	39.6	▲2.3	45.3	▲1.7	52.7	8.8	44.1	8.4
	新潟	3	644	52.1	2.3	58.2	1.2	67.4	1.1	60.0	0.1	66.4	▲0.6	66.8	▲0.4
	福井	3	491	38.2	▲2.3	41.1	▲4.6	48.7	▲7.4	41.8	▲12.1	68.9	16.4	42.3	▲2.9
	富山	2	379	50.2	5.7	53.7	0.0	63.5	1.4	76.2	3.5	83.8	8.8	72.6	8.5
	金沢	5	1,545	51.5	▲4.3	64.0	▲8.7	77.7	▲0.7	77.8	▲0.8	77.6	0.1	64.6	▲1.3
東海	浜松	4	1,724	58.5	▲0.3	64.7	▲2.4	69.0	▲5.8	67.2	▲5.6	60.7	▲0.1	53.6	▲7.9
	名古屋	8	4,654	62.3	▲2.0	67.7	▲2.3	71.3	▲4.4	76.7	0.5	68.2	0.8	64.3	▲3.0
	岐阜	1	395	44.5	▲1.8	45.8	▲2.8	55.2	1.4	59.3	▲0.8	55.0	▲2.5	57.9	▲0.2
近畿	京都	11	6,490	78.3	▲6.0	84.8	▲3.4	93.1	2.0	94.1	2.6	91.4	▲0.4	85.9	▲1.8
	奈良	3	650	51.6	▲2.4	60.0	▲4.3	75.9	▲5.8	69.6	▲15.9	78.3	▲0.7	65.7	▲8.5
	大阪	14	10,672	76.8	▲0.4	80.6	▲0.6	87.2	0.0	90.0	5.0	82.0	4.5	78.8	2.1
	神戸	3	1,761	67.1	7.3	70.5	0.6	80.2	▲2.2	74.9	▲3.5	74.5	▲3.4	67.9	▲0.9
	姫路	2	584	50.9	7.4	53.8	2.9	68.6	8.3	67.7	0.5	66.5	8.3	59.7	9.5
	三重	2	411	63.0	9.8	65.4	6.0	78.4	7.9	58.9	▲31.4	53.4	▲22.8	44.6	▲11.3
	滋賀	3	834	74.2	12.2	80.5	10.4	82.5	5.7	81.1	4.1	84.4	5.8	79.3	13.2
中国	岡山	1	112	19.1	▲7.9	27.9	1.5	43.4	2.5	41.2	▲9.1	41.3	1.1	36.1	3.2
	倉敷	2	494	54.5	7.8	64.0	2.3	79.1	3.6	73.3	▲0.3	77.6	5.6	72.1	7.4
	広島	8	3,424	71.7	7.4	75.7	5.2	88.8	5.7	87.6	8.3	87.1	8.7	81.5	4.8
四国	高松	1	175	36.2	▲5.7	43.5	▲5.0	54.9	▲10.1	48.9	▲10.2	54.2	▲2.6	46.8	▲5.6
	松山	5	998	50.2	▲2.3	57.8	1.4	68.3	▲0.2	61.2	0.1	64.4	4.6	56.4	▲1.9
	高知	1	638	57.0	5.1	70.7	5.1	80.8	6.7	76.1	8.9	82.6	15.2	70.6	5.9
	徳島	1	89	39.6	2.0	39.2	▲0.3	49.8	▲2.0	52.4	▲5.9	38.9	▲7.2	41.0	▲5.9
北九州	北九州	2	214	35.9	▲4.9	40.5	▲4.2	43.5	▲5.5	43.2	3.9	45.8	9.2	38.4	0.9
	福岡	7	2,336	78.8	0.8	90.0	4.7	87.1	1.1	83.0	3.2	85.0	3.4	79.3	▲0.2
	佐世保	1	204	84.7	2.6	85.9	▲9.4	97.1	▲0.3	81.2	▲1.9	87.9	8.6	73.6	▲6.2
	長崎	1	216	72.4	▲12.3	85.3	▲11.6	90.8	▲3.2	84.1	13.8	89.7	15.6	83.1	3.7
	大分	2	374	61.4	1.4	71.4	3.7	77.3	4.9	60.2	10.9	69.2	12.3	59.9	5.0
南九州	熊本	3	461	63.8	▲2.0	75.6	▲0.6	80.5	1.5	72.2	25.4	72.4	22.1	65.4	14.3
	宮崎	1	700	44.1	▲2.9	58.1	▲1.7	55.2	▲4.2	41.9	▲0.1	50.2	3.2	44.5	▲1.7
	鹿児島	3	1,130	74.1	▲1.0	79.6	▲2.7	88.0	3.2	80.3	12.1	84.8	13.1	76.9	6.0
	沖縄	16	9,473	69.3	3.1	72.9	1.0	81.0	3.3	74.9		72.4	5.2	74.5	1.7
全都市平均		234	104,644	63.1	▲0.1	69.2	▲0.9	74.9	▲0.2	73.5	0.8	73.9	3.1	69.5	0.8

※ホテル数、客室数は 2017 年 12 月時点、期間中に変動あり

■全国 61 都市の 定員（ベッド）稼働率 …2017 年 1 〜 12 月

7月 稼動率(%)	7月 対前年比(ポイント)	8月 稼動率(%)	8月 対前年比(ポイント)	9月 稼動率(%)	9月 対前年比(ポイント)	10月 稼動率(%)	10月 対前年比(ポイント)	11月 稼動率(%)	11月 対前年比(ポイント)	12月 稼動率(%)	12月 対前年比(ポイント)	平均客室稼働率 17年	平均客室稼働率 16年	平均客室稼働率 対前年比(ポイント)	対象都市	地域
84.2	1.3	84.8	1.1	69.4	▲2.3	64.0	▲3.6	57.8	5.5	58.6	0.5	64.6	64.3	0.3	旭川・千歳	北海道
87.5	3.7	92.0	5.3	81.8	1.8	78.5	0.5	75.9	7.8	86.3	4.9	80.3	76.7	3.6	札 幌	北海道
92.5	4.4	95.9	3.7	85.5	6.8	83.2	6.4	70.1	1.1	48.6	▲9.2	72.9	71.4	1.5	帯 広	北海道
81.0	▲5.1	88.7	▲7.4	80.3	▲1.4	76.6	▲0.1	71.7	8.0	71.9	1.7	72.3	76.5	▲4.2	函 館	北海道
80.0	2.6	98.1	2.8	89.7	4.5	89.1	2.4	72.8	4.8	62.2	4.8	75.1	73.2	1.9	青 森	東北
41.0	4.1	63.6	0.3	48.3	10.0	47.6	3.1	34.7	9.2	28.6	▲7.6	38.6	35.9	2.7	弘 前	東北
63.4	▲0.5	73.9	▲0.5	68.9	5.3	66.4	2.4	56.1	0.5	52.4	0.7	60.4	59.4	1.0	秋 田	東北
67.7	▲0.7	83.2	6.2	71.8	2.8	69.6	▲2.7	66.4	6.6	56.8	1.5	64.0	62.6	1.4	盛 岡	東北
69.5	▲0.6	82.6	1.3	69.0	▲3.1	64.3	▲7.1	66.9	1.3	64.6	▲3.3	66.5	69.5	▲3.0	仙 台	東北
64.7	7.9	83.0	15.9	69.9	10.6	63.8	▲5.7	56.4	7.2	54.8	2.9	62.4	58.1	4.3	山 形	東北
71.7	0.1	85.1	5.4	75.1	3.6	69.6	0.1	63.4	3.7	58.1	6.9	64.2	61.0	3.2	酒 田	東北
65.1	3.1	68.5	▲0.1	57.6	▲3.3	59.2	▲4.8	58.5	▲5.1	53.4	▲3.0	59.7	61.8	▲2.1	福 島	東北
70.6	0.4	76.6	2.7	66.9	▲1.0	65.6	▲7.2	65.3	▲2.4	57.1	▲7.0	65.4	69.1	▲3.7	郡 山	東北
71.9	▲3.1	85.0	▲2.3	80.2	3.3	77.8	▲4.5	77.6	▲2.1	73.5	1.3	73.1	77.7	▲4.6	宇都宮	北関東
70.0	1.1	83.5	3.5	46.8	▲32.9	81.7	2.5	77.5	▲1.2	74.0	▲4.6	73.0	73.1	▲0.1	高 崎	北関東
65.9	▲0.4	83.0	7.5	65.5	2.3	70.5	0.8	71.4	5.5	67.9	0.5	69.4	67.1	2.3	水 戸	北関東
70.0	▲4.9	99.0	5.9	82.7	0.8	74.7	▲0.5	69.7	2.2	57.4	4.5	74.2	74.0	0.2	吾妻郡	北関東
60.9	▲16.4	77.0	0.7	69.5	▲5.3	70.7	0.1	74.8	1.9	76.8	7.9	70.3	78.2	▲7.9	熊 谷	北関東
75.6	▲0.7	78.6	2.0	69.7	▲2.1	76.3	0.6	76.2	3.0	76.3	0.0	74.3	74.2	0.1	東 京	東京
86.3	3.7	90.2	5.7	78.5	13.6	83.2	13.9	83.8	18.6	74.2	7.9	82.2	76.3	5.9	成 田	南関東
75.6	▲2.9	77.4	▲5.3	73.0	▲2.1	75.6	▲3.7	71.3	▲0.7	74.3	▲3.4	75.2	77.4	▲2.2	千 葉	南関東
65.8	▲5.6	75.9	▲4.7	57.3	▲12.6	61.8	▲8.0	62.8	▲6.9	61.9	▲7.2	64.8	70.2	▲5.4	幕 張	南関東
70.2	3.6	83.3	2.5	67.3	1.0	68.3	0.2	70.1	1.8	71.3	2.3	68.4	69.6	▲1.2	浦 安	南関東
62.7	▲9.9	70.0	▲5.4	67.8	▲3.4	74.6	▲0.2	71.3	1.3	75.1	▲1.1	72.0	73.6	▲1.6	川 崎	南関東
72.1	▲0.3	89.8	7.9	72.6	0.5	75.6	0.4	76.1	▲0.9	75.2	▲5.0	75.2	75.4	▲0.2	横 浜	南関東
78.2	7.2	93.3	3.4	75.8	1.0	79.8	0.9	88.0	1.8	77.6	▲1.9	79.9	76.0	3.9	箱 根	南関東
111.2	6.8	126.1	6.2	108.0	2.4	98.7	0.6	100.8	1.8	95.2	▲4.2	103.4	101.8	1.6	藤 沢	南関東
63.2	▲5.7	74.6	▲3.1	61.6	▲0.5	61.8	▲2.6	55.9	1.5	57.8	1.8	63.4	59.3	4.1	平 塚	南関東
49.7	▲5.5	71.3	5.4	51.2	▲0.8	53.3	▲5.4	45.8	▲6.9	42.4	0.0	48.4	51.5	▲3.1	長 野	甲信越・北陸
56.9	4.7	75.7	5.6	57.4	3.0	54.3	3.4	51.2	4.8	34.7	1.8	48.5	45.8	2.7	軽井沢	甲信越・北陸
69.2	0.9	83.6	▲0.4	71.0	▲0.7	71.8	▲1.6	70.0	4.4	66.9	10.7	67.0	65.5	1.5	新 潟	甲信越・北陸
47.1	▲3.3	66.8	▲3.5	54.0	5.5	54.7	2.4	55.8	6.6	43.4	3.8	50.2	50.4	▲0.2	福 井	甲信越・北陸
65.9	0.6	80.6	3.2	61.6	▲3.8	76.1	3.7	71.5	4.5	48.5	▲9.1	67.0	64.8	2.2	富 山	甲信越・北陸
66.3	0.4	92.6	2.2	79.7	4.3	78.2	2.7	82.5	5.3	67.5	5.9	73.3	72.9	0.4	金 沢	甲信越・北陸
66.3	▲6.2	77.9	▲4.0	62.1	2.4	62.5	2.5	62.3	4.1	56.3	1.3	63.4	65.3	▲1.9	浜 松	東海
70.3	▲0.6	71.6	0.7	64.9	▲1.6	70.2	0.0	72.5	1.9	69.3	0.2	69.1	69.9	▲0.8	名古屋	東海
47.1	▲3.2	62.9	0.6	48.1	1.7	50.3	▲5.2	56.1	4.7	48.4	▲2.7	52.6	53.5	▲0.9	岐 阜	東海
88.7	▲1.8	95.9	0.1	88.2	▲0.9	89.8	▲1.0	92.0	0.2	85.2	▲2.4	89.0	90.0	▲1.0	京 都	近畿
62.4	▲10.8	79.6	▲1.6	65.2	▲6.9	73.9	▲6.5	81.8	1.1	57.6	▲7.8	68.5	74.5	▲6.0	奈 良	近畿
86.3	1.5	98.0	5.6	82.2	2.5	87.9	5.2	86.8	3.8	86.9	0.8	85.3	82.8	2.5	大 阪	近畿
78.5	▲3.2	94.3	▲0.5	76.6	2.0	73.5	▲5.8	73.3	▲5.9	67.5	▲8.5	74.9	76.9	▲2.0	神 戸	近畿
61.8	8.8	75.7	5.9	64.0	7.3	67.3	3.3	75.5	7.9	66.9	5.3	64.9	58.6	6.3	姫 路	近畿
52.1	▲10.4	89.5	4.6	59.2	▲7.9	64.3	▲5.8	70.2	▲0.4	65.2	▲1.3	63.7	68.9	▲5.2	三 重	近畿
81.2	7.9	86.5	4.4	82.4	9.8	84.8	4.4	87.5	4.2	84.0	▲1.4	82.4	75.6	6.8	滋 賀	近畿
37.0	▲3.6	48.9	▲7.6	36.9	▲6.1	53.6	5.2	45.0	3.7	30.9	3.8	38.4	39.6	▲1.2	岡 山	中国
70.6	5.0	83.8	▲0.1	71.4	▲2.2	73.8	▲0.9	71.6	0.2	66.8	▲1.5	71.6	69.3	2.3	倉 敷	中国
84.4	2.3	98.8	3.1	88.3	4.0	88.7	0.0	90.9	2.2	82.2	3.4	85.5	80.9	4.6	広 島	中国
48.3	▲9.5	60.5	▲8.0	47.0	▲2.9	54.9	▲2.1	51.0	0.0	41.8	4.4	49.0	53.8	▲4.8	高 松	四国
59.2	▲1.8	72.1	1.2	67.6	8.2	72.7	9.7	72.3	8.6	57.3	6.1	63.3	60.5	2.8	松 山	四国
71.6	0.9	84.2	2.2	77.7	0.2	77.5	3.5	83.8	2.4	69.5	5.0	75.2	70.1	5.1	高 知	四国
38.0	▲14.9	54.1	▲3.9	43.7	▲1.1	54.1	0.2	58.2	2.3	47.2	10.8	46.4	48.5	▲2.1	徳 島	四国
52.3	9.8	58.5	10.1	51.0	10.8	49.1	6.1	69.5	27.1	52.9	11.0	48.4	42.2	6.2	北九州	北九州
84.2	1.6	92.1	▲0.5	80.9	▲1.5	82.4	▲0.4	81.5	▲2.6	85.8	▲2.0	84.2	83.5	0.7	福 岡	北九州
84.7	▲1.8	94.8	▲4.0	86.5	2.3	84.0	0.6	86.6	▲0.3	93.5	▲3.0	86.7	87.8	▲1.1	佐世保	北九州
81.7	▲1.1	91.9	3.1	85.3	0.4	82.0	▲6.2	80.0	0.8	75.1	▲3.7	83.5	83.5	0.0	長 崎	北九州
59.1	▲2.5	75.1	▲3.0	67.3	▲8.2	69.1	▲4.8	74.4	1.7	62.1	▲13.8	67.2	66.9	0.3	大 分	北九州
69.4	15.3	79.2	▲5.8	69.6	▲9.1	69.8	▲4.6	77.6	▲0.3	66.1	▲13.1	71.8	68.2	3.6	熊 本	南九州
49.8	3.5	59.2	▲3.4	45.3	▲12.0	43.8	▲8.2	54.3	0.6	52.4	0.4	49.9	52.1	▲2.2	宮 崎	南九州
79.8	10.2	90.3	▲0.8	80.3	1.2	83.2	5.4	87.2	3.9	85.7	0.2	82.5	78.3	4.2	鹿児島	南九州
82.1	▲0.6	94.1	1.0	81.9	▲3.3	75.8	▲0.7	72.4	4.0	65.5	▲4.1	76.4	75.6	0.8	沖 縄	南九州
74.2	0.2	84.9	1.8	73.6	0.4	75.0	0.2	74.6	2.9	70.3	▲0.1	73.1	72.3	0.8	全都市平均	

第2章　2017年全国客室3指標対前年月比　※稼働率は「全国61都市ホテル客室稼働率」のものと集計ホテル数が異なるため、数値に差異あり

全国

	1月	2月	3月	4月	5月	6月	7月	8月	9月	10月	11月	12月
稼働率	0.1	▲0.9	▲0.6	0.5	3.3	1.1	0.2	1.3	0.5	0.2	2.6	0.4
ADR	1.8	0.0	0.1	▲1.4	2.3	▲0.9	▲0.9	1.0	0.7	0.5	2.1	0.3
RevPAR	1.9	▲0.9	▲0.5	▲0.9	5.7	0.3	▲0.7	2.3	1.1	0.7	4.8	0.7

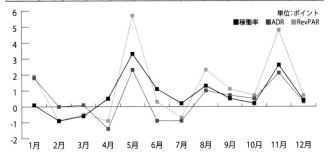

東京（フルサービス型）

	1月	2月	3月	4月	5月	6月	7月	8月	9月	10月	11月	12月
稼働率	3.7	▲0.4	▲0.5	0.7	▲0.5	▲3.6	0.0	1.9	0.4	1.4	4.8	2.2
ADR	▲1.3	▲3.8	▲3.4	▲1.3	▲0.2	▲2.5	▲2.1	▲1.3	▲1.4	1.0	▲0.8	▲0.3
RevPAR	2.3	▲4.1	▲3.9	▲0.6	▲0.7	▲6.1	▲2.1	0.5	▲1.0	2.4	4.0	1.9

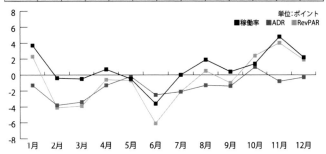

北海道

	1月	2月	3月	4月	5月	6月	7月	8月	9月	10月	11月	12月
稼働率	1.9	▲0.9	▲0.5	▲0.9	5.7	0.3	▲0.7	2.3	1.1	0.7	4.8	0.7
ADR	15.5	12.1	6.8	0.8	6.1	3.3	1.0	5.1	2.1	0.7	5.7	5.9
RevPAR	14.8	10.3	2.8	▲0.5	7.2	3.6	2.5	7.9	3.0	0.1	9.0	6.9

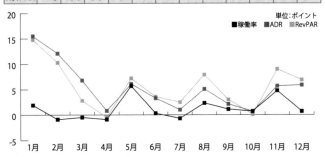

東京（宿泊主体型）

	1月	2月	3月	4月	5月	6月	7月	8月	9月	10月	11月	12月
稼働率	▲2.9	▲0.2	0.0	0.8	1.2	▲0.5	▲0.3	0.6	▲2.3	▲1.9	▲2.8	▲3.1
ADR	1.2	0.1	0.3	1.5	0.9	▲0.6	▲1.0	0.9	1.0	0.0	0.2	▲1.8
RevPAR	▲1.7	▲0.1	0.3	2.3	2.1	▲1.1	▲1.3	1.5	▲1.3	▲1.8	▲2.7	▲4.8

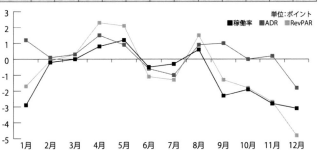

東北

	1月	2月	3月	4月	5月	6月	7月	8月	9月	10月	11月	12月
稼働率	▲4.3	▲2.0	▲3.8	1.3	5.3	2.3	3.9	3.0	2.9	▲1.3	3.6	▲0.1
ADR	▲3.0	▲3.0	▲3.2	▲3.3	0.9	0.8	1.6	2.7	2.1	▲3.5	1.0	▲0.6
RevPAR	▲7.1	▲4.9	▲6.9	▲2.0	6.2	3.2	5.5	5.8	5.0	▲4.8	4.6	▲0.7

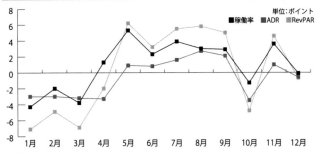

南関東

	1月	2月	3月	4月	5月	6月	7月	8月	9月	10月	11月	12月
稼働率	1.3	▲1.0	2.8	1.4	3.2	3.3	1.2	4.4	2.2	2.0	1.0	▲0.4
ADR	0.4	1.1	1.4	0.1	1.4	▲2.0	▲3.4	▲3.0	▲1.6	▲1.9	1.4	▲2.3
RevPAR	1.7	0.1	4.3	1.6	4.6	1.2	▲2.2	1.2	0.5	0.1	2.4	▲2.7

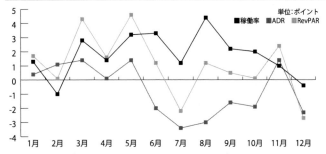

北関東

	1月	2月	3月	4月	5月	6月	7月	8月	9月	10月	11月	12月
稼働率	▲8.6	▲4.9	▲4.1	▲5.1	3.9	1.8	▲2.7	0.6	▲0.8	▲0.9	2.1	▲1.3
ADR	7.4	2.4	1.0	2.7	10.6	3.9	3.9	9.6	9.7	5.9	17.8	3.2
RevPAR	▲1.9	▲2.6	▲3.1	▲2.5	14.9	5.8	1.1	10.2	8.8	5.0	20.2	1.8

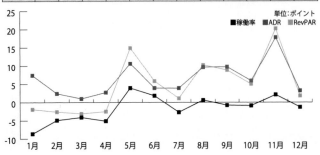

甲信越・北陸

	1月	2月	3月	4月	5月	6月	7月	8月	9月	10月	11月	12月
稼働率	▲6.7	▲3.1	▲5.5	▲5.9	4.1	2.2	1.5	2.0	2.2	4.4	8.4	9.0
ADR	0.6	▲2.1	5.6	0.5	4.0	▲2.9	▲0.2	1.6	2.4	2.4	6.7	4.1
RevPAR	▲6.1	▲5.2	▲0.3	▲5.4	8.3	▲0.7	1.3	3.6	4.7	6.9	15.7	13.5

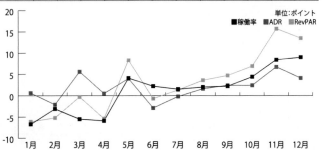

東海

	1月	2月	3月	4月	5月	6月	7月	8月	9月	10月	11月	12月
稼働率	▲3.0	▲2.3	▲1.9	▲0.7	▲0.9	0.4	▲0.2	1.5	0.7	2.1	2.1	▲1.3
ADR	4.1	2.4	1.0	▲1.3	▲0.3	3.2	0.7	4.4	3.1	1.6	2.5	3.3
RevPAR	1.0	0.0	▲0.9	▲2.0	▲1.2	3.6	0.4	5.9	3.8	3.7	4.7	2.0

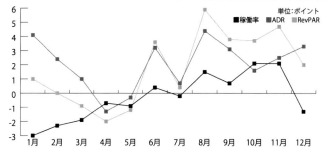

近畿（京都・大阪含む）

	1月	2月	3月	4月	5月	6月	7月	8月	9月	10月	11月	12月
稼働率	5.7	1.9	2.1	1.3	2.1	0.6	▲0.5	1.0	0.9	0.9	2.3	▲0.5
ADR	0.7	▲5.3	▲1.6	▲4.7	▲1.2	▲5.0	▲4.3	▲2.6	▲2.3	▲2.0	▲0.7	▲1.8
RevPAR	6.4	▲3.5	0.4	▲3.4	0.9	▲4.5	▲4.8	▲1.7	▲1.4	▲1.1	1.6	▲2.2

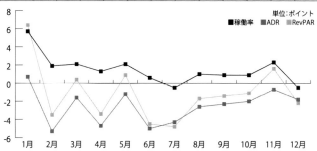

京都

	1月	2月	3月	4月	5月	6月	7月	8月	9月	10月	11月	12月
稼働率	5.1	▲3.3	▲0.3	1.4	0.7	▲2.3	▲1.9	▲0.4	0.6	▲0.7	0.5	▲3.3
ADR	6.4	▲3.8	1.6	3.6	2.3	▲0.8	▲0.9	▲2.7	0.9	▲2.1	▲0.9	▲0.1
RevPAR	11.9	▲6.9	1.3	5.0	3.0	▲3.1	▲2.8	▲3.1	0.3	▲2.9	▲0.4	▲3.5

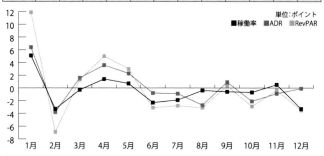

大阪

	1月	2月	3月	4月	5月	6月	7月	8月	9月	10月	11月	12月
稼働率	0.6	2.4	0.1	2.3	3.1	1.3	0.0	0.9	2.7	2.7	2.4	0.8
ADR	0.0	▲8.4	▲5.0	▲7.3	▲1.9	▲5.7	▲5.2	▲1.6	▲2.1	▲1.4	0.9	▲2.0
RevPAR	0.6	▲6.2	▲4.9	▲5.2	1.2	▲4.5	▲5.2	▲0.8	0.6	1.3	3.3	▲1.3

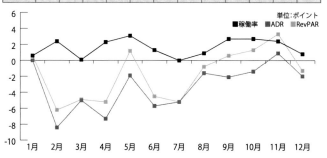

中国

	1月	2月	3月	4月	5月	6月	7月	8月	9月	10月	11月	12月
稼働率	2.5	▲3.6	0.5	▲2.7	3.8	4.1	0.3	▲2.4	▲0.5	1.1	1.9	2.9
ADR	1.4	▲2.7	7.1	3.2	5.7	7.5	▲4.1	▲4.2	1.9	1.0	1.0	2.6
RevPAR	3.9	▲6.1	7.6	0.4	9.7	11.9	▲3.9	▲6.4	1.4	2.1	3.0	5.5

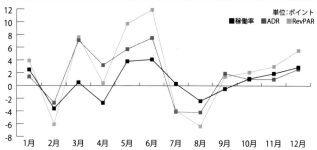

四国

	1月	2月	3月	4月	5月	6月	7月	8月	9月	10月	11月	12月
稼働率	2.7	4.4	2.9	3.0	13.2	0.8	▲2.0	0.1	3.2	2.8	2.5	13.4
ADR	1.1	6.8	2.4	▲4.0	2.0	1.9	▲2.1	▲1.7	8.4	7.4	▲2.7	▲4.7
RevPAR	3.8	11.8	5.3	▲1.1	15.5	2.7	▲4.1	▲1.6	11.9	10.4	▲0.3	8.1

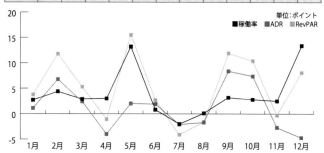

九州

	1月	2月	3月	4月	5月	6月	7月	8月	9月	10月	11月	12月
稼働率	1.1	▲0.7	▲0.2	8.8	9.8	2.3	0.0	▲1.2	▲3.1	▲1.1	0.1	▲4.7
ADR	6.9	3.5	2.2	▲0.2	3.7	▲3.6	▲0.3	2.2	2.4	5.7	8.7	2.1
RevPAR	8.1	2.8	1.9	8.6	13.9	▲1.3	▲0.3	1.0	▲0.8	4.6	8.8	▲2.7

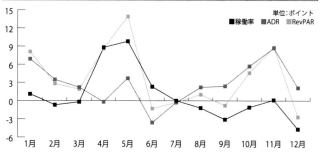

沖縄

	1月	2月	3月	4月	5月	6月	7月	8月	9月	10月	11月	12月
稼働率	0.3	0.7	2.3	0.1	3.8	1.1	▲3.6	▲2.9	▲3.4	▲3.8	6.6	▲1.7
ADR	3.9	4.6	3.8	0.7	11.1	4.5	4.9	5.8	3.4	7.4	6.8	3.3
RevPAR	4.2	5.3	6.2	0.8	15.3	5.7	1.1	2.7	▲0.1	3.3	13.9	1.6

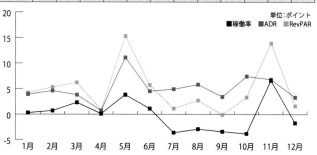

MEMO

第3章　本誌独自調査

2018年 日本のホテルチェーングループ一覧

近年、各地でホテルのブランド変更が増えている。また、宿泊主体型を中心に複数の新ブランドが立ちあがっている。それぞれのエリアでシェアを獲得すべく、水面下ではホテルチェーン同士の戦いが起きているようだ。本誌では国内系・外資系を問わず日本で展開しているホテルチェーンに今年1月下旬～2月上旬にかけてアンケート調査を行ない、その回答内容を「日本のホテルチェーン・グループ一覧」としてチェーン・グループ名の五十音順にまとめた。

●編集部

一覧表の見方

(1) 調査方法：小社発行の『日本ホテル年鑑』などを基に、日本に展開しているホテルチェーン（ホテルグループ）の一覧を作成し、アンケートを依頼した。※一部情報については各チェーンのホームページから抽出。
(2) 外資系のホテルチェーンでも、日本にまだ1ホテルしか展開していない場合はアンケートから除外しており、原則、国内に複数プロパティを持つチェーンに限定している。ただし、2ホテル目の開業が予定されているチェーンは記載。
(3) チェーン・グループの加盟ホテル、客室数については、原則、2018年1月1日時点の情報。
(4) 各チェーン・グループの傘下ホテルの順番は、アンケートの回答どおりとなっている。
(5) 開業年月は基本的には開業月としているが、一部のホテルではチェーン・グループへの加盟月や運営開始月となっている。
(6) 運営形態については、「所有直営」は土地・建物を所有する場合。「賃貸」は、土地または建物を賃借して経営している場合。ただし、賃借している土地や建物の割合が約30％以下の場合は「賃貸直営」としている。また、賃貸借契約による運営だが、親会社または子会社が資産を所有している場合は、連結決算では同一グループとみなし「直営」としている。
(7) 運営形態について、「MC」はManagement Contract（マネジメントコントラクト）の略で、運営を受委託している場合。「FC」はフランチャイズ展開のホテル。
(8) チェーン・グループとしての名称が特にない場合は、ホテル名または本社名としている。

※なお、本特集に掲載されているあらゆる内容の無許可転載・転用を禁止します。
　転載などをご希望の場合は、必ず事前にオータパブリケイションズ（☎03・6226・2380）までご連絡ください。

第3章　日本のホテルチェーン・グループ一覧 2018

総論
国内ホテルチェーン・グループ数は拡大傾向、大手グループでは引き続き開業ラッシュ

2008年から特集を始めた本誌独自調査による特集「日本のホテルチェーン・グループ一覧」は、今回で第11回目の掲載を迎え、当初の掲載よりも約40ホテルチェーンが増加した。今回は昨年よりも7ホテルチェーンを新たに加え、119ホテルチェーンを掲載する。また、昨年に続き「海外展開ホテル」および「業務提携ホテル」も同時に掲載している。

本誌　臼井 英裕

◆ 掲載ホテルチェーン数：119 ホテルチェーン
◆ 新規掲載ホテルチェーン数：7 ホテルチェーン
　⇒「大江戸温泉物語グループ」「からくさホテルズ」「コアグローバルマネジメント」「CENTURION HOTELS」「鶴雅グループ」「TKP ホテル＆リゾート事業」「ホテル WBF グループ」
◆ 掲載ホテル軒数：3356 ホテル（国内外、提携含む）

はじめに

まずは今年も本特集企画にご参画いただき、アンケートにご回答いただいたホテル関係者に、この場を借りてお礼を申し上げます。

2008年から開始した本特集は今年で11回目を迎えた。本号の一覧表をご覧いただければ分かるとおり、昨年以上のホテルチェーン・グループ数およびホテル軒数を掲載。昨年より国内展開ホテル・国外展開ホテル・業務提携ホテルと同号内で分けて掲載をしているが、今年も本号内で分けて掲載をしている。これにより、各ホテルチェーンの展開規模が明確になっている。

ホスピタリティパートナーズグループが上位にランクイン

表1をご覧いただきたい。表は国内で展開している軒数ランキングであるが、1位～8位まで昨年と同じ順位の結果となり、昨年よりも6ホテル軒数を増加させた「ホスピタリティパートナーズグループ」が新たにランキングに加わった。
国内最大軒数を誇る「ルートインホテルズ」が2017年時も13軒と数多く開業し、引き続き1位となった。同ホテルチェーンは18年も36軒・約6000室の開業予定を控えており（小誌2017年12月1日号特集「ホテルオープン情報」より、以下同）、今後も大きく展開していく姿勢である。

表1　国内（本社）ホテルチェーン軒数ランキング TOP10

順位	チェーン	17年軒数	16年軒数	17年客室数（国内）	17年1施設平均客室数
1	ルートインホテルズ	284	271	46,570	164.0
2	東横INN	269	251	50,330	187.1
3	アパホテルズ&リゾーツ	171	155	35,736	209.0
4	スーパーホテル	124	118	14,017	113.0
5	共立メンテナンス	100	87	13,933	139.3
6	マイステイズ・ホテル・マネジメント	84	76	13,983	166.5
7	リブマックスホテルズ&リゾーツ	81	65	4,403	54.4
8	ファミリーロッジ旅籠屋	62	58	849	13.7
9	サンルートホテルチェーン	57	58	10,010	175.6
9	ホスピタリティパートナーズグループ	57	51	7,585	133.1

写真は17年3月に開業した「ホテルルートイン和泉」のもの

2018年の開業案件では「東横INN」や「リブマックスホテルズ&リゾーツ」は20軒を超え、「アパホテルズ&リゾーツ」は10軒を超え、どれも近年多く軒数を増やし続けている。

国内最大規模を誇るルートインホテルズ

「ルートインホテルズ」の規模を年次別で見ていくと、12年時243軒3万7896室、13年時246軒3万8238室、14年時252軒4万52室、15年時260軒4万1684室、16年時271軒・4万4077室、17年時284軒4万6570室と推移しており、近年になるほど多く出店をしている傾向である。

同ホテルチェーンの特徴として挙げられるのは、他のホテルチェーンとは違い地方を中心に展開していることである。以前小誌でも掲載をしているが、同ホテルチェーンは出店計画に当たり、景況が悪化しても耐えられるエリアを選定し、低い稼動でも採算がとれることを重要視している。

その上で数多くの展開をしていることは、それぞれ事業計画の土台をしっかり固めた上で、多くのホテルおよび、それに付随する雇用を地方に生み出しているといえるであろう。

さらなる拡大を続ける リブマックスホテルズ＆リゾーツ

まだまだ国内で驚異的な開業ラッシュが続いているのが「リブマックスホテルズ&リゾーツ」である。

同ホテルチェーンは12年時27軒1825室、13年時30軒2008室、14年時41軒2456室、15年時51軒2808室、16年時65軒3429室、17年時88軒4403室と推移している。

1ホテル当たりの室数は100室以下のケースが多いが、14年時より年10軒以上の開業を続けており、先に述べたように18年も多くの出店計画を予定している。

今後もこの勢いを続けるのかは、国内ホテル業界にとって注目の的であろう。

表2 旅館業の施設軒数の推移

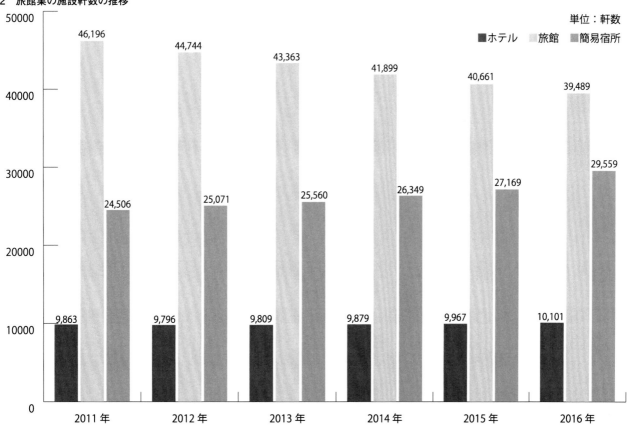

第3章　日本のホテルチェーン・グループ一覧 2018 (2018年1月1日時点)

ホテルチェーン名：アーバンホテルグループ

本社所在地：京都府京都市伏見区深草西浦町 4-59				軒　数：4 軒	
HP アドレス：http://uh-urban.com/　　電話：075-647-0606　　FAX：075-647-0828				客室数：639 室	

No.	ホテル名	開業年月日	都道府県名	客室数	運営形態
1	アーバンホテル京都	1994 年 3 月	京都府	199 室	直営
2	アーバンホテル草津	1996 年 3 月	滋賀県	113 室	直営
3	アーバンホテル南草津	2012 年 3 月	滋賀県	158 室	賃貸直営
4	アーバンホテル京都二条プレミアム	2015 年 10 月	京都府	169 室	賃貸直営

ホテルチェーン名：アコーホテルズ

本社所在地：東京都千代田区内幸町 1-1-7 NBF 日比谷ビル 12 階				軒　数：11 軒	
HP アドレス：http://www.accorhotels.com　　電話：03-5157-1733　　FAX：03-5157-1741				客室数：2,864 室	

No.	ホテル名	開業年月日	都道府県名	客室数	運営形態
1	ザサイプレスメルキュールホテル名古屋	2002 年 12 月	愛知県	115 室	F C
2	メルキュールホテル銀座東京	2003 年 6 月	東京都	208 室	賃貸
3	メルキュールホテル成田	2004 年 10 月	千葉県	248 室	F C
4	イビススタイルズ大阪	2016 年 2 月	大阪府	343 室	MC
5	メルキュールホテル札幌	2009 年 6 月	北海道	285 室	MC
6	メルキュールホテル横須賀	2009 年 10 月	神奈川県	160 室	MC
7	イビス東京新宿	2011 年 11 月	東京都	206 室	MC
8	メルキュールホテル沖縄那覇	2012 年 4 月	沖縄県	260 室	MC
9	イビススタイルズ京都ステーション	2013 年 10 月	京都府	215 室	MC
10	イビススタイルズ札幌	2014 年 12 月	北海道	278 室	MC
11	スイスホテル南海大阪	2014 年 12 月	北海道	546 室	賃貸

ホテルチェーン名：アゴーラ・ホテルアライアンス

本社所在地：東京都港区虎ノ門 5-2-6 虎ノ門第 2 ワイコービル 7F				軒　数：9 軒	
HP アドレス：http://www.agorahospitalities.com/　　電話：03-3436-1860　　FAX：03-3436-1861				客室数：873 室	

No.	ホテル名	開業年月日	都道府県名	客室数	運営形態
1	野尻湖ホテル エルボスコ	2008 年 4 月	長野県	50 室	賃貸
2	伊豆今井浜温泉 今井荘	2010 年 2 月	静岡県	45 室	所有直営
3	古湯温泉 ONCRI ／おんくり	2012 年 4 月	佐賀県	44 室	MC
4	アゴーラ・プレイス浅草	2012 年 7 月	東京都	145 室	所有直営
5	ホテル・アゴーラ大阪守口	2012 年 8 月	大阪府	175 室	所有直営 (運営受託は2011年1月)
6	ホテル・アゴーラ リージェンシー堺	2012 年 10 月	大阪府	241 室	所有直営
7	アゴーラ福岡山の上ホテル&スパ	2013 年 9 月	福岡県	48 室	MC
8	上諏訪温泉 油屋旅館	2014 年 6 月	長野県	36 室	MC
9	松本ホテル花月	2016 年 4 月	長野県	89 室	MC

ホテルチェーン名：アソシアホテルズ&リゾーツ

本社所在地：愛知県名古屋市中村区名駅 1-1-4				軒　数：6 軒	
HP アドレス：http://www.associa.com/　　電話：052-584-1215　　FAX：052-584-1219				客室数：2,089 室	

No.	ホテル名	開業年月日	都道府県名	客室数	運営形態
1	ホテルアソシア静岡	1983 年 9 月	静岡県	250 室	直営
2	ホテルアソシア高山リゾート	1994 年 7 月	岐阜県	290 室	直営
3	ホテルアソシア豊橋	1997 年 6 月	愛知県	222 室	直営
4	名古屋マリオットアソシアホテル	2000 年 5 月	愛知県	774 室	直営
5	ホテルアソシア新横浜	2008 年 4 月	神奈川県	203 室	直営
6	名古屋 JR ゲートタワーホテル	2017 年 4 月	愛知県	350 室	直営

ホテルチェーン名：アパホテルズ&リゾーツ

本社所在地：東京都港区赤坂 3-2-3				軒　数：171 軒	
HP アドレス：http://www.apahotel.com/　　電話：03-5570-2111　　FAX：03-5570-2137				客室数：35,736 室	

No.	ホテル名	開業年月日	都道府県名	客室数	運営形態
1	アパホテル〈金沢片町〉	1984 年 12 月 12 日	石川県	132 室	直営
2	アパホテル〈小松グランド〉	1986 年 12 月 17 日	石川県	123 室	直営
3	アパホテル〈魚津駅前〉	1989 年 10 月 20 日	富山県	145 室	直営
4	アパホテル〈富山〉	1991 年 10 月 10 日	富山県	274 室	直営

ホテルチェーン名：アパホテルズ&リゾーツ					
No.	ホテル名	開業年月日	都道府県名	客室数	運営形態
5	アパホテル〈金沢西〉	1992年10月16日	石 川 県	200 室	直営
6	アパホテル〈砺波駅前〉	1993年1月22日	富 山 県	147 室	直営
7	アパホテル〈小松〉	1993年4月15日	石 川 県	144 室	直営
8	アパホテル〈福井片町〉	1993年10月7日	福 井 県	247 室	直営
9	アパホテル〈金沢野町〉	1995年4月20日	石 川 県	100 室	直営
10	アパホテル〈富山駅前〉	1997年4月21日	富 山 県	347 室	直営
11	アパホテル〈東京板橋駅前〉	1997年7月7日	東 京 都	202 室	直営
12	アパホテル〈大阪天満〉	1997年11月25日	大 阪 府	331 室	直営
13	アパホテル〈軽井沢駅前〉軽井沢荘	1997年12月24日	長 野 県	122 室	直営
14	アパホテル〈加賀大聖寺駅前〉	1998年3月20日	石 川 県	136 室	直営
15	アパホテル〈金沢駅前〉	1998年4月8日	石 川 県	456 室	直営
16	アパホテル〈大垣駅前〉	1998年4月27日	岐 阜 県	252 室	直営
17	アパホテル〈京都駅前〉	1999年3月18日	京 都 府	192 室	直営
18	アパホテル〈京都祇園〉EXCELLENT	2000年3月1日	京 都 府	154 室	直営
19	アパヴィラホテル〈金沢片町〉	2000年3月21日	石 川 県	42 室	直営
20	アパホテル〈東京大島.〉	2000年5月17日	東 京 都	102 室	直営
21	アパホテル〈西麻布〉	2001年1月6日	東 京 都	193 室	直営
22	アパホテル〈大阪谷町〉	2001年3月10日	大 阪 府	151 室	直営
23	アパホテル〈札幌すすきの〉	2001年7月1日	北 海 道	54 室	直営
24	アパホテル〈札幌大通公園〉	2001年7月1日	北 海 道	60 室	直営
25	アパホテル〈関空岸和田〉	2001年9月1日	大 阪 府	68 室	直営
26	アパホテル〈札幌〉	2002年10月1日	北 海 道	261 室	直営
27	アパホテル〈名古屋錦〉EXCELLENT	2003年4月1日	愛 知 県	250 室	直営
28	アパホテル〈山形駅前大通〉	2003年5月1日	山 形 県	56 室	直営
29	アパホテル〈福岡渡辺通駅前〉EXCELLENT	2003年6月1日	福 岡 県	186 室	直営
30	アパホテル〈金沢中央〉	2003年7月1日	石 川 県	513 室	直営
31	アパホテル&リゾート〈札幌〉	2004年4月30日	北 海 道	903 室	直営
32	アパホテル〈高崎駅前〉	2004年8月4日	群 馬 県	233 室	直営
33	アパヴィラホテル〈京都駅前〉	2004年10月6日	京 都 府	139 室	直営
34	アパホテル〈千葉八千代緑が丘〉	2005年1月21日	千 葉 県	167 室	直営
35	アパヴィラホテル〈赤坂見附〉	2005年3月31日	東 京 都	223 室	直営
36	アパホテル〈京都駅堀川通〉	2005年4月8日	京 都 府	515 室	直営
37	アパホテル〈横浜関内〉	2005年4月27日	神奈川県	451 室	直営
38	アパホテル〈高岡丸の内〉	2005年6月20日	富 山 県	150 室	直営
39	アパホテル〈東京木場〉	2005年6月28日	東 京 都	153 室	直営
40	アパホテル&リゾート〈上越妙高〉	2005年7月20日	新 潟 県	226 室	直営
41	アパホテル〈神戸三宮〉	2005年8月17日	兵 庫 県	202 室	直営
42	アパヴィラホテル〈名古屋丸の内駅前〉	2005年10月5日	愛 知 県	254 室	直営
43	アパヴィラホテル〈大阪谷町四丁目駅前〉	2006年4月18日	大 阪 府	339 室	直営
44	アパホテル&リゾート〈東京ベイ幕張〉	2006年7月1日	千 葉 県	2,007 室	直営
45	アパホテル〈御堂筋本町駅前〉	2006年7月19日	大 阪 府	194 室	直営
46	アパホテル〈天王寺駅前〉	2006年8月7日	大 阪 府	177 室	直営
47	アパホテル&リゾート 加賀片山津温泉 佳水郷	2006年8月31日	石 川 県	100 室	直営
48	アパホテル〈博多駅前〉	2006年12月1日	福 岡 県	109 室	FC
49	アパホテル〈福岡行橋駅前〉	2006年12月1日	福 岡 県	74 室	FC
50	アパヴィラホテル〈淀屋橋〉	2007年4月19日	大 阪 府	466 室	直営
51	アパホテル〈那覇〉	2007年6月27日	沖 縄 県	361 室	直営
52	アパホテル〈仙台勾当台公園〉	2007年9月1日	宮 城 県	97 室	直営
53	アパホテル〈大阪肥後橋駅前〉	2007年10月15日	大 阪 府	850 室	直営
54	アパホテル〈北上駅西〉	2007年12月1日	岩 手 県	126 室	直営
55	アパホテル〈新潟東中通〉	2008年1月25日	新 潟 県	84 室	直営
56	アパホテル〈郡山駅前〉	2008年2月6日	福 島 県	76 室	直営
57	アパヴィラホテル〈仙台駅五橋〉	2008年2月20日	宮 城 県	610 室	直営
58	アパホテル〈鳥取駅前〉	2008年3月25日	鳥 取 県	134 室	FC
59	アパホテル〈長崎駅南〉	2008年3月31日	長 崎 県	101 室	FC
60	アパホテル〈長崎駅前〉	2008年4月17日	長 崎 県	84 室	FC
61	アパホテル〈新潟古町〉	2008年6月16日	新 潟 県	233 室	直営

第3章　日本のホテルチェーン・グループ一覧 2018 (2018年1月1日時点)

ホテルチェーン名：アパホテルズ＆リゾーツ

No.	ホテル名	開業年月日	都道府県名	客室数	運営形態
62	アパホテル〈倉敷駅前〉	2008年10月30日	岡山県	213室	FC
63	アパホテル〈山口防府〉	2008年11月17日	山口県	127室	FC
64	アパヴィラホテル〈燕三条駅前〉	2008年12月18日	新潟県	124室	直営
65	アパホテル〈広島駅前〉	2008年12月19日	広島県	91室	FC
66	アパホテル〈京成成田駅前〉	2009年4月1日	千葉県	458室	直営
67	アパホテル〈熊本交通センター南〉	2009年4月1日	熊本県	114室	直営
68	アパホテル〈燕三条駅前〉	2009年6月1日	新潟県	80室	直営
69	アパホテル〈高松空港〉	2009年7月1日	香川県	124室	直営
70	アパホテル〈丸亀駅前大通〉	2009年8月1日	香川県	157室	直営
71	アパホテル〈堺駅前〉	2009年9月1日	大阪府	153室	直営
72	アパホテル〈東京潮見駅前〉	2009年9月1日	東京都	706室	直営
73	アパホテル〈佐賀駅前中央〉	2009年12月25日	佐賀県	235室	FC
74	アパホテル〈姫路駅北〉	2010年9月1日	兵庫県	168室	FC
75	アパホテル〈岡山駅東口〉	2010年10月19日	岡山県	138室	FC
76	アパホテル〈日本橋浜町駅南〉	2010年12月21日	東京都	159室	直営
77	アパヴィラホテル〈富山駅前〉	2010年12月24日	富山県	246室	直営
78	アパホテル〈八丁堀駅南〉	2010年12月27日	東京都	135室	直営
79	アパホテル〈池袋駅北口〉	2010年4月11日	東京都	171室	直営
80	アパホテル〈名古屋栄〉	2010年4月20日	愛知県	400室	直営
81	アパホテル〈築地駅南〉	2010年5月16日	東京都	115室	直営
82	アパホテル〈新橋 御成門〉	2010年6月22日	東京都	153室	直営
83	アパホテル〈人形町駅北〉	2010年6月22日	東京都	206室	直営
84	アパホテル〈浅草 蔵前〉	2011年8月10日	東京都	301室	直営
85	アパホテル〈京急蒲田駅前〉	2011年9月1日	東京都	95室	FC
86	アパホテル〈六本木一丁目駅前〉	2011年11月15日	東京都	142室	直営
87	アパホテル〈東京九段下〉	2011年12月13日	東京都	139室	直営
88	アパホテル〈小伝馬町駅前〉	2011年12月22日	東京都	172室	直営
89	アパホテル〈和歌山〉	2012年2月1日	和歌山県	142室	直営
90	アパホテル〈水戸駅北〉	2012年3月2日	茨城県	77室	FC
91	アパホテル〈なんば心斎橋〉	2012年3月8日	大阪府	221室	直営
92	アパホテル〈神田駅東〉	2012年3月16日	東京都	158室	直営
93	アパホテル〈高松瓦町〉	2012年7月27日	香川県	88室	FC
94	アパホテル〈宮崎駅橘通〉	2012年8月1日	宮崎県	160室	FC
95	アパホテル〈秋葉原駅前〉	2012年10月4日	東京都	137室	直営
96	アパホテル〈札幌すすきの駅前〉	2012年11月6日	北海道	261室	直営
97	アパホテル〈札幌すすきの駅西〉	2012年11月6日	北海道	188室	直営
98	アパホテル〈札幌すすきの駅南〉	2012年11月6日	北海道	112室	直営
99	アパホテル〈三田駅前〉	2012年11月7日	東京都	155室	直営
100	アパホテル〈東新宿駅前〉	2012年11月15日	東京都	122室	直営
101	アパホテル〈渋谷道玄坂上〉	2012年11月21日	東京都	173室	直営
102	アパホテル〈横浜鶴見〉	2012年12月13日	神奈川県	131室	FC
103	アパホテル〈秋田千秋公園〉	2013年3月21日	秋田県	134室	直営
104	アパホテル〈浜松駅南〉	2013年6月21日	静岡県	177室	FC
105	アパホテル〈相模原 橋本駅前〉	2013年8月1日	神奈川県	99室	直営
106	アパホテル〈新富町駅前〉	2013年8月8日	東京都	135室	直営
107	アパホテル〈松山城西〉	2013年9月2日	愛媛県	144室	直営
108	アパホテル〈鹿児島中央駅前〉	2013年9月4日	鹿児島県	182室	直営
109	アパホテル〈銀座 京橋〉	2013年9月11日	東京都	170室	直営
110	アパホテル〈銀座 宝町〉	2013年11月7日	東京都	108室	直営
111	アパホテル〈石垣島〉	2013年11月22日	沖縄県	89室	FC
112	アパホテル〈鹿児島国分〉	2013年12月16日	鹿児島県	155室	FC
113	アパホテル〈小倉駅前〉	2014年2月28日	福岡県	224室	直営
114	アパホテル〈富士中央〉	2014年4月2日	静岡県	163室	FC
115	アパホテル〈新橋 虎ノ門〉	2014年4月11日	東京都	153室	直営
116	アパホテル〈青森駅東〉	2014年4月22日	青森県	140室	直営
117	アパホテル〈徳島駅前〉	2014年4月22日	徳島県	88室	FC
118	アパホテル〈半蔵門 平河町〉	2014年6月24日	東京都	231室	直営

No.	ホテル名	開業年月日	都道府県名	客室数	運営形態
119	アパホテル〈前橋駅北〉	2014年7月8日	群馬県	112室	FC
120	アパホテル〈新宿御苑前〉	2014年7月16日	東京都	411室	直営
121	アパホテル〈TKP 札幌駅前〉	2014年8月6日	北海道	203室	FC
122	アパホテル〈東日本橋駅前〉	2014年8月12日	東京都	219室	直営
123	アパホテル〈西川口駅東口〉	2014年9月1日	埼玉県	134室	FC
124	アパホテル〈帯広駅前〉	2014年9月30日	北海道	223室	直営
125	アパホテル〈伊勢崎駅南〉	2014年11月13日	群馬県	125室	FC
126	アパホテル〈宇都宮駅前〉	2014年12月17日	栃木県	164室	FC
127	アパホテル〈東新宿 歌舞伎町〉	2014年12月24日	東京都	165室	直営
128	アパホテル〈神田神保町駅東〉	2015年1月28日	東京都	187室	直営
129	アパホテル〈彦根南〉	2015年3月1日	滋賀県	52室	FC
130	アパホテル〈甲府南〉	2015年5月15日	山梨県	104室	FC
131	アパホテル〈蒲田駅西〉	2015年6月1日	東京都	75室	FC
132	アパホテル〈浅草橋駅北〉	2015年6月24日	東京都	161室	直営
133	アパホテル〈本八戸〉	2015年7月27日	青森県	112室	FC
134	アパホテル〈青森駅県庁通〉	2015年8月26日	青森県	107室	直営
135	アパホテル〈御徒町駅北〉S	2015年9月14日	東京都	72室	FC
136	アパホテル〈新宿 歌舞伎町タワー〉	2015年9月1日	東京都	620室	直営
137	アパホテル〈さいたま新都心駅北〉	2015年11月2日	埼玉県	223室	FC
138	アパホテル〈品川 泉岳寺駅前〉	2015年12月11日	東京都	563室	直営
139	アパホテル〈六本木駅前〉	2015年12月21日	東京都	125室	直営
140	アパホテル〈上野駅前〉	2016年1月27日	東京都	181室	直営
141	アパホテル〈尾張一宮駅前〉	2016年2月1日	愛知県	75室	FC
142	アパホテル〈京成上野駅前〉	2016年3月1日	東京都	292室	直営
143	アパホテル〈水戸駅前〉	2016年3月1日	茨城県	70室	FC
144	アパホテル〈町田駅東〉	2016年4月15日	東京都	122室	FC
145	アパホテル〈鹿児島 天文館〉	2016年5月14日	鹿児島県	80室	FC
146	アパホテル〈巣鴨駅前〉	2016年6月17日	東京都	512室	直営
147	アパホテル〈宮崎都城駅前〉	2016年7月27日	宮崎県	120室	FC
148	アパホテル〈TKP 札幌駅北口〉EXCELLENT	2016年8月1日	北海道	105室	FC
149	アパホテル〈山形鶴岡駅前〉	2016年8月31日	山形県	112室	直営
150	アパホテル〈広島駅前大橋〉	2016年10月6日	広島県	727室	直営
151	アパホテル〈御茶ノ水駅北〉	2016年11月4日	東京都	187室	直営
152	アパホテル〈蒲田駅東〉	2016年11月29日	東京都	220室	FC
153	アパホテル〈TKP 日暮里駅前〉	2016年12月1日	東京都	278室	FC
154	アパホテル〈宮崎延岡駅前〉	2016年12月15日	北海道	192室	直営
155	アパホテル〈宮崎延岡駅南〉	2016年12月15日	宮崎県	90室	直営
156	アパホテル〈新富町駅北〉	2017年2月1日	東京都	98室	直営
157	アパホテル〈飯田橋駅前〉	2017年2月1日	東京都	163室	直営
158	アパホテル〈千葉印西牧の原駅前〉	2017年2月13日	千葉県	161室	FC
159	アパホテル〈福島駅前〉	2017年3月1日	福島県	362室	直営
160	アパホテル〈東新宿 歌舞伎町東〉	2017年3月3日	東京都	129室	直営
161	アパホテル〈なんば駅東〉	2017年4月25日	大阪府	380室	直営
162	アパホテル〈鈴鹿中央〉	2017年4月27日	三重県	106室	FC
163	アパホテル〈岐阜羽島駅前〉	2017年5月16日	岐阜県	146室	賃貸
164	アパホテル〈名古屋栄東〉	2017年6月7日	愛知県	150室	直営
165	アパホテル〈京都駅北〉	2017年8月9日	京都府	105室	直営
166	アパホテル〈浅草 田原町駅前〉	2017年8月10日	東京都	465室	直営
167	アパホテル〈秋葉原駅電気街口〉	2017年8月28日	東京都	117室	FC
168	アパホテル〈浅草 雷門〉	2017年10月17日	東京都	126室	直営
169	アパホテル〈飯田橋駅南〉	2017年10月31日	東京都	107室	直営
170	アパホテル〈御堂筋本町駅東〉	2017年11月7日	大阪府	160室	直営
171	アパホテル〈TKP 東京西葛西〉	2017年12月1日	東京都	124室	FC

第3章 　日本のホテルチェーン・グループ一覧 2018 (2018 年 1 月 1 日時点)

ホテルチェーン名：アパホテルズ&リゾーツ（海外展開）

本社所在地：東京都港区赤坂 3-2-3 ／ 軒　数：38 軒

HP アドレス：http://www.apahotel.com/　電話：03-5570-2111　FAX：03-5570-2137 ／ 客室数：4,845 室

No.	ホテル名	開業年月日	国・地域	客室数	運営形態
1	APA HOTEL WOODBRIDGE	2015 年 11 月 1 日	アメリカ	200 室	FC
2	COAST coal harbour hotel by APA	2016 年 9 月 6 日	カ ナ ダ	220 室	直営
3	COAST victoria harbourside hotel&marina by APA	2016 年 9 月 6 日	カ ナ ダ	132 室	直営
4	Coast Inn of the North	2016 年 9 月 6 日	カ ナ ダ	157 室	直営
5	Coast Chilliwack Hotel	2016 年 9 月 6 日	カ ナ ダ	110 室	直営
6	COAST Edmonton Plaza Hotel by APA	2016 年 9 月 6 日	カ ナ ダ	300 室	直営
7	Coast Canmore Hotel & Conference Centre	2016 年 9 月 6 日	カ ナ ダ	164 室	FC
8	Coast Plaza Hotel & Convention Centre Calgary	2016 年 9 月 6 日	カ ナ ダ	248 室	FC
9	Coast Lethbridge Hotel & Conference Centre	2016 年 9 月 6 日	カ ナ ダ	103 室	FC
10	Coast Fraser Tower	2016 年 9 月 6 日	カ ナ ダ	58 室	MC
11	Coast Abbotsford Hotel& Suites	2016 年 9 月 6 日	カ ナ ダ	60 室	FC
12	Coast Blackcomb Suites at Whistler	2016 年 9 月 6 日	カ ナ ダ	186 室	FC
13	Coast Fraser Inn	2016 年 9 月 6 日	カ ナ ダ	79 室	FC
14	Coast Osoyoos Beach Hotel	2016 年 9 月 6 日	カ ナ ダ	60 室	FC
15	Coast Kamloops Hotel & Conference Centre	2016 年 9 月 6 日	カ ナ ダ	202 室	FC
16	Coast Discovery Inn	2016 年 9 月 6 日	カ ナ ダ	88 室	FC
17	Coast Capri Hotel	2016 年 9 月 6 日	カ ナ ダ	185 室	FC
18	Coast Sundance Lodge	2016 年 9 月 6 日	カ ナ ダ	84 室	MC
19	Coast Tsawwassen Inn	2016 年 9 月 6 日	カ ナ ダ	90 室	FC
20	Coast Bastion Hotel	2016 年 9 月 6 日	カ ナ ダ	179 室	MC
21	Coast Vancouver Airport Hotel	2016 年 9 月 6 日	カ ナ ダ	133 室	FC
22	Coast Penticton Hotel	2016 年 9 月 6 日	カ ナ ダ	36 室	FC
23	Coast Hotel & Convention Centre Langley	2016 年 9 月 6 日	カ ナ ダ	77 室	FC
24	Coast Hillcrest Hotel	2016 年 9 月 6 日	カ ナ ダ	75 室	FC
25	Coast High Country Inn	2016 年 9 月 6 日	カ ナ ダ	82 室	FC
26	Coast International Inn	2016 年 9 月 6 日	アメリカ	141 室	FC
27	The Benson, A Coast Hotel	2016 年 9 月 6 日	アメリカ	287 室	FC
28	The West Beach Inn, A Coast Hotel	2016 年 9 月 6 日	アメリカ	46 室	FC
29	Coast Anabelle Hotel	2016 年 9 月 6 日	アメリカ	45 室	FC
30	The Safari Inn, A Coast Hotel	2016 年 9 月 6 日	アメリカ	55 室	FC
31	Coast Wenatchee Centre Hotel	2016 年 9 月 6 日	アメリカ	147 室	FC
32	The Governor, A Coast Hotel	2016 年 9 月 6 日	アメリカ	121 室	FC
33	Coast Gateway Hotel	2016 年 9 月 6 日	アメリカ	143 室	FC
34	Hotel 116, A Coast Hotel	2016 年 9 月 6 日	アメリカ	176 室	FC
35	Waimea Plantation Cottages	2016 年 9 月 6 日	アメリカ	61 室	FC
36	Tekarra Lodge	2016 年 9 月 6 日	カ ナ ダ	53 室	MC
37	Campus Tower Hotel	2016 年 9 月 6 日	カ ナ ダ	90 室	MC
38	Coast West Edmonton Hotel & Conference Centre	2017 年 12 月 1 日	カ ナ ダ	172 室	FC

ホテルチェーン名：アパホテルズ&リゾーツ（国内提携ホテル）

本社所在地：東京都港区赤坂 3-2-3 ／ 軒　数：161 軒

HP アドレス：http://www.apahotel.com/　電話：03-5570-2111　FAX：03-5570-2137 ／ 客室数：15,515 室

No.	ホテル名	開業年月日	都道府県名	客室数	運営形態
1	テトランゼ幕張稲毛海岸ホテル	2011 年 2 月 1 日	千 葉 県	86 室	業務提携ホテル
2	静岡タウンホテル	2011 年 3 月 1 日	静 岡 県	102 室	業務提携ホテル
3	ホテルニューステーション	2011 年 3 月 1 日	長 野 県	94 室	業務提携ホテル
4	パークインホテル厚木	2011 年 4 月 28 日	神奈川県	233 室	業務提携ホテル
5	コモドホテル	2011 年 6 月 1 日	大 分 県	239 室	業務提携ホテル
6	伊那パークホテル	2011 年 7 月 1 日	長 野 県	115 室	業務提携ホテル
7	福山オリエンタルホテル	2011 年 7 月 1 日	広 島 県	123 室	業務提携ホテル
8	ステップイン新大阪東口	2011 年 7 月 1 日	大 阪 府	90 室	業務提携ホテル
9	8 hotel [エイトホテル]	2011 年 8 月 8 日	神奈川県	117 室	業務提携ホテル
10	ホテルニューナガノ	2011 年 9 月 1 日	長 野 県	122 室	業務提携ホテル
11	ホテルナガノアベニュー	2011 年 9 月 1 日	長 野 県	208 室	業務提携ホテル
12	HOTEL HOUSEN 草加	2011 年 10 月 1 日	埼 玉 県	254 室	業務提携ホテル

No.	ホテル名	開業年月日	都道府県名	客室数	運営形態
13	瀬田アーバンホテル	2011年10月1日	滋 賀 県	89室	業務提携ホテル
14	白子ストーリアホテル	2011年10月1日	三 重 県	125室	業務提携ホテル
15	宇和島オリエンタルホテル	2011年11月1日	愛 媛 県	128室	業務提携ホテル
16	ひらたメイプルホテル	2011年11月1日	島 根 県	80室	業務提携ホテル
17	エースイン松阪	2011年11月1日	三 重 県	111室	業務提携ホテル
18	ニューコマンダーホテル〈寝屋川〉	2011年11月1日	大 阪 府	71室	業務提携ホテル
19	チェックイン松山	2011年12月1日	愛 媛 県	270室	業務提携ホテル
20	ホテルテトラ北九州	2011年2月1日	福 岡 県	313室	業務提携ホテル
21	高知パレスホテル	2011年2月1日	高 知 県	262室	業務提携ホテル
22	津山国際ホテル	2012年2月1日	岡 山 県	77室	業務提携ホテル
23	アールイン福知山	2012年4月1日	京 都 府	91室	業務提携ホテル
24	ホテルブライトイン盛岡	2012年4月1日	岩 手 県	123室	業務提携ホテル
25	ホテル明治屋	2012年4月1日	静 岡 県	71室	業務提携ホテル
26	グリーンホテル Yes 近江八幡	2012年4月1日	滋 賀 県	51室	業務提携ホテル
27	グリーンホテル Yes 長浜みなと館	2012年4月1日	滋 賀 県	104室	業務提携ホテル
28	ホテルボストンプラザ草津	2012年4月1日	滋 賀 県	216室	業務提携ホテル
29	蒲郡ホテル	2012年4月1日	愛 知 県	111室	業務提携ホテル
30	ビジネスインうめさき	2012年4月1日	熊 本 県	50室	業務提携ホテル
31	成田エアポートレストハウス	2012年4月1日	千 葉 県	209室	業務提携ホテル
32	第一富士ホテル名古屋駅前	2011年5月1日	愛 知 県	179室	業務提携ホテル
33	旭川サンホテル	2012年5月1日	北 海 道	52室	業務提携ホテル
34	シティホテルアンティーズ	2011年5月1日	愛 知 県	67室	業務提携ホテル
35	函館 ホテル駅前	2011年5月14日	北 海 道	38室	業務提携ホテル
36	はまきたプラザホテル	2012年6月1日	静 岡 県	62室	業務提携ホテル
37	ホテルニューヨコスカ	2012年7月1日	神奈川県	200室	業務提携ホテル
38	シルクイン鹿児島	2012年7月1日	鹿児島県	96室	業務提携ホテル
39	明石キャッスルホテル	2012年7月1日	兵 庫 県	83室	業務提携ホテル
40	ホテルエール	2012年7月1日	大 分 県	52室	業務提携ホテル
41	ホテル ユニバース	2012年8月1日	愛 媛 県	78室	業務提携ホテル
42	プラザホテル舞鶴	2012年8月1日	京 都 府	84室	業務提携ホテル
43	エンナンホテル	2012年8月13日	福 岡 県	102室	業務提携ホテル
44	ホテル バリ・イン	2012年9月1日	愛 媛 県	67室	業務提携ホテル
45	佐世保第一ホテル	2012年9月20日	長 崎 県	84室	業務提携ホテル
46	能代タウンホテルミナミ	2012年10月15日	秋 田 県	55室	業務提携ホテル
47	稚内サンホテル	2012年11月1日	北 海 道	72室	業務提携ホテル
48	セントラルホテル伊万里	2012年11月1日	佐 賀 県	203室	業務提携ホテル
49	セントラルホテル武雄	2012年11月1日	佐 賀 県	120室	業務提携ホテル
50	天童セントラルホテル	2012年11月1日	山 形 県	72室	業務提携ホテル
51	岡崎サンホテル	2012年11月1日	愛 知 県	92室	業務提携ホテル
52	ホテルサンシャイン	2012年12月1日	茨 城 県	49室	業務提携ホテル
53	清水プラザホテル	2012年12月1日	静 岡 県	40室	業務提携ホテル
54	八日市ロイヤルホテル	2012年12月1日	滋 賀 県	80室	業務提携ホテル
55	ホテルキャッスルプラザ	2012年12月1日	兵 庫 県	200室	業務提携ホテル
56	北見東和ホテル	2012年12月1日	北 海 道	74室	業務提携ホテル
57	南福岡グリーンホテル	2012年12月1日	福 岡 県	89室	業務提携ホテル
58	国際ホテル宇部	2012年12月17日	山 口 県	101室	業務提携ホテル
59	上越サンプラザホテル	2012年12月17日	新 潟 県	80室	業務提携ホテル
60	むつパークホテル	2012年1月7日	青 森 県	114室	業務提携ホテル
61	プラザホテル鳥栖	2012年1月7日	佐 賀 県	126室	業務提携ホテル
62	新ロイヤルホテル四万十	2012年1月7日	高 知 県	113室	業務提携ホテル
63	アセントプラザホテル静岡	2012年1月7日	静 岡 県	74室	業務提携ホテル
64	三沢シティホテル	2012年1月7日	青 森 県	119室	業務提携ホテル
65	坂出グランドホテル	2012年1月7日	香 川 県	119室	業務提携ホテル
66	宇多津グランドホテル	2012年1月7日	香 川 県	99室	業務提携ホテル
67	宇都宮東ホテル	2013年2月6日	栃 木 県	57室	業務提携ホテル
68	ホテル TAMAI	2013年4月17日	高 知 県	51室	業務提携ホテル
69	ホテルシティフィールドかごはら	2013年5月2日	埼 玉 県	62室	業務提携ホテル

ホテルチェーン名：アパホテルズ&リゾーツ（国内提携ホテル）

第3章　日本のホテルチェーン・グループ一覧 2018 （2018年1月1日時点）

ホテルチェーン名：アパホテルズ&リゾーツ（国内提携ホテル）

No.	ホテル名	開業年月日	都道府県名	客室数	運営形態
70	ホテルクニミ御殿場	2013年6月4日	静岡県	74室	業務提携ホテル
71	ホテルクニミ鴨宮	2013年6月4日	神奈川県	55室	業務提携ホテル
72	ホテルクニミ小田原	2013年6月4日	神奈川県	42室	業務提携ホテル
73	ホテルニューパレス	2013年6月4日	福島県	65室	業務提携ホテル
74	アズイン半田インター	2013年6月4日	愛知県	127室	業務提携ホテル
75	那須ミッドシティホテル	2013年6月4日	栃木県	124室	業務提携ホテル
76	亀山ストーリアホテル	2013年6月17日	三重県	100室	業務提携ホテル
77	善通寺グランドホテル	2013年8月2日	香川県	43室	業務提携ホテル
78	みずさわ北ホテル	2013年10月16日	岩手県	89室	業務提携ホテル
79	アールイン綾部	2014年1月7日	京都府	74室	業務提携ホテル
80	ホテルジャストワン	2014年2月7日	静岡県	156室	業務提携ホテル
81	埼玉グランドホテル本庄	2014年2月17日	埼玉県	97室	業務提携ホテル
82	埼玉グランドホテル深谷	2014年2月17日	埼玉県	56室	業務提携ホテル
83	上諏訪温泉 ホテル紅や	2014年3月1日	長野県	132室	業務提携ホテル
84	時津ヤスダオーシャンホテル	2014年4月17日	長崎県	73室	業務提携ホテル
85	ニューグローリア鶴崎ホテル	2014年4月21日	大分県	119室	業務提携ホテル
86	諫早ターミナルホテル	2014年6月16日	長崎県	89室	業務提携ホテル
87	ホテルベラヴィータ	2014年6月16日	群馬県	37室	業務提携ホテル
88	笠岡グランドホテル	2014年7月1日	岡山県	79室	業務提携ホテル
89	田原シティホテル	2014年7月18日	愛知県	89室	業務提携ホテル
90	ニューグロリア大分ホテル	2014年7月21日	大分県	95室	業務提携ホテル
91	L&L ホテルセンリュウ	2014年7月31日	長崎県	32室	業務提携ホテル
92	ビジネスホテル登り坂	2014年7月31日	山梨県	77室	業務提携ホテル
93	東海シティホテル	2014年9月1日	愛知県	50室	業務提携ホテル
94	ホテルリコルソ弘前	2014年9月16日	青森県	27室	業務提携ホテル
95	青山ガーデンリゾートホテル ローザブランカ	2014年9月16日	三重県	81室	業務提携ホテル
96	長居パークホテル	2014年9月16日	大阪府	80室	業務提携ホテル
97	ホテルクレッセント旭川	2014年9月16日	北海道	159室	業務提携ホテル
98	ホテルナトゥールヴァルト富良野	2014年9月16日	北海道	81室	業務提携ホテル
99	手稲ステーションホテル	2014年9月16日	北海道	52室	業務提携ホテル
100	ホテルたちばな	2014年10月1日	岡山県	60室	業務提携ホテル
101	ハーバープラザホテル	2014年10月1日	愛媛県	50室	業務提携ホテル
102	京町観光ホテル	2014年10月1日	宮崎県	36室	業務提携ホテル
103	秩父第一ホテル	2014年10月6日	埼玉県	63室	業務提携ホテル
104	掛川ビジネスホテル駅南イン	2014年10月7日	静岡県	60室	業務提携ホテル
105	My Hotel Okazaki	2014年10月16日	愛知県	105室	業務提携ホテル
106	川内ホテル	2014年10月16日	鹿児島県	104室	業務提携ホテル
107	イングリッシュガーデンホテルレアント	2014年11月16日	新潟県	63室	業務提携ホテル
108	ガーデンホテル マリエール	2014年11月16日	新潟県	63室	業務提携ホテル
109	大阪アカデミア	2014年11月16日	大阪府	365室	業務提携ホテル
110	ホテルわかさ	2014年12月1日	栃木県	41室	業務提携ホテル
111	三田サミットホテル	2014年12月1日	兵庫県	58室	業務提携ホテル
112	舞鶴アーバンホテル	2014年12月1日	京都府	65室	業務提携ホテル
113	松任ターミナルホテル	2014年12月1日	石川県	65室	業務提携ホテル
114	ホテルシーガルてんぽーざん大阪	2014年12月3日	大阪府	96室	業務提携ホテル
115	ホテルベルフォート日向	2014年12月18日	宮崎県	72室	業務提携ホテル
116	ホテルロッジ舞洲	2015年1月2日	大阪府	131室	業務提携ホテル
117	松戸シティホテル SENDAN-YA	2015年1月16日	千葉県	43室	業務提携ホテル
118	ビジネスイン豊岡	2015年2月2日	兵庫県	62室	業務提携ホテル
119	ホテル大開	2015年2月2日	兵庫県	29室	業務提携ホテル
120	THE HOURS 湘南平塚	2015年2月2日	神奈川県	139室	業務提携ホテル
121	セントラルホテル松軒	2015年2月20日	宮城県	46室	業務提携ホテル
122	ラスティングホテル	2015年7月1日	北海道	84室	業務提携ホテル
123	ホテルマーシュランド	2015年7月1日	北海道	66室	業務提携ホテル
124	エス ハイドパークホテル古河駅前	2015年7月1日	茨城県	50室	業務提携ホテル
125	神戸シティガーデンズホテル	2015年7月1日	兵庫県	56室	業務提携ホテル
126	ホテル甲子園	2015年7月1日	兵庫県	35室	業務提携ホテル

ホテルチェーン名：アパホテルズ&リゾーツ（国内提携ホテル）

No.	ホテル名	開業年月日	都道府県名	客室数	運営形態
127	杜のホテル仙台	2015年7月1日	宮城県	76室	業務提携ホテル
128	ホテルサンオーシャン	2015年7月1日	徳島県	101室	業務提携ホテル
129	倉吉シティホテル	2015年7月1日	鳥取県	59室	業務提携ホテル
130	知床ノーブルホテル	2015年7月1日	北海道	48室	業務提携ホテル
131	ホテルレイクアルスターアルザ泉大津	2015年8月1日	大阪府	48室	業務提携ホテル
132	相馬ステーションホテル	2015年8月1日	福島県	107室	業務提携ホテル
133	ホテルサザンコースト宮古島	2015年8月17日	沖縄県	101室	業務提携ホテル
134	プラザホテル厚木	2015年9月1日	神奈川県	180室	業務提携ホテル
135	春日井ステーションホテル	2015年9月17日	愛知県	56室	業務提携ホテル
136	藤枝パークインホテル	2015年10月1日	静岡県	96室	業務提携ホテル
137	ホテルニューオサムラ	2015年10月15日	福井県	36室	業務提携ホテル
138	ホテルきららリゾート関空	2015年11月5日	大阪府	151室	業務提携ホテル
139	HOTEL HOUSEN 佐原	2015年12月1日	千葉県	100室	業務提携ホテル
140	姫路シティホテル	2015年12月1日	兵庫県	62室	業務提携ホテル
141	コンフェスタイン河辺	2015年12月21日	東京都	53室	業務提携ホテル
142	ホテルレイクランド彦根	2016年1月4日	兵庫県	36室	業務提携ホテル
143	二戸シティホテル	2016年5月26日	岩手県	78室	業務提携ホテル
144	ホテルルイズ	2016年6月24日	岩手県	190室	業務提携ホテル
145	佐久平プラザ21	2016年9月1日	長野県	98室	業務提携ホテル
146	サンホテル日田	2016年9月10日	大分県	100室	業務提携ホテル
147	十和田シティホテル	2016年10月11日	青森県	70室	業務提携ホテル
148	プラザホテル直方	2016年11月16日	福岡県	98室	業務提携ホテル
149	プラザホテル古川	2016年11月21日	宮城県	230室	業務提携ホテル
150	オオズプラザホテル	2016年11月22日	愛媛県	57室	業務提携ホテル
151	ホテルグランマリアージュ	2016年12月1日	茨城県	50室	業務提携ホテル
152	ホテルシティオ静岡	2016年12月1日	静岡県	39室	業務提携ホテル
153	ホテルヴァン・コーネル	2017年1月17日	広島県	63室	業務提携ホテル
154	ホテル函館ロイヤル	2017年4月7日	北海道	132室	業務提携ホテル
155	益子舘 里山リゾートホテル	2017年4月17日	栃木県	58室	業務提携ホテル
156	上田第一ホテル	2017年4月27日	長野県	96室	業務提携ホテル
157	大分センチュリーホテル	2017年6月12日	大分県	121室	業務提携ホテル
158	ホテルグランスパアベニュー	2017年9月25日	福岡県	113室	業務提携ホテル
159	ホテルアベニュー筑後	2017年9月25日	福岡県	121室	業務提携ホテル
160	プラザホテルアベニュー	2017年9月25日	福岡県	50室	業務提携ホテル
161	ホテルブランヴェール那須	2017年12月25日	栃木県	40室	業務提携ホテル

ホテルチェーン名：アベストホテルズ

本社所在地：兵庫県神戸市中央区波止場町6-1　　軒　数：14軒
HP アドレス：http://www.hotel-abest.co.jp/　電話：078-371-8080　FAX：078-371-8090　　客室数：1,004室

No.	ホテル名	開業年月日	都道府県名	客室数	運営形態
1	ホテルアベスト高知	2008年5月	高知県	40室	賃貸
2	ホテルアベスト姫路	2009年2月	兵庫県	61室	賃貸
3	神戸ポートタワーホテル	2009年4月	兵庫県	193室	直営
4	ホテルアベスト青森	2009年8月	青森県	76室	FC
5	ホテルアベスト長野駅前	2011年8月	長野県	84室	賃貸
6	ホテルアベスト目黒	2012年4月	東京都	88室	賃貸
7	ホテルアベスト新安城駅前	2013年6月	愛知県	55室	賃貸
8	ホテルアベスト那覇国際通り	2014年8月	沖縄県	107室	賃貸
9	ホテルアベスト大須観音駅前	2015年10月	愛知県	83室	賃貸
10	ホテルアベスト白馬リゾート	2015年12月	長野県	41室	直営
11	NARA Visitor Center & Inn	2016年11月	奈良県	24室	MC
12	アベスト CUBE 那覇国際通り	2016年12月	沖縄県	76室	賃貸
13	ホテルアベスト銀座京橋	2017年7月	東京都	45室	賃貸
14	ホテルアベスト八方 aldea	2017年7月	長野県	31室	直営

ホテルデータブック 2018 | HOTERES　145

第3章　日本のホテルチェーン・グループ一覧 2018 （2018年1月1日時点）

ホテルチェーン名：アベストホテルズ（海外）

本社所在地：兵庫県神戸市中央区波止場町 6-1 ／ 軒　数：2軒

HP アドレス：http://www.hotel-abest.co.jp/　電話：078-371-8080　FAX：078-371-8090 ／ 客室数：133室

No.	ホテル名	開業年月日	国・地域	客室数	運営形態
1	ホテルアベストマレーシア THE STERLING	2015 年 9 月	マレーシア／マラッカ	37 室	賃貸
2	ホテルアベストマレーシア クアラルンプール	2015 年 11 月	マレーシア／クアラルンプール	96 室	賃貸

ホテルチェーン名：イーホテルチェーン

本社所在地：東京都新宿区西新宿 1-26-2 新宿野村ビル 32 階 ／ 軒　数：6軒

HP アドレス：http://www.ehotel.co.jp/　電話：03-5322-1345　FAX：03-3583-1088 ／ 客室数：746室

No.	ホテル名	開業年月日	都道府県名	客室数	運営形態
1	イーホテルワラビ	1999 年 9 月	埼玉県	71 室	NA
2	イーホテル熊谷	2000 年 7 月	埼玉県	29 室	NA
3	キャビン熊谷	2004 年 5 月	埼玉県	45 室	NA
4	イーホテル秋田	2007 年 9 月	秋田県	391 室	NA
5	イーホテル小山	2008 年 7 月	栃木県	133 室	NA
6	太田ナウリゾート	2015 年 5 月	群馬県	77 室	MC

ホテルチェーン：イシンホテルズグループ

本社所在地：東京都港区虎ノ門 4-3-13 ヒューリック神谷町ビル 10 階 ／ 軒　数：15軒

HP アドレス：http://www.ishinhotels.com/　電話：03-5733-7733　FAX：03-5733-7734 ／ 客室数：2,317室

No.	ホテル名	開業年月日	都道府県名	客室数	運営形態
1	ザ・ビー 六本木	2004 年 3 月	東京都	76 室	賃貸
2	ザ・ビー 赤坂	2004 年 12 月	東京都	162 室	賃貸
3	ザ・ビー 赤坂見附	2005 年 11 月	東京都	122 室	賃貸
4	ザ・ビー 三軒茶屋	2004 年 11 月	東京都	118 室	賃貸
5	ザ・ビー お茶の水	2008 年 2 月	東京都	72 室	賃貸
6	ザ・ビー 池袋	2007 年 12 月	東京都	175 室	賃貸
7	ザ・ビー 八王子	2006 年 2 月	東京都	196 室	賃貸
8	ザ・ビー 名古屋	2005 年 3 月	愛知県	219 室	賃貸
9	京都ロイヤルホテル＆スパ	2001 年 3 月	京都府	443 室	直営
10	ザ・ビー 神戸	2006 年 7 月	兵庫県	168 室	賃貸
11	ザ・ビー 博多	2007 年 12 月	福岡県	175 室	賃貸
12	ザ・ビー 水道橋	2015 年 7 月	東京都	99 室	賃貸
13	ザ・ビー 京都 三条	2015 年 10 月	京都府	58 室	賃貸
14	ザ・ビー 福岡 天神	2017 年 7 月	福岡県	125 室	賃貸
15	ザ・ビー 新橋	2017 年 9 月	東京都	109 室	賃貸

※開業年月日は、同社の運営開始時期

ホテルチェーン名：インターコンチネンタル、ANA クラウンプラザホテル、ホリデイ・イン、ANA ホテル

本社所在地：東京都港区虎ノ門 1-2-8（虎ノ門琴平タワー） ／ 軒　数：33軒

HP アドレス：http://www.anaihghotels.co.jp/　電話：03-5501-7500　FAX：03-3505-1151 ／ 客室数：10,028室

No.	ホテル名	開業年月日	都道府県名	客室数	運営形態
1	ANA クラウンプラザホテル札幌	2017 年 12 月	北海道	412 室	MC
2	松山全日空ホテル	1979 年 11 月	愛媛県	330 室	FC
3	ヨコハマ グランド インターコンチネンタル ホテル	1991 年 8 月	神奈川県	594 室	FC
4	ホテルインターコンチネンタル東京ベイ	1995 年 9 月	東京都	328 室	FC
5	ANA クラウンプラザホテル米子	2017 年 10 月	鳥取県	134 室	FC
6	ANA インターコンチネンタルホテル東京	2007 年 4 月	東京都	844 室	MC
7	ストリングスホテル東京インターコンチネンタル	2007 年 5 月	東京都	206 室	MC
8	ANA クラウンプラザホテル千歳	2017 年 4 月	北海道	438 室	MC
9	ANA クラウンプラザホテル富山	2007 年 11 月	富山県	251 室	MC
10	ANA クラウンプラザホテル金沢	2007 年 11 月	石川県	249 室	MC
11	ANA クラウンプラザホテル広島	2007 年 12 月	広島県	409 室	MC
12	ANA クラウンプラザホテル沖縄ハーバービュー	2007 年 12 月	沖縄県	352 室	MC
13	ANA クラウンプラザホテル成田	2007 年 12 月	千葉県	396 室	MC
14	ANA クラウンプラザホテル大阪	2008 年 10 月	大阪府	473 室	MC
15	ANA クラウンプラザホテル新潟	2008 年 12 月	新潟県	182 室	MC
16	ANA クラウンプラザホテル福岡	2008 年 12 月	福岡県	320 室	MC

ホテルチェーン名：インターコンチネンタル、ANA クラウンプラザホテル、ホリデイ・イン、ANA ホテル

No.	ホテル名	開業年月日	都道府県名	客室数	運営形態
17	ANA インターコンチネンタル万座ビーチリゾート	2009 年 4 月	沖縄県	397 室	MC
18	ANA インターコンチネンタル石垣リゾート	2009 年 4 月	沖縄県	255 室	MC
19	ANA クラウンプラザホテル神戸	2010 年 1 月	兵庫県	593 室	MC
20	ANA ホリデイ・イン仙台	2010 年 7 月	宮城県	165 室	MC
21	ANA クラウンプラザホテルグランコート名古屋	2010 年 10 月	愛知県	246 室	FC
22	ANA クラウンプラザホテル宇部	2011 年 12 月	山口県	140 室	FC
23	ANA クラウンプラザホテル長崎グラバーヒル	2012 年 1 月	長崎県	216 室	FC
24	ANA クラウンプラザホテル京都	2013 年 2 月	京都府	291 室	FC
25	インターコンチネンタルホテル大阪	2013 年 6 月	大阪府	272 室	MC
26	ANA クラウンプラザホテル釧路	2013 年 8 月	北海道	180 室	FC
27	ANA ホリデイ・イン リゾート宮崎	2013 年 10 月	宮崎県	214 室	FC
28	ANA ホリデイ・イン金沢スカイ	2014 年 3 月	石川県	101 室	MC
29	ANA クラウンプラザホテル熊本ニュースカイ	2014 年 4 月	熊本県	186 室	FC
30	ANA ホリデイ・イン札幌すすきの	2014 年 4 月	北海道	178 室	MC
31	ANA クラウンプラザホテル稚内	2014 年 4 月	北海道	143 室	FC
32	ANA クラウンプラザホテル岡山	2015 年 9 月	岡山県	219 室	MC
33	ホリデイ・イン大阪難波	2016 年 11 月	大阪府	314 室	FC

※1、5～24　26～32はリブランド年月

ホテルチェーン名：ヴィアインホテルチェーン

本社所在地：兵庫県尼崎市潮江 1-2-12 JR 尼崎駅北 NK ビル 5 階　　　軒　数：19 軒
HP アドレス：https://www.viainn.com　電話：06-4960-9393　FAX：06-4960-8246　　客室数：4,660 室

No.	ホテル名	開業年月日	都道府県名	客室数	運営形態
1	ヴィアイン下関	1996 年 3 月	山口県	195 室	その他（グループ会社所有・運営）
2	ヴィアイン新大阪	1998 年 7 月	大阪府	226 室	所有直営
3	ヴィアイン新大阪ウエスト	2001 年 3 月	大阪府	433 室	賃貸
4	ヴィアイン姫路	2002 年 10 月	兵庫県	211 室	賃貸
5	ヴィアイン広島	2004 年 4 月	広島県	256 室	賃貸
6	ヴィアイン京都四条室町	2007 年 4 月	京都府	239 室	賃貸
7	ヴィアイン金沢	2007 年 6 月	石川県	206 室	賃貸
8	ヴィアイン東京大井町	2009 年 7 月	東京都	509 室	賃貸
9	ヴィアイン秋葉原	2011 年 3 月	東京都	283 室	賃貸
10	ヴィアイン心斎橋	2011 年 4 月	大阪府	205 室	賃貸
11	ヴィアイン新宿	2012 年 2 月	東京都	226 室	賃貸
12	ヴィアイン東銀座	2012 年 3 月	東京都	297 室	賃貸
13	ヴィアイン岡山	2012 年 10 月	岡山県	251 室	賃貸
14	ヴィアイン名古屋新幹線口	2013 年 7 月	愛知県	238 室	賃貸
15	ヴィアイン心斎橋長堀通	2014 年 6 月	大阪府	150 室	賃貸
16	ヴィアイン浅草	2014 年 6 月	東京都	190 室	FC
17	ヴィアイン広島銀山町	2014 年 6 月	広島県	156 室	FC
18	ヴィアインあべの天王寺	2017 年 4 月	大阪府	172 室	賃貸
19	ヴィアイン梅田	2017 年 8 月	大阪府	217 室	賃貸

ホテルチェーン名：HMI ホテルグループ

本社所在地：東京都中央区日本橋小網町 6-1 山万ビル 10F　　　軒　数：53 軒
HP アドレス：http://www.hmi.co.jp　電話：03-5623-3008　FAX：03-5614-0376　　客室数：6,086 室

No.	ホテル名	開業年月日	都道府県名	客室数	運営形態
1	ホテルパールシティ神戸	1998 年 10 月	兵庫県	381 室	所有直営
2	ホテルパールシティ秋田川反	1998 年 10 月	秋田県	113 室	所有直営
3	ホテルパールシティ盛岡	1998 年 10 月	岩手県	178 室	所有直営
4	ホテルパールシティ気仙沼	1998 年 10 月	宮城県	80 室	所有直営
5	ホテルパールシティ仙台	1998 年 10 月	宮城県	166 室	所有直営
6	ホテルパールシティ黒崎	1998 年 10 月	福岡県	85 室	所有直営
7	ホテルパールシティ秋田竿燈大通り	1998 年 10 月	秋田県	112 室	所有直営
8	ホテルパールシティ秋田大町	1998 年 10 月	秋田県	113 室	所有直営
9	八代グランドホテル	1998 年 10 月	熊本県	74 室	所有直営
10	リザンシーパークホテル谷茶ベイ	1998 年 10 月	沖縄県	826 室	所有直営

第3章　日本のホテルチェーン・グループ一覧 2018 (2018年1月1日時点)

ホテルチェーン名：HMIホテルグループ

No.	ホテル名	開業年月日	都道府県名	客室数	運営形態
11	ホテル平安の森京都	2001年9月	京都府	215室	所有直営
12	ホテルクラウンパレス秋北	2003年11月	秋田県	85室	所有直営
13	諏訪レイクサイドホテル	2003年12月	長野県	63室	所有直営
14	三朝ロイヤルホテル	2003年12月	鳥取県	101室	所有直営
15	ホテル南海荘	2003年12月	千葉県	99室	所有直営
16	ホテル北陸古賀乃井	2003年12月	石川県	70室	所有直営
17	ホテルクラウンパレス小倉	2003年12月	福岡県	90室	所有直営
18	ホテル霧島キャッスル	2003年12月	鹿児島県	158室	所有直営
19	本部グリーンパークホテル	2003年12月	沖縄県	82室	所有直営
20	ホテル大のや	2005年4月	石川県	21室	所有直営
21	ホテルウェルネスほうき路	2007年2月	鳥取県	24室	所有直営
22	ホテルウェルネス鈴鹿路	2007年2月	三重県	17室	所有直営
23	ホテルウェルネス飛鳥路	2007年2月	奈良県	22室	所有直営
24	ホテルクラウンパレス北九州	2007年2月	福岡県	220室	所有直営
25	ホテルウェルネス大和路	2007年3月	奈良県	20室	所有直営
26	ホテルウェルネス因幡路	2007年4月	鳥取県	17室	所有直営
27	ホテルパールシティ天童	2007年6月	山形県	79室	所有直営
28	にっしょうかん新館梅松鶴	2007年7月	長崎県	57室	所有直営
29	にっしょうかん別邸紅葉亭	2007年7月	長崎県	23室	所有直営
30	ホテルパールシティ札幌	2007年8月	北海道	96室	所有直営
31	ホテルクラウンパレス知立	2007年11月	愛知県	106室	所有直営
32	ホテルクラウンパレス甲府	2007年12月	山梨県	52室	所有直営
33	ホテルパールシティ八戸	2008年1月	青森県	67室	所有直営
34	ホテルウェルネス能登路	2008年1月	石川県	23室	所有直営
35	ホテルラヴィエ川良	2008年2月	静岡県	100室	所有直営
36	ホテルウェルネス横手路	2008年2月	秋田県	18室	所有直営
37	ホテルクラウンパレス青森	2008年4月	青森県	44室	所有直営
38	ホテル亀屋	2008年5月	宮城県	50室	所有直営
39	長崎にっしょうかん	2008年7月	長崎県	156室	所有直営
40	保性館	2008年9月	島根県	57室	所有直営
41	旅亭山の井	2008年9月	島根県	38室	所有直営
42	渋谷クレストンホテル	2009年6月	東京都	53室	所有直営
43	調布クレストンホテル	2009年6月	東京都	44室	所有直営
44	名古屋クレストンホテル	2009年6月	愛知県	65室	所有直営
45	大仙家	2009年6月	静岡県	48室	所有直営
46	ホテルクラウンパレス浜松	2009年12月	静岡県	192室	所有直営
47	伊良湖シーパーク＆スパ	2009年12月	愛知県	122室	所有直営
48	ホテルクラウンパレス神戸	2012年7月	兵庫県	229室	所有直営
49	ザ クラウンパレス新阪急高知	2013年1月	高知県	242室	所有直営
50	銀座クレストン	2013年2月	東京都	93室	所有直営
51	湯本観光ホテル西京	2013年7月	山口県	106室	所有直営
52	グランドホテル浜松	2014年2月	静岡県	262室	所有直営
53	つま恋リゾート彩の郷	2017年4月	静岡県	232室	所有直営

ホテルチェーン名：大江戸温泉物語グループ

本社所在地：東京都中央区日本橋本町1-9-4 ヒューリック日本橋本町一丁目ビル9階　　軒　数：31軒
HPアドレス：http://www.ooedoonsen.jp/　電話：03-3274-1126 (代)　　客室数：3,303室

No.	ホテル名	開業年月日	都道府県名	客室数	運営形態
1	お台場 大江戸温泉物語	2003年3月	東京都	22室	賃貸
2	大江戸温泉物語 あいづ	2007年3月	福島県	35室	直営
3	大江戸温泉物語 伊香保	2007年4月	群馬県	40室	賃貸
4	大江戸温泉物語 鹿教湯	2007年4月	長野県	78室	直営
5	大江戸温泉物語 日光霧降	2007年4月	栃木県	98室	直営
6	大江戸温泉物語 君津の森	2007年11月	千葉県	41室	賃貸
7	大江戸温泉物語 かもしか荘	2008年3月	栃木県	60室	賃貸
8	大江戸温泉物語 ながやま	2008年7月	石川県	116室	直営
9	大江戸温泉物語 東山グランドホテル	2008年12月	福島県	123室	賃貸

ホテルチェーン名：大江戸温泉物語グループ

No.	ホテル名	開業年月日	都道府県名	客室数	運営形態
10	大江戸温泉物語 浦安万華郷	2009 年 4 月	千 葉 県	41 室	賃貸
11	山代温泉 山下家	2009 年 4 月	石 川 県	108 室	直営
12	ホテルニュー塩原	2010 年 2 月	栃 木 県	271 室	直営
13	鬼怒川観光ホテル	2010 年 2 月	栃 木 県	172 室	賃貸
14	伊東ホテルニュー岡部	2010 年 2 月	静 岡 県	109 室	賃貸
15	ホテル鬼怒川御苑	2010 年 4 月	栃 木 県	206 室	直営
16	大江戸温泉物語 ホテルレオマの森	2010 年 7 月	香 川 県	241 室	賃貸
17	大江戸温泉物語 天下泰平の湯 すんぷ夢ひろば	2010 年 7 月	静 岡 県	14 室	直営
18	ホテル壮観	2010 年 10 月	宮 城 県	133 室	賃貸
19	大江戸温泉物語 きのさき	2011 年 8 月	兵 庫 県	103 室	賃貸
20	大江戸温泉物語 あわら	2012 年 2 月	福 井 県	95 室	賃貸
21	大江戸温泉物語 あたみ	2012 年 4 月	静 岡 県	76 室	賃貸
22	大江戸温泉物語 伊勢志摩	2012 年 8 月	三 重 県	83 室	賃貸
23	ホテル新光	2012 年 12 月	山 梨 県	107 室	賃貸
24	大江戸温泉物語 箕面観光ホテル	2013 年 7 月	大 阪 府	237 室	直営
25	大江戸温泉物語 土肥マリンホテル	2013 年 11 月	静 岡 県	64 室	賃貸
26	大江戸温泉物語 幸雲閣	2016 年 5 月	宮 城 県	98 室	賃貸
27	大江戸温泉物語 ますや	2016 年 5 月	宮 城 県	70 室	直営
28	大江戸温泉物語 長崎ホテル清風	2016 年 8 月	長 崎 県	100 室	賃貸
29	大江戸温泉物語 ホテル水葉亭	2017 年 4 月	静 岡 県	102 室	直営
30	大江戸温泉物語 下呂新館	2017 年 7 月	岐 阜 県	99 室	直営
31	大江戸温泉物語 別府清風	2017 年 7 月	大 分 県	161 室	直営

ホテルチェーン名：オークラ ホテルズ & リゾーツ、ニッコー・ホテルズ・インターナショナル、ホテル JAL シティ

本社所在地：東京都品川区東品川 2-4-11　　軒　数：48 軒

HP アドレス：http://www.okura-nikko.com/ja　電話：03-5460-7334　FAX：03-5460-7335　　客室数：13,313 室

No.	ホテル名	開業年月日	都道府県名	客室数	運営形態
1	ホテルオークラ東京	1962 年 5 月	東 京 都	381 室	直営
2	ホテルオークラ札幌	2003 年 6 月	北 海 道	147 室	MC
3	ホテルオークラ東京ベイ	1988 年 7 月	千 葉 県	427 室	MC
4	オークラ アカデミアパーク ホテル	1997 年 2 月	千 葉 県	124 室	MC
5	ホテル イースト 21 東京	1992 年 9 月	東 京 都	381 室	MC
6	フォレスト・イン昭和館	1998 年 11 月	東 京 都	98 室	その他
7	ホテルオークラ新潟	1978 年 10 月	新 潟 県	265 室	MC
8	ホテル鹿島ノ森	1977 年 7 月	長 野 県	50 室	その他
9	オークラアクトシティホテル浜松	1994 年 10 月	静 岡 県	322 室	MC
10	京都ホテルオークラ	1 8 8 8 年	京 都 府	322 室	その他
11	ホテルオークラ神戸	1989 年 6 月	兵 庫 県	475 室	MC
12	ホテルオークラ福岡	1999 年 3 月	福 岡 県	264 室	MC
13	ホテルオークラ JR ハウステンボス	2012 年 4 月	長 崎 県	320 室	その他
14	城山観光ホテル	1963 年 3 月	鹿児島県	365 室	その他
15	オークラフロンティアホテルつくば	1983 年 6 月	茨 城 県	350 室	MC
16	オークラ千葉ホテル	2001 年 12 月	千 葉 県	84 室	MC
17	オークラフロンティアホテル海老名	1995 年 7 月	神奈川県	74 室	MC
18	JR タワーホテル日航札幌	2003 年 5 月	北 海 道	350 室	MC
19	ホテル日航ノースランド帯広	2007 年 4 月	北 海 道	171 室	MC
20	ホテル日航成田	1978 年 5 月	千 葉 県	685 室	MC
21	グランドニッコー東京 台場	2016 年 7 月	東 京 都	882 室	賃貸直営
22	ホテル日航立川 東京	2015 年 11 月	東 京 都	100 室	MC
23	川崎日航ホテル	1964 年 8 月	神奈川県	184 室	MC
24	ホテル日航新潟	2003 年 5 月	新 潟 県	201 室	MC
25	ホテル日航金沢	1994 年 4 月	石 川 県	254 室	MC
26	ホテル日航プリンセス京都	2004 年 10 月	京 都 府	216 室	MC
27	ホテル日航大阪	1982 年 9 月	大 阪 府	603 室	賃貸直営
28	ホテル日航関西空港	1995 年 6 月	大 阪 府	576 室	MC
29	ホテル日航姫路	2005 年 6 月	兵 庫 県	257 室	MC
30	ホテル日航奈良	2005 年 7 月	奈 良 県	330 室	MC

第3章 日本のホテルチェーン・グループ一覧 2018 (2018年1月1日時点)

ホテルチェーン名：オークラ ホテルズ ＆ リゾーツ、ニッコー・ホテルズ・インターナショナル、ホテル JAL シティ

No.	ホテル名	開業年月日	都道府県名	客室数	運営形態
31	ホテル日航高知 旭ロイヤル	2002 年 4 月	高 知 県	191 室	MC
32	ホテル日航福岡	1989 年 7 月	福 岡 県	360 室	MC
33	ホテル日航ハウステンボス	1996 年 4 月	長 崎 県	377 室	MC
34	ホテル日航熊本	2002 年 5 月	熊 本 県	191 室	MC
35	ホテル日航大分 オアシスタワー	2017 年 12 月	大 分 県	157 室	MC
36	オクマ プライベートビーチ ＆ リゾート	1978 年 7 月	沖 縄 県	184 室	MC
37	ホテル日航アリビラ／ヨミタンリゾート沖縄	1994 年 6 月	沖 縄 県	396 室	MC
38	ホテル JAL シティ青森	1996 年 7 月	青 森 県	167 室	MC
39	ホテル JAL シティ仙台	1996 年 4 月	宮 城 県	238 室	MC
40	ホテル JAL シティ田町 東京	2000 年 3 月	東 京 都	160 室	MC
41	ホテル JAL シティ羽田 東京	2005 年 4 月	東 京 都	308 室	MC
42	ホテル JAL シティ羽田 東京 ウエスト ウイング	2016 年 9 月	東 京 都	103 室	MC
43	ホテル JAL シティ関内 横浜	2006 年 12 月	神奈川県	170 室	MC
44	ホテル JAL シティ長野	2005 年 6 月	長 野 県	242 室	MC
45	ホテル JAL シティ広島	1999 年 3 月	広 島 県	127 室	MC
46	ホテル JAL シティ長崎	1996 年 9 月	長 崎 県	170 室	MC
47	ホテル JAL シティ宮崎	2002 年 11 月	宮 崎 県	210 室	MC
48	ホテル JAL シティ那覇	2006 年 6 月	沖 縄 県	304 室	MC

ホテルチェーン名：オークラ ホテルズ ＆ リゾー、ニッコー・ホテルズ・インターナショナル（海外展開）

本社所在地：東京都品川区東品川 2-4-11 　　軒 数：25 軒
HP アドレス：http://www.okura-nikko.com/ja　電話：03-5460-7334　FAX：03-5460-7335 　　客室数：9,337 室

No.	ホテル名	開業年月日	国・地域	客室数	運営形態
1	オークラ プレステージ台北	2012 年 8 月	台 湾	208 室	MC
2	オークラ プレステージバンコク	2012 年 5 月	タ イ	240 室	MC
3	オークラ ガーデンホテル上海	1990 年 3 月	中 国	471 室	MC
4	ホテルオークラマカオ	2011 年 5 月	中 国	488 室	MC
5	ソウル新羅ホテル	1979 年 3 月	韓 国	464 室	その他
6	済州新羅ホテル	1990 年 7 月	韓 国	429 室	その他
7	ザ・カハラ・ホテル＆リゾート	1964 年 1 月	アメリカ・ハワイ	338 室	その他
8	ホテルオークラアムステルダム	1971 年 9 月	オランダ	300 室	MC
9	ホテル・ニッコー新世紀 北京	2004 年 12 月	中 国	659 室	MC
10	ホテル・ニッコー上海	2010 年 7 月	中 国	382 室	MC
11	ホテル・ニッコー大連	2005 年 4 月	中 国	372 室	MC
12	ホテル・ニッコー泰州	2016 年 4 月	中 国	200 室	MC
13	ホテル・ニッコー蘇州	2015 年 6 月	中 国	478 室	MC
14	蘇州清山ホテル	2010 年 12 月	中 国	271 室	MC
15	ホテル・ニッコー無錫	2010 年 9 月	中 国	499 室	MC
16	ホテル・ニッコー厦門	2011 年 9 月	中 国	436 室	MC
17	ホテル・ニッコー天津	2007 年 4 月	中 国	373 室	MC
18	ホテル・ニッコー広州	2014 年 11 月	中 国	400 室	MC
19	ホテル・ロイヤル・ニッコー・タイペイ	1984 年 1 月	台 湾	202 室	MC
20	ホテル・ニッコー・ハノイ	1998 年 8 月	ベトナム	257 室	MC
21	ホテル・ニッコー・サイゴン	2011 年 12 月	ベトナム	334 室	MC
22	ホテル・ニッコー・グアム	1991 年 12 月	アメリカ・グアム	460 室	MC
23	パラオ・ロイヤル・リゾート	2005 年 6 月	パ ラ オ	157 室	MC
24	ホテル・ニッコー・サンフランシスコ	1987 年 10 月	アメリカ	533 室	MC
25	ホテル・ニッコー・デュッセルドルフ	1978 年 8 月	ド イ ツ	386 室	MC

ホテルチェーン名：小田急グループホテル

本社所在地：東京都新宿区西新宿 1-8-3 　　軒 数：8 軒
HP アドレス：http://www.odakyu.jp/group/　電話：03-3349-2091　FAX：03-3349-2447 　　客室数：1,718 室

No.	ホテル名	開業年月日	都道府県名	客室数	運営形態
1	ハイアット リージェンシー 東京	1980 年 9 月	東 京 都	746 室	直営
2	山のホテル	1948 年 5 月	神奈川県	89 室	直営
3	箱根ハイランドホテル	1957 年 5 月	神奈川県	74 室	直営
4	ホテルはつはな	1993 年 4 月	神奈川県	47 室	直営

ホテルチェーン名：小田急グループホテル					
No.	ホテル名	開業年月日	都道府県名	客室数	運営形態
5	小田急ステーションホテル本厚木	2013 年 4 月	神奈川県	61 室	直営
6	小田急ホテルセンチュリー相模大野	1996 年 11 月	神奈川県	120 室	直営
7	小田急ホテルセンチュリーサザンタワー	1998 年 4 月	東 京 都	375 室	直営
8	ホテルセンチュリー静岡	1997 年 5 月	静 岡 県	206 室	賃貸

ホテルチェーン名：オリックス不動産

本社所在地：東京都港区芝 2-14-5 オリックス芝 2 丁目ビル　　　　　　　　　　　軒　数：21 軒

HP アドレス：http://www.orix-realestate.co.jp/management/hotel/index.html　電話：03-6414-7258　FAX：03-3454-2138　　客室数：4,261 室

No.	ホテル名	開業年月日	都道府県名	客室数	運営形態
1	ホテルリゾリックス車山高原	1991 年 12 月	長 野 県	60 室	直営
2	別府 杉乃井ホテル	2002 年 9 月	大 分 県	647 室	直営
3	御宿 東鳳	2004 年 6 月	福 島 県	160 室	直営
4	春帆楼（下関本店）	2004 年 10 月	山 口 県	7 室	直営
5	ホテル JAL シティ羽田 東京	2005 年 4 月	東 京 都	308 室	賃貸
6	ホテル ミクラス	2006 年 12 月	静 岡 県	62 室	M C
7	大月ホテル和風館	2005 年 12 月	静 岡 県	28 室	M C
8	クロスホテル札幌	2007 年 7 月	北 海 道	181 室	直営
9	クロスホテル大阪	2007 年 7 月	大 阪 府	229 室	賃貸
10	ハンドレッドステイ東京新宿	2010 年 7 月	東 京 都	102 室	賃貸
11	ホテル ユニバーサル ポート	2010 年 8 月	大 阪 府	600 室	直営
12	三田ホテル	2011 年 4 月	兵 庫 県	130 室	直営
13	蓼科グランドホテル 滝の湯	2011 年 9 月	長 野 県	154 室	直営
14	ハイアット リージェンシー 京都	2013 年 2 月	京 都 府	187 室	MC
15	宇奈月杉乃井ホテル	2014 年 6 月	富 山 県	138 室	直営
16	ヒルトン沖縄北谷リゾート	2014 年 7 月	沖 縄 県	346 室	MC
17	ホテル万惣	2015 年 10 月	北 海 道	86 室	直営
18	オークラアクトシティホテル浜松	2016 年 4 月	静 岡 県	322 室	賃貸
19	ホテル JAL シティ羽田 東京 ウエスト ウイング	2016 年 9 月	東 京 都	103 室	賃貸
20	ホテル日航姫路	2016 年 10 月	兵 庫 県	257 室	賃貸
21	箱根・芦ノ湖 はなをり	2017 年 8 月	神奈川県	154 室	直営

ホテルチェーン名：価値開発ホテルグループ

本社所在地：東京都千代田区岩本町一丁目 12 番 3 号 山崎共同ビル 3 階　　　　　軒　数：19 軒

HP アドレス：http://www.kachikaihatsu.co.jp　電話：03-5822-3010　FAX：03-822-3098　　客室数：3,385 室

No.	ホテル名	開業年月日	都道府県名	客室数	運営形態
1	ベストウェスタン the japonais 米沢	2011 年 8 月	山 形 県	99 室	賃貸
2	ベストウェスタン山形エアポート	2017 年 10 月	山 形 県	98 室	賃貸
3	ベストウェスタン東京西葛西	2014 年 4 月	東 京 都	184 室	FC
4	ベストウェスタン東京西葛西グランデ	2017 年 4 月	東 京 都	105 室	FC
5	ベストウェスタン横浜	2014 年 4 月	神奈川県	185 室	FC
6	ベストウェスタンレンブラントホテル東京町田	2016 年 4 月	東 京 都	100 室	FC
7	ベストウェスタンホテル名古屋	2011 年 12 月	愛 知 県	140 室	賃貸
8	ベストウェスタンホテルフィーノ大阪心斎橋	2010 年 7 月	大 阪 府	179 室	MC
9	ベストウェスタン大阪塚本	2017 年 9 月	大 阪 府	105 室	賃貸
10	ベストウェスタンレンブラントホテル鹿児島リゾート	2015 年 4 月	鹿児島県	198 室	FC
11	ベストウェスタン沖縄幸喜ビーチ	2016 年 2 月	沖 縄 県	64 室	MC
12	ベストウェスタン沖縄恩納ビーチ	2016 年 2 月	沖 縄 県	49 室	MC
13	バリュー・ザ・ホテル仙台名取	2012 年 10 月	宮 城 県	314 室	賃貸
14	バリュー・ザ・ホテル石巻	2013 年 2 月	宮 城 県	82 室	賃貸
15	バリュー・ザ・ホテル広野	2013 年 2 月	福 島 県	275 室	賃貸
16	バリュー・ザ・ホテル古川三本木	2013 年 5 月	宮 城 県	513 室	賃貸
17	バリュー・ザ・ホテル東松島矢本	2013 年 6 月	宮 城 県	423 室	賃貸
18	バリュー・ザ・ホテル楢葉木戸駅前	2017 年 12 月	福 島 県	107 室	賃貸
19	衣浦グランドホテル	1992 年 11 月	愛 知 県	165 室	直営

第3章 日本のホテルチェーン・グループ一覧 2018 （2018年1月1日時点）

ホテルチェーン名：からくさホテルズ

本社所在地：東京都港区赤坂 1-1-1				軒　数：4軒	
HPアドレス：https://karaksahotels.com　電話：03-5544-5813　FAX：03-5544-5814				客室数：356室	

No.	ホテル名	開業年月日	都道府県名	客室数	運営形態
1	からくさホテル京都 I	2016年3月	京都府	36室	直営
2	からくさホテル大阪心斎橋 I	2016年3月	大阪府	69室	直営
3	からくさスプリングホテル関西エアゲート	2017年1月	大阪府	139室	直営
4	からくさホテル大阪なんば	2017年11月	大阪府	112室	直営

ホテルチェーン名：カラカミ観光

本社所在地：北海道札幌市南区定山渓温泉東2丁目111-2				軒　数：9軒	
HPアドレス：http://www.karakami-kankou.co.jp　電話：011-598-3225　FAX：011-598-3226				客室数：2,525室	

No.	ホテル名	開業年月日	都道府県名	客室数	運営形態
1	定山渓ビューホテル	1985年9月	北海道	647室	所有直営
2	洞爺サンパレスリゾート＆スパ	1978年3月	北海道	451室	所有直営
3	ニュー阿寒ホテル	1965年4月	北海道	338室	所有直営
4	ホテル瑞鳳	2000年11月	宮城県	174室	所有直営
5	秋保グランドホテル	2002年7月	宮城県	140室	所有直営
6	ホテル川久	1999年5月	和歌山県	74室	所有直営
7	白浜古賀の井リゾート＆スパ	2005年8月	和歌山県	171室	所有直営
8	晴海グランドホテル	1999年9月	東京都	210室	所有直営
9	ホテルコスモスクエア 国際交流センター	2007年2月	大阪府	320室	MC

ホテルチェーン名：かりゆしホテルズ

本社所在地：沖縄県那覇市前島3丁目25番1号				軒　数：7軒	
HPアドレス：http://www.kariyushi.co.jp/　電話：098-869-2896　FAX：098-861-0086				客室数：1,060室	

No.	ホテル名	開業年月日	都道府県名	客室数	運営形態
1	沖縄かりゆしビーチリゾート・オーシャンスパ	1987年5月	沖縄県	516室	直営
2	沖縄かりゆしアーバンリゾート・ナハ	1995年4月	沖縄県	269室	賃貸
3	Okinawa Spa Resort EXES	2008年7月	沖縄県	90室	直営
4	Okinawa EXES Ishigakijima	2012年10月	沖縄県	50室	直営
5	KARIYUSHI LCH. Izumizaki 県庁前	2013年11月	沖縄県	58室	直営
6	KARIYUSHI LCH.2nd Izumizaki	2015年12月	沖縄県	26室	直営
7	KARIYUSHI LCH.PREMIUM	2016年4月	沖縄県	51室	直営

ホテルチェーン名：共立メンテナンス（共立リゾート）

本社所在地：東京都千代田区外神田 2-18-8				軒　数：30軒	
HPアドレス：http://www.kyoritsugroup.co.jp/　電話：03-5295-7072　FAX：03-5295-7061				客室数：2,535室	

No.	ホテル名	開業年月日	都道府県名	客室数	運営形態
1	ラビスタ大雪山	2007年4月	北海道	85室	その他
2	ラビスタ函館ベイ	2008年4月	北海道	350室	賃貸
3	ラビスタ阿寒川	2015年9月	北海道	64室	その他
4	ラビスタ安比高原	2004年8月	岩手県	28室	賃貸
5	鳴子温泉 湯元 吉祥	2016年10月	宮城県	59室	直営
6	ウェルネスの森 那須	2001年4月	栃木県	47室	直営
7	草津温泉 湯宿 季の庭	2010年7月	群馬県	64室	賃貸
8	草津温泉 お宿 木の葉	2010年7月	群馬県	47室	賃貸
9	箱根強羅温泉 雪月花	2006年11月	神奈川県	158室	賃貸
10	箱根小涌谷温泉 水の音	2006年10月	神奈川県	95室	直営
11	箱根湯本温泉 月の宿 紗ら	2015年12月	神奈川県	56室	賃貸
12	ラビスタ富士河口湖	2015年11月	山梨県	83室	賃貸
13	修善寺温泉 湯回廊菊屋	2006年7月	静岡県	44室	賃貸
14	ラビスタ 伊豆山	1995年4月	静岡県	45室	直営
15	ウェルネスの森 伊東	1997年4月	静岡県	98室	直営
16	淘心庵 米屋	2004年4月	静岡県	17室	直営
17	伊豆高原 八幡野温泉郷 きらの里	2006年7月	静岡県	68室	直営
18	奥飛騨温泉郷 平湯温泉 匠の宿 深山桜庵	2007年4月	岐阜県	72室	直営
19	飛騨花里の湯 高山桜庵	2009年4月	岐阜県	167室	直営
20	ドーミー倶楽部 軽井沢	2006年4月	長野県	24室	MC

ホテルチェーン名：共立メンテナンス（共立リゾート）

No.	ホテル名	開業年月日	都道府県名	客室数	運営形態
21	京都嵐山温泉 花伝抄	2011 年 10 月	京 都 府	105 室	賃貸
22	京都五条瞑想の湯 ホテル秀峰閣	2005 年 3 月	京 都 府	41 室	直営
23	城崎温泉 銀花	2006 年 10 月	兵 庫 県	18 室	直営
24	南紀白浜 景勝の宿 浜千鳥の湯 海舟	2007 年 11 月	和歌山県	109 室	賃貸
25	いにしえの宿 伊久	2013 年 9 月	三 重 県	58 室	賃貸
26	ザ・ビーチタワー沖縄	2004 年 7 月	沖 縄 県	280 室	賃貸
27	いにしえの宿 佳雲	2017 年 7 月	島 根 県	60 室	直営
28	お宿 月夜のうさぎ	2017 年 7 月	島 根 県	100 室	直営
29	ルシアン旧軽井沢	2017 年 10 月	長 野 県	50 室	賃貸
30	強羅温泉 雪月花 別邸 翠雲	2017 年 12 月	宮 城 県	43 室	賃貸

ホテルチェーン名：共立メンテナンス（ドーミーイン）

本社所在地：東京都千代田区外神田 2-18-8　　　　　　　　　　　　　　　　　　軒　数：70 軒
HP アドレス：http://www.kyoritsugroup.co.jp/　　電話：03-5295-7072　FAX：03-5295-7061　　客室数：11,398 室

No.	ホテル名	開業年月日	都道府県名	客室数	運営形態
1	ドーミーイン PREMIUM 札幌	2002 年 2 月	北 海 道	168 室	賃貸
2	ドーミーイン札幌 ANNEX	2005 年 2 月	北 海 道	134 室	賃貸
3	ドーミーイン稚内	2007 年 8 月	北 海 道	175 室	賃貸
4	ドーミーイン北見	2007 年 1 月	北 海 道	164 室	賃貸
5	ドーミーイン網走	2016 年 5 月	北 海 道	145 室	賃貸
6	ドーミーイン旭川	2010 年 3 月	北 海 道	174 室	賃貸
7	ドーミーイン苫小牧	2008 年 7 月	北 海 道	163 室	賃貸
8	ドーミーイン帯広	2010 年 4 月	北 海 道	194 室	賃貸
9	ドーミーイン PREMIUM 小樽	2009 年 7 月	北 海 道	246 室	賃貸
10	ドーミーイン EXPRESS 函館五稜郭	2006 年 7 月	北 海 道	71 室	賃貸
11	ラビスタ釧路川	2007 年 4 月	北 海 道	226 室	賃貸
12	ドーミーイン東室蘭	2015 年 10 月	北 海 道	196 室	賃貸
13	ドーミーイン弘前	2008 年 4 月	青 森 県	193 室	賃貸
14	ドーミーイン秋田	2006 年 8 月	秋 田 県	297 室	賃貸
15	ドーミーイン EXPRESS 仙台広瀬通	1997 年 7 月	宮 城 県	120 室	賃貸
16	ドーミーイン仙台 ANNEX	2006 年 6 月	宮 城 県	165 室	賃貸
17	ドーミーイン仙台駅前	2007 年 5 月	宮 城 県	148 室	賃貸
18	ドーミーイン EXPRESS 郡山	2009 年 3 月	福 島 県	198 室	賃貸
19	ドーミーイン高崎	2009 年 2 月	群 馬 県	120 室	賃貸
20	ドーミーイン EXPRESS 草加 City	1993 年 7 月	埼 玉 県	93 室	賃貸
21	ドーミーイン千葉 City Soga	1995 年 4 月	千 葉 県	111 室	賃貸
22	ドーミーイン EXPRESS 目黒青葉台	1996 年 4 月	東 京 都	48 室	賃貸
23	ドーミーイン EXPRESS 浅草	1997 年 4 月	東 京 都	76 室	賃貸
24	ドーミーイン PREMIUM 東京小伝馬町	2016 年 9 月	東 京 都	134 室	賃貸
25	ドーミーイン東京八丁堀	2005 年 12 月	東 京 都	143 室	賃貸
26	ドーミーイン秋葉原	2005 年 9 月	東 京 都	100 室	賃貸
27	ドーミーイン PREMIUM 渋谷神宮前	2012 年 4 月	東 京 都	136 室	賃貸
28	ドーミーイン上野・御徒町	2015 年 5 月	東 京 都	105 室	賃貸
29	global cabin 東京五反田	2016 年 7 月	東 京 都	90 室	賃貸
30	ドーミーイン新潟	2000 年 4 月	新 潟 県	230 室	賃貸
31	ドーミーイン松本	2007 年 7 月	長 野 県	116 室	賃貸
32	ドーミーイン長野	2016 年 7 月	長 野 県	153 室	賃貸
33	ドーミーイン甲府	2007 年 9 月	山 梨 県	186 室	賃貸
34	ドーミーイン富山	2005 年 9 月	富 山 県	203 室	その他
35	天然温泉 富山 剱の湯 御宿 野乃	2016 年 7 月	富 山 県	151 室	賃貸
36	ドーミーイン金沢	2006 年 11 月	石 川 県	302 室	賃貸
37	ドーミーイン三島	2011 年 3 月	静 岡 県	170 室	賃貸
38	ドーミーイン EXPRESS 掛川	2013 年 4 月	静 岡 県	132 室	賃貸
39	ドーミーイン EXPRESS 三河安城	2009 年 9 月	愛 知 県	131 室	賃貸
40	ドーミーイン EXPRESS 名古屋	2000 年 4 月	愛 知 県	93 室	賃貸
41	ドーミーイン PREMIUM 名古屋栄	2015 年 4 月	愛 知 県	212 室	賃貸
42	ドーミーイン津	2009 年 8 月	三 重 県	173 室	賃貸

第3章　日本のホテルチェーン・グループ一覧 2018 (2018年1月1日時点)

ホテルチェーン名：共立メンテナンス（ドーミーイン）

No.	ホテル名	開業年月日	都道府県名	客室数	運営形態
43	ドーミーイン岐阜駅前	2012 年 9 月	岐 阜 県	151 室	賃貸
44	ドーミーイン PREMIUM 京都駅前	2010 年 4 月	京 都 府	200 室	賃貸
45	ドーミーイン梅田東	2007 年 2 月	大 阪 府	129 室	賃貸
46	ドーミーイン PREMIUM なんば	2013 年 9 月	大 阪 府	230 室	賃貸
47	天然温泉 花風の湯 御宿 野乃 なんば	2016 年 10 月	大 阪 府	168 室	賃貸
48	ドーミーイン心斎橋	2005 年 7 月	大 阪 府	129 室	賃貸
49	ドーミーイン姫路	2011 年 4 月	兵 庫 県	156 室	賃貸
50	ドーミーイン PREMIUM 和歌山	2012 年 3 月	和歌山県	142 室	賃貸
51	ドーミーイン倉敷	2008 年 8 月	岡 山 県	168 室	賃貸
52	ドーミーイン広島	2001 年 10 月	広 島 県	141 室	その他
53	ドーミーイン高松	2008 年 4 月	香 川 県	151 室	賃貸
54	天然温泉 境港 夕凪の湯 御宿 野乃	2016 年 2 月	鳥 取 県	195 室	賃貸
55	ドーミーイン EXPRESS 松江	2012 年 7 月	島 根 県	137 室	賃貸
56	ドーミーイン PREMIUM 下関	2010 年 4 月	山 口 県	146 室	賃貸
57	ドーミーイン博多祇園	2009 年 5 月	福 岡 県	186 室	賃貸
58	ドーミーイン PREMIUM 博多・キャナルシティ前	2011 年 6 月	福 岡 県	122 室	賃貸
59	ドーミーイン長崎	2010 年 4 月	長 崎 県	211 室	賃貸
60	ドーミーイン熊本	2008 年 4 月	熊 本 県	291 室	賃貸
61	ドーミーイン鹿児島	2012 年 5 月	鹿児島県	187 室	賃貸
62	ドーミーイン PREMIUM 神田	2017 年 4 月	東 京 都	139 室	賃貸
63	ドーミーイン宮崎	2017 年 5 月	宮 崎 県	191 室	賃貸
64	ドーミーイン出雲	2017 年 7 月	島 根 県	185 室	賃貸
65	ドーミーイン EXPRESS 仙台シーサイド	2017 年 8 月	宮 城 県	183 室	賃貸
66	ドーミーイン甲府丸の内	2017 年 9 月	山 梨 県	190 室	賃貸
67	天然温泉 吉野桜の湯 御宿 野乃 奈良	2017 年 9 月	奈 良 県	216 室	賃貸
68	global cabin 東京水道橋	2017 年 12 月	東 京 都	88 室	賃貸
69	ドーミーイン松山	2017 年 12 月	愛 媛 県	174 室	賃貸
70	ドーミーイン高知	2017 年 12 月	高 知 県	207 室	賃貸

ホテルチェーン名：共立メンテナンス（ドーミーイン）（海外展開）

本社所在地：東京都千代田区外神田 2-18-8 ／ 軒　数：2 軒

HP アドレス：http://www.kyoritsugroup.co.jp/　電話：03-5295-7072　FAX：03-5295-7061 ／ 客室数：435 室

No.	ホテル名	開業年月日	国・地域	客室数	運営形態
1	ドーミーイン PREMIUM ソウルカロスキル	2014 年 7 月	韓　国	215 室	賃貸
2	ドーミーインソウルカンナム	2017 年 1 月	韓　国	220 室	賃貸

ホテルチェーン名：グッドイングループ

本社所在地：大分県大分市西鶴崎 1-7-17 ／ 軒　数：8 軒

HP アドレス：http://www.good-inn.com/　電話：097-503-6670　FAX：097-503-6669 ／ 客室数：1,027 室

No.	ホテル名	開業年月日	都道府県名	客室数	運営形態
1	グッドイン鶴崎	1997 年 3 月	大 分 県	94 室	直営
2	グッドイン別府	1997 年 6 月	大 分 県	210 室	直営
3	グッドイン加治木	1998 年 6 月	鹿児島県	86 室	直営
4	グッドイン隼人	1998 年 7 月	鹿児島県	86 室	直営
5	グッドイン鹿児島	1999 年 11 月	鹿児島県	101 室	直営
6	グッドイン大分	2003 年 12 月	大 分 県	239 室	直営
7	グッドイン西鶴崎	2005 年 3 月	大 分 県	123 室	直営
8	グッドイン松橋	2017 年 8 月	熊 本 県	88 室	直営

ホテルチェーン名：グランパークホテルグループ

本社所在地：東京都港区新橋 3-1-9 301 新橋ビル 5 階 ／ 軒　数：14 軒

HP アドレス：https://grandpark-ex.jp　電話：03-6632-3000　FAX：03-3502-2610 ／ 客室数：1,355 室

No.	ホテル名	開業年月日	都道府県名	客室数	運営形態
1	グランパークホテルパネックス君津	2000 年 10 月	千 葉 県	142 室	直営
2	グランパークホテルエクセル木更津	2002 年 10 月	千 葉 県	90 室	賃貸
3	グランパークホテルパネックス千葉	2002 年 12 月	千 葉 県	72 室	直営
4	ホテルかずさ	2006 年 2 月	千 葉 県	75 室	直営

ホテルチェーン名：グランパークホテルグループ

No.	ホテル名	開業年月日	都道府県名	客室数	運営形態
5	ホテルカターラ RESORT & SPA	2009 年 1 月	静 岡 県	72 室	直営
6	グランパークホテルパネックスいわき	2009 年 12 月	福 島 県	133 室	直営
7	グランパークホテルエクセル福島恵比寿	2010 年 9 月	福 島 県	101 室	賃貸
8	グランパークホテルパネックス東京	2010 年 11 月	東 京 都	126 室	賃貸
9	サヤン・テラス HOTEL&RESORT	2014 年 3 月	千 葉 県	34 室	直営
10	グランパーク・イン 巣鴨	2015 年 11 月	東 京 都	112 室	賃貸
11	グランパーク・イン 北千住	2015 年 11 月	東 京 都	94 室	賃貸
12	グランパークホテルパネックス八戸	2016 年 11 月	青 森 県	84 室	直営
13	グランパーク・イン横浜	2016 年 12 月	神奈川県	175 室	賃貸
14	ガーデンホテル紫雲閣東松山	2017 年 12 月	埼 玉 県	45 室	直営

ホテルチェーン名：グランビスタ ホテル&リゾート

本社所在地：東京都千代田区内神田 2-3-4S-GATE 大手町北 5F 　　軒 数：10 軒
HP アドレス：http://www.granvista.co.jp　電話：03-5209-4121　FAX：03-3297-0505 　　客室数：1,726 室

No.	ホテル名	開業年月日	都道府県名	客室数	運営形態
1	札幌グランドホテル	1934 年 12 月	北 海 道	504 室	直営
2	札幌パークホテル	1964 年 7 月	北 海 道	216 室	直営
3	熊本ホテルキャッスル	1960 年 10 月	熊 本 県	179 室	関係会社
4	銀座グランドホテル	1977 年 12 月	東 京 都	257 室	賃貸
5	章月グランドホテル	1934 年 9 月	北 海 道	59 室	直営
6	黒部観光ホテル	1964 年 11 月	長 野 県	88 室	直営
7	白良荘グランドホテル	1929 年 11 月	和歌山県	100 室	直営
8	鴨川シーワールドホテル	1971 年 7 月	千 葉 県	74 室	直営
9	ホテルゆもと登別	2002 年 4 月	北 海 道	69 室	MC
10	ホテル・ザ・ルーテル	2001 年 12 月	大 阪 府	180 室	MC

ホテルチェーン名：グリーンズホテルズ

本社所在地：三重県四日市市浜田町 5 番 3 号 　　軒 数：30 軒
HP アドレス：https://www.greens.co.jp/　電話：059-351-5593　FAX：059-354-1355 　　客室数：3,294 室

No.	ホテル名	開業年月日	都道府県名	客室数	運営形態
1	新四日市ホテル	1957 年 7 月	三 重 県	63 室	直営
2	伊勢シティホテル	1985 年 7 月	三 重 県	94 室	直営
3	名張シティホテル	1987 年 8 月	三 重 県	83 室	直営
4	伊勢シティホテルアネックス	1991 年 11 月	三 重 県	143 室	直営
5	久居グリーンホテル	1992 年 1 月	三 重 県	99 室	直営
6	ホテルグリーンパーク鈴鹿	1992 年 9 月	三 重 県	142 室	直営
7	四日市シティホテル	1993 年 10 月	三 重 県	100 室	直営
8	四日市シティホテルアネックス	1994 年 7 月	三 重 県	152 室	直営
9	桑名グリーンホテル	1994 年 9 月	三 重 県	74 室	直営
10	伊賀上野シティホテル	1997 年 4 月	三 重 県	128 室	直営
11	ホテルエコノ名古屋栄	1998 年 12 月	愛 知 県	142 室	直営
12	ホテルエコノ四日市	1999 年 10 月	三 重 県	144 室	直営
13	松阪シティホテル	2000 年 4 月	三 重 県	71 室	直営
14	ホテルグリーンパーク津	2001 年 3 月	三 重 県	160 室	直営
15	名和プラザホテル	2001 年 9 月	愛 知 県	66 室	直営
16	ロードイン鳥羽	2003 年 1 月	三 重 県	52 室	直営
17	ホテルエコノ金沢駅前	2003 年 5 月	石 川 県	105 室	直営
18	ホテルエコノ東金沢	2003 年 5 月	石 川 県	104 室	直営
19	ホテルエコノ金沢片町	2003 年 5 月	石 川 県	90 室	直営
20	ホテルエコノ金沢アスパー	2003 年 5 月	石 川 県	67 室	直営
21	ホテルエコノ多気	2004 年 11 月	三 重 県	112 室	直営
22	ホテルエコノ福井駅前	2006 年 7 月	福 井 県	138 室	直営
23	ホテルエコノ亀山	2006 年 8 月	三 重 県	112 室	直営
24	ホテルエコノ津駅前	2006 年 11 月	三 重 県	120 室	直営
25	レストイン多賀	2010 年 11 月	滋 賀 県	25 室	直営
26	ホテル門前の湯	2011 年 3 月	新 潟 県	112 室	直営
27	小牧シティホテル	2015 年 3 月	愛 知 県	80 室	直営

第3章　日本のホテルチェーン・グループ一覧 2018 (2018年1月1日時点)

ホテルチェーン名：グリーンズホテルズ

No.	ホテル名	開業年月日	都道府県名	客室数	運営形態
28	一宮シティホテル	2015年3月	愛知県	84室	直営
29	センターワンホテル半田	2015年12月	愛知県	150室	直営
30	ホテルエスプル広島平和公園	2017年12月	広島県	282室	直営

ホテルチェーン名：グリーンホスピタリティーマネジメント

本社所在地：東京都新宿区西新宿 3-20-2 東京オペラシティータワー 19階　　軒　数：23軒
HP アドレス：http://www.ghm.co.jp/　電話：03-3379-1193　　客室数：2,314室

No.	ホテル名	開業年月日	都道府県名	客室数	運営形態
1	サン・ピーチ OKAYAMA	2002年7月	岡山県	52室	MC
2	ひまわり荘	2002年10月	宮崎県	50室	MC
3	BumB 東京スポーツ文化館	2004年4月	東京都	60室	MC
4	ホテルラングウッド	2004年12月	東京都	126室	賃貸
5	しあわせの村	2007年3月	兵庫県	117室	その他（指定管理者制度）
6	ホテル千秋閣	2008年4月	徳島県	40室	MC
7	サザンビーチホテル＆リゾート沖縄	2009年5月	沖縄県	448室	賃貸
8	ホテル福島グリーンパレス	2012年7月	福島県	64室	MC
9	ソルヴィータホテル那覇	2013年1月	沖縄県	200室	MC
10	大子温泉やみぞ	2013年4月	茨城県	24室	その他（指定管理者制度）
11	たつのパークホテル	2013年4月	長野県	24室	その他（指定管理者制度）
12	湯来ロッジ	2014年4月	広島県	21室	その他（指定管理者制度）
13	ホテルグランバッハ京都セレクト	2014年4月	京都府	120室	賃貸
14	ホテルノースシティ	2015年4月	北海道	110室	MC
15	エスペリアホテル長崎	2015年7月	長崎県	153室	MC
16	ホテルリズベリオ赤坂	2015年12月	東京都	71室	MC
17	ホテルサンシャイン宇都宮	2015年12月	栃木県	160室	MC
18	アクアホテル佐久平	2015年11月	長野県	139室	MC
19	秋の宮山荘	2016年4月	秋田県	41室	その他（指定管理者制度）
20	マリンテラスあしや	2016年4月	福岡県	30室	その他（指定管理者制度）
21	ホテルグランバッハ熱海クレッシェンド	2016年7月	静岡県	16室	所有直営
22	ホテルコルディア大阪	2017年2月	大阪府	83室	MC
23	ホテルグランセレッソ鹿児島	2017年4月	鹿児島県	165室	MC

ホテルチェーン名：くれたけホテルチェーン

本社所在地：静岡県浜松市中区東伊場 1-1-26　　軒　数：32軒
HP アドレス：http://www.kuretake-inn.com/　電話：053-453-0880　FAX：053-453-2988　　客室数：3,241室

No.	ホテル名	開業年月日	都道府県名	客室数	運営形態
1	ホテル・ヴィラくれたけ	1995年8月	静岡県	71室	直営
2	エースイン・松阪	2000年4月	三重県	111室	賃貸
3	エースイン刈谷	2001年7月	愛知県	123室	賃貸
4	くれたけイン・掛川	2002年10月	静岡県	124室	賃貸
5	くれたけインアクト浜松	2004年3月	静岡県	158室	賃貸
6	くれたけイン浜名湖	2004年7月	静岡県	125室	賃貸
7	マリーナヴィラ	2005年1月	静岡県	19室	直営
8	くれたけイン・セントラル浜松	2005年9月	静岡県	116室	賃貸
9	くれたけイン浜松西インター	2007年1月	静岡県	129室	賃貸
10	くれたけインいわた	2007年7月	静岡県	112室	賃貸
11	ハミルトンホテル ブラック	2009年7月	愛知県	88室	直営
12	ハミルトンホテル レッド	2009年7月	愛知県	53室	直営
13	くれたけイン御前崎	2009年7月	静岡県	133室	賃貸
14	掛川グランドホテル	2009年12月	静岡県	93室	直営
15	くれたけイン焼津駅前	2010年2月	静岡県	117室	賃貸
16	くれたけイン菊川インター	2010年7月	静岡県	134室	賃貸
17	くれたけイン富士山	2011年6月	静岡県	134室	賃貸
18	沼津リバーサイドホテル	2011年11月	静岡県	136室	直営
19	ジ・オーシャン	2011年11月	静岡県	111室	直営
20	蒲郡クラシックホテル	2012年3月	愛知県	27室	直営
21	豊橋ステーションホテル	2013年5月	愛知県	102室	直営

ホテルチェーン名：くれたけホテルチェーン

No.	ホテル名	開業年月日	都道府県名	客室数	運営形態
22	浜松ステーションホテル	2013 年 6 月	静 岡 県	62 室	直営
23	掛川ステーションホテル	2013 年 9 月	静 岡 県	50 室	直営
24	くれたけインプレミアム浜松町	2013 年 11 月	東 京 都	40 室	直営
25	くれたけイン御殿場インター	2013 年 12 月	静 岡 県	108 室	賃貸
26	THE GOTEMBAKAN	2014 年 2 月	静 岡 県	50 室	賃貸
27	金沢国際ホテル	2014 年 7 月	石 川 県	100 室	直営
28	くれたけインプレミアム静岡駅前	2014 年 9 月	静 岡 県	156 室	直営
29	くれたけイン東京船堀	2015 年 7 月	東 京 都	80 室	賃貸
30	くれたけイン旭川	2016 年 8 月	北 海 道	102 室	賃貸
31	くれたけイン岡山	2016 年 9 月	岡 山 県	111 室	賃貸
32	くれたけインプレミアム名古屋納屋橋	2017 年 8 月	愛 知 県	166 室	NA

ホテルチェーン名：くれたけホテルチェーン（海外）

本社所在地：静岡県浜松市中区東伊場 1-1-26 　軒　数：3 軒
HP アドレス：http://www.kuretake-inn.com/　電話：053-453-0880　FAX：053-453-2988　客室数：356 室

No.	ホテル名	開業年月日	国・地域	客室数	運営形態
1	ホテル呉竹荘トーニュム 84 ハノイ	2016 年 10 月	ベトナム	182 室	NA
2	呉竹荘サンクレストレジデンスデルタマス	2017 年 2 月	インドネシア	105 室	NA
3	ホテル呉竹荘ルティホンガム 55 ホーチミン	2017 年 11 月	ホーチミン	69 室	NA

ホテルチェーン名：グローバルエージェンツ

本社所在地：渋谷区渋谷 2-15-1 渋谷クロスタワー 25F 　軒　数：4 軒
HP アドレス：http://www.global-agents.co.jp/　電話：03-6433-5790　客室数：347 室

No.	ホテル名	開業年月日	都道府県名	客室数	運営形態
1	HOTEL GRAPHY nezu（ホテル グラフィー ネズ）	2013 年 3 月	東 京 都	60 室	所有直営
2	ESTINATE HOTEL（エスティネートホテル）	2015 年 8 月	沖 縄 県	88 室	所有直営
3	UNWIND HOTEL & BAR（アンワインド ホテル＆バー）	2017 年 2 月	北 海 道	47 室	所有直営
4	The Millennials Kyoto（ザ ミレニアルズ キョウト）	2017 年 7 月	京 都 府	152 室	賃貸

ホテルチェーン名：京王プラザホテル

本社所在地：東京都新宿区西新宿 2-2-1 　軒　数：4 軒
HP アドレス：https://www.keioplaza.co.jp/　電話：03-3344-0111　FAX：03-3345-8269　客室数：2,381 室

No.	ホテル名	開業年月日	都道府県名	客室数	運営形態
1	京王プラザホテル	1971 年 6 月	東 京 都	1,438 室	直営
2	京王プラザホテル八王子	1994 年 9 月	東 京 都	200 室	直営
3	京王プラザホテル多摩	1990 年 4 月	東 京 都	248 室	直営
4	京王プラザホテル札幌	1982 年 5 月	北 海 道	495 室	直営

ホテルチェーン名：京王プレッソイン

本社所在地：東京都新宿区新宿 3-1-24 京王新宿三丁目ビル 8 階 　軒　数：11 軒
HP アドレス：https://www.presso-inn.com/　電話：03-5369-3401　FAX：03-3341-3371　客室数：2,792 室

No.	ホテル名	開業年月日	都道府県名	客室数	運営形態
1	京王プレッソイン東銀座	2002 年 2 月	東 京 都	250 室	賃貸
2	京王プレッソイン神田	2003 年 6 月	東 京 都	270 室	賃貸
3	京王プレッソイン新宿	2005 年 5 月	東 京 都	371 室	賃貸
4	京王プレッソイン大手町	2005 年 10 月	東 京 都	386 室	賃貸
5	京王プレッソイン茅場町	2008 年 3 月	東 京 都	236 室	賃貸
6	京王プレッソイン五反田	2008 年 5 月	東 京 都	178 室	賃貸
7	京王プレッソイン池袋	2009 年 2 月	東 京 都	231 室	賃貸
8	京王プレッソイン九段下	2009 年 7 月	東 京 都	126 室	賃貸
9	京王プレッソイン赤坂	2015 年 7 月	東 京 都	157 室	賃貸
10	京王プレッソイン東京駅八重洲	2017 年 8 月	東 京 都	248 室	賃貸
11	京王プレッソイン浜松町	2017 年 12 月	東 京 都	339 室	賃貸

日本のホテルチェーン・グループ一覧 2018 (2018年1月1日時点)

ホテルチェーン名：京急 EX イン

本社所在地：東京都港区高輪 2-20-20　　軒　数：13 軒

HP アドレス：https://www.keikyu-exinn.co.jp/　　電話：03-5798-3970　FAX：03-5798-3972　　客室数：2,779 室

No.	ホテル名	開業年月日	都道府県名	客室数	運営形態
1	京急 EX イン 大森海岸駅前	2007 年 11 月	東 京 都	105 室	MC
2	京急 EX イン 品川・新馬場駅北口	2008 年 8 月	東 京 都	127 室	MC
3	京急 EX イン 浅草橋駅前	2010 年 4 月	東 京 都	179 室	MC
4	京急 EX イン 横浜駅東口	2010 年 9 月	神奈川県	96 室	MC
5	京急 EX イン 蒲田	2010 年 10 月	東 京 都	155 室	MC
6	京急 EX イン 品川駅前	2011 年 4 月	東 京 都	935 室	MC
7	京急 EX イン 高輪	2011 年 11 月	東 京 都	163 室	MC
8	京急 EX イン 秋葉原	2016 年 3 月	東 京 都	146 室	MC
9	京急 EX イン 京急川崎駅前	2016 年 4 月	神奈川県	175 室	MC
10	京急 EX イン 品川・泉岳寺駅前	2016 年 6 月	東 京 都	120 室	MC
11	京急 EX イン 東銀座	2016 年 8 月	東 京 都	198 室	MC
12	京急 EX イン 横須賀リサーチパーク	2017 年 1 月	神奈川県	67 室	MC
13	京急 EX イン 羽田	2017 年 10 月	東 京 都	313 室	MC

ホテルチェーン名：コアグローバルマネジメント

本社所在地：東京都中央区八重洲 2-10-10　　軒　数：11 軒

HP アドレス：http://www.cgman.jp　　電話：03-6262-2940　FAX：03-6262-2945　　客室数：1,987 室

No.	ホテル名	開業年月日	都道府県名	客室数	運営形態
1	成田ゲートウェイホテル	2013 年 3 月	千 葉 県	307 室	MC
2	ホテルヒューイット甲子園	2014 年 1 月	兵 庫 県	212 室	賃貸
3	ホテル軽井沢 1130	2014 年 6 月	群 馬 県	238 室	賃貸
4	クインテッサホテル札幌	2015 年 9 月	北 海 道	167 室	賃貸
5	クインテッサホテル佐世保	2015 年 10 月	長 崎 県	162 室	賃貸
6	ザエディスターホテル成田	2015 年 11 月	千 葉 県	254 室	MC
7	クインテッサホテル伊勢志摩	2017 年 5 月	三 重 県	150 室	賃貸
8	クインテッサホテル大垣	2017 年 6 月	岐 阜 県	98 室	賃貸
9	奥尻湯ノ浜温泉ホテル緑館	2017 年 8 月	北 海 道	85 室	賃貸
10	クインテッサホテル大阪心斎橋	2017 年 9 月	大 阪 府	132 室	賃貸
11	ホテル・ラ・レゾン大阪	2017 年 12 月	大 阪 府	182 室	賃貸

ホテルチェーン名：コート・ホテルズ・アンド・リゾーツ

本社所在地：神奈川県横浜市港北区新横浜 2-13-1　　軒　数：16 軒

HP アドレス：http://www.courthotels.co.jp　　電話：045-470-1105　FAX：045-470-1135　　客室数：1,866 室

No.	ホテル名	開業年月日	都道府県名	客室数	運営形態
1	久米島イーフビーチホテル	1977 年 5 月	沖 縄 県	79 室	MC
2	コートホテル博多駅前	1986 年 7 月	福 岡 県	153 室	直営
3	コートホテル浜松	1987 年 6 月	静 岡 県	138 室	直営
4	コートホテル新潟	1987 年 10 月	新 潟 県	157 室	直営
5	コートホテル京都四条	1988 年 4 月	京 都 府	108 室	直営
6	コートホテル広島	1988 年 8 月	広 島 県	111 室	直営
7	リゾートホテルリ・カーヴ箱根	1989 年 6 月	神奈川県	140 室	賃貸
8	コートホテル旭川	1989 年 9 月	北 海 道	114 室	MC
9	藤沢ホテル	1991 年 12 月	神奈川県	58 室	MC
10	コートホテル倉敷	1993 年 3 月	岡 山 県	104 室	MC
11	コートホテル水戸	1993 年 3 月	茨 城 県	236 室	MC
12	ヴァリエホテル天神	1994 年 4 月	福 岡 県	77 室	MC
13	コートホテル福岡天神	1998 年 3 月	福 岡 県	66 室	MC
14	コートホテル新横浜	1998 年 4 月	神奈川県	191 室	賃貸
15	ホテルイーストチャイナシー	2003 年 5 月	沖 縄 県	79 室	MC
16	SHIBUYA HOTEL EN （旧：渋谷シティホテル）	2016 年 5 月	東 京 都	55 室	MC

ホテルチェーン名：国際興業グループ					
本社所在地：東京都中央区八重洲 2-10-3				軒　数：13 軒	
HP アドレス：http://www.kokusaikogyo.co.jp/　電話：03-3273-1118　FAX：03-3275-2629				客室数：1,471 室	
No.	ホテル名	開業年月日	都道府県名	客室数	運営形態
1	富士屋ホテル	1878 年 7 月	神奈川県	148 室	所有直営
2	箱根ホテル	1923 年 6 月	神奈川県	49 室	所有直営
3	富士ビューホテル	1936 年 6 月	山 梨 県	79 室	所有直営
4	佳松園	1964 年 5 月	岩 手 県	51 室	所有直営
5	ホテル青森	1967 年 12 月	青 森 県	155 室	MC
6	湯本富士屋ホテル	1973 年 9 月	神奈川県	149 室	所有直営
7	ホテル花巻	1974 年 5 月	岩 手 県	102 室	所有直営
8	ホテル紅葉館	1979 年 6 月	岩 手 県	138 室	所有直営
9	大阪富士屋ホテル	1981 年 6 月	大 阪 府	180 室	MC
10	ホテル千秋閣	1985 年 3 月	岩 手 県	182 室	所有直営
11	甲府富士屋ホテル	1989 年 10 月	山 梨 県	103 室	MC
12	ホテル鹿角	1996 年 4 月	秋 田 県	92 室	賃貸
13	フルーツパーク富士屋ホテル	1997 年 9 月	山 梨 県	43 室	MC

ホテルチェーン名：ザ・テラスホテルズ					
本社所在地：沖縄県名護市喜瀬 1808（ザ・ブセナテラス）				軒　数：5 軒	
HP アドレス：http://www.terrace.co.jp/　電話：0980-51-1333　FAX：0980-51-1331				客室数：749 室	
No.	ホテル名	開業年月日	都道府県名	客室数	運営形態
1	ザ・ブセナテラス	1997 年 7 月	沖 縄 県	410 室	直営
2	ザ・ナハテラス	1999 年 8 月	沖 縄 県	145 室	直営
3	ジ・アッタテラス クラブタワーズ	2005 年 6 月	沖 縄 県	78 室	直営
4	ザ・テラスクラブ アット ブセナ	2011 年 4 月	沖 縄 県	68 室	直営
5	ジ・ウザテラス ビーチクラブヴィラズ	2016 年 3 月	沖 縄 県	48 室	直営

ホテルチェーン名：サンルートホテルチェーン					
本社所在地：神奈川県横浜市西区北幸 2-9-14 相鉄本社ビル2F				軒　数：54 軒	
HP アドレス：https://www.sunroute.jp　電話：045-287-3630　FAX：045-287-3655				客室数：10,010 室	
No.	ホテル名	開業年月日	都道府県名	客室数	運営形態
1	ホテルサンルート福島	1974 年 2 月	福 島 県	83 室	FC
2	ホテルサンルート熊本	1975 年 3 月	熊 本 県	69 室	FC
3	ホテルサンルート青森	1977 年 1 月	青 森 県	180 室	FC
4	ホテルサンルート一関	1977 年 4 月	岩 手 県	96 室	FC
5	ホテルサンルート須賀川	1977 年 12 月	福 島 県	62 室	FC
6	ホテルサンルート宇都宮	1980 年 2 月	栃 木 県	97 室	FC
7	ホテルサンルート奈良	1981 年 3 月	奈 良 県	95 室	FC
8	ホテルサンルート五所川原	1981 年 4 月	青 森 県	96 室	FC
9	ホテルサンルート釜石	1981 年 4 月	岩 手 県	70 室	FC
10	サンルート国際ホテル山口	1981 年 11 月	山 口 県	80 室	FC
11	ホテルサンルート徳山	1982 年 7 月	山 口 県	99 室	FC
12	ホテルサンルート栃木	1983 年 1 月	栃 木 県	53 室	FC
13	ホテルサンルート梅田	1983 年 6 月	大 阪 府	217 室	FC
14	ホテルサンルート彦根	1984 年 1 月	滋 賀 県	73 室	FC
15	ホテルサンルート佐野	1984 年 2 月	栃 木 県	47 室	FC
16	ホテルサンルート小松	1984 年 3 月	石 川 県	70 室	FC
17	ホテルサンルート札幌	1984 年 8 月	北 海 道	78 室	FC
18	ホテルサンルートプラザ名古屋	1985 年 11 月	愛 知 県	275 室	FC
19	ホテルサンルート室蘭	1986 年 4 月	北 海 道	92 室	FC
20	ホテルサンルート松山	1986 年 5 月	愛 媛 県	110 室	FC
21	ホテルサンルート京都	1986 年 6 月	京 都 府	144 室	FC
22	ホテルサンルートニュー札幌	1986 年 7 月	北 海 道	306 室	賃貸
23	サンルートプラザ東京	1986 年 7 月	千 葉 県	696 室	FC
24	サンルートホテルガーデンパレス	1987 年 10 月	埼 玉 県	35 室	FC
25	ホテルサンルート新潟	1992 年 9 月	新 潟 県	231 室	賃貸
26	ホテルサンルート広島	1994 年 5 月	広 島 県	283 室	賃貸
27	ホテルサンルートソプラ神戸	1997 年 3 月	兵 庫 県	218 室	FC

第3章 日本のホテルチェーン・グループ一覧 2018 (2018年1月1日時点)

ホテルチェーン名：サンルートホテルチェーン

No.	ホテル名	開業年月日	都道府県名	客室数	運営形態
28	ホテルサンルート和田山	1997 年 7 月	兵 庫 県	58 室	FC
29	サンルートパティオ五所川原	1997 年 7 月	青 森 県	119 室	FC
30	ホテルサンルート佐世保	1997 年 11 月	長 崎 県	106 室	FC
31	ホテルサンルートパティオ大森	1998 年 1 月	東 京 都	86 室	FC
32	ホテルサンルート浅草	1998 年 2 月	東 京 都	120 室	FC
33	ホテルサンルート博多	1999 年 6 月	福 岡 県	200 室	FC
34	ホテルサンルート長野東口	2002 年 4 月	長 野 県	119 室	MC
35	ホテルサンルート上田	2003 年 12 月	長 野 県	118 室	MC
36	ホテルサンルート五反田	2003 年 12 月	東 京 都	151 室	FC
37	ホテルサンルート品川シーサイド	2004 年 9 月	東 京 都	300 室	賃貸
38	ホテルサンルート高田馬場	2005 年 7 月	東 京 都	197 室	MC
39	ホテルサンルート徳島	2006 年 3 月	徳 島 県	239 室	FC
40	ホテルサンルート川崎	2006 年 8 月	神奈川県	278 室	賃貸
41	ホテルサンルート東新宿	2007 年 4 月	東 京 都	311 室	MC
42	ホテルサンルートプラザ新宿	2007 年 9 月	東 京 都	624 室	賃貸
43	ホテルサンルート新橋	2008 年 4 月	東 京 都	220 室	賃貸
44	ホテルサンルート有明	2009 年 6 月	東 京 都	790 室	賃貸
45	ホテルサンルート長野	2010 年 8 月	長 野 県	150 室	賃貸
46	ホテルサンルート"ステラ"上野	2011 年 3 月	東 京 都	95 室	FC
47	ホテルサンルート福知山	2011 年 3 月	京 都 府	102 室	FC
48	ホテルサンルート千葉	2013 年 10 月	千 葉 県	224 室	FC
49	ホテルサンルート熊谷駅前	2014 年 4 月	埼 玉 県	110 室	FC
50	ホテルサンルート銀座	2015 年 6 月	東 京 都	165 室	FC
51	ホテルサンルート大阪なんば	2016 年 4 月	大 阪 府	698 室	賃貸
52	東京グリーンパレス	1996 年 11 月	東 京 都	238 室	MC
53	フォーレスト本郷	2000 年 1 月	東 京 都	63 室	MC
54	ソプラ神戸アネッサ	2017 年 3 月	兵 庫 県	174 室	FC

ホテルチェーン名：サンルートホテルチェーン（海外展開）

本社所在地：神奈川県横浜市西区北幸 2-9-14 相鉄本社ビル2F　　軒 数：1 軒

HP アドレス：https://www.sunroute.jp　電話：045-287-3630　FAX：045-287-3655　　客室数：125 室

No.	ホテル名	開業年月日	国・地域	客室数	運営形態
1	ホテルサンルート台北	1996 年 5 月	台 湾	125 室	FC

ホテルチェーン名：サンルートホテルチェーン（国内提携ホテル）

本社所在地：神奈川県横浜市西区北幸 2-9-14 相鉄本社ビル2F　　軒 数：10 軒

HP アドレス：https://www.sunroute.jp　電話：045-287-3630　FAX：045-287-3655　　客室数：1,238 室

No.	ホテル名	開業年月日	都道府県名	客室数	運営形態
1	福山プラザホテル	1988 年 1 月	広 島 県	124 室	業務提携
2	厚木アーバンホテル	1989 年 2 月	神奈川県	149 室	業務提携
3	サイプレスガーデンホテル	1996 年 6 月	愛 知 県	203 室	業務提携
4	ホテルネッツ函館	2008 年 4 月	北 海 道	202 室	業務提携
5	RAKO 華乃井ホテル	1 9 9 2 年	長 野 県	155 室	業務提携
6	APOAHOTEL	2016 年 6 月	三 重 県	84 室	業務提携
7	スカイホテル魚津	2016 年 10 月	富 山 県	55 室	業務提携
8	スカイホテル滑川	2016 年 10 月	富 山 県	74 室	業務提携
9	スカイホテル魚津アネックス	2016 年 10 月	富 山 県	48 室	業務提携
10	ホテルネッツ札幌	2017 年 7 月	北 海 道	144 室	業務提携

ホテルチェーン名：JR 九州グループホテル

本社所在地：福岡市博多区博多駅前 3-25-21　　軒 数：15 軒

HP アドレス：http://www.jrkyushu.co.jp/train/hotel/　電話：092-474-2591　FAX：092-474-2497　　客室数：2,576 室

No.	ホテル名	開業年月日	都道府県名	客室数	運営形態
1	ホテルオークラ JR ハウステンボス	1995 年 6 月	長 崎 県	320 室	所有直営
2	ステーションホテル小倉	1998 年 4 月	福 岡 県	294 室	所有直営
3	JR 九州ホテル ブラッサム新宿	2014 年 8 月	東 京 都	240 室	所有直営
4	JR 九州ホテル ブラッサム福岡	1999 年 6 月	福 岡 県	90 室	所有直営

ホテルチェーン名：JR 九州グループホテル

No.	ホテル名	開業年月日	都道府県名	客室数	運営形態
5	JR 九州ホテル ブラッサム博多中央	2013 年 4 月	福岡県	247 室	賃貸
6	JR 九州ホテル ブラッサム大分	2015 年 4 月	大分県	190 室	所有直営
7	JR 九州ホテル ブラッサム那覇	2017 年 6 月	沖縄県	218 室	賃貸
8	JR 九州ホテル長崎	2000 年 9 月	長崎県	144 室	所有直営
9	JR 九州ホテル鹿児島	2001 年 8 月	鹿児島県	247 室	所有直営
10	JR 九州ホテル熊本	2004 年 3 月	熊本県	150 室	所有直営
11	JR 九州ホテル小倉	2007 年 9 月	福岡県	187 室	賃貸
12	JR 九州ホテル宮崎	2011 年 11 月	宮崎県	141 室	賃貸
13	JR ホテル屋久島	2005 年 10 月	鹿児島県	46 室	所有直営
14	別府温泉 竹と椿のお宿 花べっぷ	2003 年 9 月	大分県	30 室	所有直営
15	奥日田温泉 うめひびき	2002 年 11 月	大分県	32 室	所有直営

ホテルチェーン名：JR 四国ホテルグループ

本社所在地：香川県高松市浜ノ町 8 番 33 号　　　　　　　　　　軒　数：4 軒
HP アドレス：http://www.jr-shikoku.co.jp/hotel_g/　電話：087-825-1650　FAX：087-825-1651　　客室数：662 室

No.	ホテル名	開業年月日	都道府県名	客室数	運営形態
1	JR ホテルクレメント高松	2001 年 5 月	香川県	300 室	所有直営
2	ホテルクレメント徳島	1993 年 7 月	徳島県	250 室	所有直営
3	ホテルクレメント宇和島	1998 年 6 月	愛媛県	82 室	所有直営
4	四万十の宿	2002 年 7 月	高知県	30 室	所有直営

ホテルチェーン名：JR 西日本ホテルズ

本社所在地：京都府京都市下京区烏丸通塩小路下る東塩小路町 901 京都駅ビル内　　　　軒　数：7 軒
HP アドレス：http://www.hotels.westjr.co.jp/　電話：075-342-5501　FAX：075-342-5535　　客室数：2,460 室

No.	ホテル名	開業年月日	都道府県名	客室数	運営形態
1	奈良ホテル	1909 年 10 月	奈良県	127 室	その他（資本関係）
2	ホテルグランヴィア大阪	1983 年 5 月	大阪府	716 室	賃貸
3	ホテルグランヴィア和歌山	1987 年 4 月	和歌山県	155 室	賃貸
4	ホテルグランヴィア広島	1987 年 7 月	広島県	407 室	賃貸
5	ホテルグランヴィア岡山	1995 年 3 月	岡山県	328 室	賃貸
6	ホテルグランヴィア京都	1997 年 9 月	京都府	537 室	賃貸
7	ホテル「ホップイン」アミング	1999 年 11 月	兵庫県	190 室	その他（資本関係）

ホテルチェーン名：JR 東日本ホテルズ

本社所在地：東京都豊島区西池袋 1-11-1 メトロポリタンプラザビル 13 階　　　　軒　数：47 軒
HP アドレス：http://www.jre-hotels.jp/　電話：03-5954-1066　FAX：03-5391-0543　　客室数：7,055 室

No.	ホテル名	開業年月日	都道府県名	客室数	運営形態
1	ホテルニューグランド	1927 年 12 月	神奈川県	240 室	その他(㈱ホテル、ニューグランド運営)
2	ホテルメトロポリタン盛岡	1981 年 4 月	岩手県	191 室	賃貸
3	ホテルメトロポリタン高崎	1982 年 4 月	群馬県	141 室	賃貸
4	ホテルメトロポリタン	1985 年 6 月	東京都	807 室	賃貸
5	ホテルメトロポリタンエドモント	1985 年 6 月	東京都	668 室	賃貸
6	ホテルメトロポリタン秋田	1986 年 7 月	秋田県	115 室	賃貸
7	ホテルメトロポリタン仙台	1988 年 7 月	宮城県	295 室	賃貸
8	ホテルメトロポリタン山形	1993 年 11 月	山形県	116 室	賃貸
9	ホテルメッツ久米川	1994 年 5 月	東京都	47 室	賃貸直営
10	ホテルメッツ武蔵境	1994 年 7 月	東京都	95 室	賃貸
11	ホテルメトロポリタン盛岡ニューウイング	1996 年 5 月	岩手県	121 室	賃貸
12	ホテルメッツ国分寺	1996 年 5 月	東京都	75 室	賃貸
13	ホテルメッツ浦和	1996 年 11 月	埼玉県	62 室	賃貸
14	ホテルメトロポリタン長野	1996 年 11 月	長野県	235 室	賃貸
15	ホテルメッツ水戸	1997 年 3 月	茨城県	102 室	賃貸
16	ホテルフォルクローロ角館	1997 年 3 月	秋田県	26 室	賃貸直営
17	ホテルメッツ川崎	1997 年 4 月	神奈川県	153 室	賃貸
18	ホテルフォルクローロ高畠	1997 年 10 月	山形県	26 室	賃貸直営
19	ホテルメッツ田端	1998 年 2 月	東京都	98 室	賃貸
20	ホテルフォルクローロ花巻東和	1998 年 3 月	岩手県	35 室	賃貸直営

第3章 日本のホテルチェーン・グループ一覧 2018 (2018年1月1日時点)

ホテルチェーン名：JR 東日本ホテルズ

No.	ホテル名	開業年月日	都道府県名	客室数	運営形態
21	ホテルファミリーオみなかみ	1998 年 4 月	群 馬 県	30 室	賃貸直営
22	ホテルファミリーオ館山	1998 年 4 月	千 葉 県	31 室	所有直営
23	ホテルフォルクローロ大湊	1998 年 7 月	青 森 県	53 室	所有直営
24	ホテルメッツ津田沼	1998 年 11 月	千 葉 県	81 室	賃貸
25	ホテルファミリーオ佐渡相川	1999 年 6 月	新 潟 県	30 室	賃貸直営
26	ホテルメッツ北上	1999 年 7 月	岩 手 県	121 室	賃貸
27	ホテルメッツ長岡	1999 年 7 月	新 潟 県	122 室	賃貸
28	ホテルメッツ溝ノ口	2000 年 4 月	神奈川県	100 室	賃貸
29	ホテルメッツ渋谷	2001 年 11 月	東 京 都	195 室	賃貸
30	ホテルメッツかまくら大船	2002 年 4 月	神奈川県	156 室	賃貸
31	ホテルメッツ八戸	2002 年 11 月	青 森 県	82 室	賃貸
32	ホテルメッツ目白	2003 年 10 月	東 京 都	95 室	賃貸
33	ホテルドリームゲート舞浜	2004 年 2 月	千 葉 県	80 室	賃貸
34	ホテルメッツ赤羽	2005 年 5 月	東 京 都	120 室	賃貸
35	ホテルメッツ福島	2006 年 2 月	福 島 県	129 室	賃貸
36	ホテルメッツ高円寺	2007 年 3 月	東 京 都	110 室	賃貸
37	ホテルメトロポリタン丸の内	2007 年 5 月	東 京 都	343 室	賃貸
38	ホテルメッツ立川	2008 年 10 月	東 京 都	129 室	賃貸
39	ホテルメッツ駒込	2009 年 9 月	東 京 都	152 室	賃貸
40	ホテルメッツ横浜鶴見	2010 年 10 月	神奈川県	111 室	賃貸
41	ホテル アール・メッツ宇都宮	2012 年 3 月	栃 木 県	158 室	賃貸
42	東京ステーションホテル	1915 年 11 月	東 京 都	150 室	賃貸
43	ホテルメッツ新潟	2013 年 4 月	新 潟 県	197 室	賃貸
44	ホテルフォルクローロ三陸釜石	2015 年 3 月	岩 手 県	113 室	所有直営
45	ホテルメトロポリタンさいたま新都心	2017 年 6 月	埼 玉 県	157 室	賃貸
46	ホテルメトロポリタン仙台イースト	2017 年 6 月	宮 城 県	282 室	賃貸
47	ホテルドリームゲート舞浜アネックス	2017 年 12 月	千 葉 県	80 室	賃貸

ホテルチェーン名：JR 北海道グループホテル

本社所在地：北海道札幌市中央区北 11 条西 15 丁目 1-1 　　軒　数：6 軒
HP アドレス：http://www.jrhokkaido.co.jp/life/02.html　電話：011-804-6368　FAX：011-804-6373　　客室数：1,249 室

No.	ホテル名	開業年月日	都道府県名	客室数	運営形態
1	JR タワーホテル日航札幌	2003 年 5 月	北 海 道	350 室	直営
2	ホテル日航ノースランド帯広	2007 年 4 月	北 海 道	171 室	直営
3	JR イン札幌	2008 年 10 月	北 海 道	189 室	直営
4	JR イン帯広	2011 年 6 月	北 海 道	137 室	直営
5	JR イン旭川	2015 年 4 月	北 海 道	198 室	直営
6	JR イン札幌駅南口	2016 年 10 月	北 海 道	204 室	賃貸

ホテルチェーン名：ジャスマックホテルズ

本社所在地：福岡県福岡市中央区春吉 3-13-1 　　軒　数：3 軒
HP アドレス：http://www.jasmac.co.jp/hotel/　http://www.ilpalazzo.jp/　http://www.5thhotel.jp/　電話：092-771-3303　FAX：092-716-3341　　客室数：194 室

No.	ホテル名	開業年月日	都道府県名	客室数	運営形態
1	ホテル イル・パラッツォ	1989 年 12 月	福 岡 県	62 室	賃貸
2	5TH HOTEL WEST	2007 年 6 月	福 岡 県	82 室	賃貸
3	5TH HOTEL EAST	2007 年 7 月	福 岡 県	50 室	賃貸

ホテルチェーン名：ジョイテルグループホテルズ

本社所在地：大阪府大阪市西区西本町 2-5-28 コスモ西本町ビル 　　軒　数：3 軒
HP アドレス：http://www.joytel.co.jp/　電話：06-6541-0861　FAX：06-6541-5642　　客室数：637 室

No.	ホテル名	開業年月日	都道府県名	客室数	運営形態
1	神戸プラザホテル	1979 年 2 月	兵 庫 県	138 室	MC
2	大阪ジョイテルホテル	2007 年 7 月	大 阪 府	229 室	賃貸
3	関空ジョイテルホテル	2010 年 12 月	大 阪 府	270 室	賃貸

ホテルチェーン名：スーパーホテル					
本社所在地：大阪市西区西本町 1-7-7 CE 西本町ビル				軒　数：124 軒	
HP アドレス：http://www.superhotel.co.jp　電話：06-6543-9000　FAX:06-6543-9008				客室数：14,017 室	
No.	ホテル名	開業年月日	都道府県名	客室数	運営形態
1	スーパーホテル博多	1996 年 1 月	福 岡 県	54 室	賃貸
2	スーパーホテル堺マリティマ	1997 年 4 月	大 阪 府	99 室	賃貸
3	スーパーホテル東京・赤羽	1998 年 8 月	東 京 都	49 室	賃貸
4	スーパーホテル神戸	2000 年 1 月	兵 庫 県	87 室	賃貸
5	スーパーホテル千葉駅前	2000 年 8 月	千 葉 県	149 室	賃貸
6	スーパーホテル新潟	2000 年 11 月	新 潟 県	100 室	賃貸
7	スーパーホテル大津駅前	2001 年 1 月	滋 賀 県	80 室	賃貸
8	スーパーホテル Inn 倉敷	2000 年 2 月	岡 山 県	152 室	賃貸
9	スーパーホテル奈良・新大宮駅前	2001 年 3 月	奈 良 県	97 室	賃貸
10	スーパーホテル南彦根駅前	2001 年 3 月	滋 賀 県	95 室	賃貸
11	スーパーホテル門真	2001 年 6 月	大 阪 府	105 室	賃貸
12	スーパーホテル富士インター	2001 年 7 月	静 岡 県	91 室	賃貸
13	スーパーホテル山口湯田温泉	2001 年 7 月	山 口 県	130 室	賃貸
14	スーパーホテル梅田・肥後橋	2001 年 12 月	大 阪 府	80 室	賃貸
15	スーパーホテル新井・新潟	2001 年 12 月	新 潟 県	84 室	賃貸
16	スーパーホテル鳥取駅前	2002 年 3 月	鳥 取 県	92 室	賃貸
17	スーパーホテル四日市駅前	2002 年 4 月	三 重 県	80 室	賃貸
18	スーパーホテル名古屋駅前	2002 年 7 月	愛 知 県	139 室	賃貸
19	スーパーホテル松本駅前	2002 年 8 月	長 野 県	73 室	賃貸
20	スーパーホテル北見	2002 年 12 月	北 海 道	83 室	賃貸
21	スーパーホテル御堂筋線・江坂	2003 年 2 月	大 阪 府	108 室	賃貸
22	スーパーホテル出雲駅前	2003 年 5 月	島 根 県	121 室	賃貸
23	スーパーホテル高岡駅南	2003 年 5 月	富 山 県	94 室	賃貸
24	スーパーホテル東京・亀戸	2003 年 10 月	東 京 都	93 室	賃貸
25	スーパーホテル山形駅西口	2003 年 11 月	山 形 県	108 室	賃貸
26	スーパーホテル青森	2003 年 12 月	青 森 県	89 室	賃貸
27	スーパーホテル宮崎	2004 年 1 月	宮 崎 県	124 室	賃貸
28	スーパーホテル大阪・谷町四丁目	2004 年 2 月	大 阪 府	74 室	賃貸
29	スーパーホテル大阪・天王寺	2004 年 2 月	大 阪 府	124 室	賃貸
30	スーパーホテル京都・烏丸五条	2004 年 2 月	京 都 府	108 室	賃貸
31	スーパーホテル大垣駅前	2004 年 2 月	岐 阜 県	88 室	賃貸
32	スーパーホテル那覇・新都心	2004 年 3 月	沖 縄 県	90 室	賃貸
33	スーパーホテル八戸長横町	2004 年 4 月	青 森 県	92 室	賃貸
34	スーパーホテル JR 富士駅前禁煙館	2004 年 11 月	静 岡 県	62 室	賃貸
35	スーパーホテルなんば・日本橋	2004 年 12 月	大 阪 府	136 室	賃貸
36	スーパーホテル水戸	2004 年 12 月	茨 城 県	106 室	賃貸
37	スーパーホテル高松禁煙館	2005 年 9 月	香 川 県	68 室	賃貸
38	スーパーホテル東西線・市川・妙典駅前	2005 年 9 月	千 葉 県	137 室	賃貸
39	スーパーホテル高知天然温泉	2005 年 9 月	高 知 県	120 室	賃貸
40	スーパーホテル盛岡	2005 年 12 月	岩 手 県	96 室	賃貸
41	スーパーホテル薩摩川内	2006 年 1 月	鹿 児 島 県	81 室	賃貸
42	スーパーホテル高松・田町	2006 年 3 月	香 川 県	136 室	賃貸
43	スーパーホテル弘前	2006 年 4 月	青 森 県	100 室	賃貸
44	スーパーホテル JR 上野入谷口	2006 年 4 月	東 京 都	69 室	賃貸
45	スーパーホテル釧路	2006 年 6 月	北 海 道	101 室	賃貸
46	スーパーホテルさいたま・大宮	2006 年 7 月	埼 玉 県	157 室	賃貸
47	スーパーホテル JR 新大阪東口	2006 年 7 月	大 阪 府	105 室	賃貸
48	スーパーホテル新横浜	2006 年 12 月	神奈川県	266 室	賃貸
49	スーパーホテル仙台・広瀬通り	2007 年 3 月	宮 城 県	180 室	賃貸
50	スーパーホテル横浜・関内	2007 年 4 月	神奈川県	237 室	賃貸
51	スーパーホテル函館	2007 年 5 月	北 海 道	108 室	賃貸
52	スーパーホテル天然温泉富士本館	2007 年 5 月	静 岡 県	88 室	賃貸
53	スーパーホテル沖縄・名護	2007 年 6 月	沖 縄 県	84 室	賃貸
54	スーパーホテル宇都宮	2007 年 6 月	栃 木 県	94 室	賃貸
55	スーパーホテル桑名駅前	2007 年 7 月	三 重 県	97 室	賃貸

第3章　日本のホテルチェーン・グループ一覧 2018 （2018年1月1日時点）

ホテルチェーン名：スーパーホテル

No.	ホテル名	開業年月日	都道府県名	客室数	運営形態
56	スーパーホテル松本天然温泉	2007 年 8 月	長野県	91 室	賃貸
57	スーパーホテル新居浜	2007 年 10 月	愛媛県	102 室	賃貸
58	スーパーホテル品川・青物横丁	2007 年 11 月	東京都	109 室	賃貸
59	スーパーホテル東京・JR 蒲田西口	2007 年 11 月	東京都	118 室	賃貸
60	スーパーホテル東京・JR 立川北口	2007 年 12 月	東京都	96 室	賃貸
61	スーパーホテル広島	2008 年 2 月	広島県	105 室	賃貸
62	スーパーホテル釧路駅前	2008 年 2 月	北海道	84 室	賃貸
63	スーパーホテル防府駅前	2008 年 3 月	山口県	90 室	賃貸
64	スーパーホテル札幌・すすきの	2008 年 4 月	北海道	164 室	賃貸
65	スーパーホテル新橋・烏森口	2008 年 4 月	東京都	74 室	賃貸
66	スーパーホテル八戸天然温泉	2008 年 5 月	青森県	95 室	賃貸
67	スーパーホテル小山	2008 年 5 月	栃木県	87 室	賃貸
68	スーパーホテル鳥取駅北口	2008 年 5 月	鳥取県	91 室	賃貸
69	スーパーホテル御殿場 I 号館	2008 年 6 月	静岡県	100 室	賃貸
70	スーパーホテル十和田	2008 年 6 月	青森県	73 室	賃貸
71	スーパーホテル大分・中津駅前	2008 年 7 月	大分県	104 室	賃貸
72	スーパーホテル長泉・沼津インター	2008 年 7 月	静岡県	100 室	賃貸
73	スーパーホテル京都・四条河原町	2008 年 12 月	京都府	177 室	賃貸
74	スーパーホテル Lohas・JR 奈良駅	2009 年 3 月	奈良県	233 室	賃貸
75	スーパーホテル飛騨・高山	2009 年 4 月	岐阜県	77 室	賃貸
76	スーパーホテル岡崎	2009 年 5 月	愛知県	105 室	賃貸
77	スーパーホテル JR 池袋西口	2009 年 8 月	東京都	113 室	賃貸
78	スーパーホテル奈良・大和郡山	2009 年 10 月	奈良県	92 室	賃貸
79	スーパーホテル小倉駅南口	2009 年 10 月	福岡県	108 室	賃貸
80	スーパーホテル米子駅前	2010 年 3 月	鳥取県	134 室	賃貸
81	スーパーホテル上野・御徒町	2010 年 4 月	東京都	101 室	賃貸
82	スーパーホテルさいたま・和光市駅前	2010 年 11 月	埼玉県	70 室	賃貸
83	スーパーホテル四日市・国道 1 号沿	2010 年 12 月	三重県	105 室	賃貸
84	スーパーホテル鈴鹿	2011 年 1 月	三重県	96 室	賃貸
85	スーパーホテル甲府昭和インター	2011 年 3 月	山梨県	101 室	賃貸
86	スーパーホテル御殿場 II 号館	2011 年 3 月	静岡県	102 室	賃貸
87	スーパーホテル旭川	2011 年 3 月	北海道	91 室	賃貸
88	スーパーホテル浅草	2011 年 11 月	東京都	112 室	賃貸
89	スーパーホテル東京・日本橋三越前	2012 年 3 月	東京都	83 室	賃貸
90	スーパーホテル東京・大塚	2012 年 4 月	東京都	80 室	賃貸
91	スーパーホテル東京・JR 新小岩	2013 年 4 月	東京都	110 室	賃貸
92	スーパーホテル Lohas 東京駅八重洲中央口	2013 年 8 月	東京都	325 室	賃貸
93	スーパーホテル水俣	1990 年 4 月	熊本県	93 室	賃貸
94	スーパーホテル宇部天然温泉	1992 年 3 月	山口県	108 室	賃貸
95	スーパーホテル安城駅前	1992 年 7 月	愛知県	115 室	賃貸
96	スーパーホテル Lohas 熊本天然温泉	1994 年 4 月	熊本県	249 室	賃貸
97	スーパーホテル大阪天然温泉	1997 年 5 月	大阪府	440 室	賃貸
98	スーパーホテル Lohas 池袋駅北口	2003 年 4 月	東京都	211 室	賃貸
99	スーパーホテル Inn 仙台・国分町	2004 年 4 月	宮城県	203 室	賃貸
100	スーパーホテル松山	1997 年 11 月	愛媛県	94 室	FC
101	スーパーホテル石垣島	1998 年 3 月	沖縄県	41 室	FC
102	スーパーホテル松阪	1999 年 4 月	三重県	88 室	FC
103	スーパーホテル八幡浜	2010 年 12 月	愛媛県	86 室	FC
104	スーパーホテル四国中央	2012 年 6 月	愛媛県	100 室	FC
105	スーパーホテル品川・新馬場	2014 年 8 月	東京都	99 室	賃貸
106	スーパーホテル新宿歌舞伎町	2014 年 10 月	東京都	117 室	賃貸
107	スーパーホテル Lohas 赤坂	2015 年 3 月	東京都	157 室	賃貸
108	スーパーホテル JR 奈良駅前・三条通り	2015 年 4 月	奈良県	98 室	賃貸
109	スーパーホテル滋賀・草津国道 1 号沿い	2015 年 4 月	滋賀県	99 室	FC
110	スーパーホテル秋葉原・末広町	2015 年 4 月	東京都	106 室	賃貸
111	スーパーホテル富士宮	2015 年 10 月	静岡県	104 室	FC
112	スーパーホテル江津駅前	2015 年 12 月	島根県	71 室	FC

ホテルチェーン名：スーパーホテル

No.	ホテル名	開業年月日	都道府県名	客室数	運営形態
113	スーパーホテル Lohas 地下鉄四つ橋線・本町 24 号口	2016 年 4 月	大 阪 府	170 室	賃貸
114	スーパーホテル戸塚駅東口	2016 年 7 月	神奈川県	97 室	賃貸
115	スーパーホテル千葉・市原	2016 年 9 月	千 葉 県	98 室	FC
116	スーパーホテル鹿嶋	2016 年 11 月	茨 城 県	99 室	FC
117	スーパーホテル東京・錦糸町駅前	2016 年 12 月	東 京 都	113 室	FC
118	スーパーホテル三原駅前	2016 年 12 月	広 島 県	108 室	FC
119	スーパーホテル熊本・山鹿	2017 年 7 月 1 日	熊 本 県	101 室	FC
120	スーパーホテル島根・松江駅前	2017 年 8 月 4 日	島 根 県	94 室	FC
121	スーパーホテル山梨・南アルプス	2017 年 10 月 6 日	山 梨 県	101 室	FC
122	スーパーホテル Lohas 博多駅・筑紫口天然温泉	2017 年 8 月 10 日	福 岡 県	160 室	賃貸
123	スーパーホテル埼玉・久喜	2017 年 11 月 1 日	埼 玉 県	102 室	賃貸
124	スーパーホテル Lohas 武蔵小杉駅前	2017 年 11 月 22 日	神奈川県	137 室	賃貸

ホテルチェーン名：スーパーホテル（海外展開）

本社所在地：大阪市西区西本町 1-7-7 CE 西本町ビル　　軒 数：3 軒
HP アドレス：http://www.superhotel.co.jp　電話：06-6543-9000　FAX：06-6543-9008　　客室数：206 室

No.	ホテル名	開業年月日	国・地域	客室数	運営形態
1	スーパーホテルベトナム（ハノイ）オールドクォーター	2014 年 6 月	ベトナム	46 室	FC
2	スーパーホテルベトナム（ハノイ）キャンドル	2015 年 10 月	ベトナム	72 室	FC
3	スーパーホテルミャンマー・ヤンゴン・ガバエロード	2015 年 11 月	ミャンマー	88 室	賃貸

ホテルチェーン名：スターホテルグループ

本社所在地：東京都新宿区市谷本村町 3-18　　軒 数：6 軒
HP アドレス：www.starhotel.co.jp　電話：03-5228-6915　FAX：03-5228-5880　　客室数：554 室

No.	ホテル名	開業年月日	都道府県名	客室数	運営形態
1	瀬波ビューホテル	1973 年 7 月	新 潟 県	43 室	所有直営
2	ホテルおくゆもと	1974 年 8 月	神奈川県	50 室	所有直営
3	スターホテル郡山	1978 年 10 月	福 島 県	200 室	所有直営
4	スターホテル横浜	1984 年 10 月	神奈川県	126 室	賃貸
5	松島センチュリーホテル	1984 年 10 月	宮 城 県	130 室	所有直営
6	野天風呂 湯元 龍泉	1989 年 7 月	新 潟 県	5 室	所有直営

ホテルチェーン名：SETRE グループ（セトレグループ）

本社所在地：兵庫県神戸市東灘区向洋町中 6-9 神戸ファッションマート 10F　　軒 数：4 軒
HP アドレス：http://www.hol-onic.co.jp/　電話：078-858-6908　FAX：078-858-6909　　客室数：75 室

No.	ホテル名	開業年月日	都道府県名	客室数	運営形態
1	ホテルセトレ	2005 年 4 月	兵 庫 県	24 室	所有直営
2	セトレ ハイランドヴィラ姫路	2008 年 4 月	兵 庫 県	14 室	所有直営
3	セトレ マリーナびわ湖	2013 年 9 月	滋 賀 県	14 室	MC
4	セトレ グラバーズハウス長崎	2014 年 2 月	長 崎 県	23 室	MC

ホテルチェーン名：セラヴィリゾート泉郷

本社所在地：東京都豊島区南大塚 2-45-8 ニッセイ大塚駅前ビル 7 階　　軒 数：20 軒
HP アドレス：http://www.izumigo.co.jp/　電話：03-5981-2301　FAX：03-5981-2302　　客室数：1,138 室

No.	ホテル名	開業年月日	都道府県名	客室数	運営形態
1	ネオオリエンタルリゾート八ヶ岳高原	1975 年 8 月	山 梨 県	150 室	直営および一部賃貸
2	アンビエント蓼科 コテージ	1982 年 4 月	長 野 県	17 室	直営および一部賃貸
3	アンビエント伊豆高原 コテージ	1984 年 4 月	静 岡 県	42 室	直営および一部賃貸
4	アンビエント伊豆高原ホテル 本館	1986 年 3 月	静 岡 県	52 室	直営
5	アンビエント安曇野 コテージ	1989 年 4 月	長 野 県	38 室	直営および一部賃貸
6	アンビエント伊豆高原ホテル アネックス	1989 年 6 月	静 岡 県	37 室	直営および一部賃貸
7	ホテルアルティア鳥羽	1992 年 11 月	三 重 県	72 室	直営
8	アンビエント安曇野ホテル	1992 年 12 月	長 野 県	197 室	直営
9	アンビエント蓼科ホテル	1993 年 7 月	長 野 県	128 室	直営
10	浜名湖グランドホテル さざなみ館	1994 年 6 月	静 岡 県	40 室	賃貸
11	八ヶ岳わんわんパラダイス	2001 年 4 月	山 梨 県	39 室	直営および一部賃貸
12	八ヶ岳イングリッシュガーデン プレミアムコテージ	2010 年 9 月	山 梨 県	5 室	直営

第3章 日本のホテルチェーン・グループ一覧 2018 (2018年1月1日時点)

ホテルチェーン名：セラヴィリゾート泉郷

No.	ホテル名	開業年月日	都道府県名	客室数	運営形態
13	清里高原ホテル	2004年4月	山梨県	53室	直営
14	鳥羽わんわんパラダイスホテル	2004年4月	三重県	57室	直営
15	八ヶ岳 花ホテル	2004年4月	山梨県	70室	直営および一部賃貸
16	伊豆高原わんわんパラダイスホテル	2004年11月	静岡県	53室	直営および一部賃貸
17	高山わんわんパラダイスホテル	2005年11月	岐阜県	41室	直営
18	安曇野わんわんパラダイス Jr. コテージ	2006年4月	長野県	9室	直営
19	蓼科わんわんパラダイス Jr. コテージ	2006年10月	長野県	17室	直営および一部賃貸
20	松阪わんわんパラダイス 森のホテルスメール	2016年3月	三重県	21室	指定管理

ホテルチェーン名：CENTURION HOTELS

本社所在地：東京都台東区池之端 1-1-15 南星上野ビル 3F　　軒 数：18軒
HP アドレス：www.centurion-hotel.com　電話：03-6441-2351　FAX：03-6441-2352　　客室数：1,589室

No.	ホテル名	開業年月日	都道府県名	客室数	運営形態
1	センチュリオンホテルレジデンシャル赤坂	2008年5月	東京都	48室	賃貸直営
2	センチュリオンホテルグランド赤坂	2013年10月	東京都	82室	賃貸直営
3	センチュリオンホテル上野	2014年2月	東京都	73室	直営
4	センチュリオンホテル池袋	2014年9月	東京都	145室	賃貸直営
5	センチュリオンホテルレジデンシャルキャビンタワー赤坂	2014年11月	東京都	145室	賃貸直営
6	センチュリオンホテル＆リゾート ヴィンテージ沖縄美ら海	2016年7月	沖縄県	94室	直営
7	センチュリオンホテル＆リゾート沖縄名護シティ	2017年7月	沖縄県	62室	賃貸直営
8	センチュリオンホテル リゾート＆スパ テクノポート福井	2016年11月	福井県	56室	直営
9	センチュリオンキャビン＆スパ京都四条	2016年4月	京都府	228室	直営
10	センチュリオンレディースホステル上野公園	2016年11月	東京都	139室	直営
11	センチュリオンホテルグランド神戸駅前	2016年11月	兵庫県	131室	賃貸直営
12	センチュリオンホテルヴィラスイート福井駅前	2017年1月	福井県	17室	直営
13	センチュリオンホテル＆スパ上野駅前	2017年7月	東京都	93室	賃貸直営
14	センチュリオンホテル＆スパ倉敷	2017年7月	東京都	87室	賃貸直営
15	センチュリオンホテルクラシック奈良	2017年8月	奈良県	90室	直営
16	ザ・センチュリオンクラシック赤坂	2017年10月	東京都	23室	直営
17	センチュリオンホテルヴィンテージ赤坂	2017年4月	東京都	31室	賃貸直営
18	センチュリオンホテルヴィンテージ上野	2017年3月	東京都	45室	賃貸直営

ホテルチェーン名：相鉄フレッサイン

本社所在地：横浜市西区北幸 2-9-14　　軒 数：23軒
HP アドレス：https://fresa-inn.jp/　電話：045-319-2031　FAX：045-319-2569　　客室数：3,852室

No.	ホテル名	開業年月日	都道府県名	客室数	運営形態
1	相鉄フレッサイン 鎌倉大船	2007年12月1日	神奈川県	100室	賃貸
2	相鉄フレッサイン 藤沢湘南台	2008年10月25日	神奈川県	150室	賃貸
3	相鉄フレッサイン 横浜戸塚	2010年4月1日	神奈川県	162室	賃貸
4	相鉄フレッサイン 浜松町大門	2011年11月21日	東京都	190室	賃貸
5	相鉄フレッサイン 東京京橋	2011年12月1日	東京都	160室	賃貸
6	ホテルグランドフレッサ 赤坂	2011年12月10日	東京都	139室	賃貸
7	相鉄フレッサイン 千葉柏	2012年4月1日	千葉県	153室	賃貸
8	相鉄フレッサイン 東京東陽町駅前	2012年12月1日	東京都	144室	賃貸
9	相鉄フレッサイン 日本橋人形町	2013年1月7日	東京都	128室	賃貸
10	相鉄フレッサイン 新橋日比谷口	2013年2月1日	東京都	218室	賃貸
11	相鉄フレッサイン 横浜桜木町	2013年3月1日	神奈川県	128室	賃貸
12	相鉄フレッサイン 日本橋茅場町	2013年4月1日	東京都	196室	賃貸
13	相鉄フレッサイン 東京田町	2013年6月1日	東京都	139室	賃貸
14	相鉄フレッサイン 東京蒲田	2013年9月12日	東京都	221室	賃貸
15	相鉄フレッサイン 藤沢駅南口	2014年10月1日	神奈川県	146室	MC
16	相鉄フレッサイン 御茶ノ水神保町	2015年2月1日	東京都	130室	賃貸
17	相鉄フレッサイン 銀座七丁目	2017年10月1日	東京都	286室	賃貸
18	相鉄フレッサイン 京都四条烏丸	2017年4月1日	京都府	140室	賃貸
19	相鉄フレッサイン 京都駅八条口	2017年4月15日	京都府	138室	賃貸
20	相鉄フレッサイン 東京六本木	2017年10月10日	東京都	201室	賃貸
21	相鉄フレッサイン 上野御徒町	2017年11月10日	東京都	155室	賃貸

ホテルチェーン名：相鉄フレッサイン					
No.	ホテル名	開業年月日	都道府県名	客室数	運営形態
22	相鉄フレッサイン 銀座三丁目	2017年12月1日	東 京 都	147室	賃貸
23	相鉄フレッサイン 東京錦糸町	2017年12月10日	東 京 都	281室	賃貸

ホテルチェーン名：ソラーレ ホテルズ アンド リゾーツ					
本社所在地：東京都港区芝 1 丁目 5 番 12 号				軒　数：40 軒	
HP アドレス：www.solarehotels.com　電話：03-6858-2100（代）　FAX：03-6858-2123				客室数：5,719 室	
No.	ホテル名	開業年月日	都道府県名	客室数	運営形態
1	チサン イン 名古屋	2003 年 8 月	愛 知 県	375室	賃貸
2	チサン ホテル 宇都宮	2003 年 8 月	栃 木 県	209室	賃貸
3	チサン ホテル 神戸	2003 年 8 月	兵 庫 県	290室	賃貸
4	チサン ホテル 郡山	2003 年 8 月	福 島 県	190室	FC
5	チサン ホテル 浜松町	2003 年 8 月	東 京 都	304室	FC
6	ロワジールホテル 那覇	2005 年 9 月	沖 縄 県	533室	賃貸
7	チサン イン 佐野藤岡インター	2006 年 11 月	栃 木 県	92室	賃貸
8	チサン イン 諏訪インター	2006 年 11 月	長 野 県	92室	賃貸
9	チサン ホテル 広島	2007 年 2 月	広 島 県	170室	賃貸
10	チサン イン 塩尻北インター	2007 年 3 月	長 野 県	92室	賃貸
11	チサン イン 鳥栖	2007 年 7 月	佐 賀 県	92室	賃貸
12	チサン イン 豊川インター	2007 年 8 月	愛 知 県	94室	賃貸
13	チサン イン 千葉浜野 R16	2007 年 8 月	千 葉 県	94室	賃貸
14	チサン イン 熊本御幸笛田	2007 年 11 月	熊 本 県	98室	賃貸
15	チサン イン 宇都宮鹿沼	2007 年 12 月	栃 木 県	98室	賃貸
16	チサン イン 福井	2008 年 1 月	福 井 県	98室	賃貸
17	チサン イン 福島西インター	2008 年 3 月	福 島 県	98室	賃貸
18	チサン イン 新潟中央インター	2008 年 5 月	新 潟 県	98室	賃貸
19	チサン イン 大村長崎空港	2008 年 6 月	長 崎 県	92室	賃貸
20	チサン イン 土浦阿見	2008 年 10 月	茨 城 県	92室	賃貸
21	チサン イン ひたちなか	2008 年 12 月	茨 城 県	92室	賃貸
22	チサン イン 宗像	2009 年 1 月	福 岡 県	98室	賃貸
23	チサン イン 岩手一関インター	2009 年 2 月	岩 手 県	92室	賃貸
24	チサン イン 姫路夢前橋	2009 年 4 月	兵 庫 県	98室	賃貸
25	チサン イン 大阪ほんまち	2009 年 7 月	大 阪 府	130室	賃貸
26	チサン イン 軽井沢	2009 年 7 月	長 野 県	90室	賃貸
27	ロワジール スパタワー 那覇	2009 年 7 月	沖 縄 県	89室	賃貸
28	チサン イン 倉敷水島	2009 年 10 月	岡 山 県	98室	賃貸
29	チサン イン 甲府石和	2009 年 10 月	山 梨 県	92室	賃貸
30	チサン イン 丸亀善通寺	2009 年 11 月	香 川 県	98室	賃貸
31	チサン イン 高松	2010 年 3 月	香 川 県	117室	FC
32	チサングランド 長野	2010 年 12 月	長 野 県	136室	FC
33	チサン イン 蒲田	2012 年 7 月	東 京 都	70室	賃貸
34	ロワジールホテル 豊橋	2012 年 11 月	愛 知 県	379室	TS(技術支援)
35	チサン イン 鹿児島谷山	2015 年 8 月	鹿 児 島 県	217室	賃貸
36	インソムニア 赤坂	2016 年 3 月	東 京 都	66室	賃貸
37	浦和ロイヤルパインズホテル	2016 年 4 月	埼 玉 県	196室	賃貸
38	ホテル・アンドルームス大阪本町	2017 年 4 月	大 阪 府	103室	MC
39	雨庵 金沢	2017 年 12 月	石 川 県	47室	賃貸
40	ハタゴイン静岡吉田インター	2017 年 12 月	静 岡 県	110室	賃貸

ホテルチェーン名：ソラーレ ホテルズ アンド リゾーツ （海外）					
本社所在地：東京都港区芝 1 丁目 5 番 12 号				軒　数：1 軒	
HP アドレス：www.solarehotels.com　電話：03-6858-2100（代）　FAX：03-6858-2123				客室数：619 室	
No.	ホテル名	開業年月日	国・地域	客室数	運営形態
1	ロワジールホテル ソウル明洞	2015 年 1 月	韓国・ソウル	619室	FC

第3章 日本のホテルチェーン・グループ一覧 2018 (2018年1月1日時点)

ホテルチェーン名：ソラーレ ホテルズ アンド リゾーツ（国内提携ホテル）					
本社所在地：東京都港区芝1丁目5番12号				軒　数：7軒	
HPアドレス：www.solarehotels.com　電話：03-6858-2100㈹　FAX：03-6858-2123				客室数：966室	
No.	ホテル名	開業年月日	都道府県名	客室数	運営形態
1	クリアビューゴルフクラブ＆ホテル	2011年7月	千葉県	127室	業務提携（アソシエイトホテル）
2	プレジデントホテル水戸	2012年11月	茨城県	133室	業務提携（アソシエイトホテル）
3	ベニキアカルトンホテル福岡天神	2014年4月	福岡県	130室	業務提携（アソシエイトホテル）
4	エアラインホテル	2014年11月	宮崎県	237室	業務提携（アソシエイトホテル）
5	山形グランドホテル	2016年7月	山形県	104室	業務提携（アソシエイトホテル）
6	ザ・セレクトン福島	2016年7月	福島県	121室	業務提携（アソシエイトホテル）
7	ホテルシティプラザ北上	2016年7月	岩手県	114室	業務提携（アソシエイトホテル）

ホテルチェーン名：ダイワロイネットホテルズ					
本社所在地：東京都千代田区飯田橋2丁目18番2号				軒　数：45軒	
HPアドレス：http://www.daiwaroynet.jp/　電話：03-3263-5948　FAX：03-3263-5950				客室数：9,621室	
No.	ホテル名	開業年月日	都道府県名	客室数	運営形態
1	ダイワロイネットホテル富山	2004年4月	富山県	227室	賃貸直営
2	ダイワロイネットホテル四ツ橋	2004年7月	大阪府	151室	賃貸直営
3	ダイワロイネットホテル和歌山	2005年4月	和歌山県	221室	賃貸直営
4	ダイワロイネットホテル金沢	2006年4月	石川県	208室	賃貸直営
5	ダイワロイネットホテル水戸	2006年4月	茨城県	215室	賃貸直営
6	ダイワロイネットホテル秋田	2006年7月	秋田県	221室	賃貸直営
7	ダイワロイネットホテル岐阜	2006年10月	岐阜県	207室	賃貸直営
8	ダイワロイネットホテル神戸三宮	2006年10月	兵庫県	225室	賃貸直営
9	ダイワロイネットホテル東京大崎	2007年9月	東京都	194室	賃貸直営
10	ダイワロイネットホテル岡山駅前	2008年2月	岡山県	216室	賃貸直営
11	ダイワロイネットホテル名古屋駅前	2008年5月	愛知県	188室	賃貸直営
12	ダイワロイネットホテル新横浜	2008年6月	神奈川県	163室	賃貸直営
13	ダイワロイネットホテル大分	2008年9月	大分県	240室	賃貸直営
14	ダイワロイネットホテル川崎	2008年12月	神奈川県	240室	賃貸直営
15	ダイワロイネットホテル八戸	2009年6月	青森県	227室	賃貸直営
16	ダイワロイネットホテルつくば	2009年7月	茨城県	240室	賃貸直営
17	ダイワロイネットホテル博多祇園	2009年7月	福岡県	252室	賃貸直営
18	ダイワロイネットホテル盛岡	2009年10月	岩手県	196室	賃貸直営
19	ダイワロイネットホテル広島	2009年10月	広島県	231室	賃貸直営
20	ダイワロイネットホテル横浜公園	2009年12月	神奈川県	292室	賃貸直営
21	ダイワロイネットホテル沖縄県庁前	2010年4月	沖縄県	190室	賃貸直営
22	ダイワロイネットホテル大阪上本町	2010年7月	大阪府	224室	賃貸直営
23	ダイワロイネットホテル仙台	2010年8月	宮城県	270室	賃貸直営
24	ダイワロイネットホテル名古屋新幹線口	2010年9月	愛知県	165室	賃貸直営
25	ダイワロイネットホテル京都八条口	2010年11月	京都府	192室	賃貸直営
26	ダイワロイネットホテル横浜関内	2010年11月	神奈川県	212室	賃貸直営
27	ダイワロイネットホテル堺東	2011年3月	大阪府	230室	賃貸直営
28	ダイワロイネットホテル東京赤羽	2011年3月	東京都	163室	賃貸直営
29	ダイワロイネットホテル浜松	2011年4月	静岡県	211室	賃貸直営
30	ダイワロイネットホテル那覇国際通り	2011年7月	沖縄県	261室	賃貸直営
31	ダイワロイネットホテル那覇おもろまち	2011年10月	沖縄県	243室	賃貸直営
32	ダイワロイネットホテル高松	2012年4月	香川県	175室	賃貸直営
33	ダイワロイネットホテル京都四条烏丸	2012年4月	京都府	240室	賃貸直営
34	ダイワロイネットホテル札幌すすきの	2012年7月	北海道	240室	賃貸直営
35	ダイワロイネットホテル宇都宮	2013年3月	栃木県	223室	賃貸直営
36	ダイワロイネットホテル大阪北浜	2013年5月	大阪府	260室	賃貸直営
37	ダイワロイネットホテルぬまづ	2014年4月	静岡県	150室	賃貸直営
38	ダイワロイネットホテル千葉駅前	2015年8月	千葉県	163室	賃貸直営

ホテルチェーン名：ダイワロイネットホテルズ

No.	ホテル名	開業年月日	都道府県名	客室数	運営形態
39	ダイワロイネットホテル徳島駅前	2015 年 10 月	徳島県	270 室	賃貸直営
40	ダイワロイネットホテル銀座	2015 年 12 月	東京都	207 室	賃貸直営
41	ダイワロイネットホテル松山	2016 年 3 月	愛媛県	194 室	賃貸直営
42	ダイワロイネットホテル小倉駅前	2016 年 3 月	福岡県	175 室	賃貸直営
43	ダイワロイネットホテル京都駅前	2016 年 8 月	京都府	205 室	賃貸直営
44	ダイワロイネットホテル名古屋太閤通口	2016 年 9 月	愛知県	188 室	賃貸直営
45	ダイワロイネットホテル郡山駅前	2017 年 2 月	福島県	216 室	賃貸直営

ホテルチェーン名：ダイワロイヤルホテル（旧：ダイワロイヤルホテルズ）

本社所在地：東京都江東区有明三丁目 7 番 18 号 有明セントラルタワー 8 階　　軒　数：28 軒
HP アドレス：http://www.daiwaresort.jp　電話：03-6457-1551　FAX：03-6457-1562　　客室数：7,626 室

No.	ホテル名	開業年月日	都道府県名	客室数	運営形態
1	Active Resorts 霧島 （旧：霧島霧島ロイヤルホテル）	1985 年 3 月	鹿児島県	350 室	所有直営
2	Active Resorts 岩手八幡平 （旧：八幡平ロイヤルホテル）	1988 年 5 月	岩手県	229 室	所有直営
3	Active Resorts 宮城蔵王 （旧：宮城蔵王ロイヤルホテル）	1987 年 4 月	宮城県	368 室	所有直営
4	Active Resorts 福岡八幡 （旧：北九州八幡ロイヤルホテル）	1994 年 7 月	福岡県	295 室	賃貸直営
5	Active Resorts 裏磐梯 （旧：裏磐梯ロイヤルホテル）	1987 年 4 月	福島県	227 室	所有直営
6	Hotel & Resorts BEPPUWAN （旧：別府湾ロイヤルホテル）	1990 年 11 月	大分県	289 室	所有直営
7	Hotel & Resorts ISE-SHIMA （旧：伊勢志摩ロイヤルホテル）	1987 年 9 月	三重県	369 室	所有直営
8	Hotel & Resorts KYOTO-MIYAZU （旧：天橋立 宮津ロイヤルホテル）	1994 年 6 月	京都府	312 室	所有直営
9	Hotel & Resorts MINAMIAWAJI （旧：南淡路ロイヤルホテル）	1988 年 6 月	兵庫県	325 室	所有直営
10	Hotel & Resorts MINAMIBOSO （旧：南房総 富浦ロイヤルホテル）	1990 年 7 月	千葉県	203 室	所有直営
11	Hotel & Resorts NAGAHAMA （旧：長浜ロイヤルホテル）	1994 年 6 月	滋賀県	367 室	所有直営
12	Hotel & Resorts SAGA-KARATSU （唐津ロイヤルホテル）	1987 年 7 月	佐賀県	206 室	所有直営
13	Hotel & Resorts WAKAYAMA-KUSHIMOTO （旧：串本ロイヤルホテル）	1998 年 4 月	和歌山県	252 室	所有直営
14	Hotel & Resorts WAKAYAMA-MINABE （旧：紀州南部ロイヤルホテル）	1994 年 7 月	和歌山県	326 室	所有直営
15	THE HAMANAKO （旧：浜名湖ロイヤルホテル）	1988 年 10 月	静岡県	369 室	所有直営
16	THE KASHIHARA （旧：橿原ロイヤルホテル）	1994 年 3 月	奈良県	204 室	所有直営
17	Royal Hotel みなみ北海道鹿部 （旧：みなみ北海道鹿部ロイヤルホテル）	1986 年 5 月	北海道	84 室	所有直営
18	Royal Hotel 沖縄残波岬 （旧：沖縄残波岬ロイヤルホテル）	1988 年 7 月	沖縄県	465 室	賃貸直営
19	Royal Hotel 山中温泉河鹿荘 （旧：山中温泉 河鹿荘ロイヤルホテル）	1993 年 4 月	石川県	121 室	所有直営
20	Royal Hotel 宗像 （旧：玄海ロイヤルホテル）	1994 年 4 月	福岡県	291 室	所有直営
21	Royal Hotel 大山 （旧：大山ロイヤルホテル）	1988 年 12 月	鳥取県	219 室	所有直営
22	Royal Hotel 長野 （旧：信州松代ロイヤルホテル）	1996 年 4 月	長野県	345 室	所有直営
23	Royal Hotel 土佐 （旧：土佐ロイヤルホテル）	1988 年 7 月	高知県	195 室	所有直営
24	Royal Hotel 那須 （旧：那須高原りんどう湖ロイヤルホテル）	1989 年 7 月	栃木県	190 室	所有直営
25	Royal Hotel 能登 （旧：能登ロイヤルホテル ）	1978 年 4 月	石川県	234 室	所有直営
26	Royal Hotel 八ヶ岳 （旧：大泉高原八ヶ岳ロイヤルホテル）	1997 年 7 月	山梨県	250 室	所有直営
27	Royal Hotel 富山砺波 （旧：砺波ロイヤルホテル）	1998 年 3 月	富山県	249 室	所有直営
28	ロイトン札幌	1992 年 7 月	北海道	292 室	MC

ホテルチェーン名：チョイスホテルズジャパン

本社所在地：東京都中央区日本橋馬喰町 1-6-3 吉野第一ビル 2 階　　軒　数：54 軒
HP アドレス：https://www.choice-hotels.jp　電話：03-5645-5861　FAX：03-5645-5866　　客室数：8,502 室

No.	ホテル名	開業年月日	都道府県名	客室数	運営形態
1	コンフォートホテル豊川	2001 年 10 月	愛知県	143 室	FC
2	コンフォートホテル大阪心斎橋	2002 年 10 月	大阪府	214 室	FC
3	コンフォートホテル小松	2003 年 12 月	石川県	78 室	FC
4	コンフォートホテル長野	2004 年 2 月	長野県	76 室	FC
5	コンフォートホテル岐阜	2004 年 2 月	岐阜県	219 室	FC
6	コンフォートホテル札幌南 3 西 9	2004 年 4 月	北海道	141 室	FC
7	コンフォートホテル長崎	2004 年 7 月	長崎県	150 室	FC
8	コンフォートホテル成田	2004 年 7 月	千葉県	142 室	FC
9	コンフォートホテル博多	2004 年 9 月	福岡県	242 室	FC
10	コンフォートホテル天童	2004 年 12 月	山形県	112 室	FC
11	コンフォートホテル中部国際空港	2005 年 2 月	愛知県	346 室	FC
12	コンフォートホテル東京清澄白河	2005 年 3 月	東京都	168 室	FC

第3章 日本のホテルチェーン・グループ一覧 2018 (2018年1月1日時点)

ホテルチェーン名：チョイスホテルズジャパン

No.	ホテル名	開業年月日	都道府県名	客室数	運営形態
13	コンフォートホテル堺	2005 年 6 月	大 阪 府	119 室	FC
14	コンフォートホテル横浜関内	2005 年 6 月	神奈川県	243 室	FC
15	コンフォートホテル岡山	2005 年 10 月	岡 山 県	208 室	FC
16	コンフォートホテル姫路	2006 年 2 月	兵 庫 県	152 室	FC
17	コンフォートホテル仙台東口	2006 年 4 月	宮 城 県	202 室	FC
18	コンフォートホテル郡山	2006 年 6 月	福 島 県	161 室	FC
19	コンフォートホテル秋田	2006 年 8 月	秋 田 県	159 室	FC
20	コンフォートホテル広島大手町	2006 年 10 月	広 島 県	258 室	FC
21	コンフォートホテル仙台西口	2007 年 5 月	宮 城 県	307 室	FC
22	コンフォートホテル富山駅前	2007 年 5 月	富 山 県	150 室	FC
23	コンフォートホテル燕三条	2007 年 7 月	新 潟 県	132 室	FC
24	コンフォートホテル佐賀	2007 年 7 月	佐 賀 県	134 室	FC
25	コンフォートホテル鈴鹿	2007 年 8 月	三 重 県	105 室	FC
26	コンフォートホテル新山口	2007 年 9 月	山 口 県	139 室	FC
27	コンフォートホテル苫小牧	2007 年 10 月	北 海 道	123 室	FC
28	コンフォートホテル函館	2007 年 10 月	北 海 道	139 室	FC
29	コンフォートホテル東京神田	2007 年 12 月	東 京 都	103 室	FC
30	コンフォートホテル山形	2008 年 2 月	山 形 県	108 室	FC
31	コンフォートホテル奈良	2008 年 2 月	奈 良 県	131 室	FC
32	コンフォートホテル東京東日本橋	2008 年 2 月	東 京 都	259 室	FC
33	コンフォートホテル熊本新市街	2008 年 3 月	熊 本 県	157 室	FC
34	コンフォートホテル北見	2008 年 4 月	北 海 道	127 室	FC
35	コンフォートホテル小倉	2008 年 6 月	福 岡 県	216 室	FC
36	コンフォートホテル新潟駅前	2008 年 10 月	新 潟 県	196 室	FC
37	コンフォートホテル那覇県庁前	2008 年 10 月	沖 縄 県	132 室	FC
38	コンフォートホテル北上	2009 年 1 月	岩 手 県	129 室	FC
39	コンフォートホテル黒崎	2009 年 2 月	福 岡 県	151 室	FC
40	コンフォートホテル八戸	2009 年 4 月	青 森 県	151 室	FC
41	コンフォートホテル前橋	2009 年 4 月	群 馬 県	153 室	FC
42	コンフォートホテル彦根	2009 年 4 月	滋 賀 県	154 室	FC
43	コンフォートホテル呉	2009 年 5 月	広 島 県	149 室	FC
44	コンフォートホテル帯広	2009 年 7 月	北 海 道	126 室	FC
45	コンフォートホテル浜松	2009 年 10 月	静 岡 県	196 室	FC
46	コンフォートホテル釧路	2009 年 12 月	北 海 道	126 室	FC
47	コンフォートホテル刈谷	2010 年 11 月	愛 知 県	135 室	FC
48	コンフォートホテル和歌山	2015 年 9 月	和歌山県	152 室	FC
49	コンフォートホテル豊橋	2016 年 11 月	愛 知 県	132 室	FC
50	コンフォートイン八日市	2016 年 12 月	滋 賀 県	77 室	FC
51	コンフォートイン近江八幡	2016 年 12 月	滋 賀 県	116 室	FC
52	コンフォートホテル東京東神田	2017 年 4 月	東 京 都	188 室	FC
53	コンフォートイン新潟亀田	2017 年 11 月	新 潟 県	71 室	FC
54	コンフォートイン大垣	2017 年 12 月	岐 阜 県	105 室	FC

ホテルチェーン名：つくばホテルズ

本社所在地：茨城県つくば市千現 1-12-5 　軒　数：6 軒
HP アドレス：http://www.55-hotels.com 　電話：029-851-0008　FAX：029-856-5116 　客室数：326 室

No.	ホテル名	開業年月日	都道府県名	客室数	運営形態
1	つくばスカイホテル	na	茨 城 県	76 室	直営
2	つくばデイリーイン	na	茨 城 県	92 室	直営
3	水海道スカイホテル	na	茨 城 県	29 室	直営
4	水戸ホテルシーズン	na	茨 城 県	96 室	直営
5	いずみスカイホテル	na	千 葉 県	13 室	直営
6	FUJI G&C HOTEL	na	山 梨 県	20 室	MC

ホテルチェーン名：鶴雅グループ

本社所在地：北海道釧路市阿寒町阿寒湖温泉 4-6-10 — 軒　数：12 軒

HP アドレス：www.tsurugagroup.com　電話：0154-67-2531　FAX：0154-67-3369 — 客室数：801 室

No.	ホテル名	開業年月日	都道府県名	客室数	運営形態
1	あかん遊久の里 鶴雅	1956 年 5 月	北 海 道	225 室	賃貸
2	阿寒の森 鶴雅リゾート 花ゆう香	2000 年 1 月	北 海 道	95 室	賃貸
3	サロマ湖鶴雅リゾート	2002 年 5 月	北 海 道	75 室	賃貸
4	あかん鶴雅別荘 鄙の座	2004 年 12 月	北 海 道	25 室	賃貸
5	北天の丘 あばしり湖鶴雅リゾート	2007 年 6 月	北 海 道	80 室	賃貸
6	屈斜路湖鶴雅オーベルジュ ソラ	2008 年 6 月	北 海 道	2 室	賃貸
7	しこつ湖鶴雅リゾートスパ水の謌	2009 年 5 月	北 海 道	53 室	賃貸
8	定山渓鶴雅リゾートスパ 森の謌	2010 年 8 月	北 海 道	54 室	賃貸
9	あかん湖 鶴雅ウイングス	2012 年 6 月	北 海 道	127 室	賃貸
10	鶴雅レイク阿寒ロッジ トゥラノ	2012 年 8 月	北 海 道	10 室	賃貸
11	ニセコ昆布温泉鶴雅別荘 杢の抄	2013 年 7 月	北 海 道	25 室	賃貸
12	大沼鶴雅オーベルジュ エプイ	2016 年 8 月	北 海 道	30 室	賃貸

ホテルチェーン名：TKP ホテル&リゾート事業

本社所在地：東京都新宿区市谷八幡町 8 番地 TKP 市ヶ谷ビル 2F — 軒　数：11 軒

HP アドレス：https://www.tkp.jp/　電話：03-5227-7321 — 客室数：1,050 室

No.	ホテル名	開業年月日	都道府県名	客室数	運営形態
1	TKP ホテル&リゾート レクトーレ熱海桃山	2013 年 10 月	静 岡 県	31 室	直営
2	TKP ホテル&リゾート レクトーレ熱海小嵐	2013 年 10 月	静 岡 県	20 室	直営
3	TKP ホテル&リゾート レクトーレ箱根強羅	2013 年 10 月	神奈川県	23 室	直営
4	TKP ホテル&リゾート レクトーレ軽井沢	2013 年 10 月	長 野 県	14 室	直営
5	TKP ホテル&リゾート レクトーレ湯河原	2017 年 6 月	神奈川県	108 室	直営
6	アパホテル〈TKP 札幌駅前〉	2014 年 8 月	北 海 道	203 室	FC
7	アパホテル〈TKP 札幌駅北口〉EXCELLENT	2016 年 8 月	北 海 道	105 室	FC
8	アパホテル〈TKP 日暮里〉	2016 年 12 月	東 京 都	278 室	FC
9	アパホテル〈TKP 西葛西〉	2017 年 12 月	東 京 都	124 室	FC
10	（旅館）石のや	2015 年 1 月	静 岡 県	22 室	直営
11	アジュール竹芝	2017 年 4 月	東 京 都	122 室	直営

ホテルチェーン名：帝国ホテル

本社所在地：東京都千代田区内幸町 1-1-1 — 軒　数：3 軒

HP アドレス：http://www.imperialhotel.co.jp　電話：03-3504-1111　FAX：03-3581-9146 — 客室数：1,386 室

No.	ホテル名	開業年月日	都道府県名	客室数	運営形態
1	帝国ホテル 東京	1890 年 11 月	東 京 都	931 室	直営
2	帝国ホテル 大阪	1996 年 3 月	大 阪 府	381 室	直営
3	上高地帝国ホテル	1933 年 10 月	長 野 県	74 室	直営

ホテルチェーン名：東映ホテルチェーン

本社所在地：東京都中央区銀座 3-2-17 — 軒　数：3 軒

HP アドレス：http://www.toei.co.jp/hotel/　電話：03-3535-7694　FAX：03-3535-7696 — 客室数：390 室

No.	ホテル名	開業年月日	都道府県名	客室数	運営形態
1	新潟東映ホテル	1961 年 7 月	新 潟 県	133 室	所有直営
2	湯沢東映ホテル	1960 年 10 月	新 潟 県	60 室	所有直営
3	福岡東映ホテル	1981 年 2 月	福 岡 県	197 室	賃貸（本館直営・別館賃貸）

ホテルチェーン名：東急ステイ

本社所在地：東京都渋谷区道玄坂 1 丁目 10 番 5 号 渋谷プレイス 4 階 — 軒　数：18 軒

HP アドレス：http://www.tokyustay.co.jp/　電話：03-3476-1008　FAX：03-3476-1030 — 客室数：2,558 室

No.	ホテル名	開業年月日	都道府県名	客室数	運営形態
1	東急ステイ目黒祐天寺	1995 年 7 月	東 京 都	68 室	賃貸
2	東急ステイ門前仲町	1996 年 2 月	東 京 都	110 室	賃貸
3	東急ステイ用賀	1998 年 8 月	東 京 都	78 室	賃貸
4	東急ステイ渋谷	1999 年 1 月	東 京 都	124 室	賃貸
5	東急ステイ日本橋	2000 年 1 月	東 京 都	121 室	賃貸
6	東急ステイ四谷	2001 年 5 月	東 京 都	147 室	賃貸

第3章　日本のホテルチェーン・グループ一覧 2018 （2018 年 1 月 1 日時点）

ホテルチェーン名：東急ステイ

No.	ホテル名	開業年月日	都道府県名	客室数	運営形態
7	東急ステイ渋谷新南口	2003 年 3 月	東 京 都	149 室	賃貸
8	東急ステイ東銀座	2005 年 3 月	東 京 都	124 室	賃貸
9	東急ステイ五反田	2005 年 3 月	東 京 都	167 室	賃貸
10	東急ステイ水道橋	2007 年 6 月	東 京 都	155 室	賃貸
11	東急ステイ青山プレミア	2008 年 4 月	東 京 都	169 室	賃貸
12	東急ステイ西新宿	2010 年 1 月	東 京 都	148 室	賃貸
13	東急ステイ池袋	2010 年 4 月	東 京 都	155 室	賃貸
14	東急ステイ蒲田	2011 年 4 月	東 京 都	140 室	賃貸
15	東急ステイ新橋	2014 年 5 月	東 京 都	220 室	賃貸
16	東急ステイ新宿	2015 年 5 月	東 京 都	179 室	賃貸
17	東急ステイ銀座	2016 年 3 月	東 京 都	191 室	賃貸
18	東急ステイ京都両替町通	2017 年 11 月	京 都 府	113 室	賃貸

ホテルチェーン名：東急ハーヴェストクラブ

本社所在地：東京都港区南青山 2-5-17 ポーラ青山ビル 10 階　　　軒　数：24 軒
HP アドレス：http://www.harvestclub.com/　電話：03-6455-5600　FAX：03-6455-5700　　　客室数：2,574 室

No.	ホテル名	開業年月日	都道府県名	客室数	運営形態
1	東急ハーヴェストクラブ裏磐梯グランデコ　客室数：30 室 ※総客室数 103 室（ホテルグランデコ 73 室含む）	2004 年 9 月	福 島 県	103 室	直営
2	東急ハーヴェストクラブ那須　客室数 140 室 ※総客室数 144 室（東急不動産所有分 4 室含む）	2006 年 10 月	栃 木 県	144 室	直営
3	東急ハーヴェストクラブ那須 Retreat	2017 年 10 月	栃 木 県	12 室	直営
4	東急ハーヴェストクラブ鬼怒川　客室数 140 室 ※総客室数 150 室（東急不動産所有 10 室含む）	1992 年 4 月	栃 木 県	150 室	直営
5	東急ハーヴェストクラブ旧軽井沢　客室数 146 室 ※総客室数 156 室（東急不動産所有 10 室含む）	2001 年 7 月	長 野 県	156 室	直営
6	東急ハーヴェストクラブ旧軽井沢アネックス	2007 年 7 月	長 野 県	26 室	直営
7	東急ハーヴェストクラブ蓼科	1988 年 6 月	長 野 県	90 室	直営
8	東急ハーヴェストクラブ蓼科アネックス　客室数 50 室 ※総客室数 55 室（東急不動産所有分 5 室含む）	1999 年 3 月	長 野 県	55 室	直営
9	東急ハーヴェストクラブ蓼科リゾート　客室数 20 室 ※総客室数 78 室（蓼科東急リゾート 58 室含む）	2002 年 12 月	長 野 県	78 室	直営
10	東急ハーヴェストクラブ斑尾　客室数 90 室 ※総客室数 94 室（東急不動産所有分 4 室含む）	1997 年 12 月	長 野 県	94 室	直営
11	東急ハーヴェストクラブ勝浦	1989 年 7 月	千 葉 県	98 室	直営
12	東急ハーヴェストクラブ箱根明神平（新クラブ）　客室数 38 室 ※総客室数 39 室（東急不動産運用分 1 室含む）	1993 年 7 月	神奈川県	39 室	直営
13	東急ハーヴェストクラブ VIALA 箱根翡翠　客室数 62 室数 ※総客室数 70 室（東急不動産所有分 8 室含む）	2008 年 4 月	神奈川県	70 室	直営
14	東急ハーヴェストクラブ箱根甲子園　客室数 141 室 ※総客室数 151 室（東急不動産所有分 8 室含む）	2003 年 12 月	神奈川県	151 室	直営
15	東急ハーヴェストクラブ天城高原　客室数 120 室 ※総客室数 137 室（東急不動産運用分 17 室含む）	1991 年 4 月	静 岡 県	137 室	直営
16	東急ハーヴェストクラブ伊東　客室数 160 室 ※総客室数 165 室（東急不動産所有分 5 室含む）	1993 年 6 月	静 岡 県	165 室	直営
17	東急ハーヴェストクラブ山中湖マウント富士	1999 年 7 月	山 梨 県	100 室	MC
18	東急ハーヴェストクラブ静波海岸	1991 年 11 月	静 岡 県	50 室	MC
19	東急ハーヴェストクラブ浜名湖	1990 年 7 月	静 岡 県	120 室	直営
20	東急ハーヴェストクラブ南紀田辺　客室数 180 室 ※総客室数 187 室（東急不動産所有分 7 室含む）	1993 年 3 月	和歌山県	187 室	直営
21	東急ハーヴェストクラブスキージャム勝山　客室数 85 室 ※総客室数 100 室（東急不動産運用分 15 室含む）	1999 年 7 月	福 井 県	100 室	直営
22	東急ハーヴェストクラブ有馬六彩／ VIALAannex 有馬六彩 有馬六彩：客室数 104 室／ VIALAannex 有馬六彩：客室数 25 室 ※総客室数 134 室（東急不動産所有分 5 室含む）	2010 年 3 月	兵 庫 県	134 室	直営
23	東急ハーヴェストクラブ熱海伊豆山／ VIALAannex 熱海伊豆 熱海伊豆山：客室数 125 室／ VIALAannex 熱海伊豆山：客室数 47 室 ※総客室数 182 室（東急不動産所有分 10 室含む）	2013 年 8 月	静 岡 県	182 室	直営

ホテルチェーン名：東急ハーヴェストクラブ

No.	ホテル名	開業年月日	都道府県名	客室数	運営形態
24	東急ハーヴェストクラブ京都鷹峯／ VIALAannex 京都鷹峯 京都鷹峯：客室数 83 室／ VIALAannex 京都鷹峯：客室数 37 室 ※総客室数 133 室（東急不動産所有分 13 室含む）	2014 年 10 月	京 都 府	133 室	直営

ホテルチェーン名：東急ホテルズ

本社所在地：東京都渋谷区道玄坂 1-10-7 五島育英会ビル 3 階 　　軒　数：42 軒
HP アドレス：http://www.tokyuhotels.co.jp　電話：03-3477-6019　FAX：03-3477-9639 　　客室数：11,863 室

No.	ホテル名	開業年月日	都道府県名	客室数	運営形態
1	ザ・キャピトルホテル東急	2010 年 10 月	東 京 都	251 室	賃貸
2	セルリアンタワー東急ホテル	2001 年 5 月	東 京 都	411 室	賃貸
3	横浜ベイホテル東急	2007 年 6 月	神奈川県	480 室	賃貸
4	白馬東急ホテル	1996 年 12 月	長 野 県	102 室	賃貸
5	蓼科東急ホテル	1981 年 7 月	長 野 県	78 室	FC
6	伊豆今井浜東急ホテル	1988 年 4 月	静 岡 県	134 室	賃貸
7	下田東急ホテル	1962 年 10 月	静 岡 県	112 室	賃貸
8	金沢東急ホテル	1985 年 9 月	石 川 県	232 室	賃貸
9	名古屋東急ホテル	1987 年 8 月	愛 知 県	564 室	賃貸
10	京都東急ホテル	1982 年 10 月	京 都 府	408 室	賃貸
11	宮古島東急ホテル＆リゾーツ	1984 年 4 月	沖 縄 県	246 室	賃貸
12	裏磐梯グランデコ東急ホテル	1992 年 12 月	福 島 県	103 室	FC
13	ザ パーク フロント ホテル アット ユニバーサル・スタジオ・ジャパン	2015 年 8 月	大 阪 府	598 室	MC
14	札幌エクセルホテル東急	1996 年 1 月	北 海 道	382 室	賃貸
15	赤坂エクセルホテル東急	1969 年 9 月	東 京 都	487 室	賃貸
16	渋谷エクセルホテル東急	2000 年 4 月	東 京 都	408 室	賃貸
17	二子玉川エクセルホテル東急	2015 年 7 月	東 京 都	106 室	賃貸
18	羽田エクセルホテル東急	2004 年 12 月	東 京 都	386 室	賃貸
19	成田エクセルホテル東急	1985 年 7 月	千 葉 県	706 室	賃貸
20	富山エクセルホテル東急	1992 年 3 月	富 山 県	210 室	賃貸
21	松江エクセルホテル東急	1983 年 4 月	島 根 県	163 室	賃貸
22	博多エクセルホテル東急	1992 年 4 月	福 岡 県	308 室	賃貸
23	札幌東急 REI ホテル	1980 年 6 月	北 海 道	575 室	賃貸
24	新橋愛宕山東急 REI ホテル	1976 年 3 月	東 京 都	431 室	賃貸
25	渋谷東急 REI ホテル	1979 年 1 月	東 京 都	225 室	賃貸
26	大森東急 REI ホテル	1984 年 9 月	東 京 都	197 室	賃貸
27	吉祥寺東急 REI ホテル	1982 年 11 月	東 京 都	234 室	賃貸
28	上田東急 REI ホテル	1973 年 10 月	長 野 県	133 室	FC
29	長野東急 REI ホテル	2016 年 10 月	長 野 県	143 室	MC
30	名古屋栄東急 REI ホテル	1984 年 9 月	愛 知 県	297 室	賃貸
31	新大阪江坂東急 REI ホテル	1983 年 10 月	大 阪 府	363 室	賃貸
32	大阪東急 REI ホテル	1978 年 9 月	大 阪 府	402 室	賃貸
33	神戸三宮東急 REI ホテル	1986 年 10 月	兵 庫 県	235 室	賃貸
34	神戸元町東急 REI ホテル	2009 年 7 月	兵 庫 県	191 室	賃貸
35	広島東急 REI ホテル	2012 年 1 月	広 島 県	239 室	FC
36	徳島東急 REI ホテル	1983 年 10 月	徳 島 県	138 室	FC
37	高松東急 REI ホテル	1982 年 4 月	香 川 県	191 室	賃貸
38	松山東急 REI ホテル	1991 年 9 月	愛 媛 県	245 室	賃貸
39	博多東急 REI ホテル	2009 年 8 月	福 岡 県	204 室	賃貸
40	熊本東急 REI ホテル	1974 年 10 月	熊 本 県	140 室	FC
41	鹿児島東急 REI ホテル	1987 年 7 月	鹿児島県	190 室	賃貸
42	那覇東急 REI ホテル	2009 年 6 月	沖 縄 県	215 室	賃貸

ホテルチェーン名：東急ホテルズ（海外展開）

本社所在地：東京都渋谷区道玄坂 1-10-7 五島育英会ビル 3 階 　　軒　数：5 軒
HP アドレス：http://www.tokyuhotels.co.jp　電話：03-3477-6019　FAX：03-3477-9639 　　客室数：2,267 室

No.	ホテル名	開業年月日	国・地域	客室数	運営形態
1	アウトリガー・リーフ・ワイキキ・ビーチ・リゾート	１９５５ 年	アメリカ・ハワイ	635 室	その他（提携契約）
2	アウトリガーワイキキ・ビーチ・リゾート	１９６７ 年	アメリカ・ハワイ	524 室	その他（提携契約）

第3章　日本のホテルチェーン・グループ一覧 2018 （2018年1月1日時点）

ホテルチェーン名：東急ホテルズ（海外展開）

No.	ホテル名	開業年月日	国・地域	客室数	運営形態
3	台北アンバサダーホテル	1964 年 2 月	台湾・台北	400 室	その他（提携契約）
4	高雄アンバサダーホテル	1981 年	台湾・高雄	451 室	その他（提携契約）
5	新竹アンバサダーホテル	2001 年	台湾・新竹	257 室	その他（提携契約）

ホテルチェーン名：東急ホテルズ（国内提携ホテル）

本社所在地：東京都渋谷区道玄坂 1-10-7 五島育英会ビル 3 階　　軒　数：1 軒
HP アドレス：http://www.tokyuhotels.co.jp　電話：03-3477-6019　FAX：03-3477-9639　　客室数：36 室

No.	ホテル名	開業年月日	都道府県名	客室数	運営形態
1	ヴィアーレ大阪	2001 年 5 月	大 阪 府	36 室	その他（提携契約）

ホテルチェーン名：東京ドームホテルズ

本社所在地：東京都文京区後楽 1-3-61　　軒　数：2 軒
HP アドレス：http://www.tokyodome-hotels.co.jp/　　電話：03-5805-2111　FAX：03-5805-2200　　客室数：1,095 室

No.	ホテル名	開業年月日	都道府県名	客室数	運営形態
1	東京ドームホテル	2000 年 6 月	東 京 都	1,006 室	直営
2	熱海後楽園ホテル	1965 年 8 月	静 岡 県	89 室	直営

ホテルチェーン名：東横 INN

本社所在地：東京都大田区新蒲田 1-7-4　　軒　数：259 軒
HP アドレス：http://www.toyoko-inn.com/　　電話：03-5703-1045　FAX：03-5703-9911　　客室数：50,330 室

No.	ホテル名	開業年月日	都道府県名	客室数	運営形態
1	東横 INN 蒲田 I	1986 年 2 月	東 京 都	52 室	NA
2	東横 INN 京浜急行川崎駅前	1987 年 10 月	神奈川県	72 室	NA
3	東横 INN 千葉幕張	1989 年 10 月	千 葉 県	206 室	NA
4	東横 INN 津田沼駅北口	1989 年 12 月	千 葉 県	180 室	NA
5	東横 INN 横浜西口	1990 年 10 月	神奈川県	64 室	NA
6	東横 INN 郡山	1991 年 8 月	福 島 県	219 室	NA
7	東横 INN 仙台東口 1 号館	1992 年 3 月	宮 城 県	214 室	NA
8	東横 INN 浅草千束つくばエクスプレス	1992 年 10 月	東 京 都	184 室	NA
9	東横 INN 名古屋錦	1995 年 6 月	愛 知 県	97 室	NA
10	東横 INN 札幌すすきの南	1996 年 2 月	北 海 道	195 室	NA
11	東横 INN 浅草蔵前雷門	1996 年 4 月	東 京 都	105 室	NA
12	東横 INN 新大阪中央口本館	1996 年 9 月	大 阪 府	202 室	NA
13	東横 INN 博多駅前祇園	1996 年 11 月	福 岡 県	173 室	NA
14	東横 INN 札幌駅西口北大前	1996 年 12 月	北 海 道	179 室	NA
15	東横 INN 東西線西葛西	1997 年 3 月	東 京 都	197 室	NA
16	東横 INN 蒲田東口	1997 年 3 月	東 京 都	90 室	NA
17	東横 INN 千葉駅前	1997 年 4 月	千 葉 県	205 室	NA
18	東横 INN 名古屋駅桜通口本館	1997 年 8 月	愛 知 県	102 室	NA
19	東横 INN 大阪心斎橋西	1998 年 3 月	大 阪 府	143 室	NA
20	東横 INN 仙台東口 II 号館	1998 年 7 月	宮 城 県	120 室	NA
21	東横 INN 名古屋丸の内	1998 年 7 月	愛 知 県	236 室	NA
22	東横 INN 大塚駅北口 I	1998 年 10 月	東 京 都	56 室	NA
23	東横 INN 京都四条大宮	1998 年 12 月	京 都 府	177 室	NA
24	東横 INN 福島駅西口	1999 年 2 月	福 島 県	104 室	NA
25	東横 INN 博多駅南	1999 年 3 月	福 岡 県	199 室	NA
26	東横 INN 品川駅高輪口	1999 年 11 月	東 京 都	180 室	NA
27	東横 INN 天満橋大手前	2000 年 5 月	大 阪 府	119 室	NA
28	東横 INN 梅田中津 I	2000 年 7 月	大 阪 府	170 室	NA
29	東横 INN 倉敷駅南口	2000 年 9 月	岡 山 県	154 室	NA
30	東横 INN 仙台西口広瀬通	2000 年 11 月	宮 城 県	210 室	NA
31	東横 INN 盛岡駅前	2001 年 1 月	岩 手 県	227 室	NA
32	東横 INN 大阪船場東	2001 年 2 月	大 阪 府	189 室	NA
33	東横 INN 京都五条烏丸	2001 年 4 月	京 都 府	162 室	NA
34	東横 INN 埼玉三郷駅前	2001 年 6 月	埼 玉 県	115 室	NA

ホテルチェーン名：東横 INN					
No.	ホテル名	開業年月日	都道府県名	客室数	運営形態
35	東横 INN 羽田空港 I	2001 年 8 月	東 京 都	250 室	NA
36	東横 INN 博多口駅前	2001 年 9 月	福 岡 県	257 室	NA
37	東横 INN 博多西中洲	2001 年 9 月	福 岡 県	260 室	NA
38	東横 INN 佐賀駅前	2001 年 9 月	佐 賀 県	184 室	NA
39	東横 INN 鳥取駅南口	2002 年 1 月	鳥 取 県	103 室	NA
40	東横 INN 大阪船場 I	2002 年 1 月	大 阪 府	96 室	NA
41	東横 INN 品川青物横丁駅	2002 年 2 月	東 京 都	197 室	NA
42	東横 INN 横浜桜木町	2002 年 3 月	神奈川県	217 室	NA
43	東横 INN 新横浜駅前本館	2002 年 3 月	神奈川県	105 室	NA
44	東横 INN 米沢駅前	2002 年 4 月	山 形 県	119 室	NA
45	東横 INN 京都四条烏丸	2002 年 5 月	京 都 府	223 室	NA
46	東横 INN 大阪なんば府立体育会館西	2002 年 5 月	大 阪 府	142 室	NA
47	東横 INN 那覇国際通り美栄橋駅	2002 年 6 月	沖 縄 県	94 室	NA
48	東横 INN 宇都宮駅前	2002 年 7 月	栃 木 県	354 室	NA
49	東横 INN 函館駅前大門	2002 年 8 月	北 海 道	143 室	NA
50	東横 INN 札幌駅南口	2002 年 11 月	北 海 道	115 室	NA
51	東横 INN 新潟駅前	2002 年 11 月	新 潟 県	324 室	NA
52	新横浜駅前新館	2002 年 12 月	神奈川県	288 室	NA
53	東横 INN 岐阜	2003 年 1 月	岐 阜 県	113 室	NA
54	東横 INN 松山一番町	2003 年 2 月	愛 媛 県	216 室	NA
55	東横 INN 鹿児島天文館 I	2003 年 2 月	鹿児島県	119 室	NA
56	東横 INN 函館駅前朝市	2003 年 3 月	北 海 道	260 室	NA
57	東横 INN 札幌駅北口	2003 年 4 月	北 海 道	357 室	NA
58	東横 INN 羽田空港 II	2003 年 5 月	東 京 都	311 室	NA
59	東横 INN とかち・帯広駅前	2003 年 5 月	北 海 道	129 室	NA
60	東横 INN 旭川駅前一条通	2003 年 6 月	北 海 道	143 室	NA
61	東横 INN 福島駅東口 I	2003 年 7 月	福 島 県	143 室	NA
62	東横 INN 堺東駅	2003 年 7 月	大 阪 府	111 室	NA
63	東横 INN 甲府駅南口 I	2003 年 7 月	山 梨 県	191 室	NA
64	東横 INN 横浜スタジアム前 II	2003 年 9 月	神奈川県	277 室	NA
65	東横 INN 神戸三ノ宮 1	2003 年 9 月	兵 庫 県	134 室	NA
66	東横 INN 横浜スタジアム前 I	2003 年 9 月	神奈川県	164 室	NA
67	東横 INN 那覇旭橋駅前	2003 年 11 月	沖 縄 県	284 室	NA
68	東横 INN 熊本交通センター前	2003 年 11 月	熊 本 県	152 室	NA
69	東横 INN 新宿歌舞伎町	2004 年 1 月	東 京 都	351 室	NA
70	東横 INN 長崎駅前	2004 年 1 月	長 崎 県	219 室	NA
71	東横 INN 姫路駅新幹線南口	2004 年 2 月	兵 庫 県	210 室	NA
72	東横 INN 後楽園文京区役所前	2004 年 2 月	東 京 都	165 室	NA
73	東横 INN 日立駅前	2004 年 3 月	茨 城 県	228 室	NA
74	東横 INN 広島平和大通	2004 年 3 月	広 島 県	255 室	NA
75	東横 INN 釧路十字街	2004 年 4 月	北 海 道	208 室	NA
76	東横 INN 水戸駅南口	2004 年 5 月	茨 城 県	216 室	NA
77	東横 INN 新白河駅前	2004 年 5 月	福 島 県	196 室	NA
78	東横 INN 秋田駅東口	2004 年 6 月	秋 田 県	240 室	NA
79	東横 INN 北見駅前	2004 年 6 月	北 海 道	143 室	NA
80	東横 INN 鹿児島天文館 II	2004 年 7 月	鹿児島県	231 室	NA
81	東横 INN 和光市駅前	2004 年 8 月	埼 玉 県	129 室	NA
82	東横 INN 新大阪中央口新館	2004 年 9 月	大 阪 府	101 室	NA
83	東横 INN 名古屋駅桜通口新館	2004 年 9 月	愛 知 県	202 室	NA
84	東横 INN 新山口駅新幹線口	2004 年 11 月	山 口 県	199 室	NA
85	東横 INN 名古屋駅新幹線口	2004 年 11 月	愛 知 県	161 室	NA
86	東横 INN 日本橋人形町	2004 年 12 月	東 京 都	142 室	NA
87	東横 INN 池袋北口 I	2005 年 1 月	東 京 都	226 室	NA
88	東横 INN 山形駅西口	2005 年 1 月	山 形 県	139 室	NA
89	東横 INN 松江駅前	2005 年 1 月	島 根 県	189 室	NA
90	東横 INN 那覇新都心おもろまち	2005 年 2 月	沖 縄 県	204 室	NA
91	東横 INN 仙台駅西口中央	2005 年 3 月	宮 城 県	286 室	NA

ホテルデータブック 2018 | HOTERES　175

第3章　日本のホテルチェーン・グループ一覧 2018 （2018年1月1日時点）

ホテルチェーン名：東横 INN

No.	ホテル名	開業年月日	都道府県名	客室数	運営形態
92	東横 INN 札幌すすきの交差点	2005 年 3 月	北 海 道	385 室	NA
93	東横 INN 宮崎駅前	2005 年 4 月	宮 崎 県	202 室	NA
94	東横 INN 松本駅前本町	2005 年 4 月	長 野 県	253 室	NA
95	東横 INN 溜池山王駅官邸南	2005 年 5 月	東 京 都	88 室	NA
96	東横 INN 広島駅新幹線口	2005 年 5 月	広 島 県	189 室	NA
97	東横 INN 出雲市駅前	2005 年 6 月	島 根 県	136 室	NA
98	東横 INN 八戸駅前	2005 年 6 月	青 森 県	189 室	NA
99	東横 INN 熊本新市街	2005 年 7 月	熊 本 県	220 室	NA
100	東横 INN 苫小牧駅前	2005 年 7 月	北 海 道	143 室	NA
101	東横 INN 赤羽駅東口一番街	2005 年 8 月	東 京 都	113 室	NA
102	東横 INN 金沢駅東口	2005 年 8 月	石 川 県	240 室	NA
103	東横 INN 川崎駅前市役所通	2005 年 9 月	神奈川県	279 室	NA
104	東横 INN 武蔵中原駅前	2005 年 9 月	神奈川県	97 室	NA
105	東横 INN 上田駅前	2005 年 10 月	長 野 県	149 室	NA
106	東横 INN 一ノ関駅前	2005 年 11 月	岩 手 県	150 室	NA
107	東横 INN 湘南鎌倉藤沢駅北口	2005 年 11 月	神奈川県	206 室	NA
108	東横 INN 徳島駅眉山口	2005 年 12 月	徳 島 県	208 室	NA
109	東横 INN 阪神尼崎駅前	2005 年 12 月	兵 庫 県	164 室	NA
110	東横 INN 草加駅西口	2006 年 1 月	埼 玉 県	165 室	NA
111	東横 INN 門前仲町永代橋	2006 年 1 月	東 京 都	307 室	NA
112	東横 INN 横浜関内	2006 年 1 月	神奈川県	131 室	NA
113	東横 INN さいたま新都心	2006 年 1 月	埼 玉 県	227 室	NA
114	東横 INN 徳山駅新幹線口	2006 年 2 月	山 口 県	219 室	NA
115	東横 INN 神戸三ノ宮 II	2006 年 2 月	兵 庫 県	335 室	NA
116	東横 INN 前橋駅前	2006 年 2 月	群 馬 県	213 室	NA
117	東横 INN 宮崎中央通	2006 年 2 月	宮 崎 県	139 室	NA
118	東横 INN 熊本城通町筋	2006 年 3 月	熊 本 県	199 室	NA
119	東横 INN 大和駅前	2006 年 5 月	神奈川県	168 室	NA
120	東横 INN 三河安城駅新幹線南口	2006 年 5 月	愛 知 県	143 室	NA
121	東横 INN 大阪梅田東	2006 年 6 月	大 阪 府	241 室	NA
122	東横 INN 高松兵庫町	2006 年 6 月	香 川 県	149 室	NA
123	東横 INN 淀屋橋駅南	2006 年 6 月	大 阪 府	376 室	NA
124	東横 INN 甲府駅南口 II	2006 年 6 月	山 梨 県	246 室	NA
125	東横 INN 高崎駅西口 I	2006 年 8 月	群 馬 県	219 室	NA
126	東横 INN 高崎駅西口 II	2006 年 8 月	群 馬 県	323 室	NA
127	東横 INN 鶯谷駅前	2006 年 8 月	東 京 都	95 室	NA
128	東横 INN 富士山沼津駅北口 I	2006 年 8 月	静 岡 県	97 室	NA
129	東横 INN いわき駅前	2006 年 9 月	福 島 県	153 室	NA
130	東横 INN 名古屋尾張一宮駅前	2006 年 9 月	愛 知 県	116 室	NA
131	東横 INN 山手線大塚駅北口 II	2006 年 10 月	東 京 都	139 室	NA
132	東横 INN 佐久平駅浅間口	2006 年 10 月	長 野 県	143 室	NA
133	東横 INN 川崎駅前砂子	2006 年 10 月	神奈川県	95 室	NA
134	東横 INN 大分駅前	2006 年 11 月	大 分 県	233 室	NA
135	東横 INN 千葉みなと駅前	2006 年 11 月	千 葉 県	227 室	NA
136	東横 INN 岡山駅西口右	2006 年 12 月	岡 山 県	216 室	NA
137	東横 INN 富士山沼津駅北口 II	2006 年 12 月	静 岡 県	142 室	NA
138	東横 INN 広島駅南口右	2006 年 12 月	広 島 県	176 室	NA
139	東横 INN 品川大井町	2007 年 1 月	東 京 都	186 室	NA
140	東横 INN 福井駅前	2007 年 1 月	福 井 県	239 室	NA
141	東横 INN 中部国際空港本館	2007 年 1 月	愛 知 県	494 室	NA
142	東横 INN 大阪谷四交差点	2007 年 1 月	大 阪 府	195 室	NA
143	東横 INN 小倉駅南口	2007 年 2 月	福 岡 県	189 室	NA
144	東横 INN 西鉄久留米駅東口	2007 年 2 月	福 岡 県	200 室	NA
145	東横 INN 大阪阪急十三駅西口	2007 年 2 月	大 阪 府	275 室	NA
146	東横 INN 新八代駅前	2007 年 2 月	熊 本 県	134 室	NA
147	東横 INN 日本橋浜町明治座前	2007 年 3 月	東 京 都	85 室	NA
148	東横 INN 東横 INN 東京日本橋	2007 年 3 月	東 京 都	229 室	NA

ホテルチェーン名：東横 INN				
No.	ホテル名	開業年月日	都道府県名	客室数	運営形態
---	---	---	---	---	---
149	東横 INN 青森駅正面口	2007 年 4 月	青森県	194 室	NA
150	東横 INN 横浜新子安駅前	2007 年 4 月	神奈川県	173 室	NA
151	東横 INN 東広島西条駅前	2007 年 4 月	広島県	132 室	NA
152	東横 INN 米子駅前	2007 年 6 月	鳥取県	220 室	NA
153	東横 INN 相生駅新幹線口	2007 年 6 月	兵庫県	203 室	NA
154	東横 INN JR 横浜線相模原駅前	2007 年 6 月	神奈川県	244 室	NA
155	東横 INN 弘前駅前	2007 年 7 月	青森県	232 室	NA
156	東横 INN 博多口駅前 II	2007 年 7 月	福岡県	142 室	NA
157	東横 INN 熱海駅前	2007 年 8 月	静岡県	156 室	NA
158	東横 INN 福島駅東口 II	2007 年 8 月	福島県	237 室	NA
159	東横 INN 岡山駅西口広場	2007 年 9 月	岡山県	178 室	NA
160	東横 INN 熊本駅前	2007 年 9 月	熊本県	332 室	NA
161	東横 INN 浜松駅北口	2007 年 9 月	静岡県	155 室	NA
162	東横 INN 日本橋三越前 A4	2007 年 10 月	東京都	83 室	NA
163	東横 INN 金沢兼六園香林坊	2007 年 10 月	石川県	422 室	NA
164	東横 INN 池袋北口 II	2007 年 10 月	東京都	373 室	NA
165	東横 INN 東広島駅前	2007 年 11 月	広島県	188 室	NA
166	東横 INN 成田空港本館	2007 年 12 月	千葉県	474 室	NA
167	東横 INN 旭川駅東口	2008 年 1 月	北海道	186 室	NA
168	東横 INN 下関海峡ゆめタワー前	2008 年 1 月	山口県	129 室	NA
169	東横 INN 土浦駅東口	2008 年 1 月	茨城県	125 室	NA
170	東横 INN 東京駅新大橋前	2008 年 2 月	東京都	208 室	NA
171	東横 INN 会津若松駅前	2008 年 3 月	福島県	164 室	NA
172	東横 INN 北九州空港	2008 年 4 月	福岡県	239 室	NA
173	東横 INN 桐生駅南口	2008 年 6 月	群馬県	98 室	NA
174	東横 INN 盛岡駅南口駅前	2008 年 6 月	岩手県	172 室	NA
175	東横 INN 横浜鶴見駅東口	2008 年 7 月	神奈川県	178 室	NA
176	東横 INN 奈良新大宮駅前	2008 年 7 月	奈良県	139 室	NA
177	東横 INN 那覇おもろまち駅前	2008 年 7 月	沖縄県	150 室	NA
178	東横 INN 小山駅東口 I	2008 年 8 月	栃木県	119 室	NA
179	東横 INN 新潟古町	2008 年 8 月	新潟県	194 室	NA
180	東横 iNN オホーツク・網走駅前	2008 年 8 月	北海道	159 室	NA
181	東横 INN 佐世保駅前	2008 年 9 月	長崎県	272 室	NA
182	東横 INN 静岡藤枝駅北口	2008 年 10 月	静岡県	119 室	NA
183	東横 INN つくばエクスプレス守谷駅前	2008 年 10 月	茨城県	233 室	NA
184	東横 INN 埼玉戸田公園駅西口	2008 年 10 月	埼玉県	167 室	NA
185	東横 INN 大分中津駅前	2008 年 10 月	大分県	215 室	NA
186	東横 INN 徳島駅前	2008 年 10 月	徳島県	139 室	NA
187	東横 INN 播州赤穂駅前	2008 年 11 月	兵庫県	224 室	NA
188	東横 INN 豊橋駅東口	2008 年 12 月	愛知県	135 室	NA
189	東横 INN 神戸湊川公園	2008 年 12 月	兵庫県	127 室	NA
190	東横 INN 北上駅新幹線口	2008 年 12 月	岩手県	194 室	NA
191	東横 INN 湘南茅ヶ崎駅北口	2008 年 12 月	神奈川県	156 室	NA
192	東横 INN 東武宇都宮駅西口	2008 年 12 月	栃木県	186 室	NA
193	東横 INN 大阪 JR 野田駅前	2009 年 1 月	大阪府	215 室	NA
194	東横 INN 富山駅新幹線口 I	2009 年 1 月	富山県	305 室	NA
195	東横 INN 鹿児島中央駅東口	2009 年 2 月	鹿児島県	227 室	NA
196	東横 INN 薩摩川内駅東口	2009 年 2 月	鹿児島県	149 室	NA
197	東横 INN 湘南平塚駅北口 I	2009 年 3 月	神奈川県	347 室	NA
198	東横 INN 敦賀駅前	2009 年 3 月	福井県	166 室	NA
199	東横 INN 神田秋葉原	2009 年 6 月	東京都	215 室	NA
200	東横 INN 名古屋栄	2009 年 7 月	愛知県	308 室	NA
201	東横 INN 岐阜羽島駅新幹線南口	2009 年 9 月	岐阜県	215 室	NA
202	東横 INN 京都琵琶湖大津	2009 年 10 月	滋賀県	142 室	NA
203	東横 INN 湘南平塚駅北口 II	2009 年 10 月	神奈川県	99 室	NA
204	東横 INN 長野駅善光寺口	2009 年 10 月	長野県	215 室	NA
205	東横 INN 横浜線淵野辺駅南口	2009 年 11 月	神奈川県	194 室	NA

第3章 日本のホテルチェーン・グループ一覧 2018 (2018年1月1日時点)

ホテルチェーン名：東横INN

No.	ホテル名	開業年月日	都道府県名	客室数	運営形態
206	東横INN 石垣島	2009年11月	沖縄県	155室	NA
207	東横INN 富士山三島駅	2009年11月	静岡県	365室	NA
208	東横INN 町田駅小田急線東口	2010年1月	東京都	233室	NA
209	東横INN 千葉新鎌ヶ谷駅前	2010年1月	千葉県	179室	NA
210	東横INN 福岡天神	2010年2月	福岡県	153室	NA
211	東横INN 小倉駅新幹線口	2010年3月	福岡県	136室	NA
212	東横INN 鹿児島中央駅西口	2010年3月	鹿児島県	255室	NA
213	東横INN 掛川駅新幹線南口	2010年3月	静岡県	130室	NA
214	東横INN 広島駅前大橋南	2010年7月	広島県	151室	NA
215	東横INN JR和歌山駅東口	2010年7月	和歌山県	187室	NA
216	東横INN 上野田原町駅	2010年7月	東京都	138室	NA
217	東横INN 栃木足利駅北口	2010年7月	栃木県	106室	NA
218	東横INN つくばエクスプレス研究学園駅北口	2010年7月	茨城県	197室	NA
219	東横INN つくばエクスプレス八潮駅北口	2010年8月	埼玉県	245室	NA
220	東横INN 京王線橋本駅北口	2010年8月	神奈川県	257室	NA
221	東横INN 福生駅前東口	2010年9月	東京都	239室	NA
222	東横INN 岡山駅東口	2010年9月	岡山県	216室	NA
223	東横INN 京都五条大宮	2010年9月	京都府	156室	NA
224	東横INN 千葉駅東口	2010年10月	千葉県	103室	NA
225	東横INN 伊勢松阪駅前	2010年10月	三重県	151室	NA
226	東横INN 大阪鶴橋駅前	2010年11月	大阪府	119室	NA
227	東横INN 群馬太田駅南口	2010年11月	群馬県	215室	NA
228	東横INN 日本橋税務署前	2010年12月	東京都	118室	NA
229	東横INN 新大阪駅東口	2011年2月	大阪府	128室	NA
230	東横INN 大阪伊丹空港	2011年4月	大阪府	296室	NA
231	東横INN アキバ浅草橋駅東口	2012年1月	東京都	239室	NA
232	東横INN 品川駅港南口天王洲	2012年3月	東京都	740室	NA
233	東横INN 立川駅北口	2012年4月	東京都	185室	NA
234	東横INN 梅田中津II	2013年10月	大阪府	223室	NA
235	東横INN さいたま西川口駅西口	2014年7月	埼玉県	175室	NA
236	東横INN 品川旗の台駅南口	2014年8月	東京都	87室	NA
237	東横INN あべの天王寺	2014年10月	大阪府	417室	NA
238	東横INN 本厚木駅南口	2014年11月	神奈川県	215室	NA
239	東横INN 近鉄奈良駅前	2015年1月	奈良県	129室	NA
240	東横INN 米原駅新幹線西口	2015年3月	滋賀県	207室	NA
241	東横INN 大阪通天閣前	2015年5月	大阪府	179室	NA
242	東横INN 柏駅西口	2015年5月	千葉県	191室	NA
243	東横INN 大阪なんば日本橋	2015年7月	大阪府	238室	NA
244	東横INN 東京秋川駅北口	2015年9月	東京都	145室	NA
245	東横INN JR神戸駅北口	2015年10月	兵庫県	170室	NA
246	東横INN 福山駅新幹線南口	2016年6月	広島県	167室	NA
247	東横INN 東京八王子駅北口	2016年6月	東京都	155室	NA
248	東横INN 西武池袋線東久留米駅西口	2016年11月	東京都	169室	NA
249	東横INN 東京大手町A1	2017年1月	東京都	131室	NA
250	東横INN 新高岡駅新幹線南口	2017年1月	富山県	246室	NA
251	東横INN さいたま岩槻駅前	2017年2月	埼玉県	179室	NA
252	東横INN 大阪船場II	2017年2月	大阪府	153室	NA
253	東横INN 近鉄四日市駅北口	2017年2月	三重県	220室	NA
254	東横INN 対馬厳原	2017年3月	長崎県	246室	NA
255	東横INN 東京駅八重洲北口	2017年4月	東京都	101室	NA
256	東横INN 群馬伊勢崎駅前	2017年6月	群馬県	246室	NA
257	東横INN 新居浜駅前	2017年7月	愛媛県	246室	NA
258	東横INN 津駅西口	2017年9月	三重県	220室	NA
259	東横INN 成田空港新館	2017年11月	千葉県	540室	NA

ホテルチェーン名：東横INN（海外展開）

本社所在地：東京都大田区新蒲田 1-7-4				軒 数：10 軒	
HP アドレス：http://www.toyoko-inn.com/　電話：03-5703-1045　FAX：03-5703-9911				客室数：3,662 室	
No.	ホテル名	開業年月日	国・地域	客室数	運営形態
1	東横 INN 釜山駅Ⅱ	2008 年 4 月	韓　　国	491 室	NA
2	東横 INN 釜山駅Ⅰ	2008 年 12 月	韓　　国	359 室	NA
3	東横 INN ソウル東大門	2009 年 8 月	韓　　国	175 室	NA
4	東横 INN 釜山西面駅前	2010 年 3 月	韓　　国	308 室	NA
5	東横 INN 大田政府庁舎前	2010 年 10 月	韓　　国	367 室	NA
6	東横 INN 釜山海雲台Ⅰ	2011 年 6 月	韓　　国	142 室	NA
7	東横 INN プノンペン	2015 年 6 月	カンボジア	328 室	NA
8	東横 INN 釜山海雲台Ⅱ	2016 年 1 月	韓　　国	510 室	NA
9	東横 INN フランクフルト中央駅前	2017 年 3 月	ド イ ツ	400 室	NA
10	東横 INN セブ	2017 年 4 月	フィリピン	582 室	NA

ホテルチェーン名：西鉄ホテルズ

本社所在地：福岡市中央区今泉 1-12-23				軒 数：16 軒	
HP アドレス：http://nnr-h.com/　電話：092-713-5763　FAX：092-713-5754				客室数：4,109 室	
No.	ホテル名	開業年月日	都道府県名	客室数	運営形態
1	西鉄イン天神	1999 年 4 月	福 岡 県	165 室	直営
2	西鉄イン小倉	1999 年 8 月	福 岡 県	570 室	直営
3	西鉄イン心斎橋	2000 年 11 月	大 阪 府	162 室	直営
4	西鉄イン黒崎	2001 年 10 月	福 岡 県	187 室	直営
5	西鉄リゾートイン別府	2003 年 3 月	大 分 県	186 室	直営
6	西鉄イン日本橋	2003 年 4 月	東 京 都	263 室	直営
7	西鉄イン新宿	2005 年 5 月	東 京 都	302 室	直営
8	西鉄ホテルクルーム博多	2016 年 1 月	福 岡 県	503 室	直営
9	西鉄イン福岡	2007 年 7 月	福 岡 県	266 室	直営
10	西鉄イン高知はりまや橋	2008 年 6 月	高 知 県	250 室	賃貸
11	西鉄イン蒲田	2009 年 5 月	東 京 都	131 室	直営
12	西鉄イン名古屋錦	2010 年 12 月	愛 知 県	231 室	直営
13	西鉄リゾートイン那覇	2011 年 6 月	沖 縄 県	252 室	賃貸
14	ソラリア西鉄ホテル銀座	2011 年 9 月	東 京 都	209 室	直営
15	ソラリア西鉄ホテル鹿児島	2012 年 5 月	鹿 児 島	232 室	賃貸
16	ソラリア西鉄ホテル京都プレミア	2017 年 4 月	京 都 府	200 室	賃貸

ホテルチェーン名：ニューオータニホテルズ

本社所在地：東京都千代田区紀尾井町 4-1				軒 数：19 軒	
HP アドレス：http://www.newotani.co.jp/　電話：03-3265-1111　FAX：03-3221-2619				客室数：5,572 室	
No.	ホテル名	開業年月日	都道府県名	客室数	運営形態
1	ホテルニューオータニ	1964 年 9 月	東 京 都	1,479 室	直営
2	ホテルニューオータニ大阪	1986 年 9 月	大 阪 府	525 室	直営
3	ホテルニューオータニ幕張	1993 年 9 月	千 葉 県	418 室	直営
4	ニューオータニイン札幌	1982 年 8 月	北 海 道	340 室	MC
5	ホテルニューオータニ長岡	1984 年 11 月	新 潟 県	178 室	MC
6	湯沢ニューオータニ	1973 年 7 月	新 潟 県	83 室	MC
7	NASPA ニューオータニ	1992 年 12 月	新 潟 県	220 室	MC
8	ホテルニューオータニ高岡	1986 年 10 月	富 山 県	80 室	MC
9	ニューオータニイン東京	1987 年 2 月	東 京 都	427 室	MC
10	ニューオータニイン横浜プレミアム	2010 年 3 月	神奈川県	240 室	MC
11	ホテルニューオータニ博多	1978 年 9 月	福 岡 県	392 室	MC
12	ホテルニューオータニ佐賀	1976 年 9 月	佐 賀 県	102 室	MC
13	ホテルニューオータニ鳥取	1975 年 10 月	鳥 取 県	136 室	MC
14	ニューオータニカイマナビーチホテル	1976 年 10 月	ハ ワ イ	122 室	MC
15	ホテルニューオータニ長富宮	1990 年 4 月	北 京	438 室	MC
16	ホテルイタリア軒	1976 年 5 月	新 潟 県	86 室	その他（業務提携）
17	金沢ニューグランドホテル	1972 年 5 月	石 川 県	100 室	その他（業務提携）
18	ホテルニューオウミ	1989 年 3 月	滋 賀 県	83 室	その他（業務提携）
19	ザ・ニュー ホテル 熊本	2017 年 4 月	熊 本 県	123 室	その他（業務提携）

第3章　日本のホテルチェーン・グループ一覧 2018 （2018年1月1日時点）

ホテルチェーン名：ニューオータニホテルズ（海外展開）

本社所在地：東京都千代田区紀尾井町 4-1 ／ 軒 数：2軒
HP アドレス：http://www.newotani.co.jp/　電話：03-3265-1111　FAX：03-3221-2619 ／ 客室数：560 室

No.	ホテル名	開業年月日	国・地域	客室数	運営形態
1	ニューオータニカイマナビーチホテル	1976 年 10 月	ハ ワ イ	122 室	MC
2	ホテルニューオータニ長富宮	1990 年 4 月	北　京	438 室	MC

ホテルチェーン名：ネストホテルグループ

本社所在地：東京都港区南青山 1-1-1 新青山ビル西館 10F ／ 軒 数：6軒
HP アドレス：http://www.nesthotel.co.jp/corporate/　電話：03-4577-6641 ／ 客室数：1,174 室

No.	ホテル名	開業年月日	都道府県名	客室数	運営形態
1	ネストホテル熊本	2013 年 3 月	熊 本 県	201 室	賃貸
2	ネストホテル札幌駅前	2013 年 5 月	北 海 道	162 室	賃貸
3	ネストホテル那覇	2013 年 7 月	沖 縄 県	198 室	賃貸
4	ネストホテル札幌大通	2013 年 12 月	北 海 道	121 室	賃貸
5	ネストホテル大阪心斎橋	2014 年 2 月	大 阪 府	302 室	賃貸
6	ネストホテル松山	2015 年 5 月	愛 媛 県	190 室	賃貸

ホテルチェーン名：ハートンホテル

本社所在地：大阪市中央区西心斎橋 1-4-5 御堂筋ビル 10F ／ 軒 数：6軒
HP アドレス：https://www.hearton.co.jp/　電話：06-6241-1596　FAX：06-6243-7241 ／ 客室数：2,048 室

No.	ホテル名	開業年月日	都道府県名	客室数	運営形態
1	ハートンホテル心斎橋	1984 年 6 月	大 阪 府	302 室	賃貸
2	ハートンホテル京都	1996 年 3 月	京 都 府	294 室	賃貸
3	ハートンホテル西梅田	1999 年 5 月	大 阪 府	471 室	貸貸
4	ハートンホテル南船場	2001 年 10 月	大 阪 府	203 室	貸貸
5	ハートンホテル東品川	2006 年 7 月	東 京 都	448 室	貸貸
6	ハートンホテル北梅田	2011 年 3 月	大 阪 府	330 室	貸貸

ホテルチェーン：ハイアット ホテルズ アンド リゾーツ

本社所在地：米国イリノイ州シカゴ ／ 軒 数：10軒
HP アドレス：www.hyatt.com　電話：03-3222-0441　FAX：03-3222-0469 ／ 客室数：3,131 室

No.	ホテル名	開業年月日	都道府県名	客室数	運営形態
1	パーク ハイアット 東京	1994 年 7 月	東 京 都	177 室	MC
2	アンダーズ 東京	2014 年 6 月	東 京 都	164 室	MC
3	グランド ハイアット 東京	2003 年 4 月	東 京 都	387 室	MC
4	ハイアット リージェンシー 東京	1980 年 9 月	東 京 都	746 室	FC
5	ハイアット リージェンシー 箱根 リゾート＆スパ	2006 年 12 月	神奈川県	80 室	MC
6	ハイアット リージェンシー 京都	2006 年 3 月	京 都 府	187 室	MC
7	ハイアット リージェンシー 大阪	1994 年 6 月	大 阪 府	480 室	MC
8	グランド ハイアット 福岡	1996 年 4 月	福 岡 県	370 室	MC
9	ハイアット リージェンシー 福岡	1993 年 7 月	福 岡 県	246 室	FC
10	ハイアット リージェンシー 那覇 沖縄	2015 年 7 月	沖 縄 県	294 室	FC

ホテルチェーン名：ハウステンボス

本社所在地：長崎県佐世保市ハウステンボス町 7-7 ／ 軒 数：4軒
HP アドレス：http://www.huistenbosch.co.jp　電話：0570-064-110　FAX：0956-27-0912 ／ 客室数：760 室

No.	ホテル名	開業年月日	都道府県名	客室数	運営形態
1	ホテルヨーロッパ	1992 年 3 月	長 崎 県	310 室	所有直営
2	ホテルアムステルダム	1992 年 3 月	長 崎 県	202 室	所有直営
3	フォレストヴィラ	1992 年 3 月	長 崎 県	104 室	所有直営
4	変なホテル	2015 年 7 月	長 崎 県	144 室	所有直営

ホテルチェーン名：パレスホテルグループ

本社所在地：東京都千代田区丸の内一丁目 1 番 1 号 ／ 軒 数：4軒
HP アドレス：http://www.palacehotel.co.jp/chain.html　電話：03-3211-5211 ／ 客室数：1,196 室

No.	ホテル名	開業年月日	都道府県名	客室数	運営形態
1	ホテルグランドパレス	1972 年 2 月	東 京 都	464 室	直営
2	パレスホテル大宮	1988 年 4 月	埼 玉 県	204 室	賃貸

ホテルチェーン名：パレスホテルグループ

No.	ホテル名	開業年月日	都道府県名	客室数	運営形態
3	パレスホテル立川	1994 年 10 月	東京都	238 室	賃貸
4	パレスホテル東京	2012 年 5 月	東京都	290 室	直営

ホテルチェーン名：阪急阪神第一ホテルグループ

本社所在地：大阪府大阪市北区芝田 1 丁目 1 番 35 号　　　　　　　　　　　　　軒　数：47 軒

HP アドレス：http://www.hankyu-hotel.com/　電話：06-6372-5231　FAX：06-6372-5234　　客室数：10,648 室

No.	ホテル名	開業年月日	都道府県名	客室数	運営形態
1	東京第一ホテル岩沼リゾート	2004 年 4 月	宮城県	52 室	FC
2	東京第一ホテル鶴岡	1981 年 4 月	山形県	124 室	FC
3	東京第一ホテル米沢	1988 年 10 月	山形県	62 室	FC
4	東京第一ホテル新白河	1986 年 8 月	福島県	163 室	FC
5	第一ホテル東京	1993 年 4 月	東京都	278 室	直営
6	第一ホテルアネックス	1989 年 7 月	東京都	180 室	直営
7	レム日比谷	2007 年 11 月	東京都	255 室	直営
8	レム秋葉原	2008 年 4 月	東京都	260 室	直営
9	レム六本木	2017 年 3 月	東京都	400 室	直営
10	銀座クレストン	2013 年 2 月	東京都	93 室	その他（リファーラル）
11	第一ホテル東京シーフォート	1992 年 7 月	東京都	130 室	直営
12	アワーズイン阪急	1971 年 6 月	東京都	1,388 室	その他（リファーラル）
13	第一ホテル両国	2000 年 5 月	東京都	334 室	FC
14	第一イン池袋	1982 年 10 月	東京都	139 室	FC
15	吉祥寺第一ホテル	1987 年 5 月	東京都	81 室	直営
16	第一イン湘南	1994 年 10 月	神奈川県	108 室	FC
17	富山第一ホテル	1982 年 10 月	富山県	110 室	FC
18	第一イン新湊	1983 年 5 月	富山県	36 室	FC
19	ホテルコンコルド浜松	1981 年 4 月	静岡県	226 室	その他（リファーラル）
20	東京第一ホテル錦	1997 年 7 月	愛知県	233 室	FC
21	ホテルボストンプラザ草津（びわ湖）	1996 年 7 月	滋賀県	216 室	その他（リファーラル）
22	京都新阪急ホテル	1981 年 7 月	京都府	323 室	直営
23	ホテルロイヤルヒル福知山＆スパ	2003 年 11 月	京都府	70 室	その他（リファーラル）
24	天橋立ホテル	1964 年 9 月	京都府	52 室	その他（リファーラル）
25	レム新大阪	2012 年 9 月	大阪府	296 室	直営
26	ホテル阪急インターナショナル	1992 年 11 月	大阪府	168 室	直営
27	大阪新阪急ホテル	1964 年 8 月	大阪府	961 室	直営
28	新阪急ホテルアネックス	1985 年 7 月	大阪府	302 室	直営
29	梅田 OS ホテル	1974 年 10 月	大阪府	283 室	直営
30	ホテル阪神	1999 年 4 月	大阪府	289 室	直営
31	大阪第一ホテル	1976 年 4 月	大阪府	460 室	FC
32	千里阪急ホテル	1970 年 3 月	大阪府	203 室	直営
33	ホテル阪急エキスポパーク	2004 年 4 月	大阪府	99 室	直営
34	宝塚ホテル	1926 年 5 月	兵庫県	129 室	直営
35	有馬ビューホテルうらら	1973 年 7 月	兵庫県	54 室	その他（リファーラル）
36	ホテル一畑	1968 年 10 月	島根県	143 室	その他（リファーラル）
37	真庭リバーサイドホテル	1986 年 4 月	岡山県	73 室	その他（リファーラル）
38	呉阪急ホテル	1992 年 6 月	広島県	70 室	その他（リファーラル）
39	東京第一ホテル下関	1984 年 10 月	山口県	77 室	FC
40	高松国際ホテル	1964 年 10 月	香川県	101 室	その他（リファーラル）
41	JR ホテルクレメント高松	2001 年 5 月	香川県	300 室	その他（リファーラル）
42	JR ホテルクレメント徳島	1993 年 7 月	徳島県	250 室	その他（リファーラル）
43	ザ クラウンパレス新阪急高知	2012 年 10 月	高知県	242 室	FC
44	東京第一ホテル松山	1987 年 10 月	愛媛県	122 室	FC
45	今治国際ホテル	1978 年 4 月	愛媛県	355 室	その他（リファーラル）
46	タカクラホテル福岡	1968 年 10 月	福岡県	107 室	その他（リファーラル）
47	レム鹿児島	2011 年 10 月	鹿児島県	251 室	直営

第3章 日本のホテルチェーン・グループ一覧 2018 (2018年1月1日時点)

ホテルチェーン名：ビスタホテルグループ

本社所在地：東京都千代田区神田美土代町 9-1 / 軒　数：11軒

HP アドレス：http://www.hotel-vista.jp　電話：03-3518-9220　FAX：03-3518-9221 / 客室数：1,851 室

No.	ホテル名	開業年月日	都道府県名	客室数	運営形態
1	ホテルビスタ札幌 [中島公園]	2006 年 12 月	北 海 道	113 室	賃貸
2	ホテルビスタ仙台	2016 年 4 月	宮 城 県	238 室	賃貸
3	ホテルビスタ蒲田 東京	2006 年 6 月	東 京 都	105 室	賃貸
4	ホテルビスタプレミオ横浜 [みなとみらい]	2017 年 6 月	神奈川県	232 室	賃貸
5	ホテルビスタ海老名	2008 年 10 月	神奈川県	176 室	賃貸
6	ホテルビスタ厚木	2007 年 9 月	神奈川県	165 室	賃貸
7	ホテルビスタ清水	2007 年 3 月	静 岡 県	152 室	賃貸
8	ホテルビスタ名古屋 [錦]	2017 年 9 月	愛 知 県	143 室	賃貸
9	ホテルビスタプレミオ京都 [河原町通]	2014 年 2 月	京 都 府	84 室	賃貸
10	ホテルビスタ熊本空港	2008 年 1 月	熊 本 県	139 室	賃貸
11	ホテル JAL シティ那覇	2006 年 6 月	沖 縄 県	304 室	賃貸

ホテルチェーン名：ビューホテルズ&リゾーツ

本社所在地：東京都台東区西浅草 3-17-1 / 軒　数：18軒

HP アドレス：http://www.viewhotels.co.jp　電話：03-5828-4429 / 客室数：2,626 室

No.	ホテル名	開業年月日	都道府県名	客室数	運営形態
1	浅草ビューホテル	1985 年 9 月	東 京 都	326 室	直営
2	成田ビューホテル	1974 年 6 月	千 葉 県	489 室	直営
3	秋田ビューホテル	1984 年 5 月	秋 田 県	187 室	賃貸
4	伊良湖ビューホテル	1968 年 5 月	愛 知 県	147 室	直営
5	両国ビューホテル	2015 年 11 月	東 京 都	150 室	賃貸
6	札幌ビューホテル 大通公園	2017 年 5 月	北 海 道	347 室	賃貸
7	おくたま路	2014 年 7 月	東 京 都	20 室	直営
8	那須高原ホテルビューパレス	1977 年 8 月	栃 木 県	42 室	直営
9	ぎょうけい館	1986 年 1 月	千 葉 県	33 室	賃貸
10	ホテルプラザ菜の花	1998 年 4 月	千 葉 県	33 室	賃貸
11	ホテルグリーンパール那須	1983 年 4 月	栃 木 県	21 室	賃貸
12	郡山ビューホテル	1978 年 5 月	福 島 県	92 室	F C
13	郡山ビューホテルアネックス	1988 年 9 月	福 島 県	156 室	F C
14	平ビューホテル	1993 年 9 月	福 島 県	107 室	F C
15	岡山ビューホテル	1983 年 4 月	岡 山 県	97 室	F C
16	ホテルグランビュー沖縄	2004 年 12 月	沖 縄 県	126 室	F C
17	ホテルグランビューガーデン沖縄	2009 年 4 月	沖 縄 県	168 室	F C
18	ホテルグランビュー石垣	2012 年 4 月	沖 縄 県	85 室	F C

ホテルチェーン名：ヒルトン

本社所在地：アメリカ合衆国バージニア州 / 軒　数：14軒

コーポレートサイト：http://ja.hiltonworldwide.com/　ブランドサイト：http://hiltonhotels.jp/　電話：03-5339-4357 / 客室数：6,737 室

No.	ホテル名	開業年月日	都道府県名	客室数	運営形態
1	ヒルトン東京	1984 年 9 月	東 京 都	821 室	MC
2	ヒルトン大阪	1986 年 9 月	大 阪 府	553 室	MC
3	ヒルトン東京ベイ	1988 年 7 月	千 葉 県	828 室	MC
4	ヒルトン名古屋	1989 年 3 月	愛 知 県	460 室	MC
5	ヒルトン成田	2002 年 4 月	千 葉 県	548 室	FC
6	ヒルトン小田原リゾート&スパ	2004 年 2 月	神奈川県	163 室	所有直営
7	コンラッド東京	2005 年 7 月	東 京 都	290 室	MC
8	ヒルトンニセコビレッジ	2008 年 7 月	北 海 道	501 室	MC
9	ヒルトン福岡シーホーク	2010 年 6 月	福 岡 県	1,052 室	MC
10	ダブルツリー by ヒルトン那覇	2012 年 5 月	沖 縄 県	225 室	MC
11	ヒルトン沖縄北谷リゾート	2014 年 7 月	沖 縄 県	346 室	MC
12	ヒルトン東京お台場	2015 年 10 月	東 京 都	453 室	MC
13	ダブルツリー by ヒルトン那覇首里城	2016 年 7 月	沖 縄 県	333 室	MC
14	コンラッド大阪	2017 年 6 月	大 阪 府	164 室	MC

ホテルチェーン名：ファミリーロッジ旅籠屋				
本社所在地：東京都台東区寿 3-3-4 旅籠屋ビル				軒　数：62 軒
HP アドレス：http://www.hatagoya.co.jp/　　電話：03-3847-8858　FAX：03-3847-8859				客室数：849 室

No.	ホテル名	開業年月日	都道府県名	客室数	運営形態
1	日光鬼怒川店	1995 年 8 月	栃 木 県	19 室	所有直営
2	那須店	2000 年 4 月	栃 木 県	12 室	所有直営
3	秋田六郷店	2000 年 6 月	秋 田 県	12 室	所有直営
4	山中湖店	2001 年 7 月	山 梨 県	14 室	賃貸直営
5	沼田店	2001 年 7 月	群 馬 県	14 室	所有直営
6	水戸大洗店	2001 年 10 月	茨 城 県	12 室	賃貸直営
7	北上江釣子店	2002 年 7 月	岩 手 県	12 室	賃貸直営
8	仙台亘理店	2004 年 4 月	宮 城 県	12 室	賃貸直営
9	小淵沢店	2004 年 7 月	山 梨 県	12 室	賃貸直営
10	前橋南店	2005 年 7 月	群 馬 県	12 室	MC
11	九十九里店	2005 年 12 月	千 葉 県	12 室	賃貸直営
12	東京新木場店	2006 年 3 月	東 京 都	23 室	賃貸直営
13	千葉勝浦店	2007 年 3 月	千 葉 県	12 室	賃貸直営
14	軽井沢店	2007 年 4 月	長 野 県	13 室	MC
15	須賀川店	2007 年 4 月	福 島 県	12 室	賃貸直営
16	いわき勿来店	2007 年 7 月	福 島 県	14 室	賃貸直営
17	静岡牧之原店	2007 年 7 月	静 岡 県	12 室	所有直営
18	金沢内灘店	2007 年 10 月	石 川 県	12 室	賃貸直営
19	韮崎店	2007 年 12 月	山 梨 県	12 室	賃貸直営
20	土岐店	2008 年 3 月	岐 阜 県	12 室	所有直営
21	伊賀店	2008 年 4 月	三 重 県	14 室	賃貸直営
22	壇之浦 PA 店	2008 年 4 月	山 口 県	14 室	賃貸直営
23	伊勢松阪店	2008 年 6 月	三 重 県	12 室	賃貸直営
24	浜名湖店	2008 年 7 月	静 岡 県	15 室	賃貸直営
25	佐野 SA 店	2008 年 7 月	栃 木 県	14 室	賃貸直営
26	新潟南店	2008 年 7 月	新 潟 県	14 室	賃貸直営
27	奈良針店	2009 年 3 月	奈 良 県	14 室	賃貸直営
28	彦根店	2009 年 4 月	滋 賀 県	14 室	賃貸直営
29	桑名長島店	2009 年 7 月	三 重 県	14 室	賃貸直営
30	寒河江店	2009 年 7 月	山 形 県	14 室	賃貸直営
31	高松店	2011 年 7 月	香 川 県	14 室	賃貸直営
32	富士吉田店	2011 年 7 月	山 梨 県	15 室	賃貸直営
33	袖ヶ浦店	2011 年 7 月	千 葉 県	14 室	賃貸直営
34	宮島 SA 店	2011 年 11 月	広 島 県	14 室	賃貸直営
35	富士都留店	2012 年 7 月	山 梨 県	14 室	賃貸直営
36	秩父店	2012 年 7 月	埼 玉 県	14 室	所有直営
37	北九州八幡店	2012 年 10 月	福 岡 県	14 室	賃貸直営
38	広島店	2013 年 1 月	広 島 県	14 室	賃貸直営
39	甲府石和店	2013 年 7 月	山 梨 県	12 室	賃貸直営
40	讃岐観音寺店	2013 年 7 月	香 川 県	14 室	賃貸直営
41	出雲大社店	2013 年 8 月	島 根 県	14 室	賃貸直営
42	袋井店	2014 年 3 月	静 岡 県	14 室	賃貸直営
43	鳴門駅前店	2014 年 4 月	徳 島 県	14 室	賃貸直営
44	箱根仙石原店	2014 年 6 月	神奈川県	14 室	所有直営
45	富士田子浦店	2014 年 7 月	静 岡 県	14 室	賃貸直営
46	鳥取倉吉店	2015 年 4 月	鳥 取 県	14 室	賃貸直営
47	木更津金田店	2015 年 4 月	千 葉 県	14 室	賃貸直営
48	鹿児島垂水店	2015 年 4 月	鹿児島県	14 室	賃貸直営
49	岡山店	2015 年 8 月	岡 山 県	14 室	賃貸直営
50	黒部店	2015 年 9 月	富 山 県	14 室	賃貸直営
51	津山店	2015 年 9 月	岡 山 県	14 室	賃貸直営
52	室戸店	2016 年 3 月	高 知 県	14 室	賃貸直営
53	新居浜店	2016 年 7 月	愛 媛 県	14 室	賃貸直営
54	つくば店	2016 年 8 月	茨 城 県	14 室	賃貸直営
55	清水興津店	2016 年 9 月	静 岡 県	14 室	賃貸直営

第3章 日本のホテルチェーン・グループ一覧 2018 (2018年1月1日時点)

ホテルチェーン名：ファミリーロッジ旅籠屋

No.	ホテル名	開業年月日	都道府県名	客室数	運営形態
56	神栖店	2016 年 9 月	茨 城 県	12 室	賃貸直営
57	たつの店	2016 年 10 月	兵 庫 県	14 室	賃貸直営
58	小矢部店	2016 年 10 月	富 山 県	14 室	賃貸直営
59	吉野川 SA 店	2017 年 7 月	香 川 県	14 室	賃貸直営
60	茅野蓼科店	2017 年 7 月	長 野 県	14 室	所有直営
61	飛騨高山店	2017 年 8 月	岐 阜 県	14 室	賃貸直営
62	境港店	2017 年 10 月	鳥 取 県	14 室	賃貸直営

ホテルチェーン名：フォーシーズンズ ホテルズ アンド リゾーツ

本社所在地：1165 Leslie Street, Tronto, Ontario, M3C 2K8 Canada 　軒　数：2 軒
HP アドレス：http://www.fourseasons.com/　電話：1(416)449-1750　FAX：1(416)441-4374 　客室数：180 室

No.	ホテル名	開業年月日	都道府県名	客室数	運営形態
1	フォーシーズンズホテル丸の内 東京	2002 年 10 月	東 京 都	57 室	MC
2	フォーシーズンズホテル京都	2016 年 10 月	京 都 府	123 室	MC

ホテルチェーン名：ブライトンホテルズ

本社所在地：千葉県浦安市美浜 1-9 　軒　数：5 軒
HP アドレス：http://www.brightonhotels.co.jp/　電話：047-350-8379（マーケティング部直通）　FAX：047-355-1144 　客室数：1,407 室

No.	ホテル名	開業年月日	都道府県名	客室数	運営形態
1	京都ブライトンホテル	1988 年 7 月	京 都 府	182 室	直営
2	浦安ブライトンホテル東京ベイ	1993 年 7 月	千 葉 県	189 室	直営
3	ホテルブライトンシティ京都山科	1998 年 10 月	京 都 府	100 室	賃貸
4	ホテルブライトンシティ大阪北浜	2008 年 4 月	大 阪 府	234 室	賃貸
5	東京ディズニーセレブレーションホテル®	2016 年 6 月	千 葉 県	702 室	賃貸

※東京ディズニーセレブレーションホテル®はリブランドオープン日

ホテルチェーン名：プリンスホテルズ&リゾーツ

本社所在地：東京都豊島区東池袋 3-1-5 　軒　数：45 軒
HP アドレス：http://www.princehotels.co.jp/　電話：03-5928-1111 　客室数：17,444 室

No.	ホテル名	開業年月日	都道府県名	客室数	運営形態
1	川奈ホテル	1936 年 12 月	静 岡 県	100 室	直営
2	三養荘	1947 年 10 月	静 岡 県	36 室	直営
3	軽井沢プリンスホテル	1950 年 4 月	長 野 県	592 室	直営
4	大磯プリンスホテル	1953 年 8 月	神奈川県	305 室	直営
5	グランドプリンスホテル高輪	1953 年 11 月	東 京 都	392 室	直営
6	芦ノ湖畔蛸川温泉 龍宮殿	1957 年 7 月	神奈川県	24 室	直営
7	万座高原ホテル	1957 年 12 月	群 馬 県	145 室	直営
8	万座プリンスホテル	1960 年 12 月	群 馬 県	227 室	直営
9	苗場プリンスホテル	1962 年 12 月	新 潟 県	1,224 室	直営
10	東京プリンスホテル	1964 年 9 月	東 京 都	462 室	直営
11	札幌プリンスホテル	1972 年 1 月	北 海 道	587 室	直営
12	下田プリンスホテル	1973 年 7 月	静 岡 県	132 室	賃貸
13	富良野プリンスホテル	1974 年 12 月	北 海 道	112 室	直営
14	箱根園コテージ（ウエスト・キャンピング）	1975 年 6 月	神奈川県	44 室	直営
15	新宿プリンスホテル	1977 年 3 月	東 京 都	571 室	賃貸
16	十和田プリンスホテル	1977 年 7 月	秋 田 県	66 室	直営
17	ザ・プリンス 箱根芦ノ湖	1978 年 6 月	神奈川県	140 室	直営
18	品川プリンスホテル	1978 年 7 月	東 京 都	3,560 室	直営
19	嬬恋プリンスホテル	1979 年 7 月	群 馬 県	112 室	直営
20	サンシャインシティプリンスホテル	1980 年 4 月	東 京 都	1,109 室	直営
21	屈斜路プリンスホテル	1981 年 6 月	北 海 道	300 室	直営
22	ザ・プリンス 軽井沢	1982 年 4 月	長 野 県	100 室	直営
23	グランドプリンスホテル新高輪	1982 年 4 月	東 京 都	896 室	直営
24	志賀高原プリンスホテル	1983 年 12 月	長 野 県	666 室	直営
25	グランドプリンスホテル京都	1986 年 10 月	京 都 府	310 室	直営
26	箱根湯の花プリンスホテル	1988 年 7 月	神奈川県	60 室	直営
27	新富良野プリンスホテル	1988 年 12 月	北 海 道	407 室	直営

ホテルチェーン名：プリンスホテルズ＆リゾーツ

No.	ホテル名	開業年月日	都道府県名	客室数	運営形態
28	びわ湖大津プリンスホテル	1989 年 4 月	滋 賀 県	530 室	直営
29	函館大沼プリンスホテル	1990 年 7 月	北 海 道	331 室	直営
30	中国割烹旅館掬水亭	1990 年 9 月	埼 玉 県	21 室	その他（グループ会社所有・運営）
31	雫石プリンスホテル	1990 年 12 月	岩 手 県	266 室	直営
32	川越プリンスホテル	1991 年 9 月	埼 玉 県	110 室	賃貸
33	新横浜プリンスホテル	1992 年 3 月	神奈川県	876 室	直営
34	箱根仙石原プリンスホテル	1992 年 4 月	神奈川県	100 室	直営
35	ホテル シーパラダイス イン	1993 年 5 月	神奈川県	28 室	その他（子会社所有・運営）
36	釧路プリンスホテル	1993 年 6 月	北 海 道	400 室	直営
37	日南海岸 南郷プリンスホテル	1994 年 7 月	宮 崎 県	84 室	直営
38	グランドプリンスホテル広島	1994 年 8 月	広 島 県	510 室	直営
39	鎌倉プリンスホテル	1995 年 7 月	神奈川県	97 室	直営
40	軽井沢浅間プリンスホテル	1997 年 7 月	長 野 県	81 室	直営
41	ザ・プリンス さくらタワー東京	1998 年 10 月	東 京 都	288 室	直営
42	ザ・プリンス パークタワー東京	2005 年 4 月	東 京 都	603 室	直営
43	ザ・プリンス ヴィラ軽井沢	2014 年 7 月	長 野 県	20 室	直営
44	ザ・プリンスギャラリー 東京紀尾井町	2016 年 7 月	東 京 都	250 室	賃貸
45	名古屋プリンスホテル スカイタワー	2017 年 10 月	愛 知 県	170 室	賃貸

ホテルチェーン名：ベストイン

本社所在地：三重県四日市市浜田町 5 番 3 号 　　軒 数：5 軒
HP アドレス：https://www.bestinn.co.jp/ 　電話：059-351-5593 　FAX：059-354-1355 　　客室数：397 室

No.	ホテル名	開業年月日	都道府県名	客室数	運営形態
1	ベストイン鹿嶋	2016 年 7 月	茨 城 県	108 室	直営
2	ベストイン新井	2016 年 7 月	新 潟 県	54 室	直営
3	ベストイン魚津	2016 年 7 月	富 山 県	76 室	直営
4	ベストイン甲府	2016 年 7 月	山 梨 県	77 室	直営
5	ベストイン石垣島	2016 年 7 月	沖 縄 県	82 室	直営

ホテルチェーン名：ベストウェスタンホテルズ（ランドーナージャパン）

本社所在地：愛知県名古屋市中区新栄 2-1-9 　　軒 数：2 軒
HP アドレス：http://www.bestwestern.co.jp 　電話：052-241-4412 　FAX：052-241-1915 　　客室数：259 室

No.	ホテル名	開業年月日	都道府県名	客室数	運営形態
1	ベストウェスタンホテル高山	1999 年 7 月	岐 阜 県	78 室	直営
2	ザ・ホテル長崎（旧：ベストウェスタンプレミアホテル長崎）	2005 年 9 月	長 崎 県	181 室	賃貸

ホテルチェーン名：ベッセルグループ

本社所在地：広島県福山市南本庄三丁目 4-27 　　軒 数：20 軒
HP アドレス：http://www.vessel-group.com/ 　電話：084-920-1230 　FAX：084-920-1156 　　客室数：2,759 室

No.	ホテル名	開業年月日	都道府県名	客室数	運営形態
1	福山ニューキャッスルホテル	1984 年 7 月	広 島 県	218 室	所有直営
2	ベッセルホテル福山	2000 年 3 月	広 島 県	121 室	所有直営
3	ベッセルイン福山駅北口	2002 年 3 月	広 島 県	117 室	所有直営
4	ベッセルホテル倉敷	2002 年 4 月	岡 山 県	120 室	賃貸
5	ベッセルホテル熊本空港	2004 年 8 月	熊 本 県	132 室	賃貸
6	ベッセルホテル石垣島	2005 年 10 月	沖 縄 県	126 室	賃貸
7	ベッセルホテル福岡貝塚	2006 年 2 月	福 岡 県	126 室	賃貸
8	ベッセルホテル東広島	2006 年 6 月	広 島 県	126 室	賃貸
9	ベッセルホテル苅田北九州空港	2006 年 11 月	福 岡 県	128 室	賃貸
10	ベッセルホテル都城	2008 年 1 月	宮 崎 県	128 室	賃貸
11	ベッセルイン上野入谷駅前	2011 年 2 月	東 京 都	76 室	所有直営
12	ベッセルイン広島駅前	2012 年 2 月	広 島 県	86 室	所有直営
13	ベッセルホテルカンパーナ沖縄	2012 年 3 月	沖 縄 県	161 室	賃貸
14	ベッセルイン札幌中島公園	2013 年 2 月	北 海 道	196 室	賃貸
15	ベッセルイン八千代勝田台駅前	2013 年 9 月	千 葉 県	78 室	賃貸
16	ベッセルイン博多中洲	2014 年 10 月	福 岡 県	166 室	賃貸
17	ベッセルホテルカンパーナ京都五条	2015 年 9 月	京 都 府	238 室	賃貸

第3章　日本のホテルチェーン・グループ一覧 2018 （2018年1月1日時点）

ホテルチェーン名：ベッセルグループ

No.	ホテル名	開業年月日	都道府県名	客室数	運営形態
18	ベッセルホテルカンパーナ沖縄 別館	2016 年 11 月	沖 縄 県	163 室	賃貸
19	ベッセルイン心斎橋	2017 年 5 月	大 阪 府	133 室	賃貸
20	ベッセルイン滋賀守山駅前	2017 年 8 月	滋 賀 県	120 室	賃貸

ホテルチェーン名：星野リゾート

本社所在地：—　　軒　数：29 軒
HP アドレス：http://www.hoshinoresort.com/　　客室数：2,411 室

No.	ホテル名	開業年月日	都道府県名	客室数	運営形態
1	星のや 軽井沢	1914年	長 野 県	77 室	賃貸
2	星のや 京都	2009年	京 都 府	25 室	賃貸
3	星のや 竹富島	2012年	沖 縄 県	48 室	直営
4	星野リゾート 界 遠州	2010年※	静 岡 県	33 室	直営
5	星野リゾート 界 伊東	2005年※	静 岡 県	30 室	賃貸
6	星野リゾート 界 加賀	2005年※	石 川 県	48 室	賃貸
7	星野リゾート 界 松本	2006年※	長 野 県	26 室	賃貸
8	星野リゾート 界 アルプス	2006年※	長 野 県	48 室	MC
9	星野リゾート 界 出雲	2007年※	島 根 県	24 室	賃貸
10	星野リゾート 界 熱海	2009年※	静 岡 県	16 室	直営
11	星野リゾート 界 熱海 別館ヴィラ・デル・ソル	2009年※	静 岡 県	7 室	直営
12	星野リゾート 界 津軽	2010年※	青 森 県	41 室	MC
13	星野リゾート 界 阿蘇	2011年※	大 分 県	12 室	賃貸
14	星野リゾート 界 箱根	2012年	神奈川県	32 室	賃貸
15	星野リゾート リゾナーレ 八ヶ岳	2001年※	山 梨 県	172 室	賃貸
16	星野リゾート リゾナーレトマム	2004年※	北 海 道	198 室	MC
17	星野リゾート リゾナーレ 熱海	2011年※	沖 縄 県	77 室	賃貸
18	ホテルブレストンコート	1964年	長 野 県	39 室	直営
19	星野リゾート 磐梯山温泉ホテル	2003年※	福 島 県	149 室	賃貸
20	星野リゾート トマム	2004年※	北 海 道	551 室	MC
21	星野リゾート 青森屋	2005年※	青 森 県	236 室	MC
22	星野リゾート 奥入瀬渓流ホテル	2005年※	青 森 県	189 室	MC
23	界アンジン	2008年※	静 岡 県	45 室	MC
24	星野リゾート 界 日光	2014年※	栃 木 県	33 室	賃貸
25	星野リゾート 界 川治	2014年※	栃 木 県	54 室	賃貸
26	星野リゾート ロテルド比叡	2015年※	京 都 府	29 室	MC
27	星野リゾート 界 鬼怒川	2015年	栃 木 県	48 室	賃貸
28	星のや 富士	2015年	山 梨 県	40 室	賃貸
29	星のや 東京	2016年※	東 京	84 室	賃貸

※運転開始年

ホテルチェーン名：星野リゾート （海外展開）

本社所在地：—　　軒　数：2 軒
HP アドレス：http://www.hoshinoresort.com/　　客室数：95 室

No.	ホテル名	開業年月日	国・地域	客室数	運営形態
1	星野リゾート KiaOra ランギロア	2015年※	タ ヒ チ	65 室	MC
2	星のや バリ	2017年※	インドネシア	30 室	MC

ホテルチェーン名：ホスピタリティパートナーズグループ

本社所在地：東京都千代田区神田錦町 2-5-16　　軒　数：57 軒
HP アドレス：http://www.hospitality-operations.co.jp　電話：03-5755-5516　FAX：03-5755-5517　　客室数：7,585 室

No.	ホテル名	開業年月日※	都道府県名	客室数	運営形態
1	スマイルホテル旭川	2014 年 12 月	北 海 道	173 室	賃貸
2	スマイルホテル小樽	2014 年 11 月	北 海 道	178 室	F C
3	スマイルホテル苫小牧	2012 年 5 月	北 海 道	97 室	直営
4	スマイルホテル函館	2006 年 10 月	北 海 道	271 室	賃貸
5	スマイルホテル青森	2010 年 1 月	青 森 県	114 室	直営
6	スマイルホテル弘前	2016 年 12 月	青 森 県	121 室	F C
7	スマイルホテル八戸	2010 年 1 月	青 森 県	116 室	賃貸

ホテルチェーン名：ホスピタリティパートナーズグループ

No.	ホテル名	開業年月日※	都道府県名	客室数	運営形態
8	スマイルホテル十和田	2010 年 7 月	青森県	126 室	賃貸
9	スマイルホテル塩釜	2010 年 1 月	宮城県	107 室	賃貸
10	スマイルホテル仙台国分町	2010 年 1 月	宮城県	192 室	賃貸
11	スマイルホテル仙台泉インター	2013 年 9 月	宮城県	92 室	賃貸
12	スマイルホテル郡山	2008 年 9 月	福島県	100 室	賃貸
13	スマイルホテル宇都宮	2014 年 5 月	栃木県	87 室	直営
14	スマイルホテル水戸	2008 年 1 月	茨城県	96 室	直営
15	スマイルホテル川口	2017 年 8 月	埼玉県	123 室	賃貸
16	スマイルホテル熊谷	2013 年 3 月	埼玉県	138 室	賃貸
17	スマイルホテル日本橋三越前	2012 年 11 月	東京都	164 室	ＦＣ
18	スマイルホテル東京日本橋	2010 年 1 月	東京都	171 室	賃貸
19	スマイルホテル巣鴨	2012 年 11 月	東京都	126 室	ＦＣ
20	スマイルホテル東京阿佐ヶ谷	2010 年 8 月	東京都	112 室	賃貸
21	スマイルホテル浅草	2010 年 8 月	東京都	96 室	賃貸
22	スマイルホテル東京多摩永山	2014 年 4 月	東京都	138 室	賃貸
23	スマイルホテル静岡	2015 年 3 月	静岡県	145 室	賃貸
24	スマイルホテル掛川	2013 年 4 月	静岡県	68 室	賃貸
25	スマイルホテル長野	2006 年 5 月	長野県	184 室	賃貸
26	スマイルホテル松本	2006 年 1 月	長野県	78 室	賃貸
27	スマイルホテル金沢	2006 年 12 月	石川県	201 室	賃貸
28	スマイルホテル名古屋栄	2016 年 7 月	愛知県	141 室	賃貸
29	スマイルホテル大津瀬田	2010 年 2 月	滋賀県	94 室	直営
30	スマイルホテル京都四条	2014 年 6 月	京都府	140 室	賃貸
31	スマイルホテル奈良	2017 年 10 月	奈良県	175 室	賃貸
32	スマイルホテルなんば	2010 年 2 月	大阪府	88 室	賃貸
33	スマイルホテルプレミアム大阪本町	2017 年 12 月	大阪府	296 室	賃貸
34	スマイルホテル神戸元町	2010 年 2 月	兵庫県	47 室	賃貸
35	スマイルホテル西明石	2010 年 2 月	兵庫県	106 室	賃貸
36	スマイルホテル和歌山（旧：和歌山東急イン）	2009 年 11 月	和歌山県	165 室	賃貸
37	スマイルホテル米子	2016 年 9 月	鳥取県	115 室	賃貸
38	スマイルホテル下関	2016 年 4 月	山口県	128 室	賃貸
39	スマイルホテル博多	2006 年 5 月	福岡県	53 室	直営
40	スマイルホテル博多駅前	2017 年 4 月	福岡県	118 室	賃貸
41	スマイルホテル熊本水前寺	2016 年 11 月	熊本県	85 室	ＦＣ
42	スマイルホテル沖縄那覇	2012 年 8 月	沖縄県	128 室	賃貸
43	スマイルホテル那覇シティリゾート	2016 年 2 月	沖縄県	227 室	賃貸
44	プレミアイン仙台多賀城	2009 年 4 月	宮城県	120 室	賃貸
45	プレミアイン白河	2008 年 3 月	福島県	120 室	賃貸
46	プレミアイン松山	2007 年 12 月	愛媛県	97 室	賃貸
47	プレミアリゾート夕雅 伊勢志摩	2008 年 2 月	三重県	86 室	賃貸
48	ホテルクォードイン yokote	2010 年 1 月	秋田県	100 室	賃貸
49	舞子高原ホテル＆ロッジ	2012 年 6 月	新潟県	84 室	直営
50	むいか温泉ホテル（旧：上越六日町高原ホテル）	2011 年 11 月	新潟県	66 室	直営
51	那須カントリーホテル＆コテージ	2013 年 7 月	栃木県	25 室	直営
52	棚倉田舎倶楽部	2014 年 4 月	福島県	53 室	直営
53	ホテルエミシア札幌	2014 年 10 月	北海道	512 室	直営
54	ホテル・ザ・ノット ヨコハマ（旧：横浜国際ホテル）	2016 年 4 月	神奈川県	147 室	賃貸
55	新横浜国際ホテル	2016 年 4 月	神奈川県	199 室	賃貸
56	立川グランドホテル	2017 年 4 月	東京都	118 室	賃貸
57	徳島東急 REI ホテル	2016 年 4 月	徳島県	138 室	賃貸、FC（フランチャージー）

ホテルチェーン名：ホテルα－1グループ

本社所在地：富山県富山市上本町 6-5・5 階 　　　軒　数：48 軒

HP アドレス：http://www.alpha-1.co.jp/　電話：076-421-0199　FAX：076-421-2299　　　客室数：9,538 室

No.	ホテル名	開業年月日	都道府県名	客室数	運営形態
1	金沢シティホテル	1982 年 7 月	石川県	153 室	直営
2	ホテルα－1 富山荒町	1983 年 12 月	富山県	165 室	MC

第3章　日本のホテルチェーン・グループ一覧 2018 (2018年1月1日時点)

ホテルチェーン名：ホテルα−1グループ

No.	ホテル名	開業年月日	都道府県名	客室数	運営形態
3	ホテルα−1高岡	1985年12月	富山県	163室	直営
4	ホテルα−1米子	1988年3月	鳥取県	198室	直営
5	ホテルα−1柏崎	1988年3月	新潟県	161室	直営
6	ホテルα−1三島	1988年4月	静岡県	241室	賃貸
7	ホテルα−1上越	1988年10月	新潟県	176室	直営
8	ホテルα−1小郡	1989年2月	山口県	161室	直営
9	ホテルα−1山形	1989年3月	山形県	215室	MC
10	ホテルα−1郡山	1989年3月	福島県	215室	直営
11	ホテルα−1岩国	1989年3月	山口県	155室	賃貸
12	ホテルα−1高山	1989年4月	岐阜県	135室	直営
13	ホテルα−1丸亀	1989年4月	香川県	115室	賃貸
14	ホテルα−1松江	1989年4月	島根県	197室	直営
15	ホテルα−1出雲	1989年5月	島根県	162室	賃貸
16	ホテルα−1敦賀	1990年4月	福井県	117室	直営
17	ホテルα−1尾道	1990年4月	広島県	196室	直営
18	ホテルα−1富山駅前	1990年6月	富山県	284室	MC
19	ホテルα−1第2松江	1990年10月	島根県	160室	直営
20	ホテルα−1新潟	1990年11月	新潟県	312室	直営
21	ホテルα−1鶴岡	1990年12月	山形県	197室	直営
22	ホテルα−1新居浜	1991年7月	愛媛県	190室	直営
23	ホテルα−1鳥取	1991年9月	鳥取県	224室	賃貸
24	ホテルα−1酒田	1992年2月	山形県	197室	直営
25	ホテルα−1会津若松	1992年6月	福島県	161室	賃貸
26	ホテルα−1豊田	1992年8月	愛知県	162室	賃貸
27	ホテルα−1防府	1992年10月	山口県	176室	直営
28	ホテルα−1三次	1992年12月	広島県	216室	賃貸
29	ホテルα−1敦賀バイパス	1993年1月	福井県	144室	直営
30	ホテルα−1八代	1993年3月	熊本県	191室	直営
31	ホテルα−1能登倉	1993年4月	石川県	171室	直営
32	ホテルα−1高岡駅前	1993年7月	富山県	221室	直営
33	ホテルα−1津山	1993年8月	岡山県	287室	直営
34	ホテルα−1米沢	1993年11月	山形県	154室	直営
35	ホテルα−1鯖江	1995年9月	福井県	171室	直営
36	ホテルα−1大津	1995年12月	滋賀県	157室	直営
37	ホテルα−1都城	1996年7月	宮崎県	273室	直営
38	ホテルα−1いわき	1996年7月	福島県	270室	直営
39	ホテルα−1山口インター	1995年7月	山口県	225室	直営
40	ホテルα−1高山バイパス	1996年8月	岐阜県	221室	直営
41	ホテルα−1長岡	1998年6月	新潟県	208室	賃貸
42	ホテルα−1徳山	1998年7月	山口県	221室	賃貸
43	ホテルα−1秋田	2004年3月	秋田県	264室	直営
44	ホテルα−1郡山東口	2004年8月	福島県	162室	賃貸
45	ホテルα−1御殿場インター	2008年2月	静岡県	232室	賃貸
46	ホテルα−1姫路南口	2010年11月	兵庫県	224室	賃貸
47	ホテルα−1横浜関内	2011年3月	神奈川県	342室	賃貸
48	ホテルα−1倉敷	2013年7月	岡山県	196室	直営

ホテルチェーン名：ホテルウィングインターナショナル

本社所在地：東京都千代田区神田小川町1-1				軒　数：24軒	
HPアドレス：http://www.hotelwing.co.jp/　電話：03-3292-8888　FAX：03-3292-8877				客室数：2,979室	

No.	ホテル名	開業年月日	都道府県名	客室数	運営形態
1	ホテルウィングインターナショナル須賀川	1990年11月	福島県	106室	賃貸
2	ホテルウィングインターナショナル千歳	1991年1月	北海道	152室	所有直営
3	ホテルウィングインターナショナル出水	1991年3月	鹿児島県	108室	所有直営
4	ホテルウィングインターナショナル下関	1991年4月	山口県	101室	所有直営
5	ホテルウィングインターナショナル都城	1991年10月	宮崎県	93室	所有直営
6	ホテルウィングインターナショナル日立	1992年12月	茨城県	67室	所有直営

ホテルチェーン名：ホテルウィングインターナショナル

No.	ホテル名	開業年月日	都道府県名	客室数	運営形態
7	ホテルウィングインターナショナル池袋	2000 年 8 月	東京都	85 室	所有直営
8	ホテルウィングインターナショナル後楽園	2004 年 5 月	東京都	114 室	所有直営
9	ホテルウィングインターナショナル名古屋	2006 年 8 月	愛知県	220 室	賃貸
10	ホテルウィングインターナショナル鹿嶋	2006 年 9 月	茨城県	118 室	FC
11	ホテルウィングインターナショナル相模原	2007 年 6 月	神奈川県	130 室	所有直営
12	ホテルウィングインターナショナル姫路	2010 年 7 月	兵庫県	111 室	賃貸
13	ホテルウィングインターナショナル新宿	2010 年 11 月	東京都	134 室	賃貸
14	ホテルウィングインターナショナル新大阪	2011 年 7 月	大阪府	159 室	賃貸
15	ホテルウィングインターナショナル横浜関内	2011 年 12 月	神奈川県	164 室	MC
16	ホテルウィングインターナショナル湘南藤沢	2012 年 10 月	神奈川県	80 室	賃貸
17	ホテルウィングインターナショナル苫小牧	2013 年 10 月	北海道	182 室	賃貸
18	ホテルウィングインターナショナル熊本八代	2014 年 4 月	熊本県	130 室	所有直営
19	ホテルウィングインターナショナルプレミアム東京四谷	2014 年 6 月	東京都	185 室	賃貸
20	ホテルウィングインターナショナルセレクト博多駅前	2016 年 5 月	福岡県	110 室	賃貸
21	ホテルウィングインターナショナルセレクト浅草駒形	2016 年 12 月	東京都	69 室	賃貸
22	ホテルウィングインターナショナル博多新幹線口	2017 年 11 月	福岡県	109 室	MC
23	ホテルウィングインターナショナルセレクト東大阪	2017 年 11 月	大阪府	132 室	賃貸
24	ホテルウィングインターナショナルセレクト名古屋栄	2017 年 12 月	愛知県	120 室	賃貸

ホテルチェーン名：ホテルヴィラフォンテーヌ

本社所在地：東京都新宿区西新宿 8-15-1 　　　　軒　数：17 軒
HP アドレス：https://www.hvf.jp/　電話：03-5925-7293　FAX：03-5925-7294 　　客室数：2,762 室

No.	ホテル名	開業年月日	都道府県名	客室数	運営形態
1	ヴィラージュ伊豆高原	1996 年 8 月	静岡県	91 室	所有直営
2	ヴィラフォンテーヌ大阪心斎橋	1997 年 7 月	大阪府	90 室	所有直営
3	ヴィラフォンテーヌ東京日本橋箱崎	1997 年 8 月	東京都	163 室	所有直営
4	ヴィラフォンテーヌ東京日本橋三越前	1997 年 8 月	東京都	154 室	所有直営
5	ヴィラフォンテーヌ東京上野御徒町	2000 年 7 月	東京都	186 室	所有直営
6	ヴィラフォンテーヌ東京大手町	2001 年 1 月	東京都	143 室	所有直営
7	ヴィラフォンテーヌ東京浜松町	2001 年 7 月	東京都	119 室	所有直営
8	ヴィラフォンテーヌ東京茅場町	2001 年 12 月	東京都	294 室	所有直営
9	ヴィラフォンテーヌ東京神保町	2002 年 1 月	東京都	72 室	所有直営
10	ヴィラフォンテーヌ東京六本木	2002 年 8 月	東京都	189 室	所有直営
11	ヴィラフォンテーヌ東京汐留	2004 年 8 月	東京都	497 室	所有直営
12	ヴィラフォンテーヌ東京八丁堀	2006 年 3 月	東京都	115 室	所有直営
13	ヴィラフォンテーヌ東京九段下	2006 年 5 月	東京都	144 室	所有直営
14	ヴィラフォンテーヌ東京田町	2006 年 10 月	東京都	173 室	所有直営
15	ヴィラフォンテーヌ東京新宿	2008 年 6 月	東京都	66 室	所有直営
16	ヴィラージュ京都	2008 年 10 月	京都府	81 室	所有直営
17	ヴィラフォンテーヌ神戸三宮	2013 年 4 月	兵庫県	185 室	所有直営

ホテルチェーン名：ホテル・グランド・パレス

本社所在地：徳島県徳島市寺島本町西1丁目 60-1 　　　　軒　数：4 軒
電話：088-626-1111 　　客室数：192 室

No.	ホテル名	開業年月日	都道府県名	客室数	運営形態
1	ザ グランド パレス	1980 年 2 月	徳島県	62 室	直営
2	ホテルフォーシーズン徳島	2001 年 1 月	徳島県	23 室	直営
3	アグネスホテル徳島	2002 年 8 月	徳島県	61 室	直営
4	アグネスホテル・プラス	2011 年 6 月	徳島県	46 室	直営

ホテルチェーン名：ホテル京阪チェーン

本社所在地：大阪府大阪市中央区大手前 1 丁目 7-24 　　　　軒　数：9 軒
HP アドレス：http://www.hotelkeihan.com/　電話：06-6585-0524　FAX：06-6585-0573 　　客室数：2,437 室

No.	ホテル名	開業年月日	都道府県名	客室数	運営形態
1	ホテル京阪 天満橋	1979 年 3 月	大阪府	315 室	(賃貸) 直営
2	ホテル京阪 京都グランデ	1984 年 3 月	京都府	320 室	(賃貸) 直営
3	ホテル京阪 京橋グランデ	1990 年 3 月	大阪府	214 室	(賃貸) 直営

第3章 日本のホテルチェーン・グループ一覧 2018（2018年1月1日時点）

ホテルチェーン名：ホテル京阪チェーン

No.	ホテル名	開業年月日	都道府県名	客室数	運営形態
4	ホテル京阪 ユニバーサル・シティ	2001 年 7 月	大 阪 府	330 室	（賃貸）直営
5	ホテル京阪 ユニバーサル・タワー	2008 年 5 月	大 阪 府	641 室	（賃貸）直営
6	ホテル京阪 札幌	2009 年 6 月	北 海 道	200 室	（賃貸）直営
7	ホテル京阪 浅草	2009 年 11 月	東 京 都	178 室	（所有）直営
8	ホテル京阪 淀屋橋	2017 年 7 月	大 阪 府	210 室	（賃貸）直営
9	星野リゾート ロテルド比叡	1999 年 5 月	京 都 府	29 室	MC

ホテルチェーン名：ホテル玄

本社所在地：静岡県浜松市東区松小池町 657-1　　軒　数：6 軒

HP アドレス：http://www.hotel-gen.co.jp/　電話：053-423-7711　FAX：053-423-7722　　客室数：456 室

No.	ホテル名	開業年月日	都道府県名	客室数	運営形態
1	ホテル玄 掛川	1998 年 12 月	静 岡 県	80 室	直営
2	ホテル玄 菊川	2001 年 2 月	静 岡 県	62 室	直営
3	ホテル玄 御前崎	2003 年 8 月	静 岡 県	78 室	直営
4	ホテル玄 浜松インター	2007 年 4 月	静 岡 県	141 室	直営
5	THE GEN'S HOTEL	2012 年 6 月	静 岡 県	63 室	直営
6	THE GEN'S HOTEL & apartment	2015 年 3 月	静 岡 県	32 室	直営

ホテルチェーン名：ホテル WBF グループ

本社所在地：大阪府大阪市北区豊崎 3 丁目 14-9 WBF ビル 3 階　　軒　数：21 軒

HP アドレス：https://www.hotelwbf.com/　電話：06-7711-7877　FAX：06-7711-7876　　客室数：1,951 室

No.	ホテル名	開業年月日	都道府県名	客室数	運営形態
1	リゾートインラッソ石垣 by WBF	2007 年 2 月	沖 縄 県	30 室	所有直営
2	ホテル WBF 札幌中央	2008 年 11 月	北 海 道	80 室	所有直営
3	ホテルラッソ釧路 by WBF	2010 年 2 月	北 海 道	111 室	賃貸
4	ホテル WBF 札幌大通	2011 年 6 月	北 海 道	57 室	賃貸
5	ホテル WBF 札幌ノースゲート	2012 年 6 月	北 海 道	138 室	賃貸
6	琉球温泉 瀬長島ホテル	2012 年 12 月	沖 縄 県	104 室	直営
7	ホテルラッソアビアンパナ石垣島 by WBF	2014 年 1 月	沖 縄 県	64 室	賃貸
8	ホテル WBF グランデ函館	2014 年 3 月	北 海 道	136 室	賃貸
9	ラ・ジョリー元町 by WBF	2015 年 7 月	北 海 道	29 室	所有直営
10	ホテル WBF グランデ旭川	2015 年 7 月	北 海 道	120 室	賃貸
11	シェルネルなんば by WBF	2016 年 4 月	大 阪 府	94 室	賃貸
12	ホテル WBF アートステイ那覇	2016 年 6 月	沖 縄 県	80 室	賃貸
14	ホテル WBF 福岡天神南	2017 年 3 月	福 岡 県	117 室	賃貸
13	ホテル WBF 札幌すすきの	2017 年 3 月	北 海 道	90 室	所有直営
15	ホテル WBF 石垣島	2017 年 3 月	沖 縄 県	61 室	所有直営
16	ホテル WBF 淀屋橋南	2017 年 4 月	大 阪 府	96 室	賃貸
17	ホテル WBF なんば稲荷	2017 年 4 月	大 阪 府	72 室	所有直営
18	ホテル WBF アートステイなんば	2017 年 5 月	大 阪 府	100 室	所有直営
19	パームガーデン舞洲 by WBF	2017 年 10 月	大 阪 府	30 室	直営
20	ホテルアクアチッタナハ by WBF	2017 年 10 月	沖 縄 県	231 室	賃貸
21	ホテル WBF なんば元町	2017 年 11 月	大 阪 府	111 室	所有直営

ホテルチェーン名：ホテル東日本グループ

本社所在地：岩手県盛岡市大通 3-3-18　　軒　数：6 軒

HP アドレス：http://www.hotelhigashinihon-group.com　電話：019-625-2131　FAX：019-626-9092　　客室数：696 室

No.	ホテル名	開業年月日	都道府県名	客室数	運営形態
1	ホテル東日本 盛岡	1981 年 3 月	岩 手 県	185 室	賃貸直営
2	ホテル東日本 宇都宮	1993 年 7 月	栃 木 県	115 室	所有直営
3	ホテル森の風 鶯宿	1995 年 11 月	岩 手 県	221 室	所有直営
4	ホテル森の風 田沢湖	1994 年 10 月	秋 田 県	76 室	所有直営
5	ホテル森の風 沢内銀河高原	1996 年 4 月	岩 手 県	28 室	所有直営
6	ホテル森の風 立山	2014 年 8 月	富 山 県	71 室	所有直営

ホテルチェーン名：ホテル法華クラブグループ

本社所在地：東京都中央区日本橋茅場町 1-13-21 6 階 / 軒　数：18 軒

HP アドレス：http://www.hokke.co.jp/　電話：03-3249-3303　FAX：03-3249-3313 / 客室数：3,267 室

No.	ホテル名	開業年月日	都道府県名	客室数	運営形態
1	ホテル法華クラブ京都	1920 年 9 月	京 都 府	187 室	直営
2	ホテル法華クラブ大阪	1966 年 3 月	大 阪 府	220 室	直営
3	ホテル法華クラブ福岡	1968 年 5 月	福 岡 県	225 室	直営
4	ホテル法華クラブ鹿児島	1971 年 9 月	鹿児島県	202 室	直営
5	ホテル法華クラブ広島	1973 年 10 月	広 島 県	385 室	直営
6	ホテル法華クラブ大分	1973 年 11 月	大 分 県	176 室	直営
7	ホテル法華クラブ熊本	1975 年 9 月	熊 本 県	147 室	直営
8	ホテル法華クラブ札幌	1983 年 5 月	北 海 道	146 室	直営
9	ホテル法華クラブ仙台	1984 年 5 月	宮 城 県	151 室	賃貸
10	ホテル法華クラブ函館	1984 年 7 月	北 海 道	159 室	賃貸
11	ホテル法華クラブ湘南藤沢	1990 年 4 月	神奈川県	160 室	賃貸
12	ホテル法華イン東京日本橋	2001 年 1 月	東 京 都	91 室	賃貸
13	ホテル法華クラブ那覇新都心	2006 年 2 月	沖 縄 県	210 室	賃貸
14	ホテル法華クラブ新潟長岡	2007 年 7 月	新 潟 県	156 室	賃貸
15	アルモントホテル京都	2012 年 12 月	京 都 府	169 室	賃貸
16	ホテル法華クラブ浅草	2015 年 5 月	東 京 都	186 室	直営
17	アルモントホテル那覇県庁前	2016 年 1 月	那 覇 市	157 室	賃貸
18	アルモントホテル仙台	2017 年 8 月	宮 城 県	140 室	直営

ホテルチェーン名：ホテルマロウドチェーン

本社所在地：東京都豊島区西池袋 5-13-13 / 軒　数：11 軒

HP アドレス：http://www.marroad.jp/　電話：03-3987-1457　FAX：03-3981-7119 / 客室数：2,293 室

No.	ホテル名	開業年月日	都道府県名	客室数	運営形態
1	マロウドイン赤坂	1978 年 6 月	東 京 都	264 室	直営
2	マロウドイン東京	1980 年 4 月	東 京 都	161 室	直営
3	ホテルマロウド箱根	1982 年 9 月	神奈川県	45 室	直営
4	マロウドイン大宮	1984 年 3 月	埼 玉 県	251 室	直営
5	ホテルマロウド軽井沢	1985 年 6 月	長 野 県	41 室	直営
6	マロウドイン熊谷	1986 年 4 月	埼 玉 県	161 室	直営
7	マロウドイン八王子	1988 年 4 月	東 京 都	209 室	直営
8	ホテルマロウド筑波	1989 年 7 月	茨 城 県	161 室	直営
9	マロウドイン飯能	1994 年 10 月	埼 玉 県	148 室	直営
10	マロウドインターナショナルホテル成田	1995 年 5 月	千 葉 県	800 室	直営
11	磐梯桧原湖畔ホテル	1989 年 12 月	福 島 県	52 室	直営

ホテルチェーン名：HOTEL MIWA GROUP

本社所在地：静岡県沼津市高島町 7-2 / 軒　数：5 軒

HP アドレス：http://www.hotel-miwa.co.jp/　電話：055-929-8501　FAX：055-929-8502 / 客室数：326 室

No.	ホテル名	開業年月日	都道府県名	客室数	運営形態
1	HOTEL MIWA	1989 年 6 月	静 岡 県	92 室	所有直営※
2	HOTEL WEST	1993 年 8 月	静 岡 県	28 室	所有直営※
3	HOTEL ARIA	1996 年 6 月	静 岡 県	35 室	賃借
4	湯河原温泉 オーベルジュ湯楽	2008 年 7 月	神奈川県	20 室	所有直営※
5	HOTEL INSIDE	2009 年 4 月	静 岡 県	151 室	所有直営※

※グループ不動産部門企業の所有

ホテルチェーン名：ホテルモントレグループ

本社所在地：大阪府大阪市浪速区湊町 1-2-3 / 軒　数：18 軒

HP アドレス：https://www.hotelmonterey.co.jp/　電話：06-6647-8890　FAX：06-6647-8780 / 客室数：4,298 室

No.	ホテル名	開業年月日	都道府県名	客室数	運営形態
1	ホテルモントレ札幌	1994 年 6 月	北 海 道	250 室	賃貸
2	ホテルモントレ長崎	1997 年 4 月	長 崎 県	123 室	賃貸
3	ホテルモントレ大阪	2000 年 5 月	大 阪 府	194 室	賃貸
4	ホテルモントレ銀座	2000 年 6 月	東 京 都	224 室	賃貸
5	ホテルモントレ ラ・スールギンザ	2000 年 6 月	東 京 都	141 室	賃貸

第3章　日本のホテルチェーン・グループ一覧 2018 （2018年1月1日時点）

ホテルチェーン名：ホテルモントレグループ

No.	ホテル名	開業年月日	都道府県名	客室数	運営形態
6	ホテルモントレエーデルホフ札幌	2000 年 12 月	北 海 道	181 室	賃貸
7	ホテルモントレ ラ・スール福岡	2003 年 6 月	福 岡 県	191 室	所有直営
8	ホテルモントレ仙台	2004 年 4 月	宮 城 県	206 室	賃貸
9	ホテルモントレ ラ・スール大阪	2005 年 9 月	大 阪 府	240 室	賃貸
10	ホテルモントレ横浜	2006 年 3 月	神奈川県	170 室	賃貸
11	ホテルモントレ半蔵門	2006 年 9 月	東 京 都	340 室	賃貸
12	ホテルモントレ京都	2007 年 3 月	京 都 府	327 室	賃貸
13	ホテルモントレ赤坂	2007 年 4 月	東 京 都	196 室	賃貸
14	ホテルモントレ グラスミア大阪	2009 年 7 月	大 阪 府	348 室	賃貸
15	ホテル モンテ エルマーナ仙台	2009 年 10 月	宮 城 県	275 室	賃貸
16	ホテルモントレ沖縄スパ＆リゾート	2013 年 6 月	沖 縄 県	339 室	賃貸
17	ホテル モンテ エルマーナ神戸 アマリー	2016 年 11 月	兵 庫 県	180 室	賃貸
18	ホテル モンテ エルマーナ福岡	2017 年 3 月	福 岡 県	373 室	所有直営

ホテルチェーン名：ホテルリリーフ / リリーフプレミアム

本社所在地：沖縄県那覇市おもろまち 2-6-40　　軒　数：6 軒
HP アドレス：http://www.felice.okinawa　電話：03-5545-3325　FAX：03-5545-3326　　客室数：656 室

No.	ホテル名	開業年月日	都道府県名	客室数	運営形態
1	ホテルストーク	2012 年 9 月	沖 縄 県	130 室	賃貸
2	ホテルリリーフ小倉駅前	2014 年 7 月	福 岡 県	45 室	賃貸
3	ホテルリリーフなんば大国町	2014 年 7 月	大 阪 府	104 室	賃貸
4	ホテルリリーフ札幌すすきの	2015 年 2 月	北 海 道	155 室	賃貸
5	リリーフプレミアム羽田	2017 年 10 月	東 京 都	120 室	賃貸
6	リリーフプレミアム羽田空港	2017 年 12 月	東 京 都	102 室	賃貸

ホテルチェーン名：ホテル 1-2-3 チェーン

本社所在地：東京都品川区東五反田 5-23-7 五反田不二越ビル8階　　軒　数：11 軒
HP アドレス：http://www.hotel123.co.jp/　電話：03-5792-5785　FAX：03-5792-5786　　客室数：1,048 室

No.	ホテル名	開業年月日	都道府県名	客室数	運営形態
1	ホテル 1-2-3 天王寺	2000 年 3 月	大 阪 府	60 室	賃貸
2	ホテル 1-2-3 福山	2001 年 2 月	広 島 県	119 室	直営
3	ホテル 1-2-3 神戸	2003 年 2 月	兵 庫 県	98 室	直営
4	ホテル 1-2-3 倉敷	2003 年 2 月	岡 山 県	140 室	直営
5	ホテル 1-2-3 甲府・信玄温泉	2003 年 8 月	山 梨 県	85 室	賃貸
6	ホテル 1-2-3 堺	2004 年 5 月	大 阪 府	103 室	賃貸
7	ホテル 1-2-3 島田	2006 年 9 月	静 岡 県	65 室	FC
8	ホテル 1-2-3 高崎	2007 年 5 月	群 馬 県	119 室	賃貸
9	ホテル 1-2-3 名古屋丸の内	2011 年 11 月	愛 知 県	78 室	賃貸
10	ホテル 1-2-3 小倉	2012 年 10 月	福 岡 県	110 室	賃貸
11	ホテル 1-2-3 前橋マーキュリー	2017 年 12 月	群 馬 県	71 室	賃貸

ホテルチェーン名：マイステイズ・ホテル・マネジメント

本社所在地：東京都港区六本木 6-2-31 六本木ヒルズノースタワー 14 階　　軒　数：80 軒
HP アドレス：http://www.mystays.com　電話：03-6866-4352　　客室数：12,544 室

No.	ホテル名	開業年月日	都道府県名	客室数	運営形態
1	ホテルマイステイズプレミア赤坂	1998 年 11 月	東 京 都	327 室	賃貸
2	ホテルマイステイズプレミア浜松町	2016 年 10 月	東 京 都	120 室	賃貸
3	ホテルマイステイズプレミア金沢	2014 年 11 月	石 川 県	244 室	賃貸
4	ホテルマイステイズプレミア大森	2016 年 10 月	東 京 都	232 室	賃貸
5	ホテルマイステイズプレミア札幌パーク	2016 年 10 月	北 海 道	418 室	賃貸
6	ホテルマイステイズ浅草	1990 年 6 月	東 京 都	160 室	賃貸
7	ホテルマイステイズ浅草橋	2009 年 12 月	東 京 都	139 室	MC
8	ホテルマイステイズ福岡天神	2008 年 10 月	福 岡 県	217 室	賃貸
9	ホテルマイステイズ福岡天神南	2008 年 4 月	福 岡 県	177 室	賃貸
10	ホテルマイステイズ五反田	1988 年 7 月	東 京 都	110 室	賃貸
11	ホテルマイステイズ五反田駅前	2015 年 8 月	東 京 都	383 室	賃貸
12	ホテルマイステイズ浜松町	2009 年 6 月	東 京 都	105 室	賃貸

No.	ホテル名	開業年月日	都道府県名	客室数	運営形態
13	ホテルマイステイズ羽田	2014 年 9 月	東 京 都	174 室	賃貸
14	ホテルマイステイズ東池袋	1990 年 4 月	東 京 都	176 室	賃貸
15	ホテルマイステイズ蒲田	2009 年 9 月	東 京 都	116 室	MC
16	ホテルマイステイズ亀戸 P1	1992 年 2 月	東 京 都	265 室	賃貸
17	ホテルマイステイズ亀戸 P2	1992 年 2 月	東 京 都	175 室	賃貸
18	ホテルマイステイズ金沢キャッスル	2015 年 7 月	石 川 県	206 室	賃貸
19	ホテルマイステイズ神田	2006 年 1 月	東 京 都	126 室	賃貸
20	ホテルマイステイズ京都四条	2008 年 3 月	京 都 府	224 室	賃貸
21	ホテルマイステイズ舞浜	2005 年 8 月	千 葉 県	90 室	賃貸
22	ホテルマイステイズ名古屋栄	2013 年 2 月	愛 知 県	270 室	MC
23	ホテルマイステイズ日暮里	1987 年 6 月	東 京 都	93 室	賃貸
24	ホテルマイステイズ西新宿	2011 年 9 月	東 京 都	102 室	MC
25	ホテルマイステイズ御茶ノ水コンファレンスセンター	2007 年 3 月	東 京 都	142 室	MC
26	ホテルマイステイズ大手前	1987 年 2 月	大 阪 府	110 室	賃貸
27	ホテルマイステイズ堺筋本町	2008 年 9 月	大 阪 府	190 室	賃貸
28	ホテルマイステイズ札幌中島公園	2015 年 10 月	北 海 道	86 室	賃貸
29	ホテルマイステイズ新大阪 CC	2016 年 3 月	大 阪 府	397 室	賃貸
30	マイステイズ新浦安コンファレンスセンター	2009 年 4 月	千 葉 県	175 室	賃貸
31	ホテルマイステイズ心斎橋	2001 年 10 月	大 阪 府	54 室	賃貸
32	ホテルマイステイズ心斎橋イースト	2016 年 3 月	大 阪 府	85 室	賃貸
33	ホテルマイステイズ立川	2015 年 12 月	東 京 都	121 室	賃貸
34	ホテルマイステイズ上野イースト	2016 年 3 月	東 京 都	150 室	賃貸
35	ホテルマイステイズ上野稲荷町	1987 年 3 月	東 京 都	72 室	賃貸
36	ホテルマイステイズ上野入谷口	1985 年 12 月	東 京 都	97 室	賃貸
37	ホテルマイステイズ宇都宮	2013 年 8 月	栃 木 県	116 室	賃貸
38	ホテルマイステイズ横浜	2006 年 10 月	神奈川県	190 室	賃貸
39	ホテルマイステイズ横浜関内	2016 年 10 月	神奈川県	165 室	賃貸
40	ホテルマイステイズ富士山 展望温泉	2016 年 12 月	山 梨 県	159 室	賃貸
41	ホテルマイステイズ札幌アスペン	2016 年 10 月	北 海 道	305 室	MC
42	ホテルマイステイズ札幌駅北口	2016 年 10 月	北 海 道	242 室	賃貸
43	ホテルマイステイズ大分	2016 年 10 月	大 分 県	145 室	賃貸
44	ホテルマイステイズ札幌中島公園別館	2017 年 4 月	北 海 道	80 室	賃貸
45	ホテルマイステイズ松山	2017 年 7 月	愛 媛 県	161 室	賃貸
46	ホテルマイステイズ堂島	2017 年 8 月	大 阪 府	141 室	賃貸
47	ホテルマイステイズ名寄	2017 年 9 月	北 海 道	70 室	賃貸
48	ホテルマイステイズ御堂筋本町	2017 年 12 月	大 阪 府	108 室	賃貸
49	フレックステイイン品川	1986 年 12 月	東 京 都	55 室	賃貸
50	フレックステイイン中延 P1	1989 年 11 月	東 京 都	39 室	賃貸
51	フレックステイイン中延 P2	1989 年 11 月	東 京 都	22 室	賃貸
52	フレックステイイン飯田橋	1991 年 8 月	東 京 都	59 室	賃貸
53	フレックステイイン東十条	1986 年 8 月	東 京 都	88 室	賃貸
54	フレックステイイン江古田	1989 年 3 月	東 京 都	210 室	賃貸
55	フレックステイイン常盤台	1990 年 6 月	東 京 都	129 室	賃貸
56	フレックステイイン巣鴨	1994 年 6 月	東 京 都	104 室	賃貸
57	フレックステイイン白金	1985 年 1 月	東 京 都	84 室	賃貸
58	フレックステイイン多摩川	1989 年 12 月	東 京 都	53 室	MC
59	フレックステイイン清澄白河	1993 年 1 月	東 京 都	55 室	賃貸
60	フレックステイイン桜木町	1992 年 10 月	神奈川県	70 室	賃貸
61	フレックステイイン川崎貝塚	1990 年 7 月	神奈川県	64 室	賃貸
62	フレックステイイン川崎小川町	1990 年 7 月	神奈川県	62 室	賃貸
63	フレックステイイン新浦安	2005 年 2 月	千 葉 県	128 室	MC
64	マンスリーレジステイズ中延	1988 年 6 月	東 京 都	34 室	賃貸
65	マンスリーレジステイズ高田馬場	1989 年 7 月	東 京 都	185 室	賃貸
66	MyCube by MYSTAYS 浅草蔵前	2016 年 6 月	東 京 都	161 室	賃貸
67	アートホテル旭川	2016 年 10 月	北 海 道	265 室	MC
68	アートホテル弘前シティ	2016 年 10 月	青 森 県	134 室	MC
69	アートホテル上越	2016 年 10 月	新 潟 県	198 室	MC

ホテルチェーン名：マイステイズ・ホテル・マネジメント

第3章 日本のホテルチェーン・グループ一覧 2018 （2018年1月1日時点）

ホテルチェーン名：マイステイズ・ホテル・マネジメント

No.	ホテル名	開業年月日	都道府県名	客室数	運営形態
70	アートホテル新潟駅前	2016 年 10 月	新潟県	304 室	MC
71	アートホテル石垣島	2016 年 9 月	沖縄県	245 室	MC
72	別府亀の井ホテル	2015 年 12 月	大分県	322 室	MC
73	ホテルノルド小樽	2016 年 3 月	北海道	98 室	賃貸
74	函館国際ホテル	2016 年 8 月	北海道	305 室	MC
75	ホテルソニア小樽	2016 年 10 月	北海道	94 室	賃貸
76	フサキリゾートヴィレッジ	2016 年 5 月	沖縄県	195 室	MC
77	ホテルエピナール那須	2016 年 5 月	栃木県	314 室	MC
78	白浜オーシャンリゾート	2016 年 5 月	千葉県	53 室	MC
79	リゾートホテルオリビアン小豆島	2016 年 5 月	香川県	109 室	MC
80	ホテルカイコー札幌	2017 年 8 月	北海道	96 室	賃貸

ホテルチェーン名：マリオット・インターナショナル

本社所在地：10400 Fernwood Rd., Bethesda, MD 20817 U.S.A.　　軒　数：42 軒
HP アドレス：http://www.marriott.com　電話：+1-301-380-3000　　客室数：12,194 室

No.	ホテル名	開業年月日	都道府県名	客室数	運営形態
1	ルネッサンス リゾート ナルト	1991 年 4 月	徳島県	208 室	NA
2	ザ・リッツ・カールトン大阪	1997 年 5 月	大阪府	292 室	NA
3	ルネッサンス リゾート オキナワ	1998 年 7 月	沖縄県	377 室	NA
4	名古屋マリオットアソシアホテル	2000 年 5 月	愛知県	774 室	NA
5	オキナワ マリオット リゾート＆スパ	2005 年 4 月	沖縄県	361 室	NA
6	ザ・リッツ・カールトン東京	2007 年 3 月	東京都	245 室	NA
7	コートヤード・バイ・マリオット銀座東武ホテル	2007 年 4 月	東京都	206 室	NA
8	ザ・リッツ・カールトン沖縄	2012 年 5 月	沖縄県	97 室	NA
9	ザ・プリンスさくらタワー東京 オートグラフコレクション	2013 年 8 月	東京都	288 室	NA
10	東京マリオットホテル	2013 年 9 月	東京都	249 室	NA
11	ザ・リッツ・カールトン京都	2014 年 2 月	京都府	134 室	NA
12	大阪マリオット都ホテル	2014 年 3 月	大阪府	360 室	NA
13	コートヤード・バイ・マリオット東京ステーション	2014 年 4 月	東京都	150 室	NA
14	コートヤード・バイ・マリオット新大阪ステーション	2015 年 11 月	大阪府	332 室	NA
15	軽井沢マリオットホテル	2016 年 7 月	長野県	80 室	NA
16	ウェスティンナゴヤキャッスル	1969 年 10 月	愛知県	195 室	NA
17	シェラトン都ホテル東京	1979 年 7 月	東京都	484 室	NA
18	ウェスティン都ホテル京都	1890 年 4 月	京都府	499 室	NA
19	シェラトン都ホテル大阪	1985 年 10 月	大阪府	575 室	NA
20	シェラトン・グランデ・トーキョーベイ・ホテル	1988 年 4 月	千葉県	841 室	NA
21	神戸ベイシェラトン ホテル＆タワーズ	1992 年 6 月	兵庫県	270 室	NA
22	ウェスティンホテル大阪	1993 年 6 月	大阪府	304 室	NA
23	ウェスティンホテル東京	1994 年 10 月	東京都	438 室	NA
24	シェラトン・グランデ・オーシャン・リゾート	1994 年 10 月	宮崎県	736 室	NA
25	横浜ベイシェラトン ホテル＆タワーズ	1998 年 9 月	神奈川県	398 室	NA
26	ウェスティンホテル淡路	2000 年 3 月	兵庫県	201 室	NA
27	ウェスティンホテル仙台	2010 年 8 月	宮城県	292 室	NA
28	セント レジス ホテル 大阪	2010 年 10 月	大阪府	160 室	NA
29	シェラトンホテル広島	2011 年 3 月	広島県	238 室	NA
30	翠嵐 ラグジュアリーコレクションホテル 京都	2015 年 3 月	京都府	39 室	NA
31	キロロ トリビュートポートフォリオホテル 北海道	2015 年 11 月	北海道	282 室	NA
32	シェラトン北海道キロロリゾート	2015 年 12 月	北海道	140 室	NA
33	ウェスティン ルスツリゾート	2015 年 12 月	北海道	210 室	NA
34	シェラトン沖縄サンマリーナリゾート	2016 年 6 月	沖縄県	246 室	NA
35	ザ・プリンスギャラリー 東京紀尾井町, ラグジュアリーコレクションホテル	2016 年 7 月	東京都	250 室	NA
36	フォーポイントバイシェラトン函館	2017 年 5 月	北海道	196 室	NA
37	伊豆マリオット・ホテル修善寺	2017 年 7 月	静岡県	128 室	NA

ホテルチェーン名：マリオット・インターナショナル

No.	ホテル名	開業年月日	都道府県名	客室数	運営形態
38	富士マリオット・ホテル山中湖	2017 年 7 月	山 梨 県	105 室	NA
39	琵琶湖マリオット・ホテル	2017 年 7 月	滋 賀 県	272 室	NA
40	南紀白浜マリオットホテル	2017 年 7 月	和歌山県	182 室	NA
41	モクシー東京錦糸町	2017 年 11 月	東 京 都	205 室	NA
42	モクシー大阪本町	2017 年 11 月	大 阪 府	155 室	NA

ホテルチェーン名：三井不動産ホテルマネジメントグループ

本社所在地：東京都港区東新橋 2-14-1 　　　　軒　数：24 軒

HP アドレス：http://www.gardenhotels.co.jp・http://www.celestinehotel.com/ 　電話：03-5777-1331 　FAX：03-5777-1431 　　客室数：5,992 室

No.	ホテル名	開業年月日	都道府県名	客室数	運営形態
1	ホテル ザ セレスティン東京芝	2017 年 11 月	東 京 都	243 室	賃貸
2	ホテル ザ セレスティン銀座	2017 年 10 月	東 京 都	104 室	賃貸
3	ホテル ザ セレスティン京都祇園	2017 年 9 月	京 都 府	157 室	賃貸
4	三井ガーデンホテル名古屋プレミア	2016 年 9 月	愛 知 県	295 室	賃貸
5	三井ガーデンホテル京橋	2016 年 9 月	東 京 都	233 室	賃貸
6	ミレニアム 三井ガーデンホテル 東京	2014 年 12 月	東 京 都	329 室	賃貸
7	三井ガーデンホテル柏の葉	2014 年 7 月	東 京 都	166 室	賃貸
8	三井ガーデンホテル京都新町 別邸	2014 年 3 月	京 都 府	129 室	賃貸
9	三井ガーデンホテル大阪プレミア	2014 年 3 月	大 阪 府	271 室	賃貸
10	三井ガーデンホテル上野	2010 年 9 月	東 京 都	245 室	賃貸
11	三井ガーデンホテル札幌	2010 年 6 月	北 海 道	247 室	賃貸
12	三井ガーデンホテル仙台	2009 年 7 月	宮 城 県	224 室	賃貸
13	三井ガーデンホテル四谷	2009 年 3 月	東 京 都	121 室	賃貸
14	三井ガーデンホテルプラナ東京ベイ	2007 年 6 月	千 葉 県	550 室	賃貸
15	三井ガーデンホテル汐留イタリア街	2007 年 4 月	東 京 都	375 室	賃貸
16	三井ガーデンホテル銀座プレミア	2005 年 11 月	東 京 都	361 室	賃貸
17	三井ガーデンホテル岡山	2000 年 7 月	岡 山 県	352 室	賃貸
18	三井ガーデンホテル京都四条	1997 年 10 月	京 都 府	278 室	賃貸
19	㈶日中友好会館 後楽賓館	1997 年 4 月	東 京 都	151 室	MC
20	三井ガーデンホテル熊本	1991 年 4 月	熊 本 県	225 室	賃貸
21	三井ガーデンホテル京都三条	1989 年 9 月	京 都 府	169 室	賃貸
22	三井ガーデンホテル千葉	1989 年 8 月	千 葉 県	208 室	賃貸
23	三井ガーデンホテル広島	1989 年 7 月	広 島 県	281 室	賃貸
24	三井ガーデンホテル大阪淀屋橋	1984 年 1 月	大 阪 府	278 室	賃貸

ホテルチェーン名：都ホテルズ&リゾーツ

本社所在地：大阪府大阪市天王寺区上本町 6-1-55 　　　　軒　数：21 軒

HP アドレス：http://www.miyakohotels.ne.jp/ 　電話：06-6774-7675 　FAX：06-4305-0395 　　客室数：6,012 室

No.	ホテル名	開業年月日	都道府県名	客室数	運営形態
1	シェラトン都ホテル東京	1979 年 7 月	東 京 都	484 室	所有直営
2	岐阜都ホテル	1995 年 7 月	岐 阜 県	192 室	所有直営
3	四日市都ホテル	1991 年 11 月	三 重 県	118 室	賃借直営
4	津都ホテル	1985 年 4 月	三 重 県	83 室	MC（受託）
5	ホテル志摩スペイン村	1994 年 4 月	三 重 県	252 室	チェーン加盟ホテル
6	志摩観光ホテル ザ クラシック	1951 年 4 月	三 重 県	114 室	所有直営
	志摩観光ホテル ザ ベイスイート	2008 年 10 月	三 重 県	50 室	所有直営
7	海辺ホテル プライムリゾート賢島	1992 年 7 月	三 重 県	108 室	所有直営
8	ホテル近鉄アクアヴィラ伊勢志摩	2007 年 7 月	三 重 県	127 室	所有直営
9	ウェスティン都ホテル京都	1890 年 4 月	京 都 府	499 室	所有直営
10	新・都ホテル	1975 年 3 月	京 都 府	988 室	所有直営
11	ホテル近鉄京都駅	2011 年 10 月	京 都 府	368 室	所有直営
12	奈良ホテル	1909 年 10 月	奈 良 県	127 室	チェーン加盟ホテル
13	シェラトン都ホテル大阪	1985 年 10 月	大 阪 府	578 室	所有直営
14	大阪マリオット都ホテル	2014 年 3 月	大 阪 府	360 室	所有直営
15	天王寺都ホテル	1992 年 7 月	大 阪 府	200 室	所有直営
16	ホテル近鉄ユニバーサル・シティ	2001 年 7 月	大 阪 府	456 室	所有直営
17	都ホテルニューアルカイック	1993 年 11 月	兵 庫 県	185 室	所有直営

第3章　日本のホテルチェーン・グループ一覧 2018（2018年1月1日時点）

ホテルチェーン名：都ホテルズ＆リゾーツ

No.	ホテル名	開業年月日	都道府県名	客室数	運営形態
18	沖縄都ホテル	1974 年 3 月	沖縄県	307 室	所有直営
19	（旅館）奈良 万葉若草の宿 三笠	1955 年 9 月	奈良県	34 室	MC（委託）
20	都ホテル ロサンゼルス	1987 年	アメリカ	174 室	チェーン加盟ホテル
21	都ホテルハイブリッドホテル　トーランス・カリフォルニア	2009 年	アメリカ	208 室	チェーン加盟ホテル

ホテルチェーン名：ミリアルリゾートホテルズ

本社所在地：千葉県浦安市舞浜 2-18　　軒　数：3 軒
HP アドレス：http://www.milialresorthotels.co.jp/　電話：047-305-2800　FAX：047-305-2884　　客室数：1,712 室

No.	ホテル名	開業年月日	都道府県名	客室数	運営形態
1	ディズニーアンバサダーホテル	2000 年 7 月	千葉県	504 室	賃貸直営
2	東京ディズニーシー・ホテルミラコスタ	2001 年 9 月	千葉県	502 室	賃貸直営
3	東京ディズニーランドホテル	2008 年 7 月	千葉県	706 室	賃貸直営

ホテルチェーン名：森トラストグループ

本社所在地：東京都港区虎ノ門 2-3-17 虎ノ門 2 丁目タワー　　軒　数：21 軒
HP アドレス：http://www.mori-trust.co.jp/　電話：03-5511-2255　FAX：03-5511-2259　　客室数：3,452 室

No.	ホテル名	開業年月日	都道府県名	客室数	運営形態
1	万平ホテル	1894 年 7 月	長野県	109 室	直営
2	ホテルラフォーレ修善寺	1976 年 8 月	静岡県	212 室	直営
3	伊豆マリオットホテル修善寺	2017 年 7 月	静岡県	128 室	直営
4	ラフォーレ倶楽部 箱根強羅 湯の棲	1984 年 3 月	神奈川県	44 室	直営
5	ラフォーレ倶楽部 伊東温泉 湯の庭	1985 年 4 月	静岡県	84 室	直営
6	琵琶湖マリオットホテル	2017 年 7 月	滋賀県	274 室	直営
7	リゾートホテル ラフォーレ那須	1990 年 7 月	栃木県	118 室	直営
8	ラフォーレ蔵王リゾート＆スパ	1992 年 7 月	宮城県	197 室	直営
9	富士マリオットホテル山中湖	2017 年 7 月	山梨県	105 室	直営
10	ラフォーレ倶楽部 ホテル白馬八方	1996 年 12 月	長野県	45 室	直営
11	南紀白浜マリオットホテル	2017 年 7 月	和歌山県	182 室	直営
12	コンラッド東京	2005 年 7 月	東京都	290 室	MC
13	ウェスティンホテル仙台	2010 年 8 月	宮城県	292 室	直営
14	東京マリオットホテル	2013 年 12 月	東京都	249 室	直営
15	コートヤード・バイ・マリオット 東京ステーション	2014 年 4 月	東京都	150 室	直営
16	翠嵐　ラグジュアリーコレクションホテル 京都	2015 年 3 月	京都府	39 室	直営
17	コートヤード・バイ・マリオット 新大阪ステーション	2015 年 11 月	大阪府	332 室	直営
18	シェラトン沖縄サンマリーナリゾート	2016 年 6 月	沖縄県	246 室	直営
19	軽井沢マリオットホテル	2016 年 7 月	長野県	142 室	直営
20	強羅環翠楼	1949 年 4 月	神奈川県	14 室	直営
21	シャングリ・ラ ホテル 東京	2009 年 3 月	東京都	200 室	その他

※シャングリ・ラ ホテル 東京は同社保有ビル「丸の内トラストタワー本館」にホテルテナントとしてリース契約を締結し入居

ホテルチェーン名：ユーアンドアールホテルマネジメント

本社所在地：東京都新宿区西新宿 7-7-26 ワコーレ新宿第 1 ビル　　軒　数：3 軒
HP アドレス：http://www.urhm-inc.jp/　電話：03-3227-4221　FAX：03-3363-0264　　客室数：240 室

No.	ホテル名	開業年月日	都道府県名	客室数	運営形態
1	ホテルサイプレス軽井沢	1992 年 4 月	長野県	86 室	直営
2	サイプレスリゾート久米島	2007 年 4 月	沖縄県	84 室	直営
3	サイプレスイン東京	2009 年 12 月	東京都	70 室	直営

ホテルチェーン名：UDS

本社所在地：東京都渋谷区神宮前 1-19-19 2F　　軒　数：7 軒
HP アドレス：http://www.uds-net.co.jp　電話：03-5413-3941　　客室数：928 室

No.	ホテル名	開業年月日	都道府県名	客室数	運営形態
1	ホテル カンラ 京都	2010 年 10 月 28 日	京都府	68 室	賃貸
2	ホテル アンテルーム 京都	2011 年 4 月 28 日	京都府	128 室	賃貸
3	ホテル エディット 横濱	2015 年 4 月 6 日	神奈川県	129 室	賃貸
4	ON THE MARKS KAWASKI	2015 年 9 月 16 日	神奈川県	227 室	MC
5	グリッズ秋葉原 ホテル＋ホステル	2015 年 4 月 21 日	東京都	133 室	MC

ホテルチェーン名：UDS

No.	ホテル名	開業年月日	都道府県名	客室数	運営形態
6	グリッズ日本橋イースト ホテル＋ホステル	2015年12月12日	東京都	115室	MC
7	BUNKA HOSTEL TOKYO	2015年12月14日	東京都	128室	MC

ホテルチェーン名：ユニゾグループのホテル

本社所在地：東京都中央区八丁堀2-10-9 　　軒　数：17軒
HP アドレス：http://www.unizo-hotel.co.jp/　電話：03-3523-7651　FAX：03-3523-7655　　客室数：3,716室

No.	ホテル名	開業年月日	都道府県名	客室数	運営形態
1	ホテルユニゾ新橋	2001 年 12 月	東 京 都	233室	所有直営
2	ユニゾイン浅草	1992 年 7 月	東 京 都	121室	所有直営
3	ユニゾイン広島	1985 年 9 月	広 島 県	171室	所有直営
4	ホテルユニゾ大阪淀屋橋	2009 年 4 月	大 阪 府	333室	所有直営
5	ホテルユニゾ渋谷	2010 年 5 月	東 京 都	186室	所有直営
6	ホテルユニゾ福岡天神	2007 年 10 月	福 岡 県	159室	所有直営
7	ユニゾイン名古屋栄東	2012 年 11 月	愛 知 県	148室	所有直営
8	ユニゾイン仙台	2013 年 3 月	宮 城 県	250室	所有直営
9	ユニゾイン名古屋栄	2014 年 5 月	愛 知 県	252室	所有直営
10	ホテルユニゾ京都四条烏丸	2014 年 10 月	京 都 府	281室	所有直営
11	ホテルユニゾ銀座一丁目	2015 年 1 月	東 京 都	305室	所有直営
12	ユニゾイン札幌	2016 年 1 月	北 海 道	224室	所有直営
13	ホテルユニゾ銀座七丁目	2016 年 6 月	東 京 都	224室	所有直営
14	ユニゾイン八丁堀	2016 年 7 月	東 京 都	148室	所有直営
15	ユニゾイン京都河原町四条	2017 年 7 月	京 都 府	242室	所有直営
16	ユニゾイン神田駅西	2017 年 8 月	東 京 都	219室	所有直営
17	ユニゾイン金沢百万石通り	2017 年 11 月	石 川 県	220室	所有直営

ホテルチェーン名：ユニマットプレシャス

本社所在地：東京都港区南青山二丁目12-14 　　軒　数：11軒
HP アドレス：http://www.nanseirakuen.com/　電話：03-5786-7392　FAX：03-5786-7393　　客室数：1,320室

No.	ホテル名	開業年月日	都道府県名	客室数	運営形態
1	ザ シギラ	2013 年 4 月	沖 縄 県	9室	直営
2	シギラベイサイドスイート アラマンダ	2005 年 7 月	沖 縄 県	173室	直営
3	ホテルブリーズベイマリーナ	1993 年 7 月	沖 縄 県	307室	直営
4	ウェルネスヴィラ ブリッサ	1998 年 11 月	沖 縄 県	95室	直営
5	クラブ トゥインクル インギャーコーラルヴィレッジ	2017 年 7 月	沖 縄 県	72室	直営
6	ホテルシーブリーズカジュアル	2017 年 11 月	沖 縄 県	170室	直営
7	ホテルアラマンダ小浜島	2017年4月※	沖 縄 県	60室	直営
8	ホテルニラカナイ小浜島	2017年4月※	沖 縄 県	102室	直営
9	ホテルニラカナイ西表島	2016年4月※	沖 縄 県	140室	直営
10	ブルーキャビン石垣島	2016 年 10 月	沖 縄 県	150室	直営
11	ホテルアラマンダ青山	2016 年 6 月	東 京 都	42室	直営

※リブランド年月日

ホテルチェーン名：リーガロイヤルホテルグループ

本社所在地：大阪府大阪市北区中之島 5-3-68 　　軒　数：11軒
HP アドレス：http://www.rihga.co.jp　電話：06-6448-1121　FAX：06-6448-4414　　客室数：3,489室

No.	ホテル名	開業年月日	都道府県名	客室数	運営形態
1	リーガロイヤルホテル（大阪）	1935 年 1 月	大 阪 府	984室	所有直営
2	リーガロイヤルホテル東京	1994 年 5 月	東 京 都	128室	賃貸
3	リーガロイヤルホテル京都	1969 年 11 月	京 都 府	489室	MC
4	リーガロイヤルホテル広島	1994 年 4 月	広 島 県	488室	賃貸
5	リーガロイヤルホテル小倉	1993 年 4 月	福 岡 県	295室	賃貸
6	リーガ中之島イン	1981 年 12 月	大 阪 府	335室	賃貸
7	都市センターホテル	1959 年 3 月	東 京 都	327室	MC
8	くろよんロイヤルホテル	1965 年 8 月	長 野 県	73室	MC
9	リーガロイヤルホテル新居浜	1990 年 10 月	愛 媛 県	94室	FC
10	リーガロイヤルグラン沖縄	2012 年 6 月	沖 縄 県	157室	FC
11	リーガホテルゼスト高松	1980 年 7 月	香 川 県	119室	FC

第3章　日本のホテルチェーン・グループ一覧 2018 （2018年1月1日時点）

ホテルチェーン名：リステルホテルズ

本社所在地：東京都新宿区新宿 5-3-20　　軒 数：7 軒
HP アドレス：http://www.listel-hotels.com/　電話：03-3350-4411　FAX：03-3350-4488　客室数：1,116 室

No.	ホテル名	開業年月日	都道府県名	客室数	運営形態
1	ホテルリステル猪苗代本館	1973 年 12 月	福 島 県	311 室	直営
2	ホテルリステル浜名湖 1 号館	1975 年 3 月	静 岡 県	52 室	直営
3	ホテルリステル浜名湖 2 号館	1978 年 7 月	静 岡 県	36 室	直営
4	ホテルリステル浜名湖 3 号館	1981 年 3 月	静 岡 県	84 室	直営
5	ホテルリステル新宿本館	1985 年 3 月	東 京 都	213 室	直営
6	ホテルリステル新宿アネックス	1991 年 11 月	東 京 都	50 室	直営
7	ホテルリステル猪苗代ウィングタワー	1993 年 11 月	福 島 県	370 室	直営

ホテルチェーン名：HOTEL RESOL

本社所在地：東京都新宿区西新宿 6-24-1　（リゾートソリューション㈱）　　軒 数：12 軒
HP アドレス：http://www.resol-hotel.jp/　電話：03-3342-0331　FAX：03-3346-8447　客室数：2,033 室

No.	ホテル名	開業年月日	都道府県名	客室数	運営形態
1	ホテルリソル佐世保	1985 年 9 月	長 崎 県	154 室	賃貸
2	プリシアリゾートヨロン	1987 年 6 月	鹿児島県	124 室	直営
3	日本エアロビクスセンター生命の森	1989 年 8 月	千 葉 県	144 室	直営
4	ホテルリソル名古屋	1989 年 11 月	愛 知 県	100 室	賃貸
5	ホテルリソル函館	1991 年 4 月	北 海 道	112 室	賃貸
6	ホテルリソル岐阜	1992 年 4 月	岐 阜 県	119 室	賃貸
7	ホテルリソル札幌 中島公園	1993 年 7 月	北 海 道	181 室	賃貸
8	ホテルリソル町田	1993 年 9 月	東 京 都	225 室	賃貸
9	ホテルリソルトリニティ札幌	2008 年 4 月	北 海 道	305 室	賃貸
10	ホテルリソルトリニティ金沢	2009 年 1 月	石 川 県	123 室	賃貸
11	ホテルリソル池袋	2009 年 4 月	東 京 都	159 室	賃貸
12	ホテルリソルトリニティ博多 (2018 年 4 月 1 日から名称変更)	2011 年 10 月	福 岡 県	287 室	賃貸

ホテルチェーン名：リゾートトラスト

本社所在地：愛知県名古屋市中区東桜 2-18-31　　軒 数：46 軒
HP アドレス：http://www.resorttrust.co.jp/　電話：052-933-6000 ㈹　客室数：6,481 室

No.	ホテル名	開業年月日	都道府県名	客室数	運営形態
1	サンメンバーズひるがの	1974 年 12 月	岐 阜 県	36 室	所有直営
2	ホテルトラスティ名古屋白川	1977 年 3 月	愛 知 県	105 室	所有直営
3	サンメンバーズ大阪梅田	1978 年 2 月	大 阪 府	69 室	所有直営
4	サンメンバーズ名古屋錦	1979 年 4 月	愛 知 県	79 室	所有直営
5	サンメンバーズ東京新橋	1980 年 5 月	東 京 都	23 室	所有直営
6	サンメンバーズ京都嵯峨	1980 年 12 月	京 都 府	67 室	所有直営
7	サンメンバーズ東京新宿	1982 年 12 月	東 京 都	181 室	所有直営
8	リゾーピア熱海	1983 年 1 月	静 岡 県	206 室	所有直営
9	リゾーピア久美浜	1984 年 7 月	京 都 府	57 室	所有直営
10	リゾーピア別府	1984 年 8 月	大 分 県	57 室	所有直営
11	リゾーピア箱根	1984 年 9 月	神奈川県	171 室	所有直営
12	サンメンバーズ神戸	1985 年 12 月	兵 庫 県	53 室	所有直営
13	エクシブ鳥羽	1987 年 4 月	三 重 県	207 室	所有直営
14	エクシブ伊豆	1988 年 3 月	静 岡 県	227 室	所有直営
15	エクシブ白浜	1989 年 4 月	和歌山県	104 室	所有直営
16	エクシブ軽井沢	1990 年 7 月	長 野 県	200 室	所有直営
17	エクシブ鳥羽アネックス	1991 年 4 月	三 重 県	198 室	所有直営
18	エクシブ淡路島	1992 年 7 月	兵 庫 県	109 室	所有直営
19	エクシブ山中湖	1993 年 7 月	山 梨 県	252 室	所有直営
20	エクシブ白浜アネックス	1993 年 7 月	和歌山県	144 室	所有直営
21	エクシブ琵琶湖	1997 年 3 月	滋 賀 県	268 室	所有直営
22	ホテルトラスティ名古屋	1997 年 5 月	愛 知 県	250 室	所有直営
23	エクシブ蓼科	1999 年 3 月	長 野 県	230 室	所有直営
24	エクシブ初島クラブ	2000 年 6 月	静 岡 県	200 室	所有直営
25	エクシブ鳴門	2001 年 3 月	徳 島 県	135 室	所有直営
26	エクシブ鳴門サンクチュアリ・ヴィラ	2003 年 3 月	徳 島 県	22 室	所有直営

ホテルチェーン名：リゾートトラスト					
No.	ホテル名	開業年月日	都道府県名	客室数	運営形態
27	ホテルトラスティ名古屋栄	2003 年 4 月	愛知県	204 室	所有直営
28	エクシブ浜名湖	2004 年 3 月	静岡県	193 室	所有直営
29	エクシブ軽井沢サンクチュアリ・ヴィラ	2004 年 11 月	長野県	40 室	所有直営
30	エクシブ那須白河	2005 年 4 月	福島県	58 室	所有直営
31	ホテルトラスティ心斎橋	2005 年 6 月	大阪府	211 室	所有直営
32	エクシブ鳴門サンクチュアリ・ヴィラ ドゥーエ	2005 年 7 月	徳島県	22 室	所有直営
33	エクシブ京都 八瀬離宮	2006 年 11 月	京都府	210 室	所有直営
34	東京ベイコート倶楽部　ホテル＆スパリゾート	2008 年 3 月	東京都	292 室	所有直営
35	ホテルトラスティ東京ベイサイド	2008 年 4 月	東京都	200 室	所有直営
36	ホテルトラスティ神戸旧居留地	2009 年 3 月	兵庫県	141 室	賃貸直営
37	エクシブ山中湖サンクチュアリ・ヴィラ	2009 年 3 月	山梨県	28 室	所有直営
38	ホテル サンフレックス カゴシマ	2009 年 10 月	鹿児島県	105 室	所有直営
39	エクシブ箱根離宮	2010 年 3 月	神奈川県	187 室	所有直営
40	エクシブ有馬離宮	2011 年 3 月	兵庫県	175 室	所有直営
41	ホテルトラスティ大阪阿倍野	2012 年 3 月	大阪府	202 室	賃貸直営
42	エクシブ軽井沢パセオ	2012 年 3 月	長野県	32 室	所有直営
43	エクシブ軽井沢サンクチュアリ・ヴィラ ムセオ	2012 年 3 月	長野県	16 室	所有直営
44	ホテルトラスティ金沢香林坊	2013 年 6 月	石川県	207 室	所有直営
45	エクシブ鳥羽別邸	2016 年 3 月	三重県	121 室	所有直営
46	エクシブ湯河原離宮	2017 年 3 月	神奈川県	187 室	所有直営

ホテルチェーン名：リゾートトラスト　（海外展開）					
本社所在地：愛知県名古屋市中区東桜 2-18-31				軒　数：1 軒	
HP アドレス：http://www.resorttrust.co.jp/　電話：052-933-6000 (代)				客室数：338 室	
No.	ホテル名	開業年月日	国・地域	客室数	運営形態
1	ザ・カハラ・ホテル＆リゾート	1964 年 1 月	アメリカ・ハワイ	338 室	直営

ホテルチェーン名：リッチホテルチェーン					
本社所在地：福島県福島市栄町 2-36				軒　数：6 軒	
HP アドレス：http://www.rich-hotels.co.jp/　電話：024-521-1711　FAX：024-524-0292				客室数：635 室	
No.	ホテル名	開業年月日	都道府県名	客室数	運営形態
1	福島リッチホテル 東口駅前	1980 年 5 月	福島県	164 室	直営
2	天童リッチホテル ルート 13 号	1990 年 3 月	山形県	73 室	直営
3	京都リッチホテル 五条河原町	1998 年 10 月	京都府	109 室	賃貸
4	函館リッチホテル 五稜郭	2010 年 7 月	北海道	110 室	賃貸
5	名古屋リッチホテル 錦	2010 年 11 月	愛知県	103 室	賃貸
6	広島リッチホテル 並木通り	2011 年 8 月	広島県	76 室	直営

ホテルチェーン名：リッチモンドホテルズ					
本社所在地：東京都世田谷区桜新町 1-34-6				軒　数：37 軒	
HP アドレス：http://www.richmondhotel.jp/　電話：03-5707-8888				客室数：7,511 室	
No.	ホテル名	開業年月日	都道府県名	客室数	運営形態
1	リッチモンドホテル東大阪	1995 年 1 月	大阪府	140 室	賃貸
2	リッチモンドホテル東京武蔵野	1996 年 4 月	東京都	145 室	賃貸
3	リッチモンドホテル仙台	2000 年 7 月	宮城県	344 室	賃貸
4	リッチモンドホテル札幌大通り	2001 年 6 月	北海道	200 室	賃貸
5	リッチモンドホテル松本	2001 年 10 月	長野県	204 室	賃貸
6	リッチモンドホテル宮崎駅前	2002 年 3 月	宮崎県	204 室	賃貸
7	リッチモンドホテル浜松	2002 年 9 月	静岡県	213 室	賃貸
8	リッチモンドホテル博多駅前	2003 年 2 月	福岡県	218 室	賃貸
9	リッチモンドホテル横浜馬車道	2003 年 6 月	神奈川県	201 室	賃貸
10	リッチモンドホテル那覇久茂地	2004 年 4 月	沖縄県	239 室	賃貸
11	リッチモンドホテル鹿児島金生町	2004 年 6 月	鹿児島県	207 室	賃貸
12	リッチモンドホテル名古屋納屋橋	2004 年 11 月	愛知県	238 室	賃貸
13	リッチモンドホテル宇都宮駅前	2005 年 6 月	栃木県	221 室	賃貸
14	リッチモンドホテル札幌駅前	2006 年 5 月	北海道	182 室	賃貸
15	リッチモンドホテル東京目白	2006 年 5 月	東京都	134 室	賃貸

第3章　日本のホテルチェーン・グループ一覧 2018 （2018年1月1日時点）

ホテルチェーン名：リッチモンドホテルズ

No.	ホテル名	開業年月日	都道府県名	客室数	運営形態
16	リッチモンドホテル福岡天神	2007 年 4 月	福 岡 県	250 室	賃貸
17	リッチモンドホテル長崎思案橋	2007 年 6 月	長 崎 県	209 室	賃貸
18	リッチモンドホテル福島駅前	2007 年 9 月	福 島 県	203 室	賃貸
19	リッチモンドホテル高知	2007 年 10 月	高 知 県	234 室	賃貸
20	リッチモンドホテル東京芝	2007 年 10 月	東 京 都	105 室	賃貸
21	リッチモンドホテル山形駅前	2008 年 1 月	山 形 県	220 室	賃貸
22	リッチモンドホテルプレミア武蔵小杉	2008 年 3 月	神奈川県	302 室	賃貸
23	リッチモンドホテル熊本新市街	2008 年 4 月	熊 本 県	160 室	賃貸
24	リッチモンドホテル帯広駅前	2008 年 6 月	北 海 道	209 室	賃貸
25	リッチモンドホテルプレミア仙台駅前	2008 年 7 月	宮 城 県	184 室	賃貸
26	リッチモンドホテル秋田	2009 年 1 月	秋 田 県	197 室	賃貸
27	リッチモンドホテル成田	2009 年 6 月	千 葉 県	207 室	賃貸
28	リッチモンドホテル鹿児島天文館	2009 年 7 月	鹿児島県	125 室	賃貸
29	リッチモンドホテル青森	2009 年 12 月	青 森 県	175 室	賃貸
30	リッチモンドホテル宇都宮駅前アネックス	2010 年 12 月	栃 木 県	193 室	賃貸
31	リッチモンドホテル福山駅前	2011 年 3 月	広 島 県	200 室	賃貸
32	リッチモンドホテル浅草	2012 年 3 月	東 京 都	140 室	賃貸
33	リッツチモンドホテルなんば大国町	2013 年 12 月	大 阪 府	202 室	賃貸
34	リッチモンドホテル東京水道橋	2014 年 8 月	東 京 都	196 室	賃貸
35	リッチモンドホテルプレミア東京押上	2015 年 12 月	東 京 都	260 室	賃貸
36	リッチモンドホテルプレミア浅草	2015 年 12 月	東 京 都	270 室	賃貸
37	リッチモンドホテル名古屋新幹線口	2016 年 5 月	愛 知 県	151 室	賃貸

ホテルチェーン名：リブマックスホテルズ&リゾーツ

本社所在地：東京都港区赤坂 2-5-1 S-GATE 赤坂山王　　　　軒　数：81 軒
HP アドレス：http://www.hotel-livemax.com/　電話：03-3505-3020　FAX：03-3505-3021　　客室数：4,403 室

No.	ホテル名	開業年月日	都道府県名	客室数	運営形態
1	ホテルリブマックス 新大阪	2007 年 2 月	大 阪 府	25 室	直営
2	ホテルリブマックス大手前	2007 年 10 月	大 阪 府	71 室	賃貸
3	ホテルリブマックス梅田	2007 年 11 月	大 阪 府	22 室	直営
4	ホテルリブマックス尼崎	2008 年 12 月	兵 庫 県	48 室	直営
5	ホテルリブマックス江坂	2009 年 6 月	大 阪 府	54 室	賃貸
6	ホテルリブマックス相模原	2009 年 10 月	神奈川県	80 室	賃貸
7	ホテルリブマックス後楽園	2010 年 1 月	東 京 都	50 室	直営
8	ホテルリブマックス東上野	2010 年 2 月	東 京 都	36 室	賃貸
9	ホテルリブマックス名古屋	2010 年 3 月	愛 知 県	49 室	賃貸
10	ホテルリブマックス府中	2010 年 5 月	東 京 都	152 室	賃貸
11	ホテルリブマックス横浜鶴見	2010 年 10 月	神奈川県	144 室	賃貸
12	ホテルリブマックス湯本	2010 年 10 月	福 島 県	32 室	直営
13	ホテルリブマックス平塚駅前	2010 年 11 月	神奈川県	146 室	賃貸
14	ホテルリブマックス京都駅前	2011 年 5 月	京 都 府	54 室	賃貸
15	ホテル リブマックス川崎駅前	2011 年 7 月	神奈川県	51 室	賃貸
16	ホテル リブマックス日暮里	2011 年 9 月	東 京 都	45 室	賃貸
17	ホテル リブマックス横浜関内	2011 年 10 月	神奈川県	87 室	賃貸
18	ホテル リブマックス札幌	2011 年 10 月	北 海 道	61 室	直営
19	ホテル リブマックス那覇	2011 年 12 月	沖 縄 県	85 室	賃貸
20	ホテル リブマックスなんば	2011 年 12 月	大 阪 府	51 室	賃貸
21	ホテル リブマックス調布駅前	2012 年 6 月	東 京 都	43 室	賃貸
22	ホテル リブマックス東京木場	2012 年 8 月	東 京 都	40 室	直営
23	ホテル リブマックス府中アネックス	2012 年 8 月	東 京 都	38 室	賃貸
24	ホテルリブマックス伊予三島	2012 年 10 月	愛 媛 県	112 室	賃貸
25	ホテルリブマックス新橋	2012 年 12 月	東 京 都	63 室	賃貸
26	ホテルリブマックス姫路駅前	2013 年 6 月	兵 庫 県	92 室	賃貸
27	リブマックスリゾート軽井沢	2013 年 7 月	長 野 県	23 室	賃貸
28	リブマックスリゾート鬼怒川	2013 年 8 月	栃 木 県	26 室	賃貸
29	ホテルリブマックス東京羽村駅前	2013 年 9 月	東 京 都	59 室	直営
30	ホテルリブマックス京都五条	2014 年 2 月	京 都 府	46 室	直営

ホテルチェーン名：リブマックスホテルズ&リゾーツ

No.	ホテル名	開業年月日	都道府県名	客室数	運営形態
31	ホテルリブマックス千葉美浜	2014 年 3 月	千 葉 県	30 室	賃貸
32	ホテルリブマックス熱海	2014 年 4 月	静 岡 県	12 室	直営
33	リブマックスリゾート軽井沢フォレスト	2014 年 4 月	長 野 県	40 室	賃貸
34	リブマックスアムス・カンナリゾートヴィラ	2014 年 7 月	沖 縄 県	31 室	賃貸
35	リブマックスリゾート伊豆下田	2014 年 7 月	静 岡 県	19 室	直営
36	ホテルリブマックス千歳	2014 年 7 月	北 海 道	49 室	賃貸
37	ホテルリブマックス宇都宮	2014 年 8 月	栃 木 県	44 室	賃貸
38	ホテルリブマックス神戸	2014 年 10 月	兵 庫 県	69 室	賃貸
39	ホテルリブマックス那覇泊港	2014 年 11 月	沖 縄 県	56 室	賃貸
40	リブマックスリゾート甲府	2014 年 12 月	山 梨 県	52 室	賃貸
41	ホテルリブマックス日本橋箱崎	2015 年 3 月	東 京 都	48 室	賃貸
42	リブマックスリゾート天城湯ヶ島	2015 年 4 月	静 岡 県	26 室	直営
43	リブマックスリゾート伊豆高原	2015 年 7 月	静 岡 県	6 室	直営
44	リブマックスリゾート伊東川奈	2015 年 7 月	静 岡 県	44 室	直営
45	リブマックスリゾート瀬戸内シーフロント	2015 年 7 月	兵 庫 県	21 室	直営
46	リブマックスリゾート加賀山代	2015 年 8 月	石 川 県	45 室	賃貸
47	リブマックスリゾート城ヶ崎海岸	2015 年 8 月	静 岡 県	11 室	直営
48	ホテルリブマックス札幌駅前	2015 年 9 月	北 海 道	53 室	賃貸
49	ホテルリブマックス東銀座	2015 年 12 月	東 京 都	57 室	直営
50	ホテルリブマックス三原駅前	2016 年 1 月	広 島 県	40 室	賃貸
51	ホテルリブマックス北府中	2016 年 2 月	東 京 都	23 室	賃貸
52	ホテルリブマックス浅草スカイフロント	2016 年 3 月	東 京 都	43 室	賃貸
53	ホテルリブマックス浜松駅前	2016 年 4 月	静 岡 県	80 室	賃貸
54	ホテルリブマックス大森駅前	2016 年 5 月	東 京 都	17 室	賃貸
55	リブマックスリゾート安芸宮浜温泉	2016 年 5 月	広 島 県	12 室	直営
56	ホテルリブマックス金沢医大前	2016 年 7 月	石 川 県	24 室	賃貸
57	ホテルリブマックス葛西駅前	2016 年 7 月	東 京 都	57 室	賃貸
58	リブマックスリゾート箱根仙石原	2016 年 8 月	神奈川県	12 室	直営
59	リブマックスリゾート奥道後	2016 年 8 月	愛 媛 県	14 室	直営
60	ホテルリブマックス鹿児島	2016 年 9 月	鹿児島県	102 室	賃貸
61	ホテルリブマックス南橋本駅前	2016 年 11 月	神奈川県	74 室	賃貸
62	ホテルリブマックス梅田中津	2016 年 12 月	大 阪 府	28 室	直営
63	ホテルリブマックス梅田堂山	2016 年 12 月	大 阪 府	30 室	賃貸
64	ホテルリブマックス茅場町	2016 年 12 月	東 京 都	102 室	賃貸
65	ホテルリブマックス群馬沼田	2017 年 2 月	群 馬 県	19 室	賃貸
66	ホテルリブマックス横浜元町駅前	2017 年 3 月	神奈川県	154 室	賃貸
67	ホテルリブマックス東京馬喰町	2017 年 3 月	東 京 都	63 室	賃貸
68	ホテルリブマックス東京潮見駅前	2017 年 4 月	東 京 都	88 室	賃貸
69	リブマックスリゾート箱根芦ノ湖	2017 年 4 月	神奈川県	27 室	直営
70	ホテルリブマックス埼玉朝霞駅前	2017 年 5 月	埼 玉 県	46 室	賃貸
71	ホテルリブマックス相模原駅前	2017 年 5 月	神奈川県	42 室	賃貸
72	ホテルリブマックス横浜関内駅前	2017 年 6 月	神奈川県	91 室	賃貸
73	リブマックスリゾート川治	2017 年 6 月	栃 木 県	72 室	賃貸
74	リブマックスリゾート安芸宮島	2017 年 7 月	広 島 県	66 室	直営
75	リブマックスリゾート京丹後	2017 年 8 月	京 都 府	20 室	直営
76	ホテルリブマックス名駅	2017 年 8 月	愛 知 県	56 室	直営
77	ホテルリブマックス大阪ドーム前	2017 年 10 月	大 阪 府	58 室	直営
78	ホテルリブマックス豊洲駅前	2017 年 10 月	東 京 都	65 室	賃貸
79	ホテルリブマックス掛川駅前	2017 年 10 月	静 岡 県	82 室	賃貸
80	ホテルリブマックス名古屋栄 EAST	2017 年 10 月	愛 知 県	113 室	賃貸
81	ホテルリブマックス金沢駅前	2017 年 12 月	石 川 県	85 室	賃貸

第3章　日本のホテルチェーン・グループ一覧 2018 (2018年1月1日時点)

ホテルチェーン名：ルートインホテルズ				
本社所在地：東京都品川区大井一丁目35番3号			軒　数：284軒	
HPアドレス：http://www.route-inn.co.jp/　電話：03-3777-5515　FAX：03-3777-5726			客室数：46,570室	

No.	ホテル名	開業年月日	都道府県名	客室数	運営形態
■ホテルルートイン					
1	上田駅前ロイヤルホテル	1985年9月	長野県	34室	所有直営
2	ホテルルートイン第1長野	1987年3月	長野県	99室	所有直営
3	ホテルルートイン上田	1988年11月	長野県	84室	所有直営
4	ホテルルートイン第2長野	1989年12月	長野県	81室	所有直営
5	ホテルルートインコート千曲更埴	1991年5月	長野県	77室	所有直営
6	ホテルルートインコート上山田	1993年3月	長野県	78室	所有直営
7	ホテルルートイン長野別館	1993年7月	長野県	50室	賃貸
8	ホテルルートインコート篠ノ井	1994年1月	長野県	60室	賃貸
9	ホテルルートインコート小諸	1994年3月	長野県	60室	所有直営
10	ホテルルートインコート富士吉田	1994年4月	山梨県	50室	賃貸
11	ホテルルートインコート柏崎	1994年6月	新潟県	100室	賃貸
12	ホテルルートインコート韮崎	1995年5月	山梨県	90室	賃貸
13	ホテルルートインコート甲府石和	1995年9月	山梨県	118室	賃貸
14	ホテルルートインコート松本インター	1995年10月	長野県	94室	賃貸
15	ホテルルートイン上諏訪	1996年1月	長野県	60室	賃貸
16	ホテルルートイン島田吉田インター	1996年3月	静岡県	120室	賃貸
17	ホテルルートインコート甲府	1996年7月	山梨県	63室	賃貸
18	ホテルルートインコート南アルプス	1996年8月	山梨県	70室	賃貸
19	ホテルルートインコート軽井沢	1996年8月	長野県	67室	賃貸
20	ホテルルートインコート南松本	1996年10月	長野県	70室	賃貸
21	ホテルルートイン各務原	1997年6月	岐阜県	155室	賃貸
22	ホテルルートイン美濃加茂	1997年6月	岐阜県	103室	賃貸
23	ホテルルートイン津	1997年7月	三重県	166室	賃貸
24	ホテルルートイン飯田	1997年7月	長野県	133室	賃貸
25	ホテルルートイン河口湖	1997年7月	山梨県	119室	賃貸
26	ホテルルートイン高崎駅西口	1997年8月	群馬県	97室	賃貸
27	ホテルルートイン妙高新井	1997年9月	新潟県	84室	賃貸
28	ホテルルートインコート相模湖上野原	1997年12月	山梨県	65室	賃貸
29	ホテルルートインコート山梨	1997年12月	山梨県	85室	賃貸
30	ホテルルートイン糸魚川	1998年4月	新潟県	90室	賃貸
31	ホテルルートイン富山駅前	1998年9月	富山県	100室	所有直営
32	ホテルルートイン結城	1998年11月	茨城県	178室	賃貸直営
33	ホテルルートインコート伊那	1998年11月	長野県	99室	所有直営
34	ホテルルートインコート佐久	1998年12月	長野県	78室	所有直営
35	ホテルルートイン裾野インター	1999年5月	静岡県	149室	賃貸
36	ホテルルートイン伊勢崎南	1999年6月	群馬県	91室	賃貸
37	ホテルルートイン中野	1999年7月	長野県	91室	所有直営
38	ホテルルートイン島田駅前	2000年4月	静岡県	154室	賃貸
39	ホテルルートイン岐阜県庁南	2000年5月	岐阜県	140室	賃貸
40	ホテルルートイン五反田	2000年7月	東京都	191室	賃貸
41	ホテルルートイン千葉	2000年7月	千葉県	105室	賃貸
42	ホテルルートインコート藤岡	2001年1月	群馬県	97室	所有直営
43	ホテルルートイン北松戸駅前	2001年2月	千葉県	124室	所有直営
44	ホテルルートインコート安曇野豊科駅南	2001年2月	長野県	107室	所有直営
45	ホテルルートイン札幌白石	2001年7月	北海道	144室	賃貸
46	ホテルルートイン上尾	2001年7月	埼玉県	90室	所有直営
47	ホテルルートイン秩父	2001年8月	埼玉県	91室	所有直営
48	ホテルルートイン諏訪インター	2001年8月	長野県	114室	賃貸
49	ホテルルートイン伊賀上野	2001年12月	三重県	111室	賃貸
50	ホテルルートイン長泉沼津インター第2	2002年2月	静岡県	88室	賃貸
51	ホテルルートイン新白河駅東	2002年3月	福島県	225室	賃貸
52	ホテルルートイン秋田土崎	2002年4月	秋田県	154室	所有直営
53	ホテルルートイン那覇旭橋駅東	2002年5月	沖縄県	118室	賃貸
54	ホテルルートイン可児	2002年7月	岐阜県	133室	所有直営

ホテルチェーン名：ルートインホテルズ					
No.	ホテル名	開業年月日	都道府県名	客室数	運営形態
55	ホテルルートイン青森駅前	2002 年 7 月	青森県	182 室	賃貸
56	ホテルルートイン上越	2002 年 7 月	新潟県	126 室	所有直営
57	ホテルルートイン四日市	2002 年 7 月	三重県	137 室	賃貸
58	ホテルルートイン米沢駅東	2002 年 10 月	山形県	132 室	所有直営
59	ホテルルートイン御殿場	2002 年 10 月	静岡県	262 室	賃貸直営
60	ホテルルートイン鶴岡インター	2002 年 11 月	山形県	154 室	所有直営
61	ホテルルートイン長泉沼津インター第 1	2002 年 12 月	静岡県	108 室	賃貸
62	ホテルルートイン東京東陽町	2003 年 2 月	東京都	209 室	所有直営
63	ホテルルートイン博多駅南	2003 年 2 月	福岡県	128 室	所有直営
64	ホテルルートイン帯広駅前	2003 年 3 月	北海道	180 室	賃貸
65	ホテルルートイン日立多賀	2003 年 4 月	茨城県	113 室	所有直営
66	ホテルルートイン掛川インター	2003 年 6 月	静岡県	90 室	賃貸
67	ホテルルートイン多治見インター	2003 年 7 月	岐阜県	126 室	所有直営
68	ホテルルートイン長岡駅前	2003 年 7 月	新潟県	133 室	所有直営
69	ホテルルートイン札幌北四条	2003 年 8 月	北海道	120 室	賃貸
70	ホテルルートイン大垣インター	2003 年 8 月	岐阜県	140 室	所有直営
71	ホテルルートイン熊本駅前	2003 年 9 月	熊本県	170 室	所有直営
72	ホテルルートイン浜松駅東	2003 年 11 月	静岡県	150 室	賃貸
73	ホテルルートイン名古屋東別院	2003 年 12 月	愛知県	233 室	所有直営
74	ホテルルートイン松江	2003 年 12 月	島根県	158 室	所有直営
75	ホテルルートイン天童	2003 年 12 月	山形県	126 室	所有直営
76	ホテルルートイン常滑駅前	2004 年 3 月	愛知県	144 室	賃貸
77	ホテルルートイン中津川インター	2004 年 4 月	岐阜県	126 室	賃貸
78	ホテルルートイン福井大和田	2004 年 6 月	福井県	126 室	賃貸
79	ホテルルートイン新居浜	2004 年 7 月	愛媛県	175 室	賃貸
80	ホテルルートイン大館	2004 年 7 月	秋田県	126 室	賃貸
81	ホテルルートイン名護	2004 年 10 月	沖縄県	147 室	賃貸
82	ホテルルートイン大阪本町	2004 年 10 月	大阪府	346 室	賃貸
83	ホテルルートイン本八戸駅前	2004 年 11 月	青森県	162 室	賃貸
84	ホテルルートイン長岡インター	2005 年 1 月	新潟県	126 室	所有直営
85	ホテルルートイン新潟県庁南	2005 年 2 月	新潟県	158 室	所有直営
86	ホテルルートイン燕三条駅前	2005 年 2 月	新潟県	144 室	所有直営
87	ホテルルートイン網走駅前	2005 年 2 月	北海道	105 室	賃貸
88	ホテルルートイン本庄駅南	2005 年 3 月	埼玉県	126 室	賃貸
89	ホテルルートイン三沢	2005 年 3 月	青森県	153 室	賃貸
90	ホテルルートイン門司港	2005 年 4 月	福岡県	140 室	賃貸
91	ホテルルートイン御前崎	2005 年 5 月	静岡県	134 室	賃貸
92	ホテルルートイン横手インター	2005 年 6 月	秋田県	126 室	賃貸
93	ホテルルートイン旭川駅前	2005 年 6 月	北海道	187 室	賃貸
94	ホテルルートイン西那須野	2005 年 8 月	栃木県	152 室	所有直営
95	ホテルルートイン真岡	2005 年 9 月	栃木県	207 室	所有直営
96	ホテルルートイン松阪駅東	2005 年 9 月	三重県	180 室	所有直営
97	ホテルルートイン行橋	2005 年 10 月	福岡県	144 室	賃貸
98	ホテルルートイン菊川インター	2005 年 11 月	静岡県	126 室	所有直営
99	ホテルルートイン深谷駅前	2005 年 11 月	埼玉県	147 室	賃貸
100	ホテルルートイン塩尻北インター	2005 年 11 月	長野県	124 室	所有直営
101	ホテルルートイン品川大井町	2005 年 11 月	東京都	156 室	所有直営
102	ホテルルートイン東京阿佐ヶ谷	2005 年 11 月	東京都	224 室	賃貸
103	ホテルルートイン新庄駅前	2005 年 12 月	山形県	144 室	賃貸
104	ホテルルートイン熊本大津駅前	2006 年 3 月	熊本県	207 室	所有直営
105	ホテルルートイン佐野藤岡インター	2006 年 3 月	栃木県	128 室	賃貸
106	ホテルルートイン豊川インター	2006 年 4 月	愛知県	162 室	所有直営
107	ホテルルートイン北見大通西	2006 年 4 月	北海道	201 室	所有直営
108	ホテルルートイン亀山インター	2006 年 4 月	三重県	189 室	所有直営
109	ホテルルートイン中津駅前	2006 年 4 月	大分県	207 室	所有直営
110	ホテルルートイン大分駅前	2006 年 6 月	大分県	127 室	所有直営
111	ホテルルートイン輪島	2006 年 7 月	石川県	120 室	所有直営

ホテルデータブック 2018 | HOTERES

第3章　日本のホテルチェーン・グループ一覧 2018 (2018年1月1日時点)

ホテルチェーン名：ルートインホテルズ

No.	ホテル名	開業年月日	都道府県名	客室数	運営形態
112	ホテルルートイン美川インター	2006 年 9 月	石 川 県	126 室	所有直営
113	ホテルルートイン金沢駅前	2006 年 10 月	石 川 県	294 室	所有直営
114	ホテルルートイン山形駅前	2006 年 10 月	山 形 県	214 室	所有直営
115	ホテルルートイン会津若松	2006 年 11 月	福 島 県	152 室	所有直営
116	ホテルルートイン知立	2006 年 11 月	愛 知 県	158 室	所有直営
117	ホテルルートイン札幌駅前北口	2008 年 6 月	北 海 道	426 室	所有直営
118	ホテルルートイン酒田	2006 年 12 月	山 形 県	156 室	所有直営
119	ホテルルートイン若宮インター	2006 年 12 月	福 岡 県	207 室	所有直営
120	ホテルルートイン鈴鹿	2006 年 12 月	三 重 県	207 室	所有直営
121	ホテルルートイン新発田インター	2006 年 12 月	新 潟 県	162 室	所有直営
122	ホテルルートイン那覇泊港	2007 年 1 月	沖 縄 県	208 室	所有直営
123	ホテルルートイン盛岡駅前	2007 年 2 月	岩 手 県	281 室	所有直営
124	ホテルルートイン北上駅前	2007 年 2 月	岩 手 道	207 室	所有直営
125	ホテルルートイン藤枝駅北	2007 年 3 月	静 岡 県	153 室	賃貸
126	ホテルルートイン博多駅前	2007 年 3 月	福 岡 県	253 室	賃貸
127	ホテルルートイン浜松西インター	2007 年 4 月	静 岡 県	162 室	所有直営
128	ホテルルートイン諫早インター	2007 年 4 月	長 崎 県	189 室	所有直営
129	ホテルルートイン浜名湖	2007 年 5 月	静 岡 県	207 室	所有直営
130	ホテルルートイン鳥栖駅前	2007 年 6 月	佐 賀 県	153 室	賃貸
131	ホテルルートイン釧路駅前	2007 年 6 月	北 海 道	220 室	所有直営
132	ホテルルートイン第2諏訪インター	2007 年 6 月	長 野 県	135 室	所有直営
133	ホテルルートイン郡山	2007 年 7 月	福 島 県	207 室	所有直営
134	ホテルルートイン古川駅前	2007 年 7 月	宮 城 県	190 室	所有直営
135	ホテルルートイン佐賀駅前	2007 年 7 月	佐 賀 県	200 室	所有直営
136	ホテルルートイン苫小牧駅前	2007 年 8 月	北 海 道	187 室	所有直営
137	ホテルルートイン小山	2007 年 8 月	栃 木 県	162 室	所有直営
138	ホテルルートイン下館	2007 年 8 月	茨 城 県	127 室	所有直営
139	ホテルルートイン太田	2007 年 8 月	群 馬 県	162 室	所有直営
140	ホテルルートイン第2足利	2007 年 8 月	栃 木 県	162 室	所有直営
141	ホテルルートイン北九州若松駅東	2007 年 8 月	福 岡 県	187 室	所有直営
142	ホテルルートイン横浜馬車道	2007 年 9 月	神奈川県	272 室	賃貸
143	ホテルルートイン焼津インター	2007 年 10 月	静 岡 県	135 室	所有直営
144	ホテルルートイン苅田駅前	2007 年 10 月	福 岡 県	153 室	所有直営
145	ホテルルートイン福井駅前	2007 年 10 月	福 井 県	162 室	賃貸
146	ホテルルートイン土岐	2007 年 11 月	岐 阜 県	143 室	所有直営
147	ホテルルートイン水海道駅前	2007 年 11 月	茨 城 県	153 室	賃貸
148	ホテルルートイン長浜インター	2007 年 11 月	滋 賀 県	153 室	所有直営
149	ホテルルートイン徳山駅前	2007 年 12 月	山 口 県	188 室	所有直営
150	ホテルルートイン能代	2007 年 12 月	秋 田 県	162 室	所有直営
151	ホテルルートイン大館駅南	2007 年 12 月	秋 田 県	146 室	所有直営
152	ホテルルートイン郡山インター	2007 年 12 月	福 島 県	207 室	所有直営
153	ホテルルートイン坂出北インター	2007 年 12 月	香 川 県	135 室	賃貸
154	ホテルルートイン盛岡南インター	2008 年 1 月	岩 手 県	153 室	賃貸
155	ホテルルートイン一関インター	2008 年 1 月	岩 手 県	153 室	所有直営
156	ホテルルートイン敦賀駅前	2008 年 1 月	福 井 県	185 室	所有直営
157	ホテルルートイン古河駅前	2008 年 1 月	茨 城 県	153 室	賃貸
158	ホテルルートイン弘前駅前	2008 年 1 月	青 森 県	212 室	所有直営
159	ホテルルートイン七尾駅東	2008 年 2 月	石 川 県	153 室	所有直営
160	ホテルルートイン宇都宮	2008 年 3 月	栃 木 県	162 室	所有直営
161	ホテルルートイン大曲駅前	2008 年 3 月	秋 田 県	162 室	所有直営
162	ホテルルートイン西条	2008 年 3 月	愛 媛 県	168 室	所有直営
163	ホテルルートイン仙台長町インター	2008 年 3 月	宮 城 県	209 室	賃貸
164	ホテルルートイン磐田インター	2008 年 3 月	静 岡 県	225 室	所有直営
165	ホテルルートイン塩尻	2008 年 3 月	長 野 県	126 室	所有直営
166	ホテルルートイン防府駅前	2008 年 3 月	山 口 県	207 室	所有直営
167	ホテルルートイン十和田	2008 年 4 月	青 森 県	134 室	賃貸
168	ホテルルートイン仙台泉インター	2008 年 4 月	宮 城 県	203 室	所有直営

No.	ホテルチェーン名：ルートインホテルズ	開業年月日	都道府県名	客室数	運営形態
	ホテル名				
169	ホテルルートイン弘前城東	2008 年 4 月	青森県	198 室	所有直営
170	ホテルルートイン仙台多賀城	2008 年 4 月	宮城県	152 室	所有直営
171	ホテルルートイン名古屋栄	2008 年 5 月	愛知県	363 室	賃貸
172	ホテルルートイン八代	2008 年 6 月	熊本県	207 室	賃貸
173	ホテルルートイン御殿場駅南	2008 年 6 月	静岡県	136 室	賃貸
174	ホテルルートイン一宮駅前	2008 年 6 月	愛知県	149 室	賃貸
175	ホテルルートイン水戸県庁前	2008 年 7 月	茨城県	243 室	所有直営
176	ホテルルートイン恵那	2008 年 8 月	岐阜県	153 室	所有直営
177	ホテルルートイン第 2 亀山インター	2008 年 8 月	三重県	207 室	所有直営
178	ホテルルートインいわき駅前	2008 年 8 月	福島県	213 室	賃貸
179	ホテルルートイン千歳駅前	2008 年 8 月	北海道	330 室	所有直営
180	ホテルルートイン延岡駅前	2008 年 9 月	宮崎県	159 室	賃貸
181	ホテルルートイン久居インター	2008 年 9 月	三重県	207 室	所有直営
182	ホテルルートイン青森中央インター	2008 年 9 月	青森県	198 室	所有直営
183	ホテルルートイン岐阜羽島駅前	2008 年 9 月	岐阜県	184 室	所有直営
184	ホテルルートイン宮崎	2008 年 11 月	宮崎県	213 室	所有直営
185	ホテルルートイン相模原	2008 年 12 月	神奈川県	191 室	所有直営
186	ホテルルートイン彦根	2008 年 12 月	滋賀県	207 室	所有直営
187	ホテルルートイン名張	2009 年 2 月	三重県	207 室	所有直営
188	ホテルルートイン鶴岡駅前	2009 年 3 月	山形県	152 室	所有直営
189	ホテルルートインいわき泉駅前	2009 年 3 月	福島県	232 室	所有直営
190	ホテルルートイン東室蘭駅前	2009 年 3 月	北海道	211 室	所有直営
191	ホテルルートイン花巻	2009 年 3 月	岩手県	147 室	所有直営
192	ホテルルートイン渋川	2009 年 7 月	群馬県	171 室	所有直営
193	ホテルルートイン伊那インター	2009 年 7 月	長野県	118 室	所有直営
194	ホテルルートイン駒ヶ根インター	2009 年 7 月	長野県	147 室	所有直営
195	ホテルルートイン足利駅前	2009 年 7 月	栃木県	135 室	所有直営
196	ホテルルートイン石巻	2009 年 7 月	宮城県	169 室	所有直営
197	ホテルルートイン由利本荘	2009 年 7 月	秋田県	152 室	所有直営
198	ホテルルートイン第 2 西那須野	2009 年 7 月	栃木県	90 室	所有直営
199	ホテルルートイン半田亀崎	2009 年 8 月	愛知県	135 室	所有直営
200	ホテルルートイン関	2009 年 10 月	岐阜県	134 室	所有直営
201	ホテルルートイン豊田陣中	2010 年 1 月	愛知県	151 室	所有直営
202	ホテルルートイン札幌中央	2010 年 6 月	北海道	389 室	賃貸
203	ホテルルートイン名古屋今池駅前	2010 年 7 月	愛知県	262 室	賃貸
204	ホテルルートイン新潟西インター	2010 年 11 月	新潟県	153 室	所有直営
205	ホテルルートイン魚津	2010 年 11 月	富山県	152 室	所有直営
206	ホテルルートイン丸亀	2010 年 11 月	香川県	150 室	所有直営
207	ホテルルートイン名取	2010 年 12 月	宮城県	207 室	所有直営
208	ホテルルートイン薩摩川内	2011 年 1 月	鹿児島県	152 室	所有直営
209	ホテルルートイン仙台大和インター	2013 年 7 月	宮城県	152 室	所有直営
210	ホテルルートイン宮古	2013 年 12 月	岩手県	278 室	所有直営
211	ホテルルートイン多賀城駅東	2014 年 2 月	宮城県	204 室	所有直営
212	ホテルルートイン橋本	2014 年 3 月	和歌山県	148 室	所有直営
213	ホテルルートイン登米	2014 年 4 月	宮城県	212 室	所有直営
214	ホテルルートイン気仙沼	2014 年 7 月	宮城県	204 室	所有直営
215	ホテルルートイン釜石	2014 年 7 月	岩手県	193 室	所有直営
216	ホテルルートイン小野	2014 年 8 月	兵庫県	204 室	所有直営
217	ホテルルートイン豊田朝日ヶ丘	2014 年 11 月	愛知県	201 室	所有直営
218	ホテルルートイン奥州	2014 年 12 月	岩手県	149 室	所有直営
219	ホテルルートイン南四日市	2014 年 12 月	三重県	237 室	所有直営
220	ホテルルートインひたちなか	2015 年 3 月	茨城県	150 室	所有直営
221	ホテルルートイン浜松ディーラー通り	2015 年 3 月	静岡県	150 室	所有直営
222	ホテルルートイン石巻中央	2015 年 3 月	宮城県	198 室	所有直営
223	ホテルルートイン安中	2015 年 4 月	群馬県	124 室	所有直営
224	ホテルルートイン伊勢原	2015 年 6 月	神奈川県	218 室	所有直営
225	ホテルルートイン矢板	2015 年 6 月	栃木県	124 室	所有直営

ホテルデータブック 2018 | HOTERES

第3章　日本のホテルチェーン・グループ一覧 2018 (2018年1月1日時点)

ホテルチェーン名：ルートインホテルズ

No.	ホテル名	開業年月日	都道府県名	客室数	運営形態
226	ホテルルートイン佐伯駅前	2015 年 7 月	大 分 県	150 室	所有直営
227	ホテルルートイン海老名駅前	2015 年 9 月	神奈川県	203 室	賃貸
228	ホテルルートイン富山インター	2015 年 10 月	富 山 県	150 室	所有直営
229	ホテルルートイン鴻巣	2015 年 12 月	埼 玉 県	207 室	所有直営
230	ホテルルートイン Grand 旭川駅前	2016 年 3 月	北 海 道	342 室	所有直営
231	ホテルルートイン Grand 上田駅前	2016 年 3 月	長 野 県	200 室	所有直営
232	ホテルルートイン清水インター	2016 年 3 月	静 岡 県	155 室	所有直営
233	ホテルルートイン名取岩沼インター	2016 年 3 月	宮 城 県	239 室	所有直営
234	ホテルルートイン伊勢	2016 年 5 月	三 重 県	162 室	所有直営
235	ホテルルートイン大船渡	2016 年 5 月	岩 手 県	210 室	所有直営
236	ホテルルートイン日田駅前	2017 年 6 月	大 分 県	150 室	所有直営
237	ホテルルートイン伊勢崎インター	2016 年 9 月	群 馬 県	186 室	所有直営
238	ホテルルートイン富士	2016 年 11 月	静 岡 県	150 室	所有直営
239	ホテルルートイン鯖江	2016 年 12 月	福 井 県	159 室	所有直営
240	ホテルルートイン Grand 北見駅前	2016 年 12 月	北 海 道	211 室	所有直営
241	ホテルルートイン宇部	2017 年 3 月	山 口 県	203 室	所有直営
242	ホテルルートイン東近江八日市駅前	2017 年 3 月	滋 賀 県	180 室	所有直営
243	ホテルルートイン熊谷	2017 年 3 月	埼 玉 県	262 室	所有直営
244	ホテルルートイン東広島西条駅前	2017 年 3 月	広 島 県	218 室	所有直営
245	ホテルルートイン鹿嶋	2017 年 3 月	茨 城 県	186 室	所有直営
246	ホテルルートイン和泉	2017 年 3 月	大 阪 府	200 室	所有直営
247	ホテルルートイン柳川駅前	2017 年 3 月	福 岡 県	186 室	所有直営
248	ホテルルートイン高岡駅前	2017 年 3 月	富 山 県	207 室	所有直営
249	ホテルルートイン東京蒲田	2017 年 6 月	東 京 都	147 室	所有直営
250	ホテルルートイン阿南	2017 年 10 月	徳 島 県	186 室	所有直営
251	ホテルルートイン豊橋駅前	2017 年 10 月	愛 知 県	196 室	所有直営
■ルートイングランティア					
252	ルートイングランティア那覇	2000 年 4 月	沖 縄 県	120 室	賃貸
253	ルートイングランティア石垣	2001 年 3 月	沖 縄 県	191 室	所有直営
254	ルートイングランティア飛騨高山	2001 年 4 月	岐 阜 県	140 室	所有直営
255	ルートイングランティア羽生 SPA RESORT	2003 年 7 月	埼 玉 県	259 室	所有直営
256	ルートイングランティア小牧	2003 年 10 月	愛 知 県	227 室	所有直営
257	ルートイングランティア福山 SPA RESORT	2004 年 1 月	広 島 県	156 室	所有直営
258	ルートイングランティアサロマ湖	2004 年 8 月	北 海 道	84 室	所有直営
259	ルートイングランティア秋田 SPA RESORT	2005 年 5 月	秋 田 県	240 室	所有直営
260	ルートイングランティア函館駅前	2005 年 7 月	北 海 道	286 室	所有直営
261	ルートイングランティア小松エアポート	2007 年 4 月	石 川 県	197 室	所有直営
262	ルートイングランティア若宮	2007 年 7 月	福 岡 県	27 室	所有直営
263	ルートイングランティア太宰府	2007 年 7 月	福 岡 県	129 室	所有直営
264	ルートイングランティアあおしま太陽閣	2007 年 7 月	宮 崎 県	153 室	所有直営
265	ルートイングランティア知床 ―斜里駅前―	2007 年 8 月	北 海 道	105 室	所有直営
266	ルートイングランティア函館五稜郭	2008 年 7 月	北 海 道	250 室	所有直営
267	ルートイングランティア伊賀上野 和蔵の宿	2009 年 10 月	三 重 県	161 室	所有直営
268	ルートイングランティア氷見 和蔵の宿	2010 年 2 月	富 山 県	131 室	所有直営
■アークホテル					
269	アークホテル東京池袋	2005 年 1 月	東 京 都	110 室	所有直営
270	アークホテル大阪心斎橋	2005 年 1 月	大 阪 府	384 室	所有直営
271	アークホテル京都	2005 年 1 月	京 都 府	160 室	賃貸
272	アークホテル岡山	2005 年 1 月	岡 山 県	181 室	所有直営
273	アークホテル広島駅南	2005 年 1 月	広 島 県	214 室	所有直営
274	アークホテルロイヤル博多天神	2005 年 1 月	福 岡 県	163 室	所有直営
275	アークホテル熊本城前	2005 年 1 月	熊 本 県	222 室	所有直営
276	アークホテル仙台青葉通り	2008 年 3 月	宮 城 県	340 室	賃貸
■グランヴィリオホテル					
277	十勝幕別温泉グランヴィリオホテル	2004 年 8 月	北 海 道	170 室	所有直営
278	姫路キヤッスル グランヴィリオホテル	2005 年 1 月	兵 庫 県	261 室	所有直営
279	菅平高原奥ダボスグランヴィリオロッヂ	2013 年 7 月	長 野 県	12 室	所有直営

ホテルチェーン名：ルートインホテルズ

No.	ホテル名	開業年月日	都道府県名	客室数	運営形態
280	徳島グランヴィリオホテル	2007 年 6 月	徳島県	207 室	所有直営
281	阿蘇リゾート グランヴィリオホテル	2007 年 6 月	熊本県	180 室	所有直営
282	石垣リゾート グランヴィリオホテル	2008 年 2 月	沖縄県	200 室	所有直営
283	グランヴィリオリゾート石垣島 ヴィラガーデン	2017 年 3 月	沖縄県	100 室	所有直営
■その他					
284	BIZCOURT CABIN すすきの	2017 年 3 月	北海道	158 室	賃貸

ホテルチェーン名：レオパレスホテルズ

本社所在地：東京都中野区本町 2-54-11　　　軒 数：4 軒
HP アドレス：http://www.leopalacehotels.jp/　電話：03-5350-0498　FAX：03-5350-0068　　　客室数：456 室

No.	ホテル名	開業年月日	都道府県名	客室数	運営形態
1	ホテルレオパレス札幌	1989 年 9 月	北海道	109 室	直営
2	ホテルレオパレス名古屋	1989 年 11 月	愛知県	113 室	直営
3	ホテルレオパレス博多	2007 年 4 月	福岡県	120 室	直営
4	ホテルレオパレス仙台	2010 年 7 月	宮城県	114 室	直営

ホテルチェーン名：ロイヤルパークホテルズ

本社所在地：東京都千代田区大手町 1-6-1　　　軒 数：8 軒
HP アドレス：https://www.royalparkhotels.co.jp/　電話：03-3211-6180　FAX：03-5223-8671　　　客室数：2,434 室

No.	ホテル名	開業年月日	都道府県名	客室数	運営形態
1	仙台ロイヤルパークホテル	1995 年 4 月	宮城県	110 室	直営
2	ロイヤルパークホテル	1989 年 6 月	東京都	419 室	直営
3	横浜ロイヤルパークホテル	1993 年 9 月	神奈川県	603 室	直営
4	ロイヤルパークホテル ザ 汐留	2003 年 7 月	東京都	490 室	賃貸
5	ロイヤルパークホテル ザ 羽田	2014 年 9 月	東京都	313 室	賃貸
6	ロイヤルパークホテル ザ 名古屋	2013 年 11 月	愛知県	153 室	賃貸
7	ロイヤルパークホテル ザ 京都	2011 年 10 月	京都府	172 室	賃貸
8	ロイヤルパークホテル ザ 福岡	2011 年 7 月	福岡県	174 室	賃貸

ホテルチェーン名：WHGホテルズ（ワシントンホテル／ホテルグレイスリー）

本社所在地：東京都文京区関口 2-10-8　　　軒 数：33 軒
HP アドレス：http://whg-hotels.jp/　電話：03-5981-7781　FAX：03-5981-7783　　　客室数：10,281 室

No.	ホテル名	開業年月日	都道府県名	客室数	運営形態
1	八戸ワシントンホテル	1980 年 11 月	青森県	126 室	FC
2	山形七日町ワシントンホテル	1981 年 4 月	山形県	213 室	FC
3	長崎ワシントンホテル	1982 年 3 月	長崎県	300 室	賃貸
4	郡山ワシントンホテル	1983 年 6 月	福島県	184 室	FC
5	新宿ワシントンホテル本館	1983 年 12 月	東京都	1,280 室	賃貸
6	新宿ワシントンホテル新館	1986 年 3 月	東京都	337 室	MC
7	会津若松ワシントンホテル	1987 年 4 月	福島県	154 室	FC
8	千葉ワシントンホテル	1987 年 12 月	千葉県	181 室	MC
9	藤田観光ワシントンホテル旭川	1990 年 6 月	北海道	260 室	賃貸
10	横浜伊勢佐木町ワシントンホテル	1990 年 11 月	神奈川県	399 室	賃貸
11	燕三条ワシントンホテル	1992 年 4 月	新潟県	103 室	FC
12	宝塚ワシントンホテル	1993 年 3 月	兵庫県	135 室	FC
13	佐世保ワシントンホテル	1995 年 5 月	長崎県	190 室	FC
14	キャナルシティ・福岡ワシントンホテル	1996 年 4 月	福岡県	423 室	賃貸
15	青森ワシントンホテル	1996 年 7 月	青森県	228 室	FC
16	浦和ワシントンホテル	1998 年 10 月	埼玉県	140 室	賃貸
17	東京ベイ有明ワシントンホテル	1999 年 6 月	東京都	830 室	賃貸
18	関西エアポートワシントンホテル	2000 年 4 月	大阪府	504 室	賃貸
19	横浜桜木町ワシントンホテル	2000 年 10 月	神奈川県	553 室	賃貸
20	山形駅西口ワシントンホテル	2000 年 12 月	山形県	100 室	FC
21	いわきワシントンホテル	2002 年 4 月	福島県	148 室	MC
22	立川ワシントンホテル	2005 年 10 月	東京都	170 室	FC
23	ホテルグレイスリー札幌	2006 年 8 月	北海道	440 室	賃貸
24	ホテルグレイスリー銀座	2006 年 10 月	東京都	270 室	賃貸

第3章　日本のホテルチェーン・グループ一覧 2018 （2018 年 1 月 1 日時点）

ホテルチェーン名：WHGホテルズ（ワシントンホテル／ホテルグレイスリー）

No.	ホテル名	開業年月日	都道府県名	客室数	運営形態
25	ホテルグレイスリー田町	2008 年 10 月	東 京 都	216 室	賃貸
26	秋葉原ワシントンホテル	2010 年 5 月	東 京 都	369 室	賃貸
27	広島ワシントンホテル	2013 年 10 月	広 島 県	266 室	賃貸
28	仙台ワシントンホテル	2013 年 12 月	宮 城 県	223 室	賃貸
29	ホテルグレイスリー新宿	2015 年 4 月	東 京 都	970 室	賃貸
30	ホテルグレイスリー那覇	2016 年 4 月	沖 縄 県	198 室	賃貸
31	ホテルグレイスリー京都三条 北館	2016 年 7 月	京 都 府	97 室	賃貸
32	ホテルグレイスリー京都三条 南館	2017 年 5 月	京 都 府	128 室	賃貸
33	木更津ワシントンホテル	2017 年 10 月	千 葉 県	146 室	FC

ホテルチェーン名：ワシントンホテルプラザチェーン／R&B ホテルチェーン

本社所在地：愛知県名古屋市千種区内山 3-23-5　　軒　数：41 軒
HP アドレス：http://washington.jp　電話：052-745-9056　FAX：052-745-9066　　客室数：9,089 室

No.	ホテル名	開業年月日	都道府県名	客室数	運営形態
1	高松ワシントンホテルプラザ ※	1978 年 3 月	香 川 県	256 室	賃貸
2	岐阜ワシントンホテルプラザ	1982 年 10 月	岐 阜 県	188 室	賃貸
3	鹿児島ワシントンホテルプラザ	1986 年 6 月	鹿児島県	234 室	賃貸
4	静岡北ワシントンホテルプラザ	1987 年 1 月	静 岡 県	195 室	賃貸
5	岡山ワシントンホテルプラザ	1988 年 6 月	岡 山 県	220 室	賃貸
6	鳥取ワシントンホテルプラザ	1989 年 3 月	鳥 取 県	163 室	賃貸
7	新大阪ワシントンホテルプラザ	1989 年 7 月	大 阪 府	491 室	賃貸
8	徳島ワシントンホテルプラザ	1989 年 8 月	徳 島 県	196 室	賃貸
9	高崎ワシントンホテルプラザ	1990 年 9 月	群 馬 県	212 室	賃貸
10	島根浜田ワシントンホテルプラザ	1994 年 4 月	島 根 県	112 室	直営
11	米子ワシントンホテルプラザ	1994 年 6 月	鳥 取 県	196 室	直営
12	博多中洲ワシントンホテルプラザ	1995 年 4 月	福 岡 県	247 室	賃貸
13	佐賀ワシントンホテルプラザ	1996 年 1 月	佐 賀 県	230 室	F C
14	熊本ワシントンホテルプラザ	1996 年 12 月	熊 本 県	350 室	賃貸
15	久留米ワシントンホテルプラザ	1998 年 4 月	福 岡 県	200 室	賃貸
16	飛騨高山ワシントンホテルプラザ	1998 年 4 月	岐 阜 県	175 室	賃貸
17	甲府ワシントンホテルプラザ	1998 年 9 月	山 梨 県	243 室	賃貸
18	名古屋笠寺ワシントンホテルプラザ	1998 年 9 月	愛 知 県	179 室	F C
19	名古屋栄ワシントンホテルプラザ	1999 年 4 月	愛 知 県	308 室	賃貸
20	下関駅西ワシントンホテルプラザ	1999 年 4 月	山 口 県	238 室	賃貸
21	奈良ワシントンホテルプラザ	2000 年 4 月	奈 良 県	204 室	賃貸
22	R&B ホテル東日本橋	1998 年 4 月	東 京 都	201 室	賃貸
23	R&B ホテル金沢駅西口	1999 年 4 月	石 川 県	231 室	賃貸
24	R&B ホテル博多駅前第 1	1999 年 7 月	福 岡 県	166 室	賃貸
25	R&B ホテル大塚駅北口	1999 年 10 月	東 京 都	258 室	賃貸
26	R&B ホテル盛岡駅前	2000 年 7 月	岩 手 県	214 室	賃貸
27	R&B ホテル梅田東	2000 年 11 月	大 阪 府	218 室	賃貸
28	R&B ホテル名古屋錦	2000 年 11 月	愛 知 県	204 室	直営
29	R&B ホテル神戸元町	2001 年 4 月	兵 庫 県	174 室	賃貸
30	R&B ホテル新横浜駅前	2001 年 4 月	神奈川県	247 室	賃貸
31	R&B ホテル名古屋栄東	2001 年 4 月	愛 知 県	205 室	賃貸
32	R&B ホテル京都駅八条口	2001 年 4 月	京 都 府	223 室	賃貸
33	R&B ホテル熊谷駅前	2001 年 4 月	埼 玉 県	190 室	賃貸
34	R＆B ホテル札幌北 3 西 2	2002 年 4 月	北 海 道	226 室	賃貸
35	R&B ホテル上野広小路	2002 年 5 月	東 京 都	186 室	賃貸
36	R&B ホテル仙台広瀬通駅前	2002 年 7 月	宮 城 県	201 室	賃貸
37	R&B ホテル熊本下通	2002 年 11 月	熊 本 県	221 室	直営
38	R&B ホテル蒲田東口	2006 年 5 月	東 京 都	180 室	賃貸
39	R&B ホテル東京東陽町	2006 年 7 月	東 京 都	202 室	賃貸
40	R&B ホテル八王子	2007 年 5 月	東 京 都	256 室	賃貸
41	R&B ホテル新大阪北口	2017 年 11 月	大 阪 府	249 室	賃貸

※ 2018 年 1 月閉館

第4章

全国ホテルオープン情報

716軒、10万6215室のホテル計画を確認。前回比107軒増、1万4213室増。
この半年間（2017年6月3日～12月1日）で開業したホテル 201軒
計画がなくなった（調整含む）ホテル 3軒　新たに計画が浮上したホテル 193軒

アジア初となる「ハイアットセントリック銀座東京」が2018年1月に開業。コンセプトは「街の中心」、「情報の中心」とし、虎ノ門の「アンダーズ東京」とは異なる新しいライフスタイルブランドとして展開

国際戦略拠点として研究開発施設が集積する川崎の「キングスカイフロント」に世界初となる、使用済みプラスチック由来の水素エネルギーを活用するホテルとして「川崎殿町東急REIホテル（仮）」が2018年6月開業予定

11年前。2007年12月の同特集では「東京・銀座」でのホテル開発案件数は0件。それが5年前の2013年には、宿泊主体型ホテルを中心に6件、今回の調査では18件が確認できた。日本で地価がもっとも高いとされるこの土地には、今や世界的なホテルチェーンのアッパーカテゴリーブランドの計画も見られるようになった。特に、とどまることなく増加し続けるインバウンドの影響もあって、日本でのホテル利用はこれまでのビジネスユースだけでなくレジャーユースが台頭している。観光立国から観光大国へ、いよいよその経済的視点を見すえた開発が望まれるようになってきた。

リサーチ・構成 編集部

■掲載ルール
基本的には40室以上で「ホテル」申請の新築案件を掲載。一部、オーベルジュ、ペット同伴型、などは未満でも対象。個室タイプを有する簡易宿泊業など「ホテル」と競合になり得る案件も一部対象。別の業態からホテルへのリノベーション案件は【コンバージョン】、旅館や単価カテゴリーの異なる宿泊業からホテルへのリノベーション案件は［リブランド］と表記している。

TABLE OF CONTENTS
○ 地区別のホテル新・増設計画増減の内訳
○ 6カ月（2017年6月3日～12月1日）で開業したホテル
○ ホテル企業・チェーン別プロジェクト一覧
○ 地区別・都市別ホテル新・増設一覧
○ ホテルの施設数および客室数の年次

第4章　全国ホテルオープン情報（2017年6月3日〜12月1日）　　（週刊ホテルレストラン調べ、資料入手分のみ）

図1. 新・増設ホテル計画確認軒数の推移（2006年6月〜2017年12月）　（週刊ホテルレストラン調べ、資料入手分のみ）

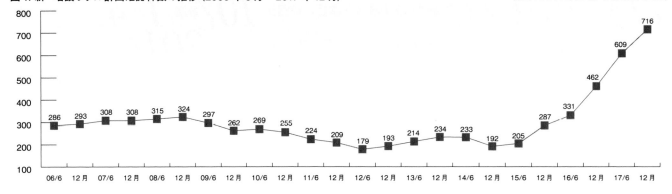

図2. 新・増設ホテル計画確認客室数の推移（2006年6月〜2017年12月）　（週刊ホテルレストラン調べ、資料入手分のみ）

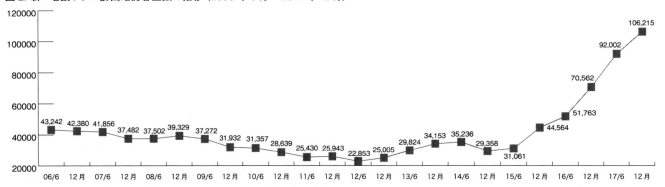

「ホテル」に宿泊以外の価値を求める時代に

6月、12月の年2回実施している小誌独自調査「全国ホテルオープン情報」の最新データがまとまった。

今回の調査は2016年6月3日から2017年12月1日までに把握・確認されたホテル開業計画を対象とし、とりまとめたものだ。

さて、開発軒数は、前回をさらに大きく上回る716軒となった。また客室数も前回より約1.5万室増の10万6215室となった。こうした開発増の背景に上げられているのが、インバウンド（訪日外国人）の存在だ。2016年1〜12月の訪日外客数が2403万9700人に対し、17年では2869万1073人と19.3ポイント増となり、過去最高をマークした。

インバウンドによる渡航目的も、2016年からは「モノ消費」から「コト消費」へと目的がシフトし、それに合わせて、日本の文化体験を組み込んだ客室料金（プラン化）や客室の和モダン化などが多く見られるようになっている。インバウンドのFIT化が進むとともに海外OTAによる送客が台頭。そこで見えてきた外国人による"クチコミ"には、ポジティブな情報共有が多く、そのメッセージをクリアしていくことで新たな層の取り込みにつながっていくという結果も生じ始めている。従来日本人に多くみられた「要望」や「クレーム」とは異なるクチコミの特性を理解し、しっかりと活用することが、新たなマーケットの開拓になっている。また新規ホテルの傾向は、全般的に20㎡前後のツインもしくはダブルルームで、ADRは1.5万円以上を想定するアッパーカテゴリーのポジションを狙う傾向が高まっている。

以前は、高稼働率を「儲かっている」指標としてとらえる傾向があったが、

表 1. 地区別のホテル新・増設計画増減の内訳 (ホテル軒数)　（週刊ホテルレストラン調べ。資料入手分のみ。2017 年 12 月 1 日時点）

地区	北海道	東北	関東	東京	甲信越・北陸	東海・中部	近畿	中国	四国	九州	沖縄	全国
前回調査確認分	37 (5,992)	17 (3,038)	65 (9,761)	133 (20,400)	36 (4,346)	63 (9,859)	125 (20,845)	24 (2,533)	9 (1,714)	50 (5,469)	50 (8,045)	609 (92,002)
開業済ホテル	3 (285)	4 (641)	17 (2,038)	22 (3,308)	15 (1,361)	16 (1,983)	26 (4,066)	3 (293)	3 (617)	1 (641)	7 (866)	117 (16,099)
計画がなくなったもの	0 (0)	0 (0)	0 (0)	0 (0)	0 (0)	2 (430)	1 (210)	0 (0)	0 (0)	0 (0)	0 (0)	3 (640)
新たに浮上した計画	9 (1,303)	6 (553)	18 (1,820)	55 (5,750)	5 (413)	21 (1,824)	52 (6,486)	4 (404)	4 (383)	13 (1,014)	6 (653)	193 (20,603)
今回調査確認分	42 (7,141)	20 (3,053)	72 (11,574)	168 (23,260)	37 (4,345)	70 (10,244)	160 (26,990)	27 (3,147)	11 (1,665)	57 (6,073)	52 (8,714)	716 (106,215)

※開業済みホテル軒数は、前回調査未確認分を含むため、必ずしも上下段の差し引きが今回調査確認軒数とはならない（　）内数値は客室数

表 2. 地区別・年別のホテル新・増設計画 (ホテル軒数)　（週刊ホテルレストラン調べ。資料入手分のみ。2017 年 12 月 1 日時点）

	北海道	東北	関東	東京	甲信越・北陸	東海・中部	近畿	中国	四国	九州	沖縄	全国
2017年	1	1	2	2		3	1	2	1	1	1	16
2018年	15	12	38	91	21	38	81	11	8	21	18	354
2019年	13	1	9	44	6	12	36	6	0	12	11	150
2020年	5	1	12	11	3	6	18	2	2	2	7	69
2021年～	0	0	2	5	0	0	6	0	0	5	2	20
未定(非公開含む)	8	5	9	15	6	11	18	6	0	16	13	107
小計	42	20	72	168	37	70	160	27	11	57	52	716

表 3. 地区別・年別のホテル新・増設計画 (客室数)　（週刊ホテルレストラン調べ。資料入手分のみ。2017 年 12 月 1 日時点）

	北海道	東北	関東	東京	甲信越・北陸	東海・中部	近畿	中国	四国	九州	沖縄	全国
2017年	341	107	88	620	260	348	296	3	180	101	8	2,352
2018年	2,353	2,194	5,690	9,970	2,719	5,218	11,895	1,950	1,085	3,064	2,214	48,352
2019年	2,922	300	3,593	6,759	946	2,132	7,652	846	0	2,150	1,798	29,098
2020年	1,385	210	1,614	3,324	340	1,225	3,675	250	400	0	1,270	13,693
2021年～	0	0	0	600	0	0	1,645	0	0	312	439	2,996
未定(非公開含む)	140	242	589	1,987	80	1,321	1,836	98	0	446	2,985	9,724
小計	7,141	3,053	11,574	23,260	4,345	10,244	26,990	3,147	1,665	6,073	8,714	106,215

今では高単価をキープしながら運営するスタイルが定着しつつある。一方、「ホテル」のカテゴリーには当てはまらない、「カプセルルーム」や「ホステル」の進化系とも言える、コミュニティスポットに宿泊機能を設けた新たな滞在の仕方を掲げる簡易宿泊所も増えている。こうした施設は、昼夜の人口増減が激しいエリアに新たなスポットとして展開する傾向があり、町に新しい動線と価値をもたらす存在を担うと期待されている。

第4章　全国ホテルオープン情報（2017年6月3日〜12月1日）　　（週刊ホテルレストラン調べ、資料入手分のみ）

表4. 客室規模別のホテル新・増設計画　　（週刊ホテルレストラン調べ。資料入手分のみ。2017年12月1日時点）

	北海道	東北	関東	東京	甲信越・北陸	東海・中部	近畿	中国	四国	九州	沖縄	全国
100室以下	8	1	11	16	11	5	18	4	1	8	19	102
101〜200室以下	11	7	26	56	10	26	52	10	7	16	11	232
201〜300室以下	9	7	7	18	6	13	29	5	2	10	8	114
301〜400室以下	2	1	3	5	2	3	12	0	0	1	6	35
401〜500室以下	0	0	1	3	0	3	4	0	0	0	1	12
501室以上	2	0	3	7	0	1	5	0	0	0	1	19
未定	10	4	21	63	8	19	40	8	1	22	6	202
小計	42	20	72	168	37	70	160	27	11	57	52	716

また「民泊」については、住宅案件から宿泊への転用の緩和化（2018年6月施行「民泊新法（住宅宿泊事業法)」）により、今回の新規案件の中にも「マンションとしての計画用地を…」や「住宅用に計画が進んでいた…」といったものがホテルに変更した案件がそこかしこに見られる。こうした傾向はますます進むと思われる。このように宿泊可能な施設の多様化により、選ばれる価値を施設側がしっかり掲げていかなければ、確実なリピートを得られないことを改めて理解する必要が出てくる。ポテンシャルのある町（エリア）に建てれば、それなりに利用されるという考え方は、利用者の大半をビジネスユースで占めていたころならまだしも、今や看板を掲げていない"部屋"も滞在の選択肢に含まれていることを考えれば、次も選ばれる価値をしっかりと位置づけていくことが重要であることは容易に分かる。

「稼ぐ観光」掲げる北海道

「北海道」は、今回新たな開発軒数が9軒となった。地域別では函館2、札幌4、ニセコ、千歳、室蘭各1だった。

前回同様、リノベーション、コンバージョンに加えリブランドによる宿泊施設の開発が進んでいる札幌と函館。引き続き、異業種からの参入企業も増えている。2017年2月より、「北海道インバウンド加速化プロジェクト」を推進している北海道は、2020年には約500万人の来道インバウンド目標を掲げているほか、「稼ぐ観光」を打ち出し、経済効果への強化を発信している。国際的な観光地としてのさらなるブランディングを図るとしている。

東北6県で、インバウンド強化

「東北」では新たに浮上した案件が6軒。地域別では宮城2、岩手、秋田、山形、福島各1だった。引き続き、東日本エリアに強い「ルートイン」を中心に宿泊主体型のホテルチェーンが台頭する中、福島・双葉郡では、復興・再開発をキーワードに新たなスタイルのホテルが予定されている。

2011年の震災以降、復興企画として展開してきた「東北六魂祭」、それを継承する新たな企画「東北絆まつり」。加えて、16年に実施した「東北デスティネーション・キャンペーン」など東北への入客を促すフックを打ち出してきたが、年々減少傾向にあった。そこで外務省が中国人観光客に対する東北6県に限定した3年間有効のマルチビザを17年7月より実施。また東北の高速バス19社

212 HOTERES｜ホテルデータブック **2018**

表 5. 2017年12月以降の都市別ホテル計画　　　　　　（週刊ホテルレストラン調べ。資料入手分のみ。2017 年 12 月 1 日時点）

都道府県・都市	軒数	都道府県・都市	軒数	都道府県・都市	軒数	都道府県・都市	軒数	都道府県・都市	軒数
北海道合計	42	その他	5	中野	2	兵庫県	22	福岡	21
函館	8	千葉県	25	白馬	1	神戸	12	その他	3
室蘭	2	香取	2	その他	1	姫路	5	佐賀県	3
苫小牧	2	千葉	5	東海・中部	70	その他	5	長崎県	7
ニセコ	4	浦安	6	岐阜県	9	奈良県	12	長崎	2
札幌	14	いすみ	2	岐阜	2	奈良	6	佐世保	2
千歳	5	成田	2	高山	3	天理	3	五島	2
富良野	2	その他	8	その他	4	その他	3	その他	1
その他	5	神奈川県	25	静岡県	17	和歌山県	1	熊本県	4
東北合計	20	横浜	15	磐田	1	中国	27	大分県	6
青森県	2	川崎	3	静岡	2	鳥取県	3	大分	1
青森	1	足柄下郡	4	富士	3	島根県	3	別府	2
岩手県	2	その他	3	富士宮	2	松江	3	その他	3
宮城県	7	東京	168	その他	9	岡山県	4	宮崎県	3
仙台	6	甲信越・北陸	37	愛知県	41	津山	2	鹿児島県	6
白石	1	新潟県	7	安城	2	その他	2	鹿児島	3
秋田県	1	新潟	2	豊橋	1	広島県	11	その他	3
山形県	2	上越	2	名古屋	30	広島	10	沖縄	52
福島県	6	その他	3	岡崎	2	その他	1	那覇	9
双葉郡	4	富山県	3	蒲郡	2	山口県	6	名護	4
相馬	1	富山	2	その他	4	宇部	2	宜野湾	3
二本松	1	高岡	1	三重県	3	その他	4	沖縄	2
関東合計	72	石川県	13	近畿	160	四国	11	恩納村	3
茨城県	7	金沢	10	滋賀県	5	香川県	3	国頭郡	7
古河	2	その他	3	京都府	39	高松	3	その他	7
栃木県	7	福井県	3	京都	37	愛媛県	5	石垣	7
日光	4	山梨県	3	その他	2	松山	3	宮古島	9
宇都宮	2	河口湖	2	大阪府	81	高知県	3	竹富島	1
その他	1	甲府	1	大阪市	71	高知	3		
群馬県	1	長野県	8	堺	3	九州	57		
埼玉県	7	軽井沢	3	吹田	2	福岡県	28		
さいたま	2	南軽井沢	1	その他	5	北九州	4		

などによる約 60 路線・7 日間有効のフリーパス「TOHOKU HIGHWAY BUS TICKET」を発売するなど、東北を面で売る絆は健在だ。

日光のスモールラグジュアリー化

「関東」は、今回 18 軒の新規案件が浮上した。地域別では神奈川 6、千葉 4、埼玉 3、栃木 3、茨城 2 だった。栃木の日光市では「ザ・リッツカールトン」（東武鉄道）の計画が発表されて以降、毎回新しい計画が浮上するようになった。また千葉の千葉市では今回 3 件、神奈川の横浜市では 5 件が浮上している。特に横浜は、リノベーションを含むホテル開発が増えており、みなとみらい周辺ではコンベンション施設など

を併設したラグジュアリーホテルブランドでの展開が多くみられる。エリアとしての MICE 構想が計画をけん引していると思われる。

箱根エリアを含む関東のリゾートエリアでは、これまでも企業保養所を一般向けホテルへコンバージョンという案件や、個人経営で立ち行かなくなった施設が再生されるリブラ

第4章　全国ホテルオープン情報（2017年6月3日〜12月1日）

（週刊ホテルレストラン調べ、資料入手分のみ）

表6. 計画が消えたホテル（前回一覧より削除分）　　　（週刊ホテルレストラン調べ。資料入手分のみ。2017年12月1日時点）

地区	建設地	年	月	客室数	ホテル名	事業主体・運営主体・関係問い合わせ先	備考
東海・中部	愛知県常滑	2017	未定	180	未定	レッド・プラネット・ジャパン（050）5835-0966	中部国際空港エリア（常滑市セントレアー丁目）の宿泊主体型。借地面積890㎡、客室数は約180室。LCCの利用客などの需要を見込んでいたが、中部国際空港島で開業を予定していたホテル計画が、白紙になったと判明。
東海・中部	愛知県豊橋	2017	未定	250	くれたけイン豊橋駅前	呉竹荘（053）453-1511	静岡県を中心にドミナント化を進めてきた「くれたけイン」が愛知県豊橋市に進出を計画している。プレミアブランドだったことから重複と判明。
近畿	大阪府大阪	2017	7	210	【ダブリ】ホテル京阪 淀屋橋（仮）	ホテル京阪（06）6945-0321	7月28日に開業した「ホテル京阪淀屋橋」との重複と判明。

ンド化は、今後さらに増えると思われる。また、入園者数が掲げていた目標数である3000万人をクリアしたTDRを運営するオリエンタルランド。以降、年間500億円の投資を続けエリアの拡大、新規施設の展開を実施している。今回このエリアでの新規は浮上しなかったが、開発地としてのポテンシャルは大きく、今後も浮上すると思われるエリアと言えるだろう。

日本での「コト消費」の一例。東京駅の店内に設置された多言語対応の「駅弁」インフォメーション。産地や調理特徴を紹介。ある日の夕方、客の大半が外国人だった

東京こそブランディングが重要

「東京」では、今回55軒の新規案件が浮上した。エリア別では、日本橋周り5、浅草橋4、上野4、銀座3、赤坂3、秋葉原2、綾瀬2、葛西2、新宿周り2、新富町2、新橋2、その他となっている。

冒頭でも触れたが、銀座では新規案件を含む計18軒の計画が浮上しており、周辺の新橋、京橋、築地を含む銀座周りでみてもこれまでにない計画予定が上がっている。ある種、"世界の銀座"でもある高級地に出店することは、今や高賃料に対するリスクに変えてでもこの地に旗艦店を構えることが重要視されている。2018年1月に開業した「ハイアット セントリック銀座東京」を筆頭に、マリオットの「東京エディション銀座（仮）」（森トラスト）、「ACホテル・バイ・マリオット」（東武鉄道）などのスタイリッシュな外資系ブランドが開業を控えている。日本のオペレーターも既存ブランドとは違ったコンセプトもしくは高価格帯のカテゴリーを展開する予定だ。

ほか浅草橋〜日本橋・馬喰町エリアについては、カプセルやドミトリーなどと同様にホテルの計画案件が増え続けている。

圧倒的な、金沢ひとり勝ち

「甲信越・北陸」では、今回の新規案件は5軒と前回に比べるとやや落ち着いてきた感がある。エリア別では、新潟2、石川1、長野2だった。

新潟のうち妙高の案件は長らく塩漬けになっていたリゾートホテルの再生事業。韓国のロッテグループが、スノーリゾートホテルとして復活を遂げる。今後こうしたアジアのオペレーターによる日本のリゾート再生事業は、さらに活発化すると思われる。同様にこのエリアではないが、リゾート地では星野リゾートへの依頼が、地方都市におけるホテルへのコンバージョン（もしくは再開発）はルートインへの依頼が多くみられ

表 7. オープンしたホテル 201 軒

（週刊ホテルレストラン調べ。資料入手分のみ。2017 年 12 月 1 日時点）

都道府県	開業年	月　日	客室数	ホテル名	住所	電話番号
神 奈 川	2017	3 月 25 日	154	ホテルリブマックス横浜元町駅前	神奈川県横浜市中区山下町 187	(045)662-1960
福 　岡	2017	4 月 15 日	118	スマイルホテル博多駅前	福岡県福岡市博多区博多駅前 3-8-18	(092)431-1500
埼 　玉	2017	5 月 1 日	46	ホテルリブマックス朝霞駅前	埼玉県朝霞市本町2-6- 9	(048)461-1800
北 海 道	2017	5 月 26 日	14	厨翠山	札幌市南区定山渓温泉西3-4	(011)598-5555
東 　京	2017	6 月 7 日	58	上野アーバンホテル	東京都台東区上野 7-8-21	(03)5828-3001
東 　京	2017	6 月 7 日	148	ホテルルートイン東京蒲田 あやめ橋	大田区蒲田 3-18-4	(050)5837-2020
愛 知 県	2017	6 月 7 日	150	アパホテル〈名古屋栄東〉	愛知県名古屋市中区栄 4 丁目9-20	(052)238-4511
大 　阪	2017	6 月 7 日	120	R ホテルズイン大阪北梅田	大阪府大阪市北区中津 1-18-14	(06)6376-5100
大 　阪	2017	6 月 9 日	164	コンラッド大阪	大阪府大阪市北区中之島3-2-4	(06)6222-0111
北 海 道	2017	6 月 13 日	18	HOTEL POTMUM STAY & COFFEE	北海道札幌市白石区菊水 1 条 1-3-17	(011)826-4501
埼 　玉	2017	6 月 13 日	157	ホテルメトロポリタンさいたま新都心	埼玉県さいたま市中央区新都心11- 1	(048)851-1111
静 　岡	2017	6 月 13 日	128	AB ホテル磐田	静岡県磐田市中泉 1-5-1	(0538)36-0413
宮 　城	2017	6 月 19 日	282	ホテルメトロポリタン仙台イースト	宮城県仙台市青葉区中央 1-1-1	(022)268-2525
岐 　阜	2017	6 月 20 日	138	AB ホテル各務原	岐阜県各務原市小佐野町 2-2	(058)383-0413
群 　馬	2017	6 月 21 日	246	東横 INN 群馬伊勢崎駅前	群馬県伊勢崎市柳原町 59-2	(0270)30-1045
東 　京	2017	6 月 24 日	99	ベルケンホテル東京	東京都中央区日本橋兜町 18-3	(03)3660-5515
沖 　縄	2017	6 月 24 日	218	JR 九州ホテル ブラッサム那覇	沖縄県那覇市牧志 2-16-1	(098)861-8700
神 奈 川	2017	6 月 30 日	232	ホテルビスタプレミオ横浜みなとみらい	神奈川県横浜市西区 みなとみらい 6-3-4	(045)650-3222
奈 　良	2017	6 月 30 日	137	ピアッツァホテル奈良	奈良県奈良市三条本町 11-20	(0742)30-2200
長 　崎	2017	6 月 30 日	45	ホテルコンチェルト長崎【コンバージョン】	長崎県長崎市 長崎市平野町 10-16	(095)843-0800
東 　京	2017	7 月 1 日	45	ホテルアベスト銀座京橋	東京都中央区 京橋 3-9-1	(03)3563-9933
京 　都	2017	7 月 1 日	23	GRAND JAPANING HOTEL 二条	京都府京都市中京区西ノ京永本町 23	(075)746-7663
京 　都	2017	7 月 1 日	8	THE JUNEI HOTEL	京都府京都市上京区 東堀川通下長者町下る3町目14	(075)415-7774
福 　岡	2017	7 月 1 日	125	ザ・ビー福岡 天神	福岡県福岡市中央区 天神 1-2-1	(092)751-5000
熊 　本	2017	7 月 1 日	101	スーパーホテル熊本・山鹿	熊本県山鹿市大橋通902- 2	(0968)43-9000
北 海 道	2017	7 月 3 日	144	ホテルネッツ札幌	札幌市中央区南 7 条西 4-2-1	(011)522-2111
京 　都	2017	7 月 3 日	242	ユニゾイン京都河原町四条	京都府京都市中京区河原町通三条下る	(075)252-3489
沖 　縄	2017	7 月 6 日	94	ユインチホテル南城アネックス	沖縄県南城市佐敷新里1688	(098)947-0111
広 　島	2017	7 月 10 日	66	リブマックスリゾート安芸宮島 [リブランド]	広島県廿日市市宮島町634	(0829)40-2882
京 　都	2017	7 月 13 日	134	アーバイン京都 四条大宮	京都府京都市中京区壬生坊城町 14-2	(075)813-1101
京 　都	2017	7 月 14 日	105	京都グランベルホテル	京都市東山区大和大路通四条下る大和町 27	(075)277-7330
大 　阪	2017	7 月 15 日	496	カンデオホテルズ大阪なんば	大阪府大阪市中央区東心斎橋 2-2-5	(06)6212-2200
大 　阪	2017	7 月 25 日	63	日本橋 Crystal Hotel	大阪府大阪市浪速区日本橋 4-8-13	(06)6644-5511
愛 　媛	2017	7 月 25 日	246	東横 INN 新居浜駅前	愛媛県新居浜市坂井町2-4-8	(0897)39-1045
山 　梨	2017	7 月 28 日	103	富士マリオットホテル山中湖 [リブランド]	山梨県南都留郡山中湖村平野1256- 1	(0555)65-6400
長 　野	2017	7 月 28 日	56	軽井沢マリオットホテル新築棟	長野県北佐久郡軽井沢町長倉4339	(0267)46-6611
静 　岡	2017	7 月 28 日	128	伊豆マリオットホテル修善寺 [リブランド]	静岡県伊豆市大平1529	(0558)72-1311
滋 　賀	2017	7 月 28 日	274	琵琶湖マリオットホテル [リブランド]	滋賀県守山市今浜町十軒家2876	(077)585-3811
大 　阪	2017	7 月 28 日	210	ホテル京阪 淀屋橋	大阪市中央区北浜 2-4-6	(06)6229-0321
福 　岡	2017	7 月 28 日	65	ホテルフォルツァ博多筑紫口	福岡県福岡市博多区博多中央街 4-16	(092)473-7111
和 歌 山	2017	7 月 28 日	182	南紀白浜マリオットホテル [リブランド]	和歌山県西牟婁郡白浜町 2428	(0793)43-2600
大 　分	2017	7 月 28 日	161	大江戸温泉物語 別府清風	大分県別府市北浜 2-12-21	(0570)050-268
埼 　玉	2017	8 月 1 日	91	ホテルサンクローバー越谷駅前	越谷市山本町 3-5	(048)966-3968
愛 　知	2017	8 月 1 日	100	変なホテルラグーナハウステンボス	愛知県蒲郡市海陽町1-4-1(テーマパーク「ラグナシア」隣接)	(0533)58-2700
滋 　賀	2017	8 月 1 日	120	ベッセルイン滋賀守山駅前	滋賀県守山市勝部 1-1-17	(077)514-0011
沖 　縄	2017	8 月 1 日	60	RJホテル那覇	沖縄県那覇市前島 3-21-10	(098)866-1011
大 　阪	2017	8 月 3 日	217	ヴィアイン梅田	大阪府大阪市北区小松原町 1-20	(06)6314-5489
神 奈 川	2017	8 月 4 日	23	レクトーレ箱根強羅【コンバージョン】	神奈川県足柄下郡箱根町強羅1320-762	(0460)86-0395
静 　岡	2017	8 月 4 日	31	TKPホテル&リゾート レクトーレ熱海桃山【コンバージョン】	熱海地桃山町 11-44	(0557)86-3500
栃 　木	2017	8 月 9 日	15	旅籠なごみ	栃木県日光市中宮祠2478-4	(0288)55-0753

第4章　全国ホテルオープン情報（2017年6月3日〜12月1日）

（週刊ホテルレストラン調べ、資料入手分のみ）

表 7. オープンしたホテル 201 軒

（週刊ホテルレストラン調べ。資料入手分のみ。2017 年 6 月 1 日時点）

都道府県	開業年	月 日	客室数	ホテル名	住所	電話番号
京 都	2017	8 月 9 日	105	アパホテル〈京都駅北〉	京都府京都市下京区東塩小路町 597-2	(075)354-1211
栃 木	2017	8 月 10 日	103	日光ステーションホテルⅡ番館	栃木県日光市松原町 17-4	(0288)53-1000
東 京	2017	8 月 10 日	465	アパホテル〈浅草 田原町駅前〉	東京都台東区西浅草 1-2-3	(03)5830-0611
福 岡	2017	8 月 10 日	160	スーパーホテル Lohas 博多駅	福岡県福岡市博多区博多駅南 2-1-32	(092)451-9000
東 京	2017	8 月 15 日	219	ユニゾイン神田駅西	千代田区内神田 2-8-4	(03)5289-3489
島 根	2017	8 月 15 日	185	天然温泉 八雲の湯 ドーミーイン出雲	島根県出雲市駅南町 1-3-3	(0853)21-5489
千 葉	2017	8 月 21 日	75	ホテルシュランザ CHIBA［リブランド］	千葉県千葉市中央区 新宿2-6-18	(043)216-2201
奈 良	2017	8 月 21 日	216	天然温泉 吉野桜の湯 御宿 野乃 奈良	奈良県奈良市 大宮町 1-1-6	(0742)20-5489
大 阪	2017	8 月 26 日	390	ザ シンギュラリ ホテル&スカイスパ アット ユニバーサル・スタジオ・ジャパン	大阪府大阪市此花区島屋 6 丁目 2-25	(06)4804-9500
東 京	2017	8 月 28 日	117	アパホテル〈秋葉原駅電気街口〉	東京都千代田区外神田3-11-4	(03)6260-9355。
東 京	2017	8 月 28 日	170	京王プレッソイン東京八重洲	予定地は中央区京橋 1-4-1	(03)3279-0202
宮 城	2017	8 月 29 日	193	ドーミーイン Express 仙台シーサイド	宮城県仙台市宮城野区中野 3-4-9	(022)388-5489
石 川	2017	8 月 30 日	47	KUMU 金沢【コンバージョン】	石川県金沢市上堤町 2-40	(076)282-9600
愛 知	2017	9 月 1 日	143	ホテルビスタ名古屋 錦	愛知県名古屋市中区錦3-3-15	(052)951-8333
大 阪	2017	9 月 1 日	105	ベストウェスタン大阪塚本	大阪市淀川区塚本 2-21-9	(06)6390-6680
広 島	2017	9 月 1 日	42	ホテル宮島別荘	広島県廿日市市宮島町 1165	(0829)44-1180
沖 縄	2017	9 月 4 日	90	那覇ウエスト・イン 新館	沖縄県那覇市西1-16-7	(098)862-0048
京 都	2017	9 月 7 日	157	ホテル ザ セレスティン京都祇園	京都府京都市東山区大和大路通四条下る4丁目小松町572-2	(075)532-3111
三 重	2017	9 月 13 日	219	東横 INN 津駅西口	三重県津市広明町 349-1	(059)213-1045
静 岡	2017	9 月 20 日	20	TKPホテル&リゾート レクトーレ熱海小嵐【コンバージョン】	熱海市小嵐町 15-9	(0557)86-2348
栃 木	2017	9 月 29 日	12	ドッグスパリゾート アルトピアーノ	栃木県那須郡那須町 高久丙 4373-20	(0287)74-3870
山 形	2017	10 月 1 日	97	ベストウェスタン山形エアポート［リブランド］	山形県東根市さくらんぼ駅前 2-1-25	(0237) 43-0026
奈 良	2017	10 月 1 日	175	スマイルホテル奈良	奈良県奈良市三条本町 4-21	(0742)25-2111
福 岡	2017	10 月 1 日	109	ホテルウイングインターナショナル博多新幹線口	福岡県福岡市博多区 博多駅東 1-17-17	(092)431-0111
愛 知	2017	10 月 2 日	170	名古屋プリンスホテル スカイタワー	名古屋市中無役平池町 4-60-12	(052)565-1110
東 京	2017	10 月 5 日	104	ホテル ザ セレスティン銀座	中央区銀座 8-4-22	(03)3572-3111
東 京	2017	10 月 10 日	201	相鉄フレッサイン 東京六本木	東京都港区六本木3-10-3	(03)5413-3486
徳 島	2017	10 月 11 日	186	ホテルルートイン阿南	徳島県阿南市 領家町火屋ケ原 142	(050)5847-7340
北 海 道	2017	10 月 14 日	109	ホテルレオパレス札幌	札幌市中央区南 2 西8-6-1	(011)272-0555
愛 知	2017	10 月 15 日	166	くれたけインプレミアム 名古屋納屋橋	愛知県名古屋市中村区名駅南 1-2-12	(052)561-1211
福 島	2017	10 月 17 日	69	富岡ホテル	福島県双葉郡富岡町大字仏浜字釜田122-6	(0240)22-1180
東 京	2017	10 月 17 日	126	アパホテル〈浅草 雷門〉	東京都台東区雷門 2-14 -1	(03)5830-9411
東 京	2017	10 月 17 日	149	カンデオホテルズ東京六本木	東京都港区六本木 6-7-11	(03)6435-6577
愛 知	2017	10 月 17 日	197	ホテルルートイン豊橋駅前	愛知県豊橋市大橋通り 2-139	(050)5847-7560
沖 縄	2017	10 月 21 日	231	ホテルアクアシッタナハ by WBF	予定地は那覇市前島 3-2-20	(098)866-5000
愛 知	2017	10 月 23 日	56	ホテルリブマックス名駅	愛知県名古屋市中村区名駅南 1-11-5-1	(052)571-2260
東 京	2017	10 月 25 日	313	京急 EX イン 羽田	東京都大田区羽田5-5-14	(03)3742-3910
愛 知	2017	10 月 25 日	113	ホテルリブマックス名古屋栄駅イースト	愛知県名古屋市中区栄 4-7-15	(052)571-2260
福 岡	2017	10 月 25 日	48	montan HAKATA【コンバージョン】	福岡県福岡市博多区 博多駅東 3-6-11	(092)292-8376
愛 知	2017	10 月 26 日	211	レッドプラネット名古屋錦	名古屋市中区錦 3-111-1	(052)954-8488
栃 木	2017	10 月 28 日	12	東急ハーヴェストクラブ那須 Retreat	栃木県那須郡那須町大字高久丙 1792	(028)76-1900
千 葉	2017	10 月 28 日	146	木更津ワシントンホテル	千葉県木更津市大和 1-2-1	(0438)42-1122
東 京	2017	10 月 31 日	107	アパホテル〈飯田橋駅南〉	東京都千代田区 飯田橋 3-1-4	(03)3237-5111
東 京	2017	10 月 31 日	120	ホテルリリーフプレミアム羽田	大田区南蒲田 1-25-13	(03)3733-0551
栃 木	2017	11 月 1 日	9	日光西町倶楽部あらとうと	栃木県日光市安川町 10-9	(0288)53-3636
東 京	2017	11 月 1 日	205	モクシー東京錦糸町	東京都墨田区江東橋33-4-2	(03)5624-8801
東 京	2017	11 月 1 日	49	ホテルマイステイズ五反田駅前・増床	東京都品川区西五反田 2-6-8	(03)3494-1050
大 阪	2017	11 月 1 日	112	からくさホテル大阪なんば	大阪市中央区西心斎橋 2-9-13	(06)6212-6602
大 阪	2017	11 月 1 日	105	モクシー大阪本町	大阪府大阪市中央区瓦町 2-2-9	(06)6204-5200
宮 崎	2017	11 月 1 日	82	青島フィッシャーマンズ・ビーチサイドホステル&スパ	宮崎県宮崎市青島 3-1	(0985)77-5525

表 7. オープンしたホテル 201 軒　　　　　　　　　　　（週刊ホテルレストラン調べ。資料入手分のみ。2017 年 6 月 1 日時点）

都道府県	開業年	月 日	客室数	ホテル名	住所	電話番号
千　葉	2017	11 月 3 日	566	東横 INN 成田空港 3 号館（増館）	千葉県成田市取香 560	(0476)33-0451
東　京	2017	11 月 3 日	95	HOTEL NEXUS DOOR TOKYO	東京都港区 西新橋 3-23-16	(03)5473-7773
神 奈 川	2017	11 月 3 日	14	KANAYA RESORT HAKONE	足柄下郡箱根町仙石原 1251-16	(0460)84-0888
静　岡	2017	11 月 3 日	13	ATAMI せかいえ 2	静岡県熱海市伊豆山 269-1	(0557)86-2000
京　都	2017	11 月 3 日	50	エルイン京都（増床）	京都府京都市南区東九条東山王町 13	(075)672-1100
沖　縄	2017	11 月 3 日	3	ル・カナ・モトブ	沖縄県国頭郡本部町字山里 1426-30	(088)638-0136
大　阪	2017	11 月 7 日	160	アパホテル〈御堂筋本町駅東〉	大阪府大阪市中央区瓦町 2-3-6	(06)6203-8711
東　京	2017	11 月 10 日	155	相鉄フレッサイン 上野御徒町	東京都台東区上野 1-20-8	(03)6695-2031
長　野	2017	11 月 11 日	26	レジーナリゾート旧軽井沢	長野県北佐久郡軽井沢町軽井沢 1323-510	(0267)31-5586
大　阪	2017	11 月 15 日	132	ホテルウイングインターナショナル 東大阪	大阪府東大阪市長田東 2-1-2	(06)7709-9088
石　川	2017	11 月 17 日	220	ユニゾイン金沢百万石通り	石川県金沢市尾山町 3-30	(076)224-3489
沖　縄	2017	11 月 20 日	170	ホテル シーブリーズカジュアル	沖縄県宮古島市 上野宮国 974-3	(0120)153-070
神 奈 川	2017	11 月 22 日	137	スーパーホテル LOHAS 武蔵小杉駅前	神奈川県川崎市中原区新丸子東 3-1184-1	(044)578-9000
京　都	2017	11 月 27 日	113	東急ステイ京都両替町通	京都市中京区両替町通姉小路下ル柿本町392	(075)221-0109
東　京	2017	12 月 1 日	124	アパホテル〈TKP 東京西葛西〉	東京都江戸川区西葛西 6-15-24	(03)5615-2067
東　京	2017	12 月 1 日	111	トーセイホテルココネ	東京都千代田区内神田 3-2-10	(090)8719-1417
東　京	2017	12 月 1 日	128	相鉄フレッサイン銀座 3 丁目	東京都中央区銀座 3-8-4	(03)3538-3397
石　川	2017	12 月 1 日	47	雨庵 金沢	石川県金沢市尾山町 6-30	(076)260-0111
石　川	2017	12 月 1 日	85	リブマックス金沢駅前	石川県金沢市中橋町 7-10	(076)232-2400
石　川	2017	12 月 1 日	100	ホテルグランビナリオ KOMATSU	石川県小松市土居原町 10-10	(0761)21-8000
京　都	2017	12 月 1 日	38	清水小路 坂のホテル	京都市東山区清水 4-200	(0799)22-2521

る。いずれも多くのモデルケースを持っているオペレーターであるが、町に新たな雇用を作り出す力があったとしても、その土地の人々が望まないプロジェクトならば実現はできない。再生とは過去の排除だけでなく、ときに更新であり、進化であること。もっと言えば土地の持つ文化を理解しているかが重要だからだ。

観光では伸びしろがある、名古屋次第

「東海・中部」のでは、今回新たに21軒が浮上した。地域別では岐阜3、静岡5、愛知11、三重2だった。

中でも名古屋は合計30件の計画が浮上している。かつて名古屋では、出張ホテル（いわゆるビジネスホテルと称されるシングルルームのみの構成）が多く、その大半が10㎡前後の狭小タイプである。いま名古屋で、リノベーションやコンバージョンが進んでいる一因としては、近年のレジャー需要に対応すべく、シングルやダブルルームへの変更が必要に迫られているからだ。

2017年10月末までには、名古屋駅直結ビルに「名古屋ゲートタワーホテル」。JR貨物の操車場地区だった、ささじまライブには「名古屋プリンスホテルスカイタワー」が開業したが、いずれもアッパーカテゴリーの宿泊主体型としてのポジションを狙いつつある。名古屋には老舗の名古屋観光、東急ホテルやヒルトンなどフルスペック型のホテルもあるものの、宿泊主体型でアッパーカテゴリーに位置するブランドはまだ多く

ない。レジャー需要についてはまだ"伸びしろがある"とされる土地だけに、仮に今後、前出の東北のように面でインバウンドを誘致することがあれば、多様なカテゴリーホテルがより不可欠となると考えられる。

大阪のスピード感は「民泊」が影響か

「近畿」の今回新たに浮上した案件は52軒だった。地域別では、大阪31、京都11、兵庫7、奈良2、その他だった。

大阪では、「アパホテル」「変なホテル」「リブマックス」が複数計画を発表。ほか同類のカテゴリーが予定されているように見受けられる。これまで「増加傾向にあるカテゴリー」と記してきた、アッパーカテゴリー

に値する「Wホテル大阪・心斎橋(仮)」の計画が発表された。かつては赤坂で…、横浜に…と出店のうわさが出ていた同ブランドだけに、求職への関心を含め業界でも注目度は高い。また大阪は、2017年1月に宿泊税の導入や、7月には特区民泊(国家戦略特別区域法に基づく旅館業法の特例)が追加された。宿泊税はインバウンドなどへの両替トラブルの対応策の整備に充てられる。

京都では「京王プレリアホテル」や「ホテルヴィスキオ」など新たなカテゴリーブランドも集結しやすい。宿泊施設も町家を改装したタイプなど独自の文化があることから、訪れる度にさまざまな宿泊施設を選ぶという楽しみ方もある。また最近では、大阪や奈良で「宿坊」を売りにした宿泊施設も増えている。

奈良では、ソラーレホテルズアンドリゾーツが、「(仮称)HISTERRACE奈良」(旧奈良監獄)で、独房をリノベーションした「文化財ホテル」(約150室)、や増設部分に「(仮称)そらみつ奈良」(約80室)を展開することが開示された。文化財としての価値を生かしながら、その土地に新たな集客を担っていくという。また同複合施設には「MUJI HOSTEL」(運営は非公開)や史料館運営(小学館プロダクション)など、それぞれの企業の得意分野を生かした協同運営が展開される。

広島市内と島根は着実に増加

「中国」では4軒の新規案件が浮上。また「四国」でも4軒だった。地域別では愛媛3、広島2、その他だった。

広島ではオフィスビルなどやコインパーキングからのコンバージョンなどホテル開発が着実に増えている。広島におけるインバウンド増が一因と思われるが、一方では、観光地としては見所のある広島だがサイズ感から、市内には宿泊せずに近隣の岡山や福岡など別のエリアに前泊するケースも珍しくないという。現に島根で近年、計画が浮上しているのも無関係とは思い難い。この土地に泊まり、翌朝を迎える価値をどう伝えるか。インフラが整ってる観光地ほど課題になってくるのかもしれない。

長崎の需要増、沖縄はラグジュアリー

「九州」で、今回新たに浮上した案件は13軒となった。地域別では、福岡7件、長崎4件、その他となった。

今回の注目株は、大分での外資系の展開となる「ANAインターコンチネンタル別府リゾート&スパ」(仮)の存在だ。もっとも有名な九州の温泉地であるものの、インバウンドの送客が難しかったエリア。こうしたフックができることで、前回の奈良県における「J.Wマリオットホテル」の計画が浮上したときのように、さらなる開発、狙っていきたいカテゴリーが合致する施設の増加という現象が予測される。

「沖縄」では、今回新たに浮上したホテル案件は6軒となった。

沖縄は前回から、「ハイアットリージェンシー」「シェラトン」「フォーシーズンズ」「ヒルトン」と外資系ホテルが軒並み参入。加えて「ハレクラニ」(三井不動産)が加わったことも、ラグジュアリーリゾート地として世界中からお客さまを呼びたいことがうかがえる。宮古島の森トラストの案件もブランド名が判明。"a Luxury Collection"という冠からもうかがえるように、世界中のアッパー層を獲得できるステイタスホテルを目指すとしている。

近年の傾向では、開業日ギリギリまで、そのブランドカテゴリーを公表しない計画も増えている。1室あたりの㎡数含め、どのような価格帯なのかが推察できる情報の開示を控える傾向が顕著になってきた。すなわち、どの「ブランドカテゴリー」で狙っていくかといったブランド戦略が、この時代においては大変重要なことであることを示唆している。

(本誌 森下智美)

表8. ホテル企業・チェーン別プロジェクト一覧

(週刊ホテルレストラン調べ。資料入手分のみ。2017年12月1日時点)

建設地	開業予定 開業年	開業月	ホテル名	客室数
●アパホテル				
東京都・神田	2018	2	アパホテル〈神田駅前〉	142
東京都・日本橋馬喰町	2018	3	アパホテル〈日本橋馬喰町〉(仮)	153
東京都・日本橋馬喰町	2018	4	アパホテル〈日本橋馬喰町駅前〉(仮)	127
神奈川県・川崎	2018	4	アパホテル〈TKP川崎〉	143
大阪府・大阪	2018	4	アパホテル〈新大阪駅南〉	109
東京都・西新宿	2018	5	アパホテル&リゾート 西新宿五丁目駅タワー	710
東京都・新富町	2018	5	アパホテル〈八丁堀新富町〉	141
大阪府・大阪	2018	5	アパホテル〈東梅田 南森町駅前〉(仮)	240
新潟県・上越市	2018	7	アパホテル〈上越妙高駅前〉	166
東京都・浅草	2018	8	アパホテル〈浅草駅前〉	306
東京都・新宿	2018	8	アパホテル〈東新宿歌舞伎町Ⅲ〉	176
東京都・日本橋馬喰町	2018	8	アパホテル〈日本橋馬喰横山駅〉(仮)	193
東京都・上野	2018	9	アパホテル〈上野稲荷町〉	124
東京都・永田町	2018	9	アパホテル〈国会議事堂前駅前〉(仮)	500
愛知県・名古屋	2018	9	アパホテル〈名古屋栄駅北〉(仮)	350
宮城県・仙台	2018	11	アパホテル〈TKP仙台駅北〉(仮)	305
茨城県・古河	2018	12	未定	164
大阪府・大阪	2018	12	アパホテル〈堺筋北浜駅前〉	192
東京都・駒込	2019	1	アパホテル駒込駅前(仮)	184
東京都・霞が関	2019	2	アパホテル〈国会議事堂前〉	500
東京都・日本橋馬喰町	2019	2	アパホテル〈日本橋馬喰横山6〉(仮)	282
東京都・新宿	2019	3	アパホテル〈新宿 歌舞伎町中央〉	166
東京都・新宿	2019	3	アパホテル〈東新宿歌舞伎町西新築工事〉	213
東京都・綾瀬	2019	5	アパホテル〈綾瀬駅前〉	170
東京都・六本木	2019	夏	六本木アパホテル群(仮)	875
京都府・京都	2019	7	アパホテル〈京都駅東〉	400
神奈川県・横浜	2019	秋	アパホテル&リゾート 横浜ベイタワー(仮)	2311
大阪府・大阪	2019	9	アパホテル&リゾート 御堂筋本町駅タワー(仮)	917
東京都・大塚	2019	10	アパホテル〈山手大塚駅タワー〉(仮)	613
東京都・東新宿	2020	春	アパホテル東新宿 歌舞伎町タワー	819
東京都・両国	2020	春	アパホテル&リゾート 〈両国駅タワー〉(仮)	1111
愛知県・名古屋	2020	12	アパホテル〈名古屋駅前〉	318
東京都・上野	未定	未定	未定(仮)	425

建設地	開業予定 開業年	開業月	ホテル名	客室数
●アパホテル				
東京都・六本木	未定	未定	未定	670
富山県・高岡	未定	未定	未定	未定
大阪府・大阪	未定	未定	未定	192
●ABホテル				
静岡県・富士	2018	1	ABホテル富士	135
京都府・京都	2018	3	ABホテル京都四条堀川	190
愛知県・東海	2018	9	ABホテル東海太田川	128
滋賀県・近江	2018	9	ABホテル近江八幡	未定
山口県・宇部	2018	9	ABホテル宇部新川(仮)	128
愛知県・田原	2018	11	ABホテル三河田原	130
福岡県・行橋	2019	1	ABホテル行橋	127
大阪府・堺	2020	春	ABホテル堺(仮)	125
愛知県・蒲郡	2019	3	ABホテル蒲郡	128
大阪府・大阪	2019	6	ABホテル大阪堺筋本町(仮)	168
●カンデオホテルズ				
東京都・新橋	2018	1	カンデオホテルズ東京新橋	126
広島県・広島	2018	2	カンデオホテルズ広島八丁堀	183
兵庫県・神戸	2018	春	カンデオホテルズ神戸トアロード(仮)	160
大阪府・吹田	2018	秋	カンデオホテルズ大阪吹田	未定
和歌山県・和歌山	2020	3	カンデオホテルズ和歌山(仮)	122
●共立メンテナンス				
愛媛県・松山	2017	12	天然温泉 石手の湯ドーミーイン松山	180
香川県・高松	2018	春	ドーミーイン高松中央公園(仮)	120
大阪府・大阪	2018	4	ドーミーイン谷町四丁目(仮)	未定
福井県・福井	2018	9	未定	188
石川県・金沢	2018	12	御宿 野乃金沢(仮)	203
岐阜県・白川村	2018	未定	未定	未定
高知県・高知	2018	未定	未定	207
北海道・知床	2019	春	未定	189
東京都・銀座	2019	10	アーバンリゾートドーミーイン PREMIUM銀座(仮)	未定
兵庫県・神戸	未定	未定	未定	未定
鹿児島県・熊毛	未定	未定	共立メンテナンスホテル屋久島(仮)	160
北海道・富良野	未定	未定	未定	未定

第4章　全国ホテルオープン情報（2017年6月3日〜12月1日）

（週刊ホテルレストラン調べ、資料入手分のみ）

表8. ホテル企業・チェーン別プロジェクト一覧

（週刊ホテルレストラン調べ。資料入手分のみ。2017年12月1日時点）

建設地	開業予定 開業年	開業予定 開業月	ホテル名	客室数
● 呉竹荘				
静岡県・富士宮	2018	2	くれたけイン プレミアム富士宮駅前	133
静岡県・浜松	2018	4	くれたけイン 浜松駅南口	160
愛知県・名古屋	2018	4	くれたけイン名古屋久屋大通駅前(仮)	229
大阪府・大阪	2018	4	くれたけイン大阪堺筋本町(仮)	110
大阪府・堺	2018	9	くれたけイン南海堺駅前	122
京都府・京都	2019	1	くれたけイン京都清水五条	75
岐阜・高山	2019	2	くれたけイン高山駅(仮)	150
岐阜県・大垣	2019	4	くれたけインプレミアム大垣(仮)	170
静岡県・富士	2019	秋	くれたけインプレミアム新富士	150
愛知県・豊橋	2019	秋	くれたけインプレミアム豊橋	200
広島県・広島	2019	冬	くれたけイン広島大手町	198
● 京王電鉄				
東京都・浜松町	2017	12	京王プレッソイン浜松町	339
京都府・京都	2018	秋	京王プレリアホテル京都烏丸五条	305
北海道・札幌	2019	夏	京王プレリアホテル札幌	359
岐阜・高山	2020	春	高山グリーンホテル新館(仮)	100
● 京浜急行				
東京都・浜松町	2019	春	京急EXイン浜松町・大門駅前	111
● JR九州				
東京都・新橋	2019	8	未定	267
福岡県・福岡	2019	未定	未定	未定
熊本県・熊本	2021	春	未定	約200
● JR東日本／日本ホテル				
千葉県・浦安	2017	12	ホテルドリームゲート舞浜別館	80
千葉県・船橋	2018	2	ホテルメッツ船橋	161
東京都・秋葉原	2019	12	ホテルメッツ秋葉原(仮)	196
東京都・五反田	2020	春	五反田東口開発計画(仮)	167
神奈川県・横浜	2020	春	未定	170
神奈川県・川崎	2022	春	未定	未定
東京都・竹芝	未定	2020	未定	200〜300
● JR西日本				
大阪府・大阪	2018	6	ホテルヴィスキオ大阪 by GRANVIA	400
愛知県・名古屋	2018	夏	ヴィアイン名古屋椿町(仮)	249

建設地	開業予定 開業年	開業予定 開業月	ホテル名	客室数
● JR西日本				
大阪府・大阪	2018	夏	ヴィアイン新大阪南口(仮)	88
東京都・飯田橋	2018	秋	ヴィアイン飯田橋(仮)	295
大阪府・大阪	2019	夏	ヴィアイン心斎橋西(仮))	220
東京都・日本橋	2019	秋	ヴィアイン東京日本橋(仮)	240
京都府・京都	2019	春	ヴィアイン八条通南(仮)	470
京都府・京都	2019	春	ホテルヴィスキオ京都 by GRANVIA	430
福岡県・福岡	2019	春	ヴィアイン博多	200
● 相鉄ホテルマネジメント　※名称変更2017.10				
東京都・錦糸町	2017	12	相鉄フレッサイン錦糸町(仮)	281
東京都・神田	2018	春	相鉄フレッサイン神田駅南口(仮)	115
大阪府・大阪	2018	秋	相鉄フレッサイン大阪淀屋橋北浜(仮)	244
京都府・京都	2018	10	未定	150
大阪府・大阪	2018	冬	相鉄フレッサイン大阪心斎橋(仮)	176
大阪府・大阪	2019	夏	相鉄フレッサイン大阪なんば(仮)	276
愛知県・名古屋	2020	春	相鉄フレッサイン名古屋駅前(仮)	250
● ダイワロイネット				
福岡県・福岡	2018	春	ダイワロイネットホテル西中洲(仮)	111
千葉県・千葉	2018	夏	ダイワロイネットホテル千葉井中央(仮)	200
青森県・青森	2018	秋	ダイワロイネットホテル青森駅前(仮)	282
東京都・新橋	2018	秋	ダイワロイネットホテル新橋新築工事(仮)	未定
東京都・有明	2018	未定	ダイワロイヤル有明南K区計画(仮)	未定
大阪府・大阪	2019	1	ダイワロイネットホテル心斎橋(仮)	未定
富山県・富山	2019	2	ダイワロイネットホテル富山駅南(仮)	204
京都府・京都	2019	春	ダイワロイヤル京都八条東口(仮)	179
東京都・京橋	2019	11	ダイワロイネットホテル京橋2丁目計画(仮)	約200
兵庫県・姫路	未定	未定	ダイワロイネットホテル姫路駅前	218
● 大和ハウス工業				
東京都・神田	2018	3	神田須田町1丁目PJ(仮)	113
大阪府・大阪	2018	6	新大阪ビジネスホテル新築工事(仮)	未定
東京都・豊洲	2019	5	未定	330
北海道・函館	2019	夏	未定	290
広島県・広島	2019	未定	広島駅北ロイヤルホテル	201
沖縄・那覇	未定	未定	未定	119

表 8. ホテル企業・チェーン別プロジェクト一覧　　　　　　　　（週刊ホテルレストラン調べ。資料入手分のみ。2017 年 12 月 1 日時点）

建設地	開業予定		ホテル名	客室数
	開業年	開業月		
●東急ホテルズ				
神奈川県・川崎	2018	6	川崎殿町 東急REIホテル（仮）	200
千葉県・浦安	2018	5	東京ベイ東急ホテル（仮）	640
東京都・渋谷	2018	秋	未定	180
大阪府・大阪	2019	秋	大阪エクセルホテル東急（仮）	360
静岡県・三島	2020	4	未定	200
神奈川県・横浜	2020	春	東急REIホテル（仮）	230
●東横INN				
滋賀県・彦根	2018	1	東横INN彦根駅東口	未定
滋賀県・草津	2018	1	東横INN南草津	未定
栃木県・宇都宮	2018	3	ホスピタルイン獨協医科大（仮）	473
愛知県・名古屋	2018	3	東横INN名古屋名駅南（仮）	805
大阪府・大阪	2018	3	東横INN東三国駅前	未定
新潟県・上越市	2018	4	東横INN上越妙高駅西口（仮）	250
富山県・富山	2018	4	東横INN富山駅新幹線口II	314
静岡県・富士	2018	4	東横INN新富士駅南口	455
愛知県・豊田	2018	4	東横INN豊田市駅前	未定
千葉県・松戸	2018	5	東横INN松戸駅東口	未定
東京都・新宿御苑	2018	5	東横INN新宿御苑駅前（仮）	未定
埼玉県・さいたま	2018	7	東横INN浦和美園	246
千葉県・市川	2018	7	原木インター横ビル新築工事（仮）	未定
神奈川県・小田原	2018	8	東横INN小田原駅前	未定
大阪府・大阪	2018	8	東横INN大阪日本橋一丁目	未定
埼玉県・川口	2018	10	東横INN川口駅西口	未定
埼玉県・熊谷	2018	10	東横INN熊谷駅前	未定
東京都・稲城	2018	10	東横INN南多摩駅前（仮）	263
静岡県・静岡	2018	10	東横INN静岡駅前	未定
静岡県・清水	2018	10	東横INN清水駅前（仮）	240
大阪府・大阪	2018	10	東横INN大阪なんば駅前	542
愛知県・城	2018	11	東横INN三河安城駅新幹線口II	未定
東京都・赤羽	2018	冬	未定	220
東京都・王子	2018	未定	東横INN王子駅前（仮）	未定
長崎県・対馬	2018	未定	東横INN対馬西泊ソモヤ	未定
福岡県・北九州	未定	未定	東横INN北九州新空港新館	未定

建設地	開業予定		ホテル名	客室数
	開業年	開業月		
●西日本鉄道				
福岡県・北九州	2018	未定	西鉄イン黒崎II（仮）	295
愛知県・名古屋	2019	1	西鉄ホテル クルーム 名古屋（仮）	242
福岡県・久留米	未定	未定	西鉄イン久留米（仮）	未定
●ハイアット				
東京都・銀座	2018	1	ハイアットセントリック銀座東京	164
京都府・京都	2019	秋	パークハイアット京都	70
北海道・ニセコ	2019	未定	パークハイアット ニセコ HANAZONO	100
石川県・金沢	2020	6	ハイアットセントリック金沢（仮）	250
●阪急阪神ホテルズ				
東京都・京橋	2019	春	未定	270
大阪府・大阪	2019	春	未定	250
兵庫県・宝塚	2020	春	新・宝塚ホテル（仮）	200
兵庫県・神戸	2021	春	レム神戸三宮（仮）	未定
●ヒルトン				
沖縄・那覇	2018	8	ダブルツリー・リゾート・バイ・ヒルトン沖縄北谷	160
沖縄・金武	2019	未定	ヒルトン沖縄金武（仮）	190
●フォーシーズンズ・ホテルズ・アンド・リゾーツ				
大手町	2020	春	未定	190
国頭郡	未定	未定	フォーシーズンズホテル沖縄（仮）	209
●藤田観光				
東京都・浅草	2018	秋	グレイスリー浅草（仮）	125
神奈川県・足柄下郡	2018	未定	蓬莱園ホテル（仮）	未定
福井県・吉田郡	2019	秋	永平寺門前再構築プロジェクト（仮）	18
●プリンスホテル				
京都府・京都	2019	夏	元清水小学校跡地活用計画（仮）	50
●ベッセルホテル				
愛知県・名古屋	2018	10	ベッセルホテルカンパーナ名古屋（仮）	233
愛知県・名古屋	2018	11	ベッセルイン名古屋錦3丁目（仮）	225
千葉県・千葉	2019	2	ベッセルイン千葉駅前（仮）	172
沖縄・那覇	2020	3	ベッセルホテルカンパーナF棟（仮）	230
●ホテル京阪（※京阪グループ含む）				
京都府・京都	2018	春	未定	未定
京都府・京都	2018	秋	ホテル京阪 京都八条口	234

第4章 全国ホテルオープン情報（2017年6月3日〜12月1日） （週刊ホテルレストラン調べ、資料入手分のみ）

表8. ホテル企業・チェーン別プロジェクト一覧

（週刊ホテルレストラン調べ。資料入手分のみ。2017年12月1日時点）

建設地	開業予定 開業年	開業予定 開業月	ホテル名	客室数
●ホテル京阪 （※京阪グループ含む）				
東京都・築地	2018	12	ホテル京阪築地銀座（仮）	298
京都府・京都	2019	春	BIO-Style京都・四条河原プロジェクト	未定
東京都・銀座	2019	冬	銀座4丁目計画（仮）	未定
愛知県・名古屋	2020	春	ホテル京阪 名古屋栄（仮）	259
福岡県・福岡	2020	未定	未定	未定
大阪府・大阪	未定	未定	未定	未定
宮城県・仙台	未定	未定	未定	未定
●ホテルモントレ				
兵庫県・姫路	2018	3	ホテルモントレ姫路	274
大阪府・大阪	2018	8	ホテルモントレ・フレール大阪	345
●ユニゾホールディングス・ホテル事業部				
大阪府・大阪	2018	1	ユニゾホテル大阪心斎橋	186
兵庫県・神戸	2018	1	ユニゾイン神戸三宮	191
岩手県・盛岡	2018	春	ユニゾインエクスプレス盛岡	259
大阪府・大阪	2018	春	ユニゾホテル大阪梅田	220
大阪府・大阪	2018	春	ユニゾイン新大阪	225
神奈川県・横浜	2018	秋	ユニゾホテル横浜駅西口（仮）	156
福岡県・福岡	2018	秋	ユニゾホテル福岡博多駅前（仮）	217
大阪府・大阪	2018	冬	ユニゾイン大阪北浜（仮）	291
石川県・金沢	2019	春	ユニゾインエクスプレス金沢駅前（仮）	392
北海道・函館	2019	夏	ユニゾインエクスプレス函館（仮）	277
愛知県・名古屋	2019	夏	ユニゾホテル名古屋駅前（仮）	203
鹿児島県・鹿児島	2019	夏	ユニゾインエクスプレス鹿児島	293
大阪府・大阪	2021	春	ユニゾインエクスプレス大阪南本町（仮）	487
●ホテルリブマックス				
京都府・京都	2018	1	ホテルリブマックス京都清水五条（仮）	非公開
東京都・浅草橋	2018	3	ホテルリブマックス浅草橋駅前	非公開
東京都・八王子	2018	5	ホテルリブマックス八王子（仮）	非公開
岐阜県・羽島	2018	5	ホテルリブマックス岐阜羽島駅前	非公開
兵庫県・神戸	2018	5	ホテルリブマックス神戸三宮（仮）	非公開
東京都・高田馬場	2018	6	ホテルリブマックス高田馬場駅前	非公開
新潟県・新潟	2018	6	ホテルリブマックス新潟駅前	非公開
東京都・上野	2018	7	ホテルリブマックス上野駅前	非公開

建設地	開業予定 開業年	開業予定 開業月	ホテル名	客室数
●ホテルリブマックス				
岐阜県・岐阜	2018	7	ホテルリブマックス岐阜金町（仮）	非公開
東京都・浅草橋	2018	8	ホテルリブマックス浅草橋柳橋（仮）	非公開
東京都・御徒町	2018	8	ホテルリブマックス台東2丁目（仮）	非公開
愛知県・安城	2018	9	ホテルリブマックス三河安城駅前（仮）	非公開
三重県・四日市	2018	9	ホテルリブマックス四日市駅前（仮）	非公開
宮城県・仙台	2018	10	ホテルリブマックス仙台青葉通（仮）	非公開
静岡県・沼津	2018	10	ホテルリブマックス沼津駅前（仮）	非公開
兵庫県・姫路	2018	10	ホテルリブマックス姫路市役所前	79
兵庫県・姫路	2018	10	ホテルリブマックス姫路駅前南	193
東京都・赤羽	2018	11	ホテルリブマックス赤羽駅前（仮）	非公開
神奈川県・横浜	2018	11	ホテルリブマックス横浜駅西口（仮）	非公開
千葉県・千葉	2018	12	ホテルリブマックス千葉駅前（仮）	非公開
東京都・新富町	2018	12	ホテルリブマックス新富町（仮）	非公開
福岡県・福岡	2018	12	ホテルリブマックス博多駅前（仮）	非公開
福岡県・福岡	2018	12	ホテルリブマックス福岡天神（仮）	非公開
静岡県・熱海	2018	未定	リブマックスリゾート熱海（仮）	非公開
大阪府・大阪	2019	1	ホテルリブマックス梅田山崎町（仮）	非公開
大阪府・大阪	2019	2	ホテルリブマックス本町（仮）	非公開
東京都・綾瀬	2019	3	ホテルリブマックス綾瀬駅前（仮）	非公開
●マリオット （※旧スターウッド案件含む）				
沖縄・石垣	2020	12	マリオットリゾート＆スパイシガキジマ	380
北海道・ニセコ	2020	未定	リッツ・カールトン リザーブニセコ	約50
大阪府・大阪	2021	未定	Wホテル大阪・心斎橋	200
沖縄・恩納村	未定	未定	シェラトン沖縄サンマリーナリゾート（仮）	46
●三井不動産ホテルマネジメント				
東京都・神田	2018	春	三井ガーデンホテル大手町（仮）	190
東京都・五反田	2018	夏	三井ガーデンホテル五反田（仮）	372
東京都・日本橋室町	2018	秋	三井ガーデンホテル日本橋プレミア（仮）	260
石川県・金沢	2019	1	三井ガーデンホテル金沢（仮）	168
福岡県・福岡	2019	夏	三井ガーデンホテル博多駅前2丁目（仮）	300
●三井不動産				
東京都・霞ヶ丘町	2019	夏	神宮外苑ホテル（仮）	未定
東京都・銀座	2019	夏	銀座5丁目ホテル計画（仮）	330

222 HOTERES｜ホテルデータブック 2018

表 8. ホテル企業・チェーン別プロジェクト一覧

(週刊ホテルレストラン調べ。資料入手分のみ。2017 年 12 月 1 日時点)

建設地	開業予定		ホテル名	客室数
	開業年	開業月		
● 三井不動産				
沖縄・恩納村	2019	夏	ハレクラニ沖縄	360
東京都・六本木	2019	冬	六本木三丁目ホテル計画(仮)	260
神奈川県・横浜	2020	1	未定	175
東京都・豊洲	2020	4	未定	200
東京都・大手町	2020	春	未定	190
京都府・京都	2020	春	京都二条油小路町ホテル計画(仮)	200
東京都・八重洲	2021	未定	未定	未定
● リゾートトラスト				
兵庫県・芦屋	2018	2	芦屋ベイコート倶楽部 ホテル&スパリゾート	201
兵庫県・神戸	2018	4	エクシブ六甲サンクチュアリ・ヴィラ	48
愛知県・蒲郡	2019	春	ラグーナベイコート倶楽部 ホテル&スパリゾート	193
熊本県・熊本	2019	未定	エクシブ熊本	200
神奈川県・横浜	2020	夏	横浜ベイコート倶楽部 ホテル&スパリゾート	136
神奈川県・横浜	2020	夏	ザ・カハラ・ホテル&リゾート横浜	146
千葉県・安房郡	未定	未定	鋸南町リゾートホテル(仮)	未定
● ホテルルートイン				
滋賀県・甲賀	2018	2	ホテルルートイン水口	186
宮城県・仙台	2018	3	ホテルルートインGrand仙台東	276
栃木県・宇都宮	2018	3	ホテルルートイン宇都宮第2	198
千葉県・木更津	2018	3	ホテルルートイン木更津	186
東京・浅草橋	2018	3	ホテルルートインGrand浅草橋	200
石川県・輪島	2018	3	ホテルルートインGrand輪島 東館 (増床)	100
長野県・中野	2018	3	ホテルルートインコート上山田 東館	60
長野県・中野	2018	3	ホテルルートイン中野 増床	60
愛知県・常滑	2018	3	ホテルルートイン常滑駅前 (増床)	85
大阪府・高石	2018	3	ホテルルートイン高石	172
山口県・山口	2018	3	ルートイングランティア山口	186
千葉県・香取	2018	4	ホテルルートイン香取	200
千葉県・香取	2018	4	和蔵の宿 佐原(仮)	191
福井県・武生	2018	5	ホテルルートイン武生	162
山梨県・甲府	2018	5	ホテルルートイン甲府中央	167
茨城県・石岡	2018	6	ホテルルートイン石岡	189
香川県・高松	2018	6	ホテルルートイン高松	175

建設地	開業予定		ホテル名	客室数
	開業年	開業月		
● ホテルルートイン				
兵庫県・加西	2018	6	ホテルルートイン加西 北条の宿	152
奈良県・天理	2018	6	ルートイングランティア 奈良 和蔵の宿	200
愛媛県・今治	2018	6	ホテルルートイン今治	150
茨城県・土浦	2018	7	ホテルルートイン土浦	200
千葉県・柏	2018	7	ホテルルートイン柏	210
山形県・山形	2018	8	ホテルルートイン山形インター	146
山形県・山形	2018	8	ホテルルートイン山形インター	146
千葉県・千葉	2018	8	ホテルルートイン千葉浜野	333
北海道・室蘭	2018	9	ホテルルートインGrand東室蘭	200
奈良県・天理	2018	9	ホテルルートイン天理インター	210
茨城県・古河	2018	10	ホテルルートイン古河駅前 (増床)	142
群馬県・太田	2018	10	ホテルルートイン太田駅前	150
奈良県・桜井	2018	10	ホテルルートイン桜井駅前	184
岡山県・津山	2018	10	ホテルルートイン津山駅前	250
広島県・廿日市市	2018	10	ホテルルートインGrand宮島口	200
千葉県・千葉	2018	11	未定	未定
大分県・速見郡	2018	11	ホテルルートインGrand別府湾	200
鳥取県・米子	2018	12	ホテルルートイン米子	200
岡山県・倉敷	2018	12	ホテルルートイン倉敷水島	186
滋賀県・彦根	2019	1	ホテルルートイン栗東	330
京都府・福知山	2019	1	ホテルルートイン福知山	200
北海道・函館	2019	3	ホテルルートイン函館第3	250
茨城県・高萩	2019	3	ホテルルートイン高萩	150
大阪・岸和田	2019	3	ホテルルートイン東岸和田駅前	210
山口県・萩	2019	3	ホテルルートイン萩	200
北海道・富良野	2019	5	グランヴィリオホテル富良野	200
岩手県・盛岡	2019	9	未定	300
福島県・二本松	2020	未定	ホテルルートイン二本松	210
高知県・高知	2020	未定	ホテルルートイン高知	200
愛媛県・松山	2020	未定	ホテルルートイン松山	200
宮城県・仙台	未定	未定	ホテルルートイン 仙台泉インター別館	42
新潟県・佐渡	未定	未定	ホテルルートイン佐渡	未定
宮城県・仙台	未定	未定	ホテルルートイン仙台	200

第4章 全国ホテルオープン情報（2017年6月3日〜12月1日） （週刊ホテルレストラン調べ、資料入手分のみ）

❑ 地区別・都市別ホテル新・増設一覧 (2017年12月1日時点)

地区	建設地	開業予定		客室数	ホテル名	事業主体・運営主体・関係問い合わせ先	
		年	月				
北海道	上　川	2017	12	341	クラブメッドトマム	クラブメッド	
	洞爺湖	2019	3	500	未定	永同昌集団〈台湾〉	
	函　館	2018	秋	290	函館センチュリーマリーナホテル	札幌国際観光　(011) 351-2121	
	函　館	2019	夏	290	未定	大和ハウス工業　東京本社　(03) 5214-2111	
	函　館	2018	未定	170	函館国際ホテル（増築）	函館国際ホテル　(0138) 23-5151	
	函　館	2018	9	42	クレドホテル函館（仮）	社会福祉法人 恵愛会　(095) 840-8830	
	函　館	2019	夏	277	ユニゾインエクスプレス函館（仮）	ユニゾホールディングス・ホテル事業部 (03) 3523-7531	
	函　館	2019	3	250	ホテルルートイン函館第3	ルートインジャパン　(0268) 25-0001	
	函　館	2018	秋	247	未定	川翔プログレス　(03) 5765-6891	
	函　館	2020	未定	300	未定	WBFリゾート　(011) 252-1250	
	苫小牧	未定	未定	60	未定	のるでんぱると	
	苫小牧	2020	未定	990	未定	森トラスト　(03) 5511-2255	
	ニセコ	未定	未定	80	カペラニセコ	ニセコリゾートプランニング Powered by ㈱セゾン (0136) 44-3939	
	ニセコ	2019	未定	100	パーク ハイアット ニセコ HANAZONO	ハイアットホテルスアンドリゾーツ (03) 3222-0441	
	ニセコ	2020	未定	約50	リッツ・カールトン　リザーブニセコ	マリオット・インターナショナル　(03) 5423-404	
	ニセコ	2019	冬	50	ザ・パビリオンズ・ニセコ	ザ・パビリオンズ・ホテルズ・アンド・リゾーツ	
	日　高	未定	未定	未定	未定	グローカル・ホテルグループ　(03) 5322-1345	
	札　幌	未定	未定	未定	未定	加森観光　(011) 222-3088㈹	
	札　幌	2018	春	200	ホテルフォルツァ札幌駅前（仮）	㈱エフ・ジェイホテルズ　(092) 473-7117	
	札　幌	2018	春	284	未定	サンケイビル　(03) 5542-1313	
	札　幌	2019	夏	359	京王プレリアホテル札幌	京王グループ広報部　(042) 337-3106	
	札　幌	未定	未定	未定	札幌駅北口8・1地区市街地開発ビル（仮）	札幌駅北口8・1地区市街地開発準備組合	
	札　幌	2018	1	177	からくさホテル札幌	ザイマックス　(03) 5544-6630	
	札　幌	2020	未定	未定	札幌大通り西計画（仮）	森トラスト　(03) 5511-2255	

ホテル新・増設一覧

2017年12月以降 ■地区別 ■都市別

週刊ホテルレストラン調べ　（資料入手分のみ）

備考
上海豫園旅游商城〈中国〉が、星野リゾートトマムの敷地内に新たに300室前後の宿泊施設を計画。計1000人を収容する宿泊施設を運営する予定。新たな宿泊施設の運営はクラブメッドグループ。ほかのリゾート施設は引き続き、星のリゾートが運営。開業は2017年12月8日予定。
洞爺湖畔で、計約500室、最大約1500人を収容できるホテル・コンドミニアム・別荘からなる高級宿泊施設を中心とした大規模リゾートを開発する計画を進めていることがわかった。中国をはじめとしたアジア圏の富裕層が長期滞在する拠点としたい考えで、約100億円を投じる方針だ。2018年に一部（約100室）で営業を始め、19年の全面オープンを目指す。
建設予定地は函館のJR函館駅から徒歩5分の函館朝市や金森赤レンガ倉庫群などの観光名所も近いベイエリアの大手町22。レストランや温泉施設の他に、客室はツインルームで25㎡より広く設計する計画。建物は15階建てに変更し計290室の予定。
予定地は函館駅北側（函館市若松町53-5）の、市、市土地開発公社、JR北海道が所有する約9800㎡。3階程度の和風デザインの建物を想定。家族の観光客をターゲットに一室の面積を広くする。駅に接する1階南側はテナントスペースと広場では道南の特産品を販売する物販テナントを誘致し、観光施設としての性格を打ち出す考え。客室数を約290室に拡充。
函館国際ホテル（350室）の11階部分を増築し、13階建て（170室）増築。完成すると函館最大規模の470室になる。2018年中の開業目指す。
障がい者の就労支援事業を展開する社会福祉法人 恵愛会が、障がい者を雇用するホテルを計画。4階建て、延べ床面積1289㎡、客室数42室、フロントや清掃業務を担当する障がい者の雇用数は休日・交代を考慮して85名。
予定地は函館市若松町18-22。JR函館駅至近、14階建て、延べ床面積4589㎡、客室数277室のホテルを計画。施工は熊谷組に一括。
予定地は北海道函館市。客室数250室のホテルを計画。
JR新函館北斗駅前（函館市渡1）の1384㎡に12階建て、客室数247室のホテルを計画。建設事業主体としてセルツェ新函館北斗を設立。運営ホテルチェーンは未定。
予定地は函館市若松町。温泉付き宿泊施設、客室数300室を計画。温泉を掘削、2020年までの開業を予定。
㈱のるでんぱるとは、苫小牧市植苗地区で計画を進めているリゾート「バルト・マイスター・トマコマイ」内に、長期滞在型ホテルの建設計画を進めている。ホテルの設計は安藤忠雄氏、運営はアマンリゾーツグループでチェディクラブなどを手掛けるGHM（シンガポール）があたる。客室数はホテル内60室とコテージ40棟。国内外の富裕層を主なターゲット。
森会長が個人で全額出資する投資会社、MAプラットフォームは海外の富裕層向けに苫小牧市植苗地区の1057㌶の敷地にホテル3棟と別荘、医療施設などを建設し、道内観光の拠点となる滞在型リゾートの開業を目指している。総事業費は500〜1000億円。17年にもホテル1棟を着工し、全施設の完成は26年を目指している。計画によると、敷地内の42㌶を造成し、計330室の外資の高級ホテル3棟とコテージ40棟を建設。20年にまず150室のホテル1棟を開業する。
ザ・ウエスト・ペーセス・ホテル・グループが高級ホテルを計画しているとの報道が2008年前後からなされ、2010年から着工されたがその後中止と再会を重ね12年ほどから具体的情報が途絶えている。計画では各部屋に源泉を引き、レストラン、プール、チャペルなどを付帯する。開業は当初の計画より大幅に遅れる見込み。
香港の不動産開発会社パシフィック センチュリー プレミアム ディベロップメンツとハイアット ホテルズ アンド リゾーツはホテル・レジデンス運営受託契約を締結。日本初のパーク ハイアット レジデンスを擁する「パーク ハイアット ニセコ HANAZONO」となる。敷地面積は約78万9000㎡、総床面積は約62万㎡。計画予定地は、ニセコ・アンヌプリ山の裾野に広がる四つのスキー場の一つ。レジデンス（分譲販売）は約100戸の予定。
予定地は北海道虻田郡。ザ・リッツ・カールトンはYTLホテルズと運営委託契約を締結し、ニセコビレッジに「リッツ・カールトン・リザーブ」を2020年にも運営を開始すると発表。
香港のザ・パビリオンズ・ホテルズ・アンド・リゾーツが、後志管内倶知安町山田のスキー場隣接エリアに20㌶の大型複合リゾート内に、ホテルや分譲別荘地、商業施設を計画。ホテルは地上2〜3階の和風建築のほか戸建ての宿泊棟を予定。全体で50室の予定。
日高町の町有地にグローカル・ホテルグループがホテルを新設する計画。施設は地上6階・地下1階建てで延べ床面積は1993㎡。既存の温泉と隣接しており、集客の相乗効果をねらう。景況を見ながら、今後の施設具体化を目指す。
ルスツリゾートに今後5年でホテル3棟を新設し、三つの外資系高級ホテルを誘致する。加森観光は820万㎡の敷地をルスツに保有し、土地取得費用の少なさなどを訴え、国内外投資家から資金調達を進める。開業後は管理組合を設立し、メンテナンスの一元化を図り管理コストを抑える計画。
福岡地所グループが札幌市中央区北三条西2を取得し、同社グループのエフ・ジェイホテルズ（福岡市）が「フォルツア」ブランドのホテルを運営する。客室数は190室の予定。JR札幌駅から至近の好立地。設計は山下設計、デザインはカッシーナ・イクシー。
予定地は札幌市中央区南4西1。敷地面積は約950㎡の時間貸し駐車場を取得。9月着工で開業は2018年春。地上13階建て客室数284室。「スマイルホテル」を展開するホスピタリティオペレーションズ（本社・東京都千代田区）が運営する見込み。
京王グループは、JR札幌駅北口近く敷地面積1574㎡（札幌市北区北八条西4-11-1）に、既存の京王プラザホテルと京王プレッソツインの間となる新ブランド「プレリアホテル」を計画。地下1階・地上17階建て、客室面積は18〜24㎡、ダブル、ツインが中心。
札幌市北区8条西1地区の市街地開発エリアにホテルを計画。
東京の不動産ザイマックスが、札幌市中央区南3条西5に、13階建て、延べ床面積7235㎡の道内1号となるホテルを開業予定。設計・施工は前田建設工業。客室数は177室、ツイン中心。2018年1月22日に開業予定。
農林中央金庫札幌支店（札幌市中央区大通西5-12-1）の土地を取得。土地・建物は大通り公園に隣接、敷地面積約2763㎡、建物を取り壊した上で、2020年前後に外資系高級ホテルの開業が期待される。

第4章　全国ホテルオープン情報（2017年6月3日〜12月1日）　（週刊ホテルレストラン調べ、資料入手分のみ）

❏ 地区別・都市別ホテル新・増設一覧 （2017年12月1日時点）

地区	建設地	開業予定 年	月	客室数	ホテル名	事業主体・運営主体・関係問い合わせ先	
北海道	札　幌	2019	3	未定	札幌市中央区南五条西6丁目ホテル計画（仮）	フジタ　（011）251-6151	
	札　幌	2018	冬	175	東急ステイ札幌大通（仮）	東急ステイ　（03）3476-1616	
	札　幌	2018	春	189	東急ステイ札幌大通東（仮）	東急ステイ　（03）3476-1616	
	札　幌	2018	夏	未定	コンフォートホテル札幌すすきの	グリーンズ　（059）351-5593	
	札　幌	2018	12	未定	札幌市中央区南6条西5丁目計画（仮）	レッド・プラネット・ジャパン　（050）5835-0966	
	札　幌	2019	未定	211	ホテルJALシティ札幌　中島公園	オークラニッコーホテルマネジメント（03）5460-7334	
	札　幌	2019	5	296	ベッセルホテルカンパーナすすきの（仮）	ベッセルホテル開発　（084）920-1171	
	知　床	2019	春	189	未定	共立メンテナンス本社　（03）5295-7072	
	千　歳	2019	秋	約200	未定	北海道空港　（0123）46-5111	
	千　歳	未定	未定	未定	未定	金谷ホテル観光グループ　（0288）76-3655	
	千　歳	2018	5	185	JRイン千歳（仮）	JR北海道ホテルズ　（011）218-6670	
	千　歳	2018	7	40	しこつ湖鶴雅別荘碧の座	鶴雅ホールディングス	
	千　歳	2018	5	154	ベストウェスタンホテルフィーノ千歳	価値開発㈱　（03）5822-3010	
	富良野	未定	未定	未定	未定	共立メンテナンス本社　（03）5295-7072	
	富良野	2019	5	200	グランヴィリオホテル富良野	ルートインジャパン　（0268）25-0001	
	夕　張	未定	未定	未定	未定	元大夕張リゾート	
	室　蘭	2018	9	200	ホテルルートインGrand東室蘭	ルートインジャパン　（0268）25-0001	
	室　蘭	2020	4	45	未定	八重山ホテルマネジメント　（0980）84-6320	
東北	青森県弘前	未定	未定	未定	未定	倉橋建設　（017）734-3611	
	青森県青森	2018	秋	282	ダイワロイネットホテル青森駅前（仮）	ダイワロイヤル ホテル事業部　（03）3263-5948	
	岩手県盛岡	2018	春	259	ユニゾインエクスプレス盛岡	ユニゾホールディングス・ホテル事業部（03）3523-7531	
	岩手県盛岡	2019	9	300	未定	ルートインジャパン　（0268）25-0001	
	宮城県仙台	2018	11	305	アパホテル〈TKP仙台駅北〉（仮）	アパグループ　（03）5570-2113	
	宮城県仙台	未定	未定	未定	未定	京阪電気鉄道　（03）3213-4631	

ホテル新・増設一覧

2017年12月以降 ■地区別 ■都市別

週刊ホテルレストラン調べ（資料入手分のみ）

備考
フジタが、札幌市中央区南5西6-13-2ほか、敷地面積1063㎡に地上13階建て、延べ床面積7031㎡のホテルを予定。駐車場台数は28台。2017年11月末完成予定。
北海道内でガソリンスタンドを展開する中和石油が、札幌市中央区南2西5-26-2に、地下1階・13階建て、延べ床面積6600㎡にホテルを計画。運営は東急ステイ、設計・施工は西松建設。同社初のコネクティングルームを採用、中長期滞在需要に対応。
札幌市南1条西1-13-4に地下1階・14階建て、延べ床面積6265㎡にホテルを計画。高層階の一部に30㎡になる予定。
札幌市に「コンフォートホテル」を計画。
建設予定地は札幌市中央区南6条西5-11-2。設計はコホーネス一級建築士事務所。敷地面積674㎡、14階建て、延べ床面積6110㎡。
予定地は札幌市中央区南8条西3-1-26。最寄り駅「中島公園」より至近、13階建て、延べ床面積9219㎡。客室数は21～28㎡を中心に211室。各部屋にはデジタル機器を標準装備。
予定地は札幌市中央区。客室数296室のホテルを計画。
共立メンテナンスが、世界自然遺産・知床の観光拠点であるオホーツク管内斜里町ウトロ地区に、2019年春開業予定のリゾートホテルを計画。鉄筋造り地上9階建て、延べ床面積約1万2000㎡。
2010年3月に供用開始された新千歳空港国際線旅客ターミナルのさらなる集客アップを見込み、隣接地にホテル棟を含む複数の施設の機能整備を図る構想。ホテル棟は地上8階建てで、延べ床面積1万6000㎡との情報あり。
金谷ホテル観光グループが旧支笏湖プリンスホテル跡地を取得し、新たに宿泊施設を建築する検討を進めている。支笏湖を望む絶好のロケーションにあり、リゾートホテルとしての活用を想定。今後は関係機関と調整の上、計画具体化を図る。
JR千歳線「千歳」駅東側に、不動産開発のアルファコート（札幌市）が、千歳市末広6（敷地面積2500㎡）に地下1階・地上9階建て、延べ床面積6425㎡の宿泊主体型ホテルを計画。運営は北海道JRインマネジメント。レストランのほか2階に大浴場を予定。
既存の「しこつ湖鶴雅リゾートスパ水の謌」の別館として、旧・北海ホテルの跡地に4階建て（延べ床面積約6500㎡）を予定。1階は日本料理を中心とした料亭、2～4階が客室でうち30室がレイクビュー、同グループ最上級グレードホテル（1泊2食で1人5～10万円）を予定。
価値開発は千歳駅から徒歩7分（千歳市千代田町3）に、地上8階、客室数154室のホテルを計画。運営はグループ内の㈱フィーノホテルズ。
共立メンテナンス（東京）が富良野市のJR「富良野」駅前周辺にホテルを計画。ホテルブランドは「ドーミーインプレミアム」か「野乃」を検討。
予定地は富良野市下御料1996-1ほか。10階建て、延べ床面積約1万3000㎡、客室数200室。付帯施設にレストラン、大浴場を有するホテルを予定。
市が所有する、ホテルマウントレースイやスキー場など三つの宿泊施設と土地・建物を、元大リアルエステートが現在の指定管理者・加森観光から運営子会社の夕張リゾートを買収。従業員を引き継ぎ、ホテルは20室ほどの別館を新設する。
ルートインの跡地（室蘭市中島町2-22）。約1万4700㎡の一部に14階建てのホテルを建設する。部屋数約200室。
星野リゾートグループの八重山ホテルマネジメントが、白老ポロト湖畔に3階建て、客室数45室の宿泊施設を計画。2020年4月開業予定。延べ床面積5251㎡、敷地内に2期建ての温泉棟を設置し日帰り温泉で集客。町民は400円程度になる見込み。
青森市内の建設会社・倉橋建設が弘前市の中心地・土手町にホテルを含むビル建設を計画している。詳細は不明。
青森市新町1丁目の商店街に14階建て、282室のホテルを計画。飲食店やカラオケが入店していたビルを解体。1階は飲食店などのテナントが入り、40台収容の立体駐車場も設置。客室は約20㎡でバス・トイレ別。北海道新幹線開業後のインバウンド需要に応える。
予定地は盛岡市盛岡駅西通2-210-2。客室数259室。ユニゾインエクスプレスの1号店。開業は2018年4月10日予定。
岩手医大が新設する附属病院の敷地内（岩手県柴波郡矢巾町藤沢）に、11階建て、延べ床面積7500㎡、客室数300室のホテルを計画。運営受託としてルートイングループが確定。開業は2019年9月予定。
TKPの連結子会社のTKPSPV-1号が、仙台市宮城野区名掛丁201-1の敷地1290㎡にホテルを計画。13階建て延べ床面積7107㎡、3階以上がホテル部分。客室数305室、低層階に宴会場を予定。2018年8月末完成目指す。開業は同9月を予定。
仙台市に「ホテル京阪」を計画。

ホテルデータブック 2018 | HOTERES

第4章 全国ホテルオープン情報（2017年6月3日〜12月1日） （週刊ホテルレストラン調べ、資料入手分のみ）

❏ 地区別・都市別ホテル新・増設一覧 (2017年12月1日時点)

地区	建設地	開業予定		客室数	ホテル名	事業主体・運営主体・関係問い合わせ先	
		年	月				
東北	宮城県仙台	2018	10	非公開	ホテルリブマックス仙台青葉通（仮）	リブ・マックス　（03）3355-5050	
	宮城県仙台	2018	3	276	ホテルルートインGrand仙台東	ルートインジャパン　（0268）25-0001	
	宮城県仙台	未定	未定	42	ホテルルートイン仙台泉インター別館	ルートインジャパン　（0268）25-0001	
	宮城県仙台	未定	未定	200	ホテルルートイン仙台	ルートインジャパン　（0268）25-0001	
	宮城県白石	2018	冬	114	ザ・ベネシアン白石蔵王（仮）	丸山観光　（0224）25-3111	
	秋田県	未定	未定	未定	未定	星野リゾート	
	山形県山形	2018	8	146	ホテルルートイン山形インター	ルートインジャパン　（0268）25-0001	
	山形県山形	2018	8	146	ホテルルートイン山形インター	ルートインジャパン　（0268）25-0001	
	福島県双葉郡	2018	8	207	楢葉ホテル（仮）	ファーストスプリング　（03）6869-0825	
	福島県双葉郡	2018	7	117	Jヴィレッジ新宿泊棟新営工事（仮）	福島県電源地域振興財団　（024）521-7116	
	福島県双葉郡	2018	10	222	HATAGO-INN福島広野（仮）	ソラーレホテルズアンドリゾーツ　（03）6858-2330	
	福島県双葉郡	2017	12	107	バリュー・ザ・ホテル楢葉木戸駅前	価値開発㈱　（03）5822-3010	
	福島県相馬	2018	春	120	未定	新輝	
	福島県二本松	2020	未定	210	ホテルルートイン二本松	ルートインジャパン　（0268）25-0001	
関東	茨城県古河	2018	10	142	ホテルルートイン古河駅前（増床）	ルートインジャパン　（0268）25-0001	
	茨城県古河	2018	12	164	未定	アパグループ　（03）5570-2113	
	茨城県水戸	2020	未定	約170	水戸駅前ホテル（仮）	水戸駅前三の丸地区市街地再開発準備組合、水戸市市街地整備課　（029）224-1111	
	茨城県鹿嶋	未定	未定	未定	鹿嶋の里（仮）	㈱一六商事	
	茨城県石岡	2018	6	189	ホテルルートイン石岡	ルートインジャパン　（0268）25-0001	
	茨城県高萩	2019	3	150	ホテルルートイン高萩	ルートインジャパン　（0268）25-0001	
	茨城県土浦	2018	7	200	ホテルルートイン土浦	ルートインジャパン　（0268）25-0001	
	栃木県日光	2018	秋	90	ホテル森の風「那須」	ホテル東日本　（019）625-2131	
	栃木県日光	2018	秋	30	ホテル四季の館「那須」	ホテル東日本　（019）625-2131	
	栃木県日光	2020	夏	94	ザ・リッツ・カールトン日光	東武鉄道　（03）5962-2263	

ホテル新・増設一覧

2017年12月以降 ■地区別 ■都市別

週刊ホテルレストラン調べ（資料入手分のみ）

備考
地下鉄東西線「青葉通一番街」駅徒歩4分に計画。
予定地は仙台市若林区6丁目西町23-1。13階建て、延べ床面積9747.06㎡。客室数は282室、付帯施設はレストラン、大浴場。
仙台泉インター（宮城県仙台市泉区大沢2-3-9）の別館として、2016年秋の開業を予定していたが、一時見送りになったが、案件として消滅したわけではない。
RC造り、延べ床面積約5200㎡、客室数200室。
東北新幹線「白石蔵王」駅前、東日本大震災で大規模半壊となった旧「パレスリゾート白石蔵王」の跡地にホテルを計画。7階建て、延べ床面積4300㎡、客室数114室のほか、ホールやレストランを完備。2018年1月に完成予定。
仙北市の玉川温泉にある2015年4月に破たんしたホテル（ぶなの森玉川温泉が所有）を取り壊しホテル計画が浮上。くにうみアセットマネジメントと星野リゾートの役員らの会社が所有した。政府ファンドからの支援を得ながら再生を果たす見込み。
予定地は山形市青田2。施設の延べ床面積は3997㎡。ルートインは山形駅前店がすでに存在するため、市内には2店目の出店となる。RC造り4階建て、延べ床面積約4600㎡。客室数は148室。
山形インター付近に「ホテルルートイン」を計画。
予定地は福島県楢葉町出井堂ノ前。JR竜田駅東側にルートインが200〜400室のホテルを出店する予定だったが、箱根で老舗温泉旅館を展開するファーストスプリングが温泉付き宿泊主体ホテルを展開することになった。3階建て、延べ床面積約9800㎡。客室数は200室。2017年早期に着工、18年8月開業目指す。
双葉郡楢葉町山田岡字美シ森8-2ほかに、新宿泊棟を計画。
広野町駅東側（双葉郡広野町大字下浅見川字広長44-5）開発整備事業における、「広野みらいオフィス」の南側に敷地面積約6200㎡、地上7階建て、客室数はシングルとツイン計222室。大浴場やレストランを併設する宿泊主体型ホテルの運営は、ソラーレホテルズアンドリゾーツの予定。2017年3月着工予定。2018年10月開業予定。
福島県双葉郡楢葉町山田岡一升平7-1。客室数107室のホテルを計画。開業は2017年12月16日予定。
相馬市新地町のJR「新地」駅前にホテルを計画。運営は、飲食店を展開するケントレーディング（相馬市）の子会社の新輝（新地町）。ホテル、温浴施設、駐車場などを含む敷地面積は1万5000㎡。4階建て、客室数は約120室。2018年に開業予定。
予定地は福島県二本松市。客室数210室のホテルを計画。
茨城県古河市東1-12-7の既存「ホテルルートイン古河駅前」で142室増床。
予定地は古河市東本町1-66-1ほか。敷地面積1794㎡、9階建て、延べ床面積約2666㎡。客室数164室。開業は2018年12月末予定。
水戸駅前（水戸市三の丸1-1）地区市街地再開発準備組合が ホテル・住宅・商業などの市街地再開発ビルの建設計画を推進している。敷地は水戸市三の丸1-1ほかで、敷地面積約8000㎡のLIVIN水戸店跡地を中心とした場所。建物は12階建ててホテルと共同住宅を中心としたコンセプトを予定。
鹿島ハイスポーツプラザを運営する㈱一六商事が、敷地面積56万㎡の敷地内（鹿嶋市田野辺659）にオートキャンプ場、日本庭園、花畑。客室数100室のホテルのほか、35棟のヴィラ（60〜100㎡）、25棟のロッジ（50㎡）の宿泊施設を設ける。
予定地は石岡市石岡1-1-10。RC造り7階建て、延べ床面積約4600㎡。客室数は186室。付帯施設にレストラン、大浴場を有するホテルを予定。
JR「高萩」駅前イトーヨーカドー跡地に7階建ての宿泊施設を計画。2019年開催の茨城国体に際する宿泊需要に対応。土地オーナーは丸平商事。
土浦市に8階建て、客室数207室。付帯施設にレストラン、大浴場を有するホテルを予定。
ホテル東日本が、栃木県那須町高久丙の約5万㎡の敷地に、ファミリー向けの宿泊施設「ホテル森の風「那須」」を全7階建て全90室（平均30㎡）を予定。最上階に展望露天風呂を完備。
ホテル東日本が、栃木県那須町高久丙の約5万㎡の敷地に、2階建ての離れ形式全30室（平均40㎡）のホテル四季の館「那須」を予定。全室露天風呂付き。
東武鉄道は、中禅寺湖畔の「日光レイクサイドホテル」を取得し解体。敷地面積約1万9000㎡に、ザ・リッツ・カールトンを展開する。予定地は日光市中宮祠2482ほか。1室50㎡以上、客室数94室中10室は100㎡以上のスイートルーム。運営は、東武鉄道の100％子会社を設立し、マリオット・インターナショナルとの運営受託（MC）契約を交わす。2020年の東京五輪前の開業を目指す。

第4章　全国ホテルオープン情報（2017年6月3日〜12月1日）　(週刊ホテルレストラン調べ、資料入手分のみ)

❒ 地区別・都市別ホテル新・増設一覧 (2017年12月1日時点)

地区	建設地	開業予定 年	開業予定 月	客室数	ホテル名	事業主体・運営主体・関係問い合わせ先	
関東	栃木県 日光	2019	秋	22	日光ふふ（仮）	ヒューリック㈱　(03)5263-810	
	栃木県 那須	2020	夏	30		ひらまつ　(03)5793-8811	
	栃木県 宇都宮	2018	3	198	ホテルルートイン宇都宮第2	ルートインジャパン　(0268)25-0001	
	栃木県 宇都宮	2018	3	473	ホスピタルイン獨協医科大（仮）	東横イン　(03)5703-1045	
	群馬県 太田	2018	10	150	ホテルルートイン太田駅前	ルートインジャパン　(0268)25-0001	
	埼玉県 さいたま	2020	未定	200	さいたま市MICE施設（仮）	さいたま市　MICE事業関連課　(0293)23-7316	
	埼玉県 さいたま	2018	7	246	東横INN浦和美園	東横イン　(03)5703-1045	
	埼玉県 東松山	2018	未定	120	東松山駅東口ホテル計画（仮）	東松山市駅前東口北側用地開発共同企業体	
	埼玉県 北本市	2019	1	90	北本駅東口駅前ホテル（仮）	北本市 建築開発課　(048)591-1111	
	埼玉県 川越	2020	未定	未定	未定	川越市	
	埼玉県 川口	2018	10	未定	東横INN川口駅西口	東横イン　(03)5703-1045	
	埼玉県 熊谷	2018	10	未定	東横INN熊谷駅前	東横イン　(03)5703-1045	
	千葉県 千葉	2018	11	未定	未定	ルートインジャパン　(0268)25-0001	
	千葉県 印西市	2018	2	20	ホテルマークワンCNT新棟（仮）	ホテルマークワン㈱	
	千葉県 松戸	2018	5	未定	東横INN松戸駅東口	東横イン　(03)5703-1045	
	千葉県 柏	2018	7	210	ホテルルートイン柏	ルートインジャパン　(0268)25-0001	
	千葉県 千葉	2019	2	172	ベッセルイン千葉駅前（仮）	東急建設　(03)5466-5020 ベッセルホテル開発　(084)920-1171	
	千葉県 千葉	2018	12	非公開	ホテルリブマックス千葉駅前（仮）	リブ・マックス　(03)3355-5050	
	千葉県 千葉	2018	夏	200	ダイワロイネットホテル千葉井中央（仮）	ダイワロイヤル ホテル事業部　(03)3263-5948	
	千葉県 船橋	2018	2	161	ホテルメッツ船橋	日本ホテル　(03)5954-1088	
	千葉県 浦安	2018	春	204	ホテルエミオン東京ベイ・新館プロジェクト（仮）	スターツホテル開発㈱　(047)304-2710	
	千葉県 浦安	2018	5	640	東京ベイ東急ホテル（仮）	㈱東急ホテルズ　マーケティング部 (03)3477-6566	
	千葉県 浦安	未定	未定	未定	海辺のコアプロジェクト（仮）	浦安市役所　(047)351-1111	
	千葉県 浦安	2017	12	80	ホテルドリームゲート舞浜別館（仮）	日本ホテル　(03)5954-1088	

ホテル新・増設一覧

2017年12月以降　■地区別　■都市別

週刊ホテルレストラン調べ（資料入手分のみ）

備考
東武鉄道所有の日光市田母沢御用邸記念公園隣接地に、ヒューリックが全室温泉完備の宿泊施設（22室）を計画。
栃木県那須町に延べ床面積3800㎡、客室数30室程度の宿泊施設計画。
予定地は宇都宮市ゆいの杜1-2-8。7階建て、延べ床面積約4770㎡。客室数は198室。付帯施設にレストラン、大浴場を有するホテルを予定。
所在地は獨協医科大の敷地内（宇都宮市壬生町北小林）。患者の家族向けなどとして当初31室から473室に拡大。2018年1月にプレを経て、3月1日開業予定。
予定地は群馬県太田市。敷地面積1202㎡、10階建て、客室数150室のホテルを計画。
さいたま市大宮区桜木町3-1-1ほかにMICE関連の施設、その中にビジネスユースを軸にVIP対応に考慮したホテル（200室程度）を計画。
USトラストが、埼玉高速鉄道「浦和美園」駅前（さいたま市緑区美園4-7-1）に宿泊施設を計画。延べ床面積4396㎡、14階建てで、設計は東横インアーキテクト。
東松山市は、東武東上線「東松山駅」東口の北側市有地を民間（東松山駅前土地開発）に売却し、8階建てのホテルにする計画を2016年6月に発表。1～2階に店舗、3～8階に120室の客室を予定。
予定地は北本市北本1-45周辺。JR「北本」駅東口にホテルを計画。5階、客室数84室。事業者はエフ・イー・ティーシステム。
川越駅西口の市有地（約8520㎡）にホテルを核とした12階建ての複合施設を計画。
JR川口駅西口に「東横INN」を計画。
JR熊谷駅前に「東横INN」を計画。
予定地は千葉市中央区浜野町1025-109ほか。敷地面積3927㎡、11階、延べ床面積7949㎡。設計は日建社、施工は東亜建設工業。完成は2018年11月予定。
千葉や茨城で宿泊主体型ホテルを展開するホテルマークワンが、印西市のホテル駐車場に新館を計画。6階建て、20室の新棟のうち4階の6～7室を女性専用フロアにする。スキンケアや加湿器を完備し、増加傾向にある女性出張者の顧客化を狙う。
「松戸」駅前にホテルを計画。2018年5月に開業予定。
柏市に「ホテルルートイン」を計画。
予定地は千葉市中央区富士見1-12-2内の敷地面積1026㎡。14階建て、3棟、総延べ床面積5439㎡。京成線「千葉」駅前。2019年1月末完成予定。
各線「千葉」駅徒歩1分に計画。
予定地は千葉市中央区本千葉町。千葉井中央駅前に14階建て、客室数200室、レストラン完備のホテルを計画。
JR東日本が船橋駅の改良工事に伴い、南口に新たな複合ビルを建設する。複合ビル「シャポー船橋 南館」には商業ビルとホテルを予定。施設は地上11階・地下1階建てで、延べ床面積9980㎡でホテルは6～10階に入居予定。開業は2018年2月9日。
ホテルエミオン東京ベイの北東側（浦安市日の出1-1-1）隣接地に新館を建設する。RC造り8階建て、敷地面積7691㎡、延べ床面積1万5811㎡。TDRへのバスでの送迎やホテル内でのチケット販売など特典があり、TDR来場者がターゲット。スターツCAMの施工で建設予定。
予定地は浦安市日の出7-2-3。S造り18階建延べ床面積3万8365㎡、客室640室（32～38㎡）1階商業施設、2階レストラン300席（740㎡）、宴会場300席対応（440㎡・分割可）。設計は竹中工務店が担当。リゾートホテル。竣工予定2018年5月開業予定。
構想段階だが、浦安市の総合公園に隣接する敷地約2万4470㎡に、地上8階ホテルと結婚式場、店舗の複合施設を開発する動きがある。プロジェクト運営者は双日。
2004年に、JR舞浜駅の高架下東側に開業した「ホテルドリームゲート舞浜」（80室）の別館を2階建て、延べ床面積約3660㎡、客室数80室・全禁煙。電車走行時の振動を低減する小型化したつり免振装置を採用、2階の客室は広くし、宿泊者向けレストランも併設。設計はJR東日本と竹中工務店、施工は竹中工務店。開業は2017年12月18日予定。

ホテルデータブック 2018 | HOTERES　231

第4章 全国ホテルオープン情報（2017年6月3日～12月1日）　　（週刊ホテルレストラン調べ、資料入手分のみ）

❏ 地区別・都市別ホテル新・増設一覧 (2017年12月1日時点)

地区	建設地	開業予定 年	開業予定 月	客室数	ホテル名	事業主体・運営主体・関係問い合わせ先	
関東	千葉県 浦安	2018	春	215	未定	第一リアルター　(03)5474-7285	
	千葉県 浦安	2019	未定	365	ハイアットプレイス東京ベイ(仮)	東京ベイリゾート開発㈱　(03)6262-5506	
	千葉県 いすみ	未定	未定	未定	リゾートイン夷隅(仮)	夷隅観光開発　(0470)86-3691 起商建設　(043)244-5015	
	千葉県 いすみ	未定	未定	24	THE LEGEND CLIFF HOTEL	ザ・レジェンド・ホテルズ&トラスト　(03)3422-7787	
	千葉県 流山市	2019	春	168	流山おおたかの森駅前市有地活用事業	スターツコーポレーション　(03)6202-0111	
	千葉県 成田	2018	2	210	未定	㈱ファミリー　(043)284-1111	
	千葉県 成田	2018	冬	200	未定	サンフロンティア不動産　(03)5521-1301	
	千葉県 市川	2018	7	未定	原木インター横ビル新築工事(仮)	東横イン　(03)5703-1045	
	千葉県 安房郡	未定	未定	未定	鋸南町リゾートホテル(仮)	リゾートトラスト　(052)310-3324	
	千葉県 千葉	2018	8	333	ホテルルートイン千葉浜野	ルートインジャパン　(0268)25-0001	
	千葉県 香取	2018	4	200	ホテルルートイン香取	ルートインジャパン　(0268)25-0001	
	千葉県 香取	2018	4	191	和蔵の宿　佐原(仮)	ルートインジャパン　(0268)25-0001	
	千葉県 木更津	2018	3	186	ホテルルートイン木更津	ルートインジャパン　(0268)25-0001	
	神奈川県 横浜	未定	未定	未定	未定	横浜市港湾局資産活用課　(045)671-2717	
	神奈川県 横浜	2019	秋	2311	アパホテル&リゾート横浜ベイタワー(仮)	アパグループ　(03)5570-2113	
	神奈川県 横浜	2020	1	175	未定	三井不動産レジデンシャル、丸紅、森ビル3社が共同事業者	
	神奈川県 横浜	2020	夏	136	横浜ベイコート倶楽部 ホテル&スパリゾート	リゾートトラスト　(052)310-3324	
	神奈川県 横浜	2020	夏	146	ザ・カハラ・ホテル&リゾート横浜	リゾートトラスト　(052)310-3324	
	神奈川県 横浜	2019	春	未定	新港地区客船ターミナル(仮)等事業整備業	横浜グランドインターコンチネンタルホテル	
	神奈川県 横浜	2020	春	170	未定	JR東日本旅客鉄道本部　(03)5334-1250	
	神奈川県 横浜	未定	未定	565	安田倉庫株式会社鶴屋町2-13 プロジェクト(仮)	安田倉庫㈱(03)3452-7311	
	神奈川県 横浜	2021	未定	未定	横浜駅きた西口鶴屋地区市街地再開発事業(仮)	横浜駅きた西口鶴屋地区市街地再開発準備組合、都市整備局都心再生課　(045)671-2672	
	神奈川県 横浜	2019	6	315	ハイアットリージェンシー横浜	㈱ケン・コーポレーション　(0120)315-200	
	神奈川県 横浜	2018	秋	156	ユニゾホテル横浜駅西口(仮)	ユニゾホールディングス・ホテル事業部 (03)3523-7531	

ホテル新・増設一覧

2017年12月以降 ■地区別 ■都市別

週刊ホテルレストラン調べ（資料入手分のみ）

備考
第一リアルターが、浦安市日の出2-1-1ほか、JR京葉線新浦安駅至近の敷地面積約3300㎡にRC造り8階建て、延べ床面積約7722㎡に、客室数215室のホテルを計画。設計はスピリッツ・オフィス、施工はナカノフドー。2018年2月ごろ完成予定。
相互物産グループの東京ベイリゾート開発（東京都千代田区）がホテルを計画。予定地は浦安市明海5-8-5ほか。敷地面積1万240㎡、S造り地下1階地上10階建て、客室数365室、延べ床面積2万926㎡、駐車場は140台。施工未定、設計は石本建築事務所。運営はハイアット・インターナショナル・アジアパシフィック。完成は2019年5月末予定。
いすみ市の夷隅川カントリークラブ建設構想の一環。結婚式場、展望レストランを付帯したホテルを建設予定。現在計画内容調整中。
ザ・レジェンド・ホテルズ＆トラストが1号施設を千葉県いすみ市岬町中原字谷ノ平地73-1ほかに設ける計画。施設はヴィラタイプで、客室数は24室。プール、スパ、ヨガスペースなどのほか、レストラン、ギャラリーショップなども導入するというもの。開業予定等は調整中。
流山市東初石5-181-29ほかの「流山おおたかの森駅前市有地活用事業」が、スターツコーポレーションを代表とするグループを優先交渉権者に決定。ホテルや商業・業務施設などの複合施設からなる11階建て。宴会場三つ、515席のホール、客室数168室。
輸入車販売のファミリーが京成線成田駅前のアルファロメオ・フィアット成田店の跡地に、11階建210室のビジネスホテルを計画。延床面積は約3800㎡。建設と運営は同駅前でビジネスホテル「センターホテル」を運営している平山建設が受け持つ。
予定地は山武郡芝山町香山新田字橋松41-3。芝山鉄道「芝山千代田」駅前、敷地面積1万754㎡、9階建て、客室数200室。飲食等やオフィス棟を備える。設計は安藤ハザマ。
予定地は市川市原木3-1024。14階建て、延べ床面積8089㎡。設計は日創アーキテクトで2017年5月より着工、18年4月下旬完成予定。
予定地は安房郡鋸南町元名字三谷ほか
予定地は千葉市中央区10階建て、客室数300室、付帯施設にレストラン、大浴場を有すホテルを予定。
予定地は香取市佐原イ92-6ほか。RC造り7階建て、延べ床面積約4600㎡。客室数は200室、付帯施設にレストラン、大浴場を有すホテルを予定。
予定地は香取市佐原イ92-6ほかの敷地面積4079㎡。ルートインジャパンが展開する「和蔵の宿」タイプで4階建て、延べ床面積4619㎡、客室数191室を予定。2020年3月末の営業開始目指す。
予定地は木更津市清見台2-29-1。8階建て、客室数186室、付帯施設にレストラン、大浴場を有すホテルを予定。
横浜ベイサイドマリーナの複合再開発計画。何度かの見直しを経て現段階ではホテルの設置も含めて計画内容を調整中。
予定地は横浜市中区海岸通5-25-4ほかにホテルを含む複合施設の建設。地下2階地上35階建て、延べ約6万4500㎡を予定。地下は駐車場、機械室、低層部にエントランスロビー、レストラン、大浴場などを設置。駐車場は約230台分、電気自動車用の充電設備の設置も検討。環境に配慮しCASBEE横浜Aランク以上を目指す。
みなとみらい21地区と関内を結ぶ北仲通北地区再開発計画の中核となる超高層ビル（約200m）の46～51階には「オークウッド」（客室数175室）を展開する。
予定地は横浜市西区みなとみらい1-8-1の敷地。事業者は竹中工務店グループで、MICE施設とホテル機能を併せもった施設（一般用と会員制）を計画。うちホテル棟は14階建て延べ床面積約4万㎡。ホテルの運営はリゾートトラストが行なう。
予定地は横浜市西区みなとみらい1-8-1の敷地。客室数は146室、50～120㎡。
予定地は横浜市新港2-14-1。敷地面積1万7400㎡、5階、延べ床面積約2万8600㎡。クルーズ船の拠点となるふ頭の複合ビルにラグジュアリーホテルを計画。「Yokohama pier9」事業。
横浜駅西口の新築2棟のうち北側の「鶴屋棟」、地下1階、地上9階、延べ床面積3万1500㎡に客室数170室のホテルを計画。
安田倉庫が横浜駅西口にホテルと商業施設で構成する複合ビルを建設する。予定地は横浜市神奈川区鶴屋町2-13-8ほか。敷地約1660㎡、建物は地下1階地上13階建てで延べ約1万㎡を予定。
全国初の国家戦略特区の「住宅容積率の特例」の活用案件。着工は2018年を予定。敷地面積約6700㎡。建物は約180m、延床面積約8万㎡、地上44階地下2階。7～13階に外国人向けの宿泊特化型ホテルを予定。
ケン・コーポレーションが計画している神奈川県横浜市中区山下町280-1(A街区)に、地下1階地上22階建て、延べ床面積約2万7793㎡のホテルを計画。ブランドは「ハイアットリージェンシー」の予定。1～2階にカフェラウンジやレストラン、客室数は315室でうち最も多いタイプは36㎡のスタンダード。最上階にチャペル、スカイバンケットなどブライダル施設も強化。設計は㈱国連（沖縄県那覇市）。2019年3月竣工目指す。FCにてケン・コーポレーションが運営。
予定地は横浜市西区南幸2-27-11ほか。敷地面積1800.47㎡、延べ床面積3858.49㎡。地上13階、地下1階。付帯施設レストラン。2017年1月着工予定。設計は大建設計。

第4章 全国ホテルオープン情報（2017年6月3日〜12月1日） （週刊ホテルレストラン調べ、資料入手分のみ）

❏ 地区別・都市別ホテル新・増設一覧 （2017年12月1日時点）

地区	建設地	開業予定		客室数	ホテル名	事業主体・運営主体・関係問い合わせ先	
		年	月				
関東	神奈川県 横浜	2018	未定	122	横浜馬車道ホテル新築計画（仮）	㈱プロポライフ　（03）6854-2030	
	神奈川県 横浜	2020	春	230	東急REIホテル（仮）	㈱東急ホテルズ　マーケティング部 （03）3477-6566	
	神奈川県 横浜	2020	春	263	プレサンスホテル横浜桜木町新築工事（仮）	プレサンスコーポレーション	
	神奈川県 横浜	2018	11	非公開	ホテルリブマックス横浜駅西口（仮）	リブ・マックス　（03）3355-5050	
	神奈川県 川崎	2018	6	200	川崎殿町 東急REIホテル（仮）	㈱東急ホテルズ　マーケティング部 （03）3477-6566	
	神奈川県 川崎	2022	春	未定	未定	JR東日本旅客鉄道本部　（03）5334-1250	
	神奈川県 川崎	2018	4	143	アパホテル〈TKP川崎〉	アパグループ　（03）5570-2113	
	神奈川県 藤沢	2018	3	97	ホテルアルモントイン湘南藤沢	コクホーシステム　（0466）35-1040	
	神奈川県 横須賀	未定	未定	未定	未定	ユニマットヴェラシス　（046）841-2138	
	神奈川県 小田原	2018	8	未定	東横INN小田原駅前	東横イン　（03）5703-1045	
	神奈川県 足柄下郡	2020	未定	未定	箱根強羅プロジェクト（仮）	森トラスト　広報部　（03）5511-2255	
	神奈川県 足柄下郡	2017	12	8	ときリゾート 箱根別邸	ロングライフリゾート　（03）3279-2588	
	神奈川県 足柄下郡	未定	未定	未定	未定	岩崎グループ本社　（099）223-0112	
	神奈川県 足柄下郡	2018	未定	未定	蓬莱園ホテル（仮）	藤田観光　（03）5981-7723	
東京	赤坂	2018	春	167	ホテルフェリーチェ赤坂	フェリーチェ　（06）6484-5110	
	赤坂	2022	未定	未定	赤坂二丁目プロジェクト（仮）	森トラスト　（03）5511-2255	
	赤坂	2018	夏	140	ホテルビスタプレミオ東京（仮）	ビスタホテルマネジメント　（03）3518-9220	
	赤坂	2019	3	44	赤坂2アーバンホテル（仮）	㈱タイレル　（042）360-5779	
	赤坂	2018	12	未定	赤坂2丁目ホテルⅡ新築工事（仮）	第一リアルター　（03）5474-7285	
	赤坂	2018	7	116	変なホテル東京　赤坂	H.I.Sホテルホールディングス　（03）6692-0010	
	赤羽	2018	9	74	北区赤羽1丁目ホテル（仮）	アップル住宅販売　（03）3987-5506	
	赤羽	2018	冬	220	未定	東横イン　（03）5703-1045	
	赤羽	2018	11	非公開	ホテルリブマックス赤羽駅前（仮）	リブ・マックス　（03）3355-5050	
	昭島	2019	春	108	未定	フォーシーズ	

ホテル新・増設一覧

2017年12月以降 ■地区別 ■都市別

週刊ホテルレストラン調べ（資料入手分のみ）

備考
みなとみらい線馬車道駅至近の横浜市中区常番町5-64の敷地面積約421㎡に、RC造り地下1階地上10階建て、延べ床面積約3050㎡のホテル＋店舗を計画。客室数は122室。設計は、コプラス一級建築事務所、ホテル運営企業名は不明。2017年12月完成予定だったが遅延している。
予定地は横浜市西区みなとみらい4-3-2。みなとみらい線の「新高島」駅徒歩2分、三菱地所が建設する複合施設内に出店。ホテル建物の9階にフロント、ロビー、レストラン。10〜15階が客室。
予定地は横浜市中区尾上町6-90-1。敷地面積919㎡、14階建て、延べ床面積8407㎡。設計は現代総合設計、施工は未定。
JR「横浜」駅徒歩5分に計画。
大和ハウス工業が開発を進めているキングスカイフロント（川崎市川崎区殿町3-101-1）のA街区の敷地面積4万6172㎡に、5階建て、延べ床面積約7530㎡、客室数約200室。世界初の水素ホテルとして、2018年春開業予定。
予定地は川崎市幸区大宮町1-5ほか。JR「川崎」駅西口の総14万㎡の敷地にオフィス棟とホテル棟を計画。設計はJR東日本建築設計事務所。施工は未定、着工は2018年2月以降、竣工は22年4月予定。
TKPが京急線「川崎」駅前にホテルを計画。予定地は川崎市川崎区本町1-1-10。敷地面積599㎡、9階建て、延べ床面積2215㎡。客室数は143室。会議室も完備。
予定地は藤沢市藤沢字大道東110-4。開業は2018年3月1日予定。
ユニマットヴェラシスが横須賀市西浦賀町で運営する「シティマリーナヴェラシス」内にホテルやチャペル、温浴施設などを付帯する計画が構想されている。景況を見ながら、順次計画の具体化を図る。
小田原駅前に「東横INN」を計画。
森トラストが箱根強羅でホテルの開発計画を進める。計画地は神奈川県足柄下郡箱根町強羅字向山1320-61ほか。敷地面積は1万632㎡。箱根登山ケーブルカー「中強羅駅」徒歩3分ほどの立地。各部屋露天風呂付きのラグジュアリーな宿泊施設を目指しており、インターナショナルブランドの誘致も視野に入れている。
予定地は、神奈川県足柄下郡箱根町元箱根字大芝93番地46、敷地面積16,692㎡（5,049坪）。自然に囲まれたバリ風の木造建築を基調とし、広大な敷地に74〜120㎡のヴィラタイプの居室をレイアウトし、高級感とリゾート感が満喫できるようにしてある。利用は会員権方式で、購入後20年間はグループホテルの有料老人ホームへの優待あり。完成は2017年12月中の予定。
南九州を中心にリゾートホテルを展開する岩崎産業が関東に進出。箱根仙石原の自社所有地への設置を計画中だが、凍結状態が続いている。
予定地は神奈川県足柄下郡箱根町小涌谷503。敷地面積1万1297㎡、現在庭園の「蓬莱園」に宿泊施設を計画。2017年4月20日に開業した「箱根小涌園天悠」（150室）より小規模になる見込み。
予定地は港区赤坂3-1209。9階建て、客室数167室のホテルを予定。1階にレストランをテナント入店、最上階にサウナ付きスパ完備。
予定地は港区赤坂2丁目。
予定地は港区赤坂。客室数140室のホテルを計画。2018年夏開業予定。
予定地は港区赤坂2-1009-1、敷地面積115㎡、延べ床面積884㎡、地下1階地上12階建ての宿泊主体型ホテルを計画。
予定地は港区赤坂2-1780-1ほか。敷地面積637㎡、地下1階地上13階、延べ床面積2734㎡。設計㈱デザイン・クルー、施工は松村組。2018年12月30日完成予定。
予定地は港区赤坂
予定地は北区赤羽1-3-2。敷地面積231㎡、12階建て、延べ床面積1243㎡、客室数74室のホテルを計画。2018年9月末完成予定。設計は松寿設計コンサルティング一級建築士事務所。
予定地は北区赤羽1-11-11。敷地面積628㎡、14階建て、延べ床面積4034㎡客室数220室のホテルを計画。2018年11月末完成予定。
JR「赤羽」駅徒歩1分に計画。
予定地は昭島市阿松原5-2969-2。敷地面積1420㎡、9階建て、延べ床面積2060㎡。客室数は108室。設計は楽総合計画、施工は未定。2019年2月下旬完成予定。

第4章 全国ホテルオープン情報（2017年6月3日〜12月1日）　　　（週刊ホテルレストラン調べ、資料入手分のみ）

□ 地区別・都市別ホテル新・増設一覧 (2017年12月1日時点)

地区	建設地	開業予定		客室数	ホテル名	事業主体・運営主体・関係問い合わせ先	
		年	月				
東急	秋葉原	2019	12	196	ホテルメッツ秋葉原（仮）	JR東日本旅客鉄道本部　（03）5334-1250	
	秋葉原	2018	10	80	ベストウェスタンホテルフィーノ東京秋葉原	価値開発㈱　（03）5822-3010	
	秋葉原	2019	2	143	秋葉原ホテルプロジェクト（仮）	リソルホテル	
	浅草	2018	8	306	アパホテル〈浅草駅前〉	アパグループ　（03）5570-2113	
	浅草	2018	秋	125	グレイスリー浅草（仮）	藤田観光　（03）5981-7723	
	西浅草	2018	11	166	西浅草3丁目ホテル新築工事（仮）	三菱地所　（03）3287-5100	
	浅草橋	2018	2	未定	台東区浅草橋1丁目計画（仮）	ジェーユージャパン　（03）5669-0121	
	浅草橋	2018	4	未定	浅草橋ホテル計画新築工事（仮）	第一リアルター　（03）5474-7285	
	浅草橋	2018	3	200	ホテルルートインGrand浅草橋	ルートインジャパン　（0268）25-0001	
	浅草橋	2018	7	145	変なホテル東京　浅草橋	H.I.Sホテルホールディングス　（03）6692-0010	
	浅草橋	2019	夏	未定	ジェイ・エス・ティ浅草橋ビルプロジェクト（仮）	㈱ジェイ・エス・ティ　（03）3862-8521	
	浅草橋	2018	3	非公開	ホテルリブマックス浅草橋駅前	リブ・マックス　（03）3355-5050	
	浅草橋	2018	8	非公開	ホテルリブマックス浅草橋柳橋（仮）	リブ・マックス　（03）3355-5050	
	西麻布	2022〜24	春	未定	西麻布3丁目再開発	野村不動産　（03）3348-8811	
	麻布	2019	秋	62	麻布十番1丁目ホテル計画（仮）	長谷工コーポレーション	
	綾瀬	2019	5	170	アパホテル〈綾瀬駅前〉	アパグループ　（03）5570-2113	
	綾瀬	2019	3	非公開	ホテルリブマックス綾瀬駅前（仮）	リブ・マックス　（03）3355-5050	
	有明	2018	未定	未定	ダイワロイヤル有明南K区計画（仮）	ダイワロイヤル ホテル事業部　（03）3263-5948	
	飯田橋	2018	秋	295	ヴィアイン飯田橋（仮）	JR西日本ヴィアイン　（06）4960-8245	
	池袋	未定	未定	160	未定	康苑商事　（042）423-7701	
	稲城	2018	10	263	東横INN南多摩駅前（仮）	東横イン　（03）5703-1045	
	入谷	2018	1	未定	SUN PLAZA HOTEL入谷（仮）	ジェイエスティ　（03）5625-3611	
	上野	2018	未定	未定	上野2000パーキング跡地ホテル計画新築工事（仮）	㈱インスパイア　（03）3839-8371	
	上野	2018	未定	未定	東電跡地計画（仮）	㈱インスパイア　（03）3839-8371	

ホテル新・増設一覧

2017年12月以降 ■地区別 ■都市別

週刊ホテルレストラン調べ（資料入手分のみ）

備考
予定地は千代田区外神田1-99-3。旧アキハバラデパートの跡地。敷地面積1070㎡、延べ床面積6635㎡、9階建てのホテルと商業施設を計画。
予定地は台東区。11階建て。延べ床面積2045㎡、客室数80室。2018年10月完成予定。
予定地は千代田区須田町2-25。敷地面積425㎡、14階、延べ床面積3431㎡。サンケイビルと伊藤忠都市開発の案件。設計・施工は東レ建設。MCでリソルホールディングスが「ホテルリソル」で展開予定。
予定地は台東区駒形1-6-1の敷地面積579㎡に、15階建て、延べ床面積約4500㎡、客室数304室のホテルを予定。
予定地は台東区雷門2-3-7。敷地面積697㎡、14階建て、延べ床面積1250㎡。客室数は125室。設計監理・施工は大末建設。
三菱地所は、台東区西浅草3-6-2ほかの所有地（敷地面積700㎡）にて、ホテル開発を計画。12階建て、延べ床面積5560㎡をイシン・ホテルズ・グループに賃貸。
予定地は台東区浅草橋1-27-8。敷地面積99.46㎡、延べ床面積785.06㎡、12階建て。
予定地は台東区浅草橋1-5-1ほか。敷地面積631.54㎡、延べ床面積3364㎡、地下1階12階建て。
予定地は台東区浅草橋2-3-20ほか。14階建て、延べ床面積約5780㎡、客室数は200室。付帯施設にレストラン、大浴場を有するホテルを予定。
予定地は台東区浅草橋
予定地は台東区浅草橋1-5-1ほか。敷地面積631.54㎡、延べ床面積3364㎡、地下1階地上14階。
JR「浅草橋」駅徒歩1分に計画。
JR「浅草橋」駅徒歩3分、柳橋エリアに計画。
予定地は西麻布3丁目。
予定地は港区麻布十番1-21-3。敷地面積740㎡、地下1階地上9階建て、延べ床面積3392㎡。客室数62室のホテルのほかに店舗（5区画）を計画。ホテル運営会社は未定。
予定地は足立区綾瀬3-7-11。敷地面積461㎡、13階建て、延べ床面積約2300㎡、客室数170室。設計は四季建築設計。
JR、東京メトロの「綾瀬」駅徒歩2分に計画。
ダイワロイヤルが東京都江東区有明南にホテルを建設する。12月15日着工予定。S造り地下1階RC・SRS地下1階17階建て延べ2万2500㎡。設計は梓設計、施工は大和ハウスが担当。18年3月31日の完了を目指す。
予定地は新宿区新小川町。JR「飯田橋」駅至近、事業主が小学館の住宅、店舗、保育所、ホテルからなる複合施設。10階建て、延べ床面積1万8072㎡のうちホテルは約6800㎡。2〜9階が客室、10階がフロント＆朝食ラウンジ。
康苑商事が東池袋にビジネスホテル、物販、飲食の複合ビル開発を計画している。施設は地上13階・地下1階建てで、延べ床面積3965㎡。
予定地は稲城市大字大丸字8-995-1ほか。JR南武線「南多摩」駅北口駅前広場の西側に11階建て、延べ床面積5120㎡のホテルを計画。
予定地は足立区入谷8-8-5。敷地面積127㎡、9階建て、延べ床面積4820㎡にホテルを計画。設計・施工は芙蓉建設。2017年12月完成予定。
予定地は文京区湯島3-42-1。東京メトロ「上野広小路」駅から湯島よりの「上野2000パーキング」跡地に物販店舗とホテルの複合ビルを計画。敷地面積279.47㎡、地上10階建て、延べ床面積1499.39㎡。2016年12月1日に完了予定だった。
予定地は台東区上野6-17-1ほか。上野マルイの裏手の東電跡地の敷地面積507.53㎡に、地上7階、延べ床面積2084㎡のホテルを計画。2017年5月末竣工予定。

第4章　全国ホテルオープン情報（2017年6月3日〜12月1日）
（週刊ホテルレストラン調べ、資料入手分のみ）

□ 地区別・都市別ホテル新・増設一覧 (2017年12月1日時点)

地区	建設地	開業予定 年	月	客室数	ホテル名	事業主体・運営主体・関係問い合わせ先	
東京	上　野	2018	9	124	アパホテル〈上野稲荷町〉	アパグループ　(03)5570-2113	
	上　野	2018	未定	未定	東上野ホテル新築計画(仮)	㈱ボルテックス　(03)6893-5653	
	上　野	2018	12	未定	東上野4丁目新築工事(仮)	コスモスイニシア　(03)3571-1111	
	上　野	2019	秋	未定	トーセイホテルココネ	トーセイ㈱　(03)3435-2865	
	上　野	2018	秋	130	ＮＯＧＡ ＨＯＴＥＬ	野村不動産ホテルズ　(03)3348-8813	
	上　野	2018	秋	未定	上野ホテル(仮)	修善寺滝亭	
	上　野	未定	未定	425	未定(仮)	アパグループ　(03)5570-2113	
	上　野	2018	7	非公開	ホテルリブマックス上野駅前	リブ・マックス　(03)3355-5050	
	王　子	2018	未定	未定	東横INN王子駅前(仮)	東横イン　(03)5703-1045	
	大　塚	2019	10	613	アパホテル〈山手大塚駅タワー〉(仮)	アパグループ　(03)5570-2113	
	大　塚	2018	5	未定	星野リゾートOMO5大塚	星野リゾート　(03)5159-6323	
	大　塚	2019	冬	未定	大塚駅南口ホテル計画新築工事(仮)	新日本建物	
	大 手 町	2020	春	190	未定	三井不動産 広報　(03)3246-3155 フォーシーズンズ・ホテルアンドリゾーツ	
	大　森	2018	夏	300	大森海岸プロジェクト(仮)	エムジーリース　(03)3222-9345	
	御 徒 町	2018	6	63	台東2丁目ホテル計画新築工事(仮)	大和地所	
	御 徒 町	2018	8	非公開	ホテルリブマックス台東2丁目(仮)	リブ・マックス　(03)3355-5050	
	葛　西	未定	未定	未定	未定	ロッテ広報　(03)5388-5617	
	葛　西	2018	冬	未定	西葛西ⅢホテルPJ(仮)	第一リアルター　(03)5474-7285	
	葛　西	2018	12	100	変なホテル東京　西葛西	H.I.Sホテルホールディングス　(03)6692-0010	
	霞ヶ丘町	2019	夏	未定	神宮外苑ホテル(仮)	宗教法人 明治神宮／三井不動産　(03)3246-3155	
	霞 が 関	2019	2	500	アパホテル〈国会議事堂前〉	アパグループ　(03)5570-2113	
	蒲　田	未定	未定	未定	未定	密集住宅整備促進協議会　(03)3735-7922	
	蒲　田	2019	6	未定	京急蒲田駅前ホテル計画(仮)	第一リアルター　(03)5474-7285	
	神　田	2018	2	142	アパホテル〈神田駅前〉	アパグループ　(03)5570-2113	

238　HOTERES｜ホテルデータブック 2018

ホテル新・増設一覧

2017年12月以降 ■地区別 ■都市別

週刊ホテルレストラン調べ（資料入手分のみ）

備考
予定地は台東区東上野5-6-2ほか。敷地面積344.15㎡、15階建て、延べ床面積約1890㎡のホテルを計画。2018年9月開業予定。
予定地は台東区東上野4-78-1。敷地面積164.50㎡、延べ床面積1240㎡、10階建て、宿泊主体型ホテルを計画。完成は2017年11月を予定してた。
予定地は台東区東上野4-26ほか。JR「上野」駅至近の昭和通り沿い。敷地面積334㎡、13階建て、延べ床面積2605㎡、客室数は非公表、宿泊主体型ホテルを計画。
トーセイ100％子会社のトーセイ・ホテル・マネジメント㈱が運営するホテル第2弾。予定地は台東区上野。
予定地は台東区東上野2-21。敷地面積964㎡、10階建て、延べ床面積4950㎡。JR「上野」駅至近。台東区の職人などとコラボした文化体験を宿泊料にパッケージ。マンション「PROUD」のデザインチームが手掛ける上質空間を目指す。
予定地は台東区下谷1-8-11。敷地面積392㎡、地下1階地上11階、延べ床面積2419㎡。設計は菊池建築設計、施工は大洋建設。
予定地はJR上野駅から徒歩1分。
JR「上野」駅徒歩7分に計画。
予定地は北区王子1-1の敷地面積958㎡に、鉄骨造り14階建て、延べ床面積3989㎡のホテルを予定。客室数と部屋タイプは不明。2017年11月末完成予定だったが遅れている。
予定地は豊島区南大塚3-31。敷地面積1527㎡、20階建て、客室数613室のタワーホテルを計画。2018年9月下旬完成予定。
予定地は豊島区北大塚2-26ほか。敷地面積888㎡、地下1階13階建て、延べ床面積6025㎡にホテルを計画。設計・施工は竹中工務店。
予定地は豊島区南大塚3-44-12。敷地面積326㎡、9階建て、延べ床面積1857㎡。設計はイクス・アーク都市設計。
予定地は、千代田区大手町1丁目2番。地上41階、地下5階の「OH-1計画」B棟上層部（34〜38階）、延べ床面積約2万5578㎡。事務所、店舗、多目的ホール、ホワイエ、ホテル、バンケットが入る施設の上層階にラグジュアリーホテル「フォーシーズンズ・ホテルズ・アンド・リゾーツ」を誘致予定。竣工は2020年2月予定、春に開業予定。
予定地は大田区大森本町2-10。敷地面積1673㎡、地下1階13階建て、延べ床面積8765㎡、客室数300室の宿泊主体型ホテルを計画。設計は久米設計。施工は大本組。
予定地は台東区台東2-55-1ほか。敷地面積169㎡、10階建て、延べ床面積1066㎡、客室数63室うちシングルが55室。設計は松寿設計コンサルティング一級建築士事務所。
JR「御徒町」駅徒歩5分に計画。
ロッテが敷地面積19万2000㎡（自社所有地）に、テーマミュージアム、商業施設、ホテルの3事業からなる複合都市「ロッテワールド東京」（仮称）を建設。総投資額は3000億円。直営。高さ210mの超高層で、単独のホテルとしては日本最高層になる計画だったが、現在計画をすべて見直し調整中。
予定地は江戸川区西葛西6-8-6。敷地面積573㎡、13階建て、延べ床面積3285㎡。客室数は未定。設計はIAO竹田設計。
予定地は江戸川区西葛西5-4-7。開業は2018年12月15日予定。
宗教法人 明治神宮と三井不動産が、新国立競技場予定地の隣接地に延べ床面積約1.6万㎡のホテル主体で、レストラン、駐車場（約50台）を有する13階建てのビルを計画。予定地は、新宿区霞ヶ丘町5-1。2018年1月末着工予定、19年夏竣工予定。
予定地は千代田区永田町2-10-2ほかの「永田町TBR」跡地で敷地面積は約1600㎡、地上17階建て。
大田区の京急・蒲田駅周辺のまちづくりの計画で蒲田三丁目18地区にホテルを誘致する計画。ホテル導入の検討がなされている予定地は敷地面積1430㎡で、現在運営企業体の選定を含め、計画の具体化を進めている。
予定地は大田区南蒲田1-3。敷地面積1613㎡、6階建て、延べ床面積3960㎡。設計はガイ・プランニング。完成は2019年6月予定。
予定地は千代田区鍛冶町2-10-8の敷地面積346㎡に、13階建て、延べ床面積約2100㎡のホテルを予定。設計は日企設計。開業は2018年2月9日予定。

第4章 全国ホテルオープン情報（2017年6月3日〜12月1日）　（週刊ホテルレストラン調べ、資料入手分のみ）

❏ 地区別・都市別ホテル新・増設一覧 (2017年12月1日時点)

地区	建設地	開業予定 年	開業予定 月	客室数	ホテル名	事業主体・運営主体・関係問い合わせ先		
東京	神　田	2018	春	115	相鉄フレッサイン神田駅南口（仮）	相鉄ホテルマネジメント　(045)319-2566		
	神　田	2018	春	190	三井ガーデンホテル大手町（仮）	三井不動産ホテルマネジメント　(03)5777-1331		
	神　田	2018	10	130	鍛冶町ホテルプロジェクト（仮）	第一リアルター　(03)5474-7285		
	神　田	2018	冬	未定	鍛冶町2丁目ホテル計画（仮）	アップル住宅販売　(03)3987-5506		
	神　田	2018	3	113	神田須田町1丁目PJ（仮）	大和ハウス工業　東京本社　(03)5214-2111		
	新 木 場	2019	秋	190	新木場一丁目計画（仮）	江間忠ホールディングス／網中木材		
	京　橋	2018	4	200	ホテルインターゲート東京京橋	サンケイビル　(03)5542-1300		
	京　橋	2019	春	270	未定	阪急阪神ホテルズ　(06)6372-5231		
	京　橋	2018	夏	未定	京橋三丁目ビジネスホテル新築工事（仮）	㈱レオパレス21　(03)5350-0103		
	京　橋	2019	11	約200	ダイワロイネットホテル京橋2丁目計画（仮）	ダイワロイヤル ホテル事業部　(03)3263-5948		
	京　橋	2019	春	70	中央区京橋2丁目ホテル計画（仮）	S・O・W・ホールディングス		
	銀　座	2018	1	164	ハイアットセントリック銀座東京	ハイアットホテルスアンドリゾーツ (03)3222-0441		
	銀　座	2018	未定	56	銀座7丁目ホテル（仮）	東日本都市開発㈱　(047)460-3000		
	銀　座	2018	2	105	銀座グランベルホテル（仮）	㈱テキサス　(048)772-0130		
	銀　座	2018	10	164	ザ・ゲートホテル東京	ヒューリック㈱　(03)5263-810		
	銀　座	2020	3	80	東京エディション銀座（仮）	森トラスト　(03)5511-2255		
	銀　座	2018	3	223	HOTEL MUSSE GINZA MEITETSU （ホテルミュッセ銀座名鉄）	名鉄イン㈱本社　(052)569-1366		
	銀　座	2019	1	未定	ビジネスホテル銀座3丁目（仮）	㈱スーパーホテル　(06)6543-9000		
	銀　座	2018	7	200	銀座2丁目ホテル新築工事（仮）	東京建物㈱　(03)3274-0831		
	銀　座	2020	春	125	ザ ロイヤルパーク キャンバス 東京銀座	ロイヤルパークホテルズアンドリゾーツ (03)3211-6183		
	銀　座	2019	春	未定	MUJI HOTEL（仮）	UDS　(03)3372-0231		
	銀　座	2019	冬	未定	銀座4丁目計画（仮）	京阪電気鉄道　(03)3213-4631		
	銀　座	2019	10	未定	アーバンリゾートドーミーイン PREMIUM銀座（仮）	共立メンテナンス本社　(03)5295-7072		
	銀　座	未定	未定	未定	銀座T・Sサンケイビル解体工事（仮）	サンケイビル広報部　(03)5542-1313		

240　HOTERES｜ホテルデータブック 2018

ホテル新・増設一覧

2017年12月以降　■地区別　■都市別

週刊ホテルレストラン調べ（資料入手分のみ）

備考
モリモトホールディングスが、千代田区神田紺屋町8-1にS造り11階建て、延べ床面積2756㎡、客室数115室のホテルを計画。相鉄ホテルマネジメントに運営委託し、2018年春開業予定。
予定地は千代田区内神田2-1-2ほか。敷地面積697㎡、14階建て、延べ床面積6146㎡、客室数190室のホテルを計画。設計・施工は戸田建設。
予定地千代田区鍛冶町1-9。敷地面積409㎡、13階建て、延べ床面積2642㎡、客室数130室のホテルを計画。設計はアルファ・ブレイン。オペレーターは未定。
予定地は千代田区鍛冶町2-4。敷地面積159㎡、15階建て、延べ床面積999㎡。設計は松寿設計コンサルティング一級建築士事務所、施工は未定。2018年12月完成予定。
予定地は千代田区神田須田町1-4-7。敷地面積354㎡、10階建て、延べ床面積2512㎡、客室数113室の宿泊主体型ホテルを計画。
予定地は江東区新木場1-6-26。敷地面積1981㎡、地下1階、地上10階建て。延べ床面積6493㎡。設計・施工は三井住友建設。居住性の高い阿上質なホテルを予定。
予定地は中央区京橋3-7-8ほかに客室数200室のホテルを計画。敷地面積は489㎡、建物は地下1階地上17階建て延べ約5900㎡。施工は東急建設、設計は久米設計。運営はグランビスタホテル＆リゾート。
予定地は中央区京橋1-7-1。銀座線「京橋」駅隣接する敷地面積約1450㎡に、地下1階地上14階建て、延べ床面積約1万7300㎡の複合ビルを計画。文房具のパイロットコーポレーションと阪神グリーンビルの本社がそれぞれ老朽化により建て替えるにあたり、一体化。新ビルは1階をテナント、2～6階パイロット本社、7～14階を宿泊主体型ホテルにする。ホテルブランドは「レム」の予定。2019年春竣工予定。
予定地、中央区京橋3-9-7の敷地面積142.11㎡に、地下1階地上10階建て、延べ床面積998.03㎡の宿泊主体型ホテルを計画。2017年6月中旬完了予定だった。
予定地は中央区京橋2-8-9。地下1階、14階建て、延べ床面積8560㎡、客室数200室前後のホテルを計画。朝食提供する飲食店も完備。設計・施工は大和ハウス工業。
予定地は中央区京橋2-5。敷地面積439㎡、10階建て、延べ床面積3511㎡。設計はIAO竹田設計。運営は未定。客室数250室のうち70室が宿泊主体型、残りはカプセルホテルの融合。
朝日新聞社が計画中の「銀座朝日ビル」に、米ハイアット社の新ブランド「ハイアットセントリック」が入居する。予定地は中央区銀座6-6-7。敷地面積1765㎡、建物は地下3階地上12階建て（延べ約1万6000㎡）で、ホテルは3階～12階。開業は2018年1月22日予定。
予定地は中央区銀座7-17、施設規模は敷地面積156㎡、9階建て、延べ床面積975㎡。
カタログ通販ベルーナの子会社㈱テキサスが銀座7丁目でホテルの建設計画を進めている。予定地は中央区銀座7-2-17ほか、敷地面積885㎡、建物は地下2階地上11階建て、延べ床面積7752㎡を予定。
ヒューリックがJR有楽町駅、東京メトロ銀座駅近くでホテル、店舗、飲食店などの複合ビルの建設を計画。敷地面積1530㎡、延べ床面積1万5782㎡、施設は地下2階、地上13階。ホテルは4階から上に入る予定。ゲートホテルブランドの旗艦店となる。
予定地は中央区銀座2-8-15、敷地面積は約660㎡。13階建て、延べ床面積7000㎡、客室数100室前後のホテルを計画。2020年前半に開業予定で、屋上にルーフトップバー＆フロントを設ける構想。設計は隈健吾建築都市設計事務所／安藤ハザマJV。
所在地は中央区銀座7-206-10ほかに宿泊主体型ホテルを設計画。施工は矢作建設工業東京支店。敷地面積560㎡、建物はS造り、地下1階地上13階建て、延べ床面積5979㎡。地下1階が駐車場、1～2階がテナント、2階にはホテルの朝食を提供するレストランを予定。～13階がホテルで客室数は223室。名鉄不動産が賃貸借、名鉄インが運営。開業は2018年3月1日予定。
予定地は中央区銀座3-11ほか。東京メトロ東銀座近くで敷地面積331㎡。建物は地下1階地上14階建て延べ2767㎡の予定。2018年8月31日完成予定。
予定地は中央区銀座2-11-6ほか。敷地面積479.35㎡、地上16階建て、延べ床面積5680㎡。ホテル、店舗、駐車場を予定。2018年7月末完了予定。運営はオペレーターに託す。
予定地は中央区銀座8-9-4。敷地面積422㎡、延べ床面積4618㎡、14階建て、飲食店・店舗併設、客室数125室のホテルを計画。経営は㈱スペースデザイン、運営は三菱地所グループのロイヤルパークホテルズアンドリゾーツ。デザイン監修はギャルドユウ・エス・ピイ。設計・施工は清水建設。
予定地は中央区銀座3-103-3ほか。元・東京電力銀座支店を読売新聞社が取得。敷地面積1342㎡、延べ床面積1万4300㎡、地下3階、10階建て。設計・施工は竹中工務店。無印良品の旗艦店が入る、同ブランドのホテル。運営はUDS。
予定地は中央区銀座4-11。敷地面積352㎡、地下1階地上12階、延べ床面積3080㎡のホテルを計画。設計は東洋設計事務所。施工は鍛冶田工務店。ホテル運営は他社に受託予定。
予定地は中央区銀座6-16-9。地下鉄「東銀座」駅至近。敷地面積624㎡、地下1階13階建て、延べ床面積5014㎡のホテルを計画。
予定地は中央区銀座6-14-5。現・雑居ビル（地下1階9階建て・延べ床面積3738㎡）の解体が2017年8月中旬に終了予定、その後ホテルの計画がある。

第4章 全国ホテルオープン情報（2017年6月3日〜12月1日） （週刊ホテルレストラン調べ、資料入手分のみ）

❑ 地区別・都市別ホテル新・増設一覧 (2017年12月1日時点)

地区	建設地	開業予定		客室数	ホテル名	事業主体・運営主体・関係問い合わせ先	
		年	月				
東京	銀　座	2020	春	296	ACホテル・バイ・マリオット東京銀座	東武鉄道　(03)5962-2263	
	銀　座	2019	秋	190	未定	㈱レオパレス21　(03)5350-0103	
	銀　座	2019	夏	330	銀座5丁目ホテル計画(仮)	三井不動産 広報　(03)3246-3155	
	銀　座	2019	未定	未定	KG8新築工事(仮)	㈲エイチケイディーエックス　(03)5628-8472	
	銀　座	2020	春	未定	中央区銀座8丁目開発プロジェクト(仮)	合同会社 銀座8丁目開発プロジェクト2 (03)5360-8280	
	錦 糸 町	2017	12	281	相鉄フレッサイン錦糸町(仮)	相鉄ホテルマネジメント　(045)319-2566	
	国 分 寺	2018	夏	未定	国分寺南町ホテル計画(仮)	アクシズ	
	五 反 田	2018	夏	372	三井ガーデンホテル五反田(仮)	三井不動産ホテルマネジメント　(03)5777-1331	
	五 反 田	2020	春	167	五反田東口開発計画(仮)	JR東日本旅客鉄道本部　(03)5334-1250	
	駒　込	2019	1	184	アパホテル駒込駅前(仮)	アパグループ　(03)5570-2113	
	潮　見	2019	春	230	潮見ホテル計画(仮)	センコーグループホールディングス (03)6862-7050	
	品　川	未定	未定	未定	未定	犬塚製作所　(03)3471-7411	
	東　雲	2018	6	未定	豊洲ホテルPJ新築工事(仮)	第一リアルター　(03)5474-7285	
	渋　谷	2018	秋	180	未定	㈱東急ホテルズ　マーケティング部 (03)3477-6566	
	渋　谷	2018	2	10	ホテルコエ	ヒューリック㈱　(03)5263-810	
	新　宿	2018	8	176	アパホテル〈東新宿歌舞伎町Ⅲ〉	アパグループ　(03)5570-2113	
	新　宿	2019	3	166	アパホテル〈新宿 歌舞伎町中央〉	アパグループ　(03)5570-2113	
	新　宿	2019	3	213	アパホテル〈東新宿歌舞伎町西新築工事〉	アパグループ　(03)5570-2113	
	新　宿	2019	4	200	新宿5丁目ホテル計画(仮)	トーワ総合システム　(03)5420-3011	
	新　宿	2018	7	106	ネストホテル新宿(仮)	ネストホテルジャパン㈱　(03)4590-6638	
	西 新 宿	2018	5	710	アパホテル&リゾート西新宿五丁目駅タワー	アパグループ　(03)5570-2113	
	西 新 宿	2019	12	180	ストリングスホテル 新宿(仮)	ツカダ・グローバルホールディングス (03)5464-0081	
	西 新 宿	2018	春	未定	西新宿3丁目計画新築工事(仮)	フジタ	
	東 新 宿	2020	春	819	アパホテル東新宿 歌舞伎町タワー	アパグループ　(03)5570-2113	

ホテル新・増設一覧

2017年12月以降 ■地区別 ■都市別

週刊ホテルレストラン調べ （資料入手分のみ）

備考
予定地は中央区銀座6-202-2ほか。地下2階、地上15階、敷地面積1284㎡、延べ床面積1万6200㎡、客室数296室のホテルを計画。既存の「コートヤード・マリオット銀座東武ホテル」の隣接地。「ACホテル」とは、スタイリッシュデザインのアッパーミドル層向けライフスタイル打ランドという位置づけ。完成は2020年4月末予定。
予定地は中央区銀座8-11-11. 敷地面積639㎡、地下1階14階建て、客室数190室のホテルを計画。運営はほかのオペレーターが行なう。レオパレス21の開発型SPC（特別目的会社）を活用した不動産事業の第一弾。同様の手法で大阪・難波にも計画あり。
予定地は中央区銀座5-201-6ほか。敷地面積1080㎡、15階建て、延べ床面積1万3500㎡、客室数330室のホテル計画。自社ブランドでの運営になる予定。設計は久米設計、施工は未定。完成は2019年6月末予定。
予定地は中央区銀座8-1-10。14階建て、延べ床面積4650㎡。設計・施工は清水建設。2019年2月完成予定。
予定地は中央区銀座8-5-4。敷地面積813㎡、地下1階地上16階、延べ床面積9200㎡。ホテルほか物販、飲食店などを予定。設計は㈱ブランテック、施工は未定。
予定地はJR総武線、東京メトロ半蔵門線錦糸町駅から徒歩3分。地上14階建て。賃借面積6079㎡。開業は2017年12月10日予定。
予定地は国分寺市南町3-2700-143。敷地面積71㎡、延べ床面積316㎡、7階建て。施工未定、新築。
予定地は品川区東五反田2-2-1の敷地面積約2225㎡に鉄骨造り地上16階建て、延べ床面積1万2571㎡のホテルを予定。設計・施工は三井住友建設。
予定地は品川区東五反田1-26-2。敷地面積967㎡、10階建て、延べ床面積は7236㎡。設計はジェイアール東日本建築設計事務所。運営は未定。完成は2020年1月予定。
JR山手線「駒込」駅から徒歩2分。予定地は豊島区駒込3-3-1ほか、敷地面積586㎡14階建て、延べ床面積約2897㎡のホテルを計画。設計は日企設計、施工は新日本建設。
2015年より大阪から移した東京本社（東京都江東区潮見2-8-10）付近の潮見2-2-9（敷地面積5600㎡）9階建て、延べ床面積1万4700㎡、客室数230室のホテルを計画。完成は2019年2月中旬予定。
犬塚製作所がりんかい線・品川シーサイド駅前で自社所有地を利用してホテル建設を構想している。施設は地上10階建て。
予定地は江東区東雲1-1-2。敷地面積2082㎡、13階建て、延べ床面積8079㎡のホテルを計画。設計はIAO竹田設計、施工は未定。
東急電鉄が東横線と東京メトロ副都心線との相互直通運転により地下化する東横線渋谷駅のホームおよび線路跡地を再開発する。ホテルは地上32階以上の高層部に予定。オフィスや店舗からなる複合施設で地下4階地上35階建て、延べ床面積約11万6700㎡。ビル名は「渋谷ストリーム」。
予定地は渋谷区宇田川町94-11。ストライプインターナショナル初のホテルが渋谷パルコ・パート2跡地に衣食住提案型施設を計画。1階に飲食店やイベントスペース、2階アパレル物販、3階にホテルの構造。「コエ（KOE）」のグローバル旗艦店となる。ホテルプロデュースは天野謙滋氏（ジョージ・クリエイティブ・カンパニー代表）。
予定地は新宿区歌舞伎町2-448-1の敷地面積520.80㎡、15階建て、延べ床面積約2500㎡、客室数176室のホテルを予定。
予定地は新宿区歌舞伎町2-443-4。敷地面積466㎡、15階建て、延べ床面積2900㎡、客室数166室のホテルを計画。2019年3月末完成予定。
予定地は新宿区歌舞伎町2-448-2。敷地面積559㎡、14階建て、延べ床面積3371㎡。設計はIAO竹田設計、施工は未定。2019年3月末の完成予定。
予定地は新宿区新宿5-27-1。敷地面積1034㎡、地下1階18階、延べ床面積5579㎡。設計はUDS一級建築士事務所。
新宿歌舞伎町の耐震オフィスビルからのコンバージョンで、客室数106室。
予定地は、渋谷区本町3丁目15番1ほか～新宿区西新宿5丁目448番ほか。20階建て、延べ床面積1万2333㎡、710室を予定。大浴場、フィットネスジム、プール、レストラン完備。都営大江戸線「西新宿5丁目」駅より徒歩1分。2018年5月の開業を目指す。
予定地、新宿区西新宿3丁目に、延べ床面積3600㎡、客室数180室のホテルを予定。レストランチャペルやバンケットなど結婚式場を併設。2019年に竣工・開業予定。
予定地は新宿区西新宿3-152-29ほか。敷地面積489㎡、14階、延べ床面積4275㎡。設計は安宅設計、施工はフジタ。2019年11月末完了予定。
東新宿に地上24階、客室数819室のタワーホテルを2020年春に開業予定。

第4章 全国ホテルオープン情報（2017年6月3日〜12月1日） （週刊ホテルレストラン調べ、資料入手分のみ）

❏ 地区別・都市別ホテル新・増設一覧 (2017年12月1日時点)

地区	建設地	開業予定		客室数	ホテル名	事業主体・運営主体・関係問い合わせ先	
		年	月				
東京	新宿御苑	2018	5	未定	東横INN新宿御苑駅前（仮）	東横イン　（03）5703-1045	
	新富町	2018	5	141	アパホテル〈八丁堀新富町〉	アパグループ　（03）5570-2113	
	新富町	2019	7	135	新富町一丁目ホテル（仮）	サンフロンティア不動産　（03）5521-1301	
	新富町	2018	12	非公開	ホテルリブマックス新富町（仮）	リブ・マックス　（03）3355-5050	
	新橋	2019	8	267	未定	JR九州　（092）474-2541	
	新橋	2018	冬	60	未定	龍名館　（03）3253-2330	
	新橋	2018	1	126	カンデオホテルズ東京新橋	カンデオホテルズ　（03）6435-6577	
	新橋	2018	秋	未定	ダイワロイネットホテル新橋新築工事（仮）	ダイワロイヤル ホテル事業部　（03）3263-5948	
	新橋	2018	未定	未定	新橋1丁目ホテル開発プロジェクト（仮）	ザイマックス　（03）5544-6630	
	新橋	2019	春	未定	新橋アーバンホテル（仮）	㈱タイレル　（042）360-5779	
	代官山	2018	10	未定	渋谷代官山RプロジェクトB棟（仮）	東急電鉄　（03）3477-6086	
	台場	未定	未定	未定	未定	森ビル　（03）6406-6606、トヨタ　（0565）28-2121	
	高田馬場	2018	6	非公開	ホテルリブマックス高田馬場駅前	リブ・マックス　（03）3355-5050	
	高輪	2018	2	178	東急ステイ高輪〈泉岳寺駅前〉（仮）	東急ステイ　（03）3476-1616	
	高輪	2018	秋	200	港区高輪三丁目ホテル（仮）	㈱近鉄・都ホテルズ　（06）6774-7658	
	竹芝	未定	2020	200〜300	未定	JR東日本旅客鉄道本部　（03）5334-1250	
	竹芝	未定	未定	未定	竹芝地区・都市再生ステップアッププロジェクト	東急不動産　（03）5414-1099	
	立川	未定	未定	未定	未定	㈱立飛ホールディングス　（048）536-1111および日本ビューホテル㈱	
	田町	2018	秋	143	プルマン東京田町	アコーホテルズ	
	築地	2018	未定	未定	中央区築地3丁目計画（仮）	住協建設㈱　（03）3370-3838	
	築地	2018	12	298	ホテル京阪築地銀座（仮）	ホテル京阪　（06）6945-0321	
	築地	2018	2	未定	変なホテル東京　銀座	H.I.Sホテルホールディングス　（03）6692-0010	
	築地	2018	11	未定	築地3丁目プロジェクト（仮）	ヒューリック㈱　（03）5263-810	
	築地	2018	冬	68	中央区築地1丁目ホテル（仮）	東日本都市開発　（047）460-3000	

ホテル新・増設一覧

2017年12月以降 ■地区別 ■都市別

週刊ホテルレストラン調べ　（資料入手分のみ）

備考
長島開発が予定地新宿区新宿1-17-8に、13階建て、延べ床面積2645㎡のホテルを計画。設計が東横インアーキテクトが担当。2018年4月完成予定。
予定地は新富町1-304-2、敷地面積は282㎡、建物はS造12階建て延べ約2030㎡、施工は新日本建設。環境に配慮し、高効率ガス給湯器、ガス・コージェネレーションシステムにより排熱を有効利用する。東京メトロ有楽町線の「新富岡」駅ほか地下鉄・JRの「八丁堀」駅、「築地」からも徒歩圏内。
予定地は中央区新富1-2-11。敷地面積551㎡、延べ床面積3725㎡、11階建て。ブランドは日和ホテル&リゾーツとなる見込み。
東京メトロ「新富町」駅徒歩2分に計画。
予定地は港区新橋1-1-13。JR新橋駅近くの複合ビル。敷地面積約3000㎡、地上27階地下2階建てで、延べ床面積約3万5000㎡。2016年度中に着工し、17階までの下層階はNTT都市開発がオフィス向けのフロアを、18～27階部分にホテル「ブラッサム」ブランドが入る予定。
予定地は港区新橋6-4で、新橋福祉会館前交差点に面した敷地面積約400㎡にホテルを予定。設計は大林組。2018年秋～冬の開業予定。
東急不動産㈱が手掛ける新橋赤レンガ通りでの複合商業施設の開発計画（港区新橋3-11-3）にて、2～12階に客室数126室の宿泊主体型ホテルを予定。最上階のスカイスパ、60品目の朝食ブッフェ、全室にシモンズのベッドを完備。開業は2018年1月11日予定。
予定地は港区新橋1-30-1ほか。敷地面積633㎡、延べ床面積5715㎡、地下2階、14階建て。診療所併設。
ザイマックスが新築の「新橋1丁目ホテル開発プロジェクト」を計画。施工は奥村組。予定地は港区西新橋1-7-1。12階建てで、延べ床面積2999㎡。2018年12月完成予定。
予定地は港区新橋2-9-13。敷地面積118㎡、13階建て、延べ床面積812㎡、客室数は未定。設計はK空間設計一級建築士事務所、施工は未定。2019年2月完成予定。
予定地は渋谷区東1-10-2ほか。敷地面積1122㎡、7階建て、延べ床面積4519㎡複合ビルにホテルを計画。
臨海副都心の商業施設「パレットタウン」の用地をトヨタ自動車と森ビルが取得した。計画ではオフィスやホテル、商業施設などが入るビルを建設する予定。土地の売却額は約814億円で、施設を含めた総事業費は約2800億円。当初予定より遅れる模様。
JR「高田馬場」駅徒歩4分に計画。
予定地は港区高輪2-22-1。10階建て、延べ床面積5029㎡、客室数178室。設計・施工は東急建設。2018年2月15日開業予定。
予定地は港区高輪3-422-1ほか。地下1階10階建て、延べ床面積約6900㎡。JR品川新駅予定地前。
港区の社有地の「竹芝ウォーターフロント開発計画」にて、高層階に同社初の外資ブランドによるラグジュアリーホテルを計画。客室数200～300室になる見込み。
予定地は港区海岸1丁目20-9ほか。竹芝地区・都市再生プロジェクトでサービスアパートメント（もしくはホテル）を計画。
立飛ホールディングスが立川市の同社所有地をシティホテルの建設予定地として調査を進めているとの情報がある。日本ビューホテル㈱がパートナーで、ホテル建設の有力予定地としてイケア立川南側の敷地面積3.9㌶の土地があがっているという。
予定地は港区芝浦3-1-20。地下2階地上9階建て、延べ床面積約1万1000街区全体の名称「ムスブ田町」の中に、アコーホテルのプルマンが出店。
住友建設が築地にビジネスホテルを計画している。予定地は中央区築地3-10-4ほかで、東京メトロ日比谷線築地駅近く。敷地面積174㎡、9階建て、延べ994㎡。
予定地は中央区築地3-5-70 1ほかの敷地面積1672㎡に、14階建て、延べ床面積約1万㎡、客室数300室。東京メトロ日比谷線築地駅より徒歩2分、有楽町線新富町駅より徒歩3分。「寛ぎ・心休まる安心感」や「洗練されたおもてなし」をキーワードとした宿泊主体型ホテル。2階はレストラン。施工は三井住友建設、設計は松田平田設計。2018年12月末竣工・開業予定。
第一リアルターが、中央区築地2-2-2。銀座キャピタルホテルに隣接した敷地面積341㎡に、S造り10階建て、延べ床面積2206㎡。東京メトロ有楽町線「新富町」駅至近。2017年12月末完成予定。
予定地は中央区築地3-3-12。敷地面積616㎡、11階建て、延べ床面積4760㎡。運営ははとバスの銀座キャピタルホテル。所有はヒューリック。設計・施工は大成建設。
予定地は中央区築地1-908-10。敷地面積194㎡、10階建て、延べ床面積1213㎡、客室数は68室。ツインルーム中心、1階に朝食提供のスペースも確保。ホテル運営会社は未定。

第4章 全国ホテルオープン情報（2017年6月3日〜12月1日）　　　（週刊ホテルレストラン調べ、資料入手分のみ）

🔲 地区別・都市別ホテル新・増設一覧 (2017年12月1日時点)

地区	建設地	開業予定		客室数	ホテル名	事業主体・運営主体・関係問い合わせ先
		年	月			
東京	豊 洲	2020	4	200	未定	三井不動産 広報　(03)3246-3155
	豊 洲	2019	8	未定	豊洲市場ホテル(仮)	万葉倶楽部　(0570)074-126
	豊 洲	2018	秋	65	豊洲五丁目ホテル計画(仮)	アップル住宅販売　(03)3987-5506
	豊 洲	2019	5	330	未定	大和ハウス工業　東京本社　(03)5214-2111
	豊 洲	2021	春	500〜600	未定	清水建設
	虎 ノ 門	2020	3	200	東京エディション虎ノ門(仮)	森トラスト　(03)5511-2255
	永 田 町	2018	9	500	アパホテル〈国会議事堂前駅前〉(仮)	アパグループ　(03)5570-2113
	中 野	2025	未定	未定	中野区役所・サンプラザ地区再整備事業	中野区（中野駅周辺まちづくり分野）(03)3228-8970
	業 平	未定	未定	43	業平1丁目ホテル新築工事(仮)	東日本都市開発　(047)460-3000
	日 本 橋	未定	未定	119	未定	柏原ビル　(03)3271-1211
	日 本 橋	2019	秋	240	ヴィアイン東京日本橋(仮)	JR西日本デイリーサービスネット　(06)4660-9100
	日 本 橋	2019	春	未定	日本橋ホテル(仮)	東日本都市開発㈱　(047)460-3000
	日 本 橋室 町	2018	秋	260	三井ガーデンホテル日本橋プレミア(仮)	三井不動産ホテルマネジメント　(03)5777-1331
	日 本 橋馬 喰 町	2018	3	153	アパホテル〈日本橋馬喰町〉(仮)	アパグループ　(03)5570-2113
	日 本 橋馬 喰 町	2018	8	193	アパホテル〈日本橋馬喰横山駅〉(仮)	アパグループ　(03)5570-2113
	日 本 橋馬 喰 町	2019	2	282	アパホテル〈日本橋馬喰横山6〉(仮)	アパグループ　(03)5570-2113
	日 本 橋馬 喰 町	2018	未定	60	未定	ジェーユージャパン㈱　(03)5669-0121
	日 本 橋馬 喰 町	2018	4	127	アパホテル〈日本橋馬喰町駅前〉(仮)	アパグループ　(03)5570-2113
	日 本 橋浜 町	2018	12	108	日本橋浜町3-20計画新築工事計画(仮)	安田不動産㈱　(03)5259-0522
	日 本 橋浜 町	2018	7	200	日本橋浜町ホテル(仮)	三菱UFJリース　(03)6865-3021
	日 本 橋兜 町	未定	未定	未定	東京駅ホテル計画新築工事(仮)	第一リアルター　(03)5474-7285
	日 本 橋中 洲	2018	3	未定	日本橋中洲ホテル(仮)	サムティ㈱　(06)6838-3616
	日 本 橋小 網 町	2019	夏	未定	中央区日本橋小網町16番ホテル	芙蓉総合リース　(03)5275-8812
	八 王 子	2018	5	非公開	ホテルリブマックス八王子(仮)	リブ・マックス　(03)3355-5050

246　HOTERES｜ホテルデータブック **2018**

ホテル新・増設一覧

2017年12月以降 ■地区別 ■都市別

週刊ホテルレストラン調べ （資料入手分のみ）

備考

三井不動産とIHIの大規模な複合開発計画「豊洲2丁目駅前地区第一種市街地再開発ビル」。2万7800㎡の敷地に3棟のビルを建設し、オフィス・ホテル・商業を複合導入する。ホテルを導入する予定のA棟は地上31階・地下3階建てで、低層部に商業、中層部にオフィス、高層部がホテル。

江東区で建設中の豊洲新中央市場の隣接地（江東区豊洲6-5）に計画している大型商業施設「千客万来施設」の整備・運営事業予定者に決まった万葉倶楽部では、同施設を商業ゾーンと温泉・ホテルゾーンで構成するとしている。温泉・ホテルゾーンは地下2階地上10階建て延べ約2万2700㎡を予定。

アップル住宅販売が、江東区豊洲5-5ほかに敷地面積375㎡、RC造り6階建て、延べ床面積約1000㎡、客室数65室、13～14㎡のシングル中心のホテルを予定。ゆりかもめ、東京メトロ有楽町線「豊洲」駅至近。2017年8月末完成を目指す。

大和ハウス工業が、「豊洲スマートエネルギーセンター」に隣接した、江東区豊洲6丁目の豊洲ふ頭エリア4街区の敷地面積7420㎡に、S造り地下1階地上16階建て、延べ床面積2万7500㎡、高層部に客室数330室のホテルを予定。ほか、スポーツ医療、整形外科、リハビリテーションなどを、低層部にはトレーニングセンターを設ける。2020年の東京五輪開催時に活用する計画。2019年5月竣工、開業予定。

予定地は中央区豊洲6-4-2、3街区。オフィス棟とホテル棟の2棟合わせて延べ床面積約11万6000㎡。敷地面積1万6170㎡、ホテル棟は延べ床面積3万2000㎡、14階建て、客室数500～600室のホテルを計画。

予定地は、港区虎ノ門4-24-6。敷地面積約1万6300㎡、延べ床面積約21万㎡、建物は地上36階地下4階。ホテルは31階から上に入居予定で、国際拠点にふさわしいインターナショナルブランドの誘致を目指す。設計は安井建築設計事務所、施工は清水建設。虎ノ門パストラルの跡地を活用。2019年3月中旬に完了予定。

予定地は千代田区永田町2-57-13ほかの敷地面積1345㎡、17階建て、延べ床面積8179㎡、客室数500室規模のホテルを予定。2018年9月開業予定。

予定地は中野区4地区。区役所本庁舎とサンプラザ両地区の大街区化を図り、アリーナを組み込んだ1万人収容の「集客交流施設」とMICE（国際的なイベント）を想定して、ホテル、オフィス・商業施設、住宅などが入る「多機能複合施設」を建設する計画。

予定地は墨田区業平1-10-5ほかの浅草通沿いで東京スカイツリーの近く。敷地面積152㎡、RC造り10階建、延べ床面積827㎡の宿泊特化型。完成後はホテルチェーン企業に運営を委託する予定。

戸田建設の設計・施工。出店予定地は東京駅、地下鉄京橋駅近くの中央通り沿いの自社ビルを建て替える。敷地面積736㎡、15階建て延べ9055㎡。

予定地は中央区日本橋小網町。12階建て、延べ床面積6700㎡、客室数240室。

予定地は中央区日本橋本石町3-1。敷地面積321㎡。14階建て、延べ床面積2268㎡、設計は東急設計コンサルタント。ブランド名は未定。

オフィス、ホテル、所業施設からなる複合ビルを「日本橋再生計画」として計画。予定地は中央区日本橋室町。敷地面積は約2300㎡、延べ床面積2万8500㎡、鉄骨造り地下3階地上15階建て、客室数約260室のホテルを予定。2018年6月末竣工予定。

中央区日本橋馬喰町1-102-19ほか。敷地面積約331㎡。建物はS造12階建て延べ約2500㎡。設計はIAO竹田建設が担当。2018年3月開業予定。

予定地は中央区日本橋馬喰町1-102-19。都営線「東日本橋」駅徒歩4分、14階建て、全館LED。設計はIAO竹田、施工はりんかい日産建設。

予定地は中央区日本橋横山町6-3。敷地面積660㎡、11階建て、延べ床面積約3900㎡。

予定地は中央区日本橋馬喰町1-6-1の敷地面積164.57㎡に、鉄骨造り12階建て、延べ床面積1250㎡。設計は都市環境デザイン。

予定地は千代田区東神田1-8-29ほか。敷地面積293.87㎡、地上14階建て、延べ床面積約1900㎡、客室数127室のホテルを予定。2018年4月開業予定。

中央区日本橋浜町3-18-1ほかに、ホテル、店舗、共同住宅の複合施設を予定、敷地面積1423㎡、RC造り、地下1階地上15階建て、延べ床面積1万3130㎡、1階がレストラン、2階から上は170室の客室と3階から上は賃貸住宅を縦動線で配置。設計は松田平田設計、2018年11月末の完成を予定。

予定地は中央区日本橋浜町2-61-1。明治座の隣接地。敷地面積1116㎡、地下1階地上14階、延べ床面積9000㎡。設計は日建設計、施工は不二建設。完成は2018年7月予定。

予定地は中央区日本橋兜町20。敷地面積318.57㎡、地上11階建て、延べ床面積2035.41㎡。2017年中に完成予定だったが遅れている。

予定地は中央区日本橋中洲4-1ほか。敷地面積317㎡、11階建て、延べ床面積2385㎡に宿泊主体型ホテルを計画。運営が自社か委託かは不明。

予定地は中央区日本橋小網町16-1ほか。東京メトロの人形町駅至近。敷地面積971㎡、12階建て、延べ床面積6800㎡、客室数非公表。運営企業未定。設計ハエーエーアンドサン一級建築士事務所、施工は福田組。

JR「八王子」駅徒歩3分に計画。

第4章 全国ホテルオープン情報（2017年6月3日〜12月1日）　　(週刊ホテルレストラン調べ、資料入手分のみ)

❑ 地区別・都市別ホテル新・増設一覧 (2017年12月1日時点)

地区	建設地	開業予定 年	開業予定 月	客室数	ホテル名	事業主体・運営主体・関係問い合わせ先
東京	羽　田	2020	6	154	羽田空港跡地第2ゾーン施設（仮）	住友不動産ヴィラフォンテーヌ
	羽　田	2018	9	200	変なホテル東京　羽田	H.I.Sホテルホールディングス　(03) 6692-0010
	浜松町	2017	12	339	京王プレッソイン浜松町	京王プレッソイン　(03) 5369-3401
	浜松町	2019	春	111	京急EXイン浜松町・大門駅前	京急EXイン　(03) 5798-3988
	浜松町	2018	4	118	変なホテル東京　浜松町	H.I.Sホテルホールディングス　(03) 6692-0010
	隼　町	2018	3	102	千代田区隼町計画（仮）	㈱日本エスコン　(03) 5297-6161
	半蔵門	2018	4	100	ネストホテル東京半蔵門（仮）	ネストホテルジャパン㈱　(03) 4590-6638
	八重洲	2021	未定	未定	未定	三井不動産 広報　(03) 3246-3155
	八重洲	2019	夏	未定	八重洲1丁目計画（仮）	フジタ　(03) 3796-2207
	両　国	2020	春	1111	アパホテル&リゾート〈両国駅タワー〉（仮）	アパグループ　(03) 5570-2113
	六本木	未定	未定	270	ランガム六本木（仮）	グレート・イーグル・ホールディングス社（香港）
	六本木	2019	夏	875	六本木アパホテル群（仮）	アパグループ　(03) 5570-2113
	六本木	未定	未定	670	未定	アパグループ　(03) 5570-2113
	六本木	2019	冬	260	六本木三丁目ホテル計画（仮）	三井不動産 広報　(03) 3246-3155
	浅草橋	2018	3	200	ホテルルートインGrand浅草橋	ルートインジャパン　(0268) 25-0001
甲信越・北陸	新潟県新潟	2018	4	72	豊栄駅前ホテル（仮）	㈱岩村組　(0254) 20-5550
	新潟県新潟	2018	6	非公開	ホテルリブマックス新潟駅前（仮）	リブ・マックス　(03) 3355-5050
	新潟県妙高	2017	12	260	ロッテアライリゾート	ホテルアンドリゾート上越妙高
	新潟県上越市	2018	7	166	アパホテル〈上越妙高駅前〉	アパグループ　(03) 5570-2113
	新潟県上越市	2018	4	250	東横INN上越妙高駅西口（仮）	東横イン　(03) 5703-1045
	新潟県三条	2019	未定	未定	未定	自遊人　(03) 5290-3033
	新潟県佐渡	未定	未定	未定	ホテルルートイン佐渡	ルートインジャパン　(0268) 25-0001
	富山県富山	2018	4	314	東横INN富山駅新幹線口II	東横イン　(03) 5703-1045
	富山県富山	2019	2	204	ダイワロイネットホテル富山駅南（仮）	ダイワロイヤル ホテル事業部　(03) 3263-5948

ホテル新・増設一覧

2017年12月以降 ■地区別 ■都市別

週刊ホテルレストラン調べ（資料入手分のみ）

備考
住友不動産が、羽田空港跡地第2ゾーン施設にホテルを計画。客室数154室。2020年6月に開業予定。
予定地は大田区東糀谷。
予定地は東京都港区芝大門1-1-28でJR浜松町駅から徒歩8分、都営地下鉄大門駅から徒歩4分、同御成門駅から徒歩3分。敷地面積1000㎡。14階建て。浜松町はオフィスや東京タワーなどの観光名所が多いことから観光・ビジネス両面の利用が見込める。京王プレッソインはこの開業で10軒目となる。開業は12月20日予定。
予定地は港区芝大門1-15-4。地下1階地上13階建て、延べ床面積2999㎡、客室数111室。低層階には飲食店を設置。2019年2月完成予定。
予定地は港区浜松町。
日本エスコンが予定地千代田区隼町2の敷地面積350㎡にホテルを計画。11階建て、延べ床面積2402㎡、客室数102室。
東京メトロ「半蔵門」駅徒歩至近。客室数100室のホテルを計画。同社、東京初。
東京駅前八重洲エリアにおいて最大級の敷地面積1.3㏊を超える開発事業。八重洲二丁目北地区、予定地は中央区八重洲二丁目1-2番の一部および3番での再開発案件。地下4階地上45階の施設に事務所、店舗、高級ホテル、小学校、バスターミナル、交流施設などを構える予定。
予定地は中央区八重洲1-105-14ほか。敷地面積529㎡、地下1階、地上12階、延べ床面積5583㎡。客室数と運営は未定。
予定地は両国国技館に隣接する、墨田区横綱1-12-5（敷地面積3090㎡）に、地下2階、地上31階、延べ2.5万㎡の大型ホテルを建設する計画。客室数は1111室。施工は熊谷組、設計は新居千秋都市建築設計。2019年春竣工予定。
デベロッパーのパシフィカ・キャピタルが開発。グレート・イーグル・ホールディングス社が展開する高級ホテルブランド「ランガム」が日本初出店。予定地は港区六本木4-1-11ほか。30階建て、延べ床面積約3万5000㎡。1室50㎡で客室数は約270室。設計は、隈 健吾建築都市設計事務所。
予定地は港区六本木2-3。地上15階、客室数875室のタワーホテルを2019年夏に開業予定。5棟のホテルから構成。開業済みの「アパホテル 六本木一丁目駅前」を合わせ、6棟をシンメトリーに配置した一体化したデザインになる。
予定地は港区六本木3-121-2。「六本木一丁目」駅から徒歩5分、「六本木」駅から徒歩8分。敷地面積1668㎡をホテル用として取得。現在店舗として運営されているため、3年後をめどに開発がスタート。
予定地は港区六本木3-62-1。敷地面積1861㎡、延べ床面積1万2500㎡、14階建て。設計・施工は清水建設。2019年11月完成予定。
予定地は台東区浅草橋2-3-20ほか。14階建て、延べ床面積約5780㎡、客室数は200室。付帯施設にレストラン、大浴場を有するホテルを予定。
新潟市北区白新町2の豊栄駅前倉庫跡地。新潟県北区が土地の売却における公募型プロポーザルを行い、岩村組が選定された。敷地面積は売却地と私有地合わせて2214㎡、4階建て、延べ1799㎡、計84人収容可。営業方針は「地元に密着したホテル」
JR「新潟」駅徒歩2分に計画。
予定地は新潟県妙高市両善寺。韓国のホテルロッテが、旧・新井リゾートを改装し、韓国からの送客を見込む。開業は2017年12月16日予定。
バイオシステム（東京中央区）がFCでホテルを計画。予定地は上越市大和5-886-1。「上越妙高」駅東口の敷地面積2091㎡、10階建て、延べ床面積2969㎡、客室数162室。施工は信越工業。
予定地は上越市大和5-739。14階建て、延べ床面積4271㎡、客室数200〜250室。
南魚沼市で温泉旅館「里山十帖」を運営する、出版社の自遊人が、三条市下田区に温泉宿泊施設を誘致することを同市が2016年10月に発表。場所は、ゴルフ場の下田城カントリー倶楽部に至近の山林で、市が温泉の掘削経費や道路を整備する。
佐渡鉱山遺産群の世界遺産登録を目指す佐渡市にルートインが出店する。オープンの時期や施設規模など詳細は未定。
予定地は富山市桜町1-4-1。2017年10月開業予定。
予定地は富山市桜町1丁目。JR「富山」駅前の旧ユニー富山駅前店跡地の約3000㎡に13階建て、客室数204室のホテルを計画。

第4章　全国ホテルオープン情報（2017年6月3日〜12月1日）

（週刊ホテルレストラン調べ、資料入手分のみ）

❏ 地区別・都市別ホテル新・増設一覧 (2017年12月1日時点)

地区	建設地	開業予定		客室数	ホテル名	事業主体・運営主体・関係問い合わせ先	
		年	月				
甲信越・北陸	富山県 高岡	未定	未定	未定	未定	アパグループ　(03)5570-2113	
	石川県 金沢	2020	6	250	ハイアットセントリック金沢(仮)	金沢市役所・企画調整課　(076)220-2024 ハイアットホテルスアンドリゾーツ　(03)3222-0441	
	石川県 金沢	2020	6	90	ハイアットハウス(仮)	金沢市役所・企画調整課　(076)220-2024	
	石川県 金沢	2018	12	203	御宿 野乃金沢(仮)	共立メンテナンス本社　(03)5295-7072	
	石川県 金沢	未定	秋	未定	未定	アップル住宅販売　(03)3987-5506	
	石川県 金沢	2018	3	121	ホテルウィングインターナショナル金沢(仮)	㈱日本エスコン　(03)5297-6161	
	石川県 金沢	2018	春	213	ホテルビスタ金沢(仮)	㈱ビスタホテルマネジメント　(03)3518-9220	
	石川県 金沢	2019	春	164	ホテルインターゲート金沢	㈱ビスタホテルマネジメント　(03)3518-9220	
	石川県 金沢	2018	秋	198	未定	ソラーレホテルズアンドリゾーツ　(03)6858-2330	
	石川県 金沢	2019	1	168	三井ガーデンホテル金沢(仮)	三井不動産ホテルマネジメント　(03)5777-1331	
	石川県 金沢	2019	春	392	ユニゾインエクスプレス金沢駅前(仮)	ユニゾホールディングス・ホテル事業部 (03)3523-7531	
	石川県 野々	2018	7	105	満天の湯・道の宿(仮)	マンテンホテル　(078)441-2177	
	石川県 白山	2018	4	92	未定	松任ターミナルホテル	
	石川県 輪島	2018	3	100	ホテルルートインGrand輪島 東館 (増床)	ルートインジャパン　(0268)25-0001	
	福井県 福井	2018	9	188	未定	共立メンテナンス本社　(03)5295-7072	
	福井県 吉田郡	2019	秋	18	永平寺門前再構築プロジェクト(仮)	藤田観光　(03)5981-7723	
	福井県 武生	2018	5	162	ホテルルートイン武生	ルートインジャパン　(0268)25-0001	
	山梨県 富士河口湖	未定	未定	80	THE ONE'S HOTEL(仮)	湖山亭うぶや　(0555)72-1145	
	山梨県 富士河口湖	2018	秋	35	河口湖ふふ	KPG　(03)3746-0666	
	山梨県 甲府	2018	5	167	ホテルルートイン甲府中央	ルートインジャパン　(0268)25-0001	
	長野県 中野	2018	3	60	ホテルルートインコート上山田 東館	ルートインジャパン　(0268)25-0001	
	長野県 中野	2018	3	60	ホテルルートイン中野 増床	ルートインジャパン　(0268)25-0001	
	長野県 白馬	未定	未定	未定	白馬咲花プロジェクト(仮)	森トラスト　(03)5511-2255	
	長野県 軽井沢	2018	春	180	未定	東急不動産　(03)5414-1099	
	長野県 軽井沢	未定	未定	未定	軽井沢塩尻計画(仮)	森トラスト　(03)5511-2255	

250　HOTERES｜ホテルデータブック 2018

ホテル新・増設一覧

2017年12月以降 ■地区別 ■都市別

週刊ホテルレストラン調べ（資料入手分のみ）

備考
JR氷見線跡地をアパグループが取得。ホテル、マンション事業を中心に計画中だが、詳細は未定。鉄道高岡駅前東地区では初の民間による再開発。
金沢市が金沢駅西口側の市有地（敷地面積7423㎡）に、日本海側で初となる「ハイアットセントリック」ブランドを予定。地下2階地上15階建て、客室数250室で全室30㎡以上。上層階8〜15階の120戸は富裕層向けの分譲住宅。レストラン1店以上設け、開業後20年以上のホテル営業が条件。1泊2万円代後半〜見込んでいる。2020年6月の開業を目指す。
ハイアットセントリック金沢（仮）の棟に位置するサービスのアパートメントのブランドが「ハイアットハウス」（約90室）になることが決定。
北國銀行の旧本店跡地で13階建てのホテル計画。共立メンテナンス（東京）が全館畳敷の内装が特徴の「御宿」ブランドを展開。
不動産売買のアップル住宅販売が、金沢駅金沢港口（西口）から徒歩10分の金沢市中橋町に、敷地面積約500㎡のコインパーキング跡地に、6階建てのホテルを予定。1階は商業施設、2〜6階が客室（室数は未定）。運営会社は選定中。
予定地は、金沢市堀川新町75-76、敷地498㎡に、延べ床面積3356㎡、13階建てのホテルを計画。
予定地は金沢駅西地区（金沢市広岡2丁目）の敷地面積1028㎡に、11階建て、延べ床面積約7106㎡のホテルを予定。LCパートナーズの案件だったが、2018年春に売却が決定。ただし運営は、引き続きビスタホテルマネジメントが行なう。
サンケイビルは、金沢南町開発プロジェクト（金沢市高岡町110-2）の敷地面積965㎡に、12階建て、延べ床面積5200㎡、客室数164室のホテルを計画。運営は傘下のグランビスタ&リゾートの新しいブランドを予定。
エムジーリースは、三井住友銀行旧金沢支店跡地（金沢市下堤町7-1-2）の敷地1644㎡に13階建て、延べ床面積6300㎡、客室数198室のホテルを計画。運営はソラーレホテルズアンドリゾーツ、新規ブランドになる見込み。
予定地は金沢市上堤町122。国道157号沿い旧金沢東京海上ビル跡地で現コインパーキングの敷地965㎡、13階建て、延べ床面積約6039㎡、客室数168室の宿泊主体型ホテルを計画。2018年冬完成、19年初頭に開業予定。
予定地は金沢市堀川新町。客室数259室のホテルを計画。
予定地は野々市市柳町の区画整理事業地区にて、5階建てのホテルを計画。1階がスーパー銭湯、2階以上をホテルの計画。運営はマンテンホテル。
「松任」駅南口でホテルを運営している、松任ターミナルホテルが、北口（白山市相木2丁目）に6階建て、92室のホテルを計画。
輪島市マリンタウン内の「ホテルルートイン輪島」（輪島市マリンタウン1-2、120室）に隣接して、新棟（客室数100室）を予定。7階建て、延べ床面積約3670㎡。
福井市中央1丁目の立体駐車場を取り壊し、9階建てのホテルを計画。延べ床面積5800㎡、客室数188室。共立メンテナンスの「ドーミーイン」が福井県初進出する予定。
予定地は、福井県吉田郡永平寺町志比6-11。永平寺の門前に位置。旅館と宿坊を融合。レストランでは寺が監修した精進料理を提供する。
予定地は越前市葛岡町6字宮ノ下-7字石盛。7階建て、延べ床面積4095.08㎡、客室数162室。付帯施設にレストラン、大浴場を有すホテルを予定。
「ひとり旅のために作られたリゾートホテル」をテーマに、機能的なプライベートルームと前面に河口湖や富士山を望む開放的なラウンジや大浴場など、豊かな一人旅を演出する新型リゾートホテル。80室すべてがシングル利用。総合プロデュースはJTB商事、デザインは日建スペースデザインが担当する。
KPGが、ヒューリックとの事業提携し展開していくシリーズで、今後リゾート地において「ふふ」を展開する。予定地は南都留郡富士河口湖町。
予定地は中央市。6階建て、客室数130室、付帯施設にレストラン、大浴場を有すホテルを予定。
既存の「ホテルルートインコート上山田」（長野県千曲市上山田温泉2-28-3）の敷地内に東館（60室）増築。
既存の「ホテルルートイン中野」（長野県中野市吉田字立石木99-1）の敷地に客室数60室増床。
森トラストが長野県白馬にホテル用地を取得、予定地は長野県白馬村大字城嶺咲花4821-1。取得面積は約1万4500㎡で、五輪会場にも使用された「白馬屋八方尾根スキー場」に隣接。2019年〜22年の開業を予定。
東急不動産㈱は、長野県軽井沢町で会員制ホテル「東急ハーヴェスト」の設置を計画している。場所は北佐久郡軽井沢町長倉二段236-1。敷地面積は約5万㎡で、建物は地下1階地上2階建て、延床面積2万3789㎡。設計は東急設計コンサルタント。
森トラストは、長野県軽井沢町でホテルを計画。概要、開業予定日などは未定。

ホテルデータブック 2018 | HOTERES 251

第4章 全国ホテルオープン情報（2017年6月3日〜12月1日） （週刊ホテルレストラン調べ、資料入手分のみ）

❏ 地区別・都市別ホテル新・増設一覧 （2017年12月1日時点）

地区	建設地	開業予定		客室数	ホテル名	事業主体・運営主体・関係問い合わせ先	
		年	月				
甲信越・北陸	長野県軽井沢	2018	秋	33	ホテルロッソ軽井沢（仮）	Nero diasset	
	長野県南軽井沢	2018	5	未定	未定	ベルーナ　(048)771-753	
	長野県御代田	2020	春	30	未定	ひらまつ　(03)5793-8811	
東海・中部	岐阜県岐阜	未定	未定	111	ビジネスホテル岐阜（仮）	美穂観光	
	岐阜県岐阜	2018	7	非公開	ホテルリブマックス岐阜金町（仮）	リブ・マックス　(03)3355-5050	
	岐阜県白川村	2018	未定	未定	未定	共立メンテナンス本社　(03)5295-7072	
	岐阜県大垣	2019	4	170	くれたけインプレミアム大垣（仮）	呉竹荘　(053)453-1511	
	岐阜県羽島	2018	5	非公開	ホテルリブマックス岐阜羽島駅前	リブ・マックス　(03)3355-5050	
	岐阜県益田	未定	未定	未定	未定	岐阜市役所・観光施設課　(057)662-3111	
	岐阜県高山	未定	未定	90	高山ホテル計画（仮）	森トラスト　(03)5511-2255	
	岐阜県高山	2020	春	100	高山グリーンホテル新館（仮）	京王グループ広報部　(042)337-3106 高山グリーンホテル　(0577)33-5854	
	岐阜県高山	2019	2	150	くれたけイン高山駅（仮）	呉竹荘　(053)453-1511	
	静岡県磐田	未定	未定	約400	クア・アンド・ホテル磐田健康ランド（仮）	クア・アンド・ホテル　(055)222-5111	
	静岡県御殿場	未定	未定	未定	未定	静岡県庁・地域振興課　(054)221-2057	
	静岡県静岡	未定	未定	未定	未定	㈱ヨシコン　(054)205-6363	
	静岡県静岡	2018	10	未定	東横INN静岡駅前	東横イン　(03)5703-1045	
	静岡県引佐	未定	未定	200	リステル浜名湖ウイングタワー	リステル・企画部　(03)3350-4411	
	静岡県富士	2019	秋	150	くれたけインプレミアム新富士	呉竹荘　(053)453-1511	
	静岡県富士	2018	1	135	ABホテル富士	ABホテル㈱　(0566)79-3013	
	静岡県富士	2018	4	455	東横INN新富士駅南口	東横イン　(03)5703-1045	
	静岡県富士宮	未定	未定	未定	未定	富士宮市未来企画課　(0544)22-1215	
	静岡県富士宮	2018	2	133	くれたけイン プレミアム富士宮駅前	呉竹荘　(053)453-1511	
	静岡県三島	2020	4	200	未定	㈱東急ホテルズ　マーケティング部 (03)3477-6566	
	静岡県清水	2018	10	240	東横INN清水駅前（仮）	東横イン　(03)5703-1045	
	静岡県駿東	2018	冬	163	未定	和栄　(054)282-2277	

252　HOTERES｜ホテルデータブック 2018

ホテル新・増設一覧

2017年12月以降 ■地区別 ■都市別

週刊ホテルレストラン調べ（資料入手分のみ）

備考

予定地は北佐久郡軽井沢町軽井沢東154-2。3階建て、延べ床面積1256㎡、客室数33室。設計はグローバル企画設計。施工は飯島建設。

通販のベルーナは、南軽井沢・八風周辺8万坪の敷地にリゾートホテルを建設中。2018年5月の開業目指す。

予定地は長野県御代田町塩野。「町民の森」の一部を賃借してホテルを計画。延べ床面積4100㎡に客室数30室の宿泊施設を計画。

美穂観光がJR・岐阜駅北口から至近のロケーションにビジネスホテルの建設を計画している。施設は地上13階建てで申請し、現在は土地整備中。

JR「岐阜」駅徒歩5分に計画。

大野郡白川村が東海北陸自動車道白川郷インターチェンジ付近に用地を取得しホテルを計画。予定地は同村飯島の農地約1㌶。運営は共立メンテナンスが予定していたが、2016年6月、「大規模旅館計画はしばらく凍結。白川村住宅を本年度着工、漬物工場を来年度着工」との申入れがあったという。

東海エリアでホテル網を広げる「くれたけイン」が大垣市への出店を計画している。同ブランドとしては岐阜県へは初出店となる。

JR新幹線「岐阜羽島」、名鉄「新羽島」駅より各徒歩2分に計画。

大野郡旭村、益田郡小坂町の御岳山麓に、スキー場、オートキャンプ場、ホテルなどを建設予定。スキー場を着工した後、ホテル建設を検討していく。

森トラストは、JR「高山」駅東側、岐阜県高山市上一之町62-3にホテルを計画。客室数90室。エリア初の外資系ラグジュアリーホテル。開業予定日などは未定。

京王電鉄と高山グリーンホテル（高山市西之一色町）が業務提携をし、同ホテル内の土産物屋「飛騨物産館」を移設した後、100室規模のホテルを計画。レストラン併設の新館として予定。なお本館の客室数207室。

予定地は高山、JR[高山]駅前に、客室数150室の「くれたけイン」を計画。

甲府などに健康ランドを展開するクア・アンド・ホテルが磐田市の東名高速遠州豊田PA近接地に健康ランド併設のホテルを出店する。ホテルはフィットネスクラブや飲食店、マッサージ施設、サウナ、岩盤浴などの施設とのシナジーを生むため導入するもので、客室数は静岡市内で最大規模となる。

「にっぽんリゾート・ふじの国」の一環として、御殿場地区（乙女フォレストリゾート）にホテルの建設を計画。深沢地区に二つの宿泊施設（80人収容規模と360人収容規模）建設の基本構想あり。

㈱ヨシコンが静岡県の西友清水店跡地（静岡市清水区本郷町）で商業施設やホテルなどの複合施設を計画している。面積は約4000㎡。

JR静岡駅前に「東横INN」を計画。

引佐郡三ヶ日町。リステル浜名湖に隣接して建設する計画。

富士市に「くれたけイン」のグレードアップ版「同プレミアム」が開業する予定。

静岡県富士市にABホテルが進出。6階建て客室数は135室。投資予定額6億円。

富士市柳島西河原309-15ほか（富士市新富士駅南地区土地区画整理事業4街2-2）。2017年10月3日開業予定。

JR・富士宮駅前にあるボウリング場跡地とそれに隣接する市有地にホテルを誘致したいとの意向を富士宮市が示しており、誘致のための補助金制度も設けた。現在、具体化に向けて計画を調整中。

呉竹荘が土地の所有者である㈱エヌ・ケーハウジングと事業締結を交わし、JR「富士宮」駅徒歩1分の富士宮市中央町125-1の敷地面積715.27㎡、延べ床面積2816.33㎡、地上10階建て、客室数133室のホテルをテナントとして運営。2018年2月に開業予定。

予定地は三島市一番町2606-10ほか。三島駅南口広域観光交流拠点整備事業でホテルを計画。東急電鉄が土地・建物を保有し16階建て、商業施設はテナントに賃貸。14階建て、客室数200室のホテルを計画。運営は東急ホテルズ、ブランドは未定。

JR「清水」駅前の再開発事業で、西友跡地にホテル（14階建て）と商業施設（マックスバリュ／11階建て）の2棟を計画。所有はヨシコン。ホテル運営は東横イン。

サンパレスホテルは、静岡県駿東郡小山町竹之下字大野原338-2。足柄サービスエリア周辺の1万2360㎡に7階建て、客室数163室のホテルを計画。ほか別棟2階には大浴場を予定。

第4章 全国ホテルオープン情報（2017年6月3日〜12月1日）　　（週刊ホテルレストラン調べ、資料入手分のみ）

❏ 地区別・都市別ホテル新・増設一覧 (2017年12月1日時点)

地区	建設地	開業予定 年	開業予定 月	客室数	ホテル名	事業主体・運営主体・関係問い合わせ先
東海・中部	静岡県島田	2017	12	110	HATAGO-INN静岡吉田インター（仮）	ソラーレホテルズアンドリゾーツ　(03)6858-2330
	静岡県浜松	2018	4	160	くれたけイン 浜松駅南口	呉竹荘　(053)453-1511
	静岡県熱海	2018	未定	非公開	リブマックスリゾート熱海（仮）	リブ・マックス　(03)3355-5050
	静岡県沼津	2018	10	非公開	ホテルリブマックス沼津駅前（仮）	リブ・マックス　(03)3355-5050
	愛知県豊橋	2019	秋	200	くれたけインプレミアム豊橋	呉竹荘　(053)453-1511
	愛知県名古屋	2018	未定	252	レゴランドホテル ジャパン（仮）	レゴランドジャパン
	愛知県名古屋	2018	9	350	アパホテル〈名古屋栄駅北〉（仮）	アパグループ　(03)5570-2113
	愛知県名古屋	2018	3	805	東横INN名古屋名駅南（仮）	東横イン　(03)5703-1045
	愛知県名古屋	2018	4	229	くれたけイン名古屋久屋大通駅前（仮）	呉竹荘　(053)453-1511
	愛知県名古屋	2019	1	242	西鉄ホテル クルーム 名古屋（仮）	西日本鉄道・流通事業部開発課　(092)734-1552
	愛知県名古屋	2018	2	70	Lanplight Books HOTEL名古屋	ソラーレホテルズアンドリゾーツ　(03)6858-2330
	愛知県名古屋	2017	12	120	ホテルウイングインターナショナル名古屋栄	フォーブス　広報　(03)3292-8888
	愛知県名古屋	2018	夏	249	ヴィアイン名古屋椿町（仮）	JR西日本ヴィアイン　(06)4960-8245
	愛知県名古屋	未定	未定	400	未定	名古屋港管理組合
	愛知県名古屋	2018	春	160	名古屋錦2丁目ホテル（仮）	㈱チョイスホテルズジャパン　(03)5645-5861
	愛知県名古屋	2018	4	未定	錦2丁目ホテル新築工事（仮）	ソラーレホテルズアンドリゾーツ　(03)6858-2330
	愛知県名古屋	2019	夏	203	ユニゾホテル名古屋駅前（仮）	ユニゾホールディングス・ホテル事業部　(03)3523-7531
	愛知県名古屋	2018	11	225	ベッセルイン名古屋錦3丁目（仮）	ベッセルホテル開発　(084)920-1171
	愛知県名古屋	2018	12	未定	ホテルABC建設工事（仮）	エービーシーゴルフサービス
	愛知県名古屋	2019	4	247	シティホテル名古屋納屋根橋（仮）	大和リゾート　(03)6457-1551
	愛知県名古屋	2019	4	233	シティホテル名古屋伏見（仮）	大和リゾート　(03)6457-1551
	愛知県名古屋	2019	1	未定	HOTEL DAIWA名古屋伏見（仮）	大和リゾート　(03)6457-1551
	愛知県名古屋	2018	10	233	ベッセルホテルカンパーナ名古屋（仮）	ベッセルホテル開発　(084)920-1171
	愛知県名古屋	2018	秋	150	セントレアホテル新棟	名鉄グランドホテル　(052)582-2211
	愛知県名古屋	2018	11	319	フォーポイントバイシェラトン名古屋 中部国際空港	積水ハウス㈱　広報部　(03)5575-1740

254　HOTERES｜ホテルデータブック 2018

ホテル新・増設一覧

2017年12月以降 ■地区別 ■都市別

週刊ホテルレストラン調べ　（資料入手分のみ）

備考
予定地は静岡県島田市井口869番。6階、延べ床面積2827㎡。施工は大和ハウス工業。開業は2017年12月15日予定。
予定地は浜松市中区砂山町327-11。
予定地は熱海市渚町14-2。JR「熱海」駅徒歩20分・車で10分。
JR「沼津」駅徒歩2分に計画。
静岡県を中心にドミナント化を進めてきた「くれたけイン」がプレミアムブランドで愛知県豊橋市に進出を計画している。
金城ふ頭の伊勢湾岸道路・名港中央インターチェンジ付近にテーマパーク「レゴランド」を核とする複合施設の計画があり、集客の安定化を図るため、ホテルの導入が検討されている。開園は2017年3月25日。ホテル開業は2018年。
予定地は中区丸の内3-1832、敷地面積669㎡、建物は15階建て延べ床面積約5816㎡。「栄」駅北口。
予定地は名古屋市中村区名駅南2-324ほかで、敷地面積は約2435㎡。建物はS造14階建て、延べ約1万4700㎡、客室数805室のホテルを予定。2017年11月開業予定。
予定地は名古屋市東区泉1-1220-1ほか。敷地面積973.46㎡、地上14階建て、延べ床面積4570.54㎡、客室数229室のホテルを予定。三菱UFJリース㈱が建設・所有、呉竹壮が運営。2018年3月竣工予定。
西日本鉄道のホテル運営会社、西鉄ホテルズは名古屋市中区錦3-14-1に、延べ床面積約7000㎡、地下1階地上14階、客室数242室。3〜13階が客室、14階には大浴場。総投資額は約60億円。
ソラーレホテルズアンドリゾーツが名古屋市中区錦1丁目、延べ床面積約1700㎡、地上13階建て。1階に24時間営業のブックカフェを設置。地下鉄「伏見」駅から500mに位置。
愛知県名古屋市中区栄3-12-23-2。延べ床面積約2820㎡、鉄骨造り13階建て、客室数は120室のホテルを予定。ガーデンをコンセプトに、フロアごとに異なる花をモチーフにしたデザイン。開業は2017年12月15日予定。
JR西日本グループで「ヴィアイン」を展開するジェイアール西日本デイリーサービスネットは、名古屋市中村区椿に、14階建て、延べ床面積5755㎡、客室は3〜14階、客室数249室。
愛知県と名古屋市が共同出資する「名古屋港管理組合」が、名古屋港水族館などがあるガーデンふ頭に客室数400室以上の外資系ホテルを検討している。2008年に経営破たんしたイタリア村の跡地にホテルのほかにコンベンション施設や飲食施設を予定。2019年の着工目指す。
京阪電鉄不動産が名古屋市中区錦2丁目にホテルを計画。13階建て、延べ床面積約4700㎡。「コンフォートホテル」を運営するグリーンズ（本社：四日市市）に賃貸。設計はINA新建築研究所。
予定地は名古屋市中区錦2-824-1にホテルを計画。地下1階11階建て、延べ床面積2103㎡。設計はアルファワークス。2018年4月初旬完成予定。オーナーは玉善。
予定地は名古屋市中村区名駅3-16-10。敷地面積662㎡、13階建て、延べ床面積4486㎡。客室数203室のホテルを計画。
JA三井リース建物（東京都中央区銀座8-13-1）と近畿総合リース（大阪市北区中之島2-3-33）は、名古屋市中村区名駅2に12階建て、延べ床面積6542㎡のホテルを計画。開業は2018年秋を予定。
予定地は名古屋市中村区太閤3-101-1。14階建て、延べ床面積3127㎡にホテルを計画。設計はオリーブ設計。
予定地は、名古屋市中区栄1-207-3。劇団四季新名古屋ミュージカル劇場跡地。延べ床面積7904㎡、14階建て、客室数247室。所有は東陽倉庫。
予定地は名古屋市伏見区。老舗すし店「東鮓本店」跡地の再開発。延べ床面積7582㎡、14階建て、客室数233室。男女別の大浴場設置、13-14階は女性専用フロアとする。
予定地は名古屋市中区栄1-502-1。14階建て、延べ床面積7726㎡。設計・施工は大和ハウス工業。
予定地は名古屋市中村区名駅2丁目。同社の笹島ビルの敷地に12階建て、延べ床面積6542㎡。建設はトムソーヤジャパン一級建築士事務所。
名古屋鉄道が、中部空港ターミナルビル直結のセントレアホテルの新棟を計画。11階建て、延べ床面積7000㎡、客室数150室。2018年秋に開業予定。
積水ハウスとマリオット・インターナショナルは中部国際空港島内隣接地（常滑市セントレア4-10-5）の名古屋空港鉄道「中部国際」駅徒歩6分の敷地面積2999㎡、12階建て、延べ床面積1万4050㎡、客室数319室のホテルを計画。1室平均25㎡。

第4章 全国ホテルオープン情報（2017年6月3日〜12月1日）　　　　（週刊ホテルレストラン調べ、資料入手分のみ）

❑ 地区別・都市別ホテル新・増設一覧 (2017年12月1日時点)

地区	建設地	開業予定 年	開業予定 月	客室数	ホテル名	事業主体・運営主体・関係問い合わせ先
東海・中部	愛知県名古屋	2018	秋	171	名鉄イン金山II	名鉄イン　(052)569-1366
	愛知県名古屋	未定	未定	未定	未定	近鉄グループホールディングス㈱　(06)6775-3531
	愛知県名古屋	2019	2	216	ホテルJALシティ名古屋錦	オークラニッコーホテルマネジメント (03)5460-7334
	愛知県名古屋	2020	6	128	三交インGrande（仮）	三交イン　(052)589-0035
	愛知県名古屋	2018	4	未定	コンフォートホテル名古屋伏見	グリーンズ　(059)351-5593
	愛知県名古屋	2017	12	118	三交イン名古屋新幹線口Annex	三交イン　(052)589-0035
	愛知県名古屋	2018	7	112	アットインホテル	みらいホールディングス
	愛知県名古屋	2020	12	318	アパホテル〈名古屋駅前〉	アパグループ　(03)5570-2113
	愛知県名古屋	2020	春	250	相鉄フレッサイン名古屋駅前（仮）	相鉄ホテルマネジメント　(045)319-2566
	愛知県名古屋	2020	春	259	ホテル京阪 名古屋栄（仮）	ホテル京阪　(06)6945-0321
	愛知県岡崎	未定	未定	120	アクセスイン岡崎（仮）	フジケン　(0564)72-2211
	愛知県岡崎	2018	秋	104	未定	三河湾リゾート・リンクス　(0563)32-3720
	愛知県豊田	2018	4	未定	東横INN豊田市駅前	東横イン　(03)5703-1045
	愛知県田原	2018	11	130	ABホテル三河田原	ABホテル㈱　(0566)79-3013
	愛知県東海	2018	9	128	ABホテル東海太田川	ABホテル㈱　(0566)79-3013
	愛知県安城	2018	11	未定	東横INN三河安城駅新幹線口II	東横イン　(03)5703-1045
	愛知県安城	2018	9	非公開	ホテルリブマックス三河安城駅前（仮）	リブ・マックス (03)3355-5050
	愛知県蒲郡	2019	3	128	ABホテル蒲郡	ABホテル㈱　(0566)79-3013
	愛知県蒲郡	2019	春	193	ラグーナベイコート倶楽部 ホテル＆スパリゾート	リゾートトラスト　(052)933-6526
	愛知県常滑	2018	3	85	ホテルルートイン常滑駅前 増床	ルートインジャパン　(0268)25-0001
	三重県伊勢	2018	未定	10未満	未定（テーマパーク内ホテル）	伊勢・安土桃山文化村
	三重県伊勢	2018	夏	150	未定	グリーンズ　(059)351-5593
	三重県四日市	2018	9	非公開	ホテルリブマックス四日市駅前（仮）	リブ・マックス　(03)3355-5050
近畿	滋賀県彦根	2019	1	330	ホテルルートイン栗東	ルートインジャパン　(0268)25-0001
	滋賀県彦根	2018	1	未定	東横INN彦根駅東口	東横イン　(03)5703-1045

ホテル新・増設一覧

2017年12月以降　■地区別　■都市別

週刊ホテルレストラン調べ（資料入手分のみ）

備考
名鉄不動産と名鉄インは、名古屋市中区金山1-1106にホテルを計画。13階建て、延べ床面積3875㎡、客室数171室。設計・施工はTSUCHIYA。2018年8月末完成予定。
2027年リニア中央新幹線開通に向け、「名古屋」駅周辺のグループ4社6施設を解体し一体開発する。商業施設「近鉄パッセ」をホテルに充てる見込み。
予定地は、名古屋市中区錦1-16。「名古屋」駅と地下鉄「伏見」駅の間、14階建て、延べ床面積9469㎡、客室数216室。設計・施工はナカノフドー。2019年2月開業予定。
予定地は名古屋市中村区名駅3。名古屋三交ビルを建て替え、地下1階、地上16階の新ビル（1階店舗、2～7階オフィス）の8～16階に宿泊主体型ホテルを計画。設計・施工は竹中工務店。
名古屋市にて「コンフォートホテル」を計画。
予定地は名古屋市中村区椿町。8階建て、延べ床面積2900㎡、客室数は118室。開業は2017年12月13日予定。
予定地は名古屋市名駅4丁目。地上10階建て、客室数は112室のホテルを計画。開業は2018年7月予定。
予定地は名古屋市中村区則武。JR名古屋駅太閤通り口から徒歩4分。延べ床面積5800㎡、客室数は318室。
予定地は名古屋市中村区。18階建て、延べ床面積6667㎡、客室数250室のホテルを計画。古村産業の所有地、三井住友ファイナンス＆リースが建設。
予定地は名古屋市中区錦3-2-1。13階建て、延べ床面積約8200㎡、客室数259室。
予定地は、三島市一番町2606-10ほか。三島駅南口広域観光交流拠点整備事業でホテルを計画。運営は東急ホテルズ、ブランドは未定。岡崎市羽根町にホテルを計画。
西尾市は西尾駅西広場整備事業において、名鉄「西尾」駅隣接地の西尾市花ノ木町4-64に10階建て、延べ床面積2500㎡、客室数104室のホテルを予定。運営は三河湾リゾート・リンクス（岡崎市）。
「豊田市」駅前にホテルを計画。2018年2月に開業予定。
予定地は田原市田原町長四分1-38。「三河田原」駅前複合施設内にホテルを計画。10階建て、客室数130室。
予定地は東海市。10階建て、客室数128室のホテルを計画。2018年8月に開業予定。
東海新幹線「三河安城」駅の新幹線口至近。既存に次いで、Ⅱとして「東横INN」を計画。
JR「三河安城」駅徒歩2分に計画。
予定地は蒲郡市。10階建て、客室数128室のホテルを計画。2019年3月に開業予定。
会員制ホテルを運営するリゾートトラストが蒲郡市に敷地面積5万2264㎡、延べ床面積3万6656㎡、地下1階地上7階建て、全室オーシャンビュー、客室数193室のホテルを予定。JR「蒲郡」駅から車で約15分。設計は安井建築設計事務所、施工は鹿島建設。総事業費は約310億円。完全会員制としている。2019年1月完成予定。
既存の「ホテルルートイン常滑駅前」（愛知県常滑市鯉江本町2-73）の敷地内に85室増床。合計229室になる。
既存のテーマパーク「伊勢・安土桃山文化村」内に安土城のレプリカの内部をホテルにコンバージョンする計画。1泊500万円で客室数10室未満。周辺にはロッジや簡易宿泊所も計画している。テーマパーク内の敷地は約33万㎡。
予定地は伊勢市吹上1-3-26。敷地面積1070㎡、12階、延べ床面積4300㎡、客室数は150室。
近鉄「四日市」駅徒歩3分に計画。
滋賀県栗東市に客室数330室のホテルを計画。
彦根駅東口にホテルを計画。開業は2018年1月15日予定。

第4章 全国ホテルオープン情報（2017年6月3日〜12月1日）　　　（週刊ホテルレストラン調べ、資料入手分のみ）

❏ 地区別・都市別ホテル新・増設一覧 (2017年12月1日時点)

地区	建設地	開業予定 年	開業予定 月	客室数	ホテル名	事業主体・運営主体・関係問い合わせ先	
近畿	滋賀県近江	2018	9	未定	ABホテル近江八幡	ABホテル㈱　(0566)79-3013	
	滋賀県草津	2018	1	未定	東横INN南草津	東横イン　(03)5703-1045	
	滋賀県甲賀	2018	2	186	ホテルルートイン水口	ルートインジャパン　(0268)25-0001	
	京都府福知山	2019	1	200	ホテルルートイン福知山	ルートインジャパン　(0268)25-0001	
	京都府京都	2019	未定	未定	未定	NTT都市開発　(03)6811-6300	
	京都府京都	2019	春	未定	BIO-Style 京都・四条河原プロジェクト	京阪電気鉄道　(03)3213-4631	
	京都府京都	未定	未定	306	未定	タカイ	
	京都府京都	2018	4	127	ザ ロイヤルパーク ホテル京都四条	ロイヤルパークホテルズアンドリゾーツ　(03)3211-6183	
	京都府京都	2018	3	153	ホテルインターゲート京都四条新町	サンケイビル広報部　(03)5542-1313	
	京都府京都	2018	春	未定	未定	㈱京都センチュリー　(075)351-0111 ホテルほか京阪グループ	
	京都府京都	2018	3	190	ABホテル京都四条堀川	ABホテル㈱　(0566)79-3013	
	京都府京都	2019	秋	70	パークハイアット京都	京大和　(075)525-1555 ハイアットホテルスアンドリゾーツ　(03)3222-0441	
	京都府京都	2018	6	144	ホテルリソル京都　河原町三条	リソルグループ	
	京都府京都	2019	夏	50	元清水小学校跡地活用計画(仮)	プリンスホテル　(03)5928-1154	
	京都府京都	2018	秋	305	京王プレリアホテル京都烏丸五条	京王グループ広報部　(042)337-3106	
	京都府京都	2018	夏	146	ザ・ビー 京都 四条(仮)	イシン・ホテルズ・グループ	
	京都府京都	未定	未定	未定	京都市下京区中堂寺壬生川町 新築工事(仮)	サムティ㈱　(06)6838-3616	
	京都府京都	2018	秋	56	東急ステイ京都新京極(仮)	東急ステイ　(03)3476-1616	
	京都府京都	2018	秋	300	クロスホテル京都(仮)	クロスホテルズ	
	京都府京都	2018	4	77	未定	シティトラスト不動産　(06)6539-9300	
	京都府京都	2018	6	271	シティホテル京都八条口(仮)	大和リゾート　(03)6457-1551	
	京都府京都	2018	夏	84	ホテルビスタプレミオ京都 新町蛸薬師(仮)	ビスタホテルマネジメント　(03)3518-9220	
	京都府京都	2019	春	470	ヴィアイン八条通南(仮)	JR西日本ヴィアイン　(06)4960-8245	
	京都府京都	2019	春	430	ホテルヴィスキオ京都 by GRANVIA	JR西日本ホテル開発　(075)342-5503	
	京都府京都	2018	4	109	アリストンホテル京都十条	アリストンホテルズアンドアソシエーツ　(03)5422-9297	

ホテル新・増設一覧

2017年12月以降 ■地区別 ■都市別

週刊ホテルレストラン調べ（資料入手分のみ）

備考
ABホテルが滋賀県近江八幡市にホテルを計画。
予定地は草津市。「東横INN」を計画。
予定地は甲賀市水口町北脇字中切254。7階建て、延べ床面積4210.95㎡、客室数186室。付帯施設にレストラン、大浴場を有すホテルを予定。
所在地は京都府福知山市。客室数200室のホテルを計画。
商業施設「新風館」（京都市中京区烏丸通姉小路下ル場之町586-2）を所有・運営するNTT都市開発が高級ホテルを誘致して複合商業施設に建て替える。大正建築の旧京都中央電話局を生かした建物はデザイン的価値が高いため、大半を残す方針だという。同社の計画では新商業施設は7階建てで、上層部がホテル、下層部が商業施設となる。ホテルは国内外の高級チェーンの誘致を視野に調整が進められている。
有機農産物の販売などを通じて生産者と消費者をつないできた㈱ビオ・マーケット（2014年に京阪電気鉄道の子会社化）との融合で「健康的でクオリティの高い生活」や「多様性ある自然環境との共生」「環境保全」などをテーマにオーガニック・ライフスタイルをプロデュースする「BIO-Style」を創造。四条河原町の新施設はフラッグシップとして、ホテルやリラクゼーションサービス、オーガニックショップ・カフェ、ライフスタイル発信スペースなどを展開する予定。
地元不動産業者・タカイが中京区烏丸通御池周辺で、ホテルは客室約300室のほか、チャペル、宴会場、レストランなども付帯するシティホテルタイプを想定している。
予定地は京都市下京区烏丸通綾小路下る二帖半敷町668。RC造り、地下1階地上9階建て、延べ床面積約5500㎡、最上階のみハーシュ・ベトナー・アソシエイツが手掛ける。1階のレストランはテナントが運営。ロイヤルパークホテルズアンドリゾーツが賃貸にて運営。
1700年代創業の老舗料亭「伊勢長」本店跡地。予定地は京都市中京区新町通錦小路上る百足屋町387。阪急京都線「烏丸」駅、地下鉄烏丸線「四条」駅各徒歩5分。運営はグループ傘下の㈱グランビスタホテル＆リゾート。鉄骨造り、地上5階建て、延べ床面積約6000㎡、客室数153室のアッパーミドルホテルに。設計は東洋設計事務所、施工は熊谷組。
京阪電鉄㈱、㈱京都センチュリーホテル、京都タワー㈱は、新たな成長戦略の一環として、京都第2タワーホテルの跡地にハイグレードな新ホテルを建設し、京都センチュリーホテルと低階層で接続した一体施設とする計画。
ABホテルが京都市四条大宮に出店。建物は10階建てで、投資予定額は10億円。
予定地は京都市東山区高台寺南門通下河原東入桝屋町358。創業130年の老舗料亭「山荘 京大和」を運営する京大和（京都市東山区）は、歴史的建造物や庭園を改修し残しつつ、敷地内にRC・S造り地下4階地上2階建て、客室数約70室のホテルを予定。ブランドは「パークハイアット」の予定。既存の木造平屋のと合わせると総延べ床面積1万5000㎡となる。設計・施工は竹中工務店。
京都市中京区河原町通三条下ル大黒町59-1に、地下1階地上10階建て、客室数は144室のホテルを予定。運営は三井不動産グループ。
予定地は京都市東山区清水2-204-2にあった元清水小学校の跡地。NTT都市開発が、全面リノベーションをしてホテルを予定。敷地面積7296㎡、4階建て、1室あたり50㎡の客室を約50室予定。借地料は年間650万円、60年間貸付。校舎の外観はそのままに、京都の伝統工芸を伝承したインテリアを採用した客室に、体育館は宴会場に改修する。運営受託でプリンスホテルが行なう。
京王グループが、京都市烏丸松原下ル五条烏丸町396にあった2棟のビル（旧、日本漢字能力検定協会本部ビルなど）の跡地に、地上10階建て、延べ床面積9600㎡、客室数305室の宿泊主体型で、新ブランド「プレリアホテル」を計画。
予定地は京都市下京区四条通堀川西入唐津屋町535番。JR西日本不動産開発㈱が敷地面積649㎡、地下1階10階建て、延べ床面積4816㎡、客室数146室。和を基調とし、京町家の障子がモチーフ。
予定地は京都市下京区中堂寺壬川町22。敷地面積1218㎡、8階建て、延べ床面積677㎡のおホテルを計画。
松竹創業の地に複合ビルを新築。予定地は京都市中京区新京極通四条上ル中之町557。9階建て、延べ床面積3001㎡、客室数56室のホテルを計画。1階商業施設、2階フロントの予定。
オリックス不動産は、京都市中京区のボウリング場（京劇ボウル）跡地（京都市中京区河原町通三条下ル大黒町71-1）に「クロスホテル京都（仮）」を計画。9階建て、延べ床面積1万4000㎡、客室数300室を土地所有のAMGが新築。土間や通り庭を再現した内装。
予定地は京都市南区東岩町2。敷地面積364㎡、8階建て、延べ床面積1973㎡、客室数77室のホテルを計画。設計は和幸建築設計室、施工は晃陽建設。
予定地は京都駅町八条通河原町西入ル。延べ床面積1万2717㎡、9階建て、客室71室（うちクラブフロア28室）。開業は2018年6月予定。
予定地は、京都市中京区新町通六通下ル六角町。敷地面積899㎡、5階建て、延べ床面積3049㎡、客室数84室。ビスタホテルのワンランク上のプレミオシリーズとなる。
予定地は京都市南区東九条上殿田町42。京都アバンティの隣接地で敷地面積5948㎡の西側。10階建て、延べ床面積1万4000㎡、客室数470室。運営は「ヴィアイン」を展開するJR西日本ヴィアイン。
予定地は京都市南区東九条上殿田町42。京都アバンティの隣接地で敷地面積5948㎡の東側。9階建て、延べ床面積1万7500㎡、客室数430室。ハイクラスの宿泊主体型ブランド「ホテルヴィスキオ」で展開。
予定地は京都市南区上鳥羽勧進橋町23。敷地面積1078㎡、6階建て、延べ床面積2810㎡、客室数109室。設計は新生設計。施工はエルディ。

第4章　全国ホテルオープン情報（2017年6月3日〜12月1日）

（週刊ホテルレストラン調べ、資料入手分のみ）

□ 地区別・都市別ホテル新・増設一覧 (2017年12月1日時点)

地区	建設地	開業予定 年	開業予定 月	客室数	ホテル名	事業主体・運営主体・関係問い合わせ先
近畿	京都府 京都	2021	未定	150	未定	関電不動産開発　(06) 6446-8821
	京都府 京都	未定	未定	未定	未定	ウェンブリー特定目的会社
	京都府 京都	2020	春	200	京都二条油小路町ホテル計画（仮）	三井不動産 広報　(03) 3246-3155
	京都府 京都	2018	4	95	ネストホテル京都四条	ネストホテルジャパン㈱　(03) 4590-6638
	京都府 京都	2018	7	106	ホテルリソル京都　四条室町	リソルグループ
	京都府 京都	2018	9	182	ホテルリソル京都　御池麩屋町	リソルグループ
	京都府 京都	2019	1	75	くれたけイン京都清水五条	呉竹荘　(053) 453-1511
	京都府 京都	2019	3	100	変なホテル京都	H.I.S ホテルホールディングス　(03) 6692-0010
	京都府 京都	未定	未定	未定	京都三哲プロジェクト（仮）	日本紙パルプ商事　(03) 3534-8522
	京都府 京都	2019	7	400	アパホテル〈京都駅東〉	アパグループ　(03) 5570-2113
	京都府 京都	2019	春	179	ダイワロイヤル京都八条東口（仮）	ダイワロイヤル ホテル事業部　(03) 3263-5948
	京都府 京都	2020	春	未定	JAグループ京都新ビル建設工事（仮）	京都 JA 会館　(075) 681-5169
	京都府 京都	2018	秋	234	ホテル京阪 京都八条口	ホテル京阪　(06) 6945-0321
	京都府 京都	2018	10	150	未定	相鉄ホテルマネジメント　(045) 319-2566
	京都府 京都	2020	未定	200	ザ・ゲートホテル立誠京都（仮）	ヒューリック㈱　(03) 5263-810
	京都府 京都	2018	1	非公開	ホテルリブマックス京都清水五条（仮）	リブ・マックス　(03) 3355-5050
	京都府 京田辺	2018	6	90	スパ＆ホテル水春（仮）	ビーバーレコード　(06) 6304-7711
	大阪府 高石	2018	3	172	ホテルルートイン高石	ルートインジャパン　(0268) 25-0001
	大阪府 岸和田	2019	3	210	ホテルルートイン東岸和田駅前	ルートインジャパン　(0268) 25-0001
	大阪府 大阪	2018	未定	未定	浪速区下寺3丁目ホテル新築工事（仮）	㈱海部建設　営業本部　(0567) 95-2022
	大阪府 大阪	未定	未定	約300	南堀江地区再開発プロジェクト	住友倉庫　(06) 6581-1187
	大阪府 大阪	未定	未定	未定	未定	京阪電気鉄道・経営統括室広報担当　(06) 6945-4585
	大阪府 大阪	未定	未定	500	新・ホテル　ユニバーサルポート（仮）	オリックス　グループ広報部　(03) 5418-4313
	大阪府 大阪	2019	9	917	アパホテル＆リゾート御堂筋本町駅タワー（仮）	アパグループ　(03) 5570-2113
	大阪府 大阪	2018	秋	244	相鉄フレッサイン大阪淀屋橋北浜（仮）	相鉄ホテルマネジメント　(045) 319-2566

ホテル新・増設一覧

2017年12月以降　■地区別　■都市別

週刊ホテルレストラン調べ（資料入手分のみ）

備考
京都商工会議所（京都市中京区烏丸夷川上ル）に移転に伴い関電に売却。関電不動産開発が立て替えて2棟（敬150室）のホテルを計画。
予定地は京都市南区東九条南山町5-1。敷地面積3443㎡、5階建て、延べ床面積8400㎡のホテルを計画。設計は東洋建設事務所、施工は未定。完成時期も未定。
予定地は京都市中京区二条通堀川東入矢幡町301。京都国際ホテル跡地面積7459㎡、地下1階4階建て、延べ床面積2万200㎡。
地下鉄「四条」駅より徒歩至近。客室数95室のホテルを計画
予定地は京都市中京区室町通高辻上る山王町554。市営地下鉄烏丸線「四条」徒歩3分。
予定地は京都市中京区麩屋町通御池上る白山町249。市営地下鉄東西線「京都市役所前」徒歩2分。
予定地は京都市東山区。客室数75室の「くれたけイン」を計画。
予定地は京都府
予定地は京都市下京区油小路木津屋橋下ル北不動堂町565-3。敷地面積1166㎡、10階建て、延べ床面積7600㎡。ムスリム対応のレストランを予定。
予定地は京都市下京区東洞院通七条下る東塩小路町552-1ほか。敷地面積は約1135㎡、11階建て、延べ床面積8000㎡。
予定地は京都市南区東九条東山王町14-1。敷地面積1081㎡、地下1階、地上9階建て、延べ床面積7103㎡。
予定地は京都市南区東九条西山王町1ほか。敷地面積3364㎡、地下2階、地上7階、延べ床面積1万9679㎡。
予定地は京都市南区東九条南山王町５ほか。京都市営地下鉄「九条」駅より徒歩３分、5階建て、延べ床面積約8360㎡。
予定地は京都市中京区。6階建て、延べ床面積１952㎡のうち623㎡を賃借し運営。1室あたり5〜13㎡で客室数150室。新ブランドで個室簡易ホテルという同社新ジャンル。ブランド名未定。開業は2018年10月予定。
予定地は京都市中京区の四条河原町に近い元立誠小学校跡地。地下1階、地上8階、延べ床面積約15万㎡に、商業施設やホテル、ホールを備えた複合施設を計画。
地下鉄烏丸線「五条」駅徒歩13分に計画。
京田辺市山手中央のJR「松井山手」駅至近の敷地面積8300㎡、5階建ての3〜5階に客室数90室のホテルを計画。
予定地は大阪府高石市羽衣1-845-1。羽衣・高石・富木の3駅から大阪市中心部まで所要時間約20分、関西国際空港にも20数kmと近い立地。S造り13階建て、延べ床面積4116.56㎡。客室数は172室。付帯施設にレストラン、大浴場を有すホテルを予定。
予定地は岸和田市土生町3丁目。8階建て、客室数210室のホテルを計画。
予定地は大阪府大阪市浪速区下寺3-7-17。敷地面積117㎡。建物は地上8階建て、延べ床面積約504㎡。設計は光生一級建築士事務所。施工はエム・プランニング。2016年4月に着工。2017年中に完成予定だった。
予定地は大阪市西区南堀江一丁目6番1ほか。延べ床面積約6万6000㎡、地上31階建て複合ビル（1〜7階商業施設、8〜22階ホテル、23〜31階賃貸マンション）として2012年着工予定の「大阪南堀江地区再開発Ａ地区」での約300室のホテル開発。
京阪電鉄が中之島線の開通後、さらに拠点化が進む中之島駅上に大林組と共同で複合高層ビルを建設する。ホテルは拠点性のあるロケーションにふさわしい外資系ホテルの導入を中心に検討を行なっている。
オリックス不動産が運営するUSJオフィシャルホテル「ホテル ユニバーサル ポート」の隣接地区にホテル用地を取得。一般社団法人 環境不動産普及促進機構との共同出資で「耐震・環境不動産支援基金」を活用することで、大阪市建築環境総合性能評価システム（CASBEE 大阪）の評価で、Aランク以上のホテルになる予定。
アパグループが大阪市中央区南本町4-40-5（公簿面積約1200㎡）に用地を取得し、地上32階の高層タワーの開発とホテルの建設を発表した。
予定地は大阪市中央区高麗橋2。地下鉄・京阪淀屋橋駅および北浜駅から至近の立地。建物はS造り14階建て延べ5417㎡を予定。

第4章 全国ホテルオープン情報（2017年6月3日〜12月1日） （週刊ホテルレストラン調べ、資料入手分のみ）

❏ 地区別・都市別ホテル新・増設一覧 （2017年12月1日時点）

地区	建設地	開業予定 年	月	客室数	ホテル名	事業主体・運営主体・関係問い合わせ先	
近畿	大阪府 大阪	2018	冬	約360	未定	王宮　（06）6213-9040	
	大阪府 大阪	2020	2	378	さきしまコスモタワーホテル（仮）	大阪府 庁舎管理課　（06）6944-6605	
	大阪府 大阪	2017	12	296	スマイルホテルプレミアム大阪本町	ホスピタリティオペレーションズ	
	大阪府 大阪	2018	6	216	未定	三菱地所　（03）3287-5100	
	大阪府 大阪	2018	6	未定	新大阪ビジネスホテル新築工事（仮）	大和ハウス工業　東京本社　（03）5214-2111	
	大阪府 大阪	2018	4	未定	ドーミーイン谷町四丁目（仮）	共立メンテナンス本社　（03）5295-7072	
	大阪府 大阪	2019	秋	360	大阪エクセルホテル東急（仮）	㈱東急ホテルズ　マーケティング部 （03）3477-6566	
	大阪府 大阪	2018	春	216	ホテルフェリーチェ心斎橋	フェリーチェ　（06）6484-5110	
	大阪府 大阪	2020	春	352	ザロイヤルパークホテル大阪御堂筋（仮）	ロイヤルパークホテルズアンドリゾーツ （03）3211-6183	
	大阪府 大阪	2022	3	608	OMO　大阪新今宮（仮）	星野リゾート グループ広報　（03）6222-2353	
	大阪府 大阪	2018	4	170	大阪ビューホテル本町（仮）	日本ビューホテル	
	大阪府 大阪	2019	1	未定	ダイワロイネットホテル心斎橋（仮）	ダイワロイヤル ホテル事業部　（03）3263-5948	
	大阪府 大阪	2018	3	未定	東横INN東三国駅前	東横イン　（03）5703-1045	
	大阪府 大阪	2018	4	150	シティホテル大阪福島（仮）	大和リゾート　（03）6457-1551	
	大阪府 大阪	2018	5	223	シティホテル大阪東天満（仮）	大和リゾート　（03）6457-1551	
	大阪府 大阪	2019	6	168	ABホテル大阪堺筋本町（仮）	ABホテル㈱　（0566）79-3013	
	大阪府 大阪	2018	夏	88	ヴィアイン新大阪南口（仮）	JR西日本ヴィアイン　（06）4960-8245	
	大阪府 大阪	2019	夏	200	ホテルフォルツァ大阪北浜（仮）	㈱エフ・ジェイホテルズ　（092）473-7117	
	大阪府 大阪	2018	6	400	ホテルヴィスキオ大阪 by GRANVIA	JR西日本ホテル開発　（075）342-5503	
	大阪府 大阪	2018	5	240	アパホテル〈東梅田 南森町駅前〉（仮）	アパグループ　（03）5570-2113	
	大阪府 大阪	2018	4	110	くれたけイン大阪堺筋本町（仮）	呉竹荘　（053）453-1511	
	大阪府 大阪	2019	秋	1000	ヨドバシ梅田タワー（仮）	ヨドバシカメラ 広報　（03）3227-2137	
	大阪府 大阪	2018	冬	176	相鉄フレッサイン大阪心斎橋（仮）	相鉄ホテルマネジメント　（045）319-2566	
	大阪府 大阪	2019	夏	276	相鉄フレッサイン大阪なんば（仮）	相鉄ホテルマネジメント　（045）319-2566	
	大阪府 大阪	2019	春	309	ザ・ビー大阪心斎橋（仮）	イシン・ホテルズ・グループ	

ホテル新・増設一覧

2017年12月以降 ■地区別 ■都市別

週刊ホテルレストラン調べ（資料入手分のみ）

備考

ホテル運営の王宮がアジアの旅行会社と組んで大阪・ミナミで進めている訪日外国人向けホテルの3軒目。通常のビジネスホテルと異なりツインルームの比率が高く、中国、韓国、香港などからの団体客を積極的に取り込む。完了は2017年末を予定していた。

予定地は大阪市住之江区南港北1-14-16。大阪府の咲洲庁舎の一部の7〜17階、延べ床面積1万6000㎡。運営は、リコジャパンと西辻工務店の100％子会社㈱さきしまコスモタワーホテル開発が行なう。開業は2018年8月に約70室、2020年2月に完了予定。館内には大阪府、大阪府警や企業が入居。府が誘致を示すIRの計画地に至近。

予定地は大阪市中央区。S造り、延べ床面積約7600㎡、地下1階地上13階。設計は浅井謙建築研究所、施工は西松建設。開業は2017年12月15日予定。

予定地は大阪市島之内2-4-10（敷地面積約724㎡）。地下1階13階建て、延べ床面積6300㎡、客室数216室。設計は浅井謙建築研究所、施工は西松建築。運営はホスピタリティオペレーションズに運営受託。

三菱UFJリースが、新大阪駅至近に宿泊主体型ホテルを予定。駐車場となっていた敷地面積610㎡を整備。9階建て、延べ床面積2573㎡。2018年5月完了予定。

住友商事が開発する、大阪市中央区内本町2-25に敷地面積約1120㎡、建築面積約844㎡、RC造り地下1階地上13階建て、延べ床面積9638㎡のホテルを予定。設計は共立エステート。

積水ハウスと東急ホテルズが大阪市御堂筋沿いの寺院の正門を兼ねた複合ビルを建設。低層部分は寺院への正門と商業施設、17階にレストラン、16階にフロントに、5〜15階が客室数360室のホテル。ブランドはエクセルホテル東急。2017年以降に着工、2020年の東京五輪開催前に開業予定。

予定地は大阪市中央区東心斎橋1丁目。六つのテナントを有する客室数216室、13階建てのホテルを予定。インターネットラウンジとスパ、最上階にはルーフトップバーを設置する。

オービックの大阪本社ビル用地として購入した遊休資産（大阪市中央区平野町4）の敷地面積3924㎡に、地上25階建て、延べ床面積5万5000㎡の複合ビルを計画。オフィス（同社大阪本社の一部と外部賃貸）とホテルは半々になる。投資額は250億円。施工は鹿島建設。2017年5月着工予定。運営はロイヤルパークホテルズアンドリゾーツで大阪初進出。ホテルブランドは未定。

予定地は大阪市浪速区恵美須西3-28-2。敷地面積1万3909㎡のJR「新今宮」駅前、新世界などにも至近なエリア。20階建て、客室数608室。都市観光ホテルの新ブランド「OMO（オモ）」になる見込み。

予定地は大阪市中央区本町四丁目5-2。客室数170室

予定地は大阪市中央区南船場3-9-1。敷地面積777㎡、地下1階18階建て、延べ床面積8361㎡のホテルを計画。

「東三国」駅前にホテルを計画。開業は2018年3月16日予定。

予定地は、大阪市福島区福島6-16-3。延べ床面積3390㎡、地下1階10階建て、客室数150室。2018年4月開業予定。

予定地は、大阪市北区東天満2。延べ床面積5249㎡、14階建て、客室数223室。2018年5月開業予定。

予定地は大阪市。12階建て、客室数128室のホテルを計画。

予定地は大阪市淀川区西中島。11階建て、延べ床面積2060㎡、客室数88室のホテルを計画。

福岡地所グループが大阪市中央区今橋2のオフィス街に、客室数200室のホテルを計画。関西初進出。設計は山下設計、デザインはバジック。

予定地は大阪市北区芝田2-4-53、敷地面積3200㎡、JR西日本本社の南側で西側にはグランフロント大阪が隣接するエリアの「大阪弥生会館」跡地に、JR西日本不動産開発とJR西日本がホテルを計画。地下1階8階建て、延べ床面積1万2240㎡。運営はJR西日本ホテル開発、新ブランド「ホテルヴィスキオ」で展開。開業は2018年6月6日予定。

予定地は大阪市北区南森町2-7-1。敷地面積860㎡に13階建て、延べ床面積3793㎡のホテルを計画。設計は日企設計、施工は未定。

予定地は大阪市中央区南本町。敷地面積294㎡に、13階建て、延べ床面積2526㎡、客室数110室。

予定地は大阪市北区大深町1-1の北側に複合タワーを予定。地下4階34階建ての9〜34階にホテルを計画。運営は未定。2019年秋に開業予定。

大阪市中央区東心斎橋1-12-22。9階建て、延べ床面積3973㎡、客室数176室のホテルを計画。

予定地は大阪市浪速区。13階建て、延べ床面積6489㎡、客室数276室。

予定地は大阪市中央区北久宝寺町4-3-1。敷地面積844㎡、21階、延べ床面積1万700㎡。1〜2階は店舗。設計・施工は鴻池組。東京建物のホテル開発は関西初。

第4章 全国ホテルオープン情報（2017年6月3日〜12月1日） （週刊ホテルレストラン調べ、資料入手分のみ）

❏ 地区別・都市別ホテル新・増設一覧 （2017年12月1日時点）

地区	建設地	開業予定 年	開業予定 月	客室数	ホテル名	事業主体・運営主体・関係問い合わせ先	
近畿	大阪府 大阪	2018	8	345	ホテルモントレ・フレール大阪	ホテルモントレ　(06)6647-8890	
	大阪府 大阪	未定	未定	未定	和空 下寺町(仮)	和空プロジェクト　(06)4801-8211	
	大阪府 大阪	2018	夏	185	未定	パシフィカ・キャピタル　(03)5549-9033	
	大阪府 大阪	2019	春	250	未定	阪急阪神ホテルズ　(06)6372-5231	
	大阪府 大阪	2018	夏	未定	西成区花園北1丁目計画(仮)	日本ユニスト　(0120)488-844	
	大阪府 大阪	2018	夏	115	三交イン大阪淀屋橋〜四季乃湯〜(仮)	三交イン　(052)589-0035	
	大阪府 大阪	2018	1	186	ユニゾホテル大阪心斎橋	ユニゾホールディングス・ホテル事業部 (03)3523-7531	
	大阪府 大阪	2018	春	220	ユニゾホテル大阪梅田	ユニゾホールディングス・ホテル事業部 (03)3523-7531	
	大阪府 大阪	2018	春	225	ユニゾイン新大阪	ユニゾホールディングス・ホテル事業部 (03)3523-7531	
	大阪府 大阪	2021	春	487	ユニゾインエクスプレス大阪南本町(仮)	ユニゾホールディングス・ホテル事業部 (03)3523-7531	
	大阪府 大阪	2018	冬	291	ユニゾイン大阪北浜(仮)	ユニゾホールディングス・ホテル事業部 (03)3523-7531	
	大阪府 大阪	2018	12	130	ネストホテル梅田(仮)	ネストホテルジャパン㈱　(03)4590-6638	
	大阪府 大阪	2019	6	250	ネストホテル大阪南船場(仮)	ネストホテルジャパン㈱　(03)4590-6638	
	大阪府 大阪	2019	10	150	ホテルロイヤルクラシック大阪(仮)	ベルコ(0798)36-4444	
	大阪府 大阪	2018	10	542	東横INN大阪なんば駅前	東横イン　(03)5703-1045	
	大阪府 大阪	2018	12	100	変なホテル大阪　心斎橋北	H.I.Sホテルホールディングス　(03)6692-0010	
	大阪府 大阪	2018	12	100	変なホテル大阪　心斎橋	H.I.Sホテルホールディングス　(03)6692-0010	
	大阪府 大阪	2019	夏	220	ヴィアイン心斎橋西(仮)	JR西日本ヴィアイン　(06)4960-8245	
	大阪府 大阪	2019	冬	398	未定	ザイマックス　(03)5544-6630	
	大阪府 大阪	2018	10	181	イビス梅田(仮)	コスモスイニシア　(03)3571-1111	
	大阪府 大阪	2018	夏	200	パレスホテル大阪(仮)	パレスホテル	
	大阪府 大阪	2019	5	未定	未定	武蔵野	
	大阪府 大阪	2019	8	未定	ホテルFORZA大阪北浜	リニアル	
	大阪府 大阪	2019	1	未定	BW大阪北浜ホテル(仮)	I・T・O	
	大阪府 大阪	2020	春	300	堺筋本町ホテル(仮)	㈱近鉄・都ホテルズ　(06)6774-7658	

264　HOTERES｜ホテルデータブック 2018

ホテル新・増設一覧

2017年12月以降 ■地区別 ■都市別

週刊ホテルレストラン調べ（資料入手分のみ）

備考
予定地は大阪市北区曽根崎新地1-13-9。敷地面積1326㎡、17階建て、延べ床面積1万3746㎡のホテルを計画。設計・施工は鹿島建設。ホテルモントレグラスミアハウスの跡地で、直近は駐車場。
積水ハウスと和空プロジェクトが、大阪市天王寺区に宿坊を開く。写経や茶道体験、精進料理など日本文化体験ができる。
予定地は大阪市淀川区西吉原1-7-31。オフィスビルをコンバージョンしホテルを計画。「新大阪」駅至近。外資系ホテルブランドになる見込み。地下1階11階建て。敷地面積1435㎡。
予定地は大阪市福島区福島5（阪神電鉄所有地）と隣接の福島7（JR西日本所有地）の計2584㎡。12階建て、延べ床面積1万1079㎡。近隣の「ホテル阪神」との一体的運用を目指す。JR西日本と共同で、スーパーとホテルの複合ビルを共同建築。設計は久米設計、施工は未定。
予定地は大阪市西成区花園北1-2-1。敷地面積844㎡に、13階建て、延べ床面積4932㎡のホテルを計画。設計は日企設計。施工は未定。
大阪市淀屋橋付近の敷地面積約430㎡、14階建て、客室数115室のホテルを計画。地下鉄「淀屋橋」徒歩3分、「肥後橋」徒歩4分。
予定は大阪市中央区西心斎橋1。客室数186室のホテルを予定。
予定地は大阪市北区。客室数220室のホテルを予定。
予定地は大阪市淀川区。客室数225室のホテルを予定。
予定地は大阪市中央区。客室数487室のホテルを予定。
予定地は大阪市中央区今橋1-39-1。敷地面積690㎡、地下1階地上18階建て、延べ床面積6037㎡、客室数291室のホテルを計画。2018年10月末竣工予定。
地下鉄・阪急「梅田」駅至近。客室数130室のホテルを計画。
地下鉄「心斎橋」駅より徒歩至近。
上本町への移転のため2009年6月閉館した、難波の旧「大阪新歌舞伎座」を、冠婚葬祭大手の「ベルコ」が用地を取得しホテルを建設する計画。大阪市中央区難波4-3-25、敷地面積約2240㎡、延べ床面積約2万6500㎡、建物は地下1階地上19階。
予定地は大阪市中央区難波2-27-16ほか。2017年内に開業予定。
予定地は大阪市心斎橋北
予定地は大阪市西心斎橋
予定地は大阪市西区新町。12階建て、延べ床面積6700㎡。
予定地は大阪市淀川区宮原3-3-9。敷地面積2080㎡、地下1階、地上24階、延べ床面積1万8450㎡。「からくさホテル」ブランドの旗艦店を予定。設計・施工は清水建設。SGリアリティとの共同ホテル開発。
予定地は大阪市北区小松原町。地下1階、地上14階、延べ床面積4800㎡。客室数181室。
予定地は大阪市堂島。関電不動産開発が建設するビル。ビルの敷地面積1600㎡、地下1階、地上17階うち1～13階が宿泊主体型ホテル。
予定地は大阪市此花区桜島1-511-1。敷地面積1万6970㎡、14階、延べ床面積6万395㎡。設計・施工は大林組。
予定地は大阪市中央区今橋2-27。敷地面積843㎡、地下1階地上17階、延べ床面積7257㎡。
予定地は大阪市中央区今橋1-35-1。地下1階地上14階建て、延べ床面積3800㎡。設計は高階澄人建築事務所。
予定地は大阪市中央区北久宝寺町1-5-1。敷地面積1684㎡、地下1階地上16階建て、延べ床面積1万4000㎡。客室はツインとダブルルームでバルコニー付き。2020年1月末に完了予定。

第4章　全国ホテルオープン情報（2017年6月3日〜12月1日）　(週刊ホテルレストラン調べ、資料入手分のみ)

❏ 地区別・都市別ホテル新・増設一覧 (2017年12月1日時点)

地区	建設地	開業予定		客室数	ホテル名	事業主体・運営主体・関係問い合わせ先
		年	月			
近畿	大阪府 大阪	2019	春	未定	ホテルBF日本橋1丁目計画(仮)	WBF　(011)252-1250
	大阪府 大阪	2019	未定	250	未定	住友不動産　(03)3346-1424
	大阪府 大阪	2020	春	300	未定	アール・アンド・ケイ
	大阪府 大阪	2019	春	240	ザ ロイヤルパーク キャンバス大坂北浜	ロイヤルパークホテルズアンドリゾーツ (03)3211-6183
	大阪府 大阪	2018	12	130	ベストウェスタン大阪北浜(仮)	価値開発㈱　(03)5822-3010
	大阪府 大阪	2018	秋	未定	プレサンスホテル西宮原1丁目(仮)	プレサンスコーポレーション
	大阪府 大阪	2019	4	150	未定	グリーンズ　(059)351-5593
	大阪府 大阪	未定	未定	192	未定	アパグループ　(03)5570-2113
	大阪府 大阪	2022	3	200	未定	住友不動産　(03)3346-1424
	大阪府 大阪	2018	4	109	アパホテル〈新大阪駅南〉	アパグループ　(03)5570-2113
	大阪府 大阪	2021	未定	200	Wホテル大阪・心斎橋	マリオット・インターナショナル　(03)5423-404
	大阪府 大阪	2018	12	192	アパホテル〈堺筋北浜駅前〉	アパグループ　(03)5570-2113
	大阪府 大阪	2018	8	未定	東横INN大阪日本橋一丁目	東横イン　(03)5703-1045
	大阪府 大阪	2019	1	非公開	ホテルリブマックス梅田山崎町(仮)	リブ・マックス　(03)3355-5050
	大阪府 大阪	2019	2	非公開	ホテルリブマックス本町(仮)	リブ・マックス　(03)3355-5050
	大阪府 堺	2020	春	125	ABホテル堺(仮)	ABホテル㈱　(0566)79-3013
	大阪府 堺	2018	9	122	くれたけイン南海堺駅前	呉竹荘　(053)453-1511
	大阪府 堺	2020	夏	270	アゴーラ　リージェンシー堺アネックス(仮)	アゴーラ・ホスピタリティー・グループ
	大阪府 高槻	未定	未定	未定	未定	アベストコーポレーション　(078)940-2300
	大阪府 吹田	未定	未定	未定	未定	シップヘルスケアホールディングス㈱ (06)6369-0130(代)
	大阪府 吹田	2018	秋	未定	カンデオホテルズ大阪吹田	カンデオホテルズ　(03)6435-6577
	大阪府 泉佐野	2020	春	813	ホテルWBF(仮)	WBF　(011)252-1250
	大阪府 東大阪	2018	春	100	HATAGO-INN関西空港(仮)	ソラーレホテルズアンドリゾーツ　(03)6858-2330
	兵庫県 加西	2018	6	152	ホテルルートイン加西 北条の宿	ルートインジャパン　(0268)25-0001

2017年12月以降 ■地区別 ■都市別 ホテル新・増設一覧

週刊ホテルレストラン調べ （資料入手分のみ）

備考
予定地は大阪市中央区日本橋1-45-16。敷地面積566㎡、15階建て、延べ床面積4909㎡。設計は日企設計。
予定地は大阪市本町。イトキンの本社敷地1650㎡の北側を18階建て、客室数250室の宿泊主体型ホテルに。南側は15階建て、100戸、2LDKを中心としたマンションを計画。完成は2019年度中の予定。
2016年12月に閉館した堂島ホテルを三菱UFJリースと片山工業が設立した特別目的会社のアール・アンド・ケイが取得。解体し、2020年に欧米系ホテルを予定。運営はウェルス・マネジメントの見込み。
JA共済連（全国共済農業協同組合連合会）が大阪市中央区北浜1丁目に計画。塔屋1階、地下1階地上12階、高さ48.05m、延床面積が9264㎡。
予定地は大阪市今橋1-7-17。14階、延べ床面積3722㎡。価値開発の子会社でフィーノホテルズが「ベストウェスタン」ブランドで運営。
予定地は大阪市淀川区西宮原1-4-12。敷地面積861㎡、9階、延べ床面積3353㎡。設計はアルファワークス。
予定地は大阪市淀川区、新大阪駅南口至近。15階建て。ブランド名未定。
予定地は大阪市中央区。「北浜」駅徒歩2分。10階建て。
予定地は大阪市北区曽根崎2-73-2。敷地面積6900㎡、地下1階地上56階、延べ床面積11万1500㎡。住居900戸ほか店舗、サービス施設、ホテルは200室。もと市立北小学校・曽根崎幼稚園跡地。
予定地は大阪市淀川区西中島7-9-7。御堂筋線「新大阪駅」から徒歩3分。
積水ハウスが、現在は駐車場の約2500㎡の敷地に、高さ100m超の高層ビルを建設。低層階には高級レストランのホテルを計画。
予定地は大阪市中央区高麗橋2-44。敷地面積499㎡、10階、延べ床面積3068㎡。設計は日企設計。
大阪市中央区日本橋1丁目に「東横INN」を計画。
JR「天満」駅徒歩7分に計画。
予定地は大阪市中央区久太郎町3丁目。御堂筋線「本町」駅徒歩2分に計画。
予定地は堺市堺区中瓦町2。敷地面積365㎡、12階建て、延べ床面積2718㎡。1階は飲食店と公共スペースで、2階以上をホテルの予定。
予定地は堺市堺区栄橋町。敷地面積543㎡、10階建て、延べ床面積2226㎡。JA三井リース建物と静銀リースの共同所有。
予定地は堺市堺区大浜北町の市有地。12階建て。2階は住民も集える空間を見込む。30年以上も塩漬けだった案件が本格始動した。
高槻市が元芥川出張所と高槻駅北自転車駐輪場用地を活用しホテルを計画。予定地は高槻市芥川長1-53。和テイストの客室やコンベンション、露天風呂などを構える予定。
医療介護大手のシップヘルスケアホールディングスが、旧代々木ゼミナール大阪校を取得。ホテルやオフィスビルの建設を検討している。敷地面積約3000㎡。最寄り駅は「江坂」。
JR西日本とJR西日本不動産開発が、JR「岸辺」駅ビルテナントにホテルを計画。9階建ての6〜9階に客室数111室、露天風呂、展望台を設置。入院付き添いプランなど医療機関との提携を予定。
予定地は泉佐野市りんくう。敷地面積約3000㎡に、20階建て、延べ床面積2万6500㎡、客室数813室のホテルを計画。設計は日企設計。
予定地は泉佐野市りんくう往来北2-85。「りんくうタウン」駅徒歩6分。敷地面積4544㎡、6階、延べ床面積3054㎡。館内には1万冊をそろえたカフェ&ライブラリーを設置。
予定地は加西市北条町栗田字井ノ岡7-2。北条鉄道「北条町」駅至近、市営駐車場など約2700㎡の敷地。市と20年の借地契約、当初10年間は無償貸与。8階建て、延べ床面積約3514㎡、客室数161室。付帯施設にレストラン(98席)、大浴場を有すホテルを予定。

第4章 全国ホテルオープン情報（2017年6月3日〜12月1日）　（週刊ホテルレストラン調べ、資料入手分のみ）

❏ 地区別・都市別ホテル新・増設一覧 (2017年12月1日時点)

地区	建設地	開業予定		客室数	ホテル名	事業主体・運営主体・関係問い合わせ先	
		年	月				
	兵庫県宝塚	2020	春	200	新・宝塚ホテル（仮）	阪急阪神ホテルズ　(06)6372-5231	
	兵庫県神戸	2018	1	191	ユニゾイン神戸三宮	ユニゾホールディングス・ホテル事業部 (03)3523-7531	
	兵庫県神戸	2018	6	262	神戸ルミナスホテル三宮（仮）	ルミナスホテル・開発部　(078)511-7700	
	兵庫県神戸	2018	春	160	カンデオホテルズ神戸トアロード（仮）	カンデオホテルズ　(03)6435-6577	
	兵庫県神戸	2021	春	未定	レム神戸三宮（仮）	阪急阪神ホテルズ　(06)6372-5231	
	兵庫県神戸	2020	未定	未定	未定	八光自動車工業　(06)6714-3338	
	兵庫県神戸	未定	未定	未定	未定	神戸市	
	兵庫県神戸	未定	未定	未定	未定	共立メンテナンス本社　(03)5295-7072	
	兵庫県神戸	未定	11	150	神戸三宮駅前ビジネスホテル（仮）	㈱アサヒ　(078)252-7707	
	兵庫県神戸	2018	4	48	エクシブ六甲サンクチュアリ・ヴィラ	リゾートトラスト　(052)933-6526	
近畿	兵庫県神戸	2018	秋	111	レイアホテル神戸元町（仮）	レイアホテルズ	
	兵庫県神戸	2018	秋	未定	コンフォートホテル神戸三宮	グリーンズ　(059)351-5593	
	兵庫県神戸	2018	5	非公開	ホテルリブマックス神戸三宮（仮）	リブ・マックス　(03)3355-5050	
	兵庫県芦屋	2018	2	201	芦屋ベイコート倶楽部 ホテル&スパリゾート	リゾートトラスト　(052)933-6526	
	兵庫県尼崎	未定	11	170	非公表	阪神電気鉄道 広報　(06)6457-2130	
	兵庫県豊岡	未定	未定	未定	未定	豊岡市役所　(0796)22-1880	
	兵庫県姫路	2018	3	274	ホテルモントレ姫路	マルイト　(06)6647-8828 ホテルモントレ　(06)6647-8890	
	兵庫県姫路	2018	夏	216	リッチモンドホテル姫路駅前（仮）	アールエヌティーホテルズ	
	兵庫県姫路	2018	10	79	ホテルリブマックス姫路市役所前	リブ・マックス　(03)3355-5050	
	兵庫県姫路	2018	10	193	ホテルリブマックス姫路駅前南	リブ・マックス　(03)3355-5050	
	兵庫県姫路	未定	未定	218	ダイワロイネットホテル姫路駅前	ダイワロイヤル ホテル事業部　(03)3263-5948	
	奈良県桜井	2018	10	184	ホテルルートイン桜井駅前	ルートインジャパン　(0268)25-0001	
	奈良県天理	2018	9	210	ホテルルートイン天理インター	ルートインジャパン　(0268)25-0001	
	奈良県天理	2018	6	200	ルートイングランティア 奈良 和蔵の宿	ルートインジャパン　(0268)25-0001	
	奈良県天理	2020	未定	未定	未定	奈良県企画管理室（国際芸術家村担当） (0742)27-8471	

ホテル新・増設一覧

2017年12月以降　■地区別　■都市別

週刊ホテルレストラン調べ（資料入手分のみ）

備考
宝塚大劇場のオフィシャルホテルの宝塚ホテルが、劇場に隣接する西駐車場（宝塚市栄町1-292-1）へ移転。地下1階地上5階建て、3～5階の客室数は200室。2017年1月着工予定、18年春には完成を目指す。
兵庫県初出店となる、神戸市中央区布引町2-1-9、(078) 230-0381。エコノミーな価格設定の「ユニゾイン」を予定している。
神戸市の旧市役所4号館跡に県内でビジネスホテルを展開するルミナスホテルが新規出店を計画している。計画地は居留地に位置し、現状の計画では地上19階-地下1階建てで延べ床面積7650㎡。1階部分にはカフェ、レストランを導入する。
予定地は神戸市中央区三宮町3-8-9。JR「元町」駅前。異国文化と共に活きつづける街・神戸三宮のトアロードにラグジュアリーホテルとしてカンデオホテルズが客室数160室を予定。開業は2017年末予定。
神戸市中央区加納町4-2-1に、神戸の三宮駅をはじめ隣接する駅整備の一体事業として阪急阪神ビル東館立替計画を実施。オフィス、商業施設、ホテルを予定しており、ブランドは「レム」になる見込み。S造り、延べ床面積約2万8500㎡。地下3階地上29階、ホテル最上階・29階に展望フロアを完備。
アロファロメオなどの輸入車を扱う八光自動車工業が、阪急阪神ホテルズの傘下の「六甲山ホテル」を買収。耐震補強をしつつ旧館は2018年夏をめどに開業、その他施設は19年内に完成予定。多目的ホールを建設し、同社初の直営運営となるホテルは六甲山の自然が感じられるリゾートホテルを予定。
神戸市は、複合ビル「ミント神戸」1階バスターミナルとのいった的な運用を目指して開発事業を計画。同市中央区雲井通5-6の約1万6000㎡に、バスターミナルとホテルを予定。2020年度の着工目指す。
神戸市の南京町の用地取得した共立メンテナンスがホテルを計画。
神戸市中央区雲井通6-301。神戸地中央区役所隣接。敷地㎡496㎡、地下1階13階建て、延べ床面積4070㎡。客室数150室のホテルを予定。完成は2017年中に予定していた。
リゾートトラストが、神戸市六甲エリアにヴィラタイプ（48室）の宿泊施設を予定。完全会員制としている。
予定地神戸市中央区栄町通3。10階、延べ床面積3317㎡。
予定地は神戸市、すでに宿泊主体型ホテルの激戦区に計画。
各線「三宮」駅徒歩7分に計画。
リゾートトラストが兵庫県芦屋市の芦屋マリーナ付近に位置する潮芦屋海洋町フリーゾーンに新ホテルを計画している。同社が展開する会員制リゾートホテルの都市型モデルの一つで、関西エリアのフラッグシップと位置づける。完全会員制としている。
「尼崎」駅北側の820㎡の元駐車場に、10階建て、客室数170室のホテルを計画。1階レストランはテナントが運営。完成は2017年中に予定していた。
JR・豊岡駅前再開発計画で、商業施設、コンベンションホール、公共施設、都市ホテルの建設を検討していたが、いまだ事業内容についてのめどは立っていない。
姫路市が進めるJR姫路駅周辺再開発で、駅東側の市有地事業概要が固まった。3ブロックからなる再開発地のうち、駅に最も近いAブロックにはホテルが導入される。ホテルは「モントレ」が運営する。その他のブロックにはスーパー、シネコン、専門学校などが誘致される予定。13年12月に市が公表した計画では、ホテルモントレは地上14階地下1階で、高さ約80メートルの高層ビルを建設。開業は2018年3月23日予定。
予定地は姫路市南畝町2-7。敷地面積2800㎡、9階建て。客室数216室。
姫路市役所至近。山陽電鉄「手柄」駅徒歩圏内。
「姫路」駅徒歩2分、播磨高校至近。
山陽姫路駅やヤマトヤシキに至近。
桜井市が進めるホテル計画。近鉄・JR「桜井」駅北口の市有地で市営駐車場跡地（1268㎡）。9階建て、客室数は184室を予定。
予定地は奈良県天理市。客室数210室のホテルを計画。
予定地は天理市。RC造り2階建てと4階建て、延べ床面積約6112㎡。客室数は200室。付帯施設にレストラン、大浴場を有すホテルを予定。
奈良県が、施設構想「県国際芸術家村」（仮称：天理市杣之内町）の敷地内に民設民営のホテルを計画。予定地は、天理市杣之内町地区。JR・近鉄「天理」駅の南東2キロ、国道25号に面した敷地面積約17ha。芸術家が一定期間、滞在研修が受けられる施設や宮大工、伝統工芸などの後継者育成も兼ねる。ホテルの建設・運営企業は公募する。

第4章　全国ホテルオープン情報（2017年6月3日～12月1日）　（週刊ホテルレストラン調べ、資料入手分のみ）

❒ 地区別・都市別ホテル新・増設一覧 (2017年12月1日時点)

地区	建設地	開業予定 年	開業予定 月	客室数	ホテル名	事業主体・運営主体・関係問い合わせ先	
近畿	奈良県 橿原	2018	春	139	カンデオホテルズ橿原	橿原市役所都市八木駅周辺整備課　(0744)22-4001	
	奈良県 奈良	2020	春	155	JWマリオットホテル奈良	奈良県産業雇用振興部　(0742)27-8873	
	奈良県 奈良	2019	未定	未定	吉城園周辺地区保全管理・活用事業(仮)	森トラスト　(03)5511-2255	
	奈良県 奈良	2020	春	30	未定	ヒューリック㈱　(03)5263-810	
	奈良県 奈良	2018	秋	32	セトレならまち(仮)	ホロニック	
	奈良県 奈良	2020	未定	150	文化財ホテル(仮)	ソラーレホテルズアンドリゾーツ　(03)6858-2330	
	奈良県 奈良	2020	未定	80	そらみつ奈良(仮)	ソラーレホテルズアンドリゾーツ　(03)6858-2330	
	奈良県 明日香村	未定	未定	未定	未定	星野リゾート グループ広報　(03)6222-2353	
	和歌山県 和歌山	2020	3	122	カンデオホテルズ和歌山(仮)	カンデオホテルズ　(03)6435-6577	
中国	鳥取県 米子	2018	12	200	ホテルルートイン米子	ルートインジャパン　(0268)25-0001	
	鳥取県 鳥取	2018	夏	150	グリーンリッチホテル鳥取駅前	サンヨーグループ・玉川　(0857)39-0700	
	鳥取県 大山町	2017	秋	3	エスプリ・ド・ラ・フォレ	NPO法人 結　(0859)21-8288	
	島根県 松江	未定	未定	未定	未定	松江市政策企画課　(0852)55-5173	
	島根県 松江	2020	未定	未定	未定	ホテル一畑　(0852)22-0188.	
	島根県 松江	2017	7	未定	スーパーホテル松江(仮)	㈱スーパーホテル　(06)6543-9000	
	岡山県 津山	2018	10	250	ホテルルートイン津山駅前	ルートインジャパン　(0268)25-0001	
	岡山県 倉敷	2018	12	186	ホテルルートイン倉敷水島	ルートインジャパン　(0268)25-0001	
	岡山県 岡山	未定	未定	未定	未定	錦町7番地区再開発準備組合 （両備グループほか地権者で構成）	
	岡山県 津山	2019	2	65	新津山国際ホテル	ニューアワジ	
	広島県 廿日市市	2018	10	200	ホテルルートインGrand宮島口	ルートインジャパン　(0268)25-0001	
	広島県 広島	2018	2	183	カンデオホテルズ広島八丁堀	カンデオホテルズ　(03)6435-6577	
	広島県 広島	2020	未定	250	未定	東洋観光	
	広島県 広島	2019	未定	201	広島駅北ロイヤルホテル	大和ハウス工業　東京本社　(03)5214-2111	
	広島県 広島	2018	6	228	ホテルビスタ広島	㈱ビスタホテルマネジメント　(03)3518-9220	
	広島県 広島	未定	未定	未定	未定	広島県・市・商工会議所	

ホテル新・増設一覧

2017年12月以降 ■地区別 ■都市別

週刊ホテルレストラン調べ（資料入手分のみ）

備考
橿原市が市有地の近鉄大和八木駅南口。橿原市庁舎に併設されるホテルの開発計画「八木駅南市有地活用事業」の核テナントとして「カンデオホテルズ」の出店が決定。地上10階建て、うち5～10がホテル。
観光拠点として、国際級ホテルを核に、コンベンション施設・屋外多目的広場などを複合した施設を2020年春開業予定。奈良県「大宮通り新ホテル・交流拠点事業（旧称：県営プール跡地活用プロジェクト）」のホテル事業の用地取得・開発を森トラストが担い、マリオット・インターナショナル（（03）5423-404）の日本初進出となる最高級ホテルブランド『JWマリオットホテル奈良』を誘致する。予定地は、奈良市三条大路1丁目内。延べ床面積約1万5000㎡を予定。
予定地h奈良市登大路町。敷地面積3万900㎡。設計デザインは隈健吾氏。施工は未定。インターナショナルホテルを中心とした施設の計画。
奈良市高畑町の裁判所跡地い、町の森を生かして環境に配慮した旅館風ホテルを計画。
吉田旅館の別館を解体し、コミュニティ機能のあるホテルを計画。4階建て。運営はホロニック
奈良少年刑務所の保存活用としてホテルや簡易宿泊所、史料館（小学館プロダクション）、地域誘客交流事業（近畿日本ツーリスト）などにリノベーションし、新たな観光需要を築く。独房をリノベーションした150室。
奈良少年刑務所の保存活用としてホテルや簡易宿泊所、史料館（小学館プロダクション）、地域誘客交流事業（近畿日本ツーリスト）などにリノベーションし、新たな観光需要を築く。新築した80室。
星野リゾートが、奈良県明日香村と「企業立地に関するパートナーシップ協定書」を10月28日に締結。予定地は、「近鉄飛鳥」駅の西側で真弓地区の遊休地。明日香法の規制のもと、分棟型のラグジュアリーホテルになる見込み。地権者との交渉の末5～6年後の完成を目指す。
南海電気鉄道が進めている活性化事業計画で和歌山市駅に、カンデオ・ホスピタリティ・マネジメントが運営する「カンデオホテルズ和歌山（仮）」を予定。和歌山県初出店。延べ床面積約6160㎡、4～11階に客室数122室、12階・最上階に露天大浴場を完備する予定。2017年12月着工、20年3月開業予定。
予定地は米子市。RC造り10階建て、延べ床面積約4780㎡。客室数200室。付帯施設にレストラン、大浴場を有すホテルを予定。
鳥取市永楽温泉町のJA会館駐車場跡地の1250㎡に、9階建て、客室数150室のホテルを計画。
NPO法人結（米子市角盤町3丁目）が大山町大山の大山寺の参道沿いにオーベルジュを計画。カフェテラス30席と1日3組の宿泊施設を整備。富裕層やインバウンドをターゲットに、1泊2食付き約3万円で展開する。
松江市が市内の旧市立病院跡地を活用し、ホテル誘致の検討を行なっている。ハイグレードなホテルを導入することで、市の観光客、特に海外客の入込客の増加を見込む計画を検討中。
一畑電気鉄道の100%子会社のホテル一畑は、既存ホテルの東側・駐車場部分、約3368㎡に新館を計画。また10月より阪急阪神ホテルズとリファーラル契約を締結したことで、所有、経営、運営は一畑が行なう一方、「阪急阪神第一グループ」の名称使用が可能になるため、新館含め名称は不明。2018年4月着工、20年完成目指す。
保険総合代理店「やくも」が松江市御手洗船場町にビジネスホテルを予定。8階建て、シングル、ツインを中心に全94室。運営はスーパーホテルで、松江市は初出店。6月に着工、2017年7月開業予定。
予定地は津山市横山字井出ノ上170-1。敷地面積7913㎡、RC造り8階建て、延べ床面積約5780㎡、客室数250室。付帯施設にレストラン、大浴場を有すホテルを予定。
予定地は倉敷市水島地区。客室数186室のホテルを計画。
旧両備バス本社などがある錦町7番地区の再開発準備組合が、JR岡山駅の南東約400m、県庁通り北側の約7600㎡で、道路を除外すると5500㎡の敷地に、ホテルを含む複合ビルを予定。構想では地上25階程度、建物延べ床面積4万9200㎡。
予定地は津山市山下。地下1階、地上9階建て。延べ床面積8195㎡。移転新築計画中の「新津山国際ホテル」が移転先地で文化財が出土したため開業が予定より半年延びることに。
予定地は廿日市市。客室数200室規模のホテルを計画。
JR西日本不動産開発と㈱サンケイビルが広島市中区に計画中の「広島八丁堀NKビル」の上層階に和とモダンと機能美を備えたホテルが入居。予定地は敷地面積1002㎡地下1階地上14階延べ8849㎡の規模。また、地上2階および10～12階にブライダル施設が入る。
予定地は広島市中区田中町に14階建て、約250室のホテルを総事業費30億円で計画。グループ会社（ボウリング場と葬儀場）が運営するビルを建て替え、隣接する約330㎡を新たに取得。総敷地面積1650㎡に1室20～25㎡、客単価約1万4000円、年10億円の売り上げを見込んでいる。
広島駅北側の二葉の里地区に、「ダイワロイネット」が客室数201室で計画予定。
百貨店の天満屋から買収した、広島市中区鉄砲町6-13の敷地面積888㎡に、14階建て228室の宿泊主体型ホテルを予定。バス・トイレ別。運営は、ビスタホテルマネジメント。
広島県・市・商工会議所でつくる作業部会が、旧広島市民球場跡地（中区）と広島みなと公園（南区）をめぐる、新サッカースタジアム計画において、ホテルなどの複合施設を誘致する案を発表。

第4章 全国ホテルオープン情報（2017年6月3日〜12月1日） （週刊ホテルレストラン調べ、資料入手分のみ）

❏ 地区別・都市別ホテル新・増設一覧 (2017年12月1日現在)

地区	建設地	開業予定 年	開業予定 月	客室数	ホテル名	事業主体・運営主体・関係問い合わせ先	
中国	広 島 県 広 島	2019	冬	198	くれたけイン広島大手町	呉竹荘　(053)453-1511	
	広 島 県 広 島	2018	夏	228	未定	マリモ	
	広 島 県 広 島	未定	未定	98	チサン イン広島西風新都	ソラーレホテルズアンドリゾーツ　(03)6858-2330	
	広 島 県 広 島	2018	8	11	銀山町ビル新築工事（仮）	東洋観光	
	広 島 県 広 島	2019	春	150〜200	広島サンケイビル立替プロジェクト（仮）	サンケイビル広報部　(03)5542-1313	
	山 口 県 萩	2019	3	200	ホテルルートイン萩	ルートインジャパン　(0268)25-0001	
	山 口 県 山 口	2018	3	186	ルートイングランティア山口	ルートインジャパン　(0268)25-0001	
	山 口 県 宇 部	未定	未定	未定	門司港レトロホテル	宇部市都市開発部まちづくり推進課 (0836)34-8470	
	山 口 県 宇 部	2018	9	128	ABホテル宇部新川（仮）	ABホテル㈱　(0566)79-3013	
	山 口 県 長門湯本	2019	未定	未定	未定	星野リゾート グループ広報　(03)6222-2353	
	山 口 県 下 関	未定	未定	未定	未定	下関市港湾局　(0832)31-1390	
四国	香 川 県 高 松	2018	秋	230	JR クレメントイン高松	四国旅客鉄道 広報室　(087)825-1626	
	香 川 県 高 松	2018	10	175	ホテルルートイン高松	ルートインジャパン　(0268)25-0001	
	香 川 県 高 松	2018	春	120	ドーミーイン高松中央公園（仮）	共立メンテナンス本社　(03)5295-7072	
	愛 媛 県 今 治	2018	6	150	ホテルルートイン今治	ルートインジャパン　(0268)25-0001	
	愛 媛 県 松 山	2020	未定	200	ホテルルートイン松山	ルートインジャパン　(0268)25-0001	
	愛 媛 県 松 山	2017	12	180	天然温泉 石手の湯 ドーミーイン松山	共立メンテナンス本社　(03)5295-7072	
	愛 媛 県 松 山	2018	夏	100	未定	たいよう農園	
	愛 媛 県 八 幡 浜	2018	夏	103	スーパーホテル大洲	㈱スーパーホテル　(06)6543-9000	
	高 知 県 高 知	2020	未定	200	ホテルルートイン高知	ルートインジャパン　(0268)25-0001	
	高 知 県 高 知	2018	未定	207	未定	共立メンテナンス本社　(03)5295-7072	
	高 知 県 高 知	2018	夏	未定	コンフォートホテル高知	グリーンズ　(059)351-5593	
九州	福 岡 県 北 九 州	2018	未定	295	西鉄イン黒崎Ⅱ（仮）	西日本鉄道・流通事業部開発課　(092)734-1552	
	福 岡 県 北 九 州	2018	冬	110	未定	アルシオン	
	福 岡 県 北 九 州	2018	冬	173	門司港レトロホテル	邑本興産　(093)331-0036	
	福 岡 県 北 九 州	未定	未定	未定	東横INN北九州新空港新館	東横イン　(03)5703-1045	

ホテル新・増設一覧

2017年12月以降 ■地区別 ■都市別

週刊ホテルレストラン調べ （資料入手分のみ）

備考
JR西日本不動産開発㈱　(06)4868-5605 の案件。予定地は広島市中区大手町 3-7-3。「広島大手町 NK ビル」として 14 階建て、延べ床面積 4400㎡、客室数 198 室のホテルを計画。
マンション開発のマリモが、立体駐車場（広島市中区鉄砲町）を 14 階建ての宿泊主体型ホテルに計画。せとうち DMO を通じてセールスを展開。
予定地は広島市安佐南区伴南 1。
予定地は広島市中区銀山町 9-4。敷地面積 521㎡、8 階建て、延べ床面積 2537㎡、保育所併設。客室数は 11 室
予定地は広島市中区鉄砲町 5-5-9。地下 1 階、地上 14 階、延べ床面積約 9100㎡。設計は安井建築設計事務所。
萩市に、4 階建て、客室数 200 室。付帯施設にレストラン、大浴場を有すホテルを予定。
予定地は山口県泉都町 1154-9 ほか。RC 造り 8 階建て、延べ床面積約 4280㎡。客室数は 182 室。付帯施設にレストラン、大浴場を有すホテルを予定。
宇部市中央町の旧大和中央店跡地に全国的なビジネスホテルチェーンを誘致する計画。中心市街地の活性化策との位置づけ。詳細は検討中。
予定地は宇部市。10 階建て、客室数は 128 室。
2014 年 1 月に破産した湯本温泉の老舗ホテル「白木屋グランドホテル」の跡地。湯本温泉旅館協同組合が国と市から約 3 億円の全額補助を受け、施設の解体作業を行なった。「長門湯本温泉（山口県長門市）まちづくり計画（仮）」の一環として、ホテル跡地を星野リゾートの「界」ブランドにて再生する。
下関の港湾開発計画「あるかぽーと」内のホテル導入構想。以前からチェーンホテルの進出が取りざたされているが、計画の実現には至っていない。
予定地は、高松市浜ノ町 1-1、敷地面積 1000㎡、9 階建て、延べ床面積 7500㎡に客室数 230 室のホテルを計画。1 階に飲食店、最上階に大浴場完備。
予定地は高松市春日町字片田 1653。8 階建て、延べ床面積約 4016㎡、客室数 175 室。付帯施設にレストラン、大浴場を有すホテルを予定。完成は 2018 年 10 月予定。
高松市天神前の中央公園南に、地下 1 階 11 階建て、客室数 120 室のホテルを計画。
予定地は愛媛県今治市。客室数 150 室のホテルを計画。
松山市に、13 階建て、客指数 200 室。付帯施設にレストラン、大浴場を有すホテルを予定。
愛媛県松山市大街道 2-6-5。開業は 2017 年 12 月 8 日予定。
西伊予市の畜産や総菜を手掛ける、たいよう農園が、宿泊特化型ホテルを計画。
予定地は八幡浜市東大洲 1486-1。8 階建て、延べ床面積 2094㎡、客室数は 103 室のホテルをステップコミュニケーションが計画。施工は堀田建設、設計は小松義博建築都市設計事務所。
高知市に、RC 造り 14 階建て、延べ床面積約 4800㎡、客室数 200 室。付帯施設にレストラン、大浴場を有すホテルを予定。
リブロードの跡地のドーミーインを中心とした 10 階建ての複合施設。敷地面積約 1313㎡。
西日本鉄道が展開する宿泊特化型ホテル「西鉄イン」が北九州市八幡西区黒崎三丁目に新規出店を行なう。計画地は JR・黒崎駅から徒歩 3 分の至便な立地で、西鉄インとしては黒崎には 2 店目の出店となる。当初の計画では施設は地上 10 階建てで、延べ床面積約 6400㎡。サウナ併設の大浴場も付帯する予定であったが、現在事業性等再検討中。
不動産会社のアルシオンが貸しビルチェーンの丸源から取得した 3 棟のうち、北九州市小倉北区堺町 1 丁目の跡地で客室数 110 室のホテルを予定。大手ビジネスホテルチェーンにリースし運営委託する。
北九州市門司区西海岸 1-29-6、客室数 173 室。完了は 2017 年中だった。
北九州市小倉区空港北町 2-4、東横イン北九州新空港の新館として増室予定。

第4章 　全国ホテルオープン情報（2017年6月3日〜12月1日）　　　　　　（週刊ホテルレストラン調べ、資料入手分のみ）

❏ 地区別・都市別ホテル新・増設一覧 (2017年12月1日時点)

地区	建設地	開業予定		客室数	ホテル名	事業主体・運営主体・関係問い合わせ先	
		年	月				
九州	福岡県福岡	未定	未定	未定	ビジネスホテル博多(仮)	廣田商事　(092)712-2226	
	福岡県福岡	2019	夏	200	博多都ホテル(仮)	近鉄グループホールディングス㈱	
	福岡県福岡	2018	3	287	エスペリアホテル(仮)	サムティ㈱　(06)6838-3616	
	福岡県福岡	2018	秋	217	ユニゾホテル福岡博多駅前(仮)	ユニゾホールディングス・ホテル事業部 (03)3523-7531	
	福岡県福岡	2019	未定	400	未定	福岡市(港湾航空局アイランドシティ事業部) (092)282-7043／㈱HEARTS　(092)477-9708	
	福岡県福岡	2018	6	182	静鉄ホテルプレジオ	静岡鉄道　(054)254-5111	
	福岡県福岡	2018	3	160	ネストホテル博多駅前(仮)	ネストホテルジャパン㈱　(03)4590-6638	
	福岡県福岡	2019	未定	未定	未定	JR九州　(092)474-2541	
	福岡県福岡	2018	秋	275	未定	WBF　(011)252-1250	
	福岡県福岡	2018	春	284	R&B博多	ワシントンホテル　(052)745-9030	
	福岡県福岡	2018	春	111	ダイワロイネットホテル西中洲(仮)	ダイワロイヤル ホテル事業部　(03)3263-5948	
	福岡県福岡	2018	春	154	ホテルアリエッタ博多	ルネッサンス	
	福岡県福岡	2019	春	226	リッチモンドホテル福岡天神西通り	ロイヤルホールディングス	
	福岡県福岡	2018	夏	216	東急ステイ博多駅南店(仮)	東急ステイ　(03)3476-1616	
	福岡県福岡	2019	夏	300	三井ガーデンホテル博多駅前2丁目(仮)	三井不動産ホテルマネジメント　(03)5777-1331	
	福岡県福岡	2018	12	100	変なホテル福岡　博多	H.I.Sホテルホールディングス　(03)6692-0010	
	福岡県福岡	2019	春	200	ヴィアイン博多	JR西日本ヴィアイン　(06)4960-8245	
	福岡県福岡	未定	未定	256	未定	東急ステイ　(03)3476-1616	
	福岡県福岡	2020	未定	未定	未定	ホテル京阪　(06)6945-0321	
	福岡県福岡	2018	12	非公開	ホテルリブマックス博多駅前(仮)	リブ・マックス　(03)3355-5050	
	福岡県福岡	2018	12	非公開	ホテルリブマックス福岡天神(仮)	リブ・マックス　(03)3355-5050	
	福岡県行橋	2019	1	127	ABホテル行橋	ABホテル㈱　(0566)79-3013	
	福岡県久留米	未定	未定	未定	西鉄イン久留米(仮)	西日本鉄道・流通事業部開発課　(092)734-1552	
	福岡県大牟田	2022	未定	112	新栄町駅前ホテル(仮)	芝浦ホールディングス　(093)962-6007	
	佐賀県武雄	未定	未定	未定	未定	タイザン　(0954)36-3777	
	佐賀県鳥栖	2018	4	25	メモリード鳥栖ホテル(仮)	メモリード総合本部　(095)857-1777	

ホテル新・増設一覧

2017年12月以降 ■地区別 ■都市別

週刊ホテルレストラン調べ（資料入手分のみ）

備考
廣田商事が福岡県博多市博多区博多駅南 2-1 を用地としてビジネスホテルの建築計画を進めている。建物は 12 階建て延べ 3335㎡。設計は東畑建築事務所が担当予定。
「博多都ホテル」が入居している近鉄博多ビルの建て替え計画。新ビルはホテル・オフィス・商業施設などで構成する複合ビルを計画。 1 ～ 2 階は高級飲食店、3 ～ 13 階が全 30㎡以上の客室（200 室）になる予定。
総合不動産のサムティが JR 博多駅博多口（福岡市博多区博多駅前 2-11-4）に敷地面積約 991㎡、14 階建て、延べ床面積 6410㎡のビジネスホテルを予定。バス・トイレ別、地産地消のバイキングレストラン。設計は新生設計（熊本県八代市）。開業は 2018 年 3 月 22 日予定。
予定地は福岡市博多区博多駅前 3-181。敷地面積 902.35㎡、延べ床面積 5007.91㎡。地上 11 階、付帯施設にはレストラン。
福岡市東区の人工島「アイランド・シティセンター」地区で、市内の旅行関係会社 HEARTS などが設立した「福岡アイランドシティ特定目的会社」が建設。14 階建て、日本をテーマにした商業施設、町屋風の和の体験施設と 400 室超を有するホテルを併設する。総事業費約 203 億円。ホテルや店舗からなる複合施設を 2019 年度までに整備する予定。運営などをジョーンズラングラサールが行なう。
静岡鉄道が、福岡市博多区博多駅南 4-25JR 博多駅から徒歩 6 分の立地に、地上 14 階建て、延べ床面積約 4500㎡、客室数 182 室の宿泊主体型ホテルを予定。設計はレーモンド設計事務所。
ネストホテルジャパンが、福岡市博多区博多駅前 2-187 ほかに敷地面積 591㎡、RC 造り 12 階建て、延べ床面積 3669㎡、客室数 160 室の宿泊主体型ホテルを予定。1 階にロビーフロント、レストラン。設計はナカノフドー建設。
JR 九州が、福岡市のキャナルシティ至近にオフィスやホテルが入る複合ビルを計画。地上 13 階建て、1 ～ 2 階に飲食店、中層階にオフィス、高層階にホテルの予定。客室数は 200 室。2017 年度には着工予定で、19 年のラグビーワールドカップには開業目指す。
ホワイト・ベアファミリーが JR「博多」駅至近に宿泊主体型ホテルを計画。予定地は福岡市博多区博多駅南 2-15。敷地面積 813㎡、14 階建て、延べ床面積 5541㎡。客室数 275 室。
福岡市博多区博多駅前 4-171
福岡市博多区中洲 1-20。10 階建て、延べ床面積 3450㎡、客室数 111 室。
福岡市博多区博多駅南 1-118。
福岡市中央区天神 2-6-27。元 TOHO シネマなどが入るビルの跡地に 12 階建て、延べ床面積 7615㎡。客室数 226 室。1 階レストラン、2 階フロント、3 ～ 12 階が客室。
予定地は福岡市博多区博多駅南 1-178。11 階建て、延べ床面積 5760㎡、客室数 216 室のホテルを計画。
予定地は福岡市博多区博多駅前 2-173-1 ほか。敷地面積約 1583㎡、13 階建て、延べ床面積 1 万 660㎡のホテルを計画。三井生命保険が所有する土地に三井不動産がホテルを建設。運営は三井不動産ホテルマネジメント。
予定地は博多市博多区中洲
予定地は福岡市博多区博多駅前 2-41。敷地面積 697㎡、11 階建て、延べ床面積 4462㎡。設計はイチケン。2017 年 12 月着工。JR 西日本としては九州初出店。
予定地は福岡市中央区春吉 3-12-5-1。敷地面積 1725㎡、13 階建て、延べ床面積 8472㎡。設計は大和ハウス工業。
福岡市に「ホテル京阪」を計画。
予定地は福岡市博多区博多駅前南 3 丁目。
予定地は福岡市中央区清川 1 丁目。
予定地は行橋市。8 階建て、客室数は 127 室
具体的なスケジュールは現段階では未定。将来構想として検討中。
大牟田市新栄町。客室数112室のホテルを計画。
武雄市土地開発公社がJR武雄温泉駅南の清本鉄工所跡地を地元のタイザンに売却。タイザンでは、22年の九州新幹線・長崎ルート開業もにらみ、市内に少ないホテル、結婚式場などを複合導入して開発するとしているが、計画は停滞している。
JR「鳥栖」駅至近。6階建て、延べ床面積1983㎡。2万㎡を超える敷地。佐賀市の結婚式場マリトピアの北側駐車場に高級ホテルを計画。開業は2018年4月末予定。

第4章 全国ホテルオープン情報（2017年6月3日〜12月1日） （週刊ホテルレストラン調べ、資料入手分のみ）

❏ 地区別・都市別ホテル新・増設一覧 （2017年12月1日時点）

地区	建設地	開業予定		客室数	ホテル名	事業主体・運営主体・関係問い合わせ先	
		年	月				
九州	佐賀県佐賀	2019	4	35	未定	メモリード総合本部　(095)857-1777	
	長崎県長崎	2021	11	未定	未定	長崎市	
	長崎県長崎	2022	未定	未定	未定	森トラスト　(03)5511-2255	
	長崎県佐世保	未定	未定	未定	ハウステンボスB&Bホテル(仮)	ハウステンボス　(0956)27-0138	
	長崎県佐世保	未定	未定	未定	ハウステンボスロードサイドホテル(仮)	ハウステンボス　(0956)27-0138	
	長崎県対馬	2018	未定	未定	東横INN対馬西泊ソモヤ	東横イン　(03)5703-1045	
	長崎県五島	2019	2	80	TSUBAKI(仮)	五島自動車　(0959)72-2173	
	長崎県五島	2018	夏	29	未定	際コーポレーション	
	熊本県熊本	未定	未定	未定	未定	九州産業交通ホールディングス　(096)325-8229	
	熊本県熊本	2021	春	約200	未定	JR九州　(092)474-2541	
	熊本県熊本	2019	未定	200	エクシブ熊本	リゾートトラスト　(052)310-3324	
	大分県速見郡	2018	11	200	ホテルルートインGrand別府湾	ルートインジャパン　(0268)25-0001	
	大分県大分	2021	未定	未定	未定	大分市末広町1丁目地区市街地再開発準備組合 (097)536-4411	
	大分県竹田	未定	未定	30	国民宿舎直入荘代替施設(仮)	竹田市市役所 広報　(0974)63-1043	
	大分県別府	未定	未定	未定	未定	星野リゾート グループ広報　(03)6222-2353	
	大分県別府	2019	春	89	ANAインターコンチネンタル別府リゾート＆スパ	GHS	
	大分県湯布市	未定	未定	未定	未定	星野リゾート グループ広報　(03)6222-2353	
	宮崎県宮崎	2018	秋	178	未定	グリーンズ(059)351-5593	
	宮崎県高千穂	2018	春	68	ソレスト高千穂ホテル	ミネックス　(0985)27-8999	
	宮崎県西都	未定	未定	未定	未定	日南グループ本社　(0467)78-8891	
	鹿児島県鹿児島	未定	未定	未定	未定	南国殖産　(099)255-2111	
	鹿児島県鹿児島	2020	未定	未定	城山天文館ホテル(仮)	城山観光　(099)224-2211	
	鹿児島県鹿児島	2019	夏	293	ユニゾインエクスプレス鹿児島	ユニゾホールディングス・ホテル事業部 (03)3523-7531	
	鹿児島県熊毛	未定	未定	160	共立メンテナンスホテル屋久島(仮)	共立メンテナンス本社　(03)5295-7072	
	鹿児島県始良	未定	11	未定	未定	大悟(大和葬儀社グループ)	
	鹿児島県霧島	未定	未定	未定	未定	星野リゾート グループ広報　(03)6222-2353	

ホテル新・増設一覧

2017年12月以降 ■地区別 ■都市別

週刊ホテルレストラン調べ（資料入手分のみ）

備考
結婚式マリトピアの北側駐車場の2万㎡の敷地に、6階建て、延べ床面積1983㎡、客室数35室の高級ホテルを計画。
長崎市がプロジェクトを進行するMICE誘致などを目的とした複合施設に国内外でチェーン展開するラグジュアリーブランドホテルを計画。開業は2021年11月予定。
所在地は長崎市南山手町12-17。敷地面積4826㎡。地下1階、地上3階建て、延べ床面積3266㎡。森トラストが、長崎市の伝統的建造物群保存地区（旧グラバー邸）にある「マリア園」を買収。コンバージョンし2020年にホテルとして開業予定。
JRハウステンボス駅近くの道路沿いの3000㎡強の土地を取得し、モーテルのような車で泊まりにくるゲストがターゲット。入場者数・宿泊者数の増加を目指し、空港からハウステンボスまでの自社船なども整備する。
現在、建設中の温泉施設の近くには宿泊と朝食だけを提供するベッド・アンド・ブレックファースト（B&B）型のような家族向けの低価格施設を造る予定。
対馬市上対馬町西泊1217（上対馬町西泊ソモヤの用地）にホテルを計画。
五島市栄町の旧・大波止ホテル跡地活用事業者として、五島自動車（東浜町1丁目）に決まった。8階建て、客室数80室のホテルを2019年2月末に開業する予定。
新五島町の閉鎖中の町の施設を再生し、温浴施設併設のホテルを計画。
九州産業交通ホールディングスが中央区桜町で大規模再開発を行なう。市内の路線バスが集中する熊本交通センターを新装し、商業施設とコンベンション、マンション、ホテルなどを含めた施設とする。総事業費は約500億円。着工は2015年予定。
JR九州が、熊本駅周辺の在来線前面高架開業後のホーム跡地などを活用した、ホテルを含む複合商業ビルや住居施設などの大規模開発計画を熊本市に報告した。複合商業ビルは14階建てで、8〜14階に「ブラッサム」ブランドと同等のホテルが入居する予定。
熊本市中央区桜町3-10
予定地は大分県速見郡日出町。敷地面積8884㎡、7階建て、客室数200室のホテルを計画。
JR大分駅北口で第一種市街地再開発開発事業の中の、高層住宅+商業施設+ホテルの複合施設。再開発ビルは30階建て程度で建築面積は約3000㎡、延べ床面積は約30万㎡を想定。
竹田市は、竹田市直入町長湯3045-1の国民宿舎「直入荘」解体後、30室ほどの「宿泊施設」と「温泉施設（ミニクアハウス）」の2施設を整備する。
老朽化による建て替えが迫られていた、花菱ホテルが星野リゾートへ譲渡。現建物は2棟・146室だが、解体し新築される。場所はJR「別府」駅ら500mの北浜地区
予定地は別府市明礬のIT企業研究所跡地。4階建て、客室数89室の温泉を生かしたホテルを計画。建設は東京センチュリー、運営はGHS（大阪）、ノウハウ営業がIHG。
星野リゾートは、由布市湯布院町の由布院温泉にホテル運営を計画。老人ホームなどを展開するアビタシオン（福岡県）が施設を整備。
予定地は宮崎県宮崎市中央通3-50。地上9階、客室数178室。
遊技場やゴルフ場などを運営するミネックスが高千穂町のホテルを買収。敷地面積は約2800㎡。4階建て、延べ床面積2800㎡、観光客がターゲット。自治体や地元旅行代理店と協力し、宮崎空港発着の韓国、台湾、香港からの外国人観光客も狙う。ホテル内のレストランでは地元食材を使った料理を提供する予定。開業予定は2018年春。
自動車の実物大模型の日南（神奈川県）が西都市の関連会社「ウイント総合センター」の敷地内に温泉宿泊施設を計画。ホテルは200名収容可能。開業は2017年中に予定だった。
南国殖産が代表企業を務める共同事業体が、鹿児島市高麗町の市交通局跡地の優先交渉権を獲得した。敷地面積は2万4500㎡。病院、ホテル、商業施設などをこの敷地に建設する。ホテルは13階建て延べ約1万9000㎡を予定。全体完成は2020年を目指す。
鹿児島市天文館千日町1、4街区。
予定地は鹿児島市東千石町。客室数293室のホテルを計画。
熊毛郡屋久島町安房二ツ峰。
大和葬儀社グループの大悟と姶良市がホテル立地協定を締結。計画地は同市宮島町の旧国道10号の帖佐駅前交差点近く。7〜8階建て、用地面積950㎡、建物面積は約3400㎡。完成は2017年中予定だった。
星野リゾートのグループ会社、伊東温泉マネージメントが2016年3月に、14年に廃業した霧島市の「霧島ハイツ」跡地を取得。時期や規模は未定だがリゾート開発を検討している。

第4章　全国ホテルオープン情報（2017年6月3日〜12月1日）

（週刊ホテルレストラン調べ、資料入手分のみ）

□ 地区別・都市別ホテル新・増設一覧 (2017年12月1日時点)

地区	建設地	開業予定 年	開業予定 月	客室数	ホテル名	事業主体・運営主体・関係問い合わせ先
沖縄	那覇	2019	春	64	EXES NAHA（エグゼスナハ）	かりゆしグループ　(098)869-2896
	那覇	未定	未定	302	大和地所ホテル那覇（仮）	大和地所　(045)663-2980
	那覇	2022	未定	239	國映館跡地ホテル（仮）	嘉新水泥（台湾：嘉新セメント）
	那覇	2019	4	95	テラスホテル沖縄北谷（仮）	ザ・テラスホテルズ
	那覇	未定	未定	119	未定	大和ハウス工業　東京本社　(03)5214-2111
	那覇	2020	3	230	ベッセルホテルカンパーナF棟（仮）	ベッセルホテル開発　(084)920-1171
	那覇	2018	4	70	未定	MONPA
	那覇	2018	8	160	ダブルツリー・リゾート・バイ・ヒルトン沖縄北谷	オリックス㈱　グループ広報部　(03)3435-3167　ヒルトン・ワールドワイド・インターナショナル・ジャパン合同会社
	那覇	2018	3	132	ネストホテル那覇西（仮）	ネストホテルジャパン㈱　(03)4590-6638
	うるま	2019	12	142	未定	うるま市
	糸満	2020	春	460	名城ビーチリゾート（仮）	ケン・コーポレーション
	名護	2018	冬	60	山入端リゾートホテル（仮）	フェリーチェ　(06)6484-5110
	名護	2019	未定	238	名護市安部ホテル（仮）	東急リバブル広報課　(03)3463-3607
	名護	2018	夏	40	未定	沖縄フルーツランド
	名護	2019	4	117	LCHリゾート・オン・ザ・ビーチ	かりゆし　(0980)866-0791
	宜野湾	2022	未定	約200	サンエー浦添ホテル（仮）	サンエー本社・開発部　(098)898-2237
	宜野湾	2018	夏	18	THE HIRAMATSU HOTEL&RESORTS 沖縄（仮）	ひらまつ　(03)5793-8811
	宜野湾	2020	未定	200	かりゆしタラソ・リゾート・ギノザ（仮）	かりゆし　(0980)866-0791
	与那嶺	2019	未定	約250	未定	オリオンビール　(098)877-1133㈹
	中頭郡読谷	2019	未定	100	読谷星野リゾート（仮）	星野リゾート グループ広報　(03)6222-2353
	読谷	2018	12	54	未定	KPGホテル&リゾート
	沖縄	未定	未定	約1275	未定	沖縄県土木建築部公安課MTP開発班　(098)866-2880、沖縄市東部海浜開発局計画調整課　(098)939-1212
	沖縄	2018	8	80	ホテルコザ	日本デジタル　(098)930-1234
	浦添	2020	未定	未定	未定	タカラクリエイト　(0267)42-3333
	恩納村	2018	夏	340	ハイアットリージェンシー渡良垣アイランド沖縄	東急不動産／NTT都市開発／ミリアルリゾートホテルズ　(047)305-2800
	恩納村	2019	夏	360	ハレクラニ沖縄	三井不動産 広報　(03)3246-3155

ホテル新・増設一覧

2017年12月以降　■地区別　■都市別

週刊ホテルレストラン調べ（資料入手分のみ）

備考

閉館した「沖縄かりゆし琉球ホテル・ナハ」を建て替え、都市型ラグジェアリーホテル「EXES NAHA（エグゼスナハ）」として開業予定。10階建て、延べ床面積5130㎡、客室数は64室。完成は2019年4月予定。

大和地所が、SRC造り11階建て、延べ約1万㎡。開業は2017年度以降予定。

那覇市国際通り沿いの国映画館跡地（牧志1丁目3番地区）の再開発事業として、商業施設、分譲マンションが入る高層複合ビルへのホテル出店。敷地面積4794㎡、延べ床面積2万3100㎡、地上13階建て、客室数236室。ホテル内に四つのレストランのほか、市内最大規模の宴会場も併設予定。同社のホテル開発は県内初。

ムーンリゾートマネジメントは、3512㎡を約2億9700万円で取得。延べ床面積9581㎡、地上9階建て、客室数は95室の計画。運営予定者はザ・テラスホテルズ。

大和ハウス工業は、北谷町（北谷町美浜フィッシャリーナ地区）に4776㎡を約3億8740万円で取得。延べ床面積4956㎡、地上3階建て、客室数は119室。運営予定者は大和ハウスグループ。完了は2017年春予定だったが延びている。

奥原商事は、アメリカンビレッジに隣接したフィッシャリーナ地区に、1万259㎡を約8億6千万円で町と仮契約した。延べ床面積1万7631㎡、地上9階建て、客室数230室。

アーク・クレストが約1億8870万円で取得。地上5階建て、客室数70室。運営予定者はMONPA。2017年月着工、18年4月開業予定。

予定地は那覇市北谷町美浜43ほか。オリックス不動産が、敷地面積1万1397㎡、RC造り5階建て、延べ床面積1万1058㎡、客室数は160室。客室の6割はオーシャンビュー。付帯施設にはレストラン、ラウンジ、ルーフトップバー、2種のプールなどを有すホテルを計画。設計・施工は大林組。デザイン監修は三井純＆アソシエーツ建築設計事務所。

那覇市那覇西2丁目。「ネストホテル沖縄（沖縄県那覇市西1丁目6-1）」に至近。ゆいレール「旭橋」駅より徒歩。

予定地は、旧与那城庁舎跡地。うるま市がリノベーションし宿泊施設を計画。

沖縄リゾートが糸満市名城で進めていた高級リゾートホテル計画に、ケンコーポレーションが同社の株式50％を取得し参画。地上11階建てで2棟を建設。各施設に230室で計460室。運営会社は未定。

フェリーチェとタイ流通大手のセントラルグループが共同で名護市山入端にリゾートホテルの建設計画を進めている。地上3～4階建て、敷地面積は約4290㎡。

不動産仲介の東急リバブルが名護市安部にリゾートホテルを建設する。開発予定地は約11万4000㎡。客室は計238室で、うちヴィラタイプ103棟、ホテル2棟（135室）となる。また、ホテル敷地内に海辺レストランや屋外プール、チャペルなどを建設。

予定地は名護市為文の観光施設に隣接するコンドミニアム型のホテルを計画。9階、延べ床面積4627㎡、客室数40室。

予定地は名護市喜瀬。客室数117室。開業は2019年4月予定。

浦添土地開発公社がキャンプ・キンザー沖の埋立地（宜野湾市）で進めている企業誘致でサンエーが選出された。ホテルの賃借、運営先は未定。ホテルは6階建てで収容人数は約400人。

予定地は沖縄県宜野座郡宜野座村字松田の敷地面積2万2283㎡に予定。延べ床面積約3500㎡、客室数18室（ホテル棟14室、ヴィラ2種各2室）、レストラン（33席）を有す。開業は2018年予定。同社4軒目となるスモールラグジュアリーホテル。

予定地は宜野座村有地ほか。隣接する「かりゆしタラソラグーナ」の日帰り利用から宿泊利用できるようにする。

「梯梧荘」の跡地3万2628㎡を購入し、客室数250～300室規模のリゾートホテルを建設する。計画埋蔵文化財の保全を図りながらホテル開業を計画。

中頭郡の読谷村儀間、渡慶次、高志保の3エリア系約33万㎡の開発許可地の一角で、星のリゾートがヴィラタイプ（100戸）の宿泊施設を計画。ホテル日航アリビラを所有していた「沖縄うみの園」を子会社化。2017年夏着工、19年開業予定。

IMDアライアンスが、読谷村に展開する分譲型のリゾートホテル。1室50～70㎡の全室スイート54室。運営はKPGホテル＆リゾート。ホテルの運営益をオーナーに還元するペイバックシステムを導入。

泡瀬地区東側海域を埋め立てた出島にマリーナ、公園、宿泊施設などを計画。総事業費600億円。宿泊施設はビーチ側の37haに低層型のホテルを4棟建設する。

通信販売業の日本デジタル（沖縄市、濱元和則CEO）が沖縄市上地に、地上7階建て、客室数80室で全室禁煙。国道330号沿い近く、繁華街「中の町」にも隣接。

浦添市港川の西海岸1万3000㎡でのリゾートホテルの計画を不動産開発のタカラクリエイト（長野県）が進めている。ホテルの延べ床面積2万1500㎡、6階建て、ターゲットは富裕層。2020年の開業を目指す。

東急不動産、NTT都市開発、ミリアルリゾートホテルズの3社が共同出資し恩納村瀬良垣ビーチ周辺に外資系リゾートホテルを計画していたが、ブランドが「ハイアットリージェンシー」に決定。予定地は沖縄県国頭郡恩納村字瀬良垣都田原1108番ほか。敷地面積は約4万㎡、延べ床面積約3万8200㎡。客室数は約340室。レストラン、バー、スパ、フィットネスのほか宴会場、チャペルなども併設。

予定地は沖縄県恩納村名嘉真下袋原1967-1ほか。総敷地面積は約8万7200㎡で、10階建て、延べ床面積4万1747㎡、建物は一戸建てのコテージなどを含めて約360室。

第4章　全国ホテルオープン情報（2017年6月3日〜12月1日）　　（週刊ホテルレストラン調べ、資料入手分のみ）

□ 地区別・都市別ホテル新・増設一覧 （2017年12月1日時点）

地区	建設地	開業予定 年	開業予定 月	客室数	ホテル名	事業主体・運営主体・関係問い合わせ先
沖縄	恩納村	未定	未定	46	シェラトン沖縄サンマリーナリゾート（仮）	マリオット・インターナショナル　(03)5423-404
	国頭郡	未定	未定	209	フォーシーズンズホテル沖縄（仮）	フォーシーズンズ・ホテルアンドリゾーツ
	国頭郡	未定	未定	200	パークビュー宜野座（仮）	パークビューグループ〈香港〉
	国頭郡	未定	未定	未定	未定	サンエー本社・開発部　(098)898-2237
	国頭郡	未定	未定	266	ザ・ガーデニアヒルズ・オキナワ	かりゆし　(0980)866-0791
	国頭郡	未定	未定	91	未定	日建ハウジング　(098)988-0417
	国頭郡	2020	未定	未定	瀬底島リゾート（仮）	森トラスト　(03)5511-2255
	国頭郡	2018	12	100	アラマハイナ コンドホテル	前田産業　(0980)53-0875
	金武	2019	未定	190	ヒルトン沖縄金武（仮）	ディジャヤ・ランド・デベロップメント　(098)968-5308 ヒルトン・ワールドワイド・インターナショナル・ジャパン合同会社
	石垣	未定	未定	298	未定	八重山リゾート開発　(0980)83-6150
	石垣	2017	12	8	ときリゾート　コーラルテラス石垣島	ロングライフリゾート　(03)3279-2588
	石垣	2018	夏	310	アラマンダ石垣	㈱ユニマットプレシャス　(03)5770-2080
	石垣	2020	12	380	マリオットリゾート＆スパ イシガキジマ	マリオット・インターナショナル　(03)5423-404
	石垣	2018	3	61	ホテルWBF石垣島	WBFリゾート沖縄　(098)996-5181
	石垣	2019	未定	201	石垣島白保ホテル＆リゾーツ	石垣島白保ホテル＆リゾーツ
	石垣	2018	6	95	南の美らホテルミヤヒラ新館「美崎館」（仮）	宮平観光　(0980)82-6111
	宮古島	未定	未定	未定	未定	宮古島市都市計画課　(0980)76-6507
	宮古島	2018	未定	354	シェラトン宮古島（仮）	セキュアード・キャピタル・ジャパン㈱
	宮古島	2020	未定	未定	未定	三菱地所　(03)3287-5100
	宮古島	2018	未定	180	THE GRAND HYURI MIYAKOJIMA （ザ・グランド・ヒューリ宮古島）	RYUSEI HOLDINGS　(03)3409-3655
	宮古島	2018	未定	未定	下地島空港リゾート（仮）	星野リゾート グループ広報　(03)6222-2353
	宮古島	2018	1	100	HOEL LOCUS	UDS広報　(03)3372-0231
	宮古島	2019	未定	41	東海岸リゾート（仮）	UDS広報　(03)3372-0231
	宮古島	未定	未定	132	未定	日建ハウジング　(098)988-0417
	宮古島	2018	未定	60	IRAPH SUI, a Luxury Collection Hotel, Miyako Okinawa	森トラスト　(03)5511-2255
	竹富島	未定	未定	47	コンドイビーチホテル（仮）	RJエステート　(098)988-0844

ホテル新・増設一覧

2017年12月以降 ■地区別 ■都市別

週刊ホテルレストラン調べ（資料入手分のみ）

備考

スターウッドホテル＆リゾート時代に、恩納村に46室増設を計画。マリオット・インターナショナルグループとなったが進展なし。

予定地は恩納村恩納3634番他1446など。恩納通信所返還跡地利用地主会から借り受ける敷地約44.5㌶を開発。フォーシーズンズホテルが運営予定のリゾートホテル（RC造り10階建て延べ床面積5万3111㎡）のほか、商業施設・分譲予定のセカンドハウス・観光農園・公園・緑地・ホテル従業員育成施設などを計画。リゾート開発全体の完了は2028年を予定。ホテルは2017年度以降の予定。

富裕層対象のホテル事業を展開するパークビューグループ（本社・香港）が、予定地は、国頭郡宜野座村松田。宜野座リゾートが開発を進めている区域内に大型リゾートの開発を計画している。開発区域は約5万9000㎡でツインタワー、タイムシェア方式のテラス棟やコテージなどで構成される。運営は中国のホテル運営会社が行なう予定。当初2014年オープンを予定していたが日中関係悪化などの影響で延期。17年度以降の予定。

国頭郡恩納村。総合リゾート地「与久田ビーチ」を建設。ウオーターパーク、ホテル、ショッピング施設など。敷地全体で16万5000㎡。2019年度までに商業施設を着工。大型商業施設は2018年ごろの開業を目指し、ホテルは2期計画の予定。

国頭郡恩納村のかりゆし所有地に屋外シアター併設の長期滞在型ホテルが計画されている。ホテルは6階建ての「パークサイド棟」、プールサイドカフェがある「イーストサイドヴィラ棟」、レストラン、カフェなどが入る「レイクサイドホテル棟」、「レセプション棟」の4棟からなり、客室はすべて50㎡以上の広さを有し、総客室数は266室の予定。5000人収容の屋外シアターを併設し、開業初年度はホテル部分で34億円を見込む。

日建ハウジングは平良湾近くの居酒屋跡地に6階建てのスポーツホテルを計画しているとの情報がある。最上階にプールを設けるなどスポーツ選手が宿泊しやすい環境を性するという。

森トラストが国頭郡本部町瀬底島の土地約33万5000㎡を取得し、ホテルの建築計画を進めている。計画地は沖縄県国頭郡本部町字瀬底下地原5750ほか。瀬底ビーチに面するロケーションを生かし、国内外の旅行者のニーズに対応できる滞在型リゾートホテルを2020年までに開業を目指す。

予定地は本部町山川1421-1ほかの「やんばる海の駅」跡地に、隣接する「ホテルマハイナ」とあわせて複合施設「マハイナ オキナワン ビレッジ」として2018年12月開業予定。新ホテルは11階建て、分譲型で客室数100室。1室あたり55～95㎡、全室キッチン完備。最上階に露天風呂設置。

米軍が返還した金武町のギンバル訓練場跡地再開発で、マレーシアの不動産会社・ディジャヤ・ランド・デベロップメントが金武町より土地を賃借し、開発。賃借する16㌶を5期に分けて開発する計画で、スパを付帯する高級リゾートを予定。ホテルは地上12階建てで、レストラン、バー、宴会場、会議室、フィットネスクラブ、スパなどを付帯する予定。2017年度以降開業予定。

八重山リゾート開発がゴルフ併設の滞在型リゾートを開発する。開発予定地は野底地区で、9ホールのゴルフ場、クラブハウス、ホテル棟、コテージなどを複合配置する。ホテル棟は地上3階建てで、延べ床面積は2万267㎡。コテージ棟は平屋建てで延べ床面積1万2878㎡。ホテル棟に252室、コテージ棟に46室、計298室を予定している。

予定地は沖縄県石垣市米原桴海511番地。敷地面積3万4647㎡。1階建てのコテージと2階建てのヴィラを建設。自然に囲まれたバリ風の木造建築を基調とし、広大な敷地に74～120㎡のヴィラタイプの居室をレイアウトし、高級感とリゾート感が満喫できるようにしてある。利用は会員権方式で、購入後20年間はグループホテルの有料老人ホームへの優待あり。完成は2017年中としている。

ユニマットプレシャスが、敷地面積約10万㎡、延べ床面積約4万3000㎡、310室のリゾートホテルを新設する。敷地内に最長350mの三つのラグーンを造成、7階建ての中央棟やコテージを含む1～4階建ての宿泊施設など30棟を計画。2018年夏開業予定。

予定地は石垣市川平集落。マリオット・インターナショナルが、石垣島産業開発が開発する敷地面積約8万6000㎡にて、延べ床面積4万㎡、客室数360室のリゾートホテルを予定。2020年12月開業予定。

石垣市内登野城の、敷地面積350㎡、5階建て、延べ床面積1474㎡、客室数61室。1室15～23㎡、6000～1万円を予定。2018年3月末に開業予定。

石垣市白保の敷地面積3万9604㎡、延べ床面積1万5501㎡、ホテル棟は4階建て165室、ヴィラタイプは36棟、客室数計201室。但し地元から環境への影響に懸念もする声もある。2018年春着工予定。

宮平観光の敷地内、敷地面積約1353㎡、延べ床面積3173㎡、9階建ての新館を計画。今回の新館と併せて計253室になる。

宮古島市の東平安名崎にリゾートホテルの計画が浮上。敷地面積は約9万5000㎡で、コテージ40棟、プールやテニスコートのほか、バーベキューガーデン、レストランなども整備する。

セキュアード・キャピタル・ジャパンが開発する、宮古島市平良の埋め立て地「トゥリバー地区」に、地下1階地上8階建て、客室数354室のホテルを予定。開業は2017年以降。

宮古島市平良の埋め立て地「トゥリバー地区」で、13㌶を所有する特定目的会社SCG15との売買契約が締結された。ホテル運営をグループ会社のロイヤルパークホテルズアンドリゾーツがするかは未定。

ブライダル事業などを手掛けるRYUSEI HOLDINGSが宮古島市下地与那覇にリゾートホテルを建設する計画。与那覇前浜ビーチに隣接する約3万6000㎡の敷地に地下1階地上1階地上4階建て、延べ約2万2000㎡を予定。客室数は180室、2017年9月開業予定。

星野リゾートが宮古島市で宿泊施設を計画。客室数は未定。2018年度以降に開業予定。

小田急グループのUDSは、不動産会社の日建ハウジング（那覇市）と連携し、アクティブツーリスト向けホテルを計画。予定地は宮古島市平良字下里338-40。RC造り6階建て、客室数は100室を予定。運営は設立した現地法人 沖縄UDSが行なう。開業は2018年1月22日予定。

小田急グループのUDSは、不動産会社の日建ハウジング（那覇市）と連携し、城辺エリアにリゾートホテルを計画。予定地は宮古島市城辺長間1891-4ほか。RC造り平屋、客室数は41室を予定。運営は設立した現地法人 沖縄UDSが行なう。2018年前半での開業を予定。

日建ハウジングが伊良部大橋の伊良部島入り口付近に用地を取得し、レストランやエステなどを併設する複合リゾートホテルの建設計画を進めているとの情報がある。建物は3階建てで132室を予定とのこと。

予定地は宮古島市伊良部伊良部長底原818-5ほか。敷地面積9027㎡、森トラストが宮古島LaLaリゾートから伊良部島の「渡口の浜」近くの土地（約7300㎡）を取得。地下1階、地上4階、延べ床面積1800㎡。施工は前田設計工業と、竹村コーポレーション。設計は坂倉建築研究所。平均単価8万円を見込んでいる。

敷地面積は約2万1102㎡で、コテージ型24室と連棟式宿泊室5棟の23室の計47室で、2016年夏開業を予定していた。総事業費は約20億円。当初は、2015年6月にも着工といわれていたが遅れている。

第4章　全国ホテルオープン情報（2017年6月3日～12月1日）　　　（週刊ホテルレストラン調べ、資料入手分のみ）

❏ホテルの施設数および客室数の年次推移　（1981年～2016年）

年度	施設(軒)	客室数(室)	＊
1981	2,225	189,654	85.2
1982	2,416	207,674	86.0
1983	2,665	226,897	85.1
1984	2,920	246,482	84.4
1985	3,332	267,397	80.3
1986	3,730	290,505	77.9
1987	4,180	324,863	77.7
1988	4,563	342,695	75.1
1989	4,970	369,011	74.2
1990	5,374	397,346	73.9
1991	5,837	422,211	72.3
1992	6,231	452,625	72.6
1993	6,633	485,658	73.2
1994	6,923	515,207	74.4
1995	7,174	537,401	74.9
1996	7,412	556,748	75.1
1997	7,769	582,564	75.0
1998	7,944	595,839	75.0
1999	8,110	612,581	75.5
2000	8,220	622,175	75.7
2001	8,363	637,850	76.3
2002	8,518	649,225	76.2
2003	8,686	664,460	76.4
2004	8,811	681,025	77.3
2005	8,990	698,378	77.7
2006	9,165	721,098	78.7
2007	9,427	765,482	81.2
2008	9,603	780,505	81.3
2009	9,688	798,070	82.4
2010	9,710	803,248	82.7
2011	9,863	814,355	82.6
2012	9,796	814,984	83.2
2013	9,809	827,211	84.3
2014	9,879	834,588	84.4
2015	9,967	846,332	84.9
2016	10,101	869,810	86.1

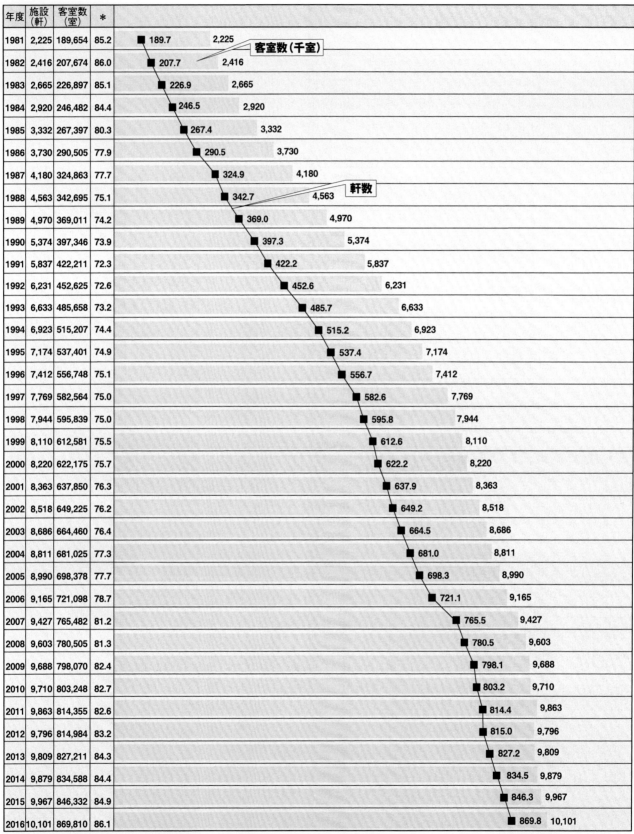

資料:厚生労働省大臣官房統計情報部「衛生行政業務報告例」
注:①1996年度までは各年12月末現在、1997年度以降は翌年3月末現在の数字。②＊欄は1施設当たりの客室数（小数点第2位以下は四捨五入）。
③ホテルの定義＝旅館業法によりホテル営業の許可を受けたもので、ホテルを冠した旅館は含まない。④2010年度については、東日本大震災の影響により、宮城県のうち仙台市以外の市町村、福島県の相双保健福祉事務所管轄内の市町村が含まれていない。⑤2010年度は12年10月10日に更新したものを反映した。

MEMO

ホテルデータブック 2018

2018 年 6 月 7 日　第 1 刷発行

編著
週刊ホテルレストラン編集部

発行所
株式会社オータパブリケイションズ
〒 104-0061 東京都中央区銀座 4-10-16
シグマ銀座ファーストビル 3F
電話　03-6226-2380
info@ohtapub.co.jp/
http://www.hoteresonline.com/

印刷・製本
富士美術印刷株式会社

©Ohta Publications 2018 Printed in Japan
落丁・乱丁本はお取替えいたします。
ISBN978-4-903721-73-6　C2034
定価はカバーに表示してあります。

＜禁無断転訳載＞
本書の一部または全部の複写・複製・転訳載・磁気媒体・
CD-ROM への入力等を禁じます。これらの承諾について
は、電話 03-6226-2380 まで照会ください。

ホテルデータブック2018 CD-ROM版

「ホテルデータブック 2018」掲載の全表データを、取り
込み可能な Excel データで収録。

2018 年 5 月 24 日発売　本体価格 21 万円＋税

ホテルデータブック・客室3指標2018 CD-ROM版

客室 3 指標（稼働率／ ADR ／ RevPAR）の過去 10 年分
のデータを、取り込み可能な Excel データで収録。

2018 年 5 月 24 日発売　本体価格 21 万円＋税